Galina Wischnewskaja
Galina – Erinnerungen einer Primadonna

SERIE MUSIK
PIPER·SCHOTT
Band 8243

Zu diesem Buch

Die Autobiographie der großen, in Ost und West bekannten Sängerin Galina Wischnewskaja ist mehr als ein Lebensbericht, sie ist das Stimmungsbild einer Epoche, veranschaulicht durch zahlreiche farbige Schilderungen des Lebens in der Sowjetunion. Galina Wischnewskaja, als Erzählerin eine natürliche Begabung, beschreibt temperamentvoll ihr dramatisches Leben – von einer Kindheit in Armut bis zur gefeierten Diva. Sie porträtiert die russische Wirklichkeit von der Ära Stalins bis in die Siebziger Jahre, sie berichtet von russischen Künstlern, mit denen ihr Mann Mstislaw Rostropowitsch und sie befreundet waren (z. B. Schostakowitsch, Oistrach), von Schriftstellern wie Solschenizyn oder Pasternak, von Politikern wie Chruschtschow oder Bulganin, die sie umwarben, von den politischen Schwierigkeiten und vom Abschied.

»Ein packendes, inhaltsreiches, bescheidenes, menschliches, politisches, ein wahrhaftiges und liebenswertes Buch.«
                                            Wolfgang Kasack, Neue Zürcher Zeitung

Galina Wischnewskaja, geboren 1926 in Leningrad, studierte Gesang bei Wera Garina und debütierte 1944 in Leningrad und 1952 am Moskauer Bolschoi-Theater, dem sie bis 1974 angehörte. In diesem Jahr Ausbürgerung aus der Sowjetunion zusammen mit ihrem Mann, dem Cellisten Mstislaw Rostropowitsch. 1982 Abschied von der Bühne (als Tatjana an der Pariser Oper).

Galina
Wischnewskaja

GALINA

*Erinnerungen einer
Primadonna*

Aus dem Amerikanischen von
Christiane Müller

Mit 69 Fotos

Piper München · Schott Mainz

SERIE MUSIK
PIPER · SCHOTT

Die Originalausgabe erschien unter dem Titel
»Galina. A Russian Story« bei Harcourt Brace Jovanovich, New York.
Übersetzung der russischen Originaltexte ins Deutsche
von Monika Dick.

ISBN 3-492-18243-7 (Piper)
ISBN 3-7957-8243-0 (Schott)
Januar 1993
R. Piper GmbH & Co. KG, München
Taschenbuch-Lizenzausgabe mit Genehmigung der
Gustav Lübbe Verlag GmbH, Bergisch-Gladbach
© 1986 für die deutschsprachige Ausgabe:
Gustav Lübbe Verlag GmbH, Bergisch Gladbach
English Translation copyright © 1984 by
Galina Vishnevkaya and Harcourt Brace Jovanovich, Inc.
Russian language manuscript copyright © 1984 by Galina Vishnewskaya
Published by arrangement with Harcourt Brace Jovanovich
Umschlag: Federico Luci, unter Verwendung
eines Fotos von Siegfried Lauterwasser, Überlingen
Satz: Friedrich Pustet, Regensburg
Druck und Bindung: Clausen & Bosse, Leck
Printed in Germany

Für Slawa, Olga und Jelena

Ich möchte an dieser Stelle herzlich meinem Verleger William Jovanovich für sein Verständnis und seine Hilfe danken. Mein Dank gilt ebenfalls Guy Daniels für seine gelungene Übersetzung und meinen Lektorinnen Jacqueline Decter und Marie Arana-Ward für die hervorragende Bearbeitung der englischsprachigen Ausgabe.

Wie der Wind schwebt die Stimme einer
Frau durch Schwärze, Dunst und Nacht, was sie berührt
in ihrem Flug verwandelt sich sogleich.
Sie gleitet dahin, diamantenschimmernde Flut und irgend
etwas irgendwo wird Silber für Sekunden.
Das Rauschen ihres Mantels von überirdischer
Seide ist voller Geheimnis.
Welch große Kraft treibt diese Zauberstimme, als läge
nicht das Grab vor ihr, sondern eine
geheimnisvolle Treppe in höhere Sphären.

Anna Achmatowa
am 19. Dezember 1961 im Lenin-Hospital,
wo sie im Radio Galina Wischnewskaja
Villa-Lobos *Bachianas brasileiras* singen hörte.

1

Lichter Sonnenschein, helle, grüne Wiesen. Ich renne, ich flitze wie ein Pfeil die Böschung hinunter, den Jungen hinterher in den Fluß – grün und trübe schlägt das Wasser über mir zusammen. Ich stehe auf dem Grund und werfe die Arme hoch, die Fingerspitzen erreichen gerade noch die Wasseroberfläche; dort suche ich mit den Händen vergeblich nach Halt. Die Erwachsenen haben es gesehen, sie ziehen mich heraus.

An Angst kann ich mich nicht erinnern – es ging alles zu schnell. Nur das eine weiß ich noch: daß meine Mutter mich ganz schön verhauen hat. Ich heulte, unfähig zu begreifen, daß die Jungs ins Wasser durften und ich nicht. Nur, weil ich nicht schwimmen konnte? Was die können, kann ich auch: zum erstenmal erkläre ich meine Unabhängigkeit, mache meine Rechte geltend. Zu dieser Zeit, im Sommer 1930, war ich noch keine vier Jahre alt.

Ich kann mich nicht erinnern, meine Eltern je sonderlich gemocht zu haben: Sie waren mir immer fremd. Und sie hatten mich abgeschoben, als ich noch ganz klein war, erst sechs Wochen alt. Die Mutter meines Vaters nahm mich auf. Noch oft sollte ich später, wenn von mir die Rede war, das schreckliche Wort »Waise« hören.

Meine Mutter war halb Zigeunerin, halb Polin und siebzehn Jahre alt, als sie meinen damals zwanzigjährigen Vater kennenlernte. Sie hatte eben mit einem Liebhaber Schluß gemacht, war schwanger von ihm und steckte in einer der vielen Krisen ihres Lebens. Mein Vater verliebte sich in sie, und sie heirateten. Bald darauf bekam sie einen Sohn, und zwei Jahre später wurde ich geboren.

Meine Mutter war sehr schön – schwarzäugig und blond, mit langen schlanken Beinen und auffallend hübschen Händen. Ich bewunderte sie – aber von weitem. »Gehört« hat sie mir nie. Die Leidenschaft fürs Singen hat sie mir gewiß mit ihrem Zigeunerblut vererbt. Sie spielte Gitarre und sang Zigeunerlieder dazu – *Schwarze Augen* zum Beispiel –, und ich ahmte sie nach. Häufig kamen Gäste ins Haus und baten mich, »Sing, Galja«, worauf ich mich meistens unter dem Tisch verkroch. Nicht etwa aus Angst, vorsingen zu müssen. Im Gegenteil, ich sehnte mich danach. Für mich allein zu singen, genügte mir nicht. Ich brauchte Menschen, die mit mir fühlten und Anteil nahmen. Aber ich brauchte auch den Bereich des Verborgenen, einen Zufluchtsort vor der Wirklichkeit, wo ich mir meine eigene Welt schaffen konnte. Und so erklang denn, unter dem Tisch, meine Version der *Schwarzen Augen*: »Otschi tschor-nye, otschi strastnye, otschi sautschije i prekra-a-a-snye . . .«

Schon mit drei Jahren sang ich wie eine Erwachsene. Die Stimme war mir angeboren. Es muß unsere Gäste verblüfft und seltsam berührt haben,

9

so volle Brusttöne aus der Kehle eines kleinen Mädchens zu hören. Aber sie applaudierten mir kräftig, und ich kroch, animiert von meinem Erfolg, unter dem Tisch hervor, machte einen Knicks und kam zum nächsten Akt: »In das Mädchen aus der kleinen Kneipe verliebte sich ein rauher Hauptmann, in das Mädchen mit den Augen einer wilden Gemse und dem Lächeln wie der Nebel in der Nacht.«

Ein »Meisterwerk«, das ich auf dem Stuhl stehend sang. Die Szene erschien mir höchst wirkungsvoll, denn ich konnte mich – dem Schicksal des unglücklichen Mädchens gemäß – vom Leuchtturm ins Meer (also vom Stuhl zu Boden) stürzen und ertrinken. Mein Publikum raste. Meistens tanzte ich noch ein bißchen, wackelte mit den Schultern und sang schallend laut das Zigeunerlied *Chavella!*

Meine Mutter hatte eine kleine, hübsche Stimme, mein Vater aber war ein imposanter dramatischer Tenor. Früher hatte er davon geträumt, Sänger zu werden. Statt dessen erlag er der russischsten aller »Schwächen« – dem Trinken. Und immer, wenn er zuviel getrunken hatte, grölte er die Arie des Hermann aus *Pique Dame*: »Was ist unser Leben? Ein Spiel!«

Das Jahr 1930 war das einzige, das ich mit meinen Eltern verlebte. Man hatte mich auf ihre Datscha außerhalb Leningrads gebracht, wo ich eigentlich nur zu Besuch war. Ganz wenige Ereignisse aus dieser kurzen Zeit sind mir noch lebhaft in Erinnerung: Ich saß am Fenster unserer Datscha. Sie war nicht anders als die übrigen Hütten des Dorfes, aber sauber, mit Chintzvorhängen und städtisch eingerichtet. Es war ein feuchter Herbsttag, der Regen hatte die Straße aufgeweicht. Im Schlamm sah ich eine Menge Leute aufgeregt hin- und herlaufen, sie schrien und weinten. Ich konnte auch ein paar Männer sehen, die durch die offene Tür der Hütte gegenüber Bündel herausschleppten, Töpfe, Decken und Kissen, und alles auf einen Karren warfen, mit einem abgezehrten Gaul davor. Die Frau, der das Haus gehörte, stand daneben und hatte ihre heulenden Kinder, meine Spielgefährten, am Rockzipfel hängen. Die Großmutter rannte hin und her, den kupfernen Samowar fest in der runzligen Hand. Um keinen Preis der Welt hätte sie ihn den Kerlen überlassen, sie schrie nur unentwegt »Herodes! Herodes! Herodes!«

Was mir von jenem trüben Herbsttag in Erinnerung blieb, ist die Straße voller Schlamm, die vielen Bauern und, im Gegensatz zum Grau der Szenerie, der Glanz des Kupfersamowars in den Händen der alten Frau. Nie zuvor hatte ich das Wort »Herodes« gehört und begriff erst Jahre später, daß dies der Beginn der Kollektivierung war, daß die sogenannten Kulaken vor meinen Augen um ihren Besitz, um ihre gesamten Rechte gebracht worden waren. In mein kindliches Gedächtnis hatte sich das Bild vom Untergang der russischen Bauernschaft eingeprägt.

Ich weiß auch noch, daß ich einmal mit meiner Mutter durch den Wald ging. Da kam uns ein Mann entgegen gefahren und warf uns zwei Brote zu. Meine Mutter verstaute den Schatz in ihrer Tasche und schärfte mir ein, es ja keinem zu erzählen. Damals wußte ich noch nicht, welche Rolle dieser Fremde einmal spielen sollte.

Dagegen wußte ich sehr wohl, daß meine Mutter meinen Vater nicht liebte. Wenn er nicht zu Hause war, kamen andere Männer zu uns, und Mutter war dann wie verwandelt, sie wurde noch schöner. Mir schien, daß sie auch mich nicht liebte, und um das herauszufinden, spionierte ich ihr nach. Ich spürte, daß sie Angst vor mir hatte – Angst, ich könnte Vater alles erzählen. Denn wenn er zu Hause war, verging kein Tag, an dem er ihr keine Szene gemacht hätte. Vermutlich hatten ihm Nachbarn von dem Kommen und Gehen während seiner Abwesenheit berichtet.

Eines Nachts wurde ich durch lautes Schreien wach. Meine Mutter rannte im Nachthemd durchs Zimmer und mein Vater ihr nach – eine Axt in der Hand, betrunken und außer sich vor Wut. Ich schrie los, und das brachte ihn wohl zur Besinnung. Denn er ließ meine Mutter in Ruhe und tobte seine Wut am Spiegelschrank aus. Die Axt krachte gegen das Glas und zerschlug es in tausend Stücke.

Mein Vater packte mich und brüllte: »Wer war bei deiner Mutter? Wer war es?«

Ich sah die großen Augen meiner Mutter auf mich gerichtet. Sie bettelte nicht um mein Schweigen – sie sah mich einfach an, und ich wußte, daß ich sie nicht verraten konnte. Als weibliches Wesen ergriff ich ganz automatisch ihre Partei.

»Wer war hier?«

»Niemand«, sagte ich.

»Du lügst! Sag die Wahrheit oder ich bring' dich um! Wer?«

»Niemand.« Dabei wußte ich längst über jenen Fremden Bescheid, sehr gut sogar.

Gegen Morgen glätteten sich die Wogen, und sie faßten den Entschluß, sich zu trennen – die Ehe hatte ganze fünf Jahre gedauert. Dann fragte mich mein Vater: »Bei wem willst du bleiben – bei deiner Mutter oder bei mir?«

»Bei dir«, sagte ich und meinte seine Mutter, bei der ich ja schon vorher gelebt hatte. Von meiner Mutter ging ich fort wie von einer Fremden.

Ich war zu früh zur Welt gekommen, und man hatte mir erzählt, sie habe nur einen Blick auf mich geworfen und sich abgewandt: »Schafft sie mir aus den Augen, sie ist so häßlich!« In der Tat sah ich bei meiner Geburt einem Affen sehr ähnlich, überall wuchsen mir Haare, sogar im Gesicht. Und ich brüllte, wollte dauernd gefüttert werden; aber meine Mutter weigerte sich, mich zu stillen. Da sie meinen Vater nie geliebt hatte, konnte sie wohl auch mir gegenüber nur gleichgültig sein. Ihren Sohn jedoch betete sie an.

Also kam meine Großmutter, Darja Alexandrowna Iwanowa, und holte mich im Alter von sechs Wochen zu sich nach Kronstadt. Dort lebte sie zusammen mit meinem Großvater, einer verheirateten Tochter, Katja, und einem unverheirateten Sohn, Andrej. Großmutter wußte, wie man ein Baby versorgt. Auch hatte sie bald eine Frau ausfindig gemacht, die – nahezu ein Wunder in jenen Hungerjahren – noch immer eine Ziege besaß und uns mit Milch aushelfen konnte. Abends, wenn das Feuer im Küchenherd verloschen war, steckte sie mich in die Röhre, um mich warmzuhalten. Oder sie kaute Weißbrot zu Brei und stopfte es mir in den Mund – alles, um mich durchzubringen. Ich überlebte.

Meine Großeltern väterlicherseits stammten aus der Provinz Wologda. Großvater, Andrej Andrejewitsch Iwanow, war Ofensetzer und ein Meister seines Fachs (heute noch stehen in vielen der alten Kronstädter Häuser Kamine und prächtige Kachelöfen, die er gesetzt hatte). Lange vor der Revolution waren die beiden nach Kronstadt gezogen. Sie hatten acht Kinder, von denen vier – zwei Söhne und zwei Töchter – am Leben blieben. Großvater schaffte es, daß sie alle durch eine gute Ausbildung ein besseres Leben erwarten konnten. Nur der jüngste Sohn, Andrej, wurde wie sein Vater Ofensetzer. An Großvater erinnere ich mich nur vage. Er war ein herzensguter Mann, der mich Wischenka, »kleine schwarze Kirsche«, nannte und immer etwas Süßes für mich hatte. Ich liebte ihn sehr – und er mich, das wußte ich.

Die »Schwäche« aller Russen aber war auch die seine, und er nahm nach russischer Sitte gern an Trinkgelagen teil, ohne jedoch gewalttätig zu werden. Jeden Tag, wenn er von der Arbeit kam, habe ich auf ihn gewartet. Ich hockte dann im Flur auf dem Boden und lauschte, hörte schon am Klang seiner Schritte, ob er betrunken war oder nicht. Wenn er es war, riß er die Tür weit auf und warf sich in Pose, musterte uns gründlich der Reihe nach und sagte dann hoheits- und würdevoll immer dasselbe: »Ja, so bin ich . . .« – (Pause) – »ich, Andrej Andrejewitsch Iwanow!«

Ich brachte ihm dann gleich seine *Oporki* (Filzstiefel, die wir als Pantoffeln trugen); er steckte mir ein Bonbon zu und nannte mich wieder »kleine schwarze Kirsche«. Auch wenn Großmutter schimpfte, lachte er nur, philosophierte noch ein wenig mit den Nachbarn und ging schlafen.

Sein Tod war entsetzlich. Vom vielen Trinken hatte er ein Magengeschwür und bekam eines Tages, bei einem seiner Saufgelage, heftige Schmerzen. Um sie zu lindern, füllte er kochendes Wasser in eine Glasflasche, korkte sie mit einem Gummistöpsel zu und legte sich ins Bett – die

Flasche auf dem Bauch. Der Stöpsel sprang heraus, und das heiße Wasser spritzte ihm genau in die Augen. Eine Infektion kam dazu, und kurze Zeit später war er tot. Man gab uns eine Fotografie von ihm – im Sarg, das Gesicht unkenntlich vor lauter Verbänden.

Im Winter dieses ereignisreichen Jahres 1930 überquerte ich den zugefrorenen Finnischen Meerbusen zu Fuß. Tante Katja und ihr Sohn Boris, der zwei Jahre jünger war als ich, hatten mich in Leningrad bei meinen Eltern abgeholt, um mich nach Kronstadt zurückzubringen. Ich war meiner Mutter und meinem Vater ziemlich böse, mich diesen Leuten ausgeliefert zu haben, und so stürmte ich wie ein kleines wildes Tier mit finsterem Blick über Großmutters Schwelle. Ich nahm keinerlei Notiz von der alten Frau und sagte niemandem guten Tag.

Großmutter war sehr gekränkt: »Sag schon, was ist los mit dir?« Ich schwieg und rührte mich nicht.

»He, du Zigeunerkind! Du gleichst deiner Mutter aufs Haar!« Ich war wirklich kein liebenswürdiges Kind, und es sollte noch Jahre dauern, bis ich begriff, was Liebe geben und Liebe empfangen bedeutet. Damals aber war ich völlig unnahbar. Erst mit der Zeit und dank der liebevollen Wärme meiner Großmutter begann ich aufzutauen. Sie war von bäuerlichem Schlag – mager, klein, energisch – und den ganzen Tag auf den Beinen. Schon früh am Morgen suchte sie den Markt nach den billigsten Lebensmitteln ab, die aufzutreiben waren. Sie wusch und nähte für andere Leute, denn die monatliche Rente, die sie nach Großvaters Tod bekam, betrug ganze vierzig Rubel – und das zu einer Zeit, wo ein Pfund Fleisch acht Rubel kostete. Wie wir das schafften, weiß ich nicht.

Ihren Wodka liebte sie sehr. Jeweils am elften des Monats, wenn sie ihre Rente holte, legte sie auf dem Heimweg eine kurze Pause ein und gab drei Rubel und fünfzehn Kopeken für einen »Kleinen« aus (was etwa einem Viertelliter entspricht). Den stellte sie in den Geschirrschrank, putzte, wusch und kochte und nahm dann einen Schluck. Gegen Abend war die Flasche leer. Und sie rauchte. Sie schickte mich in den Laden, um die billigsten Zigaretten, Marke Raketa, für fünfunddreißig Kopeken das Päckchen, zu kaufen.

Oft kamen am Tag der Rente ein paar ihrer Freundinnen ins Haus, tranken und sangen und landeten schließlich beim Wesentlichen – beim Klatsch. Daß ich dabeisaß, störte sie natürlich.

»Galenka, geh spielen!«

»Ich hab' keine Lust. Ich will hierbleiben.«

»Sieh doch, alle deine Freundinnen sind draußen. Nur du sitzt hier drin.«

»Nein, ich geh' nicht. Hier ist es viel schöner.«

So hielt ich sie eine ganze Weile hin, denn ich wußte ja, daß mir am Ende jede der alten Jungfern zwanzig Kopeken für ein Eis zustecken würde. Ich ließ mich also bestechen und blieb bis zum Dunkelwerden draußen.

Im allgemeinen hat Großmutter mich über die Maßen verwöhnt, und ich habe, als ihr Hätschelkind, auch nie einen Teller spülen müssen. Von Zeit zu Zeit ließen meine Onkel und Tanten sie das auch merken: »Sie wird noch ein Taugenichts, wenn du sie weiterhin wie eine Prinzessin erziehst. In Schlössern wird sie bestimmt nicht leben! Sie hat keine Ahnung, was Arbeit heißt. Sie nutzt dich nur aus, und du hast nicht einmal ein Dankeschön davon.«

»Jetzt reicht es mir aber«, sagte Großmutter dann, »kümmert euch doch um eure eigenen Kinder! Ihr haltet euch wohl alle für sehr gescheit – so auf einem kleinen Waisenkind rumzuhacken!«

Ich war ein schrecklicher Dickkopf und bekam auch alles, was ich wollte. Natürlich bat ich nie um Geld oder sonst etwas Unmögliches – meinen Willen aber mußte ich haben. Wenn ich ein neues Kleid anziehen wollte, das nur für sonntags gedacht war, konnte ich tage- und nächtelang Theater machen. Notfalls schloß ich mich ins Badezimmer ein, hockte im Dunkeln auf dem Boden und heulte. Dabei hörte ich ganz genau, wie meine Großmutter, von Mitleid gepackt, draußen hin und herging, oder daß Onkel Kolja, der an meiner Schule unterrichtete, sich einmengte und meine Großmutter beschwor: »Geh bloß nicht zu ihr rein!«

»Es macht dir wohl Spaß, ein Waisenkind zu quälen!«

»Laß sie schreien, so lange sie will, aber geh nicht rein!«

»Hat dich jemand danach gefragt? Schulmeister!«

Dieses Drama wurde immer wieder inszeniert. »Dickkopf, hast du dich mal wieder durchgesetzt! Wie die Mutter, so die Tochter.«

Die Gemeinschaftswohnung, in der wir lebten, hatte früher einem Admiral der Zarenflotte gehört, der während der Revolution mit seiner Familie ins Ausland geflohen war und sämtliche Möbel, einschließlich eines Becker-Klaviers, zurückgelassen hatte. Die Wohnung bestand aus fünf großen Zimmern und einer riesigen Küche, wo alle Mieter ihr Essen kochten. Den Küchenherd heizten wir mit Holz – Gas war uns noch unbekannt. In dem einen Zimmer lebten meine Großmutter, Onkel Andrej und ich, im zweiten Tante Katja, Onkel Kolja und deren drei Söhne und im dritten eine alleinstehende Ärztin. Die Familie Dawydow – ein Ehepaar mit zwei Töchtern – bewohnte die beiden anderen Räume. Die einzige Toilette und das Badezimmer wurden von allen benutzt. Insgesamt waren wir dreizehn – nicht viele also im Vergleich zu anderen Gemeinschaftswohnungen.

Tante Katja arbeitete als Buchhalterin und Onkel Kolja gab Sportunterricht an meiner Schule. Onkel Andrej war Hilfsarbeiter; die andern hielten ihn für leicht wirr im Kopf. In Wahrheit aber war er ein liebenswürdiger Mensch. Mein Vater, der wirklich gut verdiente, hat mir noch nie eine Kopeke geschickt. Andrej aber gab mir immer etwas zu essen, auch wenn er selber fast verhungerte. Für ihn war das selbstverständlich – für die andern jedoch völlig verrückt.

Mein Vater war überzeugter Kommunist. 1904 geboren, machte er die mittlere Reife und nahm 1921, im Alter von siebzehn Jahren, an der Niederwerfung des Kronstädter Aufstands teil. Er, der Sohn eines Arbeiters, sah sich gezwungen, auf die eigenen Leute zu schießen, Matrosen umzubringen. Sein Leben lang hat ihm das zu schaffen gemacht und seine Seele fast erdrückt.

Was tut ein Russe gegen solch eine Last – er trinkt. Mein Vater war ein mieser Trinker, und ich habe ihn schon im Alter von fünf, sechs Jahren gehaßt. Mit blutunterlaufenen Augen warf er sich vor mir in Pose und hielt Reden, als stünde er auf einem Podium. »Parasiten!... Schmarotzer!... Erschi-i-ießen werde ich euch, alle! Wir sind Leninisten, wir haben gekämpft! Wofür? Für die Revoluti-o-on!«

Dann stand ich da mit offenem Mund. Die ganze Revolution, ihre sämtlichen Ideen hat dieser betrunkene Leninist für mich verkörpert.

Tragisch war nur, daß er kein gewöhnlicher, kein abgestumpfter und vom Sowjetregime moralisch verbogener Muschik war. So gesehen hätte er sich nur dem Suff zu überlassen brauchen und sein Leben irgendwo in der Gosse beenden können. Statt dessen war er ein kluger und gebildeter Mann, den die blutigen Szenen seiner Jugend und die vom Blut seiner Brüder befleckten Hände nicht zur Ruhe kommen ließen. Nicht einmal Wodka konnte sein Gewissen besänftigen.

Erst Jahre später ist mir das alles klargeworden. Damals aber, wenn ich so vor ihm stand, empfand ich nichts als Wut und Abscheu vor ihm und seinen Worten – und den unwiderstehlichen Drang, mich von hinten anzuschleichen und ihm an den Kragen zu gehen.

Kindheitseindrücke dieser Art haben meinen Charakter geprägt. Innerhalb meiner eigenen Familie wurde ich Zeuge von Persönlichkeitsverfall, verlogener Moral und Zusammenbrüchen. Auch Onkel Kolja neigte zur Trunksucht; er starb unter den Rädern eines Autobusses. Mascha, Großmutters älteste Tochter, war mit einem Alkoholiker verheiratet, einem gebildeten Mann, der aber so weit herunterkam, daß er Haus und Hof verkaufte, die Familie ruinierte und an Trunksucht starb. So waren sie alle, die ganze Familie schien zu einem schrecklichen Schicksal verdammt.

Schlimm erging es auch der Tochter meines Großonkels, deren Mann sich eines Abends sinnlos betrank, aus Wut oder Eifersucht seine Frau und deren Schwester mit der Axt erschlug und sich dann selbst erdolchte. Soll ich noch mehr erzählen? Bei so zügellosem Trinken entlud sich die Brutalität schon beim geringsten Anlaß. Meine Kindheit war von Alkoholdunst durchzogen. Seitdem empfinde ich tiefen Abscheu vor Betrunkenen.

Kronstadt ist eine Festungsanlage auf der kleinen Insel Kotlin. Mit dem Schiff brauchte man damals zwei Stunden von Leningrad aus. Im Winter nahm man die Bahn bis Oranienbaum und fuhr mit dem Bus weiter über den vereisten Finnischen Meerbusen. Es gab nur wenige Straßen in der Stadt, grüne Boulevards und Parkanlagen und hübsche, zwei- bis dreistöckige Häuser. Mit ihrem Offizierscasino, dem Petrowski-Park und dem Denkmal für »Peter den Großen, den Gründer Kronstadts« war auch die Uferseite sehr schön. Im Winter fuhren wir gleich hinter dem Denkmal des Admirals Makarow Schlitten.

An klaren Tagen konnte man sogar von Leningrad aus die mächtige Morskoi-Kathedrale sehen, die später zu einem Kino umgebaut wurde. Dort drängelten sich die Kinder zu Matineevorstellungen, rissen sich um die besten Plätze – ich genauso wie alle anderen. Immer wieder sahen wir uns die Filme an und kannten sie bald auswendig, doch erlebten wir sie jedesmal neu: *Die roten Söhne des Teufels, Tschapajew* oder *Die fröhlichen Buben.*

In jenen Jahren wurden viele Kirchen geschlossen oder zerstört. Auch die schöne Kapelle unserem Haus gegenüber ist damals abgerissen worden. Ich habe nie verstanden, warum; sie war doch so schön! Man munkelte, daß sogar die Morskoi-Kathedrale gesprengt werden sollte. Die Kirche des heiligen Johannes von Kronstadt hatte man bereits zum Kartoffelspeicher degradiert. Den Plan, auch sie in die Luft zu jagen, hat dann der Krieg durchkreuzt.

Kronstadt gehörte den Matrosen. Sie verachteten die wenigen Soldaten, die es dort gab. Ich selbst habe mehrmals heftige Straßenschlachten erlebt – besonders dann, wenn die Matrosen Urlaub hatten und auf Zechtour waren. Dann prügelten sie sich, betrunken, mit den Soldaten herum – nicht etwa Mann gegen Mann, sondern ganze Gruppen gegen einen. Ich habe einmal gesehen, wie sie ihre Gürtel abnahmen und einen Mann mit den eisernen Schnallen erschlugen.

In unserem Haus – einem wahren Ameisenhaufen von Gemeinschaftswohnungen – kannte jeder die intimsten Details aus dem Leben des andern. Und jeder ging in den Räumen des andern ein und aus, so, als wären wir eine große Familie. Niemand hatte Geheimnisse. Verprügelte ein Mann seine Frau, wußten alle Bescheid. Schrie jemand, waren alle zur Stelle und mischten sich ein. Wir lebten in einem Glashaus, ohne Zwänge, ungeniert und nach der Regel: eine Familie, ein Zimmer. Hier schliefen die

Eltern, dort, im Bett hinterm Kleiderschrank, schlief der Sohn mit seiner Neuvermählten, und auch die Kinder wurden dort geboren.

In unserem Zimmer stand das Bett meiner Großmutter mit seinen gewaltigen Federkissen, gleich daneben das von Andrej, und dann kam die rote, mit Teppich ausgeschlagene Ottomane, auf der ich schlief. Häufig aber, wenn Großmutter wegen ihres Rheumas nicht schlafen konnte, kroch ich zu ihr ins Bett und rieb sie mit Salben ein. Lag sie dann – obwohl ihr Federbett warm wie ein Ofen war – noch immer wach, kam es schon vor, daß sie mich bat: »Galja, sing was für mich!«

Ganz leise sang ich dann ein rührseliges Lied, oder auch zwei:

Ärmlich war die Familie, in der ich geboren wurde,
irgendwo am Rande der Stadt.
Unglücklich war ich,
als ich mit siebzehn in einer Ziegelei zu arbeiten begann.

Großmutter vergoß ein paar Tränen, worauf ich zu härteren Mitteln griff:

Marusja, du Marusja,
reiß die Augen auf!
Doch da sagt der Doktor:
Marusja, die ist tot.

Mit einem solchen Stück im Repertoire schliefen wir dann endlich ein.

Unseren riesigen Samowar, der einen ganzen Eimer Wasser faßte, benutzte Großmutter dreimal am Tag – niemals hätte sie Tee aus der Kanne getrunken. Und wenn das Geld für den Tee nicht reichte, schnitt Großmutter getrocknete Möhren klitzeklein und goß sie mit kochendem Wasser auf. Das Getränk hatte zumindest ein wenig Farbe, und mit der Zeit gewöhnte man sich an den Geschmack.

Butter kauften wir uns nur an den Zahltagen, Sonnenblumenöl aber gab es immer – ich mag es heute noch. Auch den Geschmack des Roggenbrots, wie es vor dem Krieg in Kronstadt in einer Bäckerei der Marine gebacken wurde, vergesse ich bestimmt nicht mehr. So ein Brotlaib, mächtig, rund und dunkel, wog mehrere Kilogramm, hatte unten eine dicke Kruste und oben glänzte er, als habe man ihn lackiert. Erst neulich, in Paris, entdeckte ich in einem Laden solches Brot: kaum zu Hause – das Brot war noch warm – schnitt ich mir eine Scheibe ab, bestrich sie mit Butter und war selig.

Eines schönen Tages verriet mir der Spiegel unseres großen Kleiderschranks, daß ich ein hübsches Mädchen sei. Bisher hatte ich den Schrank lediglich als einen Hort unzähliger Schätze betrachtet, wo Großmutter alte

Kleider und Hüte aufbewahrte – zweifellos hatten sie der Frau des Admirals gehört. Auch sechs silberne, in ein Tuch gewickelte Löffel, eine silberne Zuckerdose samt Zuckerzange waren dabei. Großmutter sagte stets, sie würde nötigenfalls alles verkaufen, nur nicht das Klavier und das Silber: Galjas Aussteuer. Im Lauf der Zeit aber fanden alle diese Dinge den Weg nach Leningrad zur Handelsgewerkschaft, der *Torgsin*, und wurden dort für Lebensmittelmarken versetzt.

Und so kam es auch, daß Großmutter eines Tages eine Ikone aus dem Zauberschrank holte, eine Muttergottes. Ich habe den silbernen, mit Perlen und Türkisen besetzten Rahmen noch genau vor Augen, ebenso den Heiligenschein der Madonna, dessen helles Blau in Weiß überging. Es war sehr schwierig, den Rahmen wegzubrechen. Aber wir schafften es, das Silber in eine formlose Masse zu verwandeln – nur so konnten wir es bei der Handelsgewerkschaft los werden. Dann brach Großmutter jede Perle und jeden Türkis aus dem Silber, schluchzte dabei und flüsterte vor sich hin. Das Marienbild verstaute sie irgendwo.

Wir alle warteten sehnlichst auf den Sommer und auf Großmutters alljährliche Pilz- und Beerensuche in Kapore, nicht weit von Oranienbaum. Mehrmals im Sommer fuhr sie mit ein paar alten Frauen dorthin und zog für einen Tag oder zwei in die Wälder. Wir Kinder saßen dann am Kai und warteten auf ihre Rückkehr, um schließlich die großen, übervollen Körbe durch die Stadt zu tragen und – emsig wie die Eichhörnchen – die reiche Ernte des Waldes einzubringen. Arbeit war das nicht für uns. So hatten wir im Winter Töpfe voll eingelegter und getrockneter Pilze und in Zellophan verpackte Preiselbeeren. Bis heute gehört eine Suppe aus getrockneten Pilzen mit Kartoffeln und körniger Gerste zu meinen Leibgerichten.

Auch Stockfisch hat Großmutter oft gekauft – für fünfzehn Kopeken das Pfund ist er in Rußland noch immer der billigste Fisch. Erst hat sie ihn zwei Tage lang gewässert und dann gekocht. Das stank zwar fürchterlich und das ganze Haus roch danach – zusammen mit Kartoffeln aber, mit Zwiebeln und Sonnenblumenöl schmeckte es einfach himmlisch. Noch heute könnte ich diesen Eintopf selbst nach dem opulentesten französischen Essen vertragen. Neben diesem Gericht stand eine Suppe aus Heringsköpfen, Buchweizengrütze und – an den Feiertagen – ein Kohlauflauf auf unserer Speisekarte.

Die Dawydows, unsere Mitbewohner, waren solide und wohlhabende Bauern. Ein Glück für sie, daß der Vater als Lastwagenfahrer arbeitete, der, wenn er Lebensmittel transportierte, schon mal ein ordentliches Stück Fleisch mitgehen ließ und nach Hause schmuggelte. Seine Frau, Marusja, hat es dann heimlich gebraten und sich so vor den Herd gestellt, daß wir es nicht sehen konnten. Aber wie das geduftet hat! Und wie gern ich in ihr Zimmer ging und Filja, dem Vater, beim Essen zusah: das Fleisch auf die

Gabel gespießt, saß er am Tisch und stopfte sich voll. Möglich, daß er das kleine Mädchen und die hungrigen Augen bemerkt hat – mehr als eine Brotkruste aber gab er nicht ab. Niemals hätten die Dawydows irgend jemandem was angeboten, alles hielten sie unter Verschluß. Später, im Krieg, ist Marusja an Darmverschlingung gestorben. Armes Ding. Auch an Iwan Glot, einen Freund meines Großvaters, kann ich mich gut erinnern. Er war Hilfsarbeiter und ein harter Trinker. Wo er wohnte, weiß ich bis heute nicht – vermutlich im Asyl. Nachts aber, wenn er betrunken war, schlief er auf der Straße. Auch nach Großvaters Tod hat er Großmutter noch oft besucht und uns Kindern immer ein paar Bonbons mitgebracht, die er klebrig und voller Tabakskrümel aus der Tasche zog. Gewaschen hat er sich nie, und seine Hände waren immer schmutzig, aber das störte uns nicht – wir mochten ihn. Er brauchte bloß hereinzukommen: schon gab Großmutter ihm etwas zu essen. Er hätte sich sogar auf dem Küchenboden schlafen legen können, Großmutter hätte ihn nie hinausgeworfen. Ganz anders als unser reicher Nachbar Dawydow hat sie das Wenige, das sie besaß, geteilt.

Onkel Iwan trank sich zu Tode. Eines Nachts, nach einem Saufgelage, fing das Delirium an, er kippte um und schlug gegen ein Querholz am Bett. Er hatte in äußerster Armut gelebt und außer Großmutter und Andrej keinen Menschen, der ihn beerdigt hätte. Als man seine Truhe öffnete, war sie leer – bis auf ein einziges Stück Papier, eine Versicherungspolice über tausend Rubel, auf meinen Namen ausgestellt. Große russische Seele! Großmutter brachte das Geld zur Bank, und wir haben es, über viele Jahre hinweg, in kleinen Beträgen abgehoben. Für uns, die wir mit vierzig Rubel im Monat auskommen mußten, war das ein Vermögen!

Hin und wieder, wenn meinen Vater die Anwandlung überkam, mich sehen zu wollen, fuhr ich zusammen mit Großmutter zu ihm. Einmal besuchten wir ihn in Stalinsk, einer Stadt im Ural, die damals voller Ausländer war – Gefangene, die ein riesiges Industriegelände bauten. Damit begannen, im Winter 1932/33, Stalins Säuberungsaktionen. Ein Jahr später kam ich zur Schule. Meine Schulzeit . . . Ich lernte wie die andern, hatte aber kein besonderes Interesse am Unterricht. Hausaufgaben machte ich nie, da ich leicht behalten konnte, was der Lehrer uns erzählt hatte. Chemie, Physik und Mathematik reizten mich überhaupt nicht und das, was mich wirklich interessierte – Geschichte, Literatur, Fremdsprachen –, wurde, wie in allen sowjetischen Schulen, kaum gelehrt. Also warf ich, den Abschluß eben in der Tasche, alles über Bord, was mir die Lehrer so eifrig eingetrichtert hatten. Und keine Macht der Welt brächte mich heute dazu, mich an das Gelernte zu erinnern.

Als Kind hatte ich nur wenig Spielzeug – und wenig dafür übrig. Lesen aber lernte ich, als ich noch ziemlich klein war, indem ich es mir selber beibrachte. Schon in den untersten Klassen nahm ich regelmäßig an den Schulkonzerten teil, was mir schnell den Spitznamen »Galka Artistka« eintrug. Sie zogen mich auf mit ihrem ständigen Singsang »Galka Artistka, Galka Artistka!«

In der ersten Klasse gewann ich meinen ersten Gesangspreis: drei Meter getüpfelten Chintz, aus dem mir Großmutter ein Kleid nähte. Ich sang leidenschaftlich gern und überall: auf der Straße, in der Schule, mit meinen Freundinnen, zu Hause. Meine Stimme tönte über den ganzen Schulhof.

»Seht mal«, sagten die Gören dann, »da drüben geht Galka Artistka!«

Dabei war ich nicht anders als sie – bis auf meine künstlerische Begabung, die sich so früh schon herausgestellt hatte. Nur wenige Tage nach meinem Schuleintritt sagte der Lehrer zu meiner Großmutter: »Darja Alexandrowna, ich glaube, Ihre Galka ist zu etwas ganz Besonderem bestimmt.«

Zur Schule ging ich, weil ich das mußte, wenn sie aber aus war, lief ich so schnell ich konnte auf die Straße, spielte und tobte mit den anderen Kindern, bis es dunkel wurde. Eine richtige Freundin hatte ich nicht – die Jungen waren mit lieber und die mochten mich auch –, vermutlich, weil ich nie vornehm tat oder beleidigt war. Sie akzeptierten mich als Kumpel, mit dem man über Dächer steigen und Steine werfen konnte. Darum kam ich auch ständig mit zerschundenen Knien und angeschlagenen Ellbogen nach Hause, oft auch mit blutiger Nase.

In der dritten Klasse kam ich in eine andere Schule. Dort brachte mich der Lehrer ins Klassenzimmer und stellte mich vor: »Das ist unsere neue Mitschülerin, Galja Iwanowa.« Ich hatte meinen einzigen Kittel an, einen schwarz-weiß gemusterten, den Großmutter mir genäht hatte und den ich, obwohl er drei Jahre alt und ziemlich fadenscheinig war, voller Stolz trug. Um so mehr, als ein rotes Seidenband – ein Neujahrsgeschenk meiner alten Schule – mein Haar wie eine Krone zierte. Jahrelang und zu jedem wichtigen Anlaß war dies mein schönster Schmuck.

Kaum saß ich auf meinem Platz, starrten sämtliche Jungen mich an. Besonders auf einen muß ich großen Eindruck gemacht haben, denn ich sah, wie er einen Metallknopf in seine Schleuder legte und auf mich zielte. Er traf mich genau zwischen die Augen, wo sofort eine gewaltige Beule entstand. Panik brach aus. Die Tränen liefen mir übers Gesicht – wie durch ein Wunder hatte ich kein Auge verloren. Dann brachten mich ein paar Mädchen ins Lehrerzimmer. Der Junge war zu Tode erschrocken.

»Wer war das?« fragte der Direktor.

»Ich weiß es nicht, ich habe es nicht gesehen.« Meine Antwort entfachte einen Sturm der Bewunderung: »Sie ist zwar ein Mädchen, aber petzen tut sie nicht!« Es war, als hätten sie mich auf ein Podest gehoben. Der Übeltäter aber wurde mein bester Freund, mein Leibwächter.

In dieser Schule begegnete ich auch meinem ersten Gesangslehrer, Iwan Ignatjewitsch, einem Lehrer, der die Musik über alles liebte, einem Lehrer aus Berufung, nicht aus Notwendigkeit. Meist sind die Musiklehrer solcher Schulen ja gescheiterte Sänger oder Pianisten, rackern sich ab mit ihren Pflichten, hämmern die primitivsten Melodien oder bringen ihren Schülern Lieder für die »Massen« bei, wie dieses:

> Stalin ist unsere kriegerische Ehre,
> Stalin ist das Vorbild unserer jugendlichen Heere!
> Ihm folgt unser Volk –
> singend, kämpfend, siegend.

Auch Iwan Ignatjewitsch mußte sein Pensum und das Programm des Ministeriums für staatliche Erziehung erfüllen, ein Programm, das ausschließlich aus solchen Meisterwerken bestand. Nur die Schulkonzerte gaben ihm Gelegenheit, seinen Neigungen nachzugehen.

Schon bei der ersten Chorstunde hatte er mich bemerkt. »Du dort, die Neue, bleib nach der Stunde im Klassenzimmer.«

Ich blieb.

»Aus welcher Schule kommst du?«

»Aus Nummer acht.«

»Bist du schon mal in einem Laienkonzert aufgetreten?«

»Ja.«

»Und was hast du da gesungen?«

»Lieder.«

»Was für Lieder?«

Ich sang sie ihm vor:

> Über Berg und Tal
> schritt die Division voran,
> um im Kampf das Küstenland zu nehmen,
> das Bollwerk der Weißen Armee.

»Und was noch?« Ich wurde lauter:

> Budjonnyj, Du unser Bruder, mit uns ist das ganze Volk!
> Befehl: den Kopf nicht hängen lassen, immer voran,
> denn mit uns ist Woroschilow, der erste rote Offizier.
> Voran, voran für die UdSSR!

»Gut. Sing jetzt die Tonleiter.«

»Was?« Ich hatte das Wort noch nie gehört.

»Ich spiele sie dir auf dem Klavier vor und du wiederholst. Kannst du das?«

»Klar.« Ich sang sie ihm nach, versuchte, mein Bestes zu geben und genoß jeden Ton.

»Möchtest du bei unserem nächsten Schulkonzert am Ersten Mai auftreten?«

»Natürlich. Was soll ich singen?«

»Tja, was singst du denn so zu Hause?«

»›Schwarze Augen‹ oder ›Was ist das Leben? – Ein Spiel!‹ Soll ich das singen?«

Er gluckste vor Lachen. »Nein. Fürs erste lernen wir ›Ein Frühlingslied‹.« Ich lernte es sofort und vergaß es nie mehr:

Komm schneller Frühling,
komm schneller zu uns, heller Mai,
bring Gras und Blumen wieder herbei!
Gib uns die Veilchen am stillen Bächlein,
Kuckuck, Nachtigall
und all die anderen Vögelein!

Was hatten Veilchen und Nachtigallen mit mir oder sonstwem zu tun? Der alte Wasja, der im Hof schmutzige Lieder sang, das war Wirklichkeit für mich. Die Worte des Frühlingsliedes aber kamen mir seltsam vor – aber auch lieblich, heiter und ungekünstelt.

Beim nächsten Konzert sang ich zusammen mit einem anderen Mädchen ein Duett, eine Barkarole:

Eng an den Mast gelehnt
zähle ich laut die Wogen . . .

Wie schön der Zusammenklang zweier Stimmen war, erlebte ich hier zum erstenmal und wünschte, es möge nie zu Ende gehen. Auch Iwan Ignatjewitsch, der uns begleitete, war sichtlich entzückt. Das Duett – wir trugen es auf der Kinder-Olympiade vor – brachte mir als Preis den Klavierauszug von Rimski-Korsakows Oper *Schneeflöckchen* ein.

In diesem Jahr besuchte ich auch meine Mutter in Leningrad. Sie wußte, daß meine Liebe zum Gesang immer stärker geworden war, und schenkte mir zu meinem zehnten Geburtstag ein Plattenalbum von Tschaikowskijs *Eugen Onegin* und ein Grammophon.

Die Tatjana sang Aljona Kruglikowa, den Onegin Pantaleimon Narzow und den Lenski Iwan Koslowski. Merkwürdig, daß die ersten Rollen des russischen Opernrepertoires, die ich später am Bolschoi-Theater sang, eben die Tatjana in *Eugen Onegin* und die Kupawa in *Schneeflöckchen* waren.

Als ich damals aber meine erste Oper hörte, riefen der Klang des Orchesters, die Schönheit der Stimmen und der Worte gänzlich neue Gefühle in mir wach. Tagelang lebte ich wie im Fieber und vergaß alles um mich her, ich vergaß zu essen und ging nicht einmal auf die Straße, um mit den Jungen zu spielen. Ich saß nur da und drehte die Kurbel, ließ den wundervollen Apparat unentwegt Tatjanas und Lenskis Liebesschwüre und die kalte Moral des Onegin wiederholen.

Bald stöhnten sie alle in der Wohnung. »Hör auf!« schrie Großmutter aus der Küche. »Stell den verdammten Apparat ab! Ich kann's nicht mehr hören!«

Aber ich war schon wieder ganz woanders:

Sag, nahst als Schutzgeist du und Führer,
bist gar ein listiger Verführer?
Gib Antwort, lös die Zweifel mir!

Das Rätsel dieser Worte und die Anmut der Melodie rührten mich zu Tränen. Auch genügte es mir nicht mehr, nur mitzusingen – ich wollte mitspielen, die Rollen interpretieren. Also legte ich mir die Hand aufs Herz und sang mit Lenski:

Ja, ich lieb' Sie, Olga, wild und heiß,
wie nur ein leidenschaftlich Fühlen
des Dichters noch zu lieben weiß . . .

Letztlich aber hat der Spiegel mich gestört und mich vom Wesentlichen – meinen innersten Empfindungen – abgelenkt. Also wandte ich mich ab und sah Olga vor mir im Garten, sah die gelben Häuser mit den Säulen, sah Tatjana im Mondlicht auf dem Balkon:

Ich schlürf' das süße Gift Verlangen,
der Sehnsucht Bann hält mich gefangen . . .

Wie süß das Herz doch schlagen kann! Und wie sehr wünschte ich mir, selbst auf diesem Balkon zu stehen . . . selbst ein so weißes Kleid zu tragen . . . Was die Worte »das süße Gift Verlangen« zu bedeuten hatten, wußte ich nicht. Noch nie besagte das Wort »Gift« etwas anderes für mich als dies:

Man gab Marusja Gift zu trinken
Und sah alsbald sie niedersinken ...

Und nun sollte es ein »süßes Gift« geben, eines, das einem Menschen das Herz versengte, ihn seiner Sinne beraubte und dazu trieb, vor Glück zerspringen zu wollen.

Ich habe die ganze Oper, jede Partie und jeden Chor auswendig gelernt. Ich sang von morgens früh bis abends spät, wie besessen. Oder ich setzte mich an den Tisch, holte mein Notenheft aus den Schulsachen und schrieb mit, was ich sang:

Du mußtest mir zum Schicksal werden,
vom Himmel bin ich dir vermählt.
Nicht hat das Schicksal mich verblendet
mit sel'ger Hoffnung Morgenrot.

Ein solcher Zustand mußte ja tragisch enden: ich verliebte mich.

Er, mein Onegin, war eine Klasse über mir, in der vierten, und anders als die anderen mit ihren ungewaschenen Strubbelköpfen. Sein Haar war immer ordentlich gekämmt und in der Mitte gescheitelt, er trug lange, tadellos gebügelte Hosen, ein dazu passendes Jackett und saubere Hemden. Kurz, es stand für mich fest:

Du nahtest dich, ich sah dich kommen,
mein Herzschlag stockte, ich erglühte,
und jubelnd rief's in mir: er ist's! ...

Er aber schenkte mir keinerlei Beachtung. Nicht die geringste. Und weil ich ja nicht gut hingehen konnte, um ihm meine Liebe zu gestehen, beschloß ich, ihm einen Brief zu schreiben. Natürlich schrieb ich das Ganze bei Puschkin ab:

Ich schreib' an Sie ohn' all Bedenken,
ist damit alles nicht gesagt?
Sie dürfen ungestraft mich kränken,
ich beug' mich wehrlos Ihrer Macht.
Jedoch ...

Es wurde ein seitenlanger Brief. Ich bat ein Mädchen aus meiner Klasse, ihn weiterzugeben. Mein Gott, wie habe ich auf seine Reaktion in der nächsten Pause gewartet. Was aber kam bei alledem heraus? Die reinste

Katastrophe. Mein Onegin mit seinen grauen Hosen und dem tadellosen Scheitel hat überhaupt nichts kapiert, nichts gesagt, gar nichts. Nicht einmal angesehen hat er mich. Ich lief nach Hause und weinte bitterlich. Das war meine erste unglückliche Liebe – genau wie bei Puschkin. Und sehr russisch.

Diese Begegnung mit dem großen Dichter und mit Tschaikowskij bestimmte für allezeit mein Schicksal. Hatte mein Leben bisher nur aus Betrunkenen, aus infamen Lügen und pompösen Militärparaden bestanden, so öffnete sich jetzt eine exotische Welt für mich – eine Welt voll ungeahnter Schönheit und magischer Klänge, überirdisch und rein. Alles bisher Gelernte und Erfahrene hatte sich ganz aufgelöst – eine Rückkehr gab es nicht. Fest entschlossen, Künstlerin zu sein und Sängerin zu werden, malte ich mir die Zukunft in den glühendsten Farben aus.

Fünfzehn Jahre später stand ich auf der Bühne des Bolschoi-Theaters und sang die Tatjana. Mein Partner war Pantaleimon Narzow, der Onegin, den ich als Kind gehört hatte und der jetzt am Ende seiner Laufbahn stand. Für mich fing sie eben erst an.

Es ist schon eigenartig. Als ich mit achtzehn Jahren *Eugen Onegin* erstmals auf der Bühne – der Leningrader Oper – sah, war ich schrecklich ernüchtert. Verglichen mit der früher empfundenen Macht der Musik und der Worte kam mir alles auf dieser Bühne künstlich vor. Da ich als Kind das Theater nicht kennengelernt hatte und nie eine Aufführung sah, hatte ich mir mein eigenes Theater erdacht – eines, das meiner lebhaften Phantasie entsprach. Eben dieser kindlichen Ekstasen wegen konnte ich es jetzt nur als Lüge empfinden, als unecht und als reinste Enttäuschung. Lange Zeit habe ich daraufhin einen Bogen um die Oper gemacht.

Dafür las ich jetzt viel, verschlang Puschkin und Lermontow, Tolstojs *Anna Karenina*, Balzacs *Glanz und Elend der Kurtisanen*. Auch andere Abwechslungen gab es: eine Schauspieltruppe und die Ballettschule. Dort studierte ich zwei Jahre lang, ohne je besonders gern getanzt zu haben. Ich fand es nur schön, an der Stange zu stehen, mich weich und fließend in den Armen zu bewegen und, den Kopf anmutig zur Seite geneigt, meinen Körper zu strecken. Ich liebte es, durch den Raum zu gleiten, ihn förmlich zu durchschweben, und fühlte mich dabei wie eine Königin. Bewegung allein aber genügte mir nicht – ich wollte alles, was ich fühlte, zum Ausdruck bringen, ich brauchte Sprache!

Bei all dem Neuen aber, das sich durch das Wunder der Kunst für mich erschlossen hatte, lebte ich das Leben der andern mit – ein Leben, das nüchtern und alltäglich war und dem man nicht entrinnen konnte. Es war die Zeit der Säuberungsaktionen Stalins, die Zeit des Terrors unter Jeshow. In der Schule las uns der Lehrer aus den Zeitungen vor, wir sollten hören, daß der große Stalin seine Feinde, die Trotzkisten, entlarvt hatte. Jakir und Tuchatschewskij, Spione im Dienst des Auslands, hatte der große Stalin ebenfalls entlarvt. Die Liste wurde immer länger: Pjatakow, Bucharin, Kamenew, Sinowew. Auch den Mord an Kirow hatte der große Stalin entlarvt, aufgeklärt, angeprangert. . . . Stalin, Stalin, Stalin, Stalin, Stalin. Stalin und kein Ende – so lange, bis wir einsehen mußten, daß ein Leben ohne Stalin praktisch undenkbar war. Die Liebe zu Stalin stand an oberster Stelle, alles andere galt als zweitrangig. Die stalinistische Verfassung war ebenso wie die Geschichte der Kommunistischen Partei bereits Lehrstoff an den Schulen. Und wenn an Feiertagen, wie dem 7. November oder dem 1. Mai, Paraden stattfanden, gingen wir nicht ganz einfach hin – wir mußten hingehen. Es nicht zu tun hätte bedeutet, gegen Stalin zu sein.

Es dauerte gar nicht lange und freiwillige Spitzel tauchten auf. Diese Dreckskerle fanden als erste heraus, woher der Wind wehte, und waren vor allen anderen an den Futtertrögen. Bei den Versammlungen der Pioniere und Komsomolzen[1] erzählte man uns, daß wir von Feinden umstellt und daher verpflichtet wären, jedes verdächtige Vorkommnis der Schule oder der Polizei zu melden. Man stiftete uns zu jeder Art des Denunzierens an und hielt uns die Spitzel als Muster beispielhaften Verhaltens vor. Schließlich präsentierte man uns den Würdigsten im edlen Wettstreit, ein Vorbild, einen Helden: den zwölfjährigen Pawlik Morosow. Millionen sowjetischer Kinder haben ihn in Liedern, Gedichten, Bildern und Denkmälern verherrlicht – nur, weil er seinen eigenen Vater und Großvater denunziert hatte.

Genau wie das Deutschland unter Hitler fing auch Rußland damals an, eine Generation von Zuträgern großzuziehen. Die Indoktrinierung begann schon in der Grundschule oder noch früher, im Kindergarten. Kinder, die noch nicht einmal laufen konnten, piepsten schon Lieder und Reime – auf Pawlik Morosow natürlich. Gut und gern hätte der Kindergarten nach ihm heißen können, lautete doch seine simple Botschaft so: »Wenn ihr brave Kinder seid und uns was über Mama und Papa erzählt, wird man vielleicht auch auf euch Lieder singen. Haltet also die Augen auf, spitzt die Ohren und laßt euch nichts entgehen!«

Es wäre interessant zu erfahren, wer die Niederträchtigkeit, Kinder zu korrumpieren, als erster praktiziert hat: die Nazis oder die Kommunisten. Es sieht so aus, als hätte die Sowjetunion einen kleinen Vorsprung.

»Wir danken dir, Genosse Stalin, daß wir so glückliche Kinder sind!« Noch viele Jahre später endeten die Reden der Kinder auf ihren Versammlungen mit diesem Refrain. Und wir sollten ihn noch lange hören: von der

[1] Kommunistische Jugendorganisationen

Leinwand unserer Kinos, von den Bühnen der Theater, aus jedem Lautsprecher unseres weiten Landes. Zwar glaubten wir an Stalin nicht wie an einen Gott – von Gott wußten wir ja nichts –, doch war er für uns die idealste Verkörperung eines Menschen schlechthin. Man hatte uns so gedrillt, daß wir glaubten, ohne Stalin allesamt tot umfallen zu müssen. »Stalin, das ist Lenin heute!«

Mit Lenin hatte auch mein erster, wirklich großer Erfolg zu tun. Als Neunjährige trat ich in einem Schulkonzert zur Feier seines Geburtstags auf – und noch heute habe ich den harten Marschrhythmus und die Worte im Ohr:

Laut erschalle unser Lied,
und wie eine Woge erfasse es die Erde!
Lenin lebt, Lenin lebt,
und das durch uns.
In den Städten, in den Dörfern
erhebt sich brodelnd ein drohender Sturm,
singt lauter – hißt das Banner!
Hörst du, Lenin? – Es zittert die Erde.

Ein Beifallssturm brach los, als ich zu Ende war – Kinder und Eltern jubelten. Zweimal mußte ich das Lied wiederholen. Und ich tat's wie besessen, als wäre ich ein Volkstribun oder ein Mitglied der Hitlerjugend: »Hörst du, Lenin? – Es zittert die Erde.« Ich muß diesen Worten geglaubt haben – wie sonst hätte mein Auftritt einen solchen Eindruck machen können. Dabei war ich noch ein Kind, erst neun Jahre alt. Den Rausch aber, den Taumel, diese ersten Gefühle, im Rampenlicht zu stehen – das werde ich nie vergessen.

An den Gedanken, daß die Jahre ziemlich ereignislos verliefen, hatten wir uns bald gewöhnt – obwohl wir mehrfach die »Umsiedlung« einiger unserer Bekannten, hin und wieder auch ganzer Familien miterlebten. So wohnte eine estländische Familie namens Gerts in der Wohnung gegenüber. Was konnten das aber für Estländer sein, die schon vor der Revolution nach Kronstadt gekommen waren und vielleicht sogar ihre Sprache verlernt hatten? Trotzdem wurden sie mitsamt ihrer Habe verschleppt – freilich nicht in die Hauptstadt unseres Vaterlandes, sondern zu Mütterchen Sibirien oder nach Solowki[1]. Die alte Fenja sehe ich noch genau vor mir, wie sie mit angeschwollenen Füßen und kaum imstande, sich zu rühren, auf ihre erwachsenen Kinder gestützt, sich unendlich langsam fortbewegte. Ihr lautes Wehgeschrei klang wie eine Totenklage.

[1] Straflager, ein ehemaliges Kloster auf der Solowezkij-Insel im Weißen Meer

Sämtliche Nachbarn waren im Treppenhaus zusammengelaufen, um zuzusehen. Russen sehen andere gern leiden und empfinden eine Art Selbstmitleid dabei. Auch waren Szenen wie diese an der Tagesordnung – nein, ich kann mich nicht erinnern, daß sich irgend jemand aufgeregt hätte, im Gegenteil. Manche versuchten sogar, ein so himmelschreiendes Unrecht zu entschuldigen. »Kronstadt«, sagten sie dann gewöhnlich, »Kronstadt ist ein militärischer Stützpunkt, und der Feind schläft nicht. Natürlich haben wir die alte Fenja ein Leben lang gekannt und sollten Mitleid mit ihr haben. In ihrem Alter wird sie sich kaum an einen neuen Ort gewöhnen können und vielleicht schon vorher sterben. Aber, was kann man schon tun in einer Zeit wie dieser?«

So redeten sie noch ein Weilchen, rauchten dabei, um sich zu beruhigen, und gingen dann ihrer Wege.

1941, nach dem »freiwilligen« Anschluß an die UdSSR, diente mein Vater in Estland. Er lud mich ein, die Sommerferien bei ihm zu verbringen, und so fuhr ich nach Dorpat. Was für eine Stadt! Was für ein Unterschied zwischen meinem bisherigen Leben und dem Leben hier! Mir war, als sei ich auf einem fremden Planeten gelandet – lauter gutangezogene, lauter wohlgenährte Leute und blitzsaubere Straßen. Die Familien lebten in eigenen Wohnungen – Gemeinschaftswohnungen gab es nicht. Aber warum sagten sie »danke« im Laden? Vielleicht, weil ich reich genug war, mir so wunderschöne Schuhe kaufen zu können? Nein, daran konnte es nicht liegen. Irgend etwas stimmte nicht. Ja natürlich, das Ganze war ein kapitalistisches Komplott! Sie versuchten nichts anderes, als den »sowjetischen Menschen« zu ködern, zu verführen, und dann ... Uns aber könnt ihr nicht täuschen! Schließlich werden wir jeden Tag vor euresgleichen gewarnt, selbst die Kinder sehen da ganz klar. Außerdem ist es die Aufgabe meines Vaters, euch einzubleuen, daß »wir bald Schluß machen mit diesen Bastarden, mit diesen gefräßigen Schmarotzern!«

Einmal, es war eine helle Sommernacht und ich kam von einer Freundin zurück, bemerkte ich in einer abgelegenen Straße einen Lastwagen. Leute standen darauf, zusammengepfercht und schweigend. Wie Gespenster. Plötzlich sprang ein Mädchen ab und lief los, ein paar Soldaten hinterher. Zuerst hörte man noch das Klicken ihrer Absätze auf dem Kopfsteinpflaster, dann das Stampfen schwerer Stiefel und danach – Stille. Sie hatten sie erwischt, natürlich, aber sie hatte nicht geschrien. So verfuhren unsere »sowjetischen Brüder« mit denen, die sich »freiwillig angeschlossen« hatten: Man trieb sie zusammen, schob sie ins Exil oder zur Erschießung ab. Immer wieder hat sich das abgespielt – vor unseren Augen und ohne daß es uns noch besonders nahe gegangen wäre. Wir wußten ja, daß Spione und Feinde uns umgaben, die nur darauf lauerten, uns zu vernichten. Wir wußten aber auch, daß unser großer Führer und Lehrmeister stets auf der Hut war, daß unser Wohltäter uns beschützte und – in Gedanken an uns – auch des Nachts nicht schlief. Hitlers Invasion aber hat ihn doch im Schlaf überrascht und uns wie ein Schneesturm mitten im Sommer überfallen.

Als die Deutschen näherrückten, war ich allein in Dorpat, mein Vater irgendwo außerhalb der Stadt. Ich rannte zum Hauptquartier einer Luftwaffeneinheit, wo in aller Eile Fahrzeuge verladen wurden. Inmitten des lauten Getümmels schaffte ich es, mit einem Bus voller Piloten herauszukommen. Ein Sondertrupp folgte uns und sprengte die Brücken hinter sich. Wir fuhren Tag und Nacht. Das war kein Rückzug mehr, das war panische Flucht. Erst als wir Torschok erreichten, konnten wir Atem holen. So begann der Krieg für mich – und so ging meine Kindheit zu Ende. Ich war vierzehn Jahre alt.

2

Wie gewöhnlich fing am 1. September 1941 in Kronstadt die Schule wieder an. Um Schularbeiten aber hat sich niemand gekümmert; die Deutschen marschierten durch ganz Rußland. Also brachte man uns bei, wie man Verwundete verbindet, Brandbomben entschärft und mit Waffen umgeht. Schon in den ersten Kriegsmonaten wurde die *Marat*, ein riesiges Schlachtschiff, das im Petrowski-Hafen vor Anker lag, von einem Volltreffer fast zur Hälfte aufgerissen. Als wir hinrannten, bot sich uns ein grausiges Bild: Hunderte von Seeleuten, die, meist verwundet, schwimmend das Ufer zu erreichen suchten, gingen unter, färbten das Wasser im Hafen mit ihrem Blut . . . Das war der Krieg, und so war er überall!

Die Deutschen standen schon kurz vor Leningrad. Sie hielten die Stadt täglich mit Bomben und Granaten unter Beschuß, so daß die Luft nach Verbranntem und geschmolzenem Eisen roch.

Einmal, bei einem Luftangriff, überraschte mich der Alarm auf offener Straße, und ich suchte Schutz im nächsten Torweg. Granaten krachten und pfiffen an uns vorbei, eine aber traf genau die Fassade des Hauses, vor dem ich stand. Eine ganze Weile konnten wir in dem rötlichen Staub nichts erkennen und rannten zur Einschlagstelle. Der gesamte Hauseingang war nur noch ein Trümmerhaufen, dazwischen Tote und Verwundete. Mit den Händen räumten wir die Steine beiseite und holten die erste Frau heraus. Mein Herz zog sich zusammen – sie war tot. Ihr Gesicht, ihre Haare, alles war mit diesem schrecklichen Staub bedeckt, nur in den glasigen, weit geöffneten Augen konnte der blaue Himmel sich spiegeln. Dicht daneben ein kleines, vielleicht fünf Jahre altes Mädchen, es weinte und lief ziellos herum – »Mama! Mama!«

Wir legten die Frau auf eine Bahre und brachten sie in meine Schule ganz in der Nähe. Daß Tote so schwer sind, hatte ich nicht gewußt – es war meine erste Begegnung mit dem Tod. Das kleine Mädchen lief weinend hinter uns her.

Nicht lange danach gingen in Leningrad die bekannten Badajewo-Versorgungslager in Flammen auf. Die Lagerhäuser brannten mehrere Tage lang, so daß Butter und Zucker schmolzen und eine klebrige Brühe durch die Straßen rann. Damit hatten die Deutschen – in genauer Kenntnis des Stadtplans – nahezu die gesamte Lebensmittelversorgung lahmgelegt.

Ein harter Winter setzte ein – so hart, daß nicht einmal die Alten sich an eine ähnliche Kälte erinnern konnten. Wasserleitungen froren ein, Rohre platzten, das Entwässerungssystem brach zusammen.

Die Belagerung hatte begonnen und mit ihr ein neunhundert Tage langes, ununterbrochenes Leiden: ein Inferno, das ich von Anfang bis Ende miterlebt habe. Wenn ich aber heute eine alte Wochenschau sehe, mag ich selbst kaum glauben, daß alles das tatsächlich geschehen ist.

Schon wenige Monate nach Kriegsbeginn brach in Kronstadt die Hungersnot aus. Die Essensration, die man auf Lebensmittelkarten erhielt, nahm zusehends ab, schrumpfte beim Brot schon bald auf knapp ein halbes Pfund für die Arbeiter, auf weniger als ein Viertelpfund für die Angehörigen. Die Ration an Hafergrütze betrug kaum dreihundert, an Butter rund achtzig Gramm pro Monat. Schließlich gab es gar nichts mehr außer Brot – so es diesen Namen überhaupt verdiente. Denn dieses lebensnotwendige Viertelpfund war ein feuchter, klitschiger, dunkler Brei, eine Masse aus Abfallprodukten des Getreides, die einem schon in der Hand zerfiel. Alle aber zehrten so lange wie möglich an diesen Brocken.

Für kurze Zeit nahmen die Schulen ihre Arbeit wieder auf. Wer sich kräftig genug fühlte, ging hin. In Mützen und Mäntel verpackt und vom Hunger geplagt saßen wir im ungeheizten, eiskalten Klassenzimmer, die Gesichter rußbeschmiert von den Petroleumlampen, denn Strom gab es längst nicht mehr. Diese Funzeln leuchteten aber nur schwach und qualmten so fürchterlich, daß sich der Ruß sogar in die Runzeln im Gesicht unserer Lehrerin eingegraben hatte. Überhaupt ließen die Leute sich mehr und mehr gehen – sie hörten auf, sich zu waschen, und waren völlig verlaust.

Es gab Gasthäuser, wo man eine Marke im Wert von fünfzehn Gramm Hafergrütze gegen einen Teller Suppe eintauschen konnte. Suppe war das freilich nur dem Namen nach – für uns damals aber besser als nichts. Eines Tages besuchte ich mit einem Mädchen aus meiner Klasse ein solches Gasthaus, nahm eine Marke aus dem Heft und legte es auf den Tisch. Dann ging ich zum Schalterfenster, ließ mir die Suppe geben und kam zurück: Das Mädchen saß noch da, aber mein Markenheft war weg – sie hatte es mir gestohlen. Wenn man täglich nur wenig mehr als hundert Gramm Brot und monatlich knapp dreihundert Gramm Hafergrütze zugeteilt bekommt, grenzt der Diebstahl eines Markenhefts an Mord. An das Mädchen erinnere ich mich genau – sie hatte etwas Verschlagenes an sich, einen merkwürdigen Ausdruck in den Augen und gehörte zu den Menschen, deren animalischer Hunger stärker war als jede Vernunft. Leute wie sie kamen als erste ums Leben. Dieses Mädchen aber hat überlebt – sie aß Menschenfleisch. Sie konnte von nichts anderem als vom Essen reden. Später, als wir uns durch Zufall wieder begegneten, hat sie mich noch einmal bestohlen. Wir schliefen im selben Raum einer Kaserne, und ich brachte es nicht fertig, irgend etwas zu verstecken. Heute denke ich an sie ohne jeden Vorwurf und ohne sie zu verurteilen. Moralisch haben in dieser schlimmen Zeit doch nur jene überlebt, deren seelischer Widerstand sich nicht brechen ließ.

Die Menschen starben auf offener Straße, ihre Leichen blieben tagelang liegen, so, wie die Körper zu Boden gestürzt waren. Oft sah man Tote mit abgeschnittenem Gesäß. Wenn in einer Familie jemand starb, so versuchten die Hinterbliebenen die Beerdigung und die Bekanntgabe seines Todes so lang wie möglich hinauszuzögern, um dessen Lebensmittelkarte auch weiterhin beziehen zu können. Für ein paar Brotkrumen mehr lagen Mütter mit toten Kindern im Bett, ließ man gefrorene Leichen bis zum Frühjahr in der Wohnung.

Hunger hatten wir alle – schneller als die Frauen aber fielen die Männer ihm zum Opfer. Etwa Onkel Kolja, dessen ganzer Körper aufgetrieben war, oder Andrej, der – an Skorbut erkrankt und die Beine von Wunden übersät – kaum noch gehen konnte und fast alle Zähne verlor. Dabei war er erst zweiunddreißig Jahre alt. Auch Großmutter hatte der Hunger so geschwächt, daß sie nicht mehr aufstehen mochte und mit ihrem gelähmten Arm den ganzen Tag am Ofen saß.

Wo meine Eltern damals waren? Von meiner Mutter wußte ich, daß sie lange vor dem Krieg wieder geheiratet hatte und mit ihrem neuen Mann in den Fernen Osten Rußlands gezogen war. Hin und wieder kam ein Brief von ihr. Und mein Vater, dieser unermüdliche »Verfechter leninistischer Ideen«, arbeitete als Zivilist in der Beschaffungsstelle einer Kronstädter Militäreinheit. Besucht hat er uns aber nie. Er lebte mit Tatjana, seiner Geliebten, zusammen, deren Mann, ein Marineoffizier, im Krieg gefallen war und sie mit zwei kleinen Kindern, ihrer Mutter und einer achtzigjährigen Großmutter zurückgelassen hatte. Für Tatjana, die mein Vater mit geklauten Lebensmitteln aus dem Militärmagazin versorgte, hatte er auch eine Silvesterfeier arrangiert – zur Begrüßung des schrecklichen Neuen Jahres 1942. Tatjana lud mich dazu ein. Ein Wunder, daß es mich überhaupt noch gab, so dünn und durchsichtig war ich. Tatjana sah mich an und wunderte sich. »Pawel, warum ist deine Tochter so abgemagert?«

Ja, es gab noch Leute, die selbst angesichts der Leichen in den Straßen solche Fragen stellten. Als ich die Tafel sah, traute ich meinen Augen nicht: gebratene Gans! Ein Luxus, der mich schon beim bloßen Anblick entzückte und aus der Fassung brachte. Und erst der Geschmack! Ich bat Tatjana, mir ein Stück für Großmutter mitzugeben. Als ich damit heimkam, hat sie es lange und ohne ein Wort zu sagen angesehen, dann gab sie mir die Hälfte und aß den Rest.

In unserem Zimmer stand ein kleiner, eiserner Ofen, ein *Burseuka*[1]. Brennholz aber war nicht zu bekommen, also zerhackten wir die Schränke und Tische des Admirals und brauchten nicht zu frieren.

Eines Nachts waren Großmutter und ich allein im Zimmer – ich schlief unter einem ganzen Stapel Decken auf dem Sofa und sie wärmte sich am Ofen. Dabei schlummerte sie wohl ein, denn sie merkte nicht, wie der Saum ihres Kleides, das von der Hitze schon ganz ausgedörrt war, an die offene Ofentür geriet. Es begann zu qualmen, aber bis sie das bemerkte, stand ihr Kleid schon in hellen Flammen. Sie schrie auf, ich stürzte zu ihr und warf Decken über sie, um das Feuer zu ersticken. Vom Hals bis zu den Knien mit Brandwunden dritten Grades bedeckt, lag sie zwei Tage lang zu Bett – während ich versuchte, ihr mit Mangan-Umschlägen zu helfen. Aber was nützen schon Umschläge, wenn der ganze Körper eine einzige Wunde ist?

»Lieber Gott, laß mich sterben«, betete sie immerzu. »Galenka, faß mich nicht an, um Christi willen!« Nicht auszudenken, welche Schmerzen sie durchlitt. Am dritten Tag hüllten wir sie in Tücher und Decken und brachten sie mit dem Schlitten ins Krankenhaus. Die Ärmste, unterwegs stöhnte sie ununterbrochen. Am nächsten Tag ging ich gegen Abend ins Krankenhaus.

»Ich möchte zu Darja Alexandrowna Iwanowa.«

»Wer bist du?«

»Ihre Enkelin.«

»Bist du die Galja?«

»Ja.«

»Sie ist heute nacht gestorben.«

»Großer Gott! Das kann doch nicht sein!«

»Doch, sie ist tot. Sie hat immer wieder nach dir verlangt, sie wollte dich sehen und sagte ein übers andere Mal, daß sie eine Enkeltochter habe, Galja. Warum warst du nicht hier?«

»Kann ich sie sehen?«

»Nein, sie ist heute morgen abgeholt worden.«

---

[1] Verballhornung von »Bourgeois«

»Großer Gott, wo kann ich sie finden?«

»Es ist sinnlos, sie jetzt sehen zu wollen. Wenn man sie schon weggebracht hat, liegt sie jetzt vermutlich in einem Massengrab.«

Das war im Februar 1942. Gott sei deiner Seele gnädig, Darja Alexandrowna Iwanowa, deiner großen und gütigen russischen Seele. Warum mußtest du auf diese Weise sterben – gepeinigt von Hunger und Kälte, voller Wunden und verlaust, allein, ohne deine Kinder, deine Enkel. Fremde drückten dir die Augen zu . . . Möge die Erde dir Frieden geben und verzeih mir alles, womit ich – absichtlich oder nicht – dir gegenüber schuldig geworden bin.

An Frauen und Kinder erging der Evakuierungsbefehl – die letzte Möglichkeit, zu entkommen. Die einzige Route verlief quer über den zugefrorenen Ladoga-See, und der Frühling war nicht mehr fern. Tante Katja bereitete sich mit ihren drei Kindern zum Aufbruch vor, auch Andrej entschloß sich, mitzukommen. Sie hätten mich mitgenommen, aber ich lehnte ab. Nicht, weil ich gute Gründe zum Bleiben gehabt hätte. Ich war nur meinem Schicksal gegenüber höchst gleichgültig geworden; dieser Gemütszustand half mir zu überleben, als alles zu Ende schien.

Sie fuhren in überfüllten Lastwagen, und bei Nacht; so verringerte sich die Gefahr, unter Artilleriebeschuß zu geraten. Die Deutschen wußten sehr genau, daß halbtote Frauen und Kinder unterwegs waren. Dennoch schossen sie sich Meter um Meter die Straße frei.

Schon taute das Eis, schon brachen die Wagenräder tief ins Wasser ein, fuhren durch Krater von Bomben und Granaten. Obwohl viele Wagen im tauenden Eis versanken, ist es in diesen letzten Tagen und Stunden der Evakuierung doch gelungen, Zehntausende von Menschen durchzuschleusen. Ladoga war die »Straße des Lebens«.

Drüben, am anderen Ufer, gab es zu essen, was für die Durchgekommenen eine neue und harte Probe bedeutete. Denn die Leute, halb verrückt vor Hunger, stürzten sich auf das Brot und schlugen die Warnung der Ärzte, nicht so schnell zu essen, in den Wind. Manch einer, der den Hunger überstanden hatte, überlebte nicht das erste, langersehnte Stück Brot. Auch die beiden kleineren Kinder von Tante Katja gehörten dazu; sie starben innerhalb eines Tages an der Ruhr. Sie hat die beiden an Ort und Stelle begraben und ist mit dem Sohn, der ihr geblieben war, weitergefahren. Was Andrej betrifft, so haben wir nach der Evakuierung nichts mehr von ihm gehört. Ob er auf der Ladoga-Straße oder erst später auf dem Weg gestorben ist, das weiß nur Gott.

Und so blieb ich allein zurück.

Für meinen Vater, der fest entschlossen war, Tatjana und ihre Familie in Sicherheit zu bringen, stellte sich das Problem, die alte, gebrechliche Großmutter nicht mitnehmen zu können. Was sollte mit ihr geschehen?

Es fiel ihm bald ein: »Galja bleibt doch hier«, sagte er zu Tatjana, »also kann deine Großmutter zu ihr ziehen, das wäre für beide auch angenehmer.«

Ja, gewiß. Es ist angenehmer, zu zweit zu sterben.

Sie brachten sie also mit ihren Habseligkeiten zu mir, setzten sie auf mein Sofa und gingen.

Tatjana werfe ich nichts vor – sie mußte schließlich an ihre Kinder und ihre Mutter denken. Aber Vater . . . , der hat mich damals dem sicheren Tod überlassen.

Und da saß die unglückselige Alte, saß auf dem Sofa und sagte kein Wort. Bald darauf ist sie gestorben. Die Nachbarn von gegenüber haben sie in eine Decke eingenäht. Weil es aber niemand gab, der sie begraben konnte, lag sie zwei Tage lang auf dem Boden neben meinem Bett. Mutterseelenallein in der Wohnung fürchtete ich mich und konnte nicht schlafen . . . Mir kam es vor, als bewegte sie sich in ihrer Decke . . . Endlich kamen ein paar Männer, die waren aber nicht stark genug, sie hochzuheben. Also packten sie die Tote bei den Füßen, schleiften sie über den Flur und durchs Treppenhaus, warfen sie draußen auf einen Karren und fuhren mit ihr davon.

Wieder allein in der Wohnung und in Decken gehüllt, fiel ich in eine Art Halbschlaf und träumte – freilich nicht vom Essen. Burgen, Ritter und Könige zogen an meinen Augen vorbei, und ich selbst schritt in einem wunderschönen Krinolinenkleid durch einen Park – genau wie Miliza Korjus in dem amerikanischen Film *Der große Walzer*. Da kam ein schöner Prinz des Wegs, verliebte sich in mich und heiratete mich. Ich sang natürlich – genau wie sie; mindestens zwanzigmal hatte ich mir den Film vor dem Krieg angesehen.

Ich litt nicht an Hunger, ich litt überhaupt nicht – ich wurde nur immer schwächer, brachte die Zeit mit Schlafen und Tagträumen zu, mit Träumen von schönen, unerreichbaren Dingen. Nur die Kälte quälte mich.

Eines Nachts wurde ich durch seltsame Geräusche auf der Straße wach und ging ans Fenster. Unten stand ein offener, mit Leichen beladener Lastwagen. Weil mit dem Frühling auch die Furcht vor Epidemien wuchs, hatte man einen Frauen-Sondertrupp damit beauftragt, die Leichen aus den Wohnungen zu schaffen. Eine grausige Arbeit, für die es Extra-Rationen gab und die bei Nacht geschah. Wenn sie einen gefrorenen Toten aus einer Wohnung auf die Straße schleppten, hielten sie ihn an Händen und Füßen fest, schwangen ihn – eins-zwei! eins-zwei! – hin und her und warfen ihn auf den Wagen. Das klirrte beim Aufprall wie ein vereistes Stück Holz. Eben dieses Geräusch hatte mich aufgeweckt.

Ich stand und sah weiter zu: jetzt kippten sie eine Frau zuoberst auf den Haufen, eine Frau mit ganz langem Haar, das sie wie eine lebendige Welle umgab. Mein Gott, war sie schön! Auch für mich würde der Tag wohl einmal kommen, an dem ich nicht mehr erwachte und an dem sie mich – eins-zwei! eins-zwei! – auf einen Lastwagen kippten. Und auch bei mir gäbe das ein klirrendes Geräusch ...

1942, als der Frühling kam, gingen sie auf der Suche nach Überlebenden von Tür zu Tür. Eine Gruppe von drei Frauen kam auch zu mir in die Wohnung.

»Hallo! Ist da jemand?« hörte ich sie im Korridor rufen. Aber ich dämmerte vor mich hin und mochte keine Antwort geben.

»Schau an, da drin ist ein Mädchen. Lebst du noch?«

»Ich lebe noch ...«

»Ist noch jemand hier?«

»Nein, ich bin allein.«

»Allein? Und was tust du hier?«

»Leben.«

Ohne ihr Kommen wäre es aus gewesen mit mir.

Am nächsten Tag kehrten sie zurück und brachten mich zur MPVO, dem Hauptquartier des örtlichen Luftschutzes, der aus rund vierhundert Frauen bestand. Sie waren in einer Kaserne untergebracht, erhielten dieselben Rationen wie die Armee und hatten alte, frontuntaugliche Männer zu Vorgesetzten. Ihre Uniform, ein hellblauer Overall, trug ihnen bei den Matrosen den Spitznamen »Blaue Division« ein. Dieser »Division« schloß ich mich an und fand in ihrer Mitte zum Leben zurück.

Unsere Aufgabe war es, rund um die Uhr von den Türmen aus Wache zu halten, dem Hauptquartier zu melden, wann und wo etwas brannte oder flackerte, und, im Falle eines Bombeneinschlags oder Artilleriefeuers, den Ort der Explosion zu nennen oder den Stadtteil, dem der Angriff galt. Wir mußten auch unmittelbar nach einem Luftangriff der Zivilbevölkerung zu Hilfe kommen: Menschen aus dem Schutt zerstörter Häuser holen, Erste Hilfe leisten und vieles mehr. Tagsüber waren wir mit Aufräumungsarbeiten in der Stadt beschäftigt, rissen Holzhäuser ab und verteilten das Holz als Brennstoff an die Bevölkerung. Dasselbe geschah auch in Leningrad, wo kein einziges Holzhaus stehengeblieben ist.

Von Ausrüstung konnte kaum die Rede sein – außer unseren Händen, Schaufeln und Stemmeisen gab es nichts. Dabei waren in dem strengen Winter überall die Abwasserleitungen geplatzt, die, sobald der Boden auftaute, repariert werden mußten. Auch darum kümmerten sich die Frauen der »Blauen Division«, und zwar mit den einfachsten Methoden der Welt. Angenommen, die Straße war 1000 Meter lang. Dann hebelten wir zunächst die Pflastersteine Stück für Stück mit dem Stemmeisen los und räumten sie per Hand beiseite. Danach hoben wir die Erde mit der Schaufel zu einem etwa zwei Meter tiefen Graben aus – bis zu den hölzernen Planken, die die Rohrleitung bedeckten. Diese Planken stemmten wir dann wieder mit den Stemmeisen hoch und reparierten die Bruchstelle: ein Rezept, so einfach und so einleuchtend wie in einem Kochbuch. Während der Prozedur lernte ich sogar, wie ein Abwassersystem angelegt ist. Natürlich stand ich dabei knietief im Dreck, aber was machte das schon – ich bekam ja zu essen!

Das Brot – etwa dreihundert Gramm – wurde morgens ausgeteilt, zusammen mit einem Stück Zucker und fünfzehn Gramm Fett. Zu Mittag gab es Suppe und Kascha und abends noch einmal Kascha. Die Portionen waren winzig klein, aber ein Hochgenuß – und das jeden Tag. Was für ein Leben!

Neben unserer Kaserne war eine Marineeinheit mit eigenem Jazz-Orchester einquartiert. Sobald ich mich wieder bei Kräften fühlte, sang ich mit der Combo. Zwar konnte ich nach einem langen Tag harter, ganz unweiblicher Arbeit mich kaum nach Hause schleppen – aber Jugend ist zu allem fähig: Nach wenigen Stunden schon war ich wieder obenauf und bei der Probe. Abends gaben wir Konzerte auf Schiffen, in Unterständen und auf den Festungsanlagen rund um Kronstadt.

Unser Raum hatte zwanzig Betten, in der Mitte stand ein Tisch und ein gewaltiger Kanonenofen, an dem wir unsere Sachen trockneten. Zu jedem Bett gehörte ein Nachtschränkchen und eine Truhe unter dem Bett, die unseren gesamten Besitz enthielt.

Von den Frauen, die sich nach Alter und Herkunft stark unterschieden, war ich die jüngste. Freilich sah ich viel älter aus, als ich den Jahren nach war, hatte auch zugenommen und war in wenigen Monaten schnell gewachsen. Gearbeitet aber habe ich wie alle andern. So wie sie trug ich Holz auf dem Rücken, räumte Pflastersteine weg, aber ich zog dabei drei Paar Arbeitshandschuhe übereinander an. Ob meine Bauchmuskeln rissen, kümmerte mich nicht – meine Hände aber schonte ich, in der festen Überzeugung, eines Tages auf der Bühne zu stehen.

Da die »Blaue Division« keineswegs ein »Institut für höhere Töchter« war, stand sie auch in ziemlich schlechtem Ruf. Verständlich, daß unsere Kaserne von Matrosen umlagert wurde, die uns nachstellten. Viele dieser Frauen, die der Belastung, den Strapazen jener schlimmen Jahre nicht gewachsen waren, führten ein ausschweifendes Leben, sie tranken wie die Männer und rauchten Tabak. Ich genauso wie sie. Und so sahen unsere Feste nach den Konzerten aus: ein Teller Suppe, ein Stück Brot, ein Glas Wodka. Den Matrosen, die mich bewirteten, danke ich dafür: Sie haben den letzten Bissen mit mir geteilt.

Der Verlust ihrer Ehemänner oder Verlobten hatte viele Frauen moralisch angeschlagen. Dennoch war das Gefühl für Reinheit und Aufrichtigkeit nicht aus unserem Dasein verschwunden. Nach einer jahrelangen Konfrontation mit dem Tod suchten die Menschen mehr als nur das Vergnügen für den Augenblick. Sie sehnten sich nach dauerhafter Liebe, nach seelischer Nähe. Doch konnte selbst dies zu einem tragischen Ende führen – etwa dann, wenn ein Mann den seelischen Halt in einer Kriegsbraut fand und sich von seiner Familie trennte. Viele solcher Tragödien spielten sich vor meinen Augen ab. Doch habe ich bei eben diesen Leuten viel über den wahren Wert menschlicher Beziehungen erfahren und von ihnen gelernt, wie das Leben wirklich ist – ein Leben, das ich unter anderen Bedingungen nie kennengelernt hätte.

Inmitten solcher Strudel menschlicher Leidenschaften auf mich selbst gestellt, wurde mir klar, daß mir zwei Möglichkeiten blieben: unterzugehen oder unversehrt dem Morast zu entkommen. Ich fühlte – ja ich wußte –, daß einzig die Kunst mir helfen konnte, und sehnte mich danach zu singen, auf der Bühne zu stehen. Nur dort war ich imstande, dem realen Leben, sei es auch nur für wenige Minuten, zu entfliehen, nur dort fand ich die Kraft, auch die andern an meiner eigenen, schönen Welt teilhaben zu lassen.

Dann kam die Liebe.

Im Winter, als der Finnische Meerbusen zugefroren war und die Schiffe im Hafen lagen, wimmelte die Stadt von Matrosen, die in hellen Scharen in die Offizierscasinos strömten. In ihren hübschen neuen Uniformen und korrekt bis zum Schulterstück waren sie ganz besonders attraktiv. Viele Abende habe ich im Offizierscasino verbracht, saß dort in meinem fadenscheinigen Kleid und geschmückt mit nichts weiter als dem Glanz meiner Augen. Dort habe ich auch den jungen Leutnant eines U-Bootes, das die Seeleute *Hecht* nannten, kennengelernt.

Die Besatzung eines U-Bootes nahm unter den Marineleuten eine Sonderstellung ein. Eine Katastrophe auf hoher See hätte keiner überlebt – eine Aussicht, die ihr Pflichtgefühl verstärkte und ihren Sinn für Kameradschaft vertiefte. Pjotr Dolgolenko, mein Leutnant, sah gut aus, er war groß, sehr witzig und nett, und nie habe ich ein ansteckenderes Lachen gehört. Mit einem solchen Mann fürchtet man nichts und niemanden mehr. Bei seinem ersten Kuß bin ich ohnmächtig geworden, auf der Stelle. Als ich wieder zu mir kam, saß ich auf einer Bank – über mir sein Gesicht und die Sterne, ein wahrer Wirbel von Sternen.

Nach dem Krieg wollten wir heiraten. Und weil wir nirgendwo allein sein konnten, gingen wir jeden Abend tanzen, um wenigstens so oft wie möglich zusammenzusein. Doch hatten sich alle Frauen der MPVO der Kasernenordnung zu fügen und durften nur mit einer Ausgangsgenehmigung in die Stadt. Jede, die ohne Erlaubnis wegging, wurde im Keller eingesperrt oder mußte die Toiletten saubermachen. Wir entwischten aber immer wieder, auch durchs Fenster.

Einmal, als ich spätabends vom Tanzen zurückkam, glaubte ich, hinter dem Aufseher durchschlüpfen zu können. Es kam aber anders. Unser Gruppenführer war noch auf und erwartete mich schon. »Los, ab in den Keller!«

Den Keller kannte ich gut. Also zuckte ich nur verächtlich die Schultern, zog mir die Uniform an und ging hinunter. Dort stand mir das Wasser, eine Brühe voller Eisbrocken, bis zum Knie. Und weil meine Gummistiefel schon ganz abgetragen waren, hatte ich schnell nasse Füße. Ich beschwerte mich beim Aufseher. »Dein Pech. Du kannst ja deine Zeit auf der Planke da drüben absitzen, schließlich bist du keine Prinzessin.«

»Oh, so ist das also!« Ich zog meine Stiefel aus und warf sie ihm ins Gesicht. »Ich bleibe, wo ich bin, auch barfuß. Meine Füße sind sowieso naß.«

»Bist du verrückt geworden? Du wirst noch krepieren!«

»Auch gut. Und das hast du zu verantworten.«

Er ging. Über eine Stunde lang stand ich im eiskalten Wasser, ohne ein einziges Mal auf das Brett zu steigen. Schließlich kam er zurück, ein neues Paar Stiefel in der Hand.

»Da, Artistka!«

Die übliche Strafe fürs Abhauen bestand aus drei bis fünf Tagen Keller. Dafür aber, daß ich dem Aufseher die Stiefel ins Gesicht geworfen hatte, bekam ich zehn Tage Arrest bei Wasser und Brot. Mein dritter Kellertag fiel auf den 23. Februar – den Tag der Roten Armee, weshalb oben ein Konzert stattfinden sollte. Die Jazz-Combo wartete, der Saal war schon voller Funktionäre – und der Star des Abends saß im überschwemmten Keller wie Prinzessin Kakerlake.

Wieder hörte ich Schritte. »Los, komm raus Artistka. Sie warten auf dich.«

»Nein, ich komme nicht.«

»Was heißt das, du kommst nicht? Ich habe den Befehl, dich raufzubringen.«

»Dann probier's doch! Ich gehe nirgendwo hin!«

Er versuchte, mich zu überreden, zuerst mit freundlichen Worten, dann mit Drohungen. Ich blieb eisern auf der Pritsche sitzen, die Beine hochgezogen, allseits vom Wasser umspült. Dann kam der oberste Offizier und Kommandant der MPVO – ein ziemlich junger, imposanter Mann. Freundlich, fast liebenswürdig bat er mich: »Komm, Iwanowa, komm mit nach oben!«

Aha, dachte ich. Dann ist das also ein wichtiger Anlaß: viele Gäste, aber kein Dessert. Warum wäre er sonst gekommen?»Warum sollte ich? Ich fühle mich ganz wohl hier.«

»Gut. Genug jetzt. Sie warten. Geh rauf und sing!«

»Nein.«

Weil ich jetzt wußte, daß sie mich wirklich brauchten, weigerte ich mich auch weiterhin.

»Los jetzt! Spiel nicht die Spröde und bring uns nicht soweit, dich mit Gewalt nach oben zu jagen!« Dabei sah er mich freundlich lächelnd an wie die Maus den Speck. Offensichtlich gefiel ich ihm. Meine Schlagfertigkeit in einer solchen Situation mußte von faszinierendem Reiz für ihn sein.

»Gewiß«, sagte ich kühl, »gewiß kannst du mich mit Gewalt auf die Bühne treiben – zum Singen aber bringst du mich nicht.«

Jetzt schnurrte er schon wie ein Kater. »Du läßt dich also nicht zwingen?«

»Du kannst mich nicht zwingen.« Jeder ist sich selbst der nächste!

»Also gut. Wieviel Tage hast du gekriegt?«

»Zehn.«

»Und wieviel hast du abgesessen?«

»Drei.«

»Ich erlasse dir den Rest. Los, rauf jetzt!«

Ich ging, ohne einen Blick zurückzuwerfen.

Januar 1943. Eines Abends saß ich allein im Zimmer, die andern waren alle weg, sahen sich irgendwo in der Kaserne einen Film an. Das Radio lief, Musik spielte, und ich döste am Ofen so vor mich hin, als plötzlich die Musik aufhörte und die Stimme des Ansagers, Lewitan, meinen Halbschlaf unterbrach: »... eine Nachricht der Regierung ... unsere tapferen Truppen haben die Blockade von Leningrad durchbrochen.«

Gott im Himmel! Und ich war die einzige, die das gehört hatte! Ich mußte es den andern sagen! Aber dann schoß es mir plötzlich durch den Kopf: Wie, wenn ich das alles nur geträumt hätte?

Ich rannte zu dem Saal, wo der Film lief, machte die Tür einen Spaltbreit auf und erspähte sofort unseren Gruppenführer: »Komm!« flüsterte ich ihm zu, »komm schnell!«

Er kam vor die Tür. »Was ist los?«

Mir schlug das Herz bis zum Hals: »Die Blockade ist durchbrochen!«

»Was? Bist du verrückt? Mach die Tür zu und erzähl nochmal ganz langsam.«

»Dann komm mit ans Radio!«

Wir liefen in mein Zimmer und hörten Lewitan die Nachricht wiederholen. Sofort kehrten wir zum Saal zurück, rissen die Tür weit auf und machten die Lichter an: »Genossen, die Blockade ist durchbrochen!«

Ein einziger Aufschrei war die Antwort. Freilich wußten wir sehr gut, daß uns noch viel Schlimmes bevorstand, doch waren wir jetzt von den eigenen Leuten nicht mehr abgeschnitten. Ein Anfang war gemacht, eine Mauer hatte sich aufgetan, durch die Hilfe kommen konnte. Natürlich verbesserte sich unsere Lage nicht von einemTag zum andern. Schon bald aber vergrößerte sich unsere tägliche Brotration um mehr als hundert Gramm, und auf den Schiffen wurden amerikanische Konserven verteilt. In diesem Sommer ging Pjotr mit der *Hecht* auf See. Uns Frauen von der »Blauen Division« hatte das schöne Wetter eine ganz andere Arbeit beschert – die Gemüsegärtnerei. Wir gruben das Land um und setzten so lange Kartoffeln, bis wir vor lauter Rückenschmerzen kaum noch geradegehen konnten. Trotz der harten Arbeit aber empfanden wir die Sonnenwärme wie ein Geschenk.

Eines Tages, als ich im Garten Unkraut jätete und dazu sang, blähte sich eine der Frauen gewaltig auf und rief mir zu: »He, Galka! Hast du schon von der *Hecht* gehört, dem Schiff deines Petka? Sie ist kürzlich gesunken!« Ich sah noch, wie sich ihr Mund höhnisch lächelnd verzerrte, dann lag ich schon auf den Knien, im Unkraut, das Gesicht in der Erde vergraben . . .

Schon wieder allein.

Jetzt, nach seinem Tod, kam mir alles so armselig vor, so hoffnungslos. Auch hatte mir das tierische Grinsen der Frau die Augen geöffnet. Plötzlich sah ich alles um mich her in einem ganz anderen Licht. Was waren das für Leute? Was hatte ich hier verloren? Mir wurde klar, daß ich keinen Tag länger bleiben konnte. Nur, wohin sollte ich gehen? Vielleicht nach Leningrad? Studieren?

Ich bat um meine Entlassung, aber sie lehnten ab: »Warte doch, bis der Krieg vorbei ist. Hier gibt es immer noch viel zu tun.«

Ich ging zum Kommandanten, jenem Offizier, der mich aus dem Keller geholt hatte, und bat ihn, mich gehen zu lassen.

»Warum so eilig? Du bist doch noch jung und hast viel Zeit vor dir. Gerade jetzt wirst du hier gebraucht.«

»Soll ich etwa immer noch in eurem Gemüsegarten sein, wenn der Krieg zu Ende ist? Ich kann nicht länger bleiben, ich möchte studieren. Laß mich gehen.« Er war ein guter Mensch, der Verständnis für mich hatte, und bewilligte meine Entlassung.

Anderthalb Jahre hatte ich bei der »Blauen Division« verbracht. Jahre, die mich physisch wiederhergestellt, seelisch aber fast zugrunde gerichtet hatten. Ich mußte meine Seele retten.

Leningrad. Allmählich lebte die Stadt wieder auf. Und weil man hier auf die Lebensmittelkarte eines Arbeiters fast ein Pfund Brot pro Tag bekam, mußte ich mich zunächst und vor allem nach einer Arbeit umsehen, die mir diesen Vorteil verschaffte. Aber wie? Ich hatte ja nichts vorzuweisen.

Aber ein bißchen Glück: im Wyborg-Kulturpalast fand ich eine Assistentenstelle für Beleuchtungstechnik. Zu dieser Zeit befanden sich die Beleuchterkojen noch hinter der Bühne, und ich brauchte eigentlich nur zu wissen, wie man die obere Lampenreihe und die seitlichen Punktstrahler aus- und einschaltete. Es war keine schwere Arbeit. Tagsüber hatte ich frei und konnte studieren und abends, von meiner Koje aus, Konzerte und Theaterstücke genießen. Das Wichtigste aber: ich hatte die Arbeiter-Lebensmittelkarte und damit zu essen.

Fast alle Schauspieler, die auf unserer Bühne auftraten, kamen vom Großen Gorki-Dramen-Theater, und viele davon waren große Künstler. Damals erlebte ich Schauspielkunst von so hoher Qualität zum erstenmal – und damit fing auch meine Theaterbesessenheit an. Nach zwei oder drei Aufführungen hatte ich ein Stück auswendig im Kopf und konnte den Schauspielern, wenn sie steckenblieben, den Text soufflieren.

Praktisch hatten sich Oper und Konservatorium während des Krieges aufgelöst, doch war eine ganze Reihe von Sängern in der Stadt geblieben. Nachdem sie die schlimmsten Tage der Blockade überstanden hatten, gründeten sie ein Opernensemble. Die Menschen, im wahrsten Sinn des Wortes von den Toten auferstanden, drängten sich jetzt zur Kunst.

So kam es auch, daß ich zum erstenmal im Michailowski Theater saß und *Pique Dame* von Tschaikowskij hörte. Obwohl ich damals schon durch Filme und Schallplatten die Arien und Duette vieler Opern auswendig konnte, war dies die erste Oper, die ich »live« erlebte, und dazu in einer Aufführung, die Geschichte machen sollte. Die Blockade war noch nicht ganz aufgehoben, die Leningrader litten noch immer unter der Hungersnot und einem bitterkalten Winter – zur Oper aber machten sie sich schon wieder auf, saßen dort in ihren Pelzmänteln und Mützen und hörten sich Tschaikowskij an. An Tapferkeit standen ihnen die Sänger nicht nach: Die große Sofija Preobraschenskaja, die damals auf dem Gipfel ihrer Laufbahn stand, sehe ich noch genauso vor mir wie den abgezehrten Hermann und die Lisa – dünn, blaß, nur noch ein Knochengerüst, die nackten Schultern mit ganzen Schichten hellen Puders übertüncht. Und wenn sie sangen, stand der Hauch ihres Atems in der kalten Luft. Damals hat Sorotschinski den Hermann gesungen, A. Kusnezowa die Lisa, Sofija Preobraschenskaja die Gräfin, Zinaida Merschanowa die Polina und Skopa-Rodionowa die Prilepa.

Doch war die großartige Aufführung nicht der einzige Grund meiner freudigen Erregung. Ich fühlte Stolz in mir auf mein wiedererstandenes Volk, Stolz auch auf die große Kunst, die imstande war, Musiker, Sänger und Zuhörer – allesamt nur noch Schatten ihrer selbst – aufzurufen und zusammenzuführen: in einem Opernhaus, über dessen Mauern Sirenen heulten, Luftangriffe tobten und Granaten explodierten. Es stimmt schon, der Mensch lebt nicht vom Brot allein.

Endlich machte auch die Leningrader Rimski-Korsakow-Musikschule wieder auf. Fest entschlossen, den besten Lehrer der Schule zu finden, hörte ich, daß dies nur Iwan Sergejewitsch Did-Surabow sein konnte, ein Armenier, der früher in Italien studiert hatte. Seine Stimme, einen weichen Tenor, beherrschte er sehr gut und setzte sie zur Demonstration musikalischer Phrasierungen ein. Er machte das sehr schön, im italienischen Stil.

Ich beschloß, bei ihm zu studieren. Er war der beliebteste Lehrer und ruinierte mit größter Leichtigkeit sämtliche Stimmen. Wie er das anstellte, konnte sich keiner erklären, erst heute weiß ich genau, warum.

Klein, fett, die wahre Karikatur eines alternden Tenors und Herzensbrechers war Iwan Sergejewitsch ständig von mindestens zwanzig Schülerinnen der Klasse umlagert. Mit ausgesucht wohlklingenden Arienparts wickelte er sie alle ein. Die Einrichtung glich eher einem Konzertsaal als einem Klassenzimmer.

Ich gab ihm ein paar Notenblätter in die Hand und sagte, daß ich Schülerin bei ihm werden wollte.

»Was willst du uns vorsingen, mein schönes Kind?« Alle Frauen hießen bei ihm »Liebling« oder »Mein schönes Kind«.

»Die Arie der Lisa aus Pique Dame, ›Mitternacht . . .‹«

»Ah, laß hören.«

Ich sang. Ich kannte die Arie gut, da sie ja auch in dem Film *Der fliegende Taxifahrer* vorkam.

»Hm. Wie alt bist du?«

»Sechzehn.«

»Und wo hast du studiert?«

»Nirgendwo.«

»Schwindle nicht. Jeder kann hören, daß du studiert hast, deine Stimme ist ausgebildet.«

»Aber ich habe immer schon so gesungen.«

Er rief ein paar andere Lehrer herbei. »Jetzt sing das nochmal.«

Ich kann wohl sagen, daß ich ihm und den anderen sehr gefallen habe, ich gab ja auch mein Bestes. Der Strom der Musik riß mich mit – je höher die Obertöne, desto besser. Ich begann also mein Studium bei ihm, und innerhalb von drei Monaten hatte ich keinen meiner hohen Töne mehr. Tatsache war, daß ich eine Naturstimme besaß und intuitiv wußte, wie ich sie einzusetzen hatte, was Brusttöne waren und wie ich atmen mußte. Sänger brauchen jahrelang, bis sie das richtige Atmen gelernt haben, und beherrschen selbst dann diese grundlegendste aller Gesangstechniken nicht immer und unbedingt. Was mir indes angeboren war, hat mein erster Lehrer mir zerstört. Er hätte mich sorgfältig leiten, meine Musikalität entwickeln und mir für den Anfang leichtere Arien aufgeben müssen. Statt dessen erzählte er uns in der Klasse ständig etwas von fester Stütze und kräftigem Zwerchfell, sagte aber nie, was damit gemeint war. Das hatte zur Folge, daß ich mein Zwerchfell einengte und nicht mehr frei atmen konnte, daß ich mir den Kehlkopf fast erdrückte und die Stimme immer dünner wurde: Ade, ihr hohen Töne! Mir war durchaus klar, daß da einiges nicht stimmte. Ich hatte die Herrschaft über meine Stimme verloren – unwiederbringlich, wie mir schien. Was konnte ich tun? Ohne mir je Gedanken darüber zu machen, war bisher alles gleichermaßen einfach, gleichermaßen natürlich für mich gewesen, leben, atmen, singen.

Nach einem halben Jahr verließ ich ihn. Ich wohnte bei Freunden, zog von einem zum andern – ein eigenes Zuhause hatte ich nicht. Das Gefühl, allein und verlassen zu sein, wurde ich nie mehr los. Dabei sahen die Männer mir nach, und junge Leute suchten meine Freundschaft – aber ich baute eine Mauer um mich auf. Das Leben hatte mir Selbständigkeit beigebracht und damit eine Unabhängigkeit, die mir im Lauf der Jahre noch sehr zustatten kam.

Leningrad, unser »Venedig des Nordens«! Ein Wunderwerk, durch Erlaß Peters des Großen auf entwässerten Sümpfen errichtet, eine »Stadt, auf Knochen gebaut«. Die majestätische Schönheit, der geheimnisvolle Zauber dieser Stadt mit ihren weißen Nächten, der klassischen Strenge ihrer Architektur, das bleierne Grau der Newa – all das verführt zu Meditation und manchmal auch Melancholie. Oft habe ich meine Lieblingsstätten aufgesucht – zufrieden mit meinem Alleinsein.

Letztlich aber war es diese Einsamkeit, die mich in die Ehe trieb. Im Sommer 1944 heiratete ich Georgi Wischnewski, einen jungen Seemann. Schon in der ersten Woche erwies sich diese Ehe als ein Fehler. Er wollte nicht, daß ich sang, daß ich studierte, daß ich auftrat. Er spionierte hinter mir her, wollte erfahren, was für Freunde ich hatte – sogar mein alter Gesangslehrer war Gegenstand seiner Eifersucht: eine Geschichte, so alt wie die Welt. Als ich dann am 1. September Mitglied der Operettenbühne wurde, kam es zum Krach, der unserer Ehe ein Ende machte. Nach gut zwei Monaten ließen wir uns scheiden. Nur der Name Wischnewskaja blieb mir zur Erinnerung, daß es diese Ehe je gegeben hat.

An das Leningrader Operetten-Tournee-Theater war ich durch eine Bekannte gekommen: »Laß es uns versuchen! Wir werden Reisen machen und viel Spaß haben!«

Wir gingen zum Direktor, Mark Iljitsch Rubin, und sangen vor. Er nahm uns. Als Siebzehnjährige waren wir die Jüngsten und Hübschesten. Unsere

Gage betrug für zwanzig Vorstellungen im Monat siebzig Rubel, dazu kamen ein Rubel und fünfzig Kopeken für jeden Tag unterwegs. In Anbetracht der hundertzwanzig Rubel, die unsere Primadonna monatlich erhielt, kam mir unser Gehalt sehr großzügig vor.

»Kommen Sie morgen zur Probe«, sagte Rubin zu uns, »Sie können im Chor und bei den Volksszenen mitmachen, wir werden schon was finden für Sie.«

So begann meine Karriere als Sängerin.

Unsere Truppe bestand aus vierzig Mitgliedern: Solisten, Chorsängern, Statisten und einem Ensemble von sechs Instrumentalmusikern. Nach wenigen Tagen schon sang ich die Partie einer Balldame in Zellers *Vogelhändler*. Sie setzten mir eine gepuderte Perücke auf, zogen mir eine Krinoline an und schnürten mir die Taille zu. Als ich mich im Spiegel sah, verschlug es mir den Atem: genau davon hatte ich geträumt, damals, als ich fast tot war vor Hunger und Kälte. In dem Kleid sah ich aus, als hätte ich nie ein anderes getragen, und daran hat sich seit meinem ersten Schritt auf die Bühne nichts geändert: Ich fühlte mich wohl in den Kostümen und wußte instinktiv, wie man mit einem Fächer umgeht und eine Schleppe ergreift, wie man posiert und die Hände bewegt. Vermutlich hatte ich das von meiner Mutter geerbt, hatte von ihr den Sinn der Zigeuner fürs Theatralische mitbekommen.

Als Tournee-Theater waren wir ständig unterwegs, spielten vor den Militäreinheiten des Bezirks Leningrad. Die Deutschen befanden sich auf dem Rückzug und hatten uns, was von Nowgorod, Pleskau und Wolchow noch übrig war, hinterlassen. Die einzigen Gebäude, die noch standen, waren die Kirchen, die weder Bomben noch Granaten hatten zerstören können. Und so ist unsere Truppe auf den Spuren der Armee durch die Asche Rußlands gezogen. Überall, wo wir Unterkunft fanden und ganz gleich, in welcher, schliefen wir eng aneinandergekuschelt ein. Waschräume gab es nicht und keine Toiletten – nur die Straße, und dies bei Temperaturen von dreißig Grad unter null. Da wir nur das Allernotwendigste an Requisiten mit uns führten, konnten wir auf jeder Bühne spielen: in eiskalten Vereinshäusern etwa, wo das Eis die Wände zierte und sich die Soldaten und Matrosen unter Mänteln und Mützen verkrochen. Mit bloßen Schultern haben wir dort *Die Czardasfürstin* oder *Die lustige Witwe* gesungen und getanzt – zwanzig- bis fünfundzwanzigmal im Monat. Dabei sang ich entweder im Chor oder saß hinter der Bühne und hörte zu. Ich kannte unser ganzes Repertoire und jede einzelne Partie auswendig.

Fast drei Monate nach Antritt meines Engagements geriet die Truppe in helle Aufregung: Die Soubrette hatte sich das Bein gebrochen. Und das unterwegs, mit nur einer Besetzung – Ersatz hatten wir nicht. An diesem

Unglücksabend sollte Strelnikows *Die Sklavin* und am Tag darauf Zellers *Vogelhändler* gespielt werden. Also wandte sich der Direktor an den Chor. »Mädchen, wer kann uns retten? Wer kann die Polenka in der *Sklavin* singen?«

Das war der Augenblick, auf den ich gewartet hatte. »Ich kann es.«

»Sie können die Rolle?«

»Ja.«

»Gut. Wir probieren.«

Sie holten den Pianisten und die Tänzerinnen, und ich kam ohne steckenzubleiben durch. Ich kannte das Stück damals so gut, daß ich jeden Part – männlich oder weiblich – hätte übernehmen können. Notfalls hätte ich auch komische Rollen gespielt.

Die Aufführung fand statt. Am nächsten Vormittag neue Proben: die Christine im *Vogelhändler*. Und noch am Abend die Aufführung.

Ich war zur Solistin geworden, zur Soubrette des Ensembles. Meine Stimme eignete sich dafür besonders gut, denn für die tragenden, romantischen Partien fehlten mir die hohen Töne; ich erreichte nicht einmal das zweigestrichene G. Diese Truppe wurde zur wirklichen Schule für mich – zur einzigen. Von den Schauspielern lernte ich den selbstlosen Dienst an der Kunst und die Hochachtung vor der Bühne – dem Heiligtum der darstellenden Künstler. Auch unter den unzumutbarsten Arbeitsbedingungen waren die Ensemblemitglieder auf die Pflege ihrer Kunst bedacht, gestanden sich weder Müdigkeit noch Krankheiten zu. Und wo immer wir spielten, in verrußten Kellerräumen oder den traurigen Überresten eines Vereinshauses: vor jeder Aufführung haben sich die Sänger mit derselben Sorgfalt geschminkt und kostümiert wie für die prächtigste Bühne. Zu unserer Truppe gehörten auch einige ältere Schauspieler, deren Leben und Kunst ganz im Zeichen großer Bühnentraditionen stand und von denen wir jungen Leute viel lernen konnten. Von ihnen und der geistigen Haltung, mit der sie die Bühne betraten: nie hätten sie sich Flüchtigkeiten beim Spielen erlaubt, ganz gleich, wie anspruchslos ihr Publikum war. Ich wollte so sein wie sie – das Theater lieben wie sie. Von ihnen lernte ich, daß die Kunst nicht aus Krinolinen und dem schönen Schein besteht, sondern harte, anstrengende Arbeit bedeutet. Eine gute Schauspielerin zu werden, hieß viele, viele Opfer bringen.

Daß ich mir die Stimme und meine ganze Energie über eine so lange Zeit habe bewahren können, verdanke ich dieser Disziplin, die ich dort und gleich zu Anfang meiner Karriere gelernt habe. Wir mußten jeden Tag auftreten. Die Bedingungen waren so schwierig und die Proben derart anstrengend, daß Schura Domogatskaja, eine unserer jungen Schauspielerinnen, ihnen auf offener Bühne erlag. Sie starb an Gehirnblutung, fünfunddreißig Jahre alt. Wir haben sie begraben, so wie sie für ihre letzte Rolle geschminkt auf der Bühne gestanden hatte.

Ihr gesamtes Repertoire mußte ich übernehmen, ohne Rücksicht auf meine Gesundheit. Ich sang mit entzündeten Mandeln, mit Fieber und Kehlkopfabszessen. Da sich unsere Truppe selbst finanzierte, kam es gar nicht in Frage, eine Vorstellung abzusagen, wir waren alle aufeinander angewiesen. Wenn man aber so oft mit heiserer Stimme oder erkältet auftreten muß, kann man sich nicht allein auf seine Jugend oder die Tragfähigkeit der Stimme verlassen. Man muß auch seinen Körper beherrschen. Dann ist man genau im kritischen Augenblick zu kleinen, geschickten Ablenkungsmanövern imstande, kann ein stimmliches Defizit mittels Schauspiel überbrücken und die Aufmerksamkeit des Publikums durch die persönliche Ausstrahlung gefangennehmen. So haben meine Erfahrungen mit der Truppe zwar keine Sängerin aus mir gemacht – aber eine Schauspielerin. Innerhalb von vier Jahren bin ich in Hunderten von Vorstellungen aufgetreten. Ich lernte, mich auf der Bühne zu Hause zu fühlen. Ich lernte tanzen, ich lernte, mich zu *bewegen*.

Das Leben mit der Truppe hatte auch seine heiteren Seiten. Als wir in Gatschina auftraten, wohnten wir zwei Wochen lang im Hauptquartier einer Militäreinheit. Dort hatte sich der Sohn des Regimentskommandanten, ein lustiger und pausbackiger Junge von sechzehn Jahren, heftig in mich verliebt. Zu schüchtern, mir seine Liebe zu gestehen, kam er indes zu jeder Vorstellung. In Gatschina teilte ich das Zimmer mit unserer Primadonna, Tamara Trijus, einer vierzigjährigen, erfahrenen Schauspielerin mit einem schönen, kräftigen Sopran, die aber trotz ihrer eleganten Kleidung ungewöhnlich hausbacken war. Eines Morgens, kurz bevor wir die Stadt verlassen wollten, raffte der Junge schließlich seinen ganzen Mut zusammen, stürmte in unser Zimmer, wo wir beide noch schliefen, rief wild meinen Namen und küßte drauflos – die erstbeste, die er zu fassen bekam. In seiner Leidenschaft und im Halbdunkel des Zimmers hatte er ganz übersehen, daß es da zwei Frauen gab. Tamaras Gekreische weckte mich; verwirrt stand ich auf und sah nur noch, wie der kleine Unglücksrabe mit einem Schreckensschrei und entsetzten Blicks das Weite suchte.

Ich heiratete Mark Iljitsch Rubin, einen ehemaligen Geiger, den Gründer und Direktor unserer Truppe. Er war vierzig, ich achtzehn. Ich zog in seine Gemeinschaftswohnung und spürte, daß ich endlich gefunden hatte, was ich so lange entbehrte: ein Zuhause, eine Familie, einen Mann, der mich liebte und für mich sorgen würde. Mark war ein reifer, lebenserfahrener Mann, bei dem ich mich in der ersten Zeit wohl und gut aufgehoben fühlte und dem ich dafür dankbar war. Gemeinsame künstlerische Interessen und die Arbeit verbanden uns, täglich waren wir zusammen.

Bald wurde ich schwanger. Jung und unerfahren, verängstigt auch durch unser Hungerleben, wollte ich kein Kind. Noch schlimmer aber war mir der Gedanke an Abtreibung. Ich fürchtete, danach nie wieder ein Kind bekommen zu können. Ich mußte es also zur Welt bringen, und ich mußte arbeiten: zwanzigmal im Monat auftreten, und jeden Tag woanders. Ich zwängte mich in ein Korsett, sang und tanzte bis zum achten Monat. Es wäre mir nie in den Sinn gekommen, mich wegen meiner Schwangerschaft zu schonen. Schließlich lebten andere in Kellerlöchern und halbzerfallenen Häusern, halb Rußland lag in Trümmern, und alle hatten Hunger. Wir alle aber würden überleben!

Einmal kamen wir auf unserer Tournee auch nach Murmansk und bezogen dort ein Zimmer im Stadthotel. Schon in der ersten Nacht wurde ich von einem Geräusch geweckt, das so klang, als liefe jemand barfuß durchs Zimmer. Als ich Licht machte, sah ich riesige Ratten durcheinanderwimmeln. Vor lauter Angst und Entsetzen ließ ich das Licht die ganze Nacht über brennen, aber auch so kamen immer mehr vom Korridor ins Zimmer, kamen unter der Tür her gekrochen. Am Morgen, als ich zum Gemeinschaftswaschraum ging und die Tür öffnete, sprangen mir die Ratten schon aus dem Waschbecken entgegen. Ganz Murmansk war ein einziges Gewimmel. Am hellichten Tag liefen sie die Straßen entlang, trieben sich, rot und riesengroß, zwischen den Gasthaustischen wie Katzen herum; gebissen haben sie nicht. Unser ältester Schauspieler, Isai Schulgin, nahm ein Stück Brot, zerbröselte es und hielt es ihnen hin, als wären es Hühner. »Komm puttputt«, lockte er, »komm puttputt!«, worauf sie ankamen und sich füttern ließen. Als wir den Restaurantchef fragten, warum Murmansk nichts gegen die Ratten unternähme, meinte er, es seien einfach zu viele. Und wenn die Stadt versuchen wollte, sie zu vergiften, könnte das Gift auch ins Essen der Leute gelangen. Nach einiger Zeit nahmen wir kaum noch Notiz von ihnen.

Später, kurz nach Ende des Krieges, waren wir auf Tournee in Ostpreußen, das heute zur Sowjetunion gehört. Mit uns im Zug fuhren deutsche Kriegsgefangene, die ersten, die man entlassen hatte und die jetzt auf dem Weg nach Hause waren. Ganz jung noch, hatten viele durch Skorbut die Zähne verloren und sahen bejammernswert aus: ein Anblick, der mich an ein Erlebnis in Leningrad, unmittelbar nach Aufhebung der Blockade, erinnerte. Damals hatte ich gesehen, wie man eine Kolonne deutscher Gefangener den Newski-Prospekt entlangtrieb. Die russischen Aufseher mußten buchstäblich einen lebendigen Schutzwall bilden, um sie vor den aufgebrachten russischen Frauen zu schützen.

Erst ein Monat war seit Kriegsende vergangen, und doch saßen sie, unsere früheren Feinde, jetzt neben uns im Zug. Es waren Menschen, was konnten wir weniger tun, als unsere spärliche Brotration mit ihnen zu teilen? Sie nahmen es an, bedankten sich und lächelten uns freundlich zu – wir empfanden nichts als Mitleid mit ihnen.

Wir kamen in Königsberg an, einer Stadt, die in den letzten Tagen des Krieges von den Alliierten dem Erdboden gleichgemacht worden war. Eine stählerne Wolke hatte sie des Nachts überflogen und ihre Ladung ausgeklinkt, so daß in meilenweitem Umkreis und bis auf wenige Ruinen kein Stein mehr auf dem andern stand. Die saubergefegten Straßen konnten das Grauen nur noch verstärken; man hatte die überlebenden Deutschen gezwungen, alle Stein- und Mörtelbrocken zu beseitigen. Es war eine tote Stadt. Überall roch es nach Tod, Leichen verwesten im Schutt, und es gab keinen, der sie herausgeholt hätte.

Jeden Tag sah ich vor dem Haus, in dem wir wohnten, eine alte Frau, eine Deutsche, auf den Trümmern sitzen – schwarz verbrannt, wie eine ausgedörrte Mumie. Nur die glühenden Augen zeigten an, daß sie noch lebte.

Einmal traf ich auf dem Weg zum Offizierskasino, wo wir aßen, ein kleines Mädchen, ungefähr fünf Jahre alt, blond und hübsch, ein kleiner Engel. Mir fiel auf, daß sie Männerstiefel trug; die waren aber so mit Lappen ausgestopft, daß ihre Füßchen nicht rausrutschen konnten. »Wie heißt du?« fragte ich sie.

»Helga. Hast du ein bißchen Brot für mich?«

Ich nahm sie mit ins Kasino, wo wir ihr zu essen gaben, Suppe, Brot und Fleisch mit ihr teilten. Danach trafen wir sie jedesmal, wenn wir zum Essen gingen, an derselben Stelle. »Guten Morgen, Helga«, sagten wir auf deutsch.

»Guten Morgen. Habt ihr ein bißchen Brot für mich?«

Die Zeit meiner Niederkunft rückte näher. Alle Frauen aber, die ich kannte, warnten mich: »Geh nicht in das große Krankenhaus, dort liegen Hunderte von schreienden Frauen. Du könntest den ganzen Tag lang um Hilfe rufen, und keiner würde dich hören.«

Aber wo sollte ich hin?

Da hörte ich von einer kleinen Entbindungsklinik mit ungefähr sechzig Betten. Weil es aber praktisch unmöglich war, dort unterzukommen, hatte man mir geraten, mich gleich zu Beginn der Wehen dorthin zu begeben, laut zu erklären, dies sei mein erstes Kind und ich ginge keinesfalls wieder weg. Dann, so versicherte man mir, würden sie schon einen Platz für mich finden. Für wichtige Leute hätten sie allemal ein oder zwei Betten frei.

Genau das habe ich getan. Kaum hatten die Wehen eingesetzt, brachte

Mark mich zur Klinik. Dort wurde uns gesagt, daß kein Bett mehr frei sei: »Sie müssen schon ins Krankenhaus gehen.«

Ich brach in Tränen aus. »Das ist mein erstes Kind! Ich habe solche Angst! Und was ist, wenn es unterwegs zur Welt kommt?«

Da riefen sie nach einem Arzt.

Im selben Augenblick setzten meine Wehen aus. Der Arzt sah sich das an und meinte: »Es ist noch zu früh. Sie werden erst morgen entbinden. Aber ich warne Sie, kommen Sie nicht hierher zurück, wir haben keine Möglichkeit, Sie unterzubringen.« Ich war nicht fähig, noch irgendwo hinzugehen. Genau in diesem Flur wollte ich sitzenbleiben, so lange, bis das Baby kam.

Und so saß ich denn in meinem Mantel von sechs Uhr früh bis Mitternacht auf einer Holzbank im Flur. Die Ärzte kamen und gingen, liefen den ganzen Tag lang an mir vorbei und bemerkten angesichts meiner Beharrlichkeit: »Sind Sie immer noch da?«

Ich ließ mich nicht beirren: »Ja. Und ich bleibe auch da. Es ist mein erstes Kind und ich habe Angst.«

Die Schwestern redeten ständig auf mich ein: »Angst? Wovor denn? Sie sind nicht die erste und werden nicht die letzte sein. Gehen Sie nach Hause, es ist ja schon dunkel!«

»Nein! Und wenn mir etwas passiert, tragen Sie die Verantwortung dafür.«

In der Erkenntnis, daß da nichts zu machen war, brachten sie mich in den Entbindungsraum, legten mich auf einen Tisch und deckten mich nur mit einem Tuch zu. Dort lag ich zwei Tage lang. Die Wehen setzten ein und wieder aus; abgezehrt und erschöpft, besaß ich keinerlei Widerstandskraft. Um mich herum hörte ich nur Schreien und Stöhnen; von Narkose hatte hier noch niemand etwas gehört. Neben mir lag eine Frau, deren Kind eben kam – entsetzt und um nichts weiter sehen zu müssen, zog ich mir mein Tuch über den Kopf. Eine andere Frau schaffte es nicht, ihr Baby herauszupressen – sie hatte nicht mehr die Kraft dazu. Ich sah nur flüchtig hin, aber ich sah, wie sie lange Zangen holten, um es herauszuziehen. Großer Gott steh mir bei!

Die Wehen kamen jetzt häufiger und wurden stärker. Ich biß mir auf die Lippen.

Eine freundliche Schwester kam immer wieder, mich zu trösten. »Ach du armes Ding! Wie soll man ein Kind kriegen, wenn man selber noch eins ist? Und warum mußt du dich so lange quälen? Komm, laß dich streicheln.«

»Hilf mir, Schwester Tanja, ich halte es nicht mehr aus!«

»Dann schrei doch! Das macht es leichter. Los, schrei doch!« Ich habe kein einziges Mal geschrien.

Ich brachte einen Sohn zur Welt. Und ich schaffte es noch, auf meiner

Stirn das Kreuzzeichen zu machen, instinktiv und zum erstenmal in meinem Leben. Danach weiß ich nichts mehr. Achtzehn Stunden hatte ich im Flur verbracht und zwei Tage im Anblick kreißender Frauen auf einem Holztisch gelegen; dann erlitt ich auch noch einen Anfall von Eklampsie. Während einer Entbindung kann das für Mutter und Kind tödlich sein. Der Körper wird von Krämpfen so stark erschüttert, daß man sich die Zunge abbeißen kann. Auch habe ich Frauen gesehen, die für den Rest ihres Lebens schielten oder verzerrte Gesichtszüge beibehielten. Vielleicht hat mich das Kreuzzeichen vor einem solchen Schicksal bewahrt. Damals habe ich mir zum erstenmal Gedanken über Gott gemacht.

In Erinnerung an Marks Vater nannten wir das Kind Ilja. Mein Sohn war gesund und kräftig, und als ich ihm zum erstenmal die Brust gab, rissen sofort meine Brustwarzen auf. An beiden Brüsten bildeten sich große Abszesse, hohes Fieber kam hinzu; trotzdem wurde ich nach neun Tagen schon entlassen. Zu Hause gab es keinen, der mir hätte helfen können, keinen, der sich um mich und das Kind gekümmert hätte. Und Mark – was kann man schon von einem Mann verlangen? Windeln mußten gewaschen und aufgehängt werden – alles in ein und demselben Raum. Ich mußte essen. Das Kind mußte gefüttert werden.

Unfähig aufzustehen, lag ich einen Monat lang mit vierzig Grad Fieber im Bett. Das Baby schrie ununterbrochen vor Hunger. Was hätte ich ihm geben können außer der Brust? Legte ich ihn aber an, so mußte ich selbst nur noch schreien; ein Vorgang, der sich alle drei Stunden wiederholte. Die entzündeten Brustwarzen konnten nicht verheilen – jedesmal riß das Kind sie wieder auf.

In dieser Zeit fiel es meinem Vater ein, sich bei mir sehen zu lassen. Er hatte von mir und dem Kind gehört und kam – natürlich betrunken – mit der neuesten Frau im Schlepptau bei mir an. Er blieb ein paar Stunden, sah die verzweifelte Situation, in der ich steckte, ganz genau und zog wieder ab. Seine Frau, die doch eine Fremde für mich war, wollte sogar bleiben und mir helfen. Er ließ sie aber nicht. Vielleicht hätte mein Sohn gerettet werden können, wenn sie geblieben wäre. Die Gleichgültigkeit meines Vaters ließ mich völlig kalt. Ich hatte nur den einen Wunsch, die Augen zuzumachen und zu sterben – nur, um das Schreien meines armen Kindes nicht mehr hören zu müssen. Dann wäre es mit diesem verfluchten Leben endlich vorbei.

Das Baby holte sich eine Infektion und konnte, da es damals keine Antibiotika gab, nicht mehr gerettet werden. Es starb, zweieinhalb Monate alt. Mark und ich zimmerten ihm einen kleinen Sarg aus Brettern, schlugen ihn mit weißen Tüchern aus und legten unseren Sohn hinein. Es schneite, als wir mit einem gemieteten Wagen zum Friedhof fuhren, der Boden war noch zugefroren und das Grab kaum auszuheben. Der Frühling kam spät in diesem Jahr.

Nach zwei Wochen ging unsere Truppe wieder auf Tournee. Mark, der ja nicht fehlen durfte, nahm mich mehr tot als lebendig mit. Zu Hause, wo sich niemand um mich kümmern konnte, wäre alles noch schlimmer gewesen. Noch kaum wiederhergestellt, fing ich wieder mit der Arbeit an und schuftete wie ein Pferd. Ich war neunzehn Jahre alt.

Als wir nach Abschluß der Tournee zurück nach Leningrad kamen, betrat ich das Zimmer wieder, wo jetzt kein Kind mehr schrie. Überall aber lagen seine Sachen umher, die Windeln, die kleinen Mützchen, ein Anblick, der mir das Herz zerriß und mich so bedrückte, daß ich kaum noch atmen konnte. Vierzig Tage waren seit seinem Tod vergangen, und genau an jenem Tag hätte, einer russisch-orthodoxen Sitte gemäß, ein Gedenkgottesdienst stattfinden müssen. Niemand hatte mir je von diesem Brauch erzählt, aber mein Herz tat mir weh und ich war in großer Unruhe: vielleicht hat seine kleine Seele nach mir gerufen. Überstürzt bat ich Mark: »Laß uns auf den Friedhof gehen!«

Mark sah, wie überreizt ich war, und versuchte, mich zurückzuhalten. Nach kurzem Streit machte ich mich allein auf den Weg. Es war ein warmer Frühsommertag und der Friedhof voller Menschen, die das Pfingstfest feierten. Als ich hineinging, liefen mir die Tränen übers Gesicht – aus Mitleid mit dem Kleinen, aus Mitleid mit mir selbst und traurig, diesen Weg an sein Grab ohne meinen Mann, ohne seinen Vater gehen zu müssen. Stolpernd, schluchzend ging ich weiter, unbeachtet von den Menschen um mich her; manche sangen, manche tanzten, andere aßen und tranken.

Ich konnte das Grab nicht finden, mich nicht orientieren – alles schien mir verändert. Damals, als wir ihn begruben, war der Boden hart und kahl, und jetzt blühten überall Blumen. Je länger ich suchte, desto gründlicher verlief ich mich. Laut weinend ging ich im Kreis, eine einsame, wimmernde Gestalt zwischen den Grabsteinen.

Ein paar Jungen sahen mich und riefen mir zu: »Warum weinst du denn? Komm und trink einen Schluck mit uns, dann geht's dir besser.«

Ich entzog mich ihrem Zugriff und fand endlich das Grab. Denn mit einem Mal hatte ich mich an den Namen erinnert, der auf dem Grabstein daneben stand und auf den ich damals, vor vierzig Tagen, einen kurzen Blick geworfen hatte. Als ich jetzt den kleinen Hügel sah, kahl, ohne Kreuz und Grabstein, fiel ich weinend zu Boden und blieb lange Zeit liegen.

Ich weiß nicht, wieviel Zeit vergangen war, als ich meinen Namen rufen hörte: »Galja, bist du das?« Ich hob meinen Kopf: Vor mir stand Tanja, die Schwester, die mir in der Klinik so viel Mitgefühl bewiesen hatte. Ob sie zu den Feiernden gehörte oder ob einer ihrer Angehörigen hier begraben lag, habe ich nie erfahren.

»Ach du armes Ding! Dann ist dein Kind wohl gestorben, ja?«

»Ja, Schwester Tanja, es ist gestorben . . .«

»Aber du – wie siehst du denn aus? Nur noch Haut und Knochen! Du bist doch nicht krank, oder?«

»Nein, Schwester Tanja. Nur das Leben macht mich krank.«

Sie setzte sich neben mich und fuhr mir durchs Haar. »Sei still, mein Liebes. Quäl dich nicht mit deinem Kummer – alles liegt in Gottes Hand. Gott gibt und Gott nimmt.«

3

Eines Tages erschien eine fremde Frau bei mir, die mich sprechen wollte und erzählte, daß sie die Frau meines Vaters sei und eine Tochter von ihm habe. Von ihr erfuhr ich, daß mein Vater laut Paragraph 58 des Strafgesetzbuchs – des »politischen« Paragraphen – verhaftet und zu zehn Jahren verurteilt worden war. Als ich nach den Gründen fragte, berichtete sie, er habe im betrunkenen Zustand einen Witz über Stalin erzählt, und das sei von irgend jemandem der Behörde gemeldet worden. Jetzt bezahle er den Witz mit zehn Jahren seines Lebens. Also war er, der überzeugte Marxist und Leninist, in dasselbe offene Messer gelaufen, in das er andere so eifrig getrieben hatte. Ich empfand kein Mitleid mit ihm – möglich, daß das grausam von mir war. Nachdem er mich aber während der Blockade im Stich gelassen hatte und auch keinen Finger rührte, als er mich sterbenskrank mit dem Kind im Arm vorfand, gab es in meinem Leben ein für allemal keinen Platz mehr für ihn.

In diesen Tagen kam es zu einer neuen Inhaftierungswelle. Jeder x-beliebige verschwand hinter Gittern. Das Land lag in Trümmern und brauchte unbezahlte Arbeitskräfte, ein ganzes Heer von Sklaven. Unter dem neuen System, das sich in unserem Land etabliert hatte, konnte der Staat die Arbeit nicht ihrem Wert gemäß bezahlen. Doch verfügte die »weise Partei« über eine Menge Erfahrung auf diesem Gebiet: Schon vor dem Krieg hatten Sklaven – Häftlinge nämlich – den Weißmeer-Ostsee-Kanal gebaut, hatten gigantische Stromkraftwerke, Fabriken, Industrieanlagen errichtet und vieles mehr – alles ruhmreiche Errungenschaften des Kommunismus und Sozialismus. Nach dem Krieg trieben diensteifrige Funktionäre auf Anordnung des Weisen Vaters und Lehrmeisters ihre russischen Freunde im Gulag zusammen und entschuldigten dies mit politischen Argumenten. Dort mußten sie bis zur totalen Erschöpfung mindestens zehn Jahre lang arbeiten: Die Regierung zahlte ihnen keine Kopeke dafür. Keine Ausgaben, keine Arbeitslosigkeit. Ein Geniestreich!

Dann folgte die Kampagne gegen Formalisten und Kosmopoliten. Zu den ersten, die das zu spüren bekamen, gehörten unsere Leningrader Autoren Anna Achmatowa und Michail Sostschenko. Als Andrej Schdanow die Achmatowa in einem Zeitungsartikel als eine »zwischen Boudoir und Bethaus pendelnde rabiate Gesellschaftsmatrone« bezeichnete, führte das zu den ersten einheimischen Protesten. Was ging hier vor? Anna Achmatowa war der Stolz Rußlands. Wie konnte Schdanow schamlos und in aller Öffentlichkeit eine große Dichterin ungestraft beschmutzen und sie als Frau beschimpfen?

Auch im Bereich der Musik war das Formalismus-Dekret der Partei – mit dem unter anderen auch die »formalistischen« Komponisten Prokofjew und Schostakowitsch verleumdet wurden – ein absoluter Irrsinn: Die Große Kommunistische Partei der Sowjetunion wollte den Musikgenies der Epoche Nachhilfeunterricht in Musik erteilen.

Mit der Parole »Nieder mit den Kosmopoliten« verbreitete sich die Seuche auch im gesamten russischen Theater. Viele der besten Stücke wurden auf Jahre hinaus begraben, und mit einer Direktive nach der anderen schrieb man den Theatern vor, nur solche Stücke auf den Spielplan zu setzen, die von zeitgenössischen sowjetischen Autoren verfaßt waren und die Partei verherrlichten. Nun kamen all die talentlosen Schreiber daher, die Bühnenautoren, Dichter und Komponisten, die jahrelang ihre Federn gespitzt und nur auf diese ihre Stunde gewartet hatten, sie kamen zuhauf, dem Sowjetregime und seinem Großen Führer, dem »größten aller Zeiten und Länder«, ihren Tribut zu zollen.

Wen kümmerte es, daß seinetwegen Millionen mehr oder weniger unbewaffneter sowjetischer Soldaten in den ersten Monaten des Krieges zu Kanonenfutter wurden, daß die Deutschen seinetwegen durch die Ukraine und Weißrußland marschierten und siegreich bis vor die Tore Moskaus und Leningrads gelangten, wen kümmerte es, daß allein in Leningrad mehr als anderthalb Millionen Menschen der Zivilbevölkerung – Alte, Frauen und Kinder – verhungert waren? Alles das war vergessen. Nur eines zählte: Der Große Führer hatte gesprochen, und die Gelegenheit war günstig. Vorwärts, ihr Großen in Kunst und Kultur! Und ihr, Musikkritiker, macht euch beliebt! Schnappt auch die Abtrünnigen! Nieder mit ihnen!

»Du willst also ein Genie sein! Nun, wir sind das Volk und werfen mit unseren Stiefeln nach dir. Hurra! Lang lebe unser Vater und Lehrmeister!«

In den Jahren 1947, 1948 und 1949 spielten die Schauspieler vor fast leeren Stühlen. Die Leute gingen einfach nicht mehr hin. Es war ihnen peinlich, mitanhören zu müssen, wie die großen Mimen des Alexandrinski Theaters sich bemühten, die hochtrabenden, propagandistischen Phrasen laut und mit falschem Pathos vorzutragen. Man sah ihnen an, wie sehr sie sich selbst dafür schämten, und man konnte dieser öffentlichen Demütigung wegen nur Sympathie für sie empfinden. Es gab jedoch einen Trost: kaum einer hörte zu. In dem herrlichen Alexandrinski-Theater mit seinem Samt, dem vielen Gold und seinen zwölfhundert Plätzen saßen nur ein paar Dutzend Leute. Darunter auch ich.

Als das neue sowjetische Repertoire die Oberhand gewann und wir gezwungen waren, den ganzen Schmutz, den uns jene eifrigen Schreiberlinge ins Theater kippten, auch noch zu spielen, verließ ich unsere Truppe, um zu konzertieren. Lieber ging ich, als daß ich mich zwingen ließ, in jene Chöre einzustimmen und »Hurra!« zu rufen, wo ich viel lieber »Hilfe« geschrien hätte. Es war kein politischer Protest, aber ich konnte die globale und krankhafte Lüge nicht mehr ertragen – ich wünschte mich weit weg, wünschte, ich könnte in eine Höhle kriechen und mich verstecken. Das war 1948. Nachdem ich ein Programm an Liedern fürs Varieté einstudiert hatte, gab ich meine ersten Solokonzerte. Bald verließ auch Mark das Theater und wurde mein Manager, er organisierte die Konzerte für mich und regelte alle meine geschäftlichen Angelegenheiten.

Insgesamt waren wir vier: mein Begleiter am Klavier, ein Geiger oder Rezitator für den Auftakt des Programms, Mark und ich. Für tausend Rubel hatten wir uns ein Auto, einen Pobeda, gekauft und fuhren zu viert auf Tournee – meist in kleine Provinznester und auf die Dörfer, und meist für einen Monat oder zwei, wobei wir uns an eine genau geplante Reiseroute hielten und jeden Tag ein Konzert gaben. Wir fuhren von einer Stadt zur nächsten, wohnten in schmutzigen Hotels und fanden uns mit den Wanzen ab. Selbst die Namen der Orte schienen dem angemessen: Neumaus, Altmaus.

Es war ziemlich hart, sich auf diese Weise sein Brot zu verdienen. Da ich aber dreißig Rubel für ein Konzert bekam, brachten mir zwei Tourneemonate doch eine gewisse Summe ein, so daß ich anschließend in Leningrad zwei weitere Monate leben konnte, ohne arbeiten zu müssen. Diese Zeit nutzte ich für Besuche im Theater oder in der Philharmonie, wo berühmte Sänger Gastkonzerte gaben. Ging dann das Geld zu Ende, setzten wir uns ins Auto und zogen wieder los.

Ich verspürte keinerlei Verlangen, es noch einmal mit dem Leningrader Operetten- oder Varieté-Theater zu versuchen. Denn inzwischen hatte ich die Freiheit gekostet: Niemand stand mit erhobenem Stock vor mir und zwang mich dazu, etwas zu tun, was ich nicht wollte. Mein vornehmlichster Wunsch war, so bekannt zu werden, daß ich mich an die großen Konzertagenturen wenden und meine eigenen Bedingungen stellen könnte.

Von der Oper war ich damals nicht besonders angetan. Ich ging nur selten ins Mariinski-Theater. Ich hörte die Sänger lieber im Konzert, konnte dort der Stimmführung, ihrer Technik und Phrasierung konzentrierter folgen und alles, was mir gefiel, zu Hause nachahmen. Beim bloßen Zuhören entstand in meiner Vorstellung ein ganz bestimmtes Bild der dargestellten Person. Wenn ich eine solche Person aber auf der Bühne in ihrer Rolle sah, blieb von meiner Vorstellung nichts mehr übrig. Auch der schönste Gesang konnte mir eine 216 Pfund schwere Aida nicht als »holdes, himmelentstammendes« Wesen, nicht als »zaubrische Blume im Tale des Nils« glaubhaft machen. Alle diese gewichtigen, alternden Matronen, ihr Augenrollen, wenn sie – »er liebt mich, er liebt mich nicht« – im *Faust* das Gänseblümchen zerpflücken oder, wie im *Onegin*, sich auf ein quietschendes Bett fallen lassen, um dort einen naiven, jungmädchenhaften Brief zu schreiben – all das verursachte mir Unbehagen und Verlegenheit.

In dieser Zeit hielt ich Ausschau nach einem Lehrer, der mir wieder zu meiner Stimme verhelfen konnte, nachdem »Liebling« Iwan Sergejewitsch, jener ach so glühende Verehrer des Belcanto, sie mir so gründlich verdorben hatte. Ein Lehrer nach dem anderen hatte mit mir gearbeitet, aber nichts war dabei herausgekommen: Ich schaffte nur die tieferen Töne, die obere Lage blieb blockiert. Doch nahm ich den Verlust eher gelassen hin, denn für mein damaliges Repertoire und meinen Entschluß, Varietésängerin zu werden, brauchte ich nur eine schöne Mittellage und tiefe Brusttöne.

Mein großes Vorbild hieß Klawdija Schulschenko. Alles an ihr gefiel mir, und ich besuchte jedes ihrer Konzerte, als fände es im feinsten Konservatorium statt. Ich habe viel von ihr gelernt und war, sobald sie die Bühne betrat, wie verzaubert: von ihrer Stimme, ihren Bewegungen, ihrer ganzen Erscheinung. Jedes ihrer Lieder hatte etwas Eigenes, Charakteristisches. Jedes war ein Kunstwerk in sich, mit Vorspiel, Durchführung, Schluß. Varieté ist ein gefährliches Genre: Um beim Publikum Eindruck zu machen, wird man ständig zu billigen Effekten und theatralischer Übertreibung verführt. Klawdija Schulschenko aber verlor niemals ihr Gespür für das Angemessene: Sie war eine Künstlerin. Ihre schönen sprechenden Hände, die Vielfalt ihrer mimischen Ausdrucksmöglichkeiten – alles das gab wie ein Spiegel ihre innere Bewegtheit wieder. Ihr gesamtes Repertoire war intelligent konzipiert, aufrichtig empfunden und klar formuliert. Trotz ihrer nicht sehr kräftigen Stimme benutzte sie nie ein Mikrophon, sie hatte ein angenehmes Timbre und brauchte auch keinen Ton zu forcieren. So schien es, als sänge sie nicht, sondern summte oder trällerte nur leicht vor sich hin. An dieser Leichtigkeit und an der sehr persönlichen Atmosphäre ihrer Auftritte lag es wohl, daß sie ihr Publikum so faszinierte.

Sie hatte sich ihren eigenen Stil geschaffen und für Jahrzehnte die Varietébühnen beherrscht. Ihre hervorragende Leistung läßt sich nur mit der Edith Piafs vergleichen, obwohl beide in ihrer Aussage und ihrem Talent recht unterschiedlich waren. Bei der Piaf kamen Ängste und Nöte, kam das Tragische zum Ausdruck, bei der Schulshenko das Weiche und Lyrische, etwas strahlend Weibliches. Wer sie singen hörte, gewann neue Lebenslust.

Natürlich wollte ich ihr Repertoire auch in meinen Konzerten singen. Aber man konnte die Noten nicht kaufen, weil ihre Lieder nie publiziert worden sind. Also hörte ich mir ihre Konzerte dreimal an: Zunächst lernte ich die Texte auswendig und hatte, nach dem dritten Mal, alles im Kopf. Dann ging ich zu meinem Klavierbegleiter und sang ihm die Lieder vor. Er stellte sich seinen Part zusammen und schrieb die Noten auf: es konnte losgehen.

Einmal, als ich erschöpft von einer meiner Tourneen nach Hause kam, fand ich einen Zettel vor, geschrieben von einer in Leningrad lebenden Schwester meiner Mutter: »Komm uns besuchen, wenn Du zurück bist. Deine Mutter ist da.« Mama! Ein Wort, das ich längst vergessen hatte: Dreizehn Jahre waren seit der letzten Begegnung vergangen. Liebe konnte ich nicht aufbringen für sie – dafür kannte ich sie viel zu wenig. Auch Haß empfand ich nicht, hatte sie mich doch nie wie mein Vater zurückgewiesen. Nur hatte ich kaum noch an sie gedacht, wenn ich es aber tat, dann mit einem Gefühl der Wärme und des Mitleids mit ihren Schwächen. Von Zeit zu Zeit waren mir auch Gerüchte zu Gehör gekommen – sie sei wieder verheiratet, sei wieder geschieden ... Geschrieben aber hatte sie mir in den ganzen letzten Jahren nicht mehr.

Ich eilte zu meiner Tante, die in einer Gemeinschaftswohnung im Wyborg-Viertel wohnte. Wir lebten also in derselben Stadt, kannten uns aber kaum. Als ich die Tür zu ihrem kleinen Zimmer öffnete, sah ich dort meine Tante sitzen, meinen Onkel und ihren Sohn – und daneben eine Frau mit einem kleinen, etwa vierjährigen Mädchen. Ich habe meine Mutter sofort wiedererkannt. Mein Herz schlug wie wild, als ich eintrat und irgendwie die Worte »Guten Tag!« zustande brachte.

Sie sah mich an – nichts, keine Spur von Wiedererkennen in ihrem Gesicht.

»Guten Tag!« – Als ob sie zu einer Fremden spräche.

Jetzt griff Tante Wera ein: »Sina! Was hast du? Siehst du denn nicht, wer das ist?«

Sie sah mich nur stumm an, und mir war in diesen Sekunden des Schweigens, als dröhnten Hämmer in meinem Kopf: Was ist denn nur los? Was ist denn nur los? Ich bin es doch. Ich!

»Nein, ich weiß nicht, wer sie ist.«

»Sieh genauer hin!«

»Ich weiß nicht ...« Wieder Stille. Dann: »Galja, bist du's?« Gott im Himmel, wie habe ich an diesem Tag geheult! Dort saßen sie, haben mich

56

sogar erwartet, und sie hat mich nicht erkannt! Keine mütterlichen Bande, keine Stimme des Blutes hat zu ihr gesprochen. Und ich – ich war ja selbst nicht imstande, das Wort »Mama« auszusprechen.

Wie schnell es dem Sowjetregime doch gelungen war, das Volk zu korrumpieren, die engen familiären Bindungen zwischen Kindern und Eltern, Bruder und Schwester zu zerreißen. Weil man den Menschen Begriffe wie »mein« und »dein« gewaltsam ausgetrieben hatte, gingen sie ebenso leicht und rasch auseinander, wie sie zusammengekommen waren. Getrennt voneinander verzichteten sie völlig auf Beziehungen, hatten auch verlernt, Worten wie »meine Familie«, »meine Kinder«, »meine Eltern« noch irgendeine Bedeutung beizumessen. Wenn dir ständig eingetrichtert wird, daß alles der Partei und dem Staat gehört, deine Seele genauso wie der Stuhl, auf dem du sitzt, dann hast du am Ende die »Lehre von der Gleichgültigkeit« begriffen: die simple Tatsache nämlich, daß du zu niemandem gehörst und niemand zu dir.

Meine Mutter lebte wie ein Kuckuck ohne Nest. Ihre gesamte Habe bestand aus ein paar Handkoffern voller Kleider und jenem kleinen Mädchen. Sie hatte weder ein Zuhause noch eine Familie, war aber mit ihren dreiundvierzig Jahren noch eine schöne und charmante Frau, deren sanfte Stimme und weiches feminines Wesen auf die Männer sehr anziehend wirkte. Ich wußte, was für ein wildbewegtes Leben sie geführt und in wie viele Liebesabenteuer sie sich kopfüber gestürzt hatte. Sie heute so hilflos, so wehrlos zu sehen, war neu und fremd für mich. Vielleicht lag es an eben dieser weiblichen Hilflosigkeit, daß die Männer sich so zu ihr hingezogen fühlten. Schwer vorstellbar, daß sie in ihren Beziehungen zu ihnen so konsequent sein konnte – ich wußte aber, daß es so war. Es schien, als liefe sie ständig einem unerfüllbaren Traum hinterher: Hals über Kopf verliebte sie sich – um ebenso schnell enttäuscht zu sein. Dann konnte keine Macht der Welt sie aufhalten. Alles, was ihr vor kurzem noch so viel bedeutet hatte und eine Quelle des Glücks für sie war, ließ sie ohne Bedauern zurück und ging, einzig der Stimme ihres Herzens folgend, ihrer Wege ...

Als ich sie so ansah mit ihrem goldblonden Haar und den matten, schwarzen Augen, wurde mir bewußt, daß eine späte Liebe zu ihr mein Herz erfüllte – die Liebe einer Tochter zu ihrer Mutter.

Sie war nach Leningrad gekommen, um sich ärztlich behandeln zu lassen. Schon vor längerer Zeit hatte sich ein Gebärmutterkrebs gebildet, gegen den sie aber bisher nichts unternommen hatte. Sie tat mir schrecklich leid.

Nachdem wir sie ins Krankenhaus gebracht hatten, ging ich auf eine Tournee, die mich für mehrere Monate von Leningrad fernhielt. Bei meiner Rückkehr fand ich einen Zettel vor: »Komm, Deine Mutter liegt im Sterben.«

Ich stürzte zum Krankenhaus. Dort sagte man mir, auf welcher Station sie lag und daß ich zur vierten Etage müsse. Ich flog die Treppen hoch. Der Flur schien kein Ende zu nehmen, ich fand keine Zimmernummern, keine Schwestern, nichts. Die Knie wurden mir weich, ich lief immer schneller, bis irgend etwas in mir mich vor einem der Zimmer anhalten ließ. Durch die offene Tür sah ich eine alte, schmächtige Frau, sie kniete ganz verkrümmt in ihrem Bett, die großen schwarzen Augen auf mich gerichtet: meine Mutter. Jetzt war ich es, die sie nicht erkannte. Denn daß sie es war, begriff ich erst, als ich ihre Schwester und ihre Stiefmutter am Bett stehen sah. Aber ihre Haare – warum schwarz mit grauen Strähnen? Meine Mutter war doch blond, also konnte diese Frau nicht meine Mutter sein. Was ich nicht wußte und nie erfahren hatte, verrieten mir jetzt die blonden Haarspitzen: Sie hatte sich das Haar gefärbt. Großer Gott! Dieses kleine, verschrumpelte Etwas sollte alles sein, was von meiner jungen, schönen Mutter geblieben war? Mir wurde ganz kalt vor Entsetzen. Dann aber warf ich mich mit dem Aufschrei »Mama!« in ihre Arme.

Man brachte mich in ein anderes Zimmer, wo ich lang und hemmungslos weinte. Aber ich mußte mich doch zusammenreißen, ich mußte zurück zu ihr und mich zur Ruhe zwingen, damit sie nicht merkte, wie entsetzt ich war, ich durfte ihr die Hoffnung nicht nehmen.

Man gab mir irgendein Beruhigungsmittel, und ich ging zu ihr zurück.

Ihr Sterben war ein langer furchtbarer Todeskampf. Die Schmerzen hatten sich so verschlimmert, daß sie nicht mehr liegen konnte; sie kniete die ganze Zeit und schlief auch so. Ihr junges, kräftiges Herz aber ließ sie nicht sterben, obwohl sie nur noch aus Haut und Knochen bestand. In den kurzen Zeitabschnitten, wenn das Morphium ihre Schmerzen linderte, sah sie mich träumerisch an. Dann streichelte ich ihre Hände und sagte: »Es wird alles gut, hab nur Geduld. Bald geht es dir besser und wir fahren zusammen weg – auf die Krim.«

Voller Hoffnung sah sie mich an. »Ja, an den Strand, wo es warm ist, wir werden ein Klavier haben und du wirst singen ... du wirst singen ...«

»Ja, ganz bestimmt.«

»Ich weiß, daß ich dir Unrecht getan habe, aber du mußt mir verzeihen. Du darfst mich nicht verurteilen.«

»Natürlich nicht. Niemals! Aber was redest du da, sag doch so etwas nicht!«

Sie konnte nichts essen, nicht mehr schlucken. Ich wollte ihr irgend etwas geben, ganz gleich was – wenigstens jetzt noch, vor ihrem Tod.

»Kann ich dir etwas besorgen? Sag mir, was du möchtest. Ich bringe es dir morgen mit.«

»Ich brauche nichts.«

»Bitte, es ist so wichtig für mich. Ich möchte dir so gern eine Freude machen.«

»Also gut, dann bring mir ein paar *petits fours* mit. Aber sonst nichts.«

Als ich am nächsten Tag damit zu ihr kam, konnte sie sie natürlich nicht essen. In dieser bedrückenden Krankenhausumgebung aber war schon ihr Anblick eine Freude für sie.

An ihrem letzten Tag – sie wußte, daß es ihr letzter war – drängte es sie, mir Wichtiges zu sagen, Dinge, die sie mir früher nicht erzählt hatte oder nicht erzählen wollte. Sie sprach mit größter Anstrengung. »Hab keine Angst. Krebs ist nicht ansteckend und auch nicht erblich. Soviel weiß ich.« Sie machte eine Pause und sah mich intensiv an. »Als ich jung war, hatte ich Tuberkulose. Paß gut auf dich auf.« Und später: »Trau den Männern nicht. Keiner taugt etwas.« Gegen Abend ist sie gestorben, noch immer kniend, das Gesicht im Kissen vergraben.

»Sinaida«, sagte ihre Stiefmutter mit einem Seufzer, »um deiner Gebete willen werden deine Sünden dir vergeben sein.« Es war nicht einfach, ihren Körper auszustrecken, in einen Sarg zu legen. Dort lag sie dann, klein und zart wie ein Kind.

Ich habe sie selbst begraben, sie in mein Auto gebracht. Als wir die Stadt durchquerten, liefen ununterbrochen Bilder in mir ab – Bilder meiner unglückseligen Kindheit und ihres verpfuschten Lebens. Neben mir saß ihre vierjährige Tochter, auch sie jetzt verwaist und vor eine Zukunft gestellt, die ich selbst einst vor Augen hatte.

Die Begegnung mit Vera Nikolajewna Garina, einer Stimmlehrerin, veränderte mein Leben. Welchen Verlauf meine berufliche Karriere ohne sie genommen hätte, kann ich nicht sagen. Ganz sicher aber wäre ich nie Opernsängerin geworden.

Eine Freundin von mir, Tamara, schaute eines Tages bei mir herein und sagte, als wir uns beim Tee unterhielten, mit einemmal: »Weißt du, ich sollte dir von einer sehr interessanten alten Frau erzählen, einer Gesangslehrerin, die hier in der Nähe wohnt. Wollen wir sie nicht mal besuchen?«

»Ich habe wirklich keine Lust dazu. Mit Gesangslehrern bin ich fertig. Alles Scharlatane.«

»Sieh doch, es ist herrliches Wetter. Laß uns ein bißchen rausgehen und unterwegs bei ihr hereinschauen. Was hast du dabei zu verlieren? Wenn sie dir nicht gefällt, brauchen wir nur umzukehren.«

»Na gut. Laß uns gehen.«

Eine grauhaarige Frau machte uns auf und führte uns in ein kleines Zimmer – eng wie eine Bleistiftschachtel. Nachdem wir uns vorgestellt hatten, fragte ich sie, ob sie mich anhören wolle.

»Was für eine Stimme hast du?«

Ich überlegte: Warum sollte ich mich quälen und meine ganze Geschichte wiederholen? Und selbst wenn ich sie erzählte – es versteht ja doch keiner, warum ich meine hohen Töne nicht mehr habe. »Mezzosopran«, sagte ich.

»Gut. Singen wir ein paar Tonleitern.«

Mit der unteren Oktave fingen wir an. Dabei sang ich die tiefen Töne wie ein Baß, nur um zu beweisen, daß ich wirklich ein Mezzosopran war, vielleicht sogar ein Kontra-Alt; schließlich hatte ich schon immer über sehr kräftige tiefe Töne verfügt.

»Ich sehe schon. Interessant, sehr interessant.«

Ich machte weiter, ging noch tiefer.

»Es ist gut. Jetzt höher, höher!«

Wie konnte ich aber höhergehen, wenn meine Stimme über das G der oberen Oktave nicht hinauskam? »Höher komme ich nicht.«

»Gut, dann ist es jetzt genug. Ja, meine Liebe, du bist kein Mezzo, du bist ein richtiger Sopran.«

Ich stand da wie vom Donner gerührt. »Wirklich? Ich weiß ja, daß ich die hohen Töne hatte, nur will mir das heute, wo sie weg sind, keiner mehr glauben. Alle Lehrer, mit denen ich bisher gearbeitet habe, sagten mir, daß ich ein Mezzosopran sei. Woran haben Sie es gemerkt? Seit sechs Jahren stehe ich jetzt auf der Bühne und bin Sängerin von Beruf – und Sie sind die erste, die mich richtig sieht.«

»Ich merkte es an den Übergangstönen der oberen Oktave. Für einen Sopran sind das die Noten D, Es und E. Die Kopftöne, die man für sie braucht, kannst du noch nicht anwenden, aber merk dir das fürs ganze Leben: *hier* liegt der Schlüssel zu den hohen Tönen. Du mußt dir über den Vorgang im klaren sein. Du mußt die einzelnen Lagen herausfinden und deine Stimme durch das Brustregister, das mittlere und das Kopfregister führen. Und du mußt die Atmung kontrollieren lernen. Eine Naturstimme zu besitzen, mag für Faule und Törichte genügen: ohne professionelle Schulung treten sie auf und verlassen sich einzig auf das, was die Natur ihnen mitgegeben hat. Da liegt der Grund für den Verlust manch einer großartigen Stimme und für das Ende einer Sängerkarriere gleich zu ihrem

Beginn. So, meine Entscheidung ist gefallen: Ich werde dich unterrichten, und wir beginnen noch heute. Zunächst – wie atmest du? Zeig es mir!«

»Ich kann's nicht.«

»Also gut. Hol tief Luft und sing diese Tonfolge.«

Während ich sang, legte sie mir eine Hand aufs Zwerchfell.

»Spürst du, wie gespannt es ist? Wenn man sein Zwerchfell so verkrampft, ist es unmöglich zu sprechen, geschweige denn zu singen. Atme jetzt einmal so, wie du es beim Singen gewöhnlich tust, und versuche dann, ein paar Worte zu sagen.«

Ich tat, wie sie mir sagte, und mein Sprechen klang gequetscht und so gedämpft, als käme es unter einem Kissen hervor.

»Merkst du, wie dir der Ton in der Kehle steckenbleibt? Mit dieser Art zu atmen mag es eben noch möglich sein, in der Mittellage zu singen, hohe Töne aber sind dabei ganz ausgeschlossen. So. Geh jetzt nach Hause. Aber untersteh dich, heute abend auch nur eine Note zu singen, du könntest deiner Stimme nur schaden. Und versuche nicht, alles auf einmal verstehen zu wollen, es ist unmöglich. Wir werden zusammen arbeiten – jeden Tag, das ist meine Bedingung. Im allgemeinen nehme ich zehn Rubel im Monat, aber weil du berufstätig bist, wirst du mir fünfzehn bezahlen. Kannst du soviel aufbringen?«

»Natürlich, das ist ja nicht viel. Warum verlangen Sie nicht mehr?«

»Weil ich zehn Schüler habe und zusammen mit meiner Rente auf monatlich hundertfünfzig Rubel komme, genug, mich und meine Katze zu ernähren. Mehr brauche ich nicht.«

Vera Nikolajewna war achtzig Jahre alt, als ich sie kennenlernte. Vor der Jahrhundertwende hatte sie ihre Stimme in Wien bei der berühmten Sängerin Pauline Lucca ausbilden lassen und war danach überwiegend im Ausland aufgetreten. Nach ihrer Heirat mit einem Fabrikanten, der in Petersburg Musikinstrumente herstellte, gab sie ihre Laufbahn als Sängerin allmählich auf. Ihr Mann galt als Bourgeois und wurde während der Revolution erschossen. Jetzt lebte sie in der Majakowski-Straße in einem großen städtischen Mietshaus, das sich früher in Privatbesitz befunden hatte. Ihr schmales Zimmer lag im sechsten Stock. Der Aufzug funktionierte schon seit Beginn des Krieges nicht mehr. In ihren späteren Jahren, als sie keine Treppen mehr steigen konnte, ging sie deshalb nicht mehr auf die Straße. Schüler kauften ihr täglich zu essen ein und besorgten Holz für ihren Ofen. Die Einrichtung ihres Zimmers bestand aus einem Kleiderschrank, einem Bett, einem Tisch, vier Stühlen und einem Klavier aus der Fabrik ihres Mannes. Oben auf dem Kachelofen, der fast bis zur Decke reichte, saß ihre große schwarze Katze, die während des Unterrichts häufig vom Ofen sprang und wie ein schwarzer Panther durchs Zimmer jagte. An den Wänden hingen alte vergilbte Plakate ihrer Konzerte, ein paar verschlissene Bänder von Kränzen und Buketts.

Und so sicher, wie die Sonne im Osten aufgeht und im Westen unter, so sicher ging ich jeden Morgen zu ihr zum Unterricht: ein Naturgesetz.

Nach etwa zwei Wochen, bei den ersten Übungen zum Einsingen, schwieg sie plötzlich und sah mich intensiv an.

»Was ist, Vera Nikolajewna, habe ich etwas falsch gemacht?«

»Du hast einen Stern auf der Stirn«, sagte sie.

Ich maß diesen Worten keinerlei Bedeutung bei. Wenn überhaupt, machten sie mich verlegen, und ich dachte: Die alte Frau lobt mich, damit ich sie nicht verlasse. Alle Lehrer tun das. Aber ich werde – mit oder ohne ihre Komplimente – mein Studium bei ihr fortsetzen.

Mehr als an allem anderen haben wir an der Atmung und am Freiwerden meines Zwerchfells gearbeitet. Durch spezielle Übungen lernte ich, die Zunge, den Unterkiefer, den Kehlkopf zu lockern, und hatte innerhalb eines halben Jahres meinen vollen Stimmumfang erreicht, zweieinhalb Oktaven. Ich arbeitete wie besessen. In Gedanken an Vera Nikolajewna schlief ich ein, in Gedanken an sie wachte ich auf. Neben meinen Tourneen, meinem Broterwerb, gab es nichts anderes mehr für mich als die Arbeit mit Vera Nikolajewna.

Wir hatten ein bemerkenswertes Gespür füreinander. Auch wenn ich hinter ihr stand und sie mich nur hören, nicht aber sehen konnte, gab sie ihre Kommentare ab: »Brust raus. Kehlkopf lockern. Laß die Zunge unten. Zieh die Oberlippe hoch.« Erstaunlich, daß sie noch im Alter von achtzig Jahren sämtliche Techniken mit ihrer eigenen Stimme demonstrieren konnte. Natürlich klingt ein Sopran in diesem Alter nicht mehr so, wie er klingen sollte, aber ich habe immer und sofort verstanden, worum es ihr ging. Ich ahmte sie zuerst nach und versuchte dann zu analysieren, warum diese oder jene Tonfolge so und nicht anders klang.

Dabei habe ich solche Fortschritte gemacht, daß ich schon nach Ablauf eines Jahres Arien von Verdi, Puccini und Tschaikowskij sang. Ich hatte mir ihre Methode voll und ganz zu eigen gemacht; keinem ihrer übrigen Schüler war dies bisher gelungen.

Ein paar Monate vergingen. Da fing es an, daß ich mich oft ganz plötzlich matt und abgeschlagen fühlte, nach dem Unterricht schnell müde wurde und tief Luft holen mußte. Kaum zu Hause, legte ich mich hin und mochte auch nichts essen. Obwohl das früher schon mal vorgekommen war, wußte ich nicht, was los war mit mir, glaubte aber, es sei die übliche Frühjahrsmüdigkeit und daß ich, wäre der Sommer erst da, schon wieder zu Kräften käme.

Die Zeit unserer alljährlichen Sommertournee brach an, und wir machten uns auf den Weg. Wir gaben Konzerte in der Gegend von Leningrad, von

Moskau und Charkow und steuerten so allmählich das Ziel unserer Reise, die Krim, an. Mein Zustand verschlimmerte sich zusehends. Niemals zuvor hatte ich einen solchen Kräfteverfall erlebt. Ich konnte morgens nicht mehr aufstehen und blieb bis kurz vor Beginn der Konzerte im Bett. Dennoch setzten wir unsere Reise nach Süden fort. Die Hitze im Wagen war kaum auszuhalten, und ich fühlte mich vor Schwäche mehr tot als lebendig. Kurz vor Charkow begann ich Blut zu husten. Dort angekommen, brachte Mark mich ins Krankenhaus. Es dauerte Stunden, bis wir an die Reihe kamen. Endlich hörte sich ein Arzt meinen Husten an, maß die Temperatur (ich hatte achtunddreißig Grad) und erklärte mir, es sei die Grippe.

Ich sagte ihm, daß ich Blut gehustet hätte und jede Nacht naßgeschwitzt sei. »Es könnte Lungenentzündung sein. Sehen Sie doch wenigstens mal nach!«

»Ihre Lunge ist in Ordnung. Und das Blut hat nichts weiter zu bedeuten – vermutlich ist beim Husten ein Äderchen geplatzt. Der nächste!«

»Nein! Ich verlange, daß Sie mich untersuchen und Röntgenaufnahmen machen.«

»Jetzt hören Sie mir mal zu! Sie haben die Schlange da draußen gesehen und halten jetzt alles auf . . . Nun gut, nehmen Sie diesen Zettel und gehen Sie damit zur Untersuchung und zum Röntgen. Der nächste!«

Die Untersuchung ergab Tuberkel-Bazillen, die Röntgenaufnahme zeigte Streuungen in einem halben Lungenflügel und eine Kaverne unterhalb des Schlüsselbeins. Der Befund: offene Tuberkulose. Was meine sterbende Mutter mir prophezeit hatte, war eingetroffen.

Meinen Mann traf es wie ein Blitz aus heiterem Himmel. Da ich niemals klagte und meine Arbeit nie unterbrach, hatte er sich so an meine Ausdauer gewöhnt, daß er sich jetzt nicht zu helfen wußte. Da kam ihm der Gedanke, daß es besser für mich sei, an einem warmen Ort im Süden behandelt zu werden, besser als in Leningrad mit seinem feuchten Klima, und brachte mich in eine Tuberkuloseklinik nach Charkow.

Dort sagte mir der Arzt nach der Untersuchung, daß mein Zustand besonders gefährlich sei, weil wegen meiner Jugend die galoppierende Schwindsucht auftreten könne. Der Fall erfordere einen künstlichen Pneumothorax, um den Lungenflügel stillzulegen. Eine Alternative gäbe es nicht.

Nicht ganz zu Unrecht machte Mark sich Vorwürfe, die Schwere meiner Erkrankung nicht früher erkannt zu haben. Er wußte, daß der Ausfall eines Lungenflügels das Ende meiner Karriere als Sängerin bedeutete, ich selbst aber konnte das wahre Ausmaß meiner Krankheit nicht erkennen, vielleicht, weil sie mich so plötzlich überfallen hatte. Ich war ganz sicher, in einem Monat wieder auf dem Damm zu sein.

Man stellte mir ein Bett in den Behandlungsraum, und voller Optimismus schlief ich ein. Am nächsten Morgen kamen zwei mürrische Krankenpfleger und steckten mich in ein gräßliches Hemd aus grauem Flanell, das mir, als ich mich im Spiegel sah, wie ein Totenhemd erschien. Erschrocken war ich nicht – nur verblüfft: vor mir stand eine völlig Fremde. Ich spürte den kalten Hauch des Todes.

Da ich nicht allein sein wollte, lief ich schnell aus dem Zimmer auf den Flur, wo wachstuchbezogene Tische standen. Leute saßen daran, reglos wie der Tod und in denselben grauen Kitteln, die offensichtlich nur dem einen Zweck dienten, eine Atmosphäre von Hoffnungslosigkeit zu verbreiten. Langsam mühten sich die Menschen durch das miserable Frühstück.

Ich setzte mich an einen der Tische. Mein Gott, was für graue, unglückliche Gesichter! Diese Männer und Frauen, alle viel älter als ich, mußten seit vielen Jahren schon Tuberkulose haben. In ihren Augen stand mein eigenes Urteil geschrieben. Erst jetzt begriff ich die Tragik meiner Lage, und mir wurde vor Entsetzen ganz kalt ums Herz.

Mir gegenüber saß eine ältere Frau, die mich lange Zeit ansah und plötzlich laut zu weinen begann. Und da ich fürchtete, gleich selbst in Tränen auszubrechen, sprang ich vom Stuhl auf und floh in mein Zimmer. Dort riß ich mir das Hemd vom Leib – das war, als hätte man eine knöcherne Hand von meinen Schultern genommen. Nein und nochmals nein! Ich mußte auf der Stelle hier weg, nach Hause! Und wenn ich wirklich sterben soll, dann laß es bitte nicht hier geschehen, lieber Gott, nicht hier!

Am selben Abend noch fuhr ich mit dem Zug nach Leningrad zurück. Zu Hause angekommen, fiel ich fast bewußtlos ins Bett.

Nach einer weiteren Untersuchung in einem Leningrader Krankenhaus kam eine Gruppe von Ärzten zu dem einstimmigen Beschluß, daß meine Lunge unverzüglich zu operieren sei, da die galoppierende Schwindsucht bereits eingesetzt habe. Damit händigten sie mir das Todesurteil aus.

»Herr Doktor, gibt es wirklich keine andere Möglichkeit? Ich bin Sängerin!«

»Meine Liebe, Sie sollten jetzt nicht ans Singen denken, sondern an Ihr Leben. Ich sehe, daß Sie die Gefährlichkeit Ihres Zustands nicht im vollen Umfang erkennen – ich muß also ganz offen zu Ihnen sein. Sie können von Glück sagen, wenn der Pneumothorax hilft. Die Wahrheit ist, Sie haben galoppierende Schwindsucht, und ich kann Ihnen nicht garantieren, daß Sie mit dem Leben davonkommen.«

Wenig später lag ich schon auf dem Operationstisch. Wie Blitze zuckten mir Gedanken durchs Hirn: wenn sie mir die Lunge stillegen, kann ich nie wieder singen. Wenn ich nicht mehr singen kann, ist mein Leben sinnlos.

Die Vorbereitungen waren in vollem Gang. Einer der Ärzte hielt eine riesige Nadel in der Hand, ein anderer rieb mich auf der linken Seite mit Alkohol ein. Ich fragte mich, warum sie mein Leben retten sollten. Nur, um eine elende Existenz zu verlängern, nur, um einer dieser grauen Kittel zu werden? . . . Nein, um nichts auf der Welt! Lieber sterben!

»Rühren Sie mich nicht an! Unterstehen Sie sich, mich anzurühren!« Ich sprang vom Operationstisch, stieß die Ärzte zur Seite und lief weg. Dann mußte ich ein Papier unterzeichnen, daß ich die vorgeschriebene Behandlung abgelehnt hätte und die volle Verantwortung für die Folgen meiner Entscheidung tragen würde. Ich ging nach Hause.

Apathisch, ohne jede Widerstandskraft, wollte ich nichts als Ruhe, wollte vor mich hindämmern und an nichts denken. Essen konnte ich nicht, verspürte auch einen solchen Widerwillen davor, daß ich selbst den kleinsten Bissen nicht herunterbekam. Freilich hatte schon manches meiner Gesundheit zugesetzt – die Zeit der Blockade, der Hunger, die Geburt und der Tod meines Kindes. Und Arbeit, Arbeit, Arbeit. Da lag ich nun, und mir war, als käme ich zum erstenmal in meinem Leben zur Ruhe. Nirgendwo mußte ich hin, vor niemandem auftreten. Mein einziger Wunsch war, allein zu sein und mit niemandem reden zu müssen. Ich litt weder körperlich noch seelisch, ich war nur unendlich müde.

Und ich war, in diesem Sommer 1951, dem Sterben nahe. Die weißen Petersburger Nächte ließen alles so unwirklich erscheinen: die prächtigen Boulevards und Plätze, die ruhigen Gärten und Parks . . . eine Geisterstadt, die sich, betörend in ihrer Schönheit, gegen den hellen, endlosen Himmel abhob, faszinierend und geheimnisvoll . . . Hier zu sterben, konnte nichts Schreckliches sein: die Augen schließen, nicht mehr atmen . . ., es müßte einfach sein, ganz einfach . . .

»Kann ich etwas für Sie tun?«

»Nein.«

»Haben Sie Schmerzen?«

»Nein.«

Es drängte mich danach, Turgenjew wieder zu lesen – *Asja, Frühlingsfluten, Erste Liebe* –, seine poetischen Schilderungen der großartigen russischen Landschaft und erhabener menschlicher Gefühle. War eine solche Liebe wirklich möglich?

Mit Herzklopfen und hochroten Wangen begleitete ich die Heldinnen meiner Lieblingsbücher durch den herrlichen, üppigen Park im *Adelsnest* – schneller, schneller – mein Cape flatterte im Wind . . . der Sturm tobte, aber ich lief weiter, fürchtete nichts – im Sommerhaus wartete ja *er* auf mich . . . Tränen liefen mir übers Gesicht und auf die schönsten Seiten. Atemlos vor Erregung konnte ich mich nicht losreißen. Und plötzlich wollte ich aufstehen. Undenkbar, daß ich sterben sollte – ich war jung wie die Heldinnen meiner Bücher! Ich wollte leben! Mir war, als sei ein strahlendes Licht vor mir aufgegangen und zöge mich zu sich hin. Von da an kämpfte ich um mein Leben.

Gewaltsam bezwang ich meinen Widerwillen gegen das Essen, trank flüssiges Schweineschmalz, aß Butter und Honig und bis zu zehn rohe Eier am Tag.

Streptomycin war damals in Rußland eben erst bekannt geworden und in Apotheken noch nicht erhältlich. Man konnte es nur zu unverschämten Preisen auf dem schwarzen Markt bekommen. Meine Ärzte meinten, daß wir es mit Injektionen versuchen sollten, auch wenn sie an ihrer Wirksamkeit zweifelten. Wir beschlossen, die Chance wahrzunehmen. Und so ging Mark wöchentlich einmal zum Flughafen, wo ein Schwarzhändler aus Moskau ankam und kleine Mengen des Antibiotikums mitbrachte. Ein Gramm kostete dreißig Rubel – soviel, wie ich bei einem Konzert verdiente. Wir brauchten aber hundertzwanzig Gramm, also dreitausendsechshundert Rubel. Woher sollten wir das Geld nehmen? Selbst wenn ich arbeiten könnte, müßte ich hundertzwanzig Konzerte geben! Wir fingen also an, unseren Besitz zu verkaufen.

Unter großen Schwierigkeiten gelang es Mark, mich für eine zweimonatige Behandlung in einem Tuberkulose-Sanatorium in der Nähe Leningrads unterzubringen. Es lag in einem Kiefernwald und hatte nur wenig Ähnlichkeit mit einem Krankenhaus – sah man von den Toten ab, die dort von Zeit zu Zeit und bei Nacht herausgetragen wurden.

Ich bekam das Streptomycin zweimal am Tag. Zu jener Zeit war es nicht absolut rein, und die Spritzen taten furchtbar weh. Bei der letzten meiner hundertzwanzig Injektionen hatte ich keine heile Stelle mehr am Körper und war mit Pusteln und Flecken übersät, weil sich das Mittel nicht richtig aufgelöst hatte. Ich war nur froh, daß ich nicht allergisch reagierte.

Das Medikament hat mir das Leben gerettet. Die Glücklichen, die es besaßen, hielten es hinter Schloß und Riegel und wurden von allen anderen beneidet. Der hohen Kosten wegen blieb es für die meisten Patienten unerschwinglich.

Trotz merklicher Besserung hatten mir die Ärzte das Singen kategorisch verboten. Das konnte mich freilich nicht daran hindern, in den Wald zu gehen und dort zu singen. Mit jedem neuen Tag fühlte ich, wie mich das Leben Zug um Zug zurückgewann – von allen Dächern hätte ich es rufen mögen. Ich war erst dreiundzwanzig Jahre alt, ich wollte singen, ich wollte lieben, und ein Freudenfeuer sollte brennen, über dessen Flammen ich die Arie der Marfa aus Mussorgskijs *Chowanschtschina* singen konnte: »Euch, ihr großen und geheimnisvollen Kräfte, rufe ich an, und Euch, ihr Seelen,

66

die ihr aufgebrochen seid zur unbekannten Welt!« In solchen Augenblicken meinte ich, die ganze Welt gehöre mir.

Die Ärzte hielten meine Genesung für ein Wunder. Die Tuberkulose war verheilt, die Kaverne hatte sich geschlossen. In zwei Monaten um fünfunddreißig Pfund schwerer geworden, erkannten die Menschen mich nicht wieder. Vier Wochen später gab ich mein erstes Konzert – wir hatten kein Geld, nur hohe Schulden.

In der ersten Zeit versuchte ich noch, mich nicht zu übernehmen und mich vor Erkältungen zu hüten. Bald aber fielen wir in den alten Trott zurück: rein ins Auto und ab geht's. Für die andere Welt bleibt uns noch Zeit genug.

4

Als ich zu Vera Nikolajewna zurückkehrte, war ich kräftig und voller Energie, hatte zugenommen und brannte darauf, meine Stimme hören zu lassen. Vera Nikolajewna riet mir: »Hör nicht auf die Ärzte, nimm deine Studien wieder auf. Wenn du richtig atmest und mit dem Atem singst, wird das die beste Kur für dich sein.«

So war es.

Mit neuer Kraft und Begeisterung stürzte ich mich in meine Lieblingsübungen. Vera Nikolajewna hatte mir geholfen, die grundlegenden Techniken rasch zu beherrschen und den vollen, offenen Klang einer Opernstimme zu erreichen. Außer ihr, außer ein paar Schülern und meinem Klavierbegleiter hatte indes noch niemand meine wirkliche Stimme gehört. Und keiner wußte davon – nicht einmal mein Mann. Denn ich trat ja auch weiterhin mit meinem bisherigen Repertoire auf, das mir kaum mehr als die Fähigkeiten einer Schlagersängerin abverlangte. Für die meisten, die mich damals hörten, war ich eine begabte, charmante, aber »stimmlose« Sängerin.

Ich selbst spürte, daß ich bald schon andere Wege gehen würde, wobei ich freilich nie an eine Laufbahn als Opernsängerin dachte. Was ich in Erwägung zog und worauf ich mich vorbereitet hatte, war allenfalls eine Konzertkarriere. Und da ich von Natur aus Individualistin bin, habe ich sogar von einem *eigenen* Theater geträumt.

Mark war meinem Unterricht gegenüber eher skeptisch. »Warum hast du das nötig? Du stehst am Beginn einer vielversprechenden Karriere, und wenn du dein Repertoire fürs Varieté weiter ausarbeitest, bist du in zwei, drei Jahren berühmt. Wer weiß, was aus deiner ›reinen Kunst‹ wird. Vielleicht schaffst du es, vielleicht auch nicht. Aber das hier ist etwas Sicheres, etwas, wovon du dir auch in Zukunft eine Menge Geld versprechen kannst – und eine eigene Show.«

67

Mark hat mich nie zu meinem Unterricht begleitet. Er war überzeugt, daß meine Begeisterung früher oder später in Langeweile umschlagen würde. Er behandelte mich gut – und ich ihn – und war so besorgt um mich wie ein Kindermädchen; er erledigte die Einkäufe und hielt mich auf der Straße an der Hand. Ich fühlte mich sicher bei ihm, sogar glücklich – bis ich erkannte, daß er eher ein liebevoller Vater war als ein Ehemann – als mein Mann. Ich wurde mir klar darüber, wie unecht im Grunde unsere eheliche Beziehung war. Mark spürte meine Veränderung und daß wir uns zunehmend fremder wurden. Er hatte gehofft, mich durch die gemeinsame Arbeit halten zu können, er wußte ja, daß die Arbeit in meinem Leben – wie in dem eines jeden Bühnenmenschen – an erster Stelle steht. Aber sein Desinteresse an meinen Stunden verletzte mich. Ich zog mich mehr und mehr auf mich selbst zurück und hörte auf, ihn an meinen Träumen, meinen Gedanken teilhaben zu lassen. Um mich so rasch wie möglich von ihm freizumachen, ging ich mehr denn je zu Vera Nikolajewna.

Seit fast acht Jahren stand ich jetzt auf der Bühne und hatte eine Menge Erfahrungen dabei gemacht. Im Bereich der Vokalmusik kannte ich mich schon gut aus, auch Sinfonien und Instrumentalmusik mochte ich immer mehr. An jedem freien Abend zog ich los, um mir die Konzerte im Großen Saal der Leningrader Philharmonie anzuhören.

Als das zweite Jahr meines Unterrichts bei Vera Nikolajewna zu Ende ging, gab es für mich keine technischen Schwierigkeiten mehr. Ich hatte gelernt, den Raum mit meiner Stimme zu füllen, und auch, wie man *piano* singt. Ich verfügte über kräftige hohe Töne, die ich nie wieder verlor.

Das Leben war ja so schön! Eines Tages, im Frühling 1952, schlenderte ich bei herrlichstem Sonnenschein den Newski-Prospekt entlang, fühlte mich jung und glücklich. Ich ging nach rechts, auf das Marsfeld und meinen geliebten Sommergarten zu, und blieb plötzlich wie angewurzelt stehen. Am Haus der Schauspieler verkündete ein Plakat: »Das Bolschoi-Theater der UdSSR gibt einen Wettbewerb für die *Staschjor*-Gruppe bekannt. Die Teilnehmer werden gebeten, sich im voraus in die Liste einzutragen.«

Da auch andere die Bekanntmachung lasen, drehte ich mich rasch zu ihnen um und fragte: »*Staschjor*-Gruppe, was heißt das?«

»Sie suchen Nachwuchstalente. Heute ist der dritte Tag des Wettbewerbs.«

Um sich die jungen Sänger anzuhören, hatten Vertreter des Bolschoi-Theaters in diesem Sommer nahezu alle großen Städte bereist: Leningrad, Kiew, Charkow, Saratow, Odessa, Minsk, Swerdlowsk, Nowosibirsk und viele andere. Die erste Vortragsrunde fand auf lokaler Ebene statt, die zweite und dritte in Moskau am Bolschoi-Theater.

Sollte ich hineingehen und zuhören? Ich hatte noch nie an einem

Wettbewerb teilgenommen oder teilnehmen wollen und auch jetzt keine besondere Lust dazu. Ich war nur neugierig.

Also betrat ich das große, dunkle Auditorium und sah, ganz in der Nähe der Bühne, den Tisch mit der Jury: Solomon Chromtschenko, Tenor am Bolschoi, der Pianist Solomon Brikker und Nikolai Dugin, der Sekretär. Ich schaute mich um und entdeckte Ljuda Patrjuschewa, meine Klavierbegleiterin, die einer Freundin beim Vorsingen zuhören wollte. Ich setzte mich neben sie. Einige junge Leute sangen vor; es waren Studenten vom Konservatorium. Sie hatten schöne Stimmen, aber keinerlei Bühnenerfahrung.

»Ljuda«, stieß ich schließlich hervor, »was soll das? So etwas Langweiliges!« Ich fand es laienhaft und hatte einfach keine Lust mehr zuzuhören.

Dabei brauchte ein Teilnehmer nur ein klein wenig besser zu singen als die anderen, um die Jury aufleben zu lassen: »Singen Sie diese, singen Sie jene Arie.« Ich wußte zwar, daß sich da nichts Aufregendes mehr ereignen würde, blieb aber trotzdem.

So saßen wir eine Stunde und noch eine zweite, als Ljuda sich plötzlich zu mir umdrehte: »Sie sollten es probieren.«

Sie hatte meine Gedanken erraten. »Glauben Sie wirklich, daß ich es könnte?«

»Natürlich. Sie haben mehr Erfahrung als alle hier zusammen.«

»Und was soll ich singen?«

»Warum nicht Aida?«

Ja, warum eigentlich nicht? In der nächsten Pause ging ich ins Zimmer der Juroren. »Ich würde gern vorsingen.«

Der Tenor Chromtschenko war der erste, der von den dreien reagierte. »Gut. Was wollen Sie singen?« fragte er und versuchte dabei, mich mit flüchtigem Blick abzuschätzen. Als echter Tenor reagierte er auf Frauen wie ein Schlachtroß auf das Trompetensignal.

Dugin mischte sich ein: »Haben Sie sich in die Liste eingetragen?«

»Nein.«

»Warum nicht? Das Verfahren –«

»Ich wußte nicht, daß ein Wettbewerb stattfinden sollte. Ich habe erst heute den Anschlag gelesen.«

»Also sind Sie auch nicht vorbereitet. Sie wissen, daß morgen der letzte Tag ist.«

Chromtschenko wurde ungeduldig. »Hör mal, warum machst du es ihr so schwer? Ob sie sich vorbereitet hat oder nicht, ist doch nicht deine Sache.« Und zu mir: »Kommen Sie zum Vorsingen.«

»Wann?«

»Heute.«

»Heute?«

»Ja, um vier. Es muß noch heute sein. Eigentlich sollte der Wettbewerb bis morgen dauern, aber wenn wir es bis vier Uhr schaffen, alle anzuhören, reisen wir heute abend noch ab.«

»In Ordnung.« Etwas bange war mir schon: wenn ich nun nicht gut bei Stimme wäre?

»Was werden Sie singen?«

»Aida.«

»Aida? Welche Arie?«

»O patria mia.«

Er muß mich für verrückt gehalten haben – jung und attraktiv wie ich war, mußte ich ja nicht unbedingt eine so schwierige Arie singen können.

»Studieren Sie noch oder arbeiten Sie?«

»Ich bin Konzertsängerin und arbeite mit der Philharmonischen Gesellschaft des Bezirks Leningrad zusammen.« Das machte Leuten vom Bolschoi natürlich überhaupt keinen Eindruck. Ich fuhr indes fort, meine Bedingungen zu stellen: »Zuerst möchte ich ein Lied von Rachmaninow singen, ›Oh, trauere nicht um mich‹.«

Ihre einstimmige Antwort: »Nein, das ist nicht nötig, soviel Zeit haben wir nicht. Die Arie genügt.«

»Nein, ich werde das Lied singen. Erstens kann ich mich einsingen damit. Und zweitens: Warum sollte ich versuchen weiterzumachen, wenn Ihnen meine Stimme nicht gefällt? Dann brauche ich die Arie doch gar nicht erst zu singen! Ich mache es so und nicht anders.«

»Also gut.«

Ich war ein ungewöhnlicher Fall und hatte sie neugierig gemacht. Nicht jede junge Sängerin singt aus *Aida*, geschweige denn *O patria mia*.

Ich vereinbarte mit meiner Klavierbegleiterin, sie um vier Uhr vor dem Haus der Schauspieler zu treffen, und ging dann zu Vera Nikolajewna.

»Bitte, Vera Nikolajewna, Sie müssen mit mir üben, ich nehme an einem Wettbewerb teil.«

»Du bist ja ganz aus dem Häuschen. Was ist das für ein Wettbewerb?«

»Bolschoi, der Nachwuchs. Mit der Jury habe ich schon gesprochen. Um vier Uhr muß ich vorsingen, und es ist schon fast zwei. Schnell, schnell!«

Sie sagte keinen Ton.

»Warum sind Sie so stumm? Worüber denken Sie nach?«

»Über dich. Ich hätte gerne noch ein weiteres Jahr mit dir gearbeitet, aber ich sehe ein, daß deine Zeit gekommen ist. Mach dir keine Sorgen, du kommst jetzt sehr gut allein weiter. Und was den Wettbewerb betrifft, sei ganz ruhig: Sie nehmen dich, du bist soweit. Los, fangen wir an.«

Sie ließ mich einsingen und gab mir letzte Anweisungen: Geh bei den längeren Passagen sparsam mit dem Atem um, achte auf die Übergangstöne, sing die Piano-Stellen mit dem Atem, strapaziere den Atem nicht, wenn du ein schwieriges hohes C vor dir hast, behalte einen kühlen Kopf.

Während ich den Newski-Prospekt entlangeilte, wiederholte ich ihre Sätze, sagte sie mir immer wieder laut vor. Du darfst kein einziges Wort vergessen und, wenn du auf der Bühne stehst, an nichts anderes als an Vera Nikolajewna denken.

Ljuda und ich betraten das Zimmer der Juroren: »Wir sind soweit.«

»Sie haben eine Pianistin mitgebracht? Das brauchen Sie nicht – wir haben hier den besten Probenpianisten vom ganzen Bolschoi. Er kennt unsere Tempi, mit ihm werden Sie singen.« Schon leicht nervös, fuhr ich ihn an: »Ich habe den größten Respekt vor Ihrem Pianisten, aber ich bin es gewohnt, mit meiner eigenen Begleiterin zu arbeiten. Sie kennt mich, und sie kennt *meine* Tempi. Ich bin Künstlerin.«

»Also gut, fangen Sie an.«

Herrgott, steh mir bei. Ich ging auf die Bühne und versuchte, meine gesamten Kenntnisse zusammenzuraffen. Mir summte noch der Kopf von alldem, was Vera Nikolajewna mir eingeschärft hatte: Schon mit den ersten Tönen mußt du Atmosphäre schaffen, die Zuhörer in deine eigene Welt entführen. Behalte die Kontrolle und einen kühlen Kopf . . .

»Ich singe Rachmaninows ›Oh, trauere nicht um mich‹.«

Mit tonloser, geisterhafter Stimme fing ich an:

Oh, trauere nicht um mich . . .
Ich bin dort, wo niemand leidet.
Vergiß die quälenden Träume,
der Kummer ist vorbei.

Die Stimme einer Toten, gerichtet an den Mann, den sie liebte . . . Ein ätherischer Klang, fast ohne Vibrato . . . Ich spürte, daß meine Zuhörer den Atem anhielten. Später hat Chromtschenko mir gestanden, daß er buchstäblich eine Gänsehaut bekam.

Im weiteren Verlauf des Liedes muß die Stimme kräftiger werden – so, als kehrten der dahingeschiedenen Seele allmählich die Lebensgeister zurück. »Ach, sehne dich nicht nach mir!« Und dann gesteht sie ihm, ihre Leidenschaft unterdrückend und als fürchte sie, gehört zu werden, in gedämpftem Flüsterton:

Es gibt keine Trennung zwischen uns . . .
Und so wie früher
bin ich auch jetzt deiner Seele nah.
Wie eh und je

quälen mich deine Kümmernisse
und deine Schwermut bedrückt mich.

Jetzt, da sie nicht länger verbergen kann, wie gut sie sich an den Körper
erinnert, den sie verließ, singt sie voll Leidenschaft:

Leb! du mußt es!
Und wenn du durch eine
wunderbare Kraft
Freude und Ruhe finden solltest ...

Und dann erklingt wie ein letztes »Vergib mir!« in einem hohen, sich
steigernden b-Moll, das die Majestät des Todes und die Endlosigkeit des
Lebens im Tode bezeichnet:

So wisse,
daß ich von dort geantwortet habe
auf den leidvollen Ruf deiner Seele.

Zuletzt, als käme sie plötzlich zur Besinnung, ändern sich Ton und
Sprache, und sie kommt heiter und gelassen zu einem ausgedehnten
Schluß:

Trockne die Tränen, weine nicht mehr.

Als ich geendet hatte, herrschte Stille im Auditorium. Niemand forderte
mich auf, weiterzusingen. »Das war's wohl«, flüsterte ich Ljuda zu.

Ihre Stimme klang irritiert: »Ich weiß nicht. Frag doch mal.«

Ich wandte mich an die Zuhörer und an die Jury: »Soll ich noch
etwas singen?«

»Wie bitte? Ja doch, singen Sie weiter! Wir warten!«

Nun ist *O patria mia* aus *Aida* etwas völlig anderes. Man muß imstande sein, die hohen Töne mühelos auszusingen, muß mit dem vollen,
reichen Klang der Stimme gegen ein ganzes Orchester ansingen, und
man muß über eine kräftige, volltönende Mittellage verfügen. Mit Vera
Nikolajewna hatte ich an dieser Arie gearbeitet, hatte jeden einzelnen
ihrer Takte ausgefeilt. Und als ich sie jetzt beendete – nach dem letzten
hohen C geht das nachfolgende A verhallend ins *pianissimo* über –, begann ein Getuschel im Auditorium. »Wer ist das? Woher kommt sie?«

Keiner kannte mich hier. In Leningrad war ich noch nie aufgetreten,
nur in der Umgebung.

Im Zimmer der Juroren fragten sie mich: »Kommen Sie vom Konservatorium?«

»Nein, ich hatte Privatunterricht und singe in Konzerten. Vier Jahre lang gehörte ich einem Operettenensemble an.«

»Operetten? ... Wir fahren heute nach Moskau zurück. Die nächste Runde findet im Bolschoi statt. Können Sie kommen?«

»Natürlich.«

»Wir werden uns melden.«

Sogar Fremde beglückwünschten mich, als ich den Raum verließ. Aber ich hatte nur eins im Sinn – ein Telefon zu finden. »Vera Nikolajewna, Liebste, Beste, ich habe es zur zweiten Runde in Moskau geschafft! Ich laufe nur eben nach Hause und ziehe mich um« – meine Sachen waren durchgeschwitzt –, »dann komme ich vorbei und erzähle Ihnen alles, alles!«

Wie eine Lokomotive raste ich den Newski-Prospekt hinunter, wobei meine Füße offensichtlich Funken sprühten: Denn die Leute, denen ich auf dem Gehsteig entgegenkam, flohen zur Seite. Wäre plötzlich eine Mauer vor mir aufgetaucht, ich hätte sie gewiß in tausend Stücke gerammt. »Mark!« rief ich und stürzte ins Zimmer, »ich habe in einem Wettbewerb fürs Bolschoi gesungen!«

»*Was?* Was für ein Wettbewerb? Und was meinst du mit Bolschoi?«

»Sie haben sich Leute für den Nachwuchs angehört, und ich komme in die zweite Runde. Bald holen sie mich nach Moskau – verstehst du?«

Mark war sprachlos, wollte es nicht glauben. Mein Mann! Hätte ich eine andere Reaktion von ihm erwarten können? Wie ein Lauffeuer sprach sich die Neuigkeit herum. Niemand hielt es für möglich – ich glaubte es ja selber kaum. Der Gedanke quälte mich, daß sie, zurück in Moskau, mich einfach vergessen könnten. Eine Woche verging – eine Ewigkeit. Endlich das Telegramm mit der Aufforderung zu kommen.

Ich nahm meine letzte Stunde bei Vera Nikolajewna, saugte ihre letzten Ratschläge ein: »Steh am Wettbewerbstag früher auf als sonst. Iß ordentlich. Geh zwei Stunden vor Beginn ins Theater. Geh um die ganze Bühne herum, damit du ein Gefühl für sie bekommst. Sing dich eine Stunde lang ein und sprich mit niemandem. Konzentriere dich ganz auf das, was du singen wirst.«

»Aber was ist, wenn sie mich auffordern, irgend etwas anderes zu singen? Etwas Leichtes vielleicht, zum Einsingen?«

»Wenn du Aida singst, werden sie nichts anderes verlangen. Sänger singen sich nicht auf der Bühne ein, sondern dahinter. Du bist keine Schülerin mehr, du bist Künstlerin. Und wenn du O patria mia singst, kannst du alles auf einmal vorzeigen: Umfang, Beherrschung und Ausdauer deiner Stimme. Das wird die Dirigenten beeindrucken. Wenn du die Arie dort genauso singst wie bei mir, wird es keine Probleme geben. Jetzt geh mit Gott.«

Am nächsten Morgen, nach einer langen schlaflosen Nacht im Zug, war ich in Moskau und am Bolschoi-Theater – dem Traum aller Sänger der Sowjetunion. Heftig bemüht, Ordnung in meine Gedanken zu bringen, stand ich davor – wie phantastisch das Ganze war! Angst aber machte der Koloß mir nicht – im Gegenteil. Er gab mir Entschlußkraft und den Mut, mir meinen Platz darin zu erkämpfen. Mit meiner Herkunft aus Armut und Provinz, ohne erwähnenswerte Ausbildung, wollte ich mit meinen Waffen – meiner Stimme, meiner Begabung, meiner Jugend – diesen Kampf um den höchsten und ehrenvollsten Platz im Land antreten. Mit dem Leben als Lehrmeister mußte ich ihn gewinnen.

Die zweite Runde fand in der Beethovenhalle des Bolschoi-Theaters statt. Dort hatten sich die Solisten des Ensembles versammelt, um die Bewerber anzuhören – mehr als hundert aus allen Ecken des Landes. Der Jury gehörten berühmte Sängerinnen und Sänger an: Marija Maksakowa, Vera Dawydowa, Aljona Kruglikowa, Natalja Schpiller, Nikandr Chanajew, Sergei Lemeschew, Iwan Koslowski, Mark Reisen und Alexander Pirogow. Dazu der Chefdirigent und der Chefregisseur des Hauses, Nikolai Golowanow und Boris Pokrowski, die Dirigenten Wassili Nebolsin und Kiril Kondraschin.

Am Tag meines Auftritts saß ich in dem kreisförmigen Auditorium, wartete, bis ich an die Reihe kam, und versuchte, mich zu konzentrieren und dabei nicht auf die anderen Teilnehmer zu achten. Doch gelang es mir nicht, die vielen guten Stimmen, weibliche und männliche, zu überhören.

»Wischnewskaja. Verdi, Aida, O patria mia.«

Wie im Traum ging ich durch die Sitzreihen, an den Sängern, am Tisch der Jury vorbei, meine Haut glühte, die Augen brannten – sogar die Augenlider schienen zu fiebern. Herr, steh mir bei, daß ich mich nicht verleiten lasse, auf die Zuhörer zu achten. Ich bestieg das Podium, brannte darauf zu singen.

Für eine ganze Oper hätte ausgereicht, was ich an Gefühl und Inspiration in diese eine Arie legte. Ich spürte so etwas wie einen inneren Triumph – so, als schritte ich durch diese Musik hindurch und als teilten sich Mauern auf meinem Weg, um hinter mir zusammenzustürzen. Ich wollte nur weitersingen ... immer weiter ... doch der letzte Ton erklang, verhallte in einer lautlosen Stille. Dann riß mich der Applaus aus meinen Träumen, holte mich aus weiter Ferne auf die Erde zurück. Ich stieg vom Podium und kam wieder an der Jury vorbei. Irgend jemand hielt mich an und fragte mich etwas – ich hörte nichts. Alles in mir zitterte. Langsam drangen Worte an mein Ohr: »Kommen Sie aus Leningrad?«

»Ja.«

»Haben Sie Verwandte in Moskau? Einen Ort, eine Wohnung, wo Sie bleiben können?«

»Eine Wohnung? Nein, ich habe keine Wohnung.«

»Gut, vielen Dank.«

Als ich das Auditorium verließ, beglückwünschten mich meine Mitbewerber – aus gutem Grund. Denn niemals wird den Künstlern bei einem Bolschoi-Wettbewerb applaudiert: ein Ereignis also.

Ich merkte, daß mir schwindlig wurde, und setzte mich im Foyer auf einen Stuhl, zog mir die Schuhe aus – die einzigen hochhackigen, die ich besaß – und streckte die Beine aus. Da öffnete sich die Tür des Auditoriums, und Nikandr Sergejewitsch Chanajew schaute heraus.

»Wo ist das Mädchen, das eben Aida gesungen hat?«

Er kam auf mich zu und sah mich strahlend an: »Das hast du gut gemacht!« Ich wußte, was für ein berühmter Sänger er war, und fühlte mich sehr geehrt, daß er kam und mich ermutigte.

»Vielen Dank, und entschuldigen Sie, daß ich sitzenbleibe. Mir schlottern noch die Knie!«

Er lachte. »Macht nichts. Du hast die dritte Runde erreicht. Aber ich muß dir etwas sagen, was du dir für dein ganzes Leben merken solltest: denk beim Singen an ein Haltesignal, stell dir kleine rote Lampen vor. Sonst könnte es sein, daß bei deinem Temperament nichts von dir übrigbleibt.« Ich hörte genau zu, hörte auf jedes einzelne Wort, das dieser große alte Sänger mir sagte, und fühlte, wie mein Herz vor Dankbarkeit überlief.

Drei Tage später fand die dritte Runde statt: in einem anderen Saal des Bolschoi, mit einem Orchester, einem Dirigenten und ohne Proben. Alles das war ungewohnt für mich.

Es ging bereits die Parole von einer jungen Frau, die zu großen Hoffnungen berechtigte, und die Sängerinnen des Ensembles musterten mich mit größtem Interesse.

Die dritte Runde hatten etwa fünfzehn von uns erreicht. Wie Vera Nikolajewna mir geraten hatte, war ich zwei Stunden früher im Theater, um ein Gefühl für den Raum zu bekommen. Da kam ein junger, gutaussehender Mann auf mich zu. »Ich bin der Dirigent, Kiril Petrowitsch Kondraschin. Vielleicht sollten wir vorher mit dem Pianisten üben, so lernen Sie die Tempi kennen und können sich schon ein bißchen an mich gewöhnen.«

»Ja, gehen wir.«

Die Probe begann.

»Haben Sie schon einmal zusammen mit einem Orchester gesungen?«

»Nein, noch nie.«

»Das macht nichts. Sie brauchen keine Angst zu haben. Ich gebe Ihnen bei jedem Einsatz ein Zeichen. Darauf zu achten ist alles, was Sie tun müssen. Viel Glück!«

Ich ging hinter die Bühne, wo jemand, den ich aber nicht hören wollte, schon seinen Auftritt hatte. Ich lief hin und her, wie ein Tiger im Käfig. Als ich den Kopf hob, sah ich Nikandr Sergejewitsch Chanajew auf mich zukommen.

»Hier bist du also. Wie fühlst du dich?«

»Ich bin sehr nervös.«

»Das ist ganz in Ordnung, jeder wird dabei nervös. Aber ich will dir ein kleines Geheimnis verraten: die Entscheidung ist bereits gefallen. Du bist angenommen und kannst also unbesorgt singen.«

Er ging. Wie konnte man jetzt schon eine Entscheidung treffen? Wenn ich nun schlecht sang? Nein, sagte ich zu mir selbst, das darfst du nicht, auf keinen Fall. Und wenn du schon die Schwelle dieses Theaters überschritten hast, dann schaffst du es auch, besser zu singen als je zuvor. Und wenn du tot umfällst – was soll's!

Ich stand auf der Bühne, die Orchesterklänge brandeten zu mir herauf. Sie spielen für dich, diese Musiker, für dich, Galka Artistka. Und du stehst hier, in diesem prächtigen Saal und vor berühmten Sängern, die dich hören wollen – die Größe des Augenblicks überwältigte mich. Da ebbte das Orchester ab und ich begann:

»Bald kommt Radames . . .«

Es war ein großer Saal, den ich mit meiner Stimme auszufüllen hatte. Nur jetzt nichts überstürzen – jedes Wort ist es wert, in Gold aufgewogen zu werden, jeder Ton muß den entferntesten Punkt im Saal erreichen. Ich sah auf den Dirigenten, der mir mit Armen und Augen zu verstehen gab, was ich tun müßte, um nicht aus dem Takt zu geraten. Zum Teufel damit! Was kommt schon dabei heraus, wenn ich nur darauf achte und an nichts anderes als an eure Tempi und Einsätze denke! Ich machte also die Augen zu und hielt sie bis zum Ende geschlossen. Als ich nach dem letzten Takt die Augen wieder öffnete, brachte mir das Orchester Ovationen entgegen.

Die Juroren zogen sich zur Beratung zurück. Eine Stunde später verkündeten sie, daß Netschipailo, ein junger, ebenfalls aus Leningrad stammender Baß, und ich als einzige in das Nachwuchs-Ensemble des Bolschoi-Theaters aufgenommen waren.

»Gehen Sie jetzt zur Personalabteilung und füllen Sie ein Formular aus. Das Theater geht keinerlei Verpflichtungen ein, bevor man dort festgestellt hat, daß nichts gegen Sie vorliegt.«

Sänger des Bolschoi umringten mich; einige gratulierten, andere warnten mich und rieten mir, mich nicht zu früh zu freuen: ein gewonnener Wettbewerb und Beifall vom Orchester seien nur der halbe Sieg. Das Wichtigste sei jenes Formular.

»Gibt es irgend etwas in Ihrer Vergangenheit . . .«

»Nein, nichts.«

Und dann wie ein Messerstich die Erkenntnis: mein Vater. Er war nach Paragraph 58 verurteilt und zum Volksfeind erklärt worden. In diesem Lande gab es niemanden, der nicht gewußt hätte, was der Paragraph 58 bedeutete und daß seinetwegen mehr als zehn Millionen Menschen in Gefängnissen und Straflagern verkamen. Fänden sie die Wahrheit über meinen Vater heraus, dann ließe das Bolschoi mich fallen, ohne ein Wort darüber zu verlieren.

Wenn man am Swerdlowsk-Platz steht, dem Bolschoi-Theater gegenüber, ist links ein kleines, völlig unscheinbares Haus zu sehen. Es beherbergt die Personalabteilung des Bolschoi – ein Purgatorium, das jeder durchschreiten muß, der davon träumt, mit dem mächtigen Staatstheater in Verbindung zu treten. In diesem kleinen Gebäude arbeiten die Agenten des KGB im Schweiße ihres Angesichts. Der Personalchef, der trotz seines hohen Dienstgrades nur Zivilkleidung trägt, sitzt hinter einer dicken, mit schwarzem Wachstuch bezogenen Polstertür in seinem Büro. Durch diese Tür dringt nichts von dem, was drinnen gesprochen wird, jemals nach draußen. Es ist, als lebte er in einer Stahlkammer und hütete die kostbarsten Wertgegenstände – die »Personalakten« der Künstler des Bolschoi. Du kannst der größte Sänger der Welt sein und wirst doch nie auf der Bühne des Bolschoi stehen, wenn man das in diesem kleinen, so harmlos wirkenden Gebäude nicht will. Denn das Bolschoi-Theater dient nicht allein der Kunst, sondern in erster Linie dem Staat. Funktionäre der Regierung sind häufig zu Gast, und Künstler, die man dieser »Ehre für würdig erachtet«, treten auf Staatsbanketten und -empfängen auf. Demgemäß ist es die oberste Aufgabe der Personalabteilung, für absolute Sicherheit zu sorgen und das kostbare Leben der Regierungsmitglieder zu schützen. Wie viele begabte Künstler haben sich schon in diesem Sicherheitsnetz verfangen, das die diensteifrigen, zivilgekleideten KGB-Kader ausgelegt hatten! Doch hatte mir das Leben beigebracht, mich weder zu fürchten noch zu ducken oder die kleinste Ungerechtigkeit hinzunehmen. Diese Leute mit ihren grimmigen Gesichtern, die niemals lächelten, konnten mich nicht unterkriegen. Sie brachten mich nur dazu, meine Kräfte zu mobilisieren und zu stählen. Wie gut ich ihren scharfen, »wachsamen« Blick doch kannte, mit dem sie uns durchbohrten, als wüßten sie Dinge über uns, von denen wir selbst nichts ahnten. Den Teufel wißt Ihr, verdammt nochmal! Erst vor einer Stunde hatte ich in einem der besten Theater der Welt den schwierigsten Wettbewerb gewonnen, und noch immer erfüllte mich ein Glücksgefühl, wie ich es nie zuvor erlebt hatte. Und jetzt sollte ich vor den vielsagenden Blicken dieser Widerlinge zittern? Nein, Sie brauchen die Luft nicht anzuhalten, meine Herren und Beschützer der Kunst, Sie sind hinter der Falschen her!

Ich nahm mir das Formular – großer Gott, es hatte mindestens zwanzig Seiten! – und begann zu schreiben. Da hörte ich eine honigsüße Stimme: »Nur keine Eile! Lassen Sie sich Zeit, sich an alles zu erinnern und darüber nachzudenken.«

Und woran sollte ich mich erinnern? An meine unglückselige Kindheit? An die Tatsache, daß ich mir seit meinem fünfzehnten Lebensjahr jedes Stück Brot erarbeiten mußte? Hatte ich denn andere Erinnerungen? Doch, und das nagte an mir: hinsichtlich meines Vaters mußte ich lügen. Seinetwegen, der mir nur Verachtung entgegengebracht hatte, könnte mir jetzt alles verweigert werden – alles, wofür ich geschuftet, wofür ich gelebt hatte.

Die Fragen nahmen kein Ende: Wer waren Ihre Großväter und Großmütter? Was haben sie vor der Revolution gemacht? Hatten sie irgendwelchen Besitz? Wenn sie nicht mehr leben, wo sind sie gestorben? Und Ihre Eltern: Wo sind sie geboren? Wo erhielten sie ihre Ausbildung? Was haben sie vor der Revolution gemacht? Was tun sie heute? Wo leben sie? Wenn sie gestorben sind, wo liegen sie begraben? Haben Sie Geschwister? Wenn ja, was tun sie? Wo arbeiten sie? Haben Sie Verwandte im Ausland? War einer Ihrer Familienangehörigen in deutscher Kriegsgefangenschaft? Hat einer von ihnen unter deutscher Besatzung gelebt? Und so weiter und so weiter.

In der Hoffnung, daß sie die Wahrheit nicht entdecken würden, schrieb ich, daß mein Vater während des Krieges für vermißt erklärt worden sei.

»Da, ich bin fertig.«

»Das ging ja schnell. Fast ein wenig zu schnell. Sind Sie sicher, nichts vergessen zu haben?«

»Ja, ganz sicher.«

»Gut.«

»Wann werde ich das Ergebnis erfahren?«

»Sie haben es wohl immer eilig – ha, ha! Sie werden von uns hören, sobald wir wissen, daß nichts gegen Sie vorliegt.«

Netschipailo hatte übrigens in seinem Fragebogen erwähnt, daß er als vierzehnjähriger Junge in der Ukraine unter deutscher Besatzung lebte. Die Folge war, daß er zwei Jahre lang als verdächtig galt und erst nach Stalins Tod am Bolschoi Aufnahme fand.

Schnell wie der Wind war ich wieder auf der Straße. So also ist es um dich bestellt, Bolschoi-Theater, mächtiger Koloß! Du stehst auf tönernen Füßen, und ein Wicht, der nichts taugt und sich hinter einer Polstertür versteckt, kann dir je nach Laune den Hals umdrehen.

Aller meiner Triumphgefühle beraubt, kehrte ich nach Leningrad zurück. Noch immer sah ich die Blätter des Fragebogens vor mir, und der Gedanke verfolgte mich: Werden sie die Wahrheit herausbekommen oder nicht? Tröstlich war nur, daß außer Mark und mir niemand davon wußte, also konnte auch niemand etwas weitergeben. Wie aber, wenn sie anderweitig informiert würden? Jeder Tag konnte eine Vorladung zum KGB-Büro bringen, und diese Leute waren Spezialisten, verstanden sich auf einen kleinen »Plausch«.

Die Tage zogen sich hin wie Jahre.

Nach der ganzen Aufregung des Wettbewerbs brach alles in mir zusammen. Meine Stimme war tonlos geworden, meine Energie erschöpft.

Ein Monat verging – nichts. Aber das Geld wurde knapp. Also zurück auf die Straße, wieder ins Auto und – nach der prächtigen Bühne des Bolschoi – auf zur neuen Runde durch die Dörfer und Landkollektive. Zwei, drei Monate krochen dahin. Dann, plötzlich, ein Telegramm: »Kommen Sie. Sie sind in das Nachwuchs-Ensemble des Bolschoi-Theaters aufgenommen. Anissimow, Leiter des Theaters.«

Mein größter Wunsch hatte sich erfüllt! Ich würde singen, an einem der herrlichsten Theater der Welt! Ich war fünfundzwanzig Jahre alt.

5

Das Bolschoi-Theater! Groß, monumental, einmalig. Ich trat dem Ensemble am Ende einer Epoche bei, auf der Grenze zwischen zwei Generationen. Noch immer gab es dort eine ganze Reihe erstklassiger Sänger, deren Karriere in den frühen dreißiger Jahren begonnen hatte und die im wesentlichen die Traditionen des vorrevolutionären russischen Theaters fortführten. Auch wenn es manche Intrigen und Konkurrenzkämpfe gab – etwas ganz Natürliches in unserm Beruf –, wurden die Kontakte untereinander doch vom *bon ton* bestimmt, keiner hätte je die Grenzen des Anstands verletzt.

Viele dieser Sängerinnen und Sänger hatten das fünfzigste, manche sogar das sechzigste Lebensjahr überschritten. Im ganzen aber und vornehmlich bei den Männern gab es immer noch sehr gute Kräfte und einzigartige Künstler. Die zweite, die mittlere Generation, war in ihrer schöpferischen Potenz weitaus schwächer, obwohl es auch unter ihnen ein paar gute Stimmen gab.

Als ich Mitglied dieser illustren Gesellschaft wurde, brachte ich auch viel vom alltäglichen ungeschminkten Leben mit, das draußen, vor den Mauern dieses mächtigen und prächtigen Theaters, weiterging und das voller Leid und Entbehrungen war. Ich gehörte einer anderen Zeit an als jene Sängerinnen, deren Karriere vor dem Krieg begonnen hatte und die nicht nur älter waren als ich, sondern auch von ganz anderer Lebensauffassung. Im Schmuck ihrer Pelze und mit Orden behängt traten diese berühmten Matronen recht würdevoll auf, pflegten ihren eigenen Stil und lebten, umringt von Scharen scheinheiliger Kriecher, in schönen Wohnungen.

Verwundert sah ich mich um, und mir war, als sei ich in eine riesige Familie geraten: mehr als hundert Solisten, der Chor, das Orchester, das Ballett, Dirigenten und Regisseure. Doch ist ein sowjetisches Kollektiv nicht nur eine Gruppe von Leuten, die miteinander arbeiten, sondern eine Kommune mit strengen Regeln und Rechten dem einzelnen Mitglied gegenüber. Im sowjetischen Theater erhalten die Ensemble-Mitglieder keine Arbeitsverträge; wie Fabrikarbeitern weist man den Künstlern des Bolschoi die Arbeitsplätze zu. Sie bekommen ein monatliches Gehalt und haben dafür eine bestimmte Anzahl an Vorstellungen abzuleisten. Die Spielzeit dauert zehn Monate.

Ein Sänger muß täglich mit der Aufforderung rechnen, für einen erkrankten Solisten einzuspringen. Keiner hat das Recht, ohne Erlaubnis der Direktion irgendwo im Land ein Gastspiel zu geben. Hat man aber andererseits seine Pflichtvorstellungen noch nicht erreicht, kann man für ein unbezahltes Gastkonzert in eine andere Stadt geschickt werden. Mit einem Wort, die Direktion kann frei über die Künstler verfügen. Fünfundzwanzig Jahre lang muß ein Sänger für seine Pension arbeiten. In all diesen Jahren und manchmal noch darüber hinaus liegt sein Leben in allen Einzelheiten vor dieser großen Familie, der Kommune, ausgebreitet da.

Von diesem Theater aber geht man nicht mehr weg – es gibt nur ein Bolschoi. An anderen Theatern ist es weit schlimmer: die Hälfte des Gehalts, dieselbe Routine. Künstler, die einmal am Bolschoi aufgenommen sind, klammern sich deshalb mit aller Kraft an ihre Position und an ihre Wohnung in der Hauptstadt. An die Eintönigkeit des Lebens in der Provinz wagen sie nicht einmal zu denken.

Das Bolschoi wurde mit eiserner Hand geführt. Um das Gebäude zu betreten, mußte man einen Sonderausweis mit Paßfoto vorweisen – auch dann, wenn man schon jahrzehntelang dort gearbeitet hatte. Angeordnet wurde das Verfahren für den Fall, daß von der Personalabteilung der Befehl erging, diesen oder jenen Angehörigen des Theaters zu verweisen. Im ersten Jahr meiner Mitgliedschaft im Ensemble war der große Nikolai Semjonowitsch Golowanow Chefdirigent und seit Jahrzehnten schon am Bolschoi tätig. Gerüchte, wonach er seiner Position enthoben werden solle, weil der Kreml unzufrieden mit ihm sei, waren zuvor schon aufgekommen und hielten sich hartnäckig. Eines Tages nun, als er das Theater betrat, ohne seinen Ausweis vorzuzeigen – immerhin war er ja Chefdirigent –, hielt die Aufsicht ihn an: »Ihren Ausweis!«

»Wie bitte? Was soll das heißen? Kennen Sie mich denn nicht?«
»Ihren Ausweis bitte!«

Golowanow zog ihn heraus und zeigte ihn vor. Im selben Augenblick und noch im Entrée wurde ihm der Ausweis entzogen. Man erlaubte ihm nicht, das Theater zu betreten. Auf diese Weise erfuhr der hochgestellte, scheinbar allmächtige Mann, daß er nicht mehr Chefdirigent des Bolschoi-Theaters war und dort auch nicht länger arbeiten durfte. Golowanow hat diese Demütigung nicht verkraftet, er starb wenige Monate später, erst sechzig Jahre alt. So sah es im Jahr 1952 am Bolschoi aus.

Mein Arbeitsplan im Nachwuchs-Ensemble des Bolschoi sah zwei große Rollen vor: die Tatjana in *Eugen Onegin* und die Leonore in *Fidelio*. Nach einjähriger Probezeit stand das Theater vor der Wahl, mich entweder zu entlassen oder als Solistin ins Hauptensemble zu übernehmen. Später erfuhr ich, daß man mich im Hinblick auf die bevorstehende *Fidelio*-Produktion ans Bolschoi geholt hatte, die von Boris Pokrowski inszeniert werden sollte, einem brillanten Regisseur und Reformer des sowjetischen Operntheaters. Für die Rolle der Leonore, die während der ganzen Aufführung Männerkleider trägt, brauchte er eine junge Sängerin von schmalem Wuchs.

Am Bolschoi legte man größten Wert auf diese *Fidelio*-Produktion, die in der Tat für das gesamte musikalische Rußland als Ereignis gelten mußte: noch nie hatte man Beethovens einzige Oper in der sowjetischen Ära inszeniert! Berühmte Solisten sollten auftreten, als Dirigent war Alexander Schamiljewitsch Melik-Paschajew vorgesehen, der eben als Nachfolger Golowanows zum Chefdirigenten ernannt worden war. Von Anfang an also boten sich Möglichkeiten für mich, von denen ein Anfänger kaum zu träumen wagt.

Die Tatsache, daß Pokrowski Gefallen an mir gefunden hatte, war ja gut und schön, aber es ging um mehr als das. Es ging um Melik-Paschajew – dem mußte ich gefallen; wenn nicht, würde ich die Rolle niemals bekommen. Damals, beim Wettbewerb, hatte er mich wegen einer Reise nicht hören können.

Melik-Paschajew, ein Meister seiner Kunst, stellte bei der Auswahl seiner Sänger die höchsten Ansprüche. In eine seiner Produktionen zu gelangen, war weitaus schwieriger als bei allen anderen – und jungen, unerfahrenen Sängern traute er schon gar nichts zu. Seine Favoriten waren Sänger, mit denen er viele Jahre schon zusammengearbeitet hatte. Und da wollte Pokrowski so mir nichts, dir nichts eine unbekannte junge Sängerin ins Allerheiligste des Dirigenten – den *Fidelio* – einschleusen, eine, die überdies mit Operetten angefangen hatte! Doch willigte Melik-Paschajew

Pokrowski zuliebe ein, mich anzuhören. Große Hoffnungen hat er wohl kaum in mich gesetzt.

Wir vereinbarten einen Termin für meine erste Begegnung mit ihm. Damals wohnte ich bei Verwandten von Mark, ziemlich weit vom Theater entfernt. Die Fahrt im Bus dauerte eine Stunde, und ich kam zehn Minuten zu spät. Außer Atem, vor Kälte ganz rot im Gesicht und mit angstvoll geweiteten Augen stürzte ich ins Übungszimmer. Und da saßen sie, sie *warteten*! Der Chefdirigent, der Chefregisseur, der Chefprobenpianist. Ich dachte nur, jetzt ist alles aus.

»Es tut mir leid, daß ich mich verspätet habe.«

Melik-Paschajew nickte nur leicht mit dem Kopf und sagte nichts. Ich sollte merken, daß er jederzeit und jedem gegenüber die größte Höflichkeit an den Tag legte; er brüllte nie. In diesem Augenblick aber wäre mir selbst ein Anschnauzer lieber gewesen als dieses Schweigen.

»Nun, was werden Sie singen?«

Ich schnaufte immer noch wie eine Dampflok. Kein Wunder, sechs Stockwerke war ich hochgerast, viel zu eilig, um auf den Aufzug zu warten.

»Ich bitte um Verständnis«, sagte ich, »aber ich muß mich erst einsingen, denn ich hatte bis jetzt keine Möglichkeit dazu. Würden Sie bitte ein paar Minuten im Flur auf mich warten – dann kann ich singen.«

Wie habe ich nur so blöd sein können!

Wsewolod Wasiljew, der Probenpianist, der seit vielen Jahren mit Melik-Paschajew zusammenarbeitete und ihn sehr verehrte, sah mich strafend an, als wolle er sagen: »Welche Unverfrorenheit!« Irgend etwas aber – möglicherweise meine Direktheit – muß Melik-Paschajew für mich eingenommen haben. Denn er und die anderen gingen im Gänsemarsch nach draußen, obwohl er *mich* aus dem Übungsraum hätte schicken können. Ich sang mich ein so schnell ich konnte und öffnete die Tür: »Sie können kommen.«

»Vielen Dank, vielen Dank . . . Nun, mein Kind, was werden Sie singen?«

»Ich könnte die Aida singen, oder die Lisa.«

»Aida wäre schön.«

Als ich aufgehört hatte, sah ich, daß Pokrowski sehr zufrieden war. Melik-Paschajew, merklich kühler, sagte nur: »Nicht schlecht. Natürlich ist es für die Aida noch zu früh für Sie, aber gehen Sie die Rolle sorgfältig durch, gehen Sie sie durch.«

Ich wußte, wie sehr er mit Komplimenten knauserte. Aber, da *Aida* seine Lieblingsoper war, klangen die Worte »gehen Sie die Rolle durch« vielversprechend für die Zukunft.

»Was könnten Sie sonst noch singen?«

So, dachte ich mir, jetzt legst du ihn flach. »Ich könnte ein Lied singen.«

»Ein Lied? Was für ein Lied?«

82

»Ein spanisches aus meiner Zeit im Varieté. Ich habe auch Kastagnetten mitgebracht.«

Er riß die Augen weit auf und hielt sich an der Sessellehne fest. Was für ein seltsamer Vogel war da im Bolschoi gelandet!

Pokrowski sagte: »Fangen Sie an!«

Ich gab dem Pianisten die Noten, der vor Schreck fast in Ohnmacht fiel. Der Arme. Wahrscheinlich dachte er, jetzt stürzen die Mauern ein. Jedermann wußte, von welch akademischer Strenge Melik-Paschajews Musikverständnis war, und nun präsentierte man ihm ein Lied aus dem Repertoire der Klawdija Schulschenko!

Ich schnappte mir die Kastagnetten und begann zu singen und zu tanzen. Pokrowski konnte sein Lachen kaum zurückhalten, als er sah, wie Melik-Paschajew sich im Sessel wand, abwechselnd zum Boden und zur Decke blickte und, weil alles so unerwartet für ihn kam, überhaupt nicht wußte, wie er reagieren sollte. Klappernde Kastagnetten und trommelnde Absätze bei einem Probesingen für Beethovens Leonore! So etwas hatte es am Bolschoi noch nie gegeben.

»Gut, gut, mein Kind. Studieren Sie die Rolle ein, dann sehen wir weiter.« Und weg war er.

Ich weiß nicht, worüber er mit Pokrowski geredet hat, aber ich wurde offiziell als Leonore im *Fidelio* eingesetzt und begann ernsthaft, die Rolle einzustudieren.

Von dieser Zeit an spielte sich mein Leben innerhalb des Theaters ab – nach Hause ging ich nur noch zum Schlafen.

Am Bolschoi gibt es keine Beschränkungen für die individuellen Probezeiten. Jeder kann so oft und so lange er will mit den Pianisten üben. Schon am Morgen eilte ich nach meinem Training zu den Ensemble- und Orchesterproben, wo ich den Sängern zuhörte und mich bemühte, von ihnen zu lernen. Und weil ich ihre wundervollen Stimmen so gut vom Radio und den vielen Konzerten her kannte, erwartete ich voller Ungeduld, sie jetzt auch agieren zu sehen. Zu meiner Enttäuschung aber machten die meisten auf der Bühne einen weitaus schwächeren Eindruck. Sie waren nicht imstande, sich in dem großen Saal auch als Schauspieler zu behaupten, das Wesen ihrer Rolle für die Zuhörer glaubhaft darzustellen. Das lag bei vielen an der fehlenden Technik, aber auch daran – und das war noch schlimmer –, daß die Bühne ihre figürlichen Mängel schonungslos enthüllte. Nur sehr wenige waren vorzügliche Schauspieler und konnten sich auf der Bühne wirklich entfalten.

Abend für Abend stand ich in einer der Logen und hörte stundenlang zu, hielt Ausschau nach einem Vorbild, nach der idealen Verkörperung einer

Rolle, nach dem Ideal einer Schauspielerin. Ich fand sie nicht. Bei den Frauen gab es keine herausragende künstlerische Persönlichkeit, der ich hätte nacheifern mögen; ihre künstlichen und falschen Interpretationen stießen mich ab. Offensichtlich hatte ich damals schon eine sehr persönliche Vorstellung vom Schönen entwickelt und wollte dieser zum Leben verhelfen. Dazu aber mußte ich erst selbst auf der Bühne stehen.

In Erwartung dieses Augenblicks ging ich von einem Konzert zum nächsten, nahm dabei das Theaterleben immer mehr in mich auf, lernte seine Kunst immer besser kennen. In dieser Spielzeit wurde eine neue Oper, *Die Dekabristen* von Juri Schaporin am Bolschoi inszeniert, und ich hörte mir häufig die Proben an. Es fiel mir auf, daß ich dort ständig fremden, mir nicht geheuren Leuten begegnete. Wer waren sie, diese finster dreinblickenden Männer, was taten diese schweigsamen Eindringlinge in den dunklen Winkeln des Saals? Und warum behandelten unsere Direktoren sie mit solcher Unterwürfigkeit? Bald erfuhr ich, daß es Funktionäre einer Abteilung des Zentralkomitees für Agitation und Propaganda (Agitprop) waren. Sie überwachten die Arbeit an dieser »Tendenz-Oper« und quälten den Komponisten und die Schauspieler fast zu Tode mit ihren endlosen Forderungen, dieses und jenes zu ändern. Von der Musik hatten diese Funktionäre nicht den geringsten Schimmer – einzig das Libretto interessierte sie. Sie wünschten, daß jene Aristokraten, die nach ihrem Aufstand im Dezember 1825 in Petersburg hingerichtet worden waren, in der Oper als Revolutionäre hingestellt werden sollten, als Angehörige der Arbeiterklasse.

Zahllose »Gremien« des Zentralkomitees hatten *Die Dekabristen* begutachtet, bevor die Oper endlich an die Öffentlichkeit durfte. Danach blieb sie mehrere Jahre auf dem Spielplan – lange genug, um das historische Geschehen immer wieder und so gründlich zu verfälschen, daß aus jedem Ton der Inszenierung die Lüge sickerte. So also steht es um eure »heilige Kunst«! Wie ich später erfuhr, betraf dieses Um- und Neuschreiben der Geschichte nicht nur das sowjetische Repertoire. Auch bei klassischen Opern kamen die Regisseure mit den abenteuerlichsten, aber wenig bühnengerechten Deutungen daher, um der sowjetischen Ideologie zu entsprechen. Inszenierte man in der Zeit des kalten Krieges zum Beispiel Puccinis *Madame Butterfly*, so verwandelte sich der amerikanische Konsul, ein feiner und gutherziger Mann, in einen kalten, zynischen »Uncle Sam«. Im zweiten Akt, wo er sonst dem kleinen Jungen zärtlich übers Haar fährt und bewundernd sagt: »Was für schöne Haare du hast! Wie heißt du denn, mein Kleiner?«, berührt er ihn nur widerwillig mit zwei Fingern, als habe das Kind eine ansteckende Krankheit. Um derlei zu vermitteln, mußten nicht einmal Text oder Musik verändert werden.

Unverdrossen traten die Künstler des Bolschoi in *Die Dekabristen* auf, die besten und berühmtesten in vorderster Linie. Denn wie immer bei einem sowjetischen Stück, das zeitgenössische oder revolutionäre Themen behandelte, stellte man die Größen gern in den Vordergrund, in der Hoffnung, sie könnten die falschen Töne in Text und Musik kaschieren. In solchen Fällen war die Leitung schnell bereit, den Künstlern Orden in Aussicht zu stellen, Ehrentitel, Wohnungen, Extragelder zu versprechen. Da saß ich denn im Saal und sah zu, unter welchen Krämpfen eine sowjetische Oper das Licht der Welt erblickte, und wollte nicht begreifen, wie Sänger ihre Kunst für solchen Schwachsinn verschleudern konnten, zumal eine solche Produktion bestenfalls drei-, viermal in der Spielzeit zur Aufführung kam. Das Publikum war auch für Geld und schöne Worte nicht zu bewegen, sich dergleichen anzusehen, und so verschwanden diese Opern bald wieder aus dem Repertoire. Dabei kümmerte es niemanden, daß Unsummen dafür vergeudet wurden – es waren ja staatliche Gelder, und der Staat bekam möglicherweise das, wofür er bezahlt hatte: Das Soll hinsichtlich des sowjetischen Repertoires war erfüllt, und ein glücklicher Direktor hatte die Ehre, diese Tatsache der Regierung mitteilen zu dürfen. Für mich war diese Lohndienerei ein unwürdiges Geschäft. Ich habe seit meinen ersten Tagen im Bolschoi alles darangesetzt, in diesen kurzlebigen Opern nicht auftreten zu müssen.

Als nächste Premiere nach *Die Dekabristen* war Kabalewskis *Nikita Werschinin* angesetzt, worin ich die Hauptrolle übernehmen sollte. Obwohl man Melik-Paschajew als Dirigenten vorgesehen hatte, wollte ich um nichts auf der Welt in dieser Inszenierung singen. Nicht nur wegen der einfallslosen Musik, sondern weil ich es einfach nicht ertragen kann, das primitive und banale Alltagsleben auf einer Opernbühne dargestellt zu sehen. Aber man kann sich nicht einfach weigern, in einer sowjetischen Oper aufzutreten, und schon gar nicht, wenn sie ein revolutionäres Thema zum Inhalt hat. Das allein wäre schon ein Vergehen und käme einer öffentlichen Aufforderung zur politischen Verfolgung gleich. Ich mußte also einen Ausweg suchen und kam dabei auf die Idee, die Rolle erst einmal einzustudieren, nach ein paar Tagen aber tränenüberströmt in die Dramaturgie zu laufen und zu beteuern, daß ich unmöglich weitermachen könne. Die Partie sei viel zu hoch für mich und eine so junge und unerfahrene Sängerin wie ich könne sich dabei die Stimme ruinieren.

Kaum hatte Kabalewski von meiner Weigerung erfahren, protestierte er: »Was soll das heißen, sie kann nicht! Beim Wettbewerb hat sie die Aida gesungen und bereitet sich für den Fidelio vor. Unsinn!«

Als er während einer meiner Übungsstunden zu mir kam, fing ich mit einer Arie an. Beim hohen B aber brach ich absichtlich ab, griff mir an die Kehle und jammerte: »Ich habe ja solche Angst, mir die Stimme zu ruinieren. Es ist wirklich zu schwer für mich, ich bin viel zu unerfahren!«

Er versuchte, mich zu beruhigen. »Zu schade, daß Sie die Partie nicht singen können. Aber wenn Sie Befürchtungen haben, möchte ich Sie nicht überreden. Eine solche Verantwortung kann ich nicht übernehmen.«

Geschafft! Ich hatte mich durchgemogelt!

Auf dieselbe Tour umging ich auch das nächste »Meisterwerk«, Chrennikows *Mutter*.

Die Kollegen konnten nicht verstehen, weshalb ich mich weigerte, in sowjetischen Opern aufzutreten. Immerhin ergaben sich da eine Menge Möglichkeiten für eine junge Sängerin: Die Produktion konnte mit dem Stalin-Preis, jeder Hauptdarsteller mit Medaillen ausgezeichnet werden – ein Bonus für jede Karriere. Ich aber hatte mir von Anfang an ein eigenes, den andern unbegreifliches Ziel gesetzt, das weit oberhalb von allen Auszeichnungen und Titeln lag. Ich wollte die künstlerische Größe eines Schaljapin erreichen, auch wenn es keinen mehr wie ihn am Bolschoi gab. Und von diesem Ziel brachte mich keine Medaille ab, mochte sie noch so sehr glänzen.

Das Bolschoi stand unter Stalins höchstpersönlichem Schutz, und da er vornehmlich russische Opern besuchte, setzte man die besten Sänger für *Sadko* und *Fürst Igor* ein, für *Chowanschtschina*, *Boris Godunow* oder *Pique Dame*. Das waren die Goldgruben des Bolschoi. Bis heute wird jede dieser Opern Jahr für Jahr unverändert aufgeführt, bis heute ist nicht eine vom Spielplan abgesetzt worden, und es gibt Inszenierungen, die fünfunddreißig, ja vierzig Jahre in stets gleicher Form überstanden haben.

Finanzielle Schwierigkeiten hat das Bolschoi nie gekannt. Wenn es um das eigene Prestige geht, scheut der Staat keine Kosten. Allein die Requisiten, Bühnenbilder und Kostüme verschlingen Millionen Rubel, weil alles von Hand gemacht wird; Rohmaterial ist ständig knapp, und maschinengefertigte Ware gibt es so gut wie nie. Bei allem Stolz der Nation auf ihr Theater sollten die Leute bedenken, daß sie selber für seinen Unterhalt aufkommen müssen. Stalin hat mit Sicherheit für all diese lebensgroßen, die Bühne versperrenden Hütten und Paläste nicht eine Kopeke aus eigener Tasche bezahlt. Imperialistisches Theater! Während der Stalin-Zeit genügte schon sein Name auf der Gästeliste, und schon drängten sich sämtliche Sänger und Sängerinnen nach einem Auftritt, ohne Rücksicht auf ihre Gesundheit. Man hatte ganz einfach aufzutreten – wenn schon nicht der Kunst, so doch dem eigenen Status, dem eigenen Ansehen im Land zuliebe. Jeder wollte für Stalin spielen, und Stalin seinerseits war auch sehr um die Künstler des Bolschoi bemüht. So setzte er selbst ihre hohen Gehälter fest, verlieh großzügig Orden und überreichte persönlich den Stalin-Preis.

Während meiner ersten Spielzeit, 1952/53, besuchte Stalin mehrfach die Oper. Da er sein Kommen rechtzeitig ankündigen ließ, war schon im voraus für erheblichen Wirbel gesorgt. Ich erinnere mich recht gut an die Furcht und die Panik, die an solchen Abenden herrschten, ich sehe noch die Aufseher, wie sie eine ganze Nacht lang jeden Winkel des Theaters durchstöberten. Sänger, die an der Produktion nicht beteiligt waren, durften schon am Tag zuvor das Theater nicht betreten. Die Mitwirkenden erhielten Sonderausweise und mußten überdies ihren Paß bei sich haben. Es kam auch vor, daß die Direktion in letzter Minute Sänger aus dem Programm nahm und sich nicht scheute, selbst die berühmtesten gegen andere auszutauschen, ganz nach Wunsch und Laune des Großen Führers. Nie hätte sich ein Theatermitglied öffentlich beschwert, jeder nahm eine solche Behandlung hin, als wäre es seine Pflicht und Schuldigkeit. Und jeder versuchte, dem Geschmack des Sowjetmonarchen zu entsprechen, um sein Favorit zu werden, auch wenn ein solches Außerwähltsein auf Kosten eines andern ging und dessen öffentliche Demütigung zur Folge haben konnte. Diese Sklavenmentalität hat sich noch weit über Stalins Tod hinaus am Theater gehalten.

Der Stammplatz Stalins war die Loge A, die unmittelbar über dem Orchester und, von der Bühne aus gesehen, auf der rechten Seite lag. Ein Vorhang verbarg ihn vor dem Publikum, doch zeigte schon die Menge der Leibwächter in Zivil und die Begeisterung in den Augen der Darsteller an, daß dort kein anderer saß als ER.

Auch heute noch, wenn Staatsoberhäupter eine Aufführung des Bolschoi besuchen, ist es dem Publikum untersagt, im Auto vorzufahren. Hunderte von KGB-Leuten umstellen das Theater, die Künstler werden mehrfach um ihre Papiere gebeten, wobei die erste Paß- und Ausweiskontrolle schon am Eingang erfolgt. Aber nicht die Aufsicht des Bolschoi kontrolliert, sondern das KGB, das mit unauffällig gekleideten Herren auch den Bereich hinter der Bühne besetzt hält. War zu meiner Zeit hoher Besuch im Saal, konnte es auch vorkommen, daß ich meinen Ausweis sogar kurz vor dem Auftritt, schon geschminkt und im Kostüm, vorweisen mußte. Was das allein an praktischen Schwierigkeiten mit sich brachte! Denn wo soll zum Beispiel eine Tänzerin, die doch so gut wie nackt ist, ihren Ausweis hernehmen? Die einzige Möglichkeit wäre, ihn wie eine Eintrittskarte fürs Schwimmbad ans Bein zu binden.

Ob Stalin die Musik liebte? Nein. Stalin liebte das Bolschoi, seinen Glanz, seinen Pomp. Hier konnte er sich als Herrscher fühlen, hier genoß er seine Rolle als Hausherr und Patron der Künstler, seiner Leibeigenen. Ihnen gegenüber zeigte er sich gern großzügig, indem er – genau wie der Zar es getan hätte – die besten belohnte. Der einzige Unterschied: Stalin saß nicht in der Zarenloge, nicht in der Mitte. Der Zar hatte keine Angst, vor seinem Volk zu sitzen, und schirmte sich nicht ab wie Stalin hinter seinem Vorhang.

In dieser Duschkabine, wie die Sänger die *Avantloge* bezeichneten, stand regelmäßig eine Schüssel mit hartgekochten Eiern, die Stalin in der Pause aß. Ebenso regelmäßig und genau wie heute, wenn Regierungschefs eine Aufführung besuchen, saßen die KGB-Männer direkt neben dem Orchester, natürlich in Zivil. Stalin, der seine Favoriten unter den Sängern hatte, mochte Maxim Michailows Interpretation des Iwan Susanin in Glinkas *Ein Leben für den Zaren* besonders gern. Er hat die Oper, die bei den Sowjets *Iwan Sussanin* heißt, mehrfach besucht. Möglich, daß er sich dabei selbst als Zar vorkam und sich wohlgefällig ausmalte, wie der russische Muschik für ihn starb. Auch bei *Boris Godunow* hat er sicher mehr als einmal in Gedanken sein schmuckloses feldgraues Jackett mit den prächtigen Zarengewändern vertauscht und Zepter und Reichsapfel an sich gerissen. Er schwärmte für aufwendige Produktionen, die mit übertriebenem Pomp und unnötiger Pracht, kurz, mit allen Symptomen von Gigantomanie inszeniert wurden, um seinen Geschmack zu treffen. Und was da von der Bühne her in starrer Folge mächtig ertönte, war nicht einfach Gesang, sondern Prophetie: die Botschaft war wichtiger geworden als die Kunst. Das Bolschoi war ausschließlich auf Stalins persönlichen Geschmack ausgerichtet, und niemand fragte danach, ob dieser Geschmack gut oder schlecht sei. Nach Stalins Tod hat es jede Orientierung verloren und wurde je nach den Wünschen der späteren Machthaber in die eine oder andere Richtung getrieben.

Stalins weibliche Favoriten waren die Sopranistin Natalja Schpiller und die Mezzosopranistin Vera Dawydowa. Schön, stattlich und elegant waren sie beide und regelmäßig bei Stalins Banketten zu Gast. Er spielte den Damen gegenüber gern den Patron, gefiel sich darin, Toasts auf sie auszubringen, sie auf väterliche Art zu belehren oder auch zurechtzuweisen. Keinem seiner Favoriten blieben kleine Tyranneien erspart. So hat er einmal während eines Banketts im Kreml, wo seine beiden rivalisierenden Schönen gesungen hatten, auf die Schpiller gezeigt und laut genug, daß wirklich jeder ihn hören konnte, der Dawydowa zugerufen: »Von der hier sollten Sie lernen, was Singen heißt!« Vermutlich hat diese Bemerkung Väterchen Stalins die Dawydowa ein paar Jahre ihres Lebens gekostet.

Von einem anderen Vorfall erzählte mir Samuil Samosud, ein berühmter Dirigent, der viele Jahre am Bolschoi gearbeitet hatte und an jenem Abend eine Aufführung dirigierte, bei der die gesamte obere Regierungsriege zugegen war. In der Pause ließ Stalin ihn rufen, und, kaum hatte Samosud die Loge betreten, erklärte ihm der Diktator sehr direkt und unverblümt: »Genosse Samosud, Ihrer Aufführung heute abend fehlen irgendwie die Nuancen.«

Samosud erstarrte, war völlig verwirrt. Sollte das ein Witz sein? Doch nickten die Angehörigen des Politbüros und die andern alle bedeutungsvoll mit dem Kopf und wiederholten: »Ja, Sie sollten wirklich auf die Nuancen achten«; und das, obwohl Leute wie Molotow dabei waren, die gewiß merkten, wie lächerlich sie sich machten.

Samosud, der sich wieder gefangen hatte, entgegnete sachlich: »Sehr wohl, Genosse Stalin, vielen Dank für Ihre Anmerkung. Selbstverständlich werden wir darauf achten.«

Ein anderer bemerkenswerter Vorfall betraf die Oper *Eugen Onegin*. Laut Puschkin muß Tatjana in der letzten Szene, die früh am Morgen spielt, im leichten Morgengewand auftreten:

Die Fürstin sitzt vor ihm,
allein,
bleich und in einfacher Kleidung;
sie liest einen Brief
und vergießt, die Wange in die Hand gestützt,
eine Flut von Tränen.

In dieser Weise wurde die Szene auch gespielt – bis Stalin eine Aufführung sah. Als er Tatjana in ihrem hauchdünnen Gewand vor Onegin erblickte, beschwerte er sich: »Wie kann eine Frau sich in solchem Aufzug vor einem Mann sehen lassen!« Von da an erschien Tatjana in dieser Szene im kirschroten Samtkleid und mit hochgestecktem Haar, als wolle sie Gäste empfangen. Zweifellos hat Stalin gewußt, was Puschkin vorschwebte, doch gab er keinen Deut darum. Zieht sie ordentlich an, punktum.

Im großen und ganzen aber war er dem Bolschoi ein »guter Zar«, der die Künstler gern in den Kreml zu Trinkgelagen einlud und sich freute, wenn Maxim Michailow, ein ehemaliger Archidiakon, mit dröhnendem Baß *Mnogaja leta*[1] sang. Von den Verfolgungs- und Säuberungsaktionen, die 1937 Millionen sowjetischer Bürger ins Gefängnis brachten, blieb das Bolschoi verschont. Es war Stalins Theater, er sonnte sich in dem Gefühl, ein Schutzpatron der Kunst zu sein. Und er hat, zweifellos sehr stolz auf seine Großherzigkeit, sogar den gewöhnlichen Sterblichen, dem Mann von der Straße gestattet, sich Vorstellungen des Bolschoi anzusehen.

Hin und wieder zitierte er einen der Sänger zu sich in die Loge, gewährte ihm die Gunst, den Großen Führer sehen, ein paar seiner Worte hören zu dürfen. Und wenn es den Sängern dabei vor lauter Nervosität die Sprache verschlug, konnte er das regelrecht genießen. Sie, die vor wenigen Minuten noch als Zaren und Heroen über die Bühne geschritten waren, standen jetzt

---

[1] Mnogaja leta: kirchenslawisch für »viele Jahre«, ist eine der schönsten Gesänge der russisch-orthodoxen Liturgie

tief beeindruckt vor ihm. Sie, die eben noch Mächtigen, erwarteten jetzt ohnmächtig ein Wort, einen Blick von ihm, hofften auf ein Almosen, das er ihnen zuwarf und nach dem sie sich bücken könnten wie nach Brosamen von seinem Tisch. An Kriechereien war er ja längst gewöhnt – sie aber von solchen Menschen, von diesen gottbegnadeten Künstlern zu erfahren, schmeichelte ihm ganz besonders. Ihre Unterwürfigkeit, ihre Servilität bestärkten ihn in seiner Überzeugung, kein gewöhnlicher Sterblicher zu sein.

Er sprach langsam, leise und sehr wenig. Das hatte zur Folge, daß jedem seiner Worte, jedem Blick und jeder Geste mehr Bedeutung beigemessen wurde, als ihnen tatsächlich zukam. Noch lange nach solchen Begegnungen erzählten die Sänger seine Worte überall herum, bemühten sich, ihren Sinn zu erraten, ihrer Mehrdeutigkeit auf die Spur zu kommen. In Wahrheit verfügte Stalin nur über ungenügende Russischkenntnisse, hatte sich aber wie ein Schauspieler schon vor langer Zeit ein ganzes Arsenal von Ausdrükken und Redewendungen zugelegt, aus dem er sich je nach Anlaß bediente und das seine Wirkung auf die Umgebung nie verfehlte.

Jedes seiner Bildnisse, jede seiner Porträtbüsten lassen ihn als einen großen, heldenhaften Mann erscheinen. Und selbst Leute, die ihn aus der Nähe sahen oder direkt neben ihm standen, hielten den eher kleinen Mann für größer und kräftiger, als er tatsächlich war. Stalins Gewohnheiten, sein ganzer Lebensstil schienen wie geschaffen, sich die Bühne des Bolschoi zu erobern. Die Männer trugen gepolsterte Anzüge, um Brust und Schultern zu verbreitern, sie gingen bedächtigen Schritts, als laste das ganze Gewicht des »Helden« auf ihren Schultern. (In Filmen der Stalin-Ära kommt diese Art des Schreitens immer wieder vor.) Inszenierungen der damaligen Zeit setzten auch noch andere Fähigkeiten bei einem Schauspieler voraus: lautes Sprechen und übertriebenes Betonen, das mit dem Prunk und dem Pathos der Stücke Schritt halten konnte. Heute wirken diese dramatischen Kolossalgemälde nur noch lächerlich und wie Dinosaurier einer Epoche, die Stalin uns, wie die Megalithkultur seiner Bauten, zu seinem Andenken hinterlassen hat.

Nie habe ich gehört, daß jemand an der Rechtmäßigkeit seiner politischen Aktionen Zweifel geäußert hätte. Und als das »Ärztekomplott«[1] aufgedeckt wurde, waren alle erstaunt, die Betroffenen nicht selbst als Volksfeinde erkannt zu haben – zumindest sagten sie das. Denn eben diese Ärzte behandelten auch die Sänger des Bolschoi.

Die letzten Wochen der unseligen Stalin-Herrschaft waren angebro-

---

[1] Im November 1952 waren führende Ärzte, vornehmlich Juden, des Komplotts zur Ermordung wichtiger Politiker und Militärs angeklagt worden. Nur Stalins Tod konnte verhindern, daß die Kampagne zu einer generellen Judenverfolgung ausartete.

chen, und die letzte Oper, die er am Bolschoi hörte, war Tschaikowskijs *Pique Dame* mit Pjotr Seliwanow in der Rolle des Jelezki. Als dieser nun im zweiten Akt auf die Bühne kommt, die berühmte Arie singen will und Stalin dicht dabei in der Loge sitzen sieht, bleibt ihm vor Aufregung die Stimme weg. Das Orchester spielt die Einleitungstakte – und Seliwanow *spricht* die Worte: »Ich liebe *Sie*, ich liebe *Sie*, was wäre nur ein Tag im Leben ohne *Sie* . . .«, er rezitiert, begleitet vom Orchester, die Arie von Anfang bis Ende durch. Nicht auszudenken, was sich dabei in seinem Kopf abgespielt hat, und ein Wunder, daß er nicht auf offener Bühne tot zusammenbrach. Hinter der Bühne und im Saal wagte niemand sich zu rühren.

In der Pause läßt Stalin den Theaterleiter Anissimow rufen und herrscht ihn an, als dieser, zitternd und halb tot vor Angst, angelaufen kommt: »Wer ist das, der heute abend den Fürsten Jelezki singt?«

»Seliwanow, Genosse Stalin.«

»Und welchen Titel führt Seliwanow?«

»Den Titel Volkskünstler der Russischen Sozialistischen Republik.«

Pause. Und dann: »Das *gute* russische Volk!« Stalin sagte es lachend, nimmt den Vorfall von der heiteren Seite. Ein Scherz!

Überglücklich verläßt Anissimow die Loge.

Am nächsten Tag erzählte man sich den köstlichen Witz des Führers und Lehrmeisters in ganz Moskau. Auch wir, die Sänger, konnten nur Liebe und Dankbarkeit für die große Güte unseres Herrn und Meisters empfinden. Unser Wohltäter hätte den Versager aus dem Bolschoi jagen können – ihm standen ja alle Rechte zu –, aber nein, er hatte sich erbarmt und nur gelacht.

So groß war der Glaube an den Einen, Auserwählten. Als er starb, strömten die aufrichtig Trauernden aus allen Ecken des Landes nach Moskau, um ihm gemeinsam näher und um näher beieinander zu sein. Auch ich habe wie alle anderen gemeinsam mit ihnen geweint.

Man mußte die Bahnlinien sperren, die Züge stillegen, damit die Stadt nicht von einer Menschenwoge überflutet würde. Alles Leben hatte aufgehört, eine ganze Nation war von Panik erfaßt, verstört und voller Furcht vor einer unbekannten Zukunft. Wenn man dreißig Jahre lang nichts anderes hört als Stalin, Stalin, Stalin . . .

Wenn es Schwierigkeiten gibt und Du an Deinen Kräften zweifelst, sie zu meistern, denk an ihn, denk an Stalin, und Dein Selbstvertrauen kehrt zurück. Wenn Du Dich müde fühlst und meinst, Du dürftest das zu dieser Stunde nicht sein, denke an ihn, denk an Stalin, und Deine Müdigkeit vergeht . . . Wenn Du etwas Großes vorhast, denk an ihn, denk an Stalin, und Dein Werk wird erfolgreich sein . . . Wenn Du eine Lösung suchst, denk an ihn, denk an Stalin, und Du wirst sie finden.

Während des Krieges sind Menschen »fürs Vaterland, für Stalin« gestorben. (Prawda, 17. Februar 1952).

Und nun war er ganz plötzlich selber gestorben, er, der doch ewig hätte leben sollen, er, der für uns dachte, für uns entschied.

Unter Stalin sind Millionen Menschen umgekommen, er hat die Bauernschaft vernichtet, die Wissenschaft, die Kunst, die Literatur. Nichts aber hinderte seine Sklaven daran, seinen Tod zu beklagen, jammernd und mit tränenverquollenem Gesicht die Straßen zu bevölkern. Es war wie in *Boris Godunow*. Auch dort sind es die Halbverhungerten, die verzweifelt fragen:

Vater, warum verläßt du uns,
Gehst von uns, und zu wem?

Tage- und nächtelang dröhnten aus allen Lautsprechern in den Straßen Moskaus herzzerreißende Trauermelodien.

Im Kolonnensaal des Gewerkschaftshauses, wo Stalin aufgebahrt lag, sollte Schumanns *Träumerei* als Lied ohne Worte zur Aufführung kommen. Also rief man in aller Eile die Sopranistinnen des Bolschoi zusammen, um das Werk summend, mit geschlossenem Mund einzustudieren. Nach den Proben wurden alle zum Kolonnensaal gebracht – alle, außer mir: Die Personalabteilung hatte mich aussortiert, weil ich erst ein halbes Jahr am Bolschoi und damit noch ein Neuling war. Offensichtlich genoß ich noch nicht genügend Vertrauen. Summen durfte nur, wer zur Herde gehörte und auf Herz und Nieren geprüft war.

In jenen Tagen, als das Leben in Erwartung künftiger Schrecken stillzustehen schien, schwirrte die Nachricht »Prokofjew ist tot« durchs Theater und blieb als etwas ganz und gar Unmögliches gleichsam in der Luft hängen. Wer war tot? Wer hatte es gewagt, neben Stalin zu sterben? Stalin allein war tot und ihm allein hatten die Gefühle des Volkes, die Trauer und die Abschiedstränen zu gelten.

Das Schicksal hat Prokofjew, der am selben Tag wie Stalin, am 5. März 1953, starb, nicht die Genugtuung gewährt, vom Tod seines Peinigers zu erfahren. Auch ein würdiges Begräbnis war ihm nicht vergönnt: Die abgesperrten Straßen machten es unmöglich, ein Auto zu bekommen, und es kostete unendliche Anstrengungen, Prokofjews Sarg aus seiner Wohnung gegenüber dem Moskauer Künstler-Theater in die Mjoskaja-Straße zu schaffen, zum Haus der Komponisten, wo ein kleiner Raum im Keller für eine offizielle Trauerfeier zur Verfügung stand.

Alle Blumenläden und Gewächshäuser waren für den Führer und Lehrmeister aller Zeiten und Länder leergekauft, so daß sich für den Sarg des großen russischen Komponisten keine einzige Blume mehr auftreiben ließ.

Auch die Zeitungen hatten keinen Platz für einen Nachruf. Alles gehörte Stalin – selbst die Asche Prokofjews, den er verfolgt hatte. Und während die Menschen sich zu Hunderttausenden auf die Füße trampelten und zum Kolonnensaal drängten, um sich ein letztes Mal vor dem Supermann und Supermörder zu verneigen, blieb der dunkle, muffige Kellerraum in der Mjoskaja-Straße so gut wie leer; nur Familienangehörige nahmen teil und ein paar Freunde, die das Glück hatten, in der Nähe zu wohnen und die Polizei-Barrieren zu durchbrechen.

Mütterchen Rußland, wie lange willst du noch um deine Henker trauern? Schlag zurück! Räche deine geschundenen Kinder! Wann endlich ist deine Zeit gekommen?

Mit dem Tod des großen Herrschers ging eine Epoche in der Geschichte des Bolschoi zu Ende. Gottheit und Genius waren dahin – nach ihm kamen nur noch Sterbliche.

6

Zu meiner großen Freude war es Mark gelungen, unser Zimmer in Leningrad gegen eines in Moskau zu tauschen, falls man ein solches Loch als Zimmer bezeichnen möchte. Solange ich denken konnte, hatte ich in Gemeinschaftswohnungen gelebt, aber so etwas wie unsere neue Behausung Ecke Stoleschnikowa-Straße und Petrowka war mir doch noch nie vorgekommen. Früher einmal, vor der Revolution, mag es eine komfortable Siebenzimmerwohnung gewesen sein, heute aber wimmelte es dort von Menschen und Wanzen, lebte in jeweils einem Zimmer eine ganze Familie, wenn nicht zwei. Insgesamt haben fünfunddreißig Personen diese Wohnung als ihr Zuhause bezeichnet.

Natürlich gab es nur eine Toilette, die, wie auch der einzige Waschraum, von allen benutzt wurde. Zum Baden aber war der Waschraum nicht da, dafür gab es die städtischen Bäder. Vollgestellt mit Zubern, Becken und Bottichen, diente er vornehmlich als Waschküche, und das Wäschetrocknen geschah in der Küche. Morgens stand man zunächst vor der Toilette Schlange, dann wieder fürs Waschen und Zähneputzen, und so ging es weiter, Schlangen überall ... In der Küche gab es vier Gasherde, sieben Küchentische, und ein *Polati*[1] in der Ecke diente einer alten Frau als Bett. Gleich daneben befand sich ein schmales Gelaß, das Platz für zwei hatte und ziemlich genau dem »Krähennest« in Ilfs und Petrows Buch *Ein Millionär in Sowjetrußland* entsprach.

Früher einmal hatte die Wohnung zwei Eingänge gehabt: einen vorde-

---

[1] Ein zwischen Ofen und Decke befestigtes Holzbrett

ren und einen zur Hintertreppe. Später hat man diese Treppe dann abgerissen, Boden und Decke eingezogen, die Tür in ein Fenster verwandelt und damit einen schmalen Raum mit zementiertem Boden und Blick zum Hinterhof gewonnen.

Dort zogen wir ein, Mark und ich. Wir konnten unser Zimmer nur über die Küche erreichen, wo ein Dutzend Frauen von morgens früh bis Mitternacht mit ihren Töpfen klapperte. So war unsere kleine Behausung ständig von Küchendüften durchzogen, aber nichts von alldem hat mich gestört, im Gegenteil: Nachdem ich mich so lange in irgendwelchen Ecken fremder Wohnungen hatte verkriechen müssen, war ich sogar glücklich. Wir hatten eine Wohnerlaubnis für Moskau, ein Dach über dem Kopf, und zum Theater brauchte ich nur drei Minuten.

Wir zwängten ein Sofa, einen Kleiderschrank, einen Tisch, vier Stühle und ein gemietetes Klavier in diesen Raum, in dem ich auch an meinen ersten Rollen für das Bolschoi gearbeitet habe: an der Leonore in *Fidelio*, der Tatjana in *Eugen Onegin*, der Kupawa in *Schneeflöckchen*, der Cho-Cho-San in *Madame Butterfly*. Fast vier Jahre lang war dieses Zimmer mein Zuhause, bis in jene Zeit hinein, als ich schon zu den ersten Solosängerinnen des Bolschoi gehörte.

Am *Fidelio* habe ich wie besessen gearbeitet und von Anfang an versucht, meine Stimme wie ein Instrument klingen zu lassen. Dabei stellte ich mir die Instrumente des Orchesters vor und bemühte mich um ein harmonisierendes Miteinander. Auch ging es mir um die Vielfalt der Klangfarben, um Klarheit auch in den Piano-Passagen und darum, mit dem Atem so lange wie möglich auszukommen. Jeden Tag erscholl meine Stimme durchs ganze Opernhaus, so, als stände ich schon auf der Bühne. Ich kannte ja die Ansprüche meines Dirigenten und wußte, daß Melik-Paschajew darauf drängte, möglichst bald mit den Proben zu beginnen, auch wenn meine männlichen Partner noch auf sich warten ließen. Mich aber, so hatte man ihm gesagt, könne er sich jetzt schon anhören: »Die Wischnewskaja ist die einzige, die ihre Rolle schon einstudiert hat.«

Undenkbar, daß er meine Tanz- und Kastagnetten-Nummer vergessen haben sollte. Vermutlich erinnerte er sich nur zu genau daran und traute mir seitdem nicht allzuviel zu. Vielleicht hatte er mich auch nur als zweite Besetzung vorgesehen, falls die erste ausfallen sollte. Da ihm die Proben aber schon auf den Nägeln brannten, ließ er mich zum Vorsingen rufen. Diesmal würde ich mich gewiß nicht verspäten! Ein halbes Jahr war ich jetzt am Bolschoi und hatte in der ganzen Zeit keine Aufführung versäumt, die Melik-Paschajew dirigierte. Ich bewunderte ihn sehr und träumte davon, mit ihm zu arbeiten.

Zwei Stunden vor der vereinbarten Zeit war ich im Theater, um mich einzusingen. Dann erschien Melik-Paschajew, elegant wie immer, die Partitur in der Hand. Ganz gleich, ob er zu Proben oder zu Übungsstunden kam, ob er eine Oper sein Leben lang dirigiert hatte und sie längst auswendig konnte – nie wäre er ohne Partitur erschienen.

»Da ist ja die junge Dame. Was können Sie mir vorsingen aus Ihrer Partie?«

»Alles. Alles was Sie wollen.«

»Können Sie die ganze Partie?«

»Ja.«

»Gut, fangen wir mit dem ersten Quartett an.«

Ich griff nach meinem Klavierauszug, der aufgeschlagen auf dem Flügel lag, klappte ihn sichtlich schwungvoll zu und schob ihn zur Seite. Eine Geste, die er mit Anerkennung registrierte: »Sie wollen also auswendig singen?«

»Natürlich«, sagte ich, als bedürfe das keiner Worte und als hätte ich mich mein Leben lang mit nichts anderem als der Leonore im *Fidelio* befaßt.

Ich sang ihm die ganze Partie von der ersten bis zur letzten Note vor, ohne Punkt und Komma, ohne daß er mich unterbrochen hätte. Eine volle Stunde lang habe ich buchstäblich nicht ein einziges Mal den Mund zugemacht.

Mit dieser schwierigsten aller jugendlich-dramatischen Sopranpartien hat Melik-Paschajew auch meine Ausdauer getestet und geprüft, ob ich die gesamte Aufführung durchstehen könne. Und ich wußte, gewappnet wie ein Soldat vor der Schlacht, daß der geringste Fehler fatale Folgen haben konnte, daß sich mein Schicksal hier und jetzt entschied. Und das hieß, entweder unter seiner Leitung zu singen oder sein Wohlwollen heute noch zu verlieren und niemals wieder mit einer solchen Chance rechnen zu dürfen.

Also sang ich mich bis zu den letzten Takten durch, als sänge ich um mein Leben.

Melik-Paschajew betrachtete mich so aufmerksam, als sähe er mich zum erstenmal. »Wundervoll, Mädchen! Das habe ich nicht erwartet. Das habe ich wirklich nicht erwartet.« Als ich sah, wie bewegt er war, wußte ich, daß eine Sängerin aus mir geworden war und daß er, Melik-Paschajew, mein erster Dirigent sein würde. Er fuhr mir übers Haar, dann ging er hinaus und erteilte im Dramaturgenbüro die unmißverständliche Anweisung: »Holen Sie die Wischnewskaja künftig zu allen Proben des *Fidelio*!« Bei dieser Nachricht raunte man sich im Ensemble zu, daß eine neue Favoritin aufgetaucht sei. Aber was hieß das schon: Keiner zweifelte daran, daß eine Partie wie die Leonore ihr den Hals brechen würde.

Für eine Anfängerin, deren Karriere mit den ersten Rollen steht und fällt, ist die Leonore eine unendlich schwierige Partie – sie ist es sogar für eine erfahrene Sängerin. Aber es sollte sich zeigen, daß die Lehren aus *Fidelio* mir für die gesamte Laufbahn zugute kamen. So lernte ich, die Stimme nicht zu forcieren und mich doch, wenn es nötig war, gegen das Orchester zu behaupten – nicht durch Lautstärke, sondern durch Konzentrieren und Intensivieren der Töne. Nach ein paar Monaten, bei den ersten Bühnenproben mit Orchester, lernte ich auch, den Atem so zu regulieren, daß meine Stimme das nötige Durchhaltevermögen aufbrachte. Meine langjährige Bühnenerfahrung machte es mir möglich, mich bei den Proben und während der Vorstellung selbst zu überwachen; ich konnte meine Stimme kontrollieren, ihre Klangfarbe variieren und sie im Timbre verändern. Nach schwierigen Passagen gelang es mir sekundenschnell, den Atem zu beruhigen, die Spannung abzubauen und den nächsten Einsatz klar, melodiös und sauber zu intonieren.

Wichtig für mich war, daß es nie vorher eine *Fidelio*-Inszenierung in Rußland gegeben hatte. Ich kannte die Oper weder von Aufführungen noch von Schallplattenaufnahmen her und konnte mir die Rolle der Leonore darum selbst erarbeiten, sie nach meinen Ideen und Vorstellungen interpretieren. Die Rolle gehörte mir um so mehr, als Melik-Paschajew, der keinem Sänger erlaubte, die Stimme zu forcieren, mich gewähren ließ. So kam es, daß man damals meine Naturstimme und *Fidelio* in einem Atemzug nannte.

Auch Pokrowski, der Regisseur, versah die Rolle mit meinen Zügen. Und da die Leonore seiner Vorstellung nach jung, lebhaft und wendig sein mußte, jagte er mich singend über die ganze Bühne. Zum Glück beherrschte ich die Partie so gut, daß ich nicht einmal bei den schwierigsten Ensemble-Passagen auf den Dirigenten zu achten brauchte. Ich hätte die Rolle auch im Kopfstand singen können.

Fast anderthalb Jahre haben wir im Bolschoi am *Fidelio* gearbeitet, mit täglichen Übungsstunden, Bühnenproben, Chorproben, Orchesterproben. Je weiter die Inszenierung fortschritt, desto glücklicher war Melik-Paschajew über meine Stimme und ihren, wie er sagte, »reinen, ursprünglichen Klang«. Später hat er mir gestanden, daß ihm die Tränen gekommen waren, als er mich zum erstenmal als Leonore hörte. Der leicht silberne Klang meiner Stimme verhalf mir in der Folgezeit dazu, auch andere jugendliche Heldinnen zu verkörpern: vornehmlich aber die Tatjana (*Eugen Onegin*), die Natascha (*Krieg und Frieden*), die Marfa (*Die Zarenbraut*), die Cho-Cho-San (*Madame Butterfly*), die Margarete (*Faust*) und sogar die Aida, die gewöhnlich von einem hochdramatischen Sopran gesungen wird.

Die Arbeit am *Fidelio* fesselte mich deshalb so sehr, weil ich hier etwas Neues schaffen konnte. Bei *Eugen Onegin* sah das anders aus: Ich hatte keine Lust, die Tatjana zu singen, weil diese Oper schon so oft und so lange gespielt worden war. Diese Schwerfälligkeit, diese Trägheit, die alle Tatjanas, die ich

96

In Kronstadt,
aneinhalb Jahre alt

2 Im Jahr 1930 mit meinem Halbbruder und meiner Mutter

3 Mit meiner Großmutter, 1932

Meine Mutter Zaida Antonowna Iwanowna

5 Mein Vater Pawel Andrejewitsch Iwanow

6 Im Alter von sieben Jahren

7 In der Kluft der Blauen Pioniere, 1943

8 Auf Operettentournee mit siebzehn Jahren

9 Mit meinem Hund Wassja, Moskau, 1952

11 Vera Nikolajewna Garina, meine Gesangslehrerin, Gemälde von Kirill Doron

10 Im Alter von zwanzig Jahren

12 Als Leonore in der Premiere des »Fidelio«, 1954

13 Mein Debut am Bolschoi in der Rolle der Tatjana in »Eugen Onegin«

14 Als Tatjana in der Abschiedsvorstellung an der Pariser Oper, 1982

15 Als Kupawa in »Schneeflöckchen«, 1955. Die aufwendigen Kostüme und Bühnenbilder waren typisch für die Aufführungen in der Stalin-Ära

16 Als Katarina in »Der Widerspenstigen Zähmung«

bislang gesehen hatte, an den Tag legten, vertrug sich überhaupt nicht mit meiner Auffassung von der Heldin Puschkins und Tschaikowskijs. Ich konnte mir nicht helfen, aber bei jeder Aufführung kam mir die Sängerin so vor, als habe sie sich für einen Maskenball verkleidet, sich mit Tatjanas Kostüm und Perücke ausstaffiert und nur vergessen, sie wieder abzulegen. Ich verspürte jedesmal große Lust, dies der Sängerin zu sagen, zumal dann, wenn ich sie gut kannte und schätzte. Vielleicht hätte sie dann natürlicher gewirkt und mir wäre die Peinlichkeit ihres Auftritts in einer Maskerade erspart geblieben, die so gründlich an Tatjanas innerer und äußerer Erscheinung vorbeiging.

In einem Brief vom 16. Dezember 1877 schreibt Tschaikowskij an die Baronin von Meck:

> Wo finde ich eine Tatjana, wie Puschkin sie sich vorstellte und wie ich sie in meiner Musik wiederzugeben versuchte? Wo ist die Sängerin, die auch nur ungefähr dem Ideal Onegins nahe kommt, dem Ideal dieses Dandys, der sich, kühl bis ins Herz, dem weltmännischen *bon ton* verschrieben hat? Wo finde ich einen Lenski, einen achtzehnjährigen Lockenkopf, von der Impulsivität und Ursprünglichkeit eines jungen Dichters à la Schiller?
>
> Wie banal das anmutige Bild, das Puschkin uns vermittelt, doch werden kann, wenn man es auf die Bühne überträgt, aufs Theater mit seiner Routine, seinen sinnlosen Traditionen und seinen Veteranen männlichen und weiblichen Geschlechts, die bedenkenlos und ohne jedes Feingefühl sechzehnjährige Mädchen und bartlose Jünglinge spielen!

Tatjana! Sie, die mich in meiner Kindheit so bezaubert hatte, verkörperte für mich alles, was an russischen Frauen schön und kostbar ist: ihre Leidenschaft, ihre Zärtlichkeit, ihr Mut und ihre Bereitschaft, sich aufzuopfern. Für eine russische Frau liegt in dieser Opferbereitschaft etwas besonders Köstliches, etwas, das sie so stark empfindet wie die Liebe.

Eine solche Tatjana wäre ich gern gewesen, doch hatten uralte Traditionen und berühmte Sängerinnen eine Tatjana geschaffen, die mich nur desillusionieren konnte. Die Stimmen waren recht gut, nur sehnte ich mich nach einer Darstellung, die diesen Stimmen auf der Bühne entsprach. Ich sehnte mich vergeblich – doch nicht nur, weil alle diese Sängerinnen älter waren als ich. Galina Ulanowa hat die Julia noch mit 53 Jahren getanzt: nie habe ich eine jüngere Julia gesehen. Um auf der Bühne jugendlich zu wirken, bedarf es einer inneren Leichtigkeit, die den Schritten, den Bewegungen, dem ganzen Ausdruck Leben verleiht und, was das Wichtigste ist, die Stimme mädchenhaft klingen läßt.

Freilich genügt es nicht, das alles zu verstehen und zu empfinden, man muß es auch verkörpern und dem Publikum vermitteln können. Eben darum ist es auch so wichtig, Ausdruck, Gestik und Bewegungen zu schulen. Meine Erfahrungen mit Operette und Varieté kamen mir dabei sehr zustatten. Ich hatte mich in den acht Jahren daran gewöhnt, vor jedem Publikum aufzutreten, für alle zu singen und zu tanzen, ihre Gefühle unmittelbar anzusprechen, sie zu fesseln. Um auf der Varieté-Bühne bestehen zu können, mußte ich meine Gesten und Gebärden verfeinern, und ich mußte, um ein klares Bild zu vermitteln und bestimmte Gefühle hervorzurufen, mit den sparsamsten Veränderungen in Körper- und Armhaltung auskommen. Die Bühne eines Varietés ist Theater für einen einzigen Akteur, der mit jedem Lied ein anderer wird, von einer Haut in die nächste schlüpft: kein Konservatorium bringt uns das bei. Man sollte bei den jungen Sängern eines Opernensembles berücksichtigen, daß sie viele Jahre damit verbringen, ihre Stimme bis zur Meisterschaft zu kultivieren. Und man sollte bedenken, daß sie zu Beginn ihrer Karriere nur wenig auftreten dürfen und entsprechend nervös bei den Vorstellungen sind. Spielen zu können, ist für sie kein Muß: es genügt, daß sie gut singen, nicht aus dem Takt geraten und keine Note verpatzen. Nur geht, wenn sie es zur stimmlichen Reife und Meisterschaft gebracht haben, ihre Laufbahn meist schon dem Ende zu. *Si jeunesse savait, si vieillesse pouvait!*[1]

Ich hingegen war, als ich ans Bolschoi kam, schon ein Kind der Bühne und durchaus imstande, die Opernpartien nicht nur zu singen, sondern auch zu spielen, ja, überhaupt erst wirkliche Bühnenfiguren aus ihnen zu machen. Und da ich von Kindheit an auf der Bühne gestanden hatte, fürchtete ich mich nicht im geringsten vor dem Publikum, im Gegenteil. Ich brannte darauf, mich voll entfalten zu können, mich von der Erde zu erheben und die Figuren meiner Vorstellung sichtbar werden zu lassen. Meine stimmlichen Möglichkeiten halfen mir zusätzlich, dieses Ziel zu erreichen.

Unter der Regie von Boris Pokrowski wurde eine Inszenierung von *Eugen Onegin* vorbereitet, an deren Proben ich teilnehmen durfte, weil die Bühnenproben zum *Fidelio* noch nicht begonnen hatten. Es war meine erste Zusammenarbeit mit diesem Regisseur, der alles, was ich bisher über das Operntheater dachte, über den Haufen werfen sollte. (Später habe ich alle Rollen gemeinsam mit ihm konzipiert.) Von Anfang an war er eine absolute Autorität für mich, er besaß einen Wissensfundus, aus dem ich sämtliche Geheimnisse der Opernkunst schöpfen konnte. Hätte ich ihn nicht kennengelernt, wäre ich gewiß nicht lange am Bolschoi geblieben.

Mein innerer Konflikt mit der Rolle der Tatjana aber hatte mir inzwi-

---

[1] Der Jugend fehlt die Weisheit, dem Alter das Vermögen

schen so sehr zu schaffen gemacht, daß ich sie fast schon haßte. So ging ich zur ersten Probe nicht nur völlig lustlos, sondern fest entschlossen, die Rolle abzulehnen. Natürlich war an eine Diskussion mit Pokrowski nicht zu denken, er wußte ja nichts von meinen schauspielerischen Fähigkeiten.

»Setzen Sie sich ans Pult, nehmen Sie ein Blatt Papier und eine Schreibfeder und singen Sie.«

Ich fing an: »Und wär's mein Untergang . . .«

Wie viele Tatjanas hatte man in diesem Theater schon gehört! Sieben gab es damals am Bolschoi.

Ich sang weiter und versuchte, ihm mit allen mimischen Fähigkeiten, die mir zu Gebote standen, meine Langeweile und mein Desinteresse zu demonstrieren, so, als wollte ich sagen: Diese Szene ist ja unerträglich lang – und hoffentlich bald vorbei.

So sang ich die ganze Szene durch.

Schweigen. Gleich kommt's, dachte ich, gleich sagt er, daß es schlecht war, daß ich für die Rolle nicht geeignet bin. Schön, auch gut. Vielleicht bekomme ich die Aida dafür.

Schließlich sagte er doch etwas. »Ich sehe Ihnen zu und kann mich nur wundern. So ein junges Mädchen – und jammert wie ein altes, von Rheuma geplagtes Weib! Wie können Sie die Tatjana bloß so singen?«

»Natürlich sollte man sie nicht so singen. Aber ich mag die Partie nicht. Ich finde sie langweilig.«

Er brüllte. »Sie mögen sie nicht? Sie finden sie lang-wei-lig? Was sitzen Sie da wie eine Oma auf ihrem Federbett! Begreifen Sie doch, Tatjana ist siebzehn. Begreifen Sie, was für Romane sie verschlungen hat und in welchem Zustand sie – eine wohlerzogene junge Dame – gewesen sein muß, um einem jungen Mann aus heiterem Himmel eine Liebeserklärung zu machen, sogar eine schriftliche! Und das finden Sie langweilig? Ihr Sopranistinnen wollt afrikanische oder äthiopische Prinzessinnen spielen, alles Mögliche, was das Publikum euch nicht abnimmt. Versuchen Sie also, Puschkins Tatjana zu spielen und sehen Sie zu, wie weit Sie damit kommen. Haben Sie gelesen, was Tschaikowskij schreibt? ›Leidenschaftlich, in höchster Verzückung!‹ Aber Ihr Sänger seid alle Idioten, Ihr könnt nicht einmal lesen. Wissen Sie, was da steht? Haben Sie es verstanden?«

Ich sprang auf und brüllte zurück: »Was meinen Sie mit ›verstanden‹? Ich sehe mir die Bühne an und finde nichts von dem, was Sie mir erzählen. Sie haben diese Aufführung doch inszeniert, also muß Ihnen das hier zusagen und Ihren Wünschen entsprechen!«

»Kümmern Sie sich nicht um die Bühne. Lernen Sie lieber, Ihren eigenen Kopf anzustrengen. ›Leidenschaftlich, in höchster Verzückung!‹ Sie kann doch nicht vom Bett aufstehen, als zöge ein Kran sie hoch. Sie muß fliegen! Sind Sie schon mal Schlitten gefahren?«

»Natürlich.« Ich sah, wie seine Augen glänzten und daß er immer mehr in Fahrt kam.

»Gut. Nichts anderes ist Tatjanas Brief. Sie setzt sich ohne zu überlegen auf einen Schlitten und fliegt los, einen steilen Berghang hinunter. Es verschlägt ihr den Atem, und erst ganz unten, als der Schlitten zum Stehen kommt, findet sie wieder zu sich. Und genauso schreibt sie den Brief an Onegin, so schickt sie ihn ab. Erst später kommt ihr zum Bewußtsein, was sie da getan hatte.«

Mit offenem Mund saß ich da und merkte lange nicht, daß die Tränen mir übers Gesicht liefen. Wie in einem Zauberspiegel sah ich mich selbst, sah mich in Kronstadt als Galka Artistka, die ihren ersten Liebesbrief an einen glattgekämmten Jungen schreibt. Das Herz begann mir in süßem Schmerz zu schlagen, und das strahlende, liebliche Bild Tatjanas, die Tatjana meiner Kindheit, tauchte in ihrer ganzen Anmut vor mir auf.

Als Regisseur so bemerkenswert wie als Psychologe, ging Pokrowski von Anfang an auf meine Individualität und meine junge Stimme ein. Mit seinem scharfen Blick für das Wesen eines Menschen hat er meine Impulsivität und mein Temperament erkannt und mir an diesem Tag wider alles Erwarten den Schlüssel zu »meinem Theater« in die Hand gegeben – einen Schlüssel, den ich lange Zeit in mir aufbewahrte. Von diesem Tag an stürzte ich mich kopfüber in die Arbeit, wild entschlossen, mit einer Tradition zu brechen, die mir so unverrückbar erschienen war wie ein Naturgesetz.

Ohne mich umzusehen und wie befreit, zog ich in den Kampf um meine eigene Kunst. Wäre ich eine unerfahrene Anfängerin gewesen, hätte das Bolschoi mich bald schon abgebremst, mich auf die Ränge durchschnittlich guter Sängerinnen verwiesen. Eine individuelle Persönlichkeit wäre ich dabei nicht geworden, und niemals hätte ich einen neuen Opernstil am Bolschoi schaffen und durchsetzen können.

Mit dem ersten Tag meines Auftretens haben sich die Anforderungen der Regisseure und Dirigenten schlagartig gewandelt. So erwarteten sie jetzt von den Darstellern jugendlicher Rollen, diese mit dem ganzen Einsatz ihrer schauspielerischen Fähigkeiten anzugehen. Übergewicht galt als ein Makel, der einer Karriere durchaus schaden konnte. Bei meinem Eintritt ins Ensemble gab es dort fünfzehn Soprane meines Fachs. Sie alle hielten mich für einen Störenfried, der sie in ihrem angestammten Schongehege behelligen wollte. Und weil es sie ärgerte, daß ich sowohl in meinem Leben als auch in meiner Kunst soviel Mut und Beharrlichkeit an den Tag legte, sagten sie untereinander, ich sei ein schwieriger Charakter, jähzornig und wenig verträglich in der Zusammenarbeit mit anderen.

So erging es mir auch mit Marija Maksakowa, der ich eines Tages bei den Proben zu *Carmen* zusah. Sie, die früher eine großartige Carmen gewesen war und auch jetzt, in ihrer letzten Spielzeit, die Titelrolle sang, stand kurz vor der Pensionierung. Dennoch war sie eine gute Schauspielerin, deren Probenarbeit ich kennenlernen wollte. Gesprochen hatte ich noch nie mit ihr und sie auch selten gesehen, fühlte aber irgendwie, daß sie nicht gerade freundlich von mir dachte. Also setzte ich mich ganz hinten in eine Ecke. In der Pause kam sie auf mich zu, sah mich eine Zeitlang schweigend an und sagte dann: »Wissen Sie, Sie sind ein richtiger Dickkopf.«

Ziemlich perplex durch diesen unvermuteten Angriff, fragte ich: »Wieso, was meinen Sie damit, Marija Petrowna?«

»Ich habe Sie jetzt ziemlich lange beobachtet und bin zu dem Schluß gekommen, daß Sie dickköpfig sind. Mit Ihnen möchte ich auf keinen Fall in einem Kollektiv oder im selben Schlafsaal sein.«

Wütend über ihre Grobheit und über Worte wie »Kollektiv« und »Schlafsaal«, die ich nicht hören konnte, gab ich bissig zurück: »Ich werde wohl kaum noch die Gelegenheit haben, Sie zu belästigen, Marija Petrowna, wo Sie doch bald schon in Ruhestand gehen.«

Genau das durfte natürlich nicht kommen, und später habe ich mich auch dafür geschämt. Bis heute aber kann ich mir nicht erklären, weshalb sie mich angegriffen hat. Ich saß doch nur mucksmäuschenstill in meiner Ecke, sah zu und wollte etwas lernen. Offensichtlich aber hielten sie und viele andere mich für einen Fremdkörper in ihrem wohlgeordneten Gefüge.

Seit man mich auch in den Moskauer Konzertagenturen kannte, wurde ich häufig eingeladen, in Konzerten aufzutreten. Was mit solchen »Konzerten« gemeint war, sollte man westlichen Menschen, die so etwas kaum geboten bekommen, besser erklären. Unter Mitwirkung vieler Bühnenstars trat so gut wie alles auf: Zirkusartisten, berühmte Geigenvirtuosen, das Moisejew-Tanzensemble, Zauberkünstler, Primaballerinen vom Bolschoi, Balalaikaspieler, Chansonniers, Schauspieler vom Moskauer Künstler-Theater, dressierte Hunde und, natürlich, Solosänger vom Opernensemble des Bolschoi. Besonders viele, buchstäblich Hunderte solcher Konzerte finden an den Feiertagen statt: zu Neujahr und am Tag der Sowjetischen Streitkräfte, zum Internationalen Tag der Frau am 8. März, am 1. Mai, zu Lenins Geburtstag am 7. November und so weiter. Diese Feiertags-Konzerthysterie dauert jeweils bis zu einer Woche, und gespielt wird überall – in Ministerien, Schulen, Akademien, in Instituten und Konzertsälen. Oft gehen die Leute gleich nach Feierabend hin. Sie brauchen normalerweise keinen Eintritt zu bezahlen, das heißt, an diesem Abend und für dieses

Konzert ist der Eintritt frei. In Wahrheit aber bezahlt der sowjetische Bürger doch dafür, nämlich indirekt, indem man ihm regelmäßig gewisse Beträge von seinem Gehalt abzieht. Das gilt genauso für die »freie« Ausbildung, die »freie« Krankenversorgung, für die »billigen« Wohnungen und vieles mehr. Es bleibt sich also gleich, ob man ein Konzert besucht oder nicht; das Geld dafür bezahlt man allemal, und es interessiert niemanden, ob man hingeht oder wegbleibt.

Einem Solosänger des Bolschoi bringt ein solches Konzert fünfzehn bis zwanzig Rubel ein, wobei der eine oder andere, wenn er bei der »Feiertagsernte« wie ein Floh von einem Ort zum nächsten hüpft, auf sechs oder mehr Auftritte pro Abend kommen kann. Diese hektische Arbeit hat manchem Sänger die Stimme ruiniert und ihm monatelang jeden Auftritt am Theater unmöglich gemacht. Die Gehälter werden freilich weiter einkassiert, und man leckt sich die Wunden wie ein lädierter Krieger nach der Schlacht fürs Vaterland.

Viele junge, unerfahrene Sänger haben dieser Jagd aufs Geld ihre schönen Stimmen geopfert. Auch bei nur zwei Liedern und einer Arie pro Konzert muß jede Darbietung ein Massenpublikum begeistern. Man braucht nicht einmal müde zu sein, aber jeder Auftritt vor einem neuen Auditorium bedeutet neue Anstrengung, erneute Anspannung für Herz und Nerven. Wenn sich dies aber sechsmal am Abend wiederholt, so ist das übermenschlich und nicht mehr zu verkraften.

Was aber brachte die jungen Sänger dazu, es doch und immer wieder zu tun? Nun, sie wollten, was alle jungen Leute in zivilisierten Ländern wollen: ein Auto, eine eigene Wohnung, und sei es auch nur ein Studio, einen gewissen Lebensstandard für sich und ihre Familien. Ein Auto aber kostet heute in der Sowjetunion zwischen zehn- und achtzehntausend Rubel. Das heißt, daß man am Bolschoi sein Leben lang hätte arbeiten können, ohne je das Geld für ein Auto zusammenzubringen. Denn was man dort verdient, reicht eben fürs Essen, für ein Paar Schuhe und jährlich ein neues Kleidungsstück. Um sich also ein Auto für fünfzehntausend Rubel zu leisten, mußte man bei den zwanzig Rubeln pro Konzert in siebenhundertfünfzig Konzerten auftreten. Es wäre übrigens interessant zu erfahren, wie solche astronomischen Preise zustande kommen, denn das monatliche Durchschnittseinkommen eines Sowjetbürgers beträgt nicht mehr als hundertfünfzig Rubel.

Aber zurück zu den Moskauer Feiertagskonzerten. Dort sind Themen, die sich mit Lenin befassen, eine todsichere Angelegenheit. Alle wissen das und alle nutzen es nach Kräften aus: die Komponisten, die Textdichter, die Sänger. Wer ein Lenin-Oratorium komponiert, kann jede Wette eingehen: das Werk wird angekauft. Er braucht damit nur ins Ministerium für Kultur zu gehen, dessen Funktionäre sich das Opus anhören müssen. Das spielt sich dann meist so ab, daß der eine leise vor sich hin flucht, ein anderer mit offenen Augen schläft (auch darin sind sie Meister) und ein dritter erbarmungslos schnarcht. Danach aber geben alle durch ein bedeutungsvolles Kopfnicken ihre Zustimmung zum Ankauf bekannt und gratulieren dem Komponisten zu seinem jüngsten künstlerischen Erfolg. Gewöhnlich wandert das Machwerk schon nach einem Abend (der ersten und letzten Aufführung) in die Schublade und gerät dort allmählich in Vergessenheit. Wen man dafür zur Kasse bittet? Nun, denselben russischen Bürger, der von seinem Hungerlohn nicht leben und nicht sterben kann.

Am Anfang stand ich noch abseits, wenn die Berühmtheiten Moskaus von einem Konzert zum nächsten hetzten, nur, um sich nichts von den Feiertagserträgen entgehen zu lassen. Damals hat mich ein kleiner Nebenverdienst noch nicht verführen können, mir lag mehr daran, meine Stimme zu schonen. Nur verdiente ich eben auch nicht mehr als hundertachtzig Rubel im Monat, und das reichte einfach nicht für Essen, Kleidung und alles das, was eine junge Frau auch bei bescheidenen Ansprüchen zum Leben braucht. Also nahm auch ich am Marathon teil.

Einmal, als ich zu einem Konzert in den Kolonnensaal raste, prallte ich im Foyer mit Lenin zusammen. Großer Gott!

»Wohin so eilig, junge Frau?«

Ich muß gestehen, daß ich im ersten Schreck wirklich glaubte, der »Unsterbliche« stünde vor mir, sei leibhaftig seinem Sarg entstiegen. Es war aber Gribow, der zusammen mit Massalski, einem anderen Schauspieler vom Moskauer Künstler-Theater, eine Szene aus *Das Glockenspiel des Kreml*[1] aufführen sollte, das Gespräch zwischen Lenin und H. G. Wells über die Elektrifizierung.

Vor dem Auftritt der beiden trug ich meine Nummer vor, sah aber, als das Publikum Beifall klatschte und Zugaben verlangte, Gribow und Massalski schon ungeduldig hinter der Bühne stehen. Mit ständigem Blick auf die Uhr, nervös von einem Bein aufs andere tretend, drängten sie zum Auftritt, da der nächste schon fällig war.

»Beeil dich, junge Frrrau«, sagte Gribow zu mir, schon im Bühnentonfall und mit rollendem R, »wirrr warrrten schon viel zu lange!«

Es war schon komisch, wie da Lenins wiedererstandene Mausoleumsmumie mit mir sprach und wie sie, gefolgt von dem monokeltragenden H. G. Wells, mit erhobenem Arm auf die Bühne schritt. Dann ließ ich mir von meiner Betreuerin in den Pelzmantel helfen, sprang in ein Taxi und war schon im nächsten Konzertsaal.

---

[1] Ein Stück von Nikolai Pogodin (Nikolai Stukalow) aus den frühen vierziger Jahren

»Beeilen Sie sich, Sie sind dran!«

Ich wollte meinen Augen nicht trauen: auf der Bühne stand schon wieder Lenin. Das ging doch nicht mit rechten Dingen zu, er konnte doch nicht schon vor mir hier sein. Oder war ich schon so am Ende, daß ich Gespenster sah? Bei näherer Betrachtung allerdings erschien er mir schlanker – es war ein anderer, von einem anderen Theater!

So haben sich an den Feiertagen mehrere Lenins in Moskau getummelt und bis spät in die Nacht versucht, sich ein paar zusätzliche Kopeken zu verdienen. Die Aufmachung besorgte sich jeder selbst, am eigenen Theater, und zog sich den Schirm seiner Mütze so tief ins Gesicht, daß niemand, der einem solchen Lenin auf der Straße oder im Aufzug begegnete, in Panik geraten konnte: Immerhin war es denkbar, daß jemand beim Anblick des »Unsterblichen« buchstäblich zu Tode erschrak. Iljitsch war auferstanden!

Im Oktober 1953 sang ich die Tatjana in *Eugen Onegin* zum erstenmal. Tatjana! Liebe Tatjana! Durch sie erfuhr ich schon in der Kindheit, was es heißt, vor Glück zu weinen, durch sie erlebte ich meinen ersten Erfolg an der Oper, und sie war es, mit der ich dreißig Jahre später, im Oktober 1982, mit einer Reihe von acht Aufführungen des *Eugen Onegin* an der Pariser Oper Abschied von der Bühne nahm.

Wie eine treue und ergebene Freundin hat sie mich durch mein Leben als Sängerin begleitet. In Hunderten von Aufführungen war ich die Tatjana, und immer noch setzt mir beim »Ich liebe dich« der letzten Szene fast das Herz aus. Hier, in ihrer letzten Begegnung mit Onegin, kommen der ganze Reichtum und die Aufrichtigkeit ihres Wesens zum Ausdruck. Längst verheiratet und eine Frau von Welt, kann sie ihm doch ganz unschuldig und einfach dieses »Ja, noch lieb' ich dich« sagen. Ihn ihr Leben lang zu lieben ist für sie etwas ganz Natürliches und so eindeutig wie die Tatsache, daß ihr Leben an jenem weit zurückliegenden Tag zu Ende ging: damals, als sie sich im Garten Onegins kühle Betrachtungen über die Liebe anhören mußte und nur noch abgewandt flüstern konnte: »O Himmel, wie beschämend und wie grausam!«

Was soll der Trotz, was soll das Leugnen?
Ja, noch lieb' ich dich –
Doch ihm nur schwur ich Treue am Altar
Und will sie halten immerdar.

1969, als das Bolschoi in Paris gastierte, hat sich auch Marc Chagall den *Onegin* angehört. Nach der Vorstellung kam er zu mir in die Garderobe und sagte, wie sehr er die »Größe, die Würde und Schlichtheit meiner

Kunst« bewundere. Für mich war es das höchste Lob: genau das hatte ich in meiner Kunst erreichen wollen und ein Leben lang angestrebt.

Die *Fidelio*-Premiere, die erst im Frühjahr 1954, also nach meiner Tatjana stattfand, wurde zu einem musikalischen Ereignis ersten Ranges. Daß ich gleich zu Beginn meiner Karriere die Gelegenheit bekam, an Beethovens genialer Schöpfung mitzuwirken, empfand ich als ein Geschenk, das mich nicht nur in künstlerischer, sondern auch in menschlicher Hinsicht geprägt hat. Es gibt da eine Stelle in Leonores berühmter Arie, gleich nach der langsamen, gebetähnlichen Passage, wo auch die Waldhörner eine Art Gebet intonieren. In diesem Augenblick wünschte ich mir immer, die Fahne ergreifen und Regimenter anführen zu können, wo ich im Namen der Freiheit und des humanitären Geistes Eisengitter sprengen und Gefangene hätte befreien mögen.

Zu den *Fidelio*-Aufführungen gab sich die gesamte musikalische Elite ein Stelldichein. Bei der Premiere begegnete ich Dmitri Schostakowitsch zum erstenmal – ein Stern war über mir aufgegangen.

Wie schon die Leonore und die Tatjana so war mir auch meine dritte Rolle, die Kupawa in Rimski-Korsakows *Schneeflöckchen* (Dirigent: Kiril Kondraschin, Regie: Boris Pokrowski), auf den Leib geschrieben. Sie entsprach meinem Temperament und meiner Jugend ebenso wie meinem Sinn für Genauigkeit und Disziplin. In früheren Inszenierungen hatte ein stämmiger dramatischer Sopran die Kupawa gesungen, was sich neben dem zierlichen Schneeflöckchen, dem kleinen Eisblock, ziemlich komisch ausnahm.

Mit der Rolle der Kupawa konnte ich zunächst nicht viel anfangen, ihr eigentliches Wesen blieb mir lange Zeit verborgen – so lange, bis ich mir bei einer Probe die Frage durch den Kopf gehen ließ, wie alt sie wohl sein mochte. Bisher hatte ich sie mir als etwa Dreißigjährige vorgestellt, ein Alter, dem auch der hochdramatische Sopran dieser Partie entsprach. Nun heirateten Dorfmädchen wie sie aber meist schon mit sechzehn und hatten mit dreißig einen Haufen Kinder! Überdies war Kupawa die Freundin des Schneeflöckchens, einer Fünfzehnjährigen.

»Galja!« hörte ich Pokrowski rufen, »warum schleppen Sie sich wie eine Matrone über die Bühne? Springen Sie! Laufen Sie! Platzen Sie vor Freude!«

»Ja, ich weiß, daß ich es nicht richtig mache, aber ich bin ein bißchen irritiert.«

»Warum?«

»Weil die Partie sehr hohe Ansprüche an eine Stimme stellt, Reife und eine große Sicherheit verlangt und entschieden zu hoch für ein junges Mädchen ist.«

»Für wie alt halten Sie die Kupawa?«

»Ich bin mir nicht sicher – vielleicht sechzehn?«

»Stimmt. Sie sind also ein junges Mädchen, genauso alt wie Schneeflöckchen, die aber Wasser in den Adern hat. Und Kupawa, was hat die?«

»Blut!« rief ich triumphierend.

Damit hatten wir den Schlüssel zu meiner Rolle gefunden. Es galt, den Kontrast zwischen Blut und Wasser auszuspielen und die junge, leidenschaftliche Kupawa gegen das kalte, eiskristallene, kindliche Schneeflöckchen zu setzen. Kupawa, ein lebensprühendes Geschöpf und die Seele des Dorfes, ist ein Ausbund an Kraft und jugendlichem Überschwang. Diese Eigenschaften der Kupawa sollen durch die Sicherheit der Stimme und die sehr hohen Obertöne zum Ausdruck kommen.

In ihrer Reinheit und Arglosigkeit wirft sie sich Misgir bedenkenlos in die Arme. Es gibt kein Abwägen, kein Überlegen für sie, nur das bedingungslose Gefühl. Als Misgir sie abweist:

Am teuersten ist dem Verliebten die Bescheidenheit . . .
Du aber verliebtest dich in mich ohne Bedenken,
umfingst mich mit beiden Armen . . .

bricht für sie eine Welt zusammen. Wie konnte er nur so grausam sein? Als ob man sich seiner Liebe schämen müßte, sie nicht einmal erwähnen dürfte! Wie verstört ruft sie die Vögel, die Bäume, den Fluß um Hilfe an, und weil sie bei den hochmütigen und heuchlerischen Menschen kein Verständnis findet, läuft sie zu Berendij, dem Zaren. Nicht um zu klagen, sondern um Gerechtigkeit und eine Strafe für den Schuldigen zu fordern.

Als ich die Kupawa spielte, raste ich wie eine Furie in Berendijs Palast und kam erst in allerletzter Sekunde und kurz vor der Rampe zum Stehen. Jedesmal warf ich mich dem Zaren so stürmisch zu Füßen, daß der schon vorher zur Seite sprang, aus Angst, im Orchestergraben zu landen.

Endlich war die Kupawa wieder ein junges Mädchen. Schon darum und weil ich mit der herkömmlichen Auffassung von dieser Oper so gründlich aufgeräumt hatte, wurde sie zu einem besonderen Erfolg für mich. Nach Ansicht der Leute hatten sich die Akzente so entscheidend verlagert, daß eine Oper über Kupawa entstanden war. Schon vorher, bei einer Diskussion nach der ersten Kostümprobe, hatte der berühmte Bariton Alexej Iwanow zu Pokrowski gesagt, er habe sich die ganze Inszenierung verdorben, weil er mir die Rolle der Kupawa gegeben hätte. Denn ein Misgir, der eine solche Kupawa wegen des Schneeflöckchens sitzenließe, müsse ein völliger Idiot sein, und das könne man dem Publikum niemals glaubhaft machen. Das schmeichelte mir natürlich sehr, aber ich wußte genau, daß ich ohne Pokrowski die Rolle so nicht hätte spielen können.

Kaum war ich als junge Sängerin an Moskaus Künstlerhimmel aufgetaucht, streckten die Funktionäre vom Kulturministerium schon die Hände nach mir aus und reichten mich auf Konzerten und Regierungsempfängen herum. Die fanden gewöhnlich in einer Botschaft oder im Restaurant Metropol statt, die wichtigsten aber im St.-Georgs-Saal des Kreml. Dorthin gerufen zu werden, galt für einen Künstler als besondere Ehre.

Eskortiert von Leibwächtern, brachte man uns zum Kreml, führte uns dort in einen Vorraum des St.-Georg-Saals, wo man zuweilen stundenlang auf seinen Auftritt warten mußte. Zu den strapazierten Nerven kam die Angst, daß die Stimme durch den Streß der Warterei zu Schaden kommen könnte . . . Mit auf der Wartebank saßen so illustre Persönlichkeiten wie Iwan Koslowski, Mark Reisen, Maxim Michailow, Maja Plissezkaja, Emil Gilels, David Oistrach . . .

Am schlimmsten war es, wenn man erst gegen Ende des Empfangs auftreten konnte. Dann schoben sich die Menschen zu Hunderten durch den Saal, dann saßen die Regierungsmitglieder schon puterrot im Gesicht an ihrer langen Tafel gegenüber der Bühne und standen bereits mächtig »unter Strom«. Da schreit der eine seinen Tischnachbarn an, ein anderer stiert mit glasigen Augen zu dir hin . . . Und du stehst da auf der Bühne, fühlst dich so erniedrigt und so beschämt, daß du am liebsten in den Boden versinken möchtest. Die Leute trinken und kauen weiter, kehren dir den Rücken zu, klappern mit Messer und Gabel, lassen die Gläser klingen, rauchen. Und in diesem Saustall sollst du singen, für solche Leute und deren Vergnügen, als wärst du ihre Sklavin. Möglich, daß man dir auch die Ehre erweist, dich an ihren Tisch zu bitten, damit du gläserweise Cognac mit ihnen trinkst.

Die ganze Roheit und Gemeinheit dieser Szenen hat mich einmal so angewidert, daß ich nach einem Auftritt hinter der Bühne einen hysterischen Anfall bekam. Ein Zauberkünstler, der vor mir aufgetreten war, ist vor Schreck ganz blaß geworden und hat mich in eine Ecke gebracht, wo ich vor den Blicken der Leibwächter geschützt war. »Beruhigen Sie sich doch! Was ist denn nur los mit Ihnen?«

Ich konnte nicht aufhören zu schreien: »Wie können sie es nur wagen? Wie können sie es nur wagen?«

Nun sollte ich bald schon in der glücklichen Lage sein, diese »Ehre« ein für allemal ausschlagen zu dürfen – doch davon später. In diesem Punkt aber war ich ein absoluter Ausnahmefall am Bolschoi, wo es niemanden gab, der sich nicht mit den Ellbogen zu den Fleischtöpfen der Regierung durchgekämpft hätte. Das verschaffte ihnen das Gefühl, wichtig zu sein, und ließ entfernt die Möglichkeit erkennen, irgendwann einmal davon profitieren zu können.

Jahre später, als ich in Paris lebte, las ich in einer Ausgabe des Bolschoi-Wochenblatts, daß die führenden Solosänger Jewgenij Nesterenko und Jelena Obraszowa auf die Frage »Was hat Sie in diesem Jahr emotional am stärksten beeindruckt?« geantwortet hatten: »Das große Glück, auf einem Bankett zu Ehren des siebzigsten Geburtstags von Leonid Breschnjew singen zu dürfen.« Nun, wenn sie zu keinen größeren Gefühlen fähig sind, können sie mir wirklich leid tun.

Demnach konkurrieren die Künstler also bis heute und belauern sich gegenseitig, wer die meisten Freunde bei der Regierung hat und wer mit wem Wodka trinkt. Das Rezept dafür wird wie der Stab beim Hürdenlauf von einer Generation zur nächsten weitergereicht, so daß schon die ganz Jungen erkennen, wie man auch mit mittelmäßiger Begabung zu Titeln und Positionen kommt: nicht etwa durch Talent, sondern durch Beziehungen und die Teilnahme an ganz bestimmten Festlichkeiten. Auch wird ihnen, den Jungen, dabei klar, daß man Sänger, die ihre Stimme längst verloren haben, nur darum nicht entlassen darf, weil sie Schützlinge des Kreml sind.

Engere Beziehungen zur sowjetischen Regierungsspitze entstehen vor allem auf Empfängen, die zu Ehren einer Auslandsdelegation gegeben werden und die gewöhnlich in privaten, speziell für solche Anlässe bestimmten Räumen stattfinden. Ich bin in meinen ersten Jahren am Bolschoi wiederholt bei solchen Empfängen aufgetreten. Von all den *grands de ce monde* gefiel mir Mikojan am besten, ein Mann, der sich durch seine Individualität und sein lebhaftes südländisches Temperament etwas sehr Menschliches bewahrt hatte und im Umgang mit anderen unkompliziert war. Dagegen sind mir die übrigen Mitglieder unserer Regierung als eine Ansammlung schwerfälliger, finsterer Götzenbilder in Erinnerung, als stumme und reglose Figuren mitten im Trubel dieses Karnevals der Speichellecker.

Jederzeit konnte man telefonisch zu solchen Empfängen gerufen werden – auch spätabends noch, wenn man gerade schlafengehen wollte, aber irgendeiner der Großen aus einer Laune heraus beschlossen hatte, eben jetzt diesen oder jenen beliebten Sänger hören zu wollen. An eine Weigerung war nicht zu denken: Man zog sich an und saß fünf Minuten später in einer SIL-Limousine. Niemals hätte man die Ehepartner der Sänger dazugebeten, auch die Regierungsmitglieder erschienen ohne ihre Frauen, die sie wohlweislich in den »Damengemächern« verborgen hielten. Es kam auch vor, daß Favoriten der sowjetischen Führungsspitze die Abendvorstellung für ein solches Bankett ausfallen lassen mußten (was mir häufig widerfuhr).

Damals, als man mich in dieser mir ungewohnten »high society«

herumreichte, erlebte ich die Parteischranzen erstmals in Aktion. Wenn nämlich ein wichtiger Regierungsfunktionär ein Auge auf dich geworfen hat, stürmt die ganze Hammelherde auf dich los und umschwänzelt dich in der Hoffnung, ihrem Herrn durch deine Person einen kleinen Dienst erweisen zu können. Wie widerlich und verkommen das alles ist! Diese Beflissenheit, mit der sie sich bei ihrem Herrn und Meister lieb Kind machen und ihm wie ausgewachsene Kuppler und Eunuchen zu einer Frau fürs Bett verhelfen wollen! Haben sie dann aber genug scharwenzelt, Bliny und Kaviar im Übermaß genossen, so kehren diese Höflinge in ihren bürokratischen Alltag zurück, um sich dort als Tyrannen und Feudalherren aufzuspielen. Jetzt ist es an ihnen, ihre Untergebenen zu demütigen und damit die eigene Schmach der Unterwürfigkeit wieder wettzumachen.

Als ich noch in Leningrad lebte, wußte ich natürlich auch, daß es eine privilegierte Klasse gab, daß nicht alle so wie ich in Gemeinschaftswohnungen hausten. Aber ich mußte erst ans Bolschoi kommen, um mir einen Begriff von der herrschenden Klasse in der Sowjetunion machen zu können. Die Angehörigen dieser Schicht leben in einem anderen Staat, den sie für sich selbst, eine Elite von vielen Tausenden, errichtet haben und für den sie eigennützig die verarmten und verbitterten russischen Menschen ausbeuten. Sie haben ihre eigenen, von Muskelmännern bewachten und nur wenigen zugänglichen Läden für Lebensmittel, Industriegüter, Bekleidung und Schuhe, die nur beste Qualität führen, und das zu Preisen, die weit unter denen liegen, die man offiziell für das Volk festgesetzt hat. Kostenlos stehen ihnen phantastische Wohnungen und Datschas zur Verfügung, dazu ein ganzer Stab von Bediensteten, sie haben Limousinen mit Chauffeur für sich und ihre Familienangehörigen. Man hat für sie die Zarenpaläste auf der Krim und im Kaukasus zu Erholungszentren, Krankenhäusern und Ferienvillen umgebaut, wie denn überhaupt in ihrem »Staat im Staate« alles vorhanden ist. Da sie an ihre göttergleiche Exklusivität ernsthaft glauben, halten sie sich in vornehmer Distanz zum gemeinen Volk, schirmen sich hinter den hohen, unüberwindlichen Zäunen ihrer Datschas von ihm ab. Auch im Theater residieren sie in der eigenen Loge, die einen Extra-Ausgang zur Straße hat und die sie nicht einmal in den Pausen verlassen, um sich im Foyer nicht unter die Sklaven mischen zu müssen.

Oftmals, wenn ich bei den Banketten im Kreml vor ihren Tafeln stand, vor dem meterlangen Platten mit Stör, Schinken und Kaviar, wenn ich wie die anderen meinen kristallenen Kelch zum Wohle des sowjetischen Volkes erhob, sah ich mir die feisten Gesichter unserer selbsternannten Staatsoberhäupter an und schaute zu, wie sie sich kauend den Weg durch diese herrlichen Stilleben bahnten. Dabei kamen mir meine Wanderungen durch unser weites Land in den Sinn, das elende Alltagsleben, die Straßen, in deren

Schlamm man steckenblieb, die miserablen, bettelarmen Verhältnisse. Und ich stellte mir die Frage, ob diese Leute, die verdummt durch ihre Völlerei und trunken von ihrer Macht sich so wichtig tun, ob diese Leute wissen, wie wir leben. Sie wußten es sicher, nur genügt das Wissen nicht. Sie müßten es am eigenen Leib erfahren und mit allen Fasern spüren, sie müßten, um verstehen zu lernen, dieses elende Sklavenleben selber führen, und sei es nur einen Monat lang.

Sollen sie ihre Toasts auf den weltweiten Sieg des Kommunismus ruhig ausbringen – aber nicht auf ihren lukullischen Festen, nicht von Lachs und Kaviar gesättigt, sondern in den stinkenden Küchen der Gemeinschaftswohnungen. Dorthin sollte man die Angehörigen des Politbüros schicken und abwarten, was geschieht. So könnte einer von ihnen, sagen wir mal, in meinem engen Zimmer mit dem Zementfußboden leben, in dem Zimmer einer Solosängerin des Bolschoi, dekoriert mit dem berühmten Lenin-Staatsorden des Akademischen Bolschoi-Theaters der UdSSR. Wenn er dann morgens aus diesem Loch herausgekrochen kommt, den üblichen Knatsch mit der Nachbarin hinter sich hat und nach seiner Katzenwäsche lechzt, soll er einmal der fünfunddreißigste in der Schlange zum Waschraum sein, natürlich nur, wenn er gewillt ist, sich in diesem Dreckloch zu waschen. Dann soll er zur Arbeit fahren – aber nicht in seiner gepanzerten Limousine, sondern in der überfüllten U-Bahn oder auf dem Trittbrett eines Autobusses. In der Zwischenzeit möge man seine Frau zum Einkaufen schicken und sie drei, vier Stunden für Lebensmittel anstehen lassen. Aber bitte, laßt keinen unserer Führungsleute während der Mittagspause in eine Werkskantine gehen und für eine glasige, erfrorene Kartoffel auf dem Blechteller Schlange stehen. Es könnte sonst sein, daß wir, die dankbaren Sowjetbürger, unseren geschätzten Volksvertreter zum letztenmal so rosig und gesund gesehen haben.

Statt dessen sollte er ins Bolschoi kommen, in die Kantine für die Künstler, die Töchter und Söhne der Melpomene[1]. Vielleicht hat er dort das Glück, noch einen jener gekochten Klopse, *Doktorskaja* genannt, zu ergattern, jenes fleischlose, undefinierbare und phantastische Gemisch, das zur Hälfte aus Stärkemehl besteht.

Es gibt da einen Witz bei uns: Zwei Freunde treffen sich auf der Straße. Sagt der eine: »Mensch, Wan, du bist ja ganz blau im Gesicht. Hast du dich erkältet?« – »Nein«, sagt der andere, »ich habe ein Doktorskaja gegessen und bin fast daran erstickt. Dafür ist aber mein Kragen jetzt prima gestärkt!«

Aber zurück zu unserem »Diener des Volkes«, der sich nach besagtem Tag auf dem Heimweg befindet, wiederum mit der U-Bahn und nicht in

---

[1] Die Muse der Tragödie

seiner Limousine fährt. Blau im Gesicht und im klopsgestärkten Kragen, eingezwängt zwischen drängelnden und schubsenden Leuten, hört er, wie die Werktätigen der Nation das Sowjetregime im allgemeinen und den Genossen X im besonderen in bilderreichen Worten zum Teufel wünschen.

Zu Hause empfängt ihn seine Frau, völlig aufgelöst und entnervt vom Schlangestehen. Sie kann von Glück sagen, wenn sie halbverdorbenen Fisch oder ein Stück Knochen mit einem Fetzchen Fleisch daran erwischt hat, denn das Fleisch selbst verkaufen die Metzger in den Staatsläden »unter dem Ladentisch« und nur an bevorzugte Kunden. Das Geld dafür wandert in die privaten Taschen.

Rückt die Ferienzeit näher, sollte er schon Wochen vorher auf den Beinen sein und sich um die Unterkunft in einem Ferienhaus kümmern. Bleibt die Suche erfolglos, kann er sich selbst die beste Lektion in Sachen Kommunismus erteilen, Richtung Süden fahren und dort versuchen, dem einfachen Leben zu frönen. Ganze Romane könnte er nach seiner Rückkehr schreiben und zum Beispiel schildern, wie er nach Ankunft an seinem Badeort, nach ganztägiger Suche und bei infernalischer Hitze endlich eine Bettstatt mieten konnte, eine Liege in einem engen Raum. Den teilt er freilich mit anderen, die ähnlich glücklich sind wie er, eine Unterkunft gefunden zu haben. Auch könnte er berichten, wie er am frühen Morgen einen Sprung zum Strand macht, in der Hoffnung, dort kümmerliche anderthalb Meter seines grenzenlosen Vaterlandes beanspruchen zu dürfen und sie bis zur Mittagszeit zu behalten, bevor er stundenlang und bei brütender Hitze vor dem Restaurant Schlange steht, um wenigstens einmal am Tag etwas zu essen. Zu erzählen wäre, wie er mit zugehaltener Nase vor der Tür zur Strandtoilette auf und ab hüpft, wie er versucht, hineinzugelangen und dabei die Häufchen auf dem Boden zu umgehen, die nächtlichen Hinterlassenschaften der andern, die wie er ein einfaches Leben führen wollen.

Ich selbst habe so oft in dieser Form »Ferien« im Süden gemacht, daß ich manchen nützlichen Hinweis geben könnte und inzwischen weiß, wie man unter derart primitiven Bedingungen überlebt, ohne seine Würde zu verlieren.

Lassen wir unsere Politiker nur eine Zeitlang so leben wie die sowjetischen Durchschnittsbürger und ersparen wir ihnen die vollmundigen Reden über Weltfragen: vielleicht begreifen sie, daß die Leute aus dem Volk nicht anders leben als das Vieh. Um das Vieh freilich kümmern sich die Menschen. Wer aber kümmert sich um das sowjetische Volk?

Obwohl ich jetzt die tragenden Partien am Bolschoi sang und bei Regierungsbanketten wie ein Dessert »serviert« wurde, wohnte ich immer noch in meinem engen Raum an der Petrowka – mit dem einen Unterschied, daß ich abends ein weiteres Bett aufschlagen mußte: Ich hatte ein Dienstmädchen engagiert. Sie hieß Rimma, war siebzehn Jahre alt und von morgens früh bis abends spät bei der Arbeit, zu der sie ununterbrochen sang. Vorher schon hatte sie bei anderen Mietern der Wohnung gewaschen und geputzt und oft wie Aschenputtel in einer Ecke des Korridors geschlafen. Weil sie mich, so allein und ohne Zuhause, an meine eigene Jugend erinnerte und mir leid tat, beschloß ich, sie aufzunehmen. Natürlich hatten wir in unserer Hintertreppensuite nicht den Platz, ihr auf Dauer ein Bett aufzustellen. Aber es gab da noch eine Art Wandschrank, der früher einmal als Kleiderkammer für das Dienstmädchen gedient haben mochte. Also schlugen wir abends ein Klappbett auf; darauf schlief dann unsere Rimma, halb im Schrank, halb draußen. Rimma, die kräftig und von einer Ausdauer war, wie sie nur russische Frauen besitzen, hatte nur einen Nachteil: sie konnte nicht kochen. Trotzdem gab sie ihr Bestes und versuchte immer wieder, ihre Fähigkeiten und unsere Mägen auf die Probe zu stellen. Abends begleitete sie mich zu meinen Konzerten und zu den Vorstellungen im Bolschoi, sie sang sehr gern und hatte ein feines Gehör.

Bald gab es ein viertes vollwertiges Familienmitglied bei uns. An einem Wintertag besuchten Mark und ich ein paar Freunde, die außerhalb der Stadt wohnten und mir, da sie meine Tierliebe kannten, einen kleinen, drei Monate alten Hund schenkten, einen weißen Griffon namens Wassja. Auf dem Nachhauseweg hielten wir an, gingen ein Stück spazieren und kamen an den eingezäunten Datschas irgendwelcher Generäle vorbei. Da wir niemanden sahen, setzte ich Wassja, den ich bisher im Arm gehalten hatte, ab und ließ ihn laufen. Plötzlich öffnete sich ein Tor, und ein riesiger deutscher Schäferhund sprang mit einem Satz auf uns zu.

»Wassja!« schrie ich, »Wassja! Hierher!«

Wassja aber, der das Monster gesehen hatte, saß im Schnee und rührte sich nicht.

Der andere Hund führte sich auf wie ein Wolf, vielleicht, weil er Wassja für eine Katze hielt. Ich lief direkt auf ihn los und versuchte, mir meinen Wassja zu schnappen, bevor er das tat.

»Galja!« rief Mark hinter mir her, »Galja! Komm sofort zurück!« Aber ich konnte nicht mehr klar denken, als ich sah, wie die Bestie den Kleinen mit den Zähnen packte, ihn wütend hin und her schüttelte und schon so tief im Rachen hatte, daß man nur noch Kopf und Schwanz von Wassja sah. Völlig außer mir sprang ich dem Untier auf den Rücken, preßte ihm mit aller Kraft die Beine in die Flanken und krallte ihm die Fingernägel in Augen und Lefzen, bis es aufjaulend vor Schmerz sein Maul aufriß und den Kleinen fallen ließ, der als regloses Häufchen im Schnee liegenblieb.

Aber was jetzt? Ließ ich das Monster los, so riß es mich glatt in Stücke.

Da rannten ein paar uniformierte Männer zusammen mit der Hundebesitzerin aus dem Tor. »Kommen Sie«, rief ich ihnen zu, »holen Sie Ihren verdammten Köter hier weg!«

»Ich trau' mich nicht«, sagte die Frau.

Jetzt kam Mark angelaufen. »Nicht loslassen!« rief er, »nur nicht loslassen!«, nahm seinen Gürtel ab und zog ihn dem Hund fest um den Hals. Da waren meine Hände aber schon so verkrampft, daß ich die Finger nicht auseinanderbekam. Auch in den Beinen hatte ich Krämpfe. Schließlich kamen auch die verängstigten Uniformierten mit Kette und Maulkorb an.

»Danken Sie Gott, junge Frau. Ein Wunder, daß er Sie nicht gebissen hat.«

Ich konnte selbst kaum begreifen, warum mich das Biest nicht zerfetzt hatte; vielleicht vor Schreck und Überraschung, daß jemand die Unverschämtheit besaß, sich auf seinen Rücken zu schwingen.

Bei mir kam der Schreck erst später, als ich mir die furchterregende Bestie richtig ansah. So einem Roß also hatte ich die Sporen gegeben!

Wir packten unseren Wassja, fuhren in aller Eile nach Moskau zurück und brachten ihn zum Tierarzt. Zu Hause angekommen, fiel ich halbtot ins Bett und konnte noch tagelang die Hände nicht richtig bewegen.

So also kam es, daß wir – wie bei Jerome K. Jerome – vollzählig wurden: *Drei Mann in einem Boot*, den Hund nicht mitgerechnet.

Eine separate Wohnung zu haben, allein zu leben und endlich dem verfluchten Gemeinschaftsdasein zu entkommen, ist der höchste Traum eines jeden Sowjetmenschen. Mit Leichtigkeit hätte ich mir diesen Traum erfüllen können, war ich doch lange und häufig genug auf Banketten zu Gast, um ein Regierungsmitglied bei Wodka und Gläserklang darum zu bitten. Nur biß ich mir lieber die Zunge ab, als einen dieser anmaßenden Halbgötter um eine Gefälligkeit anzugehen. Außerdem rechnete ich ziemlich fest damit, daß mir die Leitung des Bolschoi in Kenntnis meiner räumlichen Verhältnisse eine Wohnung zuweisen würde. Doch war auch das Bolschoi von der landesweiten und anhaltenden Wohnungsnot betroffen, so daß man den neuengagierten Künstlern von vornherein erklärte, das Bolschoi könne keine Wohnungen vermitteln. Aber wenn nicht das Bolschoi, wer dann zum Teufel? Schließlich gehört doch alles dem Staat, Privatbesitz gibt es nicht. Also tut man, was man kann, schließt die nötigen Bekanntschaften, bietet Bestechungsgelder an oder bezahlt in Naturalien – das heißt, man schläft mit den richtigen Leuten. Dabei hatte es eine Zeit gegeben, wo sich die Theaterleitung mit ihren Wünschen direkt an den Chef, an Stalin persönlich wenden konnte. Bei einem Führungskollektiv aber, wie es sich eben erst formierte und langsam abzuzeichnen begann, finde man den Einen heraus, den man nach einer Wohnung für neuengagierte Solosänger des Bolschoi fragen kann! Die neue Regierung hatte keine Zeit für das Theater, ein Machtwechsel stand ins Haus. Folglich haben die jungen Solisten von Oper und Ballett bis zum Ende der sechziger Jahre in Schlafsälen des Bolschoi leben müssen, oft jahrelang mit mehreren Personen in einem Raum. Wurde ein jungverheiratetes Paar engagiert, so schlief er bei den Männern, sie bei den Frauen. Es wird niemanden überraschen, daß solche Ehen häufig in die Brüche gingen. Überhaupt hat sich die Wohnungsnot auf das Leben vieler Künstler vom Bolschoi verheerend ausgewirkt. So konnte eine junge Frau ohne die eigenen vier Wände weder heiraten noch eine Familie gründen. Und wenn sich das Glück ihr in Form eines Ein-Zimmer-Appartements gnädig erwies, wenn sie inklusive Küche und Bad vielleicht dreißig bis sechsunddreißig Quadratmeter ihr eigen nennen konnte, dann galt ihr der langentbehrte Seelenfrieden vermutlich mehr als die Gründung einer eigenen Familie. Überdies konnte sie nicht unbedingt im voraus wissen, welche Sorte Mann sie geheiratet hatte. Sie mußte hundertmal überlegen, ob sie überhaupt heiraten und einem Mann erlauben sollte, ihr kostbares Domizil mit ihr zu teilen. Denn im Falle einer Scheidung hatte der Mann Anspruch auf die Hälfte der Wohnung, für deren Erwerb sie soviel Entbehrungen in Kauf nehmen mußte. Die Aussicht auf diese Hälfte aber hat mehr als einen Mann schon zur Heirat bewogen. T. T., eine junge Solosängerin des Bolschoi, hatte nicht nur eine schöne Stimme, sondern auch ein eigenes Zimmer in einer Gemeinschaftswohnung; sie war also eine höchst erstrebenswerte Partie. Nach einer langen Zeit des Abwägens und Auswählens heiratete sie schließlich einen Tänzer vom Bolschoi. Die Ehe ging schief und wurde geschieden. Weil er aber keine andere Unterkunft hatte, lebten sie noch mehr als ein Jahr gemeinsam in diesem einen Zimmer; sie waren geschieden, sie haßten sich, sie schlief im Bett, er auf dem Boden.

Einmal kam sie schluchzend zu mir: »Ich werde noch verrückt, verstehst du das? Ich kann schon nicht mehr singen, ich kann so nicht weiterleben. Was soll ich denn noch tun, um ihn rauszuschmeißen! Erst neulich abend noch kam ich von der Vorstellung nach Hause, schloß die Tür auf und sah ihn mit irgendeiner Frau in meinem Bett. Die Hölle habe ich ihm heiß gemacht, sich mit einer Nutte in mein Zimmer zu wagen! Er aber sagte nur: ›Das geht dich gar nichts an. Ich bin nicht dein Mann und du bist nicht meine Frau. Ich kann sonst nirgendwohin. Wenn dir das nicht paßt, hau doch ab!‹ Und gestern nacht – stell dir das vor! – weckte er mich auf und sagte: ›Komm, laß mich zu dir ins Bett! Was ist schon dabei, wir haben doch so lange zusammen geschlafen!‹ Glatt aufhängen könnte man sich bei so etwas. Und heute muß ich in *Aida* singen!«

Situationen wie diese sind für die Künstler des Bolschoi keine Ausnahmen. Man mag einwenden, daß wir ja ins Hotel hätten gehen können, aber das ist schon deshalb nicht möglich, weil ein Hotelzimmer nicht weniger als zehn Rubel pro Tag kostet – also dreihundert im Monat; ein junger Sänger verdient aber nur zweihundert Rubel monatlich. Entscheidend aber ist, daß die Moskauer in ihren Hotels nicht wohnen dürfen, die sind nur für auswärtige Gäste da. Und selbst wenn es dem Theater gelingt, für einen seiner Künstler eine Sondergenehmigung auszuhandeln, gilt diese nur für kurze Zeit.

Man hat den Eindruck, daß die Sowjetregierung das tägliche Leben absichtlich erschwert, um die Menschen von wichtigeren Problemen abzulenken und das geistige Leben verkümmern zu lassen. Auf diese Weise hat die Regierung die Gewähr, daß jeder nach seinem Arbeitstag und nach dem Gedränge beim Schlangestehen eben noch imstande ist, sich nach Hause zu schleppen, eine Flasche Wodka zu trinken und schlafen zu gehen. Die Menschen in der Sowjetunion verbringen ihr ganzes Leben damit, sich etwas zu »beschaffen«, ganz gleich, ob das eine Wohnung ist, die man freilich nicht nur »beschafft«, sondern sich »verdienen« muß, oder ob es die ständig knappen Lebensmittel sind. In der Sowjetunion ist alles knapp, vom Toilettenpapier bis zum Auto.

Doch sollte man auch die freudigen Anlässe erwähnen! Wer endlich bekommen hat, was er braucht, kann sich als glücklicher Sieger fühlen. Wer vor einem reich gedeckten Mittagstisch sitzt, wird das mit stolzgeschwellter Brust genießen, schließlich hat er alle Hindernisse in Form langer, zähflüssiger Schlangen überwunden. Er hat es geschafft, den Kaufmann zu bestechen, und wie ein Sieger das Schlachtfeld verlassen. Ein Sieg, der seinem Nachbarn möglicherweise nicht vergönnt war, so daß dieser jetzt alle Hochachtung vor ihm hat und ihn beneidet. Sollte ihm außerdem bei der Suche nach einer Separatwohnung Erfolg beschieden sein, so ist er nicht nur in den eigenen Augen ein großer und mächtiger Mann, er ist es auch in den Augen der Arbeitskollegen. Und wenn er am Ende alle diese Kleinigkeiten beieinander hat, kommt er sicher zu der Überzeugung, daß sich das Leben in der Sowjetunion zunehmend verbessert und daß die Regierung sich um ihn sorgt. Zugegeben, jahrelang gab es weder Toilettenpapier noch Waschpulver zu kaufen, heute aber gibt es beides – dank der Partei, der Regierung und des Genossen X höchstpersönlich. Hurra! Vorwärts mit dem Kommunismus!

Und bevor du es merkst, ist dein Leben vorbei, sind deine besten Jahre und die Kräfte dahin, aufgerieben im täglichen, zermürbenden Kleinkrieg mit seinen ruhmreichen Siegen und schlimmen Niederlagen, aufgerieben im endlosen Kampf gegen die Allmacht Knappheit, die eine wahre Hydra ist: schlag einen ihrer Köpfe ab und zwei neue wachsen nach. Denn wenn es heute in den Läden Teekessel gibt, die man jahrelang nicht bekam, so wird es morgen mit absoluter Sicherheit nirgendwo mehr einen emaillierten Kochtopf geben und nirgendwo ein Bügeleisen. Oder Watte, oder Kinderstrümpfe, oder Büstenhalter, oder Laken, oder Handtücher, oder ... oder ... oder ...

Würde man dem Mann auf der Straße diesen täglichen, nutzlosen Kampf ersparen, diesen Kampf, der einem die Illusion eines rastlos tätigen Lebens verschafft und der kein Ende nimmt, dann hätte er vielleicht die Zeit, über sein Sklavendasein nachzudenken und dabei festzustellen, daß er sich nur für die Annehmlichkeiten der Partei-Elite abgerackert hat. Am Ende könnte er gar zum Knüppel greifen und könnte – o ja, und wie er ihn sausen ließe! Nein, die Rationierung ist für das Sowjetregime etwas wirklich Lebensnotwendiges.

Nach Stalins Tod, nachdem der Göttergleiche seine Loge für immer verlassen hatte, änderte sich die Haltung der Regierung dem Bolschoi gegenüber. Eine neue Generation von Sängern fand eine veränderte Situation vor. Zunächst und vor allem verschwanden wie durch Zauberei die hohen Gehälter für die Spitzensänger. Hatte Stalin sie noch persönlich auf monatlich siebenhundert Rubel für vier Vorstellungen festgesetzt, so erfuhren die Sänger eines Tages, als sie ihr Geld am Kassenschalter abholen wollten, daß die höchsten Gehälter von jetzt an nur noch fünfhundertfünfzig Rubel bei sechs Vorstellungen betrugen. Zur Zeit Stalins mußte man zwanzig Jahre beschäftigt gewesen sein, um eine Pension beanspruchen zu können, jetzt fünfundzwanzig Jahre. Auch die Ruhegelder schrumpften von vierhundert Rubel monatlich auf zweihundert für einen Volkskünstler, auf hundertzwanzig für die übrigen. Überflüssig zu sagen, daß man bei uns keinen Streik kennt. In kommunistischen Ländern streikt man nicht, weil es keinen Grund zur Unzufriedenheit gibt. Also darf man auch annehmen, daß die Sänger des Bolschoi sehr zufrieden, ja sogar glücklich waren, als man ihren Lebensstandard um mehr als die Hälfte beschnitt. Bis heute ist es bei diesen gekürzten Gehältern geblieben, obwohl die Lebenshaltungskosten inzwischen um ein Mehrfaches gestiegen sind.

Am Bolschoi verdient ein Spitzensänger nur doppelt soviel wie einer, der die kleineren Partien singt. Das gleiche Mißverhältnis gilt für die Zahl der vorgeschriebenen Vorstellungen: So muß der Sänger des Othello für seine fünfhundertfünfzig Rubel sechsmal im Monat auftreten, während die Sängerin der Emilia, die als Dienerin in dieser Oper nur wenige Takte zu singen hat, für zweihundertfünfzig Rubel nur zehn Vorstellungen ableisten muß – eine Ungerechtigkeit, die wohl jedem einleuchtet. Sie auszugleichen, haben die Spitzensänger des Bolschoi nur ein Mittel: bei gleichem Gehalt weniger aufzutreten, anstelle von sechs Vorstellungen im Monat nur zwei oder drei zu geben. Ich habe das auch so gemacht, und es war ganz einfach. Ich brauchte nur zu behaupten, ich sei indisponiert, dann bekam ich einen

Zettel, den ein Arzt von der Poliklinik des Bolschoi unterschrieben hatte. Kein Arzt schlug uns das ab.

Die unterbeschäftigten Künstler der Nebenrollen nehmen am Bolschoi alsbald Schlüsselpositionen in den »Sozialorganisationen« ein, im Gewerkschaftsausschuß, im Betriebsrat oder im Fachausschuß. Sie arbeiten bereitwillig mit dem KGB zusammen, treten in die Partei ein und sind so ständig beieinander. Wenn sich dann die Spitzensänger über die derzeitigen Gehälter beschweren, genügt schon die Stimmenüberzahl der anderen, ihren Vorstoß abzuwehren.

Es gibt ein System von Ehrentiteln, um die Solosänger von der Masse der andern abzuheben, ohne Geld dafür ausgeben zu müssen. Den untersten Rang nimmt dabei der »Ehrenkünstler der RSFSR« (der Russischen Sozialistischen Föderativen Sowjetrepublik) ein, den zweiten der »Volkskünstler der RSFSR« und den dritten, den höchsten Rang, der »Volkskünstler der UdSSR«. Dazu kommen die Preise (der Lenin-Preis und der Staatspreis, früher Stalin-Preis), die Orden und Medaillen.

In der Hoffnung, sich so früh wie möglich vom gemeinen Volk abheben zu können, reißen sich die Künstler schon zu Beginn ihrer Karriere um solche Auszeichnungen. Verständlich, denn der Titel eines Volkskünstlers der UdSSR ist mit einer ganzen Reihe von Privilegien verbunden: mit einer mietfreien Wohnung zum Beispiel, mit der Erlaubnis für Auslandsreisen, mit der Möglichkeit, in den Erholungszentren der Regierung Ferien zu machen und sich im Krankheitsfall von den besten Ärzten kostenlos behandeln zu lassen. Dabei wird man auf der Privatstation des Kreml-Krankenhauses mit den knappsten und teuersten Medikamenten versorgt und hervorragend verpflegt – nicht anders als in den besten Kliniken des Auslands. Solche Privilegien sind Ausnahmen und in Rußland auch für teures Geld nicht zu erwerben. Man gesteht sie dir nur zu, wenn dich die Regierung durch Titel und Preise aus dem endlosen Grau der Massen herausgehoben hat. Auch sie, diese Massen, werden kostenlos behandelt – mit dem einen Unterschied, daß sie in überfüllten Hospitälern in Räumen mit neun oder noch mehr Betten liegen, daß sie sich mit durchgelegenen Matratzen und ungewaschenem Bettzeug begnügen müssen, mit miserablem Essen und minderwertigen Medikamenten – die guten sind immer knapp und rationiert. Gegenüber dem Kreml-Krankenhaus aber gibt es eine Apotheke (die natürlich nicht als solche gekennzeichnet und nur für wenige zugänglich ist), die alle westlichen Medikamente führt und von einem Muskelprotz bewacht wird. Mit einer Hand kann der jeden packen und auf die Straße befördern, der es wagen sollte, sich diesen grünen Auen widerrechtlich zu nähern.

Das Recht, im Kreml-Krankenhaus behandelt zu werden, ist an die

Auszeichnung mit einem Titel verbunden. Sie bedeutet den Aufstieg in höhere Gesellschaftsschichten. Wenige Tage nach meiner Ernennung zum Volkskünstler der UdSSR erhielt ich einen Anruf vom Krankenhaus, in dem sich eine Frau mit unpersönlicher, aber weicher und freundlicher Stimme nach meinem Gesundheitszustand erkundigte. Zunächst verstand ich nicht, warum sie mich das fragte und was sie von mir wollte, dann aber erklärte sie mir, daß sie mir als Ärztin zugewiesen sei.

»Liebe Galina Pawlowna, kommen Sie doch gelegentlich vorbei. Wir erwarten Sie und werden Sie gründlich untersuchen. Vielleicht möchten Sie ja ein paar Tage bleiben? Wir haben ein schönes Zimmer für Sie in unserer Klinik außerhalb der Stadt, wo Sie im Wald spazierengehen können. Selbstverständlich kümmern wir uns auch um Ihre Kinder!«

An so salbungsvolle Töne nicht gewöhnt, wußte ich nicht recht, was ich antworten sollte. »Vielen Dank, aber gesundheitlich geht es mir sehr gut. Natürlich, wenn irgend etwas sein sollte ...«

»Nein, nein, Galina Pawlowna! Sie müssen auf sich aufpassen! Geben Sie uns keinen Korb und kommen Sie! Wir sind für Sie verantwortlich und dem Volk gegenüber verpflichtet ...« Und so weiter.

Was tun? Für die sowjetischen Menschen ist eine Auszeichnung wie der Stempel auf dem Fleisch eine Art Gütesiegel; ein Mensch ohne Auszeichnung ist nicht mehr als ein Arbeitstier. Deshalb laufen sich auch die Künstler in der Hoffnung auf einflußreiche Kontakte zwischen Banketten und Empfängen die Füße wund und strapazieren ihre Stimmen: ein Künstler ohne Titel ist wenig überzeugend.

Ein letzter Vorteil, den ein Volkskünstler der UdSSR im Gegensatz zur Masse genießt: Nach seinem Tod wird ihm eine staatliche Trauerfeier im großen oberen Foyer des Bolschoi zuteil. Das Orchester spielt, der Chor singt, kurz – ein großes Ereignis. Wer im allgemeinen Gedränge keinen Platz mehr findet, bleibt im unteren Foyer, wo die Feier per Tonband übertragen wird.

Mit dem Titel eines Volkskünstlers der UdSSR ist auch die Chance verbunden, auf dem Nowodewitschi-Friedhof begraben zu werden. Schon heute stehen Leute namentlich auf einer Liste des Moskauer Stadtsowjet, die sich bester Gesundheit erfreuen, aber die Ehre haben, einmal auf diesem berühmten Friedhof begraben zu werden. War der Verstorbene ein hoher Würdenträger, so bedeutet das für die Hinterbliebenen weniger Lauferei bei der Beschaffung eines Grabsteins. Denn weil es keine speziellen Marmorwerkstätten gibt, mühen sich die Menschen jahrelang ab und bezahlen alle erdenklichen Bestechungsgelder, um eine Fabrik ausfindig zu machen, die ihnen unter der Hand einen gewöhnlichen Marmorgrabstein anfertigt.

Die Suche nach einem Grabstein für seine verstorbene Mutter hatte auch einen Bekannten von mir, einen Pianisten, schon fast zur Verzweiflung gebracht. Schließlich erstand er bei einem Gastspiel in Wien einen gebrauchten, schon mit Namen versehenen Marmorstein und karrte ihn nach Moskau. Dort wurde der alte Name abgeschliffen und durch den seiner Mutter ersetzt. Aber nicht jeder kommt nach Wien!

Begräbnis-Zubehör gibt es in Rußland in keinem Geschäft zu kaufen, außer Schuhen aus weißem Tuch und grobgezimmerten Särgen aus gestrichenem Lattenholz. Es gibt auch keine Bestattungsunternehmen, die den trauernden Angehörigen den Alptraum abnehmen könnten, das Begräbnis zu arrangieren. Dafür kennt jede Institution – das Bolschoi eingeschlossen – jene sozial gesinnten, geradezu fanatischen Leute, die sich in jahrelanger Praxis großartige Fähigkeiten auf diesem Gebiet erworben haben. Sobald ein Genosse das Zeitliche segnet, wissen sie genau, wohin sie gehen, mit wem sie reden müssen und daß keine Minute zu verlieren ist: denn länger als drei Tage dürfen die Toten mangels Klimaanlage nicht im Leichenhaus liegen. Also bleibt ihnen nur wenig Zeit, ihre Runde durch Dutzende von Ämtern und Behörden zu machen und die notwendigen Bescheinigungen zu beschaffen, einen Platz auf dem Friedhof zu besorgen, Autos zu mieten und sich um Reden, Kränze und ein Orchester für die Trauerfeier zu kümmern. Sie müssen Schlange stehen für das Essen und den Wodka beim Leichenschmaus und tun das alles mit großem Eifer, für ein »gutes Gewissen« und um dem Verstorbenen einen letzten Dienst zu erweisen. Möglich, daß die Menschen in der Sowjetunion auf vielen Gebieten nicht die besten sind und nicht recht wissen, wie dem Leben beizukommen ist. Aber wie man jemanden beerdigt, davon verstehen sie sehr viel.

Eine Trauerfeier im Bolschoi ist das Ereignis des Jahres. Eintrittskontrollen gibt es an solchen Tagen nicht, die Türen stehen weit offen und die Massen strömen zum oberen Foyer, wo der Sarg steht und wo jeder weiß, daß ihm ein Schauspiel bevorsteht, das sich mit den besten Inszenierungen messen kann. Selbstverständlich sind sämtliche Freunde, Bekannte und Verehrer des verstorbenen Künstlers zur Stelle. Die Menge drängt sich dazwischen, nur um einen Blick tun zu dürfen (man ist »ganz zufällig hier vorbeigekommen und wollte nur mal reinschauen«). Bei einem sehr berühmten Künstler dauert die Trauerfeier mehrere Stunden. Vertreter aller Organisationen – Leute, die den Verstorbenen weder gekannt noch jemals auf der Bühne gesehen haben – lesen Reden ab, wobei sie sich häufig schon beim Namen des »unvergeßlichen Genossen« und teuren Freundes versprechen. Die Leiter des Theaters, die Regisseure und Kollegen versuchen wie die Meistersinger des fünfzehnten Jahrhunderts sich in den Lobliedern über den Verstorbenen gegenseitig zu übertreffen. Hätte dieser das alles zu Lebzeiten gehört – er wäre sicher noch am Leben!

Alle drei Minuten wechselt die Ehrenwache am offenen Sarg. Unter Mitwirkung bedeutender Instrumentalsolisten spielt das Orchester des Bolschoi die Trauermusik, der Chor des Bolschoi singt, die Opernstars tragen traurige Balladen vor und verströmen ihr Herzblut dabei – ganz zu schweigen vom Herzblut der Familienangehörigen und des Publikums. Eigentlich fehlt nur noch ein Auftritt der berühmten Ballerinen.

Einmal hatte man auch den Opernsänger Daniel Petrosian gebeten, bei einer solchen Trauerfeier mitzuwirken. Er erklärte sich gleich bereit, stellte sich mit seinem Begleiter dem Orchester gegenüber auf und stimmte mit viel Gefühl Dargomyschkis Lied *Ich bin traurig, weil ich dich liebe* an. Nur hatte er eine Kleinigkeit übersehen, die Tatsache nämlich, daß das Lied mit den Worten endet: »Ich bin traurig, weil du so fröhlich bist.« Zweimal kam diese Stelle vor. Nach dem ersten Mal und noch völlig konsterniert von den Worten, die er aus dem eigenen Munde hörte, drehte er sich zu dem Toten um, verneigte sich tief und sah ihn gequält an: ». . . weil du so fröhlich bist.«

Fast süchtig nach Trauerfeiern, können die Russen einen Toten auch dann beweinen und beklagen, wenn sie ihn nie zuvor gesehen haben. So auch bei den Trauerfeiern des Bolschoi, wo die Klatschtanten die ersten sind, die das Theater umlagern und sich im Foyer die größte Mühe geben, auch nicht einen Seufzer zu verpassen. Selbst unter tränenverschleierten Augen gelingt es ihnen, einen Blick auf die Künstlerprominenz zu werfen und genau zu registrieren, wer was trägt, wie viele Falten die eine schon hat und ob die andere viel oder wenig weint. »Siehst du die dort? So ein abgebrühtes Luder, weint fast gar nicht! Aber die andere, die leidet wirklich. Ob die was miteinander hatten?« Und so stehen die Neugierigen in allen Ecken des Foyers herum.

»Wessen Trauerfeier ist das heute?«

»Ich weiß es nicht.«

»War bestimmt jemand Wichtiges, so viele Blumen!«

»Ja, ein bemerkenswerter Sänger und ein großartiger Schauspieler. Können Sie sich an seinen Lenski erinnern?«

»Und haben Sie ihn als Romeo gehört?«

»Sieh sie dir an – ganz überwältigt von Trauer. Wie hübsch sie ist in ihrem Schmerz, die Trauer steht ihr gut. Ich habe sie immer schon bewundert. Gib mir mal das Opernglas.«

»Wer steht denn jetzt am Sarg? Gehören sie zur Familie?«

»Nein, es sind Künstler.«

»Was du nicht alles weißt! Kü-ü-ü-ünstler! War der etwa auch ein Künstler?«

»Ja, Mama.«

»Aha, ein Künstler also. Möge der Himmel ihm seine Pforten öffnen!«

Einmal, bei einer Probe, zog mich ein Kollege zur Seite und fragte: »Warum beantragen Sie keine andere Wohnung, Galina Pawlowna? Sie leben doch in schrecklichen Verhältnissen.«

»Ich warte auf ein Angebot des Theaters.«

»Da können Sie lange warten, freiwillig bieten die nie etwas an. Sie sollten noch heute zum Direktor gehen, denn eben erst hat man dem Bolschoi mehrere Wohnungen in einem Hochhaus vermittelt.«

»Vielen Dank für die Nachricht, ich gehe gleich mal hin.«

Was ist das nur für ein Land, das einen um alles und jedes betteln läßt! Wäre es nicht viel einfacher, jeden seiner Arbeit gemäß zu bezahlen und jeden selbst, nach eigenem Gutdünken, über sein Einkommen verfügen zu lassen? Nur gäbe es in diesem Fall keine »mietfreien« Wohnungen und keine »kostenlose« Krankenversorgung mehr, und niemand wäre dem Regime gegenüber zu irgend etwas verpflichtet. Möglich auch, daß dieses Regime sogar überflüssig würde und man es so wenig brauchte wie die Millionen seiner Parteifunktionäre, die dir sagen, was du ihrer Meinung nach brauchst, und die von deinem ersten Atemzug an für dich denken, für dich entscheiden und deren Wünschen du dich dein Leben lang unterzuordnen hast. Das Schlimme dabei ist, daß du diese Unterordnung in zunehmendem Maße als angenehm empfindest, je mehr deine Bedürfnisse, deine Wünsche und Initiativen schwinden. Vielleicht bewohnst du nur ein Loch in einer dreckigen Gemeinschaftswohnung – aber es ist deins und es kostet nicht viel. Vielleicht hast du nur miserables Essen auf dem Tisch – aber du hast es, und du lebst und solltest Gott dafür danken!

Ich ging also zu Anissimow, dem Leiter des Theaters.

»Guten Tag, Galina Pawlowna. Sie lassen sich ja selten bei mir sehen. Wie geht es Ihnen? Ist etwas nicht in Ordnung?«

»Nein«, sagte ich, »es ist alles in Ordnung. Nur – es ist mir ein bißchen peinlich, Sie um einen Gefallen zu bitten, aber . . .«

Merklich kühler geworden unterbrach er mich: »Wir können die Gehälter jetzt nicht erhöhen. Demnächst aber geht eine ganze Reihe von den Älteren in den Ruhestand, das wird einige Gelder freisetzen.«

»Aber ich bitte Sie um keine Gehaltserhöhung. Ich bin wegen einer anderen Angelegenheit hier.«

»Ja?«

»Seit drei Jahren lebe ich jetzt zusammen mit fünfunddreißig Mietern unter den schlimmsten Bedingungen in einer Gemeinschaftswohnung. Wir hausen zu dritt in einem winzigen Raum hinter der Küche. Bei dem ständigen Geklapper von Töpfen und Tiegeln ist es ganz unmöglich, vor der Vorstellung noch ein wenig zu schlafen. Ich muß aber in Form sein, weil meine Rollen ziemlich viel von mir verlangen. Ich hörte, daß das Bolschoi kürzlich mehrere Wohnungen erworben hat. Ob ich wohl mit zwei Zimmern rechnen kann? Auch eine Gemeinschaftswohnung wäre mir recht, wenn dort nicht allzu viele leben.«

Mein Gott, wie unangenehm es war, um eine Gefälligkeit bitten zu müssen! Noch nie in meinem ganzen schwierigen Leben hatte ich mich in einer solchen Lage befunden.

Eine Zeitlang sagte Anissimow nichts. Dann beugte er sich zu mir herüber, sah mich vorwurfsvoll an und schüttelte den Kopf. »Sie überraschen mich, Galina Pawlowna. Sie stehen erst am Anfang Ihrer Karriere und stellen schon solche Ansprüche. Eine Unverschämtheit! Schließlich haben Sie ein Dach über dem Kopf. Wissen Sie, wie unsere Putzfrauen oder die Fahrstuhlführer leben?« Mitleid mit der ganzen Menschheit sprach bei diesen Worten aus seinen schmerzerfüllten Augen.

Heiß schoß mir das Blut ins Gesicht. Er warf mir Unbescheidenheit vor, er, der selbst in einer riesigen, mietfreien Wohnung lebte! Sollte er *die* doch der Putzfrau überlassen! Von der staatseigenen Datscha, von seinem Auto mit Chauffeur und von den Nebeneinkünften, die ihm als Direktor des Bolschoi vom Kreml zugestanden wurden, wollte ich erst gar nicht reden. Warum sollte ich als eine der ersten Solosängerinnen des Bolschoi nicht besser leben dürfen als Putzfrauen oder Fahrstuhlführer? Verdammt noch mal, da sitzt dieser Mensch in seinem Büro wie das personifizierte Sowjetregime! Und so seid ihr alle, so sieht eure Sorge für die Mitmenschen aus! Dabei braucht man nur ein klein wenig näher hinzusehen, um zu erkennen, um wen ihr euch kümmert und wer diese »Leute« sind, für die ihr auf Kosten der Regierung Wohnungen und Datschas baut: Söhne und Töchter der Funktionäre!

Als ich merkte, daß mir vor Wut die Tränen kamen, stand ich auf und verließ wortlos das Büro.

Wohin jetzt? Zur Gewerkschaft? Zum Parteiausschuß? Zum Betriebsrat? Sollte ich weinen und mich anbiedern, sollte ich die Leute belästigen, indem ich auf meine Rechte als Mensch für ein würdigeres Leben pochte? Nein. Denn die wahre *raison d'être* aller dieser staatlichen Organisationen ist es, das Sowjetregime vor uns lästigen Bittstellern zu schützen. Dafür werden ihre Mitglieder bezahlt und darum stehen sie ihren Herren auch so eifrig zu Diensten. Kaum steckt man die Nase durch ihre Tür, rotten sie sich gegen dich zusammen und stempeln dich ab, so daß du nur noch den Wunsch hast, sie von hinten zu sehen und allein zu sein.

Beim Versuch, wieder zur Besinnung zu kommen, hielt ich mich eine ganze Weile in einer dunklen Ecke des Korridors versteckt, noch immer schamrot, so gedemütigt worden zu sein. Alles wollte ich in dem

Moment aufgeben, das ganze großmächtige Theater und diese unerträglichen Menschen. Ich wollte nur noch weg.

Wenig später kam ein Anruf von der Personalabteilung, ich solle am nächsten Tag vorbeikommen. Wie immer bei einer solchen Aufforderung wurde mir ganz elend: wie, wenn sie nun die Lüge über meinen Vater, damals auf dem Fragebogen, herausgefunden haben? Was sollte dann aus mir werden? Noch war Stalin erst kurze Zeit tot, noch war keine Rede davon, mit dem »Personenkult« aufzuräumen. Wie in dem Lied von den beiden Falken, von Lenin, dem einen, und Stalin, dem andern, lagen beide noch immer friedlich im Mausoleum nebeneinander.

Ich konnte die ganze Nacht nicht schlafen, ließ mir aber am nächsten Morgen im Personalbüro nichts von meiner Nervosität anmerken, gab mich betont heiter und sorglos.

»Guten Tag!« sagte ich beim Öffnen der wohlbekannten Polstertür.

»Guten Tag, Galina Pawlowna.«

Außer dem Personalchef saßen da noch zwei Herren. Mittelalt, grauhaarig und untersetzt der eine, jung, um die dreißig der andere. Beide spielten das Spielchen meiner gewagten Fröhlichkeit mit und setzten ihrerseits ein Lächeln auf. Ihre Augen aber durchbohrten mich regelrecht.

»Darf ich mich vorstellen, mein Name ist Wassili Iwanowitsch, und das ist mein Freund, Nikolai Petrowitsch.«

Ich wartete. Sie schienen es mit dem Gespräch nicht eilig zu haben, also schwieg ich auch.

Schließlich zog Wassili Iwanowitsch seinen Ausweis aus der Tasche und nannte mir auch seinen Nachnamen und Titel; er war KGB-Major.

Mein Mut schwand dahin. Das war sie, meine Schicksalsstunde: Sie hatten die Wahrheit über meinen Vater herausgefunden. Aber ich ließ mir nichts anmerken. Nur die Ruhe . . . nur die Ruhe. Sämtliche Kontakte zur Regierung schossen mir durch den Kopf.

»Galina Pawlowna, Sie sind ja eine so begabte Sängerin, man möchte sagen, unsere große Hoffnung!«

Oje! Worauf wollte er hinaus? Entdeckt aber hatten sie demnach nichts, denn dann hätten sie das Gespräch ganz anders angefangen. Dem Himmel sei's gedankt!

Ich lehnte mich also lässig im Stuhl zurück und schlug die Beine übereinander. Nur zu, ich höre.

»Wir möchten Sie gern näher kennenlernen und ein wenig mit Ihnen plaudern.«

»Mit Vergnügen!«

»Nur ist es hier nicht sehr gemütlich. Kommen Sie doch morgen ins

Hotel Metropol, Zimmer Soundso, dritter Stock rechts. Dort können wir uns in Ruhe unterhalten.«

»Und worüber? Warum im Hotel und nicht hier?«

»Machen Sie sich keine Gedanken, es passiert Ihnen nichts. Sie haben meinen Ausweis gesehen, und Ihr Personalchef war auch dabei. Wir bitten Sie, morgen zu uns zu kommen und Ihrem Mann nichts davon zu erzählen. Auf Wiedersehen!«

»Auf Wiedersehen.«

Schon mehrfach war mir der Gedanke gekommen, daß sie mich als Spitzel für das KGB einsetzen könnten, für jenen hochmoralischen, kommunistischen Verband im Lande der Sowjets. Bis heute werden sämtliche Solisten vom Bolschoi deswegen angesprochen, und viele lassen sich als Spitzel beschäftigen. Zuträgerdienste für das KGB bedeuteten damals freilich keinen Freifahrtschein, da zu jener Zeit niemand ins Ausland reiste. (Das erste Auslandsgastspiel der Bolschoi-Oper fand 1964 in Mailand statt.) Damals wollten sie nichts anderes, als daß einer den andern beobachtete und dem KGB auf den leisesten Wink hin zur Verfügung stand. Schließlich mußten die Leute doch was zu tun haben, oder? Das KGB – das waren Hunderttausende von Mäulern, die gestopft sein wollten.

Ich wußte also, daß auch ich früher oder später durch dieses Fegefeuer mußte. Eher früher, denn das KGB wirbt die Künstler gern während ihrer ersten Theaterjahre an, noch bevor sie mit hohen Titeln, wichtigen Kontakten oder Bekanntschaften aufwarten können und solange es noch einfach ist, sie zu erpressen oder zu bedrohen.

Ich ging also am nächsten Tag ins Metropol, das dem Bolschoi genau gegenüberliegt. Zweifellos verfügte das KGB dort über eigene Räume, um möglichst rasch an Informationen zu gelangen. Das dürfte bis heute der Fall sein, zumal auch das Maly-Theater, das Moskauer Künstler-Theater und das Operetten-Theater ganz in der Nähe liegen.

Im dritten Stockwerk angelangt, begrüßten mich die beiden Herren schon beim Betreten des Zimmers wie eine der Ihrigen.

»Guten Tag, Galina Pawlowna, schön, Sie zu sehen! Bitte nehmen Sie doch Platz.«

Diesmal kam Wassili Iwanowitsch ohne Umschweife zur Sache: »Galina Pawlowna, wir bitten Sie um Ihre Mithilfe.«

»Wobei?«

»Nun, Sie verkehren in Regierungskreisen, Sie sind oftmals bei Banketten und Empfängen unter Ausländern ... Und Ihre Arbeit am Bolschoi – wir brauchen Ihnen wohl kaum zu erzählen, was für ein verantwortungsvoller Posten das ist. Wir sind im eigenen Land von Feinden umgeben, darum ist es die Pflicht eines jeden sowjetischen Bürgers, unseren Sicherheitsorganen zu helfen, sie ausfindig zu machen.«

Er versuchte nicht einmal, mich zu überreden, er klärte mich lediglich über die ehrenvolle Tätigkeit eines Spitzels auf. Eine unbezwingbare Angst, eine totale Hoffnungslosigkeit überfiel mich. Wie konnte ich mich dieser tödlichen Umklammerung entziehen? Lieber Gott, was soll ich tun? Wenn ich nein sagte, würden sie mich wie eine Laus zerdrücken. Also mußte ich wieder einmal Tricks erfinden und so tun, als sei ich viel zu naiv und nicht ganz bei Trost.

»Wie und wo«, fragte ich mit großen Kulleraugen, »sollte ich Feinde entlarven? Von meiner Arbeit als Sängerin sind meine Nerven schon so strapaziert, daß ich häufig hysterische Anfälle bekomme, im Schlaf rede und manchmal ganz wirr im Kopf bin ...«

Und so redete ich weiter, gab jeden erdenklichen Unsinn von mir. Er aber ließ sich nicht beirren: »Aber, aber, Galina Pawlowna, eine so junge, eine so großartige Schauspielerin wie Sie! Und was die kleinen Nerven betrifft, die könnten wir ja behandeln lassen und Sie in ein Sanatorium schicken. Das läßt sich noch in dieser Minute arrangieren, haha!«

»Vielen Dank, aber das wird nicht nötig sein.«

»Sie sollen ja nichts Schwerwiegendes für uns tun, Sie sollen lediglich gewisse Individuen beobachten und uns mitteilen, was Sie von ihnen halten. Ist das wirklich so schwer? Sich so zu fürchten, du liebe Zeit! Dafür gibt es wirklich keinen Grund. Hier, unterschreiben Sie dieses Papier.«

»Welches Papier? Und warum?«

»Eine reine Formsache, weil das, was hier besprochen wurde, geheim bleiben muß.«

Ich unterschrieb.

»Hier ist meine Dienstnummer. Rufen Sie mich sofort an, wenn Sie etwas brauchen.«

»Und was sollte ich brauchen?«

Innerlich tobte ich schon und wünschte, ihm ins Gesicht spucken zu können.

»Nun, falls Sie Ärger im Theater haben, falls man Ihnen das Leben schwermacht, rufen Sie uns nur an, wir bringen das in Ordnung. Wir helfen doch unseren Freunden!« Das sagte er schon in einem Ton, als sei ich sein Schützling und als wären wir von jetzt an und für alle Zeit miteinander verbunden.

»Nein, vielen Dank. Ich habe mir immer selber ...«

»Schon gut, rufen Sie uns an. Wir könnten doch einmal gelegen kommen. Jetzt wollen wir Ihre Zeit aber nicht länger in Anspruch nehmen. Wir rufen Sie an, wenn wir Sie benötigen. Bis dann.«

Ein Monat verging, ohne daß Wassili Iwanowitsch angerufen hätte. Überglücklich glaubte ich schon, sie könnten mich vergessen haben. Doch nein, solche Leute vergessen nichts. Als er anrief und mich wieder ins Metropol bestellte, überlief mich schon beim Klang seiner Stimme ein Schauder.

»Guten Tag, Galina Pawlowna. Sie sehen ja blendend aus. Wie läuft's am Theater?«

»Danke, gut.«

»Sie wissen ja, beim geringsten Vorfall sind wir zur Stelle!« (Das war so ihre Art, die kleinen Fische zu ködern: Ich sollte mich durch ihre Gefälligkeiten verpflichtet fühlen.)

»Aber das ist wirklich nicht nötig, alles ist in bester Ordnung!« (Verdammt noch mal, ich brauche eure Hilfe nicht. Laßt mich in Ruhe!)

Wieder kam er gleich zur Sache. »Sie sind doch mit Petunin befreundet, dem Pianisten vom Ballett. Nun, man hat uns erzählt, daß er sich häufig gegen das Sowjetregime äußert. Stimmt das?«

Das alles kam lächelnd, in vertraulichem Ton. Was Petunin betraf, waren sie durchaus richtig informiert. Natürlich äußerte der sich gegen das Regime, wir hatten überhaupt kein anderes Gesprächsthema.

Doch gab ich mir den Anschein höchsten Erstaunens.

»Was Sie nicht sagen! Wirklich? Nie habe ich etwas Derartiges von Petunin gehört!«

»Erzählt er Ihnen gelegentlich Witze?«

»Ja.«

»Was für welche?«

»Oh, die kann ich nicht wiederholen. Petunin ist ziemlich ordinär und kennt nur schmutzige Witze.«

»Wollen Sie damit sagen, daß er Ihnen nie politische Witze erzählt, obwohl Sie miteinander befreundet sind? Wir haben zuverlässige Informationen ...«

Keine Frage, irgend jemand vom Theater hatte sie sowohl über ihn als auch über mich informiert. »Wer erzählt Ihnen bloß so einen Unsinn? Petunin ist doch viel zu blöd, um politische Witze zu erzählen!«

»Gut. Geben Sie uns das schriftlich.«

Ich schrieb: »Den Pianisten Petunin treffe ich häufig. Er erzählt gern unanständige Witze.« Beim Unterzeichnen schien meine Hand so schwer wie Blei. Eine kurze, heftige Bewegung Wassilis, und der Zettel war weg.

»Vielen Dank für heute, auf Wiedersehen. Wir rufen Sie an. Inzwischen könnten Sie ...« Ein neuer Auftrag folgte: »Petunin ist mit dem Schachspieler Smyslow befreundet, der gerade aus dem Ausland zurückgekehrt ist. Finden Sie heraus, was Smyslow Petunin erzählt hat.«

In den nächsten Tagen versuchte ich, Petunin nicht zu begegnen. Aber wie das so geht, er lief mir ständig über den Weg – in der Cafeteria des Bolschoi oder auf der Straße –, redete unentwegt und erzählte seine Witze.

Zwei Wochen später rief Wassili Iwanowitsch wieder an. Ich sagte ihm, daß ich zur Vorstellung müsse und nicht kommen könne. Zwei Tage später kam ein weiterer Anruf. Diesmal mußte Mark mich entschuldigen, ich sei krank. Wieder ein paar Tage, ein dritter Anruf ... Diesmal gab es keinen Ausweg mehr, ich mußte hin ... Metropol, dritter Stock rechts ...

Ein breites Grinsen. »Guten Tag, Galina Pawlowna. Sie schienen etwas angegriffen die letzten Tage, geht es Ihnen besser? Und wie steht's am Theater? Man macht Ihnen doch keinen Ärger?«

»Alles bestens, vielen Dank.«

»Was ist mit Smyslow? Was hatte er Petunin mitzuteilen?«

»Er hat ihm erzählt, wie er gespielt hat und daß es ein hartes Turnier gewesen ist.«

»Und was hat er über die Lage im Ausland berichtet?«

»Nichts. Wissen Sie, in zwei Tagen habe ich Premiere; ich bin so beschäftigt, daß ich mich wirklich nicht erinnern kann, wer was zu wem gesagt hat.«

»Gut, gut, regen Sie sich nicht auf. Hat er irgendwelche Geschenke mitgebracht?«

»Ja, er hat Petunin einen schönen Schlips geschenkt.«

»Sonst nichts?«

»Nein, nichts.«

»Vielen Dank, schreiben Sie das bitte auf.«

Was für ein Blödsinn, dachte ich, wozu braucht er das? »Smyslow hat Petunin einen schönen Schlips von seiner Auslandsreise mitgebracht.« Unterschrift.

Allem Anschein nach wollte er mir mit solchen kleinen harmlosen Aufträgen das Gefühl verschaffen, daß ich längst für ihn arbeitete, also keine Rückzugsmöglichkeit mehr hatte. Mein Versuch, mich aus der Schlinge zu ziehen, war ihnen natürlich nicht entgangen; deshalb hatten sie beschlossen, mich mit dieser Methode schrittweise in ihre Netze zu treiben. Gar keine Frage, daß dies nur der Anfang war und ich nicht mehr lange die Ahnungslose spielen konnte.

Plötzlich durchfuhr mich der Gedanke: wie, wenn nun Schenja Petunin ein Provokateur ist? Wenn er für das KGB arbeitet und in dessen Auftrag seine politischen Witze im Theater erzählt, um melden zu können, ob und wie die andern darauf reagieren? Möglich, daß Wassili eben jetzt ein Schriftstück in der Tasche hat, das mich denunziert. Der Gedanke durchzuckte mich wie ein Schlangenbiß. Nein, ganz ausgeschlossen. Mir war wohl schon der Sinn für die Wirklichkeit abhanden gekommen.

Nach Verlassen der Räuberhöhle wanderte ich noch stundenlang durch die kleinen Nebenstraßen Moskaus. Herrgott, warum mußten wir so leben, warum mußten wir uns gegenseitig bis in alle Ewigkeit belauern! Aber was blieb uns anderes übrig? Es war und ist ja kein Geheimnis, daß die Mehrzahl der Künstler aus Oper und Ballett mit dem KGB zusammenarbeitet. Die einen tun es aus Angst, um den Erfolg ihrer Karriere gebracht zu werden, die anderen, weniger begabten, in der Hoffnung auf tatkräftige Unterstützung (die auch nicht ausbleibt). Und die dritten wollen damit ihre Zukunft sichern für den Fall, daß die Stimme verlorengeht. Keine Versicherungs-Police der Welt kann eine so großzügige Absicherung leisten. So kommt es am Bolschoi häufig vor, daß Sänger ihr Gehalt auch dann weiter kassieren, wenn sie die Stimme verloren haben und jahrelang nicht mehr aufgetreten sind. Da die Theaterleitung sie als hochrangige Spitzel kennt, macht sie auch keinen Versuch, sie zu entlassen, weiß sie doch, daß jede Mühe, sie loszuwerden, vergeblich ist.

Immer noch unterwegs, verspürte ich nicht den leisesten Wunsch nach Hause zu gehen, aber auch der Gedanke ans Theater und an meine Kollegen war mir verhaßt. Lügen, Lügen, nichts als Lügen. Wie Spinnweben hängen sie überall herum und durchziehen dein ganzes Leben von der Wiege bis zur Bahre, verkleben deinen Verstand und würgen dir die Seele ab.

Daß ich dennoch den Netzen jener Fallensteller erfolgreich entgehen konnte, daß ich nie wieder ins Metropol mußte, »dritter Stock rechts«, das verdanke ich der Tatsache, daß ich wenig später den damaligen Staatschef Nikolaj Bulganin kennenlernte und mich bei ihm beschweren konnte. Er war es, der mich ein für allemal von diesen Spinnweben befreite.

Gelegentlich kam es vor, daß wir Künstler eher als Gäste denn als Darbietende zu Empfängen auswärtiger Delegationen gebeten wurden. Ein solcher Empfang fand auch im April 1955 im Restaurant des Metropol statt. Wie üblich war mein Mann nicht eingeladen, und ich saß zusammen mit einigen anderen an einem Tisch, als ein junger Mann auftauchte und jeden begrüßte.

»Darf ich vorstellen«, erbot sich jemand. »Das ist der Cellist Mstislaw Rostropowitsch, und das ist der neue Star des Bolschoi, Galina Wischnewskaja.«

Er setzte sich zu uns. Mit den andern weiterplaudernd, schenkte ich ihm keine besondere Aufmerksamkeit, auch schien er, dessen komplizierten Namen ich noch nie gehört und schon wieder vergessen hatte, nur damit befaßt, lustige Geschichten zum besten zu geben. Plötzlich aber sah ich einen Apfel quer über den Tisch auf mich zurollen – den Apfel des Paris aus der *Schönen Helena*. Als ich gehen wollte, sprang er auf: »Darf ich Sie nach Hause bringen?«

»Wenn Sie wollen, ich wohne ganz in der Nähe.«

Es war ein schöner Abend, fast schon warm. Wir gingen am Maly-Theater und am Bolschoi vorbei und kamen bald an meiner Haustür an. »Eigentlich«, sagte er da, »eigentlich wollte ich noch zu der Geburtstagsfeier eines Freundes, aber jetzt, wo ich Ihnen begegnet bin, möchte ich nirgendwo mehr hin.«

Seine Schmeichelei berührte mich nicht im mindesten. So etwas hörte ich jeden Tag.

»Darf ich Ihnen das schenken?« fragte er und brachte irgendwie eine große Schachtel Pralinen zum Vorschein. »Oh . . . nein, behalten *Sie* sie doch, ich esse sie bestimmt nicht.«

»Bitte, nehmen Sie es an. Es ist sehr wichtig für mich.«

Also nahm ich die Schachtel und ging hinauf. Mark fragte mich, woher die Pralinen kämen. Von irgendeinem Musiker, sagte ich.

Ich maß dieser Begegnung keinerlei Bedeutung bei. Und die Pralinen hat Mark gegessen.

Zehn Jahre waren wir damals verheiratet. Wenn man wie ich seit dem siebzehnten Lebensjahr auf der Bühne steht und ständig von Verehrern umgeben ist, gewöhnt man sich daran, die Männer ganz allgemein als eine Art notwendiger und vertrauter Kulisse anzusehen. Für mich waren sie vornehmlich dazu da, mir Blumen zu überreichen, nach der Vorstellung Komplimente zu machen und sich auf der Straße nach mir umzudrehen. In den letzten Jahren aber hatte ich mich so intensiv mit dem Theater befaßt und mich so ausschließlich meiner Kunst gewidmet, daß ich allem anderen gegenüber nahezu blind geworden war. Mein Verhältnis zu Mark hatte sich dahingehend geklärt, daß wir zwar weiterhin unter einem Dach und wie gute alte Freunde lebten, ein Ende unserer Beziehungen aber abzusehen war. Den wahren Männern, den Helden meiner Phantasie begegnete ich tagtäglich bei den Proben und Vorstellungen, und ich versah sie mit all den Zügen und Eigenschaften, die ich mir bei einem Mann erträumte. Ich hatte nicht aufgehört, auf jenen Mann zu warten, den ich bis an mein Ende lieben könnte – genauso, wie ich es auf der Bühne tat.

Wenig später bestellte man mich ins Kulturministerium und ließ mich einen Fragebogen für Auslandsreisen ausfüllen. Ziel war die Tschechoslowakei, die Teilnahme am Festival »Prager Frühling«, wo ich in *Eugen Onegin* auftreten und mehrere Solokonzerte geben sollte.

Ich freute mich riesig über meine erste Auslandsreise, erfuhr aber erst später, wie es dazu gekommen war: Als bei einer Sitzung im Kulturministerium mein Name fiel, wandte jemand ein, ich sei noch zu jung, noch nie im Ausland gewesen und möglicherweise für den »Prager Frühling« nicht erwünscht. Worauf einer der Ressortchefs, Wenjamin Boni, sich erhob und erklärte: »Ich weiß nicht, ob die Wischnewskaja für den Frühling erwünscht ist, aber ich weiß, daß man sich im Frühling eine Wischnewskaja wünscht.«

Ein schwerwiegendes Argument, das zur Entscheidung führte, mich nach Prag reisen zu lassen − und ein Bonmot, das noch lange danach in Moskau die Runde machte.

7

Auf dem Flug nach Prag begleitete mich Alexander Ognivzew, auch er ein Sänger des Bolschoi, der eine einmalig schöne und kräftige Baßstimme besaß, Schaljapin ähnlich sah und ein hübscher Mann war: jung, groß und breitschultrig − ein russischer Romanheld, wie er im Buche steht. Von Anfang an verband uns eine enge Freundschaft.

In Prag angelangt, brachte man uns ins Hotel Alkron, wo die anderen sowjetischen Gastkünstler schon beim Frühstück saßen und wo ich, auf der Suche nach einem Tisch für Sascha (Alexander) und mich, auch jenen Cellisten erspähte, dessen Namen ich nicht aussprechen konnte. Er kam geradewegs auf mich zu.

»Guten Tag, wie schön, Sie zu sehen! An unserem Tisch ist noch ein Platz frei, bitte, setzen Sie sich zu uns.« Er hatte von meiner Ankunft erfahren und mir den Stuhl extra freigehalten. Mir blieb kaum Zeit, mich ein wenig umzuschauen, so schnell saß ich neben ihm am Tisch.

»Ich weiß nicht recht, wo soll Sascha . . .?«

»Er kann sich ja an einen anderen Tisch setzen.«

Und schon tauchte mein hünenhafter Freund auf: »Wo steckst du denn? Ich habe dich schon gesucht. Habt ihr noch einen Platz für mich?«

Rostropowitsch erklärte ihm kurz und bündig: »Du kannst dich an den Tisch dort drüben setzen.«

Als wir am Tisch saßen und miteinander redeten, überschütteten mich seine Gedanken und Ideen wie ein Platzregen. Erst jetzt sah ich ihn mir richtig an: Er war auffallend schlank und trotz seiner Jugend schon ein wenig kahl, trug eine Brille und hatte das typische Gesicht eines Intellektuellen; zudem hatte er eine gewisse Eleganz. Erst später bekam ich heraus, daß Rostropowitsch, als er von meiner Anwesenheit in Prag erfahren hatte, sämtliche Jacketts und Krawatten für diese Reise einpackte und sich jetzt morgens und abends umzog, in der Hoffnung, mir damit Eindruck zu machen.

138

Sehr impulsiv und ständig in Bewegung, sprudelte er von Witzen und Geschichten förmlich über. In seinen Augen aber lag, ganz im Gegensatz zu jenem etwas aufgesetzt wirkenden Gebaren, etwas sehr Ruhiges und Aufmerksames. Es schien, als gäbe es zwei Rostropowitschs: einen, der um jeden Preis gefallen wollte, und einen anderen, einen ruhigen, fast scheuen Beobachter.

»Mst . . . Mtl . . . Entschuldigen Sie, aber Ihr Name ist wirklich schwer auszusprechen!«

»Nennen Sie mich einfach Slawa. Und ich, darf ich Galja zu Ihnen sagen?«

»Ja, natürlich.« Galja – wie ungewohnt das klang. Jahrelang hatten die Leute mich mit Galina Pawlowna angeredet, jahrelang war ich in den Augen meiner männlichen, meist älteren Freunde und Kollegen in erster Linie die Bühnenfigur, der man applaudierte, die berühmte Sängerin, der man sich außer mit Blumen und Komplimenten nicht weiter näherte. Überdies war ich mit einem sehr viel älteren und verläßlichen Mann verheiratet, was natürlich auch mein Verhalten prägte. Und jetzt behandelte mich dieser Slawa wie ein Mädchen!

So sah er mich auch. Für ihn, der mich nie auf der Bühne erlebt hatte, war ich nicht die verwöhnte, launenhafte Primadonna, sondern ganz einfach eine junge Frau, der er in aller Offenheit und recht ungestüm den Hof machte, die er weder nach ihrer Vergangenheit noch nach ihren Plänen für die Zukunft fragte. Für mich war das eine seltsame Erfahrung, neu und ungewohnt wie die Natürlichkeit und die Ernsthaftigkeit seines Wesens, das mich tief beeindruckte.

Als wir später, nach dem Frühstück, auf die Straße gingen, kam uns eine Frau mit einem Korb voller Maiglöckchen entgegen. Einen ganzen Armvoll hat er mir geschenkt.

Proben, Vorstellungen . . . und ein Mann, der neben mir auftauchte und wieder verschwand, ein Mann, der eine Art heißlaufenden Motors in sich hatte. Ich selbst kam kaum dazu, mir über meine Gefühle klar zu werden, ich freute mich nur, ihm zu begegnen, ihn zu sehen.

So kam er einmal in mein Hotelzimmer, setzte sich ans Klavier und spielte. »Zu dumm, daß ich heute abend selber ein Konzert habe und Sie nicht im Onegin hören kann. Sie müssen eine wundervolle Tatjana sein.«

Plötzlich stand er auf und fiel zu meiner größten Überraschung vor mir auf die Knie. Ich erstarrte; sollte ich das Ganze als Witz ansehen?

»Verzeihen Sie mir, aber schon in Moskau, als wir uns zum erstenmal sahen, sind mir Ihre schönen Beine aufgefallen, und damals schon wollte ich Ihre Füße küssen. Aber ich gehe jetzt, Sie müssen ins Theater. Bis morgen.«

In meinem Kopf schwirrte alles durcheinander – und im Theater standen

Blumen. Von ihm. Schönere glaubte ich nie gesehen zu haben, obwohl ich an Aufmerksamkeiten gewöhnt war. Oder sollte ich heute eine andere sein? Nach der Vorstellung fragte mich Sascha, der den Gremin sang, warum er mich so selten sähe. »Laß uns morgen einen Spaziergang machen!«

»Gut, um fünf Uhr.«

Um halb fünf aber stand Slawa vor meiner Tür. »Kommen Sie, wir gehen bei dem herrlichen Wetter ein bißchen hinaus. Waren Sie schon einmal im Park auf den Hügeln?«

»Nein, aber ich habe Sascha versprochen, mit ihm zu gehen. Er könnte gekränkt sein.«

Erst viel später gestand Slawa mir, daß Sascha ihm von unserem Spaziergang erzählt und ihn gebeten hatte, ihn um fünf Uhr zu wecken.

»Ihr Sascha schläft wie ein Murmeltier und wird morgen früh noch schlafen, wenn man ihn nicht weckt.«

»Ach, Unsinn!«

»Hören Sie zu, das läßt sich ganz einfach regeln. Wir klopfen dreimal an seine Tür, und wenn er nicht aufwacht, hat das Schicksal für uns entschieden und wir können gehen.«

Also klopfte er dreimal an Saschas Tür. Keine Antwort. Natürlich hätte er lauter klopfen können, aber ich bestand nicht weiter darauf. Slawa nahm mich bei der Hand und wir liefen auf die Straße.

Nie zuvor hatte ich mich so frei und so leicht gefühlt wie jetzt mit ihm, der mir von seiner Mutter und seiner Schwester erzählte, so, als kenne er mich seit vielen Jahren. Und wie jung er mir vorkam, fast wie ein Junge, dabei waren wir gleichaltrig.

Straße und Parkweg hatten wir verlassen und gingen durch dichtes Gebüsch, bis wir an einen hohen Steinwall gelangten. »Slawa, wir müssen zurück und nach der Straße suchen!«

»Warum zurück? Wir klettern über die Mauer!«

»Was heißt das, ›über die Mauer klettern‹? Ich kann das nicht!«

»Warum nicht? Ich schiebe Sie hoch, und wenn Sie oben sind, komme ich nach und fange Sie unten auf der anderen Seite auf.«

Das hatte mir noch gefehlt. Aber da mir nichts anderes übrigblieb, kletterte ich hoch und bemühte mich, keine allzu schlechte Figur dabei abzugeben. Er war schon unten und rief: »Springen Sie!«

»Wohin denn, überall sind Pfützen – und dieser Matsch!«

»Ja, das stimmt, ich habe nicht darauf geachtet. Keine Sorge – da!« und deckte seinen Mantel über die Pfütze.

Jetzt wurde es wirklich Zeit fürs Abendessen. Also kehrten wir schleunigst um und eilten die Straße entlang. »Sehen Sie nur, Slawa, Senfgurken! Schade, der Laden hat schon zu.«

»Mögen Sie Senfgurken?«

»Ja, sehr!«

Im Hotel setzten wir uns an den Tisch, als hätten wir uns eben in der Halle getroffen. Nicht auszudenken, wenn jemand etwas merkte! Ich steckte mitten drin im Anfangsstadium einer Liebesaffäre, und dies bei meiner ersten Auslandstournee! Man hätte darin einen Verstoß gegen die Moralbegriffe des sowjetischen Volkes erblickt und mir mit Sicherheit nie wieder eine Auslandsreise genehmigt.

Kurz darauf war auch Sascha zur Stelle, mein »Leibwächter«, der wie ein Bär aus seiner Höhle kam und in der Tat noch recht verschlafen wirkte. »Wo warst du denn? Ich habe dich überall gesucht! Und du – warum hast du mich nicht geweckt?«

»Hab ich ja! Ich habe geklopft. Wir beide haben geklopft. Wir haben die Tür fast eingetreten. Du hast vielleicht einen Schlaf!«

Dann fing Slawa an, Geschichten zu erzählen und das schier unerschöpfliche Füllhorn seiner Witze über uns auszuschütten. Nie zuvor habe ich so gelacht wie an diesem Abend. Plötzlich aber sprang er auf und lief hinaus. Was für ein merkwürdiger Mensch! Einer, der innerlich unaufhörlich in Bewegung war.

Später, als ich zurück im Zimmer war und die Tür zum Kabinett aufmachte, um mir mein Nachthemd zu holen, prallte ich entsetzt zurück: wie ein weißes Gespenst stand da eine riesige Kristallvase voller Maiglöckchen und daneben ein Glas mit Senfgurken. Wie hatte er bloß die Zeit dafür gefunden?

»Warum tun Sie das?« fragte ich am Telefon.

»Macht es Ihnen Freude? Ich bin so froh. Gute Nacht!«

Wir stürzten aufeinander zu, und keine Macht der Welt hätte uns aufhalten können. Und ich, eine nicht unerfahrene Frau von achtundzwanzig Jahren, erlebte seine uneingeschränkte Leidenschaft mit der ganzen Seele und konnte sie ihm mit all meinen Gefühlen, die ich so lange in mir verschlossen hatte, vorbehaltlos erwidern.

Nur vier Tage hatten wir im Goldenen Prag verbracht, waren aber – auch wenn das keiner wußte – bereits Mann und Frau. Gleich nach unserer Rückkehr nach Moskau wollten wir heiraten.

Keiner von uns beiden hatte den andern je auf der Bühne erlebt. Zwar erzählte mir mein zukünftiger Mann nicht ohne Stolz, daß er auch Dozent am Moskauer Konservatorium sei. Bis dahin aber war, um ganz ehrlich zu sein, ein Cellist für mich ein namenloses Individuum im Orchestergraben.

Am letzten der vier Prager Tage teilte mir das Kulturministerium per Telegramm mit, daß ich mich für eine Reise nach Jugoslawien vorzubereiten hätte. Man fragte nicht einmal, ob ich das wollte – ich erhielt nur die Anweisung, unverzüglich meine Koffer zu packen und mich ins Auto zu setzen. Anlaß war die Belgradreise einer Regierungsdelegation, die – mit Bulganin, Chruschtschow und Mikojan an der Spitze – von einer Künstlergruppe begleitet werden sollte.

Slawa, der noch eine Woche in Prag bleiben wollte, graste sämtliche Läden ab und kaufte, schon ganz in der Rolle eines glücklichen Familienvaters, Schüsseln, Teller, Leuchter und Tischtücher ein. Denn mit der ihm eigenen Intensität hatte er beschlossen, daß ich unmittelbar nach meiner Ankunft in Moskau zu ihm ziehen sollte – ohne Zwischenstation bei mir zu Hause.

»Aber ich kann doch nicht so von einem Mann weggehen, mit dem ich zehn Jahre zusammengelebt habe und der mir niemals Kummer gemacht hat!«

»Dann sprich mit ihm, sag ihm alles, aber bring es rasch hinter dich. Und ruf mich an, wenn du es geschafft hast. Ich warte auf dich.«

»Gut. Aber versprich mir, wirklich niemandem von unseren Plänen zu erzählen. Mark soll es von mir und von keinem anderen erfahren.«

Wenn sowjetische Regierungsdelegationen damals zur Verbesserung der Beziehungen in westliche Länder reisten, fuhren sie oft und gern »schwere Geschütze« an Künstlern auf: Sänger, Geiger, Pianisten, Tänzerinnen. Sie könnten, so meinte man, den eher provinziell wirkenden Regierungsfunktionären dabei helfen, auf den Empfängen einen Hauch von Weltstadt und entspannter Atmosphäre aufkommen zu lassen.

Jene Belgradreise galt einer besonders heiklen Mission. Es war das erste Mal, daß eine sowjetische Regierungsdelegation nach dem Bruch zwischen Stalin und Tito Jugoslawien besuchte und, den Hut in der Hand, Frieden mit einem Mann schließen wollte, den unsere Obrigkeit jahrelang bestenfalls als gedungenen Verräter bezeichnet hatte. Ich war bei diesen Friedensgesprächen dabei.

Als sie allesamt nach einem langen Konferenztag zum Empfang in die sowjetische Botschaft kamen, lernte ich auch Bulganin und Chruschtschow kennen – Nikolaj A. Bulganin, damals Ministerpräsident, also Staatschef, und Nikita S. Chruschtschow, damals Generalsekretär des Zentralkomitees der KPdSU. Die andern hatte ich vorher schon getroffen.

Nach einem Konzert in einem kleinen Saal kam Bulganin auf mich zu und sagte, er habe mich schon mehrfach am Bolschoi gehört und ich möge doch an seinem Tisch Platz nehmen. So kam es, daß ich beim Abendessen zwischen ihm, Chruschtschow und Mikojan saß, Tito und seiner schönen jungen Frau gegenüber. Jetzt konnte ich den berühmten »Verräter« ganz aus der Nähe betrachten, ihn, den die sowjetische Presse jahrelang durch den Dreck gezogen hatte.

Es überraschte mich, daß Tito so ganz anders aussah als auf den Porträts, die ihn entweder in Uniform, auf seiner Jacht oder zu Pferde zeigten und die in ganz Jugoslawien ausgehängt waren: in Läden, auf den Märkten, in jedem Raum, den man betrat. Nicht einmal Stalin hatte in solchem Umfang für sich werben lassen. Der Mann, der einen von allen Mauern und Wänden Jugoslawiens ansah, war jung, kühn und breitschultrig. Hier am Tisch aber saß ein eher schmaler Mann, etwa sechzig Jahre alt, klein von Statur und mit scharfen Gesichtszügen, der in manchen seiner Eigenschaften an Stalin erinnerte: in seiner Schweigsamkeit, in seinen langsamen, ähnlich »bedeutungsschweren« Gesten und Bewegungen. In ganz ähnlichem Sinne müssen, so dachte ich, unsere Künstler Stalin verschönert haben, der ja in Wirklichkeit ein kleiner, pockennarbiger und wenig attraktiver Mann gewesen ist.

Die Atmosphäre am Tisch war merklich gespannt. Kein Zweifel, unsere »Anwälte« hatten keinen leichten Stand bei ihren Gesprächen gehabt. Und Tito, der sich äußerst schweigsam und reserviert verhielt, hatte eine Mauer zwischen sich und seinen Gästen aufgebaut, die er an einem Tag nicht abzureißen gedachte.

Es lag auf der Hand, daß unsere Leute ihre Rollen vorher gründlich einstudiert hatten. So brachte Mikojan seine Toasts wie ein Meister aus, Bulganin bemühte sich wie stets, die Konversation auf geistig anspruchsvollem Niveau zu halten, und Chruschtschow, der sich wie gewohnt als guter Kumpel gab, hörte nicht auf, alle Welt küssen zu wollen.

»Josja, komm, vergiß den Ärger! Du mußt dir ein dickeres Fell zulegen. Trink und laß Vergangenes vergangen sein!«

Alles an Tito aber wies darauf hin, daß sein Gedächtnis zu gut war und er gar nicht daran dachte, die Vergangenheit ruhen zu lassen. Ein Zar, ein Gott in seinem Land, hatte *er* jetzt das Sagen; während die Abgesandten der Großmacht sich vor ihm erniedrigten, blieb er überaus gelassen, jeder Zoll ein Fürst. Man spürte förmlich, wie lange er auf diesen Augenblick gewartet hatte und daß er ihn auch möglichst lange genießen wollte. Immer wieder huschte ein ironisches Lächeln über sein Gesicht. Eine harte Nuß, dachte ich, und schwer zu knacken. Zu hart selbst für die Zähne Väterchen Stalins.

Mit einem Mal tauchte Iwan Serow, Chef der Geheimpolizei und Nachfolger Berijas, hinter meinem Stuhl auf und flüsterte mir zu: »Bringen Sie einen Toast auf die Gemahlin Titos aus!« Verdammt, bei so vielen Männern am Tisch wäre es doch richtiger gewesen, wenn einer von ihnen der Dame zutrinken würde. Eine Frau der andern – das konnte doch nur peinlich sein! Was blieb mir aber übrig, als aufzustehen und etwas matt zu sagen: »Ich schlage vor, unsere Gläser zu erheben und auf das Wohl von Madame Tito zu trinken!«

Zunächst schien mein Trinkspruch völlig fehl am Platz. Dann aber kam Titos Antwort: ein Lachen – sein erstes Lachen an diesem Abend. »Madame! Was für eine ›Madame‹? Während des ganzen Krieges ist sie Partisanin gewesen, sie hat geschossen und Leute umgebracht!«

»Wirklich? Das hätte ich nie gedacht! So eine schöne Frau!«

Er gluckste vor Lachen. »Nun, dann wissen Sie jetzt, daß es auch schöne Partisaninnen gab!« Voller Stolz schaute er auf seine Frau.

Das Eis war gebrochen, die Spannung löste sich. Der KGB-Mann hatte recht gehabt.

Chruschtschow zog sofort mit: »Los Mädchen, wir tanzen!« Und unsere Führer begannen, wie wild mit uns herumzuhüpfen. Auf denn, in den Kampf, »schweres Geschütz«!

Tito tanzte nicht.

Ich hatte mich schon oft gefragt, warum unsere sowjetischen Führungsleute so leidenschaftlich gern tanzen. Sie bewegen sich nämlich ziemlich schwerfällig dabei, so, als sei es harte Arbeit. Nie habe ich bei Empfängen im Ausland erlebt, daß die Präsidenten anderer Großmächte sich im angeheiterten Zustand auf die Tanzfläche begeben hätten. Von Bulganin erfuhr ich dann, daß Stalin sie bei seinen nächtlichen Banketten oft zum Tanz ermuntert habe. Möglich, daß ihre Manie da ihren Ausgang nahm.

Am nächsten Tag ließ Bulganin mir Blumen schicken. Auch das noch! Mir war völlig klar, daß unser neuer Zar und Herrscher einer Frau nicht nur deshalb Blumen schenkt, weil sie schön gesungen hat: Leute wie er verstehen sich nicht auf Galanterien. Als ich am nächsten Tag neue Blumen vorfand, war kein Irrtum mehr möglich – der Staatschef machte mir den Hof, und damit war nicht zu spaßen. Aber ich wollte mir keine Gedanken machen und wußte auch, daß ich schon irgendeinen Ausweg finden würde. Jetzt war das Allerwichtigste für mich, so schnell wie möglich nach Moskau zurückzufahren. Slawa wartete.

Sobald ich zu Hause war, erzählte ich Mark von meiner Begegnung mit Slawa, erzählte, daß wir uns verliebt hätten und daß ich heute noch zu ihm ziehen wolle. Es fiel mir sehr schwer, Mark diesen Schlag versetzen zu müssen, ihm, diesem freundlichen, gütigen Menschen, der immer gut zu mir war und von dem ich nie ein böses Wort gehört hatte. Er bat mich, alles noch einmal zu überdenken, und nannte die ganze Angelegenheit eine vorübergehende Verirrung. Keinesfalls wollte er mich gehen lassen und drohte sogar, sich umzubringen.

»Laß mich raus, ich muß Slawa anrufen.«

144

Das Telefon, das alle benutzten, stand im Flur. Ich riß mich los und rannte durch die Wohnung, er hinter mir her.

»Untersteh dich!«

»Geh!«

Die Nachbarn standen an sämtlichen Türen und horchten: nicht jeder Tag bescherte ihnen einen so prächtigen Streit.

»Hallo, Slawa, ich bin zu Hause.«

»Ich komme. Warte unten auf mich.«

»Ich kann nicht. Mein Mann läßt mich nicht gehen.«

»*Er* ist nicht dein Mann. *Ich* bin es. Ich komme zu dir in die Wohnung.«

»Tu das nicht!«

»Gut, dann komme ich ans Haus und warte, bis du runterkommst. Und wenn das Tage dauert.«

Er legte auf.

Ich wußte, daß er sich an das einmal Gesagte hielt, und hatte große Angst vor einem Skandal.

Mark, der inzwischen die Tür verriegelt hatte, landete jetzt einen Tiefschlag: »Du scheinst vergessen zu haben, wo sich dein Vater befindet. Wenn die Leute erfahren, daß er im Gefängnis sitzt, ist es aus mit der Karriere, mit deiner und mit seiner.«

»Willst du damit sagen, daß die Leute es durch dich erfahren? Mark, dann ist dir nicht mehr zu helfen. Mach die Tür auf, oder ich schreie alle Leute zusammen. Du kennst mich. Du weißt, daß ich zu allem fähig bin.«

»Dann geh. Aber ich bleibe oben an der Treppe stehen, und wenn du in fünf Minuten nicht zurück bist, stürze ich mich hinunter.«

Als ich unten ankam, war Slawa schon da, packte mich und zog mich auf die Straße.

»Los, komm, laß uns schnell von hier weg!«

»Wie denn? Ich bin noch im Bademantel!«

»Das ist doch egal.«

»Nein, warte. Siehst du Mark dort oben? Er sagt, daß er sich runterstürzt, wenn ich nicht sofort zurück bin. Ich muß mit ihm reden, wir müssen uns friedlich trennen. Und ... ja, da ist noch etwas – ich habe Angst.«

»Wovor?«

»Wenn ich es dir sage, begreifst du, warum ich nicht deine Frau werden kann.«

»Bist du verrückt geworden?«

»Hör mir zu, Slawa, mein Vater ist im Gefängnis.«

»Von mir aus könntest du in direkter Linie vom Affen abstammen, es wäre mir völlig gleich!«

»Du verstehst mich nicht. Er kam wegen des Paragraphen 58 ins Gefängnis, wegen des politischen Paragraphen. Ich habe diesen Punkt verschwiegen. Aber wenn ich deine Frau bin und die ganze Geschichte herauskommt, kannst du deine Karriere vergessen und ganz sicher sein, daß sie dich nie wieder ins Ausland reisen lassen!«

»Zum Teufel mit denen da! Dieser Schwachsinn interessiert mich nicht. Sag mir: Liebst du mich?«

»Ja.«

»Dann wirst du noch heute zu mir ziehen.«

»Ich bitte dich, nichts zu überstürzen. Ich gehe jetzt nach oben, und wir treffen uns morgen mittag am Hotel Moskau, gegenüber vom Kolonnensaal.«

»Aber er wird dich nicht gehen lassen.«

»Dann sage ich eben, ich müßte ins Theater.«

Schließlich stimmte Slawa meinem Vorschlag zu, und ich ging in die Wohnung zurück. Ich habe die ganze Nacht lang mit Mark geredet, diskutiert und gestritten. Er tat mir schrecklich leid, denn ich brach ihm offensichtlich das Herz. Am nächsten Morgen machte ich mich zum Ausgehen fertig.

»Wohin gehst du?«

»Ins Theater.«

»Ich komme mit.«

»Gut.«

Er brachte mich zum Theater, wo ich den Petrowka-Eingang benutzte, quer über die Bühne zum Ausgang Swerdlowsk-Platz lief und, ohne meine Füße zu spüren, weiterrannte, am Kolonnensaal vorbei und über die Straße zum Hotel Moskau. Weit und breit kein Slawa! Aber ein Taxi war dort, von einem Schwarm von Leuten umringt, die neugierig ins Wageninnere starrten. Wenn ihm nun etwas zugestoßen war! In panischer Angst wühlte ich mich durch die Menge, stieß die Leute mit dem Ellbogen beiseite und sah hinein – sah Rostropowitsch auf dem Rücksitz in einem Meer von Maiglöckchen, das den ganzen Wagen überflutete.

Er hatte an der Ecke auf mich gewartet und sich, weil Bekannte vorbeikamen, mit einem Sprung ins Taxi gerettet. Danach kaufte er einer alten Frau sämtliche Maiglöckchen ab und schmückte den Wagen damit: ein seltener Anblick in Moskau. Rasch hatte sich ein Menschenauflauf gebildet, die Leute staunten und waren gespannt, was sich wohl sonst noch ereignen würde. Und Slawa saß in seinem Blumenmeer so feierlich wie ein Bräutigam, daß selbst die Augen des Taxifahrers im Widerschein des bedeutsamen Augenblicks und in der rasch gewonnenen Erkenntnis glänzten, daß sich Slawas Schicksal hier und jetzt entscheiden werde.

»Endlich bist du da!« sagte Slawa zu mir, und zum Fahrer: »Los Kolja, fahr raus aus der Stadt. Gib Gas!«

Irgendwo in der Nähe von Barwicha hielten wir an, stiegen aus und liefen in den Wald, glücklich, allein zu sein, endlich ungestört reden und alles besprechen zu können.

Dabei kam ich auf eine wirklich großartige Idee: »Weißt du, jetzt fangen doch bald die Theaterferien an. Wir könnten uns in diesen zwei Monaten trennen, denn du kennst mich ja kaum. So hätten wir die Möglichkeit, über alles nachzudenken und unsere Gefühle zu prüfen. Danach sehen wir uns wieder und werden Klarheit haben.«

»Was, zwei Monate? Für mich ist alles klar, ich brauche meine Gefühle nicht zu überprüfen. Wenn du das brauchst, dann liebst du mich eben nicht.«

Ich weinte. »Mark tut mir so leid.«

»Und ich?«

»Ich liebe dich, warum solltest du mir leid tun?«

»Hör zu, wir fahren jetzt zurück, und wenn du nicht bis vier Uhr bei mir bist, weiß ich, daß du mich nicht liebst und daß es zwischen uns aus und vorbei ist.«

Langsam stieg ich die Treppen zu unserer Wohnung hoch und überlegte mir, daß es nur die Lösung gab, Mark einen Brief zu schreiben und ihn zu verlassen. Weil ich dafür aber allein sein mußte, bat ich ihn, Erdbeeren kaufen zu gehen.

Sobald er weg war, riß ich mir einen Bogen Schreibpapier ab und brachte einen Brief mit der Bitte um Vergebung zustande. Dann warf ich ein paar Sachen zum Anziehen, ein Abendkleid und Toilettenartikel in einen kleinen Koffer . . . Aber, wo sollte ich hin? Ich hatte ja nicht einmal Slawas Adresse!

Also rasch zum Telefon, wieder zwischen den Nachbarn durch, denen nichts entging. »Slawa, ich komme, sag mir, wo du wohnst!«

Ich legte auf und raste die Treppen hinunter. Das Blut pochte mir in den Schläfen, und vor lauter Angst, Straße und Hausnummer zu vergessen, waren meine Beine wie gelähmt. Ich schaffte es kaum bis zum Taxistand. »Nemirowitsch-Dantschenko-Straße Nummer –«

Der Fahrer sah mich an, als wäre ich nicht ganz bei Trost. »Aber das ist um die Ecke, Sie könnten zu Fuß hin.«

»Fahren Sie! Schnell! Ich bezahle Sie gut!«

In diesen kurzen drei Minuten schien es mir, als durchquerten wir halb Moskau. Vor der Haustür angelangt, kam ein großes Mädchen auf mich zu: »Sind Sie Galja?«

»Ja.«

»Ich bin Mstislaws Schwester, er bat mich, Sie zu empfangen.«

»Und wo ist er?«

»Champagner holen.«

Ich merkte ihr an, daß ihr der Schrecken noch in den Gliedern saß. Kein Wunder, die Nachricht kam ja völlig unerwartet. Seiner Mutter, die sich jeder Beziehung ihres Sohnes zu einer Frau in den Weg stellte und einfach nicht wollte, daß er heiratete, hatte Slawa – noch unsicher, ob ich käme – überhaupt nichts erzählt. Und wenn er bislang ein guter Sohn gewesen war, der seiner Mutter gehorchte und ihre Ratschläge annahm, dann kam es jetzt anders. Mit den Worten: »Meine Frau wird gleich hier sein«, hatte er mich eben erst, als ich anrief, seiner Mutter angekündigt und zu seiner Schwester gesagt: »Veronika, du gehst runter und nimmst sie in Empfang. Ich gehe Champagner holen.« In welchem Zustand er die beiden zurückließ, läßt sich wohl denken.

Wir stiegen drei Treppen hoch und traten ein. Mitten im Zimmer kämpfte eine kleine alte Frau mit einem Abendkleid, das sie mit einiger Mühe über ihr Männerunterhemd zwängte. Ihr weißes Haar, zu einem Zopf geflochten, reichte ihr bis zum Knie. So sehe ich sie bis heute vor mir: Sofija Nikolajewna im Männerhemd (sie trug ständig die Hemden ihres verstorbenen Mannes), den einen Arm im Ärmel ihres Festgewandes, ziemlich aufgeregt, mit baumelndem Zopf und einer Zigarette im Mundwinkel.

Ich brachte kein Wort heraus. Und da auch ihr der Schreck die Sprache verschlagen hatte und sie nichts sagte, setzte ich mich auf meinen Koffer und fing jämmerlich zu heulen an. Beide stimmten ein.

So fand uns Slawa vor, als er, sein Einkaufsnetz mit Fischen und Champagnerflaschen in der Hand, das Zimmer betrat. »Gott sei Dank, daß ihr euch schon bekannt gemacht habt.«

So also bin ich Rostropowitschs Frau geworden.

Auch meine neue Familie lebte in zwei Zimmern einer Gemeinschaftswohnung, in der insgesamt zwanzig Menschen hausten. Sofija Nikolajewna schlief zusammen mit Veronika hinter einem Paravent im großen Zimmer mit Tür zum Flur, Slawa und ich bewohnten nach meinem Einzug das zweite, kleinere Zimmer. Ein halbes Jahr haben wir dort gelebt.

Geboren in Orenburg, wuchs Sofija Nikolajewna, geborene Fedotowa, in einer Intellektuellenfamilie auf, die dort eine kleine Musikschule betrieb. Sie selbst hatte als Pianistin in der Klasse Konstantin Igumnows am Moskauer Konservatorium Examen gemacht. Slawas Vater, Leopold Witoldowitsch – auch er ein hervorragender Cellist –, war während des Krieges gestorben und hatte seine Frau mit zwei Kindern zurückgelassen, mit der damals sechzehnjährigen Veronika und dem vierzehnjährigen Slawa. Doch hatte Sofija Nikolajewna, die Tag und Nacht für ihren Unterhalt arbeiten mußte, auch zu Lebzeiten ihres willensschwachen Mannes ein schweres Leben gehabt und immer die Verantwortung für die Familie tragen müssen. Seit je hat diese kleine, dürre Frau mit unbeugsamem Willen die Familie

148

herumkommandiert wie ein Admiral sein Flaggschiff. Und weil sie ständig die Unterhemden ihres Mannes trug, nannte Slawa sie »Wowka, der Kommandant«.

Während unseres halbjährigen Zusammenlebens aber hat sie, nicht ganz ohne Kummer, aber doch Schritt für Schritt, sich von ihrem angebeteten Sohn gelöst und ihn mir mit jedem Tag ein wenig mehr überlassen. Spannungen hat es zwischen uns nie gegeben, und weil ich wußte, daß unser Umzug bevorstand, machte ich auch nie den Versuch, in ihren wohlgeordneten Haushalt einzugreifen.

Unseren eigenen Haushalt wollten wir in der Ogarew-Straße führen, in einem zur Zeit unserer Heirat gerade fertiggestellten Gebäude des Komponistenverbandes, dessen Errichtung Stalin noch persönlich kurz vor seinem Tod genehmigt hatte. Und da Slawa eben erst mit dem Stalin-Preis ausgezeichnet worden war, investierte er jetzt das ganze Geld in eine Wohnung in dem kooperativ getragenen Gebäude.

Trotz unserer Blitzheirat erlebten wir keine unangenehmen Überraschungen miteinander. Und weil wir einander nie auf der Bühne gesehen hatten, spielte die Kunst in unserer Partnerschaft keine wesentliche Rolle. Im Gegenteil: weitab vom Theaterglanz und -glimmer konnte sich eine rein menschliche Beziehung entfalten und die echten, ursprünglichen Wesenszüge von uns beiden zutage fördern. Die einzige Überraschung lag für mich in der Erkenntnis seiner überragenden Fähigkeiten als Musiker und für ihn in der Tatsache, daß ich eine gute Sängerin war. Weil der erste Eindruck aber immer noch der stärkste ist, blieb er für mich der Mann, dessen Frau ich schon nach vier Tagen geworden war. Und für ihn blieb ich die Frau, zu deren Füßen er gekniet hatte.

Für uns beide spielte sich die Kunst auf einer anderen, vom Privaten getrennten Ebene ab. Wenn wir uns dort aber begegneten, ließen die Dinge sich längst nicht so leicht und einfach an wie im persönlichen Bereich. Intolerant, individualistisch im jeweils eigenen Metier, war es gewiß für uns beide ganz gut, daß wir in den ersten Jahren unserer Ehe nur selten gemeinsam auftraten und uns damit begnügten, uns gegenseitig zu hören. Ich saß bei seinen Konzerten im Publikum, und er hörte mich am Bolschoi. Obwohl wir sehr glücklich miteinander waren, traute ich mich anfangs kaum aus dem Haus. Lange noch quälten mich Schuldgefühle Mark gegenüber; auch hatte mich der plötzliche Umschwung in meinem Leben ziemlich mitgenommen.

Dabei machte mir Slawa in seiner neuen Rolle als Ehemann großen Spaß. So erschien er gleich am ersten Morgen in tadellosem Jackett mit Krawatte zum Frühstück. Ich saß daneben – im schlichten Morgenrock.

»Nanu, wo willst du denn in dieser Herrgottsfrühe hin?«

»Ich will nirgendwo hin, ich will nur mit dir frühstücken.«

»In diesem Aufzug?«

Sofija Nikolajewna und Veronika spitzten schon die Ohren.

»Sergej Sergejewitsch Prokofjew hätte sich niemals die Freiheit herausgenommen, sich im Bademantel an den Tisch zu setzen. Auch ich lege Wert darauf, schon früh am Morgen gut angezogen zu sein.«

»Soll das etwa heißen, daß auch wir uns schon früh am Morgen ins Korsett zwängen sollten?«

»Nein. Damen dürfen in jeder Aufmachung erscheinen.«

Gegen Ende des Frühstücks bat er um die Erlaubnis, das Jackett ablegen zu dürfen, es sei ihm zu warm. Am nächsten Morgen fragte er an, ob es gestattet sei, ohne Schlips bei Tisch zu erscheinen. Und am dritten Tag saß ein grenzenlos glücklicher Slawa am Frühstückstisch – im Unterhemd.

Früher, als Slawa noch sehr jung war, hatte ihn eine jahrelange, enge Freundschaft mit Prokofjew verbunden, der nicht nur als bedeutender Komponist, sondern auch als Mensch enormen Einfluß auf ihn ausübte. Slawa besuchte ihn häufig zu Hause, verbrachte die Sommerferien auf Prokofjews Datscha in Nikolina Gora und versuchte, seinem Ideal auf jedem Gebiet, selbst in Kleinigkeiten, ähnlich zu sein. Wie Prokofjew liebte er Parfums, von Prokofjew kam auch sein Krawattentick. Und wenn ihm jemand sagte, er sähe Sergej Sergejewitsch ähnlich, so war dies das allergrößte Kompliment für ihn.

Auch Prokofjew machten solche Bemerkungen Spaß, so daß er Slawa zuweilen die Frage stellte (die schon zu einer Art Spiel zwischen den beiden geworden war): »Mein Herr, darf ich mir erlauben, Ihnen etwas Gräßliches mitzuteilen?«

Worauf Slawa, in ähnlich würdevollem Ton, zu erwidern pflegte: »Ich bitte darum, wenn Ihnen so sehr daran gelegen ist.«

»Sie sehen mir in erschreckendem Maße ähnlich.« – Worauf sich beide regelmäßig und glücklich wie die Kinder vor Lachen kringelten.

Von den ersten Tagen unserer Ehe an hat mir Slawa, der Prokofjews Kunst sehr verehrte, mit soviel Liebe und Inbrunst von Sergej Sergejewitsch erzählt, daß ich, die ich ihn nie gekannt habe (er starb während meiner ersten Spielzeit am Bolschoi), schon bald mit Gefühlen an ihn dachte, als sei er ein mir nahestehender Mensch, ja ein Freund gewesen.

Einer unserer ersten gemeinsamen Besuche galt daher der Witwe Prokofjews. Ich weiß noch, wie aufgeregt und erwartungsvoll ich die Treppen zu ihrer Wohnung hochstieg und daß wir wie in einer Kirche nur zu flüstern wagten. Bis zu seinem Tod hatte Prokofjew in dem schmalen Haus gegenüber dem Moskauer Künstler-Theater zusammen mit seiner Frau und ihrem

Stiefvater in drei kleinen Zimmern einer Gemeinschaftswohnung gelebt, in einer Unterkunft, deren Bescheidenheit mich tief beeindruckte.

In fast religiöser Verehrung hatte Prokofjews Witwe, Mirra Prokofjew-Mendelson, zu seinem Andenken alles so gelassen, wie es zu seinen Lebzeiten war. Man gewann den Eindruck, er sei nur für kurze Zeit ausgegangen und könne jede Minute zurück sein. Wir waren in der Wohnung oft zu Besuch, und ich ertappte mich nahezu ständig dabei, wartend auf die Tür zu sehen – so, als könne sie aufgehen und Prokofjew einlassen.

Zweimal im Jahr, an seinem Geburtstag und an seinem Todestag, versammelten sich hier die Freunde zu seinem Gedächtnis. Es waren nicht viele, und man begegnete nur bekannten Gesichtern.

Auch ich war bald schon mit Prokofjew vertraut und konnte mir seine Züge, seinen Gesichtsausdruck und seine ganze Haltung vorstellen, ich sah seine schmalen Hände vor mir, hörte seine Stimme und die Art, wie er sprach.

Den Menschen Prokofjew hatte ich schätzen- und liebengelernt – mit dem Musiker war ich noch kaum bekannt. Das kam erst später, durch seinen Liederzyklus nach Gedichten von Anna Achmatowa. Als ich diese Lieder zum erstenmal sang, hat mich die strahlende Zartheit und unberührte Reinheit seiner Musik, die wie ein Lichtstreif mein künstlerisches Leben begleitete, völlig überwältigt. Beim *Häßlichen Entlein* weinte ich sogar. Als ich es einstudierte, erzählte Slawa mir, daß Prokofjew es über sich selbst, über seine eigene Kindheit geschrieben habe. Neben seiner Kammermusik für Singstimme sang ich 1958 auch in Prokofjews Oper *Krieg und Frieden* die Natascha Rostowa, 1970 die Sofija in *Semjon Kotko* und 1974 die Polina in *Der Spieler*. Die Polina war meine letzte Rolle am Bolschoi, mein Abschied von Rußland.

Prokofjew, der Rußland kurz nach der Revolution 1918 verließ und danach eine Zeitlang in Frankreich lebte, hatte im Ausland seine erste Frau geheiratet, Lina Iwanowna, eine spanische Sängerin. Auch die beiden Söhne wurden im Ausland geboren. Mehrmals aber kamen sie auf Einladung der sowjetischen Behörden zu Konzerten in die Sowjetunion, wo man sich in jeder Hinsicht um Prokofjew bemühte, ihn umwarb und alles Erdenkliche tat, um ihn zur Rückkehr nach Rußland zu bewegen. Die Honorare hat man ihm sogar in ausländischer Währung gezahlt. Und da Prokofjew selbst der Meinung war, daß ein Komponist in seinem Heimatland leben müsse, kehrte er 1935 mit den beiden Söhnen und seiner schönen jungen Frau nach Rußland zurück. Sie, Lina Iwanowna, hegte freilich nur vage Vorstellungen über dieses geheimnisvolle Rußland, dieses Land voller Rätsel ...

Ohne auf Einzelheiten in Prokofjews Beziehung zu seiner ersten Frau eingehen zu wollen, sei hier lediglich erwähnt, daß sie in ihren ersten Jahren in Rußland recht glücklich miteinander lebten, daß aber Lina Iwanownas Anpassungsschwierigkeiten letztlich doch, 1947, zur Scheidung führten. Sergej Sergejewitsch zog in die Wohnung seiner zukünftigen Frau, Mirra Mendelson, während Lina Iwanowna, die spanische Bürgerin, wenig später verhaftet wurde.

Das Drama begann an einem Morgen im Februar 1948 mit dem Anruf eines Fremden: »Ich komme soeben von Leningrad zurück und habe hier ein Päckchen für Sie, von einem Freund.« Er nannte ihr den Namen einer Person, von der sie tatsächlich ein Päckchen erwartete, und fuhr fort: »Bitte kommen Sie rasch zum Leningrad-Bahnhof, ich erwarte Sie dort auf der Straße.«

»Warum auf der Straße? Kommen Sie doch zu mir, ich wohne ganz in der Nähe.«

»Nein, ich habe es sehr eilig. Ich stehe an der Ecke, Sie erkennen mich an meiner Marine-Uniform.«

Stark erkältet, zog sie Pelzmütze und Pelzmantel an und ging nur widerwillig in die eisige Luft hinaus. Am vereinbarten Ort angekommen, sah sie den Mann in der Marine-Uniform.

»Sind Sie Lina Iwanowna?«

»Ja.«

Und schon stieß man die freie Bürgerin Spaniens zum Bordstein und auf ein parkendes Auto zu. Die Tür sprang auf . . . zwei weitere Männer saßen im Wagen.

»Entschuldigen Sie, aber ich verstehe nicht –«

»Ist sie das?« fragte der Marine-Offizier einen der Männer und schob sie ins Auto.

»Ja, das ist sie.«

All das geschah innerhalb von Sekunden.

Acht Jahre später kehrte Lina Prokofjew nach Moskau zurück.

Trotz des großen Altersunterschieds war Prokofjew Slawas Freund und legte großen Wert auf diese Freundschaft. Freilich schätzte er auch Slawas Talent und dessen geniale Begabung. Doch war er ihm seit jenen dunklen Tagen von 1948 besonders lieb: Denn damals, als die Regierung in ihrer Kampagne gegen »formalistische« Komponisten auch Prokofjews Werke verbot und alle andern sich von ihm abwandten, hat der kaum zwanzigjährige Slawa ihn fast täglich besucht, war ihm in uneingeschränkter Verehrung auch weiterhin zugetan.

Sergej Sergejewitsch liebte ihn bald wie seinen eigenen Sohn und scheute sich nicht, Slawa seine geheimsten Ängste anzuvertrauen. Er ließ ihn an seiner Arbeit, seinen Ideen teilnehmen, trug ihm die jeweils letzten (vom Staat nie angekauften) Kompositionen vor und arbeitete mit ihm zusammen sein *Konzert für Cello und Orchester* aus, das er Slawa widmete. Dieses großartige Werk, das Tichon Chrennikow als »senile Verfallserscheinung« bezeichnete, erlebte nicht in Rußland, sondern in Dänemark seine Uraufführung: Slawa hat es 1954, nach Prokofjews Tod, in Kopenhagen gespielt.

Da Prokofjews Musik nach 1948 selten oder so gut wie nie aufgeführt werden durfte, bezog er auch keinerlei Einkünfte mehr. Nicht eine Kopeke hatte er in der Tasche, als Slawa ihn eines Tages besuchte und ihn völlig verwirrt und hilflos vorfand.

»Was ist passiert, Sergej Sergejewitsch?«

»Ach, Slawa, seit dem heutigen Tag weiß ich nicht mehr, wie ich den Koch bezahlen soll.«

»Machen Sie sich keine Sorgen, Sergej Sergejewitsch, ich werde schon etwas auftreiben!«

»Und woher?«

»Ich weiß schon, woher!«

Er lief los, geradenwegs zur Zentrale des Komponistenverbandes. Dort platzte er ins Büro des Präsidenten Chrennikow, dem er vor Entrüstung fast an die Kehle gesprungen wäre. »Wissen Sie eigentlich, was Sie Prokofjew antun? Haben Sie überhaupt eine Ahnung, wie es um ihn steht? Prokofjew, ein Genie, hat nichts zu essen und keine Kopeke mehr! Warum helfen Sie ihm nicht?«

»Warum sagt er mir das nicht selbst?«

»Weil er zu stolz dafür ist! Reicht es denn nicht, daß Sie ihn verhöhnen, soll er für ein Stück Brot auch noch angekrochen kommen? Sie wissen sehr gut, daß Prokofjews Musik nicht mehr gespielt werden darf und daß er keine öffentlichen Aufträge mehr bekommt. Wo soll er das Geld zum Leben hernehmen? Ich wäre nie zu Ihnen gekommen, wenn ich ihm selbst etwas geben könnte. Und wenn Sie sich schon ›Komponistenverband‹ schimpfen, dann sind Sie auch verpflichtet, Prokofjew zu retten!«

Chrennikow rief seinen Sekretär und wies ihn an, fünftausend Rubel (fünfhundert nach heutiger Währung) für Prokofjew auszuzahlen. Slawa schnappte sich das Geld und lief im Sturmschritt zurück – nicht ohne unterwegs Kuchen und Champagner zu besorgen.

»Hurra, Sergej Sergejewitsch!«

»Wo kommt der viele Reichtum her, Slawa?«

»Von Tischka (Tichon), Sergej Sergejewitsch. Ich habe ihn ausgenommen.«

Ein einziges Mal habe ich Prokofjew gesehen, 1947, bei der Uraufführung seiner *Sechsten Sinfonie* in der Leningrader Philharmonie, die zu einem großen Erfolg wurde. Die Leningrader liebten Prokofjew sehr und riefen ihn mehrmals vor den Vorhang. Ich sehe ihn noch in seinem grauen Anzug mit der Stalin-Preis-Plakette und in seinen hellen, kniehohen Filzstiefeln, die er aus irgendwelchen Gründen trug. Sein Gesicht konnte ich kaum erkennen, weil ich zu weit hinten saß, die Musik aber ist mir in ihrem herben Klang unvergeßlich geblieben, ein Klang, der mich an Schneeschmelze und Tauwassertropfen erinnerte.

Auch die Premiere von *Krieg und Frieden* habe ich im Leningrader Mali-Theater miterlebt, freilich ohne im Traum daran zu denken, daß ich wenige Jahre später, 1958, selbst die Natascha Rostowa singen würde.

Nach Prokofjews Tod nahm Mirra, seine Witwe, jede erdenkliche Mühe auf sich, seinen Nachlaß zu ordnen. Auch beim Versuch, eine der Moskauer Musikschulen nach Prokofjew zu benennen, scheute sie gemeinsam mit Slawa keinen Ärger mit Ämtern und Behörden. Ihr wiederholt gestellter Antrag aber, Prokofjews Datscha in Nikolina Gora in ein Museum umzuwandeln, wurde abgelehnt. Und als wir 1974, zwanzig Jahre nach Prokofjews Tod, Rußland verließen, war auch sein Wohnhaus so gut wie vergessen – lediglich eine kleine Plakette erinnerte daran, daß Sergej Sergejewitsch Prokofjew hier einmal gelebt hatte.

Mirra, die 1968 starb, hat sich buchstäblich bis zur letzten Minute ihres Lebens um seinen Nachlaß gekümmert. Mitten in einem Telefongespräch, das sie mit dem Leiter der Prokofjew-Musikschule über das Archiv ihres Mannes führte, brach ihre Stimme plötzlich ab. In der Meinung, die Leitung sei unterbrochen, legte ihr Gesprächspartner auf und rief erneut an. Besetzt. Ein zweiter Versuch ergab wenig später dasselbe. Weil es aber schon spät am Abend war, wartete er bis zum nächsten Morgen. Als auch da das Besetztzeichen ertönte, ging er zu ihrer Wohnung und klingelte. Niemand öffnete. In seiner Ratlosigkeit wandte er sich an die Nachbarn und brach zusammen mit ihnen die Wohnungstür auf. Da saß sie im Lehnstuhl – tot, den Telefonhörer in der Hand.

Rein juristisch gesehen brauchte ich mich nicht scheiden zu lassen, da meine Ehe mit Mark nie offiziell registriert worden war. Wir hatten im Krieg geheiratet, wo niemand nach Papieren fragte, und uns später nicht mehr darum gekümmert.

Also brauchte ich mich mit Slawa nur aufs Standesamt zu begeben. Es war das erste Mal, daß wir gemeinsam das Haus verließen und auf die Straße gingen. Ich weiß noch genau, wie dämlich ich mir vorkam. Ich glaubte, alle Passanten müßten mit Fingern auf mich zeigen: »Da, seht mal die Matrone, Hand in Hand mit einem Knaben!« Außerdem ging Slawa sehr schnell, so daß ich entgegen meiner sonstigen Gewohnheit, ein wenig kokett einherzustolzieren, buchstäblich rennen mußte, um Schritt zu halten.

Um zum Standesamt zu gelangen, das gegenüber einem Secondhand-Laden in der Puschkinstraße lag, mußte man über einen Hinterhof und dort rechter Hand, gleich neben einem Abfallhaufen, durch die Tür. Ich weiß nicht, ob das heute noch so ist, bis 1974 aber, bis zu unserer Ausreise, hatte sich dort nichts verändert. Dort also, in einem kleinen, verkommenen Raum im zweiten Stock, wurden die Leute getraut und geschieden, stellte man Sterbeurkunden aus.

Als wir eintraten, saß eine wohlbeleibte Dame würdevoll hinter ihrem Schreibtisch – ganz so, als sei sie einer Erzählung Isaak Babels entsprungen: »Links ein Ficus, rechts ein Kaktus, in der Mitte ein Röschen.« Hinter ihr, an der Wand, hingen die üblichen Lenin- und Stalin-Bilder. Da das Bolschoi-Theater zu diesem Bezirk gehörte, war man hier ganz auf Künstler eingestellt.

»Oh, Galina Pawlowna! Was für ein Vergnügen! Ich habe Sie am Bolschoi gehört und bewundere Sie sehr! Sie wollen also heiraten?«

»Ja.«

»Bitte, meine Liebe, setzen Sie sich doch, und geben Sie mir bitte Ihren Paß.«

Auch Slawa bat sie um den Paß, doch in kühlem, förmlichen Ton und mit einem kleinen Seufzer, der wohl besagen sollte, daß nicht jeder so ein Glückspilz sei. Während des Schreibens wiederholte sie immer wieder:

»Ach, Galina Pawlowna, Sie singen wirklich herrlich! Gibt es noch eine Möglichkeit, an Karten für Ihre nächste Vorstellung zu kommen? Aber füllen wir erstmal das hier aus, also: Die Eheleute Galina Pawlowna Wischnewskaja und Mstislaw Leopoldowitsch Rotr ... Rosr ... Herrgott im Himmel, was für ein Name! Genosse, wie war doch der Nachname?«

»Rostropowitsch.«

»Wie?«

»Rostropowitsch!«

»Wie kann man nur so heißen, Genosse Rassupowitsch! Nehmen Sie doch diese einmalige Gelegenheit wahr, Ihren unmöglichen Namen zu ändern und sich« – die Augen verdrehend, sang sie es förmlich – »Wischnewski zu nennen!«

Slawa saß da, als schmorte man ihn in siedendem Öl.

»Nein, vielen Dank. Irgendwie habe ich mich an meinen Namen gewöhnt.«

»Denken Sie darüber nach. Vielleicht bereuen Sie es später, diese Chance verpaßt zu haben ... stellen Sie sich nur vor, wie schön es klingen würde!«

Mitten in diesen glücklichen Tagen erreichte mich die Nachricht, daß ich in ganz Moskau gesucht würde. Mein neuer Verehrer, Bulganin, an den ich überhaupt nicht mehr dachte, hatte mich in meiner alten Wohnung telefonisch zu erreichen versucht und dabei von den Nachbarn erfahren, ich sei entflohen.

»Wohin?«

»Das wissen wir nicht.«

Auch das Bolschoi wußte nichts, denn dort hatte ich mich noch nicht wieder blicken lassen. Folglich erging der Befehl von Bulganin: Findet sie! Wie und wo aber sollte man nach ihr suchen? Die ganze Stadt grasten seine Leute ab. Vergebens, der Vogel war ausgeflogen. Erst am Abend des Tages, an dem Bulganin mich zu sehen wünschte, trafen sie Mark zu Hause an und erfuhren von ihm, wo ich steckte.

»Galina Pawlowna« – der Kulturminister war persönlich am Apparat – »wir haben Sie überall gesucht. Heute, zu Bulganins Geburtstag, findet ein Empfang auf seiner Datscha außerhalb Moskaus statt, weshalb N. A. Sie persönlich bitten läßt, bei einem kleinen Konzert mitzuwirken. Wir werden Sie in einer halben Stunde mit dem Wagen abholen.«

Mir blieb kaum noch Zeit, mich umzuziehen und zurechtzumachen.

Nicht einmal Slawa hatte ich erzählt, daß mir der alte Mann in Jugoslawien Blumen schicken ließ, so sicher war ich mir, daß der ganze Spuk nach meiner Rückkehr nach Moskau verflogen sei. Weit gefehlt.

Bulganins Datscha, die auf dem Weg nach Nikolina Gora, in Schaworonki, lag, war also Schauplatz des Empfangs zu seinem sechzigsten Geburtstag. Wobei das Wort Empfang wirklich fehl am Platze ist, denn dabei denkt man doch eher an eine festlich gedeckte Tafel, an Bedienung und weiße Tischtücher, an Gläser aus Kristall und vieles mehr, das den Feiernden ein wenig Zurückhaltung abverlangt. Nun, dies hier war ein Trinkgelage nach guter russischer Art und Tradition, das, als ich ankam, bereits in vollem Gange war, ja, schon mächtig überschäumte.

Offensichtlich wartete man schon auf mich, denn der KGB-Chef Serow stand persönlich und mit allen Zeichen der Ungeduld vor dem Portal. In aller Eile brachte man mich vom Auto ins Haus und stellte mich der ehrenwerten Gesellschaft vor. Das Geburtstagskind strahlte vor Freude und führte mich zu seinem Tisch, wo ich unter den vielsagenden Blicken aller Anwesenden zwischen ihm und Chruschtschow Platz nahm. Ein Gefühl beklemmender Angst lastete auf mir und ließ mich den ganzen Abend nicht los.

Zu dem Kreis, der sich hier zusammengefunden hatte, gehörten Mitglieder des Politbüros, deren Familien und einige Marschälle (darunter auch der berühmte Schukow, den Stalin nach dem Krieg ins Exil geschickt hatte). Auch wenn ich alle diese Führungsleute seit meiner Kindheit von ihren Porträts her kannte, hatte ich sie doch nie beieinander gesehen und nie »privat«, mit ihrem gesamten Anhang. Wie merkwürdig sie jetzt in dieser häuslichen Umgebung wirkten, dicht an dicht um einen Tisch gedrängt, der mit Essen und Trinken überladen war. Wie laut und anmaßend sie sprachen, wie hart sie zechen konnten! Dabei merkte man allen eine gewisse Spannung an; wie die Anführer von Wolfsrudeln schienen sie ängstlich bemüht, ihre Schwächen vor dem Gegner nicht bloßzustellen. So also sahen sie aus, die »Herzen und Hirne der Partei«! Hätten zwei nicht gefehlt – der »in Gott ruhende« Stalin und Berija, den sie kürzlich erschossen hatten –, die Runde der alten Waffenbrüder und Gesinnungsgenossen wäre vollzählig gewesen. In aller Ruhe sah ich sie mir an.

Rundum nur schwammige, farblose Gesichter, derbe Stimmen, schlechte Manieren. Und, unüberhörbar im allgemeinen Getöse, die scharfe, durchdringende Stimme Kaganowitschs mit seinem deutlich jüdischen Akzent. Selbst hier, wo sie doch unter sich waren, gab es statt Trinksprüchen nur Parolen: »Vorwärts mit dem Kommunismus!« – »Lang lebe die Sowjetunion!« Mit der üblichen Plattheit und Durchsichtigkeit schmeichelten sie Bulganin und nannten ihn immer wieder »unseren Intellektuellen«, wußten sie doch, wie sehr er das mochte.

Die Damen – klein, fett und meistens stumm – wirkten reichlich verkrampft. Zweifellos wollten sie so rasch wie möglich von hier weg, nach Hause, in ihr eigenes Reich. Keine von ihnen trug ein Abendkleid oder eine hübsche Frisur, Worte wie Schick oder Eleganz schienen sie nie gehört zu haben. Ihre Gesichter kamen mir so gleichförmig und austauschbar vor, daß ich keine von ihnen bei einer zufälligen Begegnung auf der Straße wiedererkannt hätte. Ihre Männer ließen sich in Gesellschaft nie mit ihnen sehen, weshalb ich den Damen bisher auf keinem offiziellen Empfang begegnet war.

Allseits schwelgte man in Erinnerungen.

»Nikita, weißt du noch . . . ?«

»Erinnerst du dich, damals, in den dreißiger Jahren . . «

»Kolja[1]«, kreischte die keckste der Damen quer über den Tisch, »Kolja, erinnerst du dich, wie du als ganz junger Offizier in unserem Haus in Turkestan aufgetaucht bist? Damals sagte ich zu Lasar: ›Sieh nur, was für ein hübscher junger Mann!‹«

Aha, das ist also Kaganowitschs Frau, männlich, draufgängerisch, aber hausbacken.

---

[1] Abkürzung für Nikolai, die Rede ist von Bulganin

». . . und ein so intelligenter Mensch! Weißt du, für uns warst du immer etwas Besonderes, unser ganzer Stolz!«

Vom andern Ende des Tisches krächzte der schwerhörige und zahnlose Woroschilow: »Weißt du noch, was für ein schneidiger Kavallerie-Offizier du damals warst?«

Mit einem Mal ging mir ein Licht auf. Natürlich, viele dieser Frauen, die hier schweigend am Tisch saßen, viele dieser Ehefrauen unserer Führungsspitzen hatten Jahre in Stalins Straflagern zugebracht! Und ihre Männer? Nun, sie blieben frei in jenen Jahren, aber ihre Frauen haben sie ausgeliefert, als man sie unter falschen Anschuldigungen abholte. Um die eigene Haut zu retten, hat keiner von ihnen sie verteidigt – Feiglinge allesamt! Nach Stalins Tod kamen die Frauen zurück zu eben diesen Ehemännern und saßen jetzt neben ihnen an diesem Tisch. Was wohl in ihren Köpfen vorgehen mochte? Der Reihe nach sah ich sie mir an und versuchte herauszufinden, welche von ihnen im Gefängnis gewesen sein konnte. Die Frauen von Molotow, von Kalinin, von Budjonni, von Andrejew und von Poskrebyschew waren ebenso wie die Marschallsgattinnen als Zionistinnen inhaftiert worden. Hatten sie nur überlebt, um hierher zurückzukehren?

Mein Gott, warum mußte ich mir jetzt die schändlichen Lügen dieser Männer anhören und mich ihren vielsagenden Blicken aussetzen! Ich verabscheute sie und legte keinerlei Wert auf ihre Gesellschaft. Und der alte Mann neben mir, wie konnte er es wagen, mich so anzustarren! Dabei war mir völlig klar, wer hier der Herr und wer die Dienerin war; ich wußte, daß alles erst anfing und daß meine Nummer, das Dummchen zu spielen, hier nicht zog. Neben mir saß der sowjetische Zar, der sogar genauso hieß wie Rußlands letzter Herrscher: Nikolaus Alexander.

Schon hörte ich seine schmeichelnde Stime an meinem Ohr: »Ich habe Sie zu Hause angerufen, aber da sagte man mir, daß Sie dort nicht mehr wohnen, daß Sie weggelaufen sind.«

»Ich bin nicht weggelaufen. Ich habe geheiratet.«

»Wirklich? Herzlichen Glückwunsch!« Er spielte den Ahnungslosen, Überraschten, wußte aber mit Sicherheit über das Formular Bescheid, das Slawa eingereicht hatte.

»Vielen Dank!«

»Und wen haben Sie geheiratet?«

»Den Cellisten Mstislaw Leopoldowitsch Rostropowitsch.«

Voller Stolz sprach ich den Namen aus. Und diesmal gelang es mir trotz meiner Nervosität, ihn auch richtig auszusprechen. So bald ist mir das nicht wieder geglückt.

Noch mitten im Gespräch sah ich Schukows Augen starr auf mich gerichtet. Er saß nicht weit von mir und hatte mich offensichtlich schon eine ganze Weile beobachtet. Mittleren Alters und untersetzt, mit strengen, kräftigen Zügen und vorspringendem Kinn, in Generalsuniform, aber ohne Orden, war Schukow der einzige Mann, der den ganzen Abend noch kein Wort gesprochen hatte. Als stummer Beobachter schien er nachzudenken ... (es gab ja auch einiges an Erinnerungen!). Seine Stimme habe ich nie gehört, obwohl er mit einem Mal aufsprang, mich packte und zur Tanzfläche schob und eine *Russkaja* mit mir tanzte. Und was für eine! Ohne ein einziges Mal zu lächeln, tanzte er furios und mit allem Ungestüm, schien alles und alle mit seinen schweren Stiefeln in Grund und Boden stampfen zu wollen. Ich gab mein Bestes, versuchte dies und das, er aber sah nur eisern geradeaus. Da begriff ich, daß Russen nicht nur aus Freude tanzen, sondern aus rasender, schäumender Wut.

Am nächsten Morgen schellte es an der Wohnungstür, und Sofija Nikolajewna öffnete die Tür. Ein junger Leutnant stand mit einem riesigen Blumenstrauß davor und salutierte wie bei einer Truppenparade. »Ich möchte Galina Pawlowna sprechen«, sagte er mit dröhnender Stimme, so daß sämtliche Nachbarn wie auf Kommando in den Flur gelaufen kamen.

»Sie schläft noch«, sagte Sofija Nikolajewna ganz aufgeregt, »was wollen Sie?«

»Nikolai Alexandrowitsch Bulganin hat mich beauftragt, diese Blumen Galina Pawlowna zu überreichen.« Mit diesen Worten drückte er der alten Frau den gewaltigen Strauß in die Hand, daß diese fast zu Boden ging. Er konnte sie eben noch auffangen.

»Gut, bestellen Sie ihm unseren Dank.«

Das war der Beginn meiner Flitterwochen mit Slawa. Noch am selben Abend kam ein Anruf vom Kreml. »Guten Tag, Galja, hier ist Nikolai Alexandrowitsch.«

Der Ernst meiner Lage war mir durchaus bewußt, doch bemühte ich mich um einen unbekümmerten, möglichst unverbindlichen Ton.

»Guten Tag, Nikolai Alexandrowitsch! Haben Sie vielen Dank für die wundervollen Blumen!«

»Ich habe zu danken. Es war mir eine große Freude, daß Sie gestern noch gekommen sind. Wollen Sie heute mit mir zu Abend essen? Ich bin zurück in der Stadt.«

Er sagte das so, als ob es meinen Mann nie gegeben hätte! Wiederum versuchte ich, das Gespräch in Richtung allgemeiner Konversation zu lenken. Umsonst. Die Stimme am anderen Ende der Leitung blieb unverändert ernsthaft und zeigte keinerlei Neigung, sich auf meinen Tonfall einzulassen.

Also fing ich an, mich herauszureden. »Heute abend? Nein, da habe ich Probe im Theater. Das kann spät werden.«

»Das macht nichts. Ich warte auf Sie.«

Mit gespielter Arglosigkeit stimmte ich zu: »Großartig, vielen Dank. *Wir* werden kommen.«

Lange Pause am andern Ende. Dann: »Ich schicke einen Wagen.«

Am späten Abend kreuzten drei schwarze SIL-Limousinen in unserer schmalen Straße auf, zwei davon mit Leibwächtern besetzt. In der dritten, der mittleren, saß er selbst, Bulganin, unser neues Staatsoberhaupt. Sein Erscheinen deutete unmißverständlich darauf hin, daß er seine Schachfiguren ohne Zögern zu setzen gedachte, ein festes Ziel im Auge hatte und sich gewiß nicht zum Narren halten ließ. Aus allen Häusern, allen Fenstern schauten die Leute zu – welche Ehre für unsere Straße, der Staatschef persönlich!

Von diesem Abend an lud er uns täglich ein, auf seine Datscha, in seine Moskauer Wohnung und, natürlich, zu endlosen Zechereien. N. A. trank eine ganze Menge und forderte auch Slawa zum Trinken auf. Nur brauchte man den nicht erst aufzufordern, der trank schon von alleine, aus reiner Wut.

Wenn sie dann beide betrunken waren, stierte der Alte mich gierig an und sagte zu Slawa: »Du bist mir leider zuvorgekommen.«

»Ja, es sieht ganz so aus.«

»Liebst du sie?«

»Sehr, Nikolai Alexandrowitsch!«

»Aber du kannst sie doch gar nicht lieben. Du bist ja fast noch ein Kind! Weißt du überhaupt, was Liebe ist? Nun, *ich* weiß es und *ich* liebe sie. Sie ist mein Schwanengesang. Ja, ja, schon gut, wir werden sehen. Ich kann warten, das habe ich gelernt.«

Da saß ich dann zwischen den beiden und hörte zu. Daß Slawa ein Recht auf mich hatte, wollte Bulganin einfach nicht anerkennen und beendete jede dieser Trinkereien mit großartigen Erklärungen Slawa gegenüber, wie sehr er mich liebe und daß ich alles von ihm haben könne.

»Wir brauchen aber nichts.«

»Was heißt das, ihr braucht nichts? Seid bloß nicht so stolz! Mein Adjutant hat mir erzählt, daß ihr in einer Gemeinschaftswohnung lebt. Warum?«

»Wir leben mit meiner Mutter zusammen, Nikolaj Alexandrowitsch. Aber ich gehöre zur Kooperative des Gebäudes, das jetzt in der Ogarew-Straße fertiggestellt wird.«

»Soll das etwa heißen, daß ihr dafür *bezahlt* habt? Woher hast du denn das Geld?«

»Ich habe das Geld von meinem Stalin-Preis in die Wohnung gesteckt.«

»Aber warum nur? Ich kann euch eine mietfreie Wohnung besorgen – in jedem Gebäude, in jeder Ausführung, ganz nach euren Wünschen.«

»Vielen Dank, Nikolai Alexandrowitsch. Aber ich habe mich schon so an den Gedanken gewöhnt, daß diese Wohnung mein Eigentum ist.«

»Was du nicht sagst! Eigentum! Heute gehört dir etwas, und morgen gehst du mit dem Hut herum!«

»Die Zeiten haben sich geändert, Nikolai Alexandrowitsch!«

»Hätte ich euch doch bloß schon eher unter den Fingern gehabt! Nein, nein, ich mache ja nur Spaß.«

Ich glaube, daß N. A. oftmals, wenn er mich mit glasigen Augen ansah, der guten alten Zeit nachtrauerte, vornehmlich dann, wenn er von den Abenteuern Berijas erzählte: wie der sich die jungen Mädchen schnappte und daß man nach seinem Tod eine Liste mit den Namen von über hundert Frauen fand, die ihm auf seinen Befehl von der Geheimpolizei zugeführt worden waren. Dabei hatten seine Agenten den Frauen schlichtweg aufgelauert, sie von der Straße weg ins Auto gezerrt und ihrem Chef zu dessen sexueller Lustbarkeit übergeben. Was indes noch immer in unseren Köpfen spukte, war weniger die Tatsache, daß Berija seine gerechte Strafe erhalten hatte und erschossen worden war, sondern daß er trotz seiner Schurkereien zwanzig Jahre lang Mitglied der Regierung war, jener Regierung, die noch immer aus seinen Gesinnungsgenossen bestand. Auch Bulganin war in unseren Augen ein Erbe Stalins, dessen düsterer, bedrohlicher Schatten noch immer über uns schwebte.

Auf Grund seines intellektuellen Aussehens und seiner gepflegten Manieren aber stellte Bulganin unter all den derben, vierschrötigen Köpfen schon eine Ausnahme dar. Nach Ansicht aller sah er aus wie ein pensionierter General, der noch im alten Reich gedient hatte. Auch war es sein größter Wunsch, in meinen Augen als aufgeklärter Monarch zu erscheinen, als eine Art Nikolaus III. Immer wieder betonte er mit allem Nachdruck, daß ich bei ihm nichts zu befürchten hätte. Vielleicht hat er mich wirklich geliebt.

Mehrfach versicherte er Slawa: »Mach dir nichts draus, wenn ich sie so oft rufen lasse. Laß mich ein bißchen verliebt sein in sie, ich bin ein alter Mann. Aber du bist jung und hast alles noch vor dir.«

Auch wenn Slawa schon ganz krank davon war, sich derlei Ergüsse ständig anhören zu müssen, kam es doch vor, daß er Mitleid mit dem Alten hatte und zu Hause zu mir sagte: »Weißt du, eigentlich ist er sehr nett. Warum macht er dir nur den Hof? Wenn das nicht wäre, könnte ich wirklich sein Freund sein!«

»Als ob er Wert auf deine Freundschaft legte! Wenn es irgend möglich gewesen wäre, hätte er dir längst und mit Freuden den Hals umgedreht!«

In der Tat wollte Bulganin sich um nichts auf der Welt der Tatsache stellen, daß ich buchstäblich vor seiner Nase weggeschnappt worden war. Und von wem? Von einem, der »fast noch ein Kind« war, wie er von Slawa zu sagen pflegte. Slawa konnte das Wort nicht hören und zahlte es ihm heim, indem er unseren Ministerpräsidenten hinter dessen Rücken »Maiskolben« nannte. (Das war zur Zeit der Getreide-Orgien Chruschtschows, nach dessen Ansicht wir nur von einem Ende des Landes zum andern Getreide anzubauen brauchten, um den idealen Kommunismus mit einem Schlage verwirklicht zu haben.)

Zunächst war alles nur ein Spiel. Slawa genoß seine Siegerrolle in einem Kampf, der auf so hoher Ebene stattfand. Bald aber wurde er sich auch der unerfreulichen Seiten seiner Lage bewußt, als er nämlich merkte, daß alle seine Bekannten ihm schon auf der Straße gratulierten. In einem Land, wo alles in Lügen und sklavischer Kriecherei ertrinkt, ist selbst eine solche Lage dazu angetan, jemanden in unerreichbare Höhen emporzuheben; denn da hat sich ja jemand aus einem gewöhnlichen Sklaven dieses Staates unvermittelt in eine Persönlichkeit verwandelt, an der die Menschen plötzlich allen Ernstes außergewöhnliche Züge entdecken, die sie nie zuvor bemerkt hatten und die jener zweifellos auch nicht besitzt. Niemand wird es wagen, ihn zu kritisieren, er wird nur noch beneidet, bewundert, umschmeichelt, umworben – und warum? Weil sich durch ihn die Möglichkeit ergibt, einen Antrag auf einen Titel, eine Wohnung oder auch nur einen Telefonanschluß zu stellen, ohne sich in die Wartelisten eintragen zu müssen.

Einmal, es war spät in der Nacht und wir kamen eben von einer der üblichen Trinkereien in Bulganins Wohnung zurück, fing Slawa zu streiten an: »Ich habe es satt! Ich kann es nicht mehr ertragen, wie der Alte dich anstarrt! Ich gehe nie wieder hin, auch wenn es dir vielleicht gefällt, daß unser neuer Zar dich so umwirbt ... Siehst du denn nicht, wie demütigend das für mich ist?«

»Aber was soll ich denn tun, wenn er nicht begreifen will?« sagte ich mit Tränen in den Augen. »Ich kann ihn doch nicht zum Teufel jagen! Versuch doch zu kneifen, wenn sein Wagen morgen wieder auftaucht!«

»Wenn das der Fall ist«, rief Slawa und stieg, schon im Unterhemd, aufs Fensterbrett, »dann stürze ich mich auf der Stelle aus dem Fenster!« Beschwipst, wie er war, hatte er vergessen, daß es keine vier Meter bis unten waren.

Aber schon kam Sofija Nikolajewna angerannt und packte ihn an einem Bein, Veronika am andern. Ich kreischte hysterisch los: »Laß das! Bist du wahnsinnig? Wie kannst du nur an so etwas denken! Jetzt, wo ich schwanger bin! Was soll bloß aus mir werden?«

Auf diese Art und Weise habe ich meinem Mann verkündet, daß wir ein Kind erwarteten.

Als hätte ein Wirbelsturm ihn vom Fenster ins Zimmer geweht, stand Slawa neben mir. »Nein, wirklich? Ist das wahr? Warum hast du mir nichts davon gesagt?«

»Weil ich«, schluchzte ich, »weil ich – hu-hu – dich überraschen wollte!«

Die erste Tat Slawas daraufhin war, sich einen Band mit Shakespeare-Sonetten zu schnappen und mir hingebungsvoll daraus vorzulesen. Von der ersten Minute an sollte ich von erhabenen Gedanken durchdrungen sein, die etwas Schönes, etwas ganz Besonderes in mir gedeihen ließen. Von da an lag das Buch auf dem Nachttisch, mein Mann las mir Abend für Abend vor dem Einschlafen aus jenen herrlichen Sonetten vor – ganz so, wie ein Nachtigallenmännchen dem Weibchen beim Brüten ein Ständchen bringt.

Wir hatten beschlossen, unsere seltsamen Beziehungen zu Bulganin schrittweise abzubauen. Die Frage war nur, wie – ohne uns in unserer jetzigen Lage einen Todfeind zu schaffen. Also schützte ich bei den nächsten Einladungen in Bulganins Wohnung Müdigkeit vor oder behauptete, einen ausgebuchten Stundenplan im Theater zu haben. Natürlich durchschaute er meine Strategie und zog nach: Von jetzt an ließ er mich durch das Kulturministerium auffordern, bei Empfängen im Kreml aufzutreten. Und dort war es nun mal nicht üblich, zusammen mit dem Ehepartner zu erscheinen.

Der erste Anruf kam gewöhnlich von einem Funktionär des Ministeriums. »Galina Pawlowna, heute abend findet ein Empfang im Kreml statt, und man bittet Sie um Ihren Auftritt.«

»Ich habe Probe am Theater.«

»Dann lassen wir Sie entschuldigen!«

»Ich bin nicht gut bei Stimme.«

Der zweite Anruf kam dann bereits vom Kulturminister persönlich. »Galina Pawlowna, wir erwarten Ihren Auftritt heute abend im Kreml.«

»Es geht mir nicht besonders gut, außerdem habe ich in drei Tagen Vorstellung.«

»Das arrangieren wir schon!«

»Ich kann heute abend wirklich nicht auftreten, ich bin viel zu müde!«

Daß man angesichts einer solchen Ehre müde sein konnte, ging ihnen nicht in den Kopf. So, wie sie die Dinge betrachteten, hätte selbst ein Toter gesungen. Schließlich griff der Staatschef selbst zum Telefon.

»Galja, ich bitte Sie, zu dem Empfang zu kommen.«

»Nikolai Alexandrowitsch, ich habe einfach keine Lust, auf Empfängen zu singen!«

»Bitte kommen Sie trotzdem, ich will Sie sehen!«

Allmählich aber hatte ich die ganze Farce so satt, daß ich eines Tages in dem engen, stickigen Flur unserer Gemeinschaftswohnung die Beherrschung verlor und ihn am Telefon regelrecht anschrie: »Wie können Sie sich nur so zum Narren machen? Mich mehrmals am Tage anzurufen – als ob Sie nicht längst begriffen hätten, daß wir nicht mehr zu Ihnen kommen wollen! Ich habe die Nase voll von dem ganzen Klatsch. Ich habe es satt, auf Ihren Empfängen zu singen! Warum? Weil es mich anwidert, nur kauende Visagen um mich herum zu sehen und dabei singen zu müssen! Begreifen Sie doch endlich, wie demütigend das für mich ist. In *Ihren* Augen mag das eine große Ehre für mich sein, aber ich bitte Sie inständigst, mir diese Ehre ein für allemal zu ersparen. Das ist alles. Auf Wiederhören!«

Ein paar Minuten später rief er zurück. »Galja, bitte verzeihen Sie mir und beruhigen Sie sich. Darf ich Sie und Slawa morgen abend zu mir zum Essen einladen? Ich muß Sie sehen!«

Was blieb uns übrig, als wieder einmal hinzugehen und wieder einen Anfang ohne Ende in Kauf zu nehmen. Wie heißt es doch so schön bei Gribojedow: »Bewahre uns vor dem schlimmsten aller Übel – vor eines Herren Zorn und eines Herren Liebe.«[1]

Von diesem Abend an aber brauchte ich nie wieder auf einem Regierungsempfang zu singen. Mein Name verschwand für immer von jener Liste, die uns als Hofnarren die Ehre verschafft, vor unserer betrunkenen Obrigkeit den Clown zu spielen. Es war Bulganin, der mich davon befreite, so wie er mich auch von meinem »Chef« beim KGB, von Wassili Iwanowitsch erlöste.

Eines Morgens nämlich hörte ich eine mir wohlbekannte Stimme am Telefon. »Guten Tag, Galina Pawlowna, hier ist Wassili Iwanowitsch. Wir haben schon lange nicht mehr miteinander geplaudert!«

»Ich habe auch weder Zeit noch Lust, mit Ihnen zu plaudern! Ich muß sofort ins Theater.« Ich legte auf, war aber, da wir am selben Abend noch zu Bulganin gehen wollten, fest entschlossen, mich zu beschweren.

»Nikolai Alexandrowitsch, das KGB läßt mir keine Ruhe!«

»Was geht da vor?« fragte er, hochrot vor Zorn. »Was wollen die von dir?«

»Ich soll schriftliche Denunziationen liefern.«

»*Wie bitte?* Haben die ihren Verstand verloren?« Er rief seinen Adjutanten. »Fedka! Hol mir Wanka Serow ans Telefon. Oh, dieser Sauhaufen!«

---

[1] Berühmtes Zitat aus der Verskomödie *Verstand schafft Leiden* von Alexander Sergejewitsch Gribojedow

Das Gespräch führte er im Nebenraum, wir bekamen aber ein paar Wortfetzen mit und hörten, wie er den KGB-Chef abkanzelte.

Kurz darauf kam er zurück. »So. Mach dir keine Gedanken mehr, von *denen* wird dich keiner mehr anrufen. Mein Wort darauf.«

In der Tat war der Spuk damit vorbei. Jedermann wußte von meinen hochkarätigen Kontakten und faßte mich mit Samthandschuhen an. Sollte ein Wassili Iwanowitsch es bloß wagen, sich mir zu nähern! Auch wenn ich mich später aus eigenen Kräften zu wehren verstand, war ich in jenen Jahren doch sehr auf solche Hilfe angewiesen.

Im Dezember 1955, kurz vor Silvester, zogen wir in die neue Wohnung. Obwohl wir beide seit vielen Jahren zu den bekanntesten Künstlern zählten, war es für Slawa und mich die erste eigene Wohnung. Zum erstenmal konnten wir die Tür hinter uns zumachen, zum erstenmal hatten wir vier große Räume, ein Bad und eine Küche für uns allein. An überfüllte, beengte Zimmer gewöhnt, schien es uns jetzt, als spielten wir im Wald Verstecken – und das um so mehr, als wir buchstäblich nichts besaßen, weder Möbel noch Geschirr. Ein paar Messer und Gabeln, Handtücher, Bettzeug und Teller habe ich am selben Tag noch gekauft; da wir aber weder Tisch noch Stühle hatten, lagerten wir uns zur Feier des Einzugs auf den Boden. Das also war der erste Tag unseres eigenen, unabhängigen Familienlebens.

Möbel zu kaufen, war in jenen Jahren ein schwieriges Unterfangen. In den Läden gab es nichts, nichts außer Listen, in die man sich einzutragen hatte, um monatelang warten zu dürfen. Also mußte Slawa irgendwelche Leute bestechen, damit wir eine Eßzimmer-Einrichtung bekamen und endlich voller Stolz am eigenen Tisch sitzen konnten. Rimma, mein früheres Mädchen, fing damals wieder bei mir an.

Unsere Freude über die eigene Wohnung aber erwies sich schon bald als verfrüht. Denn die Tatsache, daß wir sie bereits bezogen und gutes Geld dafür bezahlt hatten, bedeutete rein gar nichts, solange wir noch keine Wohngenehmigung vorweisen konnten. In der Sowjetunion darf man pro Person höchstens siebeneinhalb Quadratmeter Wohnfläche in Anspruch nehmen. Wir lebten aber, da Rimma nicht zur Familie gehörte, nur zu zweit, und zu dritt nur dann, wenn man meinen Bauch in Rechnung zog. Bestenfalls also hätte man uns zweiundzwanzig Quadratmeter zugestanden – unsere Wohnung hatte aber dreiundachtzig.

Zuerst wandte sich Slawa an die Bezirksverwaltung, danach an die Moskauer Stadtverwaltung, aber keins der für Wohnungsfragen zuständigen Ämter stellte uns die Bescheinigung aus. Vier Zimmer für zwei Personen? Unmöglich.

»Hören Sie, wir haben viel Geld für die Wohnung bezahlt!«

»Aber warum haben Sie denn eine so große Wohnung beantragt?«

»Weil ich damals noch Junggeselle war und nicht wußte, wie hoch meine Chancen in bezug auf Kinder standen, mir aber alle Möglichkeiten offenlassen wollte. Wie Sie sehen, habe ich mich nicht verrechnet: Meine Frau ist schwanger, und das Kind kann in drei Monaten da sein. Vielleicht sind es auch Zwillinge, und dasselbe könnte in einem Jahr wieder der Fall sein!«

Doch besaßen diese phänomenalen Aussichten zur Vermehrung des Rostropowitsch-Clans nicht die geringste Überzeugungskraft. Anstelle einer Wohnerlaubnis erhielten wir die Aufforderung, unsere vier Räume gegen eine kleinere Zwei-Zimmerwohnung im selben Gebäude einzutauschen.

Bulganin wollte ich nicht anrufen, aber ich weiß wirklich nicht, wie sich unser Problem ohne ihn und ohne die Ereignisse in der Silvesternacht hätten lösen lassen. Slawa und ich waren zwar zu einer Feier im Kreml eingeladen, hatten aber mit Rücksicht auf meinen Zustand abgesagt und beschlossen, zu Hause zu bleiben. Punkt zwölf Uhr wünschten wir uns ein gutes Neues Jahr und gingen schlafen. Punkt zwei ging das Telefon. Bulganin.

»Frohes Neues Jahr, Galja! Darf ich Ihnen meine Neujahrswünsche gleich noch persönlich überbringen?«

»Natürlich, wir freuen uns!«

In aller Eile zogen wir uns an und begrüßten unseren Gast, der direkt vom Kreml kam und im ganzen Haus für Aufruhr sorgte. Die Fahrstuhlführerin fiel fast um vor Schreck und erzählte noch monatelang, daß der »Chef« persönlich vor ihr gestanden habe. Die ganze Nacht über parkten die Wagen der Leibwächter vor dem Haus, und der diensthabende Offizier erfüllte seine Pflicht als oberster Türhüter auf dem Treppenabsatz vor unserer Wohnungstür. Der Ärmste, er saß stundenlang auf dem Boden. Der Gedanke, ihm einen Stuhl hinauszubringen, kam mir einfach nicht.

Am nächsten Tag erzählte man sich im ganzen Haus, daß Bulganin persönlich den Silvesterabend bei den Rostropowitschs verbracht habe. Was waren wir doch für bedeutende Leute! Und was für ein Segen, mit solchen Leuten in einem Haus zu wohnen! Als Krönung des Ganzen aber erschien am Neujahrstag eine Abordnung des Moskauer Stadtsowjet und händigte uns – gleichsam auf silbernem Tablett – die Wohnerlaubnis aus. »Sie brauchen sich keine weiteren Sorgen zu machen. Und wenn Sie irgend etwas benötigen sollten, rufen Sie uns einfach an. Wir stehen Ihnen jederzeit zur Verfügung.«

Wenn ich so zurückdenke, frage ich mich oft, was wohl geschehen wäre, wenn man mich damals nicht nach Prag, sondern gleich nach Belgrad geschickt hätte. Vermutlich hätten Slawas Wege sich nie mit den meinen gekreuzt, und die Frage, wie mein Schicksal dann verlaufen wäre, wird wohl nie eine Antwort finden. Möglich, daß ich ganz anders auf die Werbung des

Sowjetmonarchen reagiert hätte. Möglich, daß ich wie Marina Mnischek[1] als Hochstaplerin auf dem Moskauer Zarenthron säße. Obwohl jedermann in unserem Lande wußte, was einem Hochstapler bevorstand, war die Verführung doch zu keiner Zeit gering.

9

Das Jahr 1956 war für mich ein Jahr der »Premieren«. Trotz meiner Schwangerschaft habe ich mit *Fidelio* und *Eugen Onegin* erstmals in der DDR gastiert und nach meiner Rückkehr die erste Auszeichnung erhalten, den Titel eines Ehrenkünstlers der Russischen Republik. Und ich habe unter Leitung des Bolschoi-Dirigenten Boris Chaikin meine erste Oper, *Eugen Onegin*, auf Schallplatte gesungen, zusammen mit Jewgeni Below als Onegin und Sergei Lemeschew als Lenski.

In der Sowjetunion, einem Land mit zweihundertsiebzig Millionen Einwohnern, mit sechsundvierzig festen Theatern und Tausenden von Opernsängern, gibt es nur eine Schallplattenfirma, Melodija. Und weil nur einmal in zwanzig Jahren eine Oper in Neuaufnahme erscheint, war die erste und damals einzige Einspielung des *Onegin* jene, die ich als kleines Mädchen hörte und der ich meine Begeisterung für den Gesang verdanke. Sie stammte aus dem Jahr 1936! Damals hatte Aljona Kruglikowa die Tatjana gesungen, Pantaleimon Narzow den Onegin und Iwan Koslowski den Lenski. Unsere Aufnahme von 1956 war also die zweite, die je in Rußland produziert wurde. Wie viele Tatjanas, Lenskis und Onegins hatten sich in diesen zwei Jahrzehnten zu Luft verflüchtigt, und wie viele noch werden bis zur nächsten Aufnahme in Vergessenheit geraten!

An Provinzbühnen werden niemals Aufnahmen gemacht, und die Sänger, die dort beschäftigt sind, geben sich in dieser Hinsicht auch keinen Illusionen hin. Wenn es schon so ist, daß eine Oper nur alle zwanzig oder fünfundzwanzig Jahre aufgezeichnet wird, dann kommt nur das Bolschoi in Frage. Doch selbst hier, wo die besten Sänger der Sowjetunion beieinander sind und es für jede Rolle mehrere hochqualifizierte Kräfte gibt, hat längst nicht jeder Sänger die Chance. So gab es beispielsweise gleichzeitig eine ganze Reihe guter Bässe am Bolschoi, die alle für den Boris Godunow, den Chowanski oder den Mephisto hätten eingesetzt werden können: Alexander Pirogow, Mark Reisen, Alexander Ognivzew, Iwan Petrow und einige Jüngere. Da versteht es sich von selbst, daß jeder seine Chance mit allen Mitteln zu erreichen sucht. In einer Zeit, wo eine neue Schallplattenaufnah-

---

[1] Die polnische Frau des Hochstaplers Dmitri, der 1605, nach dem Tod von Boris Godunow, einige Monate als Zar regierte

me geplant oder auch nur gerüchtweise erwähnt wird, ist im Theater die Hölle los. Es regnet anonyme Briefe, Intrigen, Denunziationen, Beschwerden beim Kulturminister und beim Zentralkomitee der Partei. Monatelang reden die Sänger nicht miteinander, sie grüßen sich nicht einmal und sind oft derartig überreizt, daß es zu Herzattacken kommt.

Dabei spielt das Geld kaum eine Rolle: Für die Mitwirkung an einer Opernaufnahme verdient ein Sänger nicht mehr als fünf-, höchstens sechshundert Rubel. Sowjetische Bühnenkünstler werden wahrhaftig nicht fürstlich honoriert.

Die Arbeit an einer solchen Aufnahme erstreckt sich oft über Jahre, geht nur schrittweise und so zähflüssig voran, daß ein Sänger, noch bevor der aufreibende Prozeß zu Ende ist, seine Stimme verlieren kann, ein anderer möglicherweise stirbt. In der westlichen Welt, wo es den Wettbewerb vieler Plattenfirmen gibt, werden Sänger mit solchen Problemen nicht konfrontiert. Und Gott bewahre, daß es je dazu kommt! Kann man sich dort überhaupt vorstellen, daß durch eine amerikanische *Aida*-Aufnahme mit Renata Tebaldi etwa eine Maria Callas keine Chance mehr hätte, je die Aida auf Schallplatte zu singen? Oder daß ein Mario del Monaco fünfundzwanzig Jahre lang auf die Aufzeichnung seines Othello warten müßte, nur, weil ein anderer ihm zuvorgekommen ist?

Als wir mit der *Onegin*-Aufnahme anfingen, brachten meine Kolleginnen mir nichts als Feindschaft entgegen – und das zu Recht. Ich verstand ihren Groll sehr gut, doch konnte ich andererseits die Mitarbeit schlecht verweigern: nie wieder hätte ich eine solche Chance bekommen. (Daß sie mir 1968 in Paris noch einmal geboten wurde, steht auf einem anderen Blatt: damals, als der *Onegin* als Gastspiel des Bolschoi in nur vier Tagen von EMI aufgezeichnet wurde, hat man dem Staat für unsere Arbeit Devisen gezahlt.)

Trotz aller Probleme aber konnte ich meine Freude nicht verhehlen und habe – im achten Monat schwanger, mit einer Tochter im Leib, die mir wie ein Fußballspieler in die Seiten trat, und mit einem Bauch, den ich nur noch auf den Notenständer stützen konnte – die Arbeit an der Aufnahme zu Ende geführt. Auch der damals vierundfünfzigjährige Sergei Lemeschew, seit Jahrzehnten Rußlands berühmtester Tenor, freute sich wie ein Kind über diese letzte Chance, seine Lieblingsrolle einzuspielen. Spätere Sängergenerationen und ein sachkundiges Publikum dürfen sich glücklich schätzen, daß Lemeschews unübertroffene Interpretation des Lenski der Nachwelt erhalten blieb.

Eine Tragödie dagegen ist es, daß in unserem Zeitalter hochentwickelter Technologien so viele großartige Stimmen verstummt sind, ohne eine Spur zu hinterlassen, daß Sänger des Bolschoi und der Opernhäuser anderer Städte – Sänger aus Kiew, Riga, Tallin, Leningrad, Swerdlowsk oder Nowosibirsk – im Ausland unbekannt geblieben und im eigenen Land vergessen sind.

Mit dem Hinweis auf mangelnde Nachfrage versuchen die staatlichen Stellen, die begrenzte Schallplattenproduktion zu rechtfertigen. Mangelnde Nachfrage? Bei sechsundvierzig Opernhäusern? Wer besucht sie denn? Nun, es sind in der Tat nur wenige, und ich muß zugeben, daß wir auch für eine so populäre Kunst wie die Oper kein Publikum mehr haben. Ich meine damit nicht die Liebhaber der Gesangskunst, sondern das breite Publikum, das eigentlich täglich die staatlichen Opernhäuser füllen müßte.

Freilich haben wir auch in den großen Provinzstädten wie Petrosawodsk, Nowosibirsk, Tscheljabinsk, Donetsk, Woronesch, Kasan oder Saratow Opern- und Schauspielhäuser mit festen Ensembles, die das ganze Jahr über spielen. Wir haben Sinfonieorchester, Konservatorien und Hunderte von Musikschulen. All das kostet natürlich Unsummen und wird vom Staat finanziert – das heißt, aus den Taschen von uns allen. Es wäre indes verfehlt, aus der Vielzahl jener Einrichtungen für Musik und Schauspielkunst auf einen hohen materiellen oder kulturellen Standard der Bevölkerung zu schließen. Nein, in den Städten der Provinz bleiben die Konzertsäle gewöhnlich leer, es sei denn, Prominenz aus der Hauptstadt steht mit einem Gastspiel auf dem Programm. Auch in den Opernhäusern sind in aller Regel mehr Menschen auf der Bühne als im Zuschauerraum. Da es kein Publikum gibt, das regelmäßig und aus einem geistigen Bedürfnis heraus in Opern und Konzerte geht, das ein gewisses kulturelles Niveau mitbringt und die finanziellen Mittel dazu hat, besteht auch keine Notwendigkeit für diese Vielzahl an Sinfonieorchestern, Opernhäusern und Theatern im Land. Für die Regierung aber zählt allein die Statistik: Wie viele gab es vor der Revolution, wie viele gibt es heute.

Was waren das für Menschen, die früher in die Oper gingen, sie geliebt und verstanden haben? Was war das für ein Publikum, für das die großen Komponisten der Vergangenheit ihre Werke schufen? Es war die Intelligenzija, es waren Studenten – ganz einfach die gebildeten Menschen unserer Gesellschaft. Man braucht nicht von Adel zu sein, um Musik zu lieben. Was ist also geschehen, daß diese Menschen unsere Opernhäuser verließen? Nun, unsere sowjetische Intelligenzija – Ärzte, Lehrer, Ingenieure – sind mit einem Verdienst, der noch unter dem Durchschnittseinkommen eines Arbeiters liegt, die am schlechtesten bezahlten Leute im ganzen Land. Also fehlen ausgerechnet den Menschen, die ein Bedürfnis nach Kunst haben, die finanziellen Mittel, diese Bedürfnisse zu befriedigen.

Das ist noch nicht alles. Hinzu kommt, daß eine Frau nach einem anstrengenden Tag in der Schule oder im Krankenhaus noch stundenlang Schlange stehen muß, um nur das Allernotwendigste zu besorgen. Dann steht ihr der Heimweg in Bus oder U-Bahn bevor, wo sie, die schwere Tasche mit den Kartoffeln, dem Kohl und der Hafergrütze in der Hand, im Gedränge fast erdrückt wird. Und wenn sie nach ihrem Bemühen, aus den erwähnten Zutaten eine Art Mahlzeit zustande zu bringen, ihre Familie abgefüttert hat, heißt es noch Kinder baden, Wäsche waschen, nähen, aufräumen, bis sie schließlich gegen ein Uhr nachts und halbtot vor Müdigkeit ins Bett fällt. Morgens um sieben geht es weiter, geht es fort tagaus, tagein ein ganzes Leben lang.

Theater? Ach, sie ist ja schon froh, wenn sie es abends bis nach Hause schafft. Das ist aus dem Publikum von früher geworden, das sind die Menschen, für die eine Oper eine geistige Notwendigkeit war. Trotzdem sind die Plätze im Bolschoi ständig ausverkauft, bilden sich lange Schlangen vor der Theaterkasse. Moskauer aber stehen da nicht an – das sind Auswärtige, Geschäftsreisende, deren oberstes Ziel es ist, einmal im Bolschoi und einmal an Lenins Grab gewesen zu sein, nur, um den Leuten daheim zu erzählen, daß sie dort waren. Viele von ihnen haben nie zuvor eine Oper gehört und interessieren sich auch nicht dafür. Nach dem Grundsatz »Nimm, was du kriegen kannst« hätten sie Karten für jede Oper gekauft. Das heißt – für fast jede. Denn selbst diese unkundigen Provinzler würden ihr Geld gewiß nicht für Opern wie Chrennikows *Die Mutter*, wie Muradelis *Oktober* oder Cholminows *Eine optimistische Tragödie* ausgeben, wenn man ihnen diese »Meisterwerke« nicht zusammen mit anderen Opern in einem »Pauschalangebot« andrehte, das auch Karten für Massenschlager wie *Aida*, *Pique Dame*, *Tosca* oder einen Ballettabend enthält. Auch wenn die Leute keine andere Wahl haben, als diese Karten im »Block« mit zu erwerben, zwingt sie doch niemand, hinzugehen. Wen wundert's also, wenn sie die Billetts lieber wegwerfen, als diese unerträglichen Agitprop-Veranstaltungen einen ganzen Abend lang durchstehen und sich Sänger anhören zu müssen, denen es selber peinlich ist, die Besucher mit einem bis zum Überdruß wiedergekäuten Stroh abzuspeisen. Übrigens wird diese Sparschwein-Methode in allen Theatern des Landes angewandt.

Mit ihrem täglichen Ansturm auf die Theaterkassen haben die Auswärtigen die Moskauer mehr und mehr aus dem Bolschoi verdrängt. Angesichts der Schlangen und der Unmöglichkeit eines spontanen Theaterbesuchs hörten die Einheimischen allmählich auf, das Theater als ihr eigenes zu betrachten, als einen Ort der Begegnung mit Freunden und Bekannten. Sie lernten, auch ohne Theater auszukommen. Und die wenigen regelmäßigen Besucher kommen meist nur zu Premieren, zu Vorstellungen mit einem oder zwei Spitzenkünstlern des Bolschoi oder zum Gastspiel eines ausländischen Sängers. Weil das im Lauf der Spielzeit aber

Ausnahmen sind, kann man jene Unentwegten nicht als Stammpublikum der Oper bezeichnen. Ausländer ziehen ohnehin das Ballett der Oper vor.

»Gruppenreisen« zum Bolschoi werden häufig organisiert: für Angestellte, Fabrikarbeiter, Teilnehmer an Kongressen des Obersten Sowjet. Freilich ist das kulturelle Niveau dieser Gelegenheitsbesucher nicht allzu hoch, und ihre Reaktion läßt daher auch keine Rückschlüsse zu, weder auf die Qualität der Inszenierung noch auf die Leistung der Interpreten. Also müssen die Sänger sich bei solchen Vorstellungen auf ihr eigenes Gefühl oder die Meinung der wenigen Freunde im Publikum verlassen.

Einmal, noch zu Stalins Zeiten, fand ein Kongreß für verdiente Kolchose-Frauen statt. Am Morgen hatte Stalin ihre gewaltigen Busen mit Orden behängt, und am Abend füllten sie die ersten Reihen des Bolschoi, um sich eine Oper anzuhören. Die wichtigste und meistdekorierte der Frauen saß unmittelbar hinter dem Dirigenten Samosud. Ein paar Minuten hat sie das auch ertragen. Dann aber stand sie plötzlich auf und trat an die Kante zum Orchestergraben, tatschte mit ihrer fleischigen Hand Samosud auf die Schulter und wies ihn lautstark zurecht: »Was ruderst du andauernd mit den Armen wie mit Windmühlenflügeln herum? Geh mir aus dem Weg, du versperrst mir ja die ganze Sicht!«

Täglich wälzen sich Hunderttausende von Touristen aus ganz Rußland durch Moskau. Besuchte jeder von ihnen auch nur einmal in seinem Leben das Bolschoi, wäre ein volles Haus für immer garantiert. Für das Theater aber ist dieses ständig wechselnde Publikum eine Katastrophe, besteht doch nicht der geringste Anlaß, sich mit Fragen hinsichtlich der Qualität neuer sowjetischer Opern zu befassen oder die Wiederaufnahmen alter Inszenierungen anzuzweifeln. Auch für die Leistung oder Nicht-Leistung des einzelnen Sängers hat ein Publikum, das nichts vom Theater versteht, kein Gespür.

Der Prototyp eines solchen Gelegenheitsbesuchers hat, wenn er ins Bolschoi kommt, in aller Regel einen arbeitsreichen Tag hinter sich, ist völlig erschöpft von Besuchen und vom Geschenke-Kaufen, seine Aktentasche (jedermann in Moskau trägt eine) platzt von den vielen Würsten und Orangen – den Resten von irgendeinem ministerialen Büfett – schon aus allen Nähten. Den Abschluß findet ein solcher Tag dann im Bolschoi. Hier macht er sich's erst einmal im Polstersessel bequem, zieht sich die Schuhe aus und sieht sich neugierig um, bestaunt die goldverbrämten Logen, den prächtigen Vorhang mit der Hammer-und-Sichel-Stickerei, den riesigen Kronleuchter, die prunkvollen Kostüme und Bühnenbilder. Und bald schon, wenn er die vielen Gänge und Besorgungen für seine Familie im Geiste Revue passieren läßt, schläft er zu sanften Orchesterklängen süß und selig ein.

Wenn ich von einer Loge aus solche Vorstellungen verfolgte, sah ich mir oft und gründlich dieses Publikum an. Diese Leere, dieses Desinteresse in den Gesichtern! Was auf der Bühne geschieht, berührt sie kaum, sie applaudieren weder den Sängern, noch können sie die Dirigenten auseinanderhalten. Irgend etwas muß also geschehen, damit die träge Masse aufwacht, einer Aufführung folgen und am Bühnengeschehen Anteil nehmen kann. Denn wenn man nicht alles überdeutlich betont, verstehen diese Leute nicht das mindeste. Und wenn man etwas von dem Sinn, von der Aussage einer Oper vermitteln will, ist man gezwungen, dem Text den Vorrang vor der Musik zu geben. Daher die übersteigerten Gefühle, die übertriebenen Worte und Gesten, die forcierten Stimmen, die schon als Charakteristikum des sowjetischen Opernstils gelten und die man unseren Sängern bei Auslandsgastspielen so oft vorwirft. Man kritisiert ihr allzu pathetisches Spiel, ihre schrillen Stimmen und ihr Unvermögen, sich in Klang und musikalischer Phrasierung dem Ensemble anzugleichen, harmonisch anzupassen. Das aber ist unser Stil, der Stil des sowjetischen Theaters. Und darum ist es auch kein Zufall, daß die Musik eines Vivaldi, eines Händel oder Haydn in Rußland so gut wie nie gespielt wird und daß man keine Mozart-Opern aufführt. Die einzige, die im Lauf meiner dreiundzwanzig Jahre am Bolschoi inszeniert wurde, war *Die Hochzeit des Figaro*. Wie könnte man eine so reine Musik auch würdigen und genießen, wenn lautstarke Parteiparolen noch in den Köpfen brummen und wenn ein Klima herrscht, das die Nerven bis zum Zerreißen spannt.

Auch Kirchenmusik kommt bei uns kaum zu Gehör, dies freilich aus anderen Gründen. Daß Beethovens *Missa Solemnis*, dieses einzigartige Werk, in Rußland nie aufgeführt wurde, wird man kaum für möglich halten. 1962, bei den Edinburgher Festspielen, habe ich sie unter Leitung von Lorin Maazel gesungen; und da ich auch gern in Moskau damit aufgetreten wäre, erzählte ich dem Leiter des Staatschors der UdSSR, Alexander Sweschnikow, von meiner Idee. Seine Antwort: noch nie habe sein Chor die *Missa Solemnis* gesungen. Als der Dirigent Igor Markewitsch auf einer Rußlandtournee Haydns *Schöpfung* aufführen wollte und mich um meine Mitwirkung bat, riet ich ihm, zunächst mit Jekaterina Furzewa, der Kulturministerin, zu sprechen.

»Warum denn das?« fragte er überrascht.

»Sprich nur mit ihr, dann wirst du schon sehen, warum!«

Er ging also zu ihr und bekam auch die Erlaubnis – doch nur unter der Bedingung, den Text so zu verändern, daß Gott darin nicht mehr vorkäme. Die *Schöpfung* auf marxistisch!

Doch zurück zu unserem Zufallspublikum, dessen Teilnahmslosigkeit sich auch in den Pausen fortsetzt und das man schon daran erkennt, wie unwohl und fehl am Platze es sich fühlt. Die einen streben zum Theatercafé, um dort die Zeit totzuschlagen, die andern wandern allein oder paarweise stumm durchs Foyer. Ein Meinungsaustausch, ein Gespräch über den jeweiligen Eindruck findet nicht statt. So kommt es, daß die Sänger, selbst wenn alle zweitausend Plätze des Bolschoi belegt sind, nur für ein paar Dutzend Leute singen: für die Loge der Theaterleitung, für die Kollegenkonkurrenz, für Freunde und Angehörige und für die »Fans«, die jeder berühmte Künstler hat. In Rußland heißt ein Fan »Verehrer« oder »Bewunderer« – also will auch ich ihn als solchen bezeichnen. Wenn man in den Pausen eine Gruppe von Leuten in lebhaftem Gespräch beieinander sieht und über die Aufführung diskutieren hört, kann man sicher sein, Verehrer vor sich zu haben.

Da ein Opernsänger sein Leben lang an ein und demselben Theater bleibt, können seine Verehrer ihm vom Anfang bis zum Ende seiner Laufbahn die Treue halten. Sie werden Teil seines Lebens, sie altern mit ihm und folgen noch seinem Sarg. Was wäre ein Sänger ohne seine Verehrer! Er braucht sie, und er schätzt sie darum so hoch, weil sie durch seine Kunst Zugang zu seiner Welt gefunden haben und weil sie ihm oft mehr Verständnis dafür entgegenbringen, als seine eigene Familie das tut. Wie viele Verehrer hatte ich schon zu Beginn meiner Karriere am Bolschoi und habe sie bis heute! Sie waren es, die damals, als ich Rußland verließ, zum Flughafen kamen und keine Angst hatten, von den KGB-Agenten erkannt zu werden. Sie waren es, die mich noch einmal sehen wollten. Sie, und nicht die Kollegen, mit denen ich fast ein Vierteljahrhundert lang auf der Bühne gestanden hatte.

Zu meinen Verehrern zählten neben jungen Leuten auch einige mittleren Alters, Männer und Frauen, die jahrelang keine meiner Vorstellungen versäumt hatten. Mit manchen bin ich gut Freund geworden und habe im Lauf der Zeit auch manches aus ihrem Leben erfahren. Die meisten waren Lehrer, Laboranten, Ingenieure, Techniker – kurz, Vertreter unserer sowjetischen Intelligenzija. Meist unverheiratet und kinderlos, mußten sie mit neunzig bis hundertzwanzig Rubel monatlich auskommen, lebten in Gemeinschaftswohnungen und führten ein recht anstrengendes Leben. Die Liebe zur Oper war ihre einzige Möglichkeit, dem grauen Alltag zu entkommen und ihm einen Sinn zu geben; im Theater konnten sie – wenn auch nur für ein paar Stunden – in eine andere Welt eintauchen und sich auf diese Stunden wie auf einen Feiertag freuen.

Verehrer nehmen den größten Anteil an Freud und Leid eines Künstlers und sind nach einer erfolgreichen Aufführung die glücklichsten Menschen der Welt. Noch am nächsten Tag, bei der Arbeit, können Träume und die Erinnerung daran über die schreckliche Öde und Eintönigkeit ihres Lebens hinweghelfen.

Wie viele Opfer aber bringen sie dafür! Von den dürftigen neunzig Rubeln müssen Lebensmittel und Medikamente gekauft, muß die Miete bezahlt werden. Auch Bücher möchte man haben, und eine Frau ginge von Zeit zu Zeit gern einmal zum Friseur; wenigstens einmal in zwei Jahren braucht sie neue Schuhe, ein neues Kleid. Doch kostet ein Paar Schuhe fünfzig bis sechzig Rubel, ein Pfund Kaffee zwanzig. Verehrer sind bereit, auf all das wegen einer Theaterkarte und einer Aufführung zu verzichten, auf die sie sich ebenso gründlich wie ihr Künstler vorbereiten. Sie telefonieren miteinander und erkundigen sich nach seinem Wohlbefinden. Geht es ihm schlecht, leiden sie womöglich mehr darunter als dieser selbst. Für sie ist das eine Tragödie, während es für den Sänger lediglich heißt, daß er an diesem Abend eben nicht auftreten kann.

Auch bei mir kam es gelegentlich vor, daß ich mich krank fühlte und nicht auftreten wollte. Wenn ich aber daran dachte, daß viele meiner Verehrer von außerhalb kamen, und wenn ich erfuhr, daß sie bereits in Moskau gelandet waren, daß sie ihre letzten Kopeken für den Flug bezahlt und sich das Abendessen verkniffen hatten, nur um mir Blumen zu besorgen, dann riß ich mich zusammen, kroch aus dem Bett und stand für sie auf der Bühne.

Ohne die Verehrer wäre das Bolschoi ein Friedhof gewesen. Sie stellten unser eigentliches Publikum dar, sie kannten die Sänger und das Repertoire und hätten auch nicht eine Vorstellung ihres Lieblingskünstlers versäumt. Sie identifizierten sich mit allem, was auf der Bühne vor sich ging, und applaudierten mit einer solchen Begeisterung, daß sie ihre Platznachbarn mitreißen und damit eine Atmosphäre schaffen konnten, die ein Künstler braucht, die ihn anspornt und inspiriert. Ohne die paar Dutzend Verehrer wird eine Vorstellung kein Erfolg, nicht einmal für die Stars. Opernsänger wissen das so gut wie die Tänzer vom Ballett, und sie lassen ihren Verehrern deshalb vorsichtshalber Karten reservieren.

Verehrer von Tenören sind eine ganz besondere Spezies. Ich weiß noch, wie der damals sechzigjährige Sergei Lemeschew in *Fra Diavolo* sang und mit den Obertönen dieser sehr hohen Partie schon seine Mühe hatte. Das zu erkennen, brauchte man freilich nicht auf die Bühne zu achten, man sah es bereits an den angespannten Gesichtern seiner Verehrer, die natürlich jede gefährlich hohe Stelle einer Arie kannten. Wenn Lemeschew sich nun einer dieser Stellen näherte, war es, als hätten sie die leiseste Unsicherheit schon im voraus gespürt, denn sie riefen schon »Bravo!« bevor er zu Ende war, überschrien ganz einfach die verpatzten Noten. Für sie zählte nichts anderes, als daß er weitermachte und daß Lemeschew, den sie vergötterten und dessen schwindendes Selbstbewußtsein sie nach besten Kräften stärken wollten, ihnen so lang wie möglich erhalten blieb.

Im Gegensatz zum Bolschoi trifft man im Großen Saal des Moskauer Konservatoriums immer dieselben Leute an, und nur Moskauer. Zur Hälfte sind das gebildete ältere Frauen, die direkt von der Arbeit kommen und ihre schweren Einkaufstaschen bei sich haben. Sie leben meist allein, ohne Familie. Darum spielt auch die Musik eine so große Rolle in ihrem Leben. Die andere Hälfte besteht aus Leuten vom Fach, aus Instrumentalmusikern, Sängern, Studenten, Lehrern vom Konservatorium und von den Musikschulen.

Dies also zum Moskauer Publikum, an das sich alle westlichen Künstler nach einem Besuch in der sowjetischen Hauptstadt so gern erinnern.

10

Als im Februar 1956 der XX. Parteitag eröffnet wurde, hatte sich niemand etwas Besonderes versprochen, war niemand auf etwas Anderes als das übliche leere Gerede gefaßt. Ganz plötzlich aber schwirrten Gerüchte durch die Stadt, tauchten überall die unerhörtesten Worte und Begriffe auf: Stalins Personenkult ... Massenerschießungen Unschuldiger ... Beseitigung militärischer Führungsspitzen ... Folter ... Denunziationen ...

Chruschtschow hatte vor einem Kongreß total verblüffter Delegierter seine »geheime Rede« gehalten. Die Verblüffung resultierte dabei weniger aus den Informationen – die waren ja allen bekannt – als aus der Tatsache, daß man erstmals in der Geschichte der Sowjetunion die Wahrheit vom Rednerpult der Partei hörte.

Die Gerüchte breiteten sich aus, nahmen an Ungeheuerlichkeit zu. Stalin, der Henker ... Stalin, ein Feigling ... ein Verbrecher ... ein Wahnsinniger ... Noch ganz benommen von dem Umstand, daß sie nunmehr über Dinge laut reden durften, die sie bislang vor lauter Angst nicht einmal zu denken wagten, standen die Leute am hellichten Tag auf offener Straße beieinander und redeten, freilich ohne zu bemerken, daß sie das Wichtigste und Naheliegendste versäumten, nämlich unsere, die jetzige Regierung zur Rechenschaft zu ziehen. Personenkult! Wer hatte ihn denn begründet? Und was hatten die Mitglieder des Politbüros, was hatte Chruschtschow selbst in den Jahren des Personenkults getan? Sie waren es doch, die als erste Stalins Loblied sangen, die ihm schmeichelten, ihn verherrlichten und auf seinen nächtlichen Trinkgelagen vor ihm tanzten – hier eine *Lesginka*, dort einen *Gopak*.

Mit Chruschtschows Rede verbreitete sich ein Gefühl nationaler Demütigung. Würden wir endlich aufwachen und dieser Apathie, dieser geistigen Schlafwandlerei ein Ende machen? Würden wir aufhören, die Lügen in aller Sanftmut hinzunehmen?

Chruschtschows Rede von den Perversionen des kommunistischen Regimes endete mit folgender Conclusio:

Wir dürfen es nicht zulassen, daß dieses Thema nach außen dringt – vor allem nicht in die Presse. Wir müssen dafür sorgen, daß es innerhalb der Partei behandelt wird. Wir dürfen unseren Feinden keine Munition liefern, indem wir unsere schmutzige Wäsche vor ihren Augen waschen.

Mein Gott, in was für Begriffen dachten diese Menschen? Zerstörungen, Erschießungen, Grausamkeiten – alles nur schmutzige Wäsche? Waschen wir sie also klammheimlich, unter uns, zeigen wir uns in weißer Weste vor der Öffentlichkeit, mit Palmzweigen wedelnd wie die Friedensengel!

Natürlich stand nichts in der Presse. Dennoch aber und obwohl Chruschtschow seine Kumpane zum Schweigen verpflichtet hatte, wußte ganz Moskau innerhalb weniger Tage Bescheid. Fast schien es, als fühlten die Menschen sich zum Handeln verpflichtet, als wollten sie ihrer Empörung Luft machen – doch nein. Der »Volkszorn« hatte sich ja noch niemals öffentlich kundgetan. Die Russen sprachen nur zum erstenmal laut über Dinge, die viele von ihnen lange schon gewußt, andere nur geargwöhnt hatten. Kopien der getippten Chruschtschow-Rede gingen von Hand zu Hand, die Öffentlichkeit war irritiert, ja konsterniert. Und wenn es zuvor wenigstens ein Hintertürchen gegeben hatte, die Möglichkeit, Unwissenheit vorzuschützen, so war jetzt jeder Sowjetbürger durch sein Versäumnis, die Regierung zur Rechenschaft zu ziehen, zum Komplizen geworden. Mir kam das Ganze so vor, als sei genau dies das Ziel gewesen, als habe Chruschtschow, dieser clevere, mit allen Wassern gewaschene russische Bauer, mit seiner Rede nur eine Absicht gehabt: mit einer einzigen Schnur ein ganzes Volk zu erdrosseln.

Die Enthüllungen jener Jahre verschafften mir das Gefühl moralischer Unterlegenheit. Was waren wir bloß für ein Volk? Hatten wir wirklich jedes Empfinden für Würde und Ehre verloren? Waren wir von unseren Urängsten schon so aufgerieben, daß wir alles zuließen, alles, was man uns antat? Nein, Russen sind keine Feiglinge. Den sicheren Tod vor Augen, haben unbewaffnete russische Soldaten während des Krieges gekämpft, sie waren bereit, ihr Land zu verteidigen und für ihr Land zu sterben. Wer aber will schon für nichts sterben? In irgendeinem Keller, wo keiner sieht, wie sie dich demütigen und daß du von Henkersknechten gefoltert wirst, die deine eigenen Landsleute sind? Tod und Folter, in wessen Namen und für wen? Schrei nur, es hört dich niemand. Nein, das ist keine Angst. Das ist schlimmer als Angst, ist äußerste Hoffnungslosigkeit. Mit Chruschtschows Rede fiel es mir wie Schuppen von den Augen, und ich konnte erstmals die ganze Schizophrenie und die Falschheit in Vergangenheit, Gegenwart und Zukunft unseres Landes erkennen.

Der erste – und soviel ich weiß auch der einzige Mensch –, der zwei Monate nach dem XX. Parteitag der Situation gemäß reagierte, war der betagte Generalsekretär des Schriftstellerverbandes, Alexander Fadejew. Chruschtschow hatte ihn als »stalinistischen Agenten« bezeichnet, der ihm gegenüber »Schriftsteller denunziert« habe. In der Tat ging der Tod vieler Menschen auf Fadejews Konto, doch hatte er nicht im eigenen Interesse, sondern aus Pflichtgefühl gehandelt. Und jetzt, da man sein Idol vom Sockel stürzte und die Menschen als Schatten ihrer selbst aus den Gefängnissen kamen, jagte er sich eine Kugel durch den Kopf.

Auch mein Vater kam aus dem Gefängnis zurück. Trotz seiner fast zehnjährigen Haft war er der überzeugte Kommunist von früher geblieben. Er kam nach Moskau, um erneut die Mitgliedschaft in der Partei zu beantragen. Zuvor aber machte er im Personalbüro des Bolschoi Station und versuchte, mich zu denunzieren: Ich hätte die Tatsache seiner Inhaftierung nach Paragraph 58 sehr wohl gewußt, sie aber absichtlich verschwiegen. Wie er eine solche Niedertracht mit der »Reinheit« seiner Ideen als gläubiger Leninist in Einklang bringen konnte, wird mir ewig unbegreiflich bleiben. Natürlich hoffte er, daß mich das Bolschoi vor die Tür setzen würde. Irrtum, Papa! Die Zeiten haben sich geändert. Er starb zwei Jahre später an Lungenkrebs – eines der vielen Ungeheuer, die das Sowjetregime hervorbrachte und dann zertrat.

Am Bolschoi spielten sich nach dem Parteitag Tragödien ab. Eine davon betraf Georgi Michailowitsch Nelepp, der als dramatischer Tenor und als ein Künstler untrüglichen Feingefühls eine so herrliche und jugendlich kraftvolle Stimme besaß, daß ich glaube, nie einen besseren Hermann in *Pique Dame* gehört zu haben. In meiner ersten Zeit am Bolschoi hatten wir zusammen am *Fidelio* gearbeitet, und bis heute zählt diese Erfahrung zu den wichtigsten meiner ganzen Laufbahn. Bevor Nelepp ans Bolschoi kam, gehörte er lange Jahre zum Ensemble der Kirow-Oper in Leningrad. Als Parteimitglied und mehrfacher Stalin-Preisträger, ausgezeichnet mit den höchsten Titeln, stand er in hohem Ansehen und genoß den Respekt der Kollegen und die Gunst des Publikums. Sein Hobby war für einen Mann recht ungewöhnlich: Er versah Tücher und Männerhemden mit feinster Stickerei – das beruhige die Nerven, meinte er.

Eines Morgens wartete ich in der Direktionsloge auf Nikandr Chanajew, den damaligen Operndirektor, und sah einer Orchesterprobe von Rimski-Korsakows *Sadko* zu, mit Nelepp in der Hauptrolle. Weil Chanajew sich verspätete, verließ ich von Zeit zu Zeit die Loge und ging ins Treppenhaus, wo ich mich, besorgt ihn zu verpassen, übers Geländer lehnte. Da sah ich unter mir, im Vorraum neben der Garderobe, eine ärmlich wirkende Frau mittleren Alters sitzen und endlich auch Chanajew, der eben von der Straße hereinkam und sich aus dem Mantel helfen ließ. »Nikandr Sergejewitsch«, sagte jetzt einer, »die Frau dort drüben bat uns, Georgi Michailowitsch [Nelepp] aus der Probe zu rufen. Sie wartet schon eine ganze Weile, und ich weiß nicht, was ich tun soll.«

Da wandte sich die Frau direkt an Chanajew: »Ich muß ihn dringend sprechen, ich bin nur heute in Moskau. Bitte, lassen Sie ihn rufen.«

»Sind Sie eine Verwandte von Nelepp?«

»Nein, er kennt mich nicht einmal, aber ich habe ihm etwas Wichtiges von einem Bekannten auszurichten.«

Chanajew hatte bemerkt, daß ich die Szene von oben beobachtete, und rief mir zu: »Galja, sag doch bitte dem Sekretär, daß er Nelepp von der Bühne holt, wenn er nicht beschäftigt ist.«

Ich tat, was er sagte, und kehrte danach zu meinem Ausguck am Geländer zurück, um die Szene weiter zu verfolgen. Da sah ich Georgi Michailowitsch Nelepp, den Stalin-Preisträger und Volkskünstler der UdSSR, den kultivierten und berühmten Tenor des Bolschoi, die Treppe hinabsteigen, langsam und mit Würde, ein wahrer Edelmann. Die Frau stand auf, als er kam.

»Guten Tag!« sagte er.

Sie starrte ihn nur wortlos an.

»Sie wollten mich sprechen?«

Da holte sie aus und spuckte ihm ins Gesicht. »Da! Das ist für dich! Du hast meinen Mann auf dem Gewissen, meine ganze Familie hast du auf dem Gewissen! Nur ich habe überlebt, um dich anzuspucken! Fahr zur Hölle!« Damit wandte sie sich ab und taumelte zum Ausgang.

Nelepp, der kreidebleich geworden war, ging zur Treppe, Chanajew folgte ihm, sichtlich verwirrt; der Pförtner wußte nicht recht, was für ein Gesicht er machen sollte, und ich huschte schnell in meine Loge zurück.

Als Chanajew mich kurz darauf in sein Büro rief, zitterte ich noch wie Espenlaub und brachte kein Wort heraus. »Eins muß klar sein«, sagte er, »wir haben beide nichts gesehen. In seiner Leningrader Zeit hat Nelepp das Leben vieler Menschen ruiniert. Er sieht nicht danach aus, aber das ist es ja gerade: Man vertraut ihm auf den ersten Blick.«

Nelepp starb wenig später an einem Herzanfall, höchstens zweiundfünfzig Jahre alt.

Besser als in Solschenizyns *Krebsstation* läßt sich das Klima jener Jahre kaum beschreiben. Dort ist von einem mittelmäßigen Parteibonzen die Rede, der als Denunziant viele Menschen auf dem Gewissen hat. Als er erfährt, daß die Behörden die zu Unrecht Verurteilten aus den Gefängnissen entlassen, ist er aufrichtig erstaunt, ja erschüttert: »Warum läßt man sie raus? Sie waren jahrelang eingesperrt und sind daran gewöhnt . . . Und was wird jetzt aus uns? Warum denkt man nicht an uns? Wir haben schließlich nur den Willen der Partei ausgeführt!«

Soviel über den einen Teil der Bevölkerung, zu dem nicht wenige gehörten. Eine weitaus größere Gruppe aber stellten jetzt jene, die in der Ära der Rehabilitanz[1] aus allen Teilen des Landes in die Hauptstadt strömten und an jeder Straßenecke standen: ausgelaugte, mit Füßen getretene Menschen, Überlebende der sowjetischen Straflager, leicht zu erkennen an ihrer erbärmlichen Kleidung und ihren leeren, ausgemergelten Gesichtern. Sie waren gekommen, um Gerechtigkeit zu fordern, und belagerten jetzt monatelang die Türen zum Zentralkomitee, zum Obersten Sowjet der UdSSR und zum Büro des Generalstaatsanwalts. Die einen stellten Gesuche um Wiederaufnahme in die Partei, die andern verlangten ein Dokument, das ihre Rehabilitierung beglaubigte. Ein Dokument? Ein Wisch, der einem Halbtoten in zynischer Kürze, aber hoch offiziell bestätigte, daß er zu Unrecht verurteilt worden war, daß er heute, nach zehn oder zwanzig Jahren Gefängnis und auf Grund eines fehlenden corpus delicti aus der Haft entlassen und begnadigt sei. In ihrer Verantwortungslosigkeit und Gleichgültigkeit dem menschlichen Leben gegenüber konnten diese elenden Schriftstücke nur einmal mehr beweisen, daß auch die größten Opfer nicht imstande waren, die unmenschliche Haltung des Sowjetregimes zu verändern. Die Grausamkeit der Straflager hatte in der Farce der »Rehabilitierungen« ihre würdige Nachfolge gefunden.

Wie seit eh und je verschanzten sich Stalins Gesinnungsgenossen hinter den Mauern des Kreml. Keiner wurde vor Gericht gestellt, und ihre Gesichter zierten weiterhin die Wände der Nation, blickten unverfroren auf die Rehabilitierten wie auf den Rest der fügsamen Bevölkerung.

Jetzt machten sich auch die Historiker ans Werk und schrieben sowohl die Geschichte der Kommunistischen Partei als auch die des Großen Patriotischen Krieges um. Und wenn zuvor die Taten des vormals so gefeierten Führers als »unsterblich« galten, so wurden sie jetzt, mit dem Segen seiner treuen Gesinnungsgenossen, in Grund und Boden verdammt. Sogar sein Name hatte zu verschwinden: Dichter und Schriftsteller sorgten mit unermüdlicher Hingabe dafür, daß auch nicht eine Zeile in der sowjetischen Literatur ihn noch erwähnte. Über Nacht nahm man dem Usurpator auch die Städte wieder ab, die er als sein Eigentum betrachtet hatte, Städte, die seit Jahrzehnten seinen Namen trugen. So hat man sich damals die Geschichte des Sowjetregimes wie ein Paar zerlumpter Hosen geflickt und neu zurecht-

---

[1] Wortschöpfung der Autorin

geschneidert und beides – den Toten und die Erinnerung an ihn – dem Volk zum Fraße vorgeworfen. Im ganzen Land loderten die Scheiterhaufen, gingen sämtliche Stalin-Bilder in Flammen auf. Überall schlug man den Statuen des »Führers und Lehrmeisters aller Zeiten und Länder« die Köpfe ab. Das war keine Kleinigkeit, denn es gab ja keine Fabrik und keine Schule, keine Theater, Universitäten, Straßen, Plätze oder Parks, die nicht mit dem Bildnis des Generalsekretärs der Kommunistischen Partei verziert gewesen wären. Jetzt konnte die ganze Nation in einem wahren Ausbruch an Mut und Heldentum ein Seil um seine Füße winden und ihn vom Sockel stürzen, konnte ihn exekutieren und auf dem leblosen stummen Koloß nach Herzenslust herumtrampeln.

Als Slawa Anfang März 1956 erstmals in England gastierte und ich des Babys wegen, das von heute auf morgen da sein konnte, zu Hause blieb, rief er täglich von London aus an und übertönte mit verzweifelten Beschwörungsversuchen selbst die störendsten Geräusche in der Fernleitung: »Untersteh dich, das Kind ohne mich zur Welt zu bringen! Warte auf mich! In ein paar Tagen fliege ich zurück!«

»Was redest du da? Als ob das von mir abhinge!«

»Ja, es hängt von dir ab! Alles ist möglich, du mußt es nur wollen! Versprich mir, daß du auf mich wartest!«

»Was für ein Unsinn, das kann ich doch gar nicht versprechen!«

»Doch, du kannst. Du brauchst dich nur hinzulegen und dich nicht mehr zu bewegen. Ich war auch ein Zehnmonatskind – wahrscheinlich bin ich deshalb so klug und so begabt! Und lies nichts Aufregendes, nur die Shakespeare-Sonette, hörst du? Und sieh dir nur Schönes an!«

»Aber wo? Ich darf ja nicht mehr raus!«

»Das darfst du auch nicht. Du brauchst nur in den Spiegel zu schauen, da siehst du was Schönes!«

Großartig! Da sitzt er in London und führt von dort aus das Kommando!

Aber recht hatte er ja, warum sollte ich das Kind in seiner Abwesenheit bekommen, die ganze Angst und Aufregung alleine tragen? Ich sah wirklich nicht ein, daß er, der im Ausland Erfolge einheimste und eine Menge neuer Eindrücke sammeln konnte, einfach nach Hause kam und ein fix und fertiges Baby vorfand. Nein! Soll er sich ruhig ein bißchen kümmern und mir beistehen, soll er ruhig ein wenig mit mir leiden. Ich beschloß also nicht nur, mich nicht mehr zu rühren. Ich wollte nicht einmal mehr atmen – nur warten.

Am Abend des 17. März kam er in Hochstimmung zurück – froh über seinen Tournee-Erfolg, stolz und glücklich, weil der weibliche Teil der Familie alle seine Anweisungen befolgt hatte und auch jetzt in Erwartung des Herrn und Meisters brav im Lehnstuhl saß. Dann aber kamen Dinge aus Slawas Koffer geflogen, als hätte sich ein Zauberkasten aufgetan: die herrlichsten Seidenstoffe und Seidenschals, Parfums und andere unvorstellbare Träume, zu guter Letzt flog ein prachtvoller Pelzmantel durch die Luft und landete genau auf meinem Schoß.

Ich schnappte nach Luft, außerstande, ein Wort zu sagen. Slawa aber strahlte: »*Das* paßt gut zu deinen Augen ... Und *daraus* kannst du dir ein Kleid fürs Konzert machen lassen ... Und als ich *das da* gesehen habe, wußte ich sofort, daß es wie geschaffen für dich ist. Siehst du jetzt, wie richtig es war, auf mich zu warten? Ich hatte eben wie immer recht! Jetzt, wo du richtig fröhlich bist, wird die Geburt viel leichter sein, und auch die Schmerzen gehen schnell vorbei, wenn du dir die ganzen schönen Kleider vorstellst!«

Er platzte förmlich vor Stolz und Zufriedenheit und fühlte sich überaus wohl in seiner Rolle als ein ebenso aufmerksamer wie wohlhabender Ehemann, der seiner Frau Dinge schenken konnte, wie keine andere Sängerin am Bolschoi sie besaß. Ich wußte aber, daß mein »wohlhabender« Mann – der »große Rostropowitsch«, wie die englischen Zeitungen ihn nannten – auf seiner zweiwöchigen Tournee am Essen gespart hatte, um mir all diese Geschenke kaufen zu können. Achtzig Pfund pro Konzert war alles, was ihm von seiner Gage übrigblieb: Der restliche Verdienst ging an die sowjetische Botschaft.

Noch weit nach Mitternacht – mein reisemüder Slawa schlief längst den Schlaf des Gerechten – lag ich hellwach im Bett; meine Gedanken kreisten um die Kleider, die man aus den himmlischen Seiden nähen konnte. Dann stellte ich mir vor, wie ich in meinem neuen Pelz im Theater auftauchte ... Mit einem Mal aber teilte mein lang erwartetes Kind mir in aller Deutlichkeit und unmißverständlich mit, daß es nicht länger zu warten gedächte.

Mein erster Gedanke war, Slawa aufzuwecken und sofort in die Klinik zu fahren. Als ich mich aber an meine ersten Wehen erinnerte und daß ich damals zwei lange Tage auf der Entbindungsstation gelegen hatte, beschloß ich, lieber noch abzuwarten und so lange wie möglich zu Hause zu bleiben.

Da war er wieder, der ziehende Wehenschmerz. Aber nein, es fängt ja erst an, das kann noch Stunden dauern ... Nein, nein, es wird bestimmt noch eine ganze Weile dauern ... Atemlos lauschte ich in mich hinein und versuchte, jede Bewegung des heftig um sich schlagenden Lebens in mir wahrzunehmen. Dabei war mir, als erfüllte mich eine gewaltige Kraft, die, zunehmend stärker werdend, mich einem großen Augenblick entgegentrieb.

Gegen fünf Uhr morgens gab es keine Frage mehr: Ich mußte Slawa wecken, und zwar auf der Stelle. Ein Jammern unterdrückend, tippte ich ihm nur leicht an die Schulter.

»Slawa.«

»Mmmm.«

»Slawa!«

»Aaaaa .. «, kam es müde und verschlafen.

Da flüsterte ich ihm zu: »Slawa, ich glaube, es ist soweit!«

Mit einem Sprung war er aus dem Bett, sauste durch die Wohnung und weckte alle auf. »Mama! Rimma! Steht auf! Galja hat ein Baby!«

Auch ich war schon auf den Beinen. »Aber ich habe es doch noch gar nicht! Und schrei doch nicht so laut, das ganze Haus kann uns ja hören! Wir müßten jetzt nur allmählich in die Klinik – aua, au!«

Slawa hatte sämtliche Telefonnummern der Taxis vergessen, er hatte seine Hosen verlegt und nichts als zwei linke Hände – kurz, er war ein Mann.

Kopflos lief er von einem Zimmer ins andere und flehte mich an: »Geh nicht so schnell, mach keine so heftigen Bewegungen, bück dich nicht, nein, laß das, wir ziehen dich schon an!«

»Bitte, Slawa, reg dich nicht so auf. Wir haben schon noch Zeit – aua!«

»Rimma, zieh sie sofort an, wir müssen auf der Stelle ins Taxi!«

»Halb so schlimm, die Wehen sind schon wieder weg. Hetz mich nicht so, ich kann ja keinen klaren Gedanken mehr fassen!«

Da sah ich, wie meine Schwiegermutter mit wehendem weißem Haar, schweigsam und wie ein Gespenst durch die Wohnung ging, alle Türen öffnete, alle Schubladen an Schrank, Buffet und Schreibtisch aufzog.

»Was machst du da, Sofija Nikolajewna?«

»Sei still Galja, das muß so sein. Wenn alles weit offensteht, wird deine Geburt leichter sein.«

Obwohl ich mich vor Schmerzen krümmte, zog ich (zum Entsetzen Slawas) meinen neuen Pelzmantel an, ging ins Nebenzimmer und bewunderte mich im Spiegel.

»Ja bist du denn von allen guten Geistern verlassen? Wie kannst du nur jetzt an so etwas denken?«

»Und wie ich das kann! Ich habe doch noch nie etwas so Schönes – au, au!«

»Mama, das ist wirklich die Höhe! Sag ihr, daß wir sofort los müssen!«

Die ganze Zeit über hatte ich die Zähne zusammengebissen und mich bemüht, nicht zu jammern. Ich sah ja, wie es um meinen blassen Slawa stand und daß er vor Angst, ich könnte das Kind im Taxi zur Welt bringen, schon der Ohnmacht nahe war.

Im Pirogow-Krankenhaus, wo seit langem ein Bett für mich bereitstand, hatte man mich schon erwartet. Es war anders als vor zehn Jahren in

Leningrad, als ein abgezehrtes junges Mädchen, das kaum die Blockade überstanden hatte, zwanzig Stunden lang im Flur einer Klinik saß und um Aufnahme betteln mußte. Jetzt wurde eine andere aufgenommen – Galina Pawlowna Wischnewskaja, Solosängerin am Bolschoi, für die jedermann sein Bestes tat.

Am 18. März 1956, um ein Uhr mittags, kam meine Tochter zur Welt – ein Wunschkind war geboren!

Meine Tochter erschien nicht nur mir als ein Inbegriff an Schönheit, sie war in der Tat ausnehmend schön, vollkommen in den Proportionen und ihrer glatten, hellen Haut. Schon in den ersten fünf Minuten ihres Lebens sah sie mich aufmerksam an. Nicht mit dem verschleierten Blick der Neugeborenen, sondern mit klaren, verständigen Augen – so, als habe sie mir etwas furchtbar Wichtiges mitzuteilen. Ganz offensichtlich hatten Slawas nächtliche Shakespeare-Rezitationen ihr Ziel nicht verfehlt. Sogar die Hebamme sagte zu mir:

»Wirklich, Galina Pawlowna, von allen Kindern, die ich ins Leben geholt habe, war keins wie sie.«

Ich wollte sie Jekaterina nennen, aber für Slawa sprachen »schwerwiegende Gründe« dagegen: »Bitte nicht, du weißt doch, ich kann das R nicht richtig aussprechen. Sie könnte sich über mich lustig machen. Nennen wir sie doch Olga!«

Eine Woche später verließ ich das Krankenhaus und ging mit einer Schwester, die meinen Schatz vor mir her trug, die Treppen hinunter, wo Slawa, Sofija Nikolajewna, Veronika und ein paar Freunde mich schon erwarteten.

Slawa sah seine Tochter zum erstenmal, weil die jungen Mütter in sowjetischen Krankenhäusern keinen Besuch empfangen dürfen.

Er griff nach dem Bündel, nahm es ungeschickt in den Arm und hielt es, aus lauter Angst es fallenzulassen, krampfhaft fest. Schon vorher war er so aufgeregt, daß er Hut und Handschuhe unterwegs verloren hatte. Jetzt aber geriet er beim Anblick des winzigen Etwas geradezu in Ekstase: lachend, fast schreiend wiederholte er immer wieder: »Ein Wunder! Ganz einfach ein Wunder! Schau doch, Mama, wie schön sie ist! Und ihr, seht sie euch alle an! Habt ihr je etwas Schöneres gesehen?«

Und Sofija Nikolajewna, die ihr erstes Enkelkind genau betrachtete, nickte stolz und zufrieden mit dem Kopf und sagte: »O ja, sie geht eben ganz nach unserer Familie. Sei nicht böse, Galja, aber dir sieht sie kein bißchen ähnlich. Den Mund hat sie eindeutig von uns, wir alle haben diese Lippen.«

Veronika hieb in dieselbe Kerbe: »Slawka, sie hat deine Nase und deine Augen. Ja, sie ist wirklich hübsch, eine echte Rostropowitsch.«

»Na schön«, keifte ich, »jetzt habt ihr ja alles unter euch aufgeteilt. Aber

183

vergeßt bitte nicht, daß ich es war, die sie bekommen hat. Vielleicht seid ihr so nett, ein bißchen für mich übrigzulassen!«

Alle aber lächelten nur selig über das Jüngste »ihrer Familie«, das allerliebst vor sich hin schmatzte und glücklich und zufrieden in Slawas Armen lag.

Zwei Wochen später ging Slawa auf seine erste Gastspielreise nach Amerika. Ich war ganz froh darüber, hoffte ich doch, daß es mir während seiner zweimonatigen Abwesenheit leichter fiele, mich an den veränderten Tagesablauf, den Olgas Erscheinen mit sich gebracht hatte, zu gewöhnen und sogar eine gewisse Ordnung in unser häusliches Leben zu bringen.

Rimma schuftete von früh bis spät wie ein Pferd, stand schon am Morgen nach Lebensmitteln an, machte anschließend die Wohnung sauber und gleichzeitig das Mittagessen. Sie mußte sich wirklich den Kopf zerbrechen, um Rezepte zu erfinden.

Zusätzlich zu ihrem täglichen Haushaltspensum mußte Rimma jetzt auch das Windelwaschen übernehmen – von Hand, denn Waschmaschinen waren damals nicht zu bekommen. Das hieß, sie mußte sämtliche Babysachen, die sich im Lauf von vierundzwanzig Stunden angesammelt hatten, zuerst durchwaschen, dann in einem Topf auf dem Herd auskochen, spülen, auswringen, trocknen und bügeln. Die Wäsche hing einfach überall: in der Küche, im Flur, im Badezimmer und auf sämtlichen Heizkörpern der Wohnung. Trockenspeicher oder -räume, wie sie heute in Neubauten eingerichtet werden, gab es damals nicht, und von Wäschetrocknern hatten wir nie etwas gehört.

Von morgens bis abends hantierte Rimma in allen Zimmern, tauchte meteorgleich mal hier auf und mal da, sang Arien und hinterließ die Spuren ihrer Arbeit in Form zerbrochenen Geschirrs. Auch wenn sie vor Müdigkeit kaum noch stehen konnte und ein verdienter Feierabend durchaus möglich gewesen wäre, stellte sie sich vor mir auf und fragte: »Was kann ich jetzt noch tun?«

»Setz dich in Gottes Namen endlich mal hin und hör auf mit dem Terror!«

»Ich kann aber nicht stillsitzen und einfach nichts tun. Geben Sie mir Olga, ich kümmere mich um sie.«

Ihr das Kind nicht zu überlassen, hätte ihre Gefühle verletzt. Nur dachte ich immer wieder an meinen kleinen Sohn, den ich so früh schon verloren hatte. Ich brachte es einfach nicht über mich, meine Tochter jemand anderem anzuvertrauen, ja, ich wollte nicht einmal, daß einer auch nur in ihre Nähe kam. Acht Monate lang habe ich Olga gestillt und ganze Tage damit verbracht, ihre Windeln zu wechseln, sie an- und auszuziehen, sie zu füttern und zu baden. Zwischendurch mußte ich ans Klavier, Vokale singen,

184

üben, denn ich hatte drei Monate nicht mehr gesungen. Jeden Abend war ich so erschöpft, daß ich meinen Rücken kaum noch strecken konnte und nur den einen Wunsch hatte, einmal bis neun Uhr morgens durchzuschlafen. Denn meine Tochter schlief tagsüber so gut, daß ich sie zum Stillen wecken mußte. Sobald es aber auf Mitternacht ging, pflegte sie dieses Ereignis pünktlich wie die Kremlglocken und höchst diktatorisch anzukündigen. Und weil ihre Forderung keinen Widerspruch duldete, wanderte ich, Olga auf dem Arm, stundenlang durchs Zimmer. Oder ich setzte mich zu ihr ans Bett und wiegte sie sacht hin und her, bis sie schließlich ruhig wurde und sanft entschlummerte. Aber kaum war ich selbst eingeschlafen, teilte sie mir durch Wimmern und Strampeln mit, daß ihre Windeln jetzt und keine Minute später gewechselt werden müßten. So ging das jede Nacht. Als meine heißgeliebte Tochter aber vier Monate alt war, stellte ich ihr Bettchen ins Kinderzimmer. Jetzt war es Rimma, die in nächster Nähe schlief und von nun an pünktlich um Mitternacht geweckt wurde.

Ohne Rimma aber, ohne ihre Ergebenheit und übermenschliche Ausdauer hätte ich bald vor der Frage »Oper oder Familie« gestanden und keine Wahl gehabt. Denn es ist schlichtweg unmöglich, die Karriere als Opernsängerin mit den unablässigen Anforderungen von Kindererziehung und Haushalt in Einklang zu bringen. *Ein* Kind zu haben, zählt bei Sängerinnen des Bolschoi schon zu den Ausnahmen.

Als Slawa aus Amerika zurückkehrte, war er noch immer ganz hingerissen von der Vielfalt des kulturellen Lebens, von den hervorragenden Symphonie-Orchestern und Konzertsälen in diesem Land. Ebenso hatte ihn die Vielzahl amerikanischer Zeitungen und die Tatsache überrascht, daß sie in einem Umfang von mehreren Dutzend Seiten erschienen – ganz im Gegensatz zu unserem Zentralorgan, der *Prawda*, die aus ganzen vier, bestenfalls sechs Seiten bestand. Allein die Sonntagsausgabe der *New York Times*, schwärmte er, wöge ein paar Pfund. Und sein Erstaunen über die Leistungsfähigkeit der Presse, die kein Ereignis im so mannigfaltigen Leben dieser Gesellschaft unerwähnt ließ, wurde nur noch von dem Umstand übertroffen, daß die Morgenblätter bereits die Rezensionen der Konzerte vom Vorabend brachten.

Rimma und ich, die seinen Erzählungen aufmerksam lauschten, mochten kaum glauben, daß jede amerikanische Familie ein Auto besaß, manche sogar zwei, daß in jedem amerikanischen Hotelzimmer ein Fernsehgerät stand und daß man die Auswahl zwischen vielen Programmen hatte. (Wenn ich mich nicht irre, konnten wir damals nur eins empfangen.)

Ausführlicher als alles andere aber waren seine Berichte von der Hochzeit Grace Kellys mit Fürst Rainier von Monaco, die während seines

Gastspiels stattgefunden hatte. Er zeigte uns amerikanische Blätter mit unzähligen Fotos, Interviews und Berichten von dem Aschenputtel, das zur Fürstin wurde, und war höchst erstaunt, daß diese Heirat, die seine Phantasie in einem so hohen Maß beflügelt hatte, keinerlei Eindruck auf mich machte. Wie denn auch – mein Leben lang hatte ich Fürstinnen und Königinnen gespielt und hielt es für ganz selbstverständlich, daß ein Fürst eine schöne Schauspielerin, einen Hollywoodstar zur Frau nahm. Aschenputtel! Wen sonst hätte er heiraten sollen?

Parallel zu diesen Erkenntnissen hatte Slawa auch ein paar neue, »progressive« Ideen in Amerika aufgeschnappt und war mit einem ganzen Koffer voller Babysachen zurückgekehrt, mit Pulvernahrung für Kleinkinder, mit Schnullern, Plastikflaschen und wunderhübschen Kleidchen im Prinzessinnenstil. In flammenden Reden gab er uns zu verstehen, daß wir allesamt hinterm Mond lebten, daß nur noch die Wilden ihre Kinder stillten, zivilisierte Mütter aber Fertignahrung nähmen. Sie enthielte alle Vitamine, die ein Säugling brauche, und sie allein sei der Grund, weshalb die Kinder in Amerika so prächtig gediehen. Schon wollte er uns übereifrig vorführen, wie einfach die Anwendung sei, Rimma und ich aber behielten ihn scharf im Auge und ließen ihn mit seinen »progressiven« Fläschchen nicht in Olgas Nähe. Amerikanische Neuerungen dieser Art machten uns eher skeptisch, schienen uns zu vielversprechend, um wahr zu sein. So wanderten die hübschen Dosen und Döschen in den Schrank, und ich knöpfte mir auch weiterhin alle drei Stunden die Bluse auf, um meine Tochter glücklich und zufrieden wie bisher auf meine Art zu füttern.

Wenig später kam ein Anruf aus Leningrad. Die dortige Filmgesellschaft plane eine Verfilmung des *Eugen Onegin*, und man habe mich für die Rolle der Tatjana vorgesehen. Ich solle doch bitte zu Probeaufnahmen kommen. Was sollte ich tun? Mit einem drei Monate alten Säugling im Zug nach Leningrad fahren? Unmöglich. Ich fürchtete, Olga könnte sich eine Erkältung, ja, eine schwere Infektion holen.

Also wurde früh am Morgen ein dringender Familienrat einberufen, bei dem meine Schwiegermutter den Vorsitz übernahm. »Hör zu Galja, ich weiß schon, wie wir das machen. Du kannst den Nachtzug nach Leningrad nehmen, wenn du bis dahin soviel Tee trinkst, wie es eben geht. Dann hast du heute abend Milch genug, um sie in Flaschen zu füllen. Die stellen wir dann in den Kühlschrank. Bevor du gehst, kannst du Olga noch einmal stillen und dann beruhigt abfahren. Mach dir keine Sorgen, ich bleibe heute nacht hier, das Baby hat genug zu trinken, und morgen um die gleiche Zeit bist du ja wieder zurück.«

Gesagt, getan. Sie brachten mich zur Bahn, wo ich wie geplant den Nachtzug nahm. Aber erst am nächsten Morgen, als ich mich im Studio für die Aufnahmen zurechtmachte, bekam ich die Folgen des weisen Ratschlags meiner Schwiegermutter zu spüren. Die Unmengen Tee, die ich tags zuvor in mich hineinschütten mußte, hatten länger als erwartet gebraucht, um sich in Milch zu verwandeln. Meine gewaltig angeschwollenen Brüste betrachtend, war mir nicht recht klar, wie ich den Tag überleben sollte.

Während der Aufnahmen bat ich nach jeder Stunde um eine kurze Unterbrechung, rannte mit dem Brief Tatjanas in der Hand vom Schreibpult weg in eine dunkle Ecke des Studios, wo ich einen Spülstein entdeckt hatte. Wieder zurück, wies mein Busen schon ein wenig mehr Ähnlichkeit mit dem eines jungen Mädchens auf. Das Spielchen wiederholte sich bis zum späten Abend, als ich eben noch den Nachtzug nach Moskau erwischte. Doch war auch jetzt kein Ende in Sicht: Ich mußte mir beim Schaffner ein paar Gläser besorgen und die ganze Nacht damit verbringen, sie mit Milch zu füllen. Die beste Milchkuh, die es je gab!

Ich zählte die Minuten bis zur Wohnungstür und bis zu dem Augenblick, da meine Tochter mich von diesem Alptraum befreite. Nur Sekunden, so schien es mir, trennten mich noch von einer gewaltigen Explosion, die mich und meine Haut in winzig kleine Fetzen riß.

Zu Hause angelangt, flogen Mantel und Pullover durchs Treppenhaus, die Blusenknöpfe rollten in alle Richtungen. An der Wohnungstür kam Rimma mir entgegen, eine in den höchsten Tönen schreiende Olga auf dem Arm. »Schnell! Gib sie mir, ich sterbe!«

Als ich sie anlegte, nahm sie auch die Brust, spuckte sie aber sofort wieder aus und verweigerte mit allen Zeichen des Abscheus auch die andere Seite. Dann erbrach sie sich, über und über.

»Sofija Nikolajewna!« schrie ich, »Slawa! Was habt ihr mit Olga gemacht?«

Nach und nach kam die ganze Geschichte heraus. Am Morgen nach meiner Abreise hatte Rostropowitsch beschlossen, die Ernährung seiner Tochter selbst in die Hand zu nehmen und verlangt, man solle ihm das Kind nebst einer Flasche Milch bringen. Rimma tat natürlich, was er sagte. Nun ist Muttermilch ja recht dünn und sieht leicht bläulich aus, auch hatte sich auf meiner über Nacht ein Häutchen gebildet. Müßig zu sagen, daß sie ziemlich unappetitlich aussah.

»Was ist denn das? Seid ihr nicht ganz gescheit? Erwartet ihr etwa, daß ich meiner Tochter so etwas gebe?«

Und bevor Sofija Nikolajewna oder Rimma eingreifen konnten, schüttete er beide Flaschen in den Spülstein. Die Katastrophe rückte näher, das Jüngste Gericht war nicht mehr aufzuhalten. Eine Dose amerikanischer Pulvernahrung in der einen Hand und das Wörterbuch in der andern studierte Rostropowitsch die Gebrauchsanweisung für seinen Wundertrank

– soundsoviel Löffel Pulver, soundsoviel Wasser. Rimma stand Todesängste aus und schrie in höchster Not, daß sie nie und nimmer und nur über ihre Leiche zuließe, Olga mit solchem kapitalistischen Gift zu füttern. Mit ähnlicher Lautstärke lehnte Sofija Nikolajewna jede Verantwortung ab für den Fall, daß dem Kind etwas zustieße. Als Begleitmusik zum allgemeinen Getöse denke man sich das ohrenbetäubende Geschrei der hungrigen Olga hinzu.

Wenn sich Rostropowitsch aber etwas in den Kopf gesetzt hat und von dessen Richtigkeit überzeugt ist, kann keine Macht der Welt ihn daran hindern, es auch zu tun. Also wog er die für ein drei Monate altes Baby nötige Menge Pulver ab und löste sie in Wasser auf, befand das Ergebnis als zu dünn und schüttete noch mehr Pulver dazu, damit Olga »groß und stark« werde, wie er den Frauen erklärte, die das Kind verschreckt an sich drückten. Daß er Freudenschreie ausstieß, als Olga das väterliche Gemisch innerhalb einer Minute verzehrt hatte und selig lächelnd einschlief, läßt sich bei alledem wohl denken.

»Nun, was habe ich euch gesagt, ihr ungebildeten, unwissenden alten Weiber! Ihr habt ja keine Ahnung, wie man Kinder großzieht! So einfach ist das!«

Siegessicher sah er meiner Rückkehr aus Leningrad entgegen, nachdem er das Kind den ganzen Tag damit gefüttert hatte. In der Nacht aber bekam Olga Bauchweh und schrie derartig, daß niemand mehr ein Auge zutun konnte.

So also standen die Dinge, als ich nach Hause kam. Olgas Bauch fühlte sich an wie ein Stein, und mir dröhnte der Kopf von meiner eigenen Misere. Wir riefen unsere Ärztin an, die, sobald sie erfuhr, was sich ereignet hatte, in das allgemeine Wehgeschrei der Frauen einstimmte.

Slawa hatte völlig den Kopf verloren und verstand die Welt nicht mehr: »Sie hat doch mit einem solchen Appetit gegessen!«

»Schon möglich, aber Sie müssen das Kind nach und nach erst entwöhnen, ihm zu Anfang höchstens ein Fläschchen pro Tag von der Babynahrung geben. Sie hätten es umbringen können! Seit der Geburt hat es doch nur Muttermilch bekommen, und jetzt füttern sie es den ganzen Tag lang mit einem Brei, der so dick wie Grütze ist!«

Nach ein paar schlaflosen Nächten hatten die Dinge sich wieder normalisiert – Gott sei dank!

Im Juni erreichte uns die Nachricht aus Leningrad, daß Vera Nikolajewna Garina gestorben sei. Da ich Olgas wegen nicht zur Beerdigung reisen konnte, schickte ich nur einen Kranz.

Vera Nikolajewna hatte mich nie in der Oper gehört. Ein Jahr vor ihrem

Tod aber, als ich in der Leningrader Philharmonie ein Konzert gab, saß sie, umgeben von ihren Schülern, in der vordersten Reihe und strahlte vor Glück und Stolz. Sie war es, die mir in den beiden Studienjahren alles mitgegeben hatte, was mich zu meiner Laufbahn befähigte, so daß ich nach meiner Arbeit mit ihr nie wieder Gesangsstunden zu nehmen brauchte. Sie war es auch, der ich das größte Geschenk verdanke: ein Leben für die Kunst führen zu dürfen, ein langes und schönes Leben. Seit jener Zeit war ich zu keiner Probe gegangen und hatte die Bühne nicht ein einziges Mal betreten, ohne an sie zu denken.

11

Nun bin ich fast auf der Hälfte meines Buchs und merke erst jetzt, daß ich bislang einen Menschen unerwähnt ließ, dessen Freundschaft mein Leben wie ein strahlendes Licht erhellte und dessen geistiger Reichtum mich für alle Zeit geprägt hat: Dmitri Dmitrijewitsch Schostakowitsch, eine titanische, zutiefst tragische Erscheinung im Kunstleben des 20. Jahrhunderts. Meine Gefühle überwältigen mich, wenn ich an ihn und an die zwanzig Jahre unserer engen Freundschaft denke, an eine Zeit, in der Slawas Leben und das meine, in der unser beider künstlerisches Schaffen mit ihm als Mensch und Musiker untrennbar verbunden war.

Die Nähe zu Schostakowitsch hat mich sowohl im musikalischen als auch im persönlichen Bereich in höchstem Maß beeinflußt; ihn zu kennen, hieß für mich mit den Worten Radistschews: »Meine Seele blutete beim Anblick des menschlichen Leidens um mich her.«[1]

Ich wurde Zeuge vom Leidensweg eines Menschen, den ich verehrte und vor dem ich mich verneigte. Dies bedeutete für mich die Verpflichtung, mich anders als bisher nicht nur auf das Leben um mich her einzulassen, sondern auch zurückzuschauen, meine Kindheit und Jugend in einem anderen Licht zu betrachten. Durch die Begegnung mit Dmitri Dmitrijewitsch spürte ich erstmals das Verlangen in mir, herauszufinden, wie dieses Rußland lebte und was in meinem Land geschah. Ich fühlte mich herausgefordert, mir die Ereignisse der Vergangenheit vor Augen zu führen, zu verstehen und zu analysieren, was meine Mitmenschen durchlebt hatten – und ich mit ihnen.

Mein Bericht beansprucht in keinerlei Hinsicht, Leben und Werk Schostakowitschs im Sinne einer Studie zu würdigen. Nur von persönlichen Eindrücken will ich erzählen und davon, was er mir selbst gesagt hat und was ich selbst miterlebt habe. Bevor ich aber von meinen Begegnungen mit

---

[1] Alexander Radistschew, 1749–1802, Regierungsbeamter unter Katharina d. Gr. und Verfasser der *Reise von Petersburg nach Moskau*, des vermutlich ersten Buches gegen die Unterdrückung russischer Bauern

Dmitri Dmitrijewitsch berichte, möchte ich kurz auf den Lebensweg des Komponisten eingehen, auf seine schöpferischen Anfänge und seine Entwicklung bis zum Beginn unserer Freundschaft.

Nach der Revolution haben viele überragende Künstlerpersönlichkeiten, die sich mit der Ungerechtigkeit und der Inhumanität des neuen Regimes nicht abfinden konnten, Rußland verlassen. So auch die Komponisten Rachmaninow, Prokofjew, Strawinski und Glasunow, die Schriftsteller Kuprin und Bunin, zahlreiche Sänger, Tänzer und Schauspieler.

Die Lücke zu füllen, rückten unbegabte und unerfahrene Leute nach, die aber rasch erkennen mußten, daß ihre schwachen Talente das entstandene Defizit nie und nimmer ausgleichen konnten. Also mußten sie ihre eigene Organisation gründen, um gemeinsam stark zu sein.

Hier liegen die Anfänge des berühmt-berüchtigten »Proletkults«, hier konnten Dilettanten proletarischer Herkunft sicher sein, auf Grund ihres Parteibuchs jede Unterstützung zu finden.

Von keinerlei Talent belastet, ungetrübt von Wissen und Kultur, brachten die »proletarischen« Komponisten nicht viel mehr zustande als gewöhnliche, amateurhafte Lieder und Märsche. Das hinderte sie freilich nicht daran, ehrgeizige Programme zu entwickeln, in denen die Neuerer in der Musik mundtot gemacht und die Klassiker nach Belieben ausgeschlachtet wurden. Die glorreiche Idee, daß klassische Opern einer Überarbeitung, einer Anpassung an moderne revolutionäre Stoffe bedürften, ist der Proletkult-Bewegung ebenso zu verdanken wie die Tatsache, daß das Repertoire der Leningrader und der Moskauer Opernhäuser bald schon um neue Meisterwerke bereichert werden konnte. Meyerbeers *Hugenotten* sahen sich in *Dekabristen* verwandelt, Puccinis *Tosca* hieß von nun an *Der Kampf um die Kommune*, dessen Heldin, Floria Tosca, die rote Fahne ergriff und – bereit, für die großen Ideen des Kommunismus zu sterben – auf die Barrikaden stieg. Noch einfacher war es, Glinkas Oper *Ein Leben für den Zaren* in *Ein Leben für das Volk* zu ändern.

Die Anhänger der Proletkult-Bewegung erkannten nur proletarische Kunst an, auch wenn keiner von ihnen so recht wußte, was das eigentlich hieß. Sie löschten einfach aus, was vor ihrer Zeit geschaffen worden war, und stellten die Weichen für den künftigen Kurs der offiziellen sowjetischen Kunst, für den Sozialistischen Realismus. Nur zu gut läßt sich denken, wie sehr sie Schostakowitsch haßten – nicht nur dessen Werk, sondern ihn selbst, der ihnen als junger Kritiker in aller Schärfe Dilettantismus und mangelnde Begabung vorgeworfen hatte.

Als am 23. April 1932 das Dekret des Zentralkomitees zur »Umstrukturierung aller literarischen und künstlerischen Organisationen« erlassen wurde – das heißt, zur Auflösung aller Verbände schöpferisch tätiger

Künstler, die des Proletkults eingeschlossen –, hat Schostakowitsch das freudig begrüßt, denn er hoffte, daß Komponisten seines Schlages sich jetzt gemeinsam gegen die Angriffe der Proletkult-Leute wehren und deren landesweit wachsenden Einfluß auf allen kulturellen Bereichen eindämmen könnten. Er erkannte nicht, was die Partei in erster Linie damit bezwecken wollte: Es sollten Künstlerorganisationen auf breitester Basis etabliert werden wie der Komponistenverband, der Schriftstellerverband und der Verband Bildender Künstler, die es möglich machten, alle künstlerisch Tätigen zu kontrollieren und in Schach zu halten. Ihm war nicht klar, daß die Diktatur der Partei über die Kunst in einem bislang unbekannten Ausmaß begonnen hatte. Was die proletarischen Komponisten betraf, so wechselten sie einfach in den neugegründeten Sowjetischen Komponistenverband über, wo sie mit vereinten Kräften und mit Hilfe des Parteibuchs ihren Kampf um die eigene Existenz auch weiterhin führen konnten.

So hatte die Partei die Künste fest im Griff und finanzierte auch all die »Paläste«, die jetzt für Schauspieler, Schriftsteller und bildende Künstler in Moskau gebaut wurden. Herrschaftliche Anwesen, die in der Nähe Moskaus lagen und deren Eigentümer entweder von den Bolschewisten erschossen oder vor der Revolution ins Ausland geflüchtet waren, übereignete man dem Bolschoi, dem Moskauer Künstler-Theater, dem Maly-Theater und dem Wachtangow-Theater, dem Verband Bildender Künstler, dem Schriftstellerverband und anderen Künstlerorganisationen, die sie als Ferien- und Erholungsheime für ihre Mitglieder nutzen konnten.

Überhaupt kamen die Künstler jetzt in den Genuß mancher Regierungsgeschenke: So gestand man ihnen »Sownarkom«[1]-Rationen zu, die sonst nur hohe Parteifunktionäre erhielten. Und als im Sommer 1933 halb Rußland hungerte, standen bei den Künstlern Schinken, Käse und Butter auf dem Tisch. So päppelte sich die Partei eine Armee künftiger Propagandisten auf, die als Sprachrohre ihrer Politik vom »Leben des glücklichen Volkes« zu künden hatten. Spitzensänger des Bolschoi bezogen bei drei Vorstellungen im Monat fünftausend Rubel, der einfache Arbeiter verdiente zweihundert, eine Putzfrau achtzig. Die Rente meiner Großmutter betrug vierzig Rubel im Monat. So viel zu Ihrer Majestät, der Arbeiterklasse! »Wofür sie kämpften«, pflegen die Russen zu sagen, »ist dasselbe, wogegen sie Sturm liefen.«

Entzückt über den Goldregen, bedankten sich die Sänger, Schriftsteller, Schauspieler und die bildenden Künstler bei der Partei für das bezeugte Interesse, indem sie völlig zu Recht darauf verwiesen, daß das Geburtsland des Kommunismus das einzige Land der Erde sei, das seinen Künstlern auf

---

[1] Rat der Volkskommissare – heute Ministerrat

Kosten der Gesamtbevölkerung solche Privilegien zugestehe. Nur machten die Künstler sich nicht klar, daß sie bald schon für diese Großzügigkeit bezahlen mußten – nicht nur mit ihrem künstlerischen Schaffen und ihrem Gewissen, sondern häufig auch mit dem eigenen Leben. Die ersten, denen man die Rechnung präsentierte, waren die Schriftsteller und die bildenden Künstler, von denen die Partei in Rußlands schlimmsten Hungerjahren verlangte, ein Loblied auf die großen Bauprojekte und das »Leben des glücklichen Volkes« zu singen.

Damals starben allein in der Ukraine Millionen Menschen den Hungertod, die Toten lagen auf den Straßen, manche wiesen Spuren von Kannibalismus auf. Monatelang rollten die Züge in endloser Folge in die Steppengebiete Kasachstans und nach Sibirien, vollgepfercht mit Bauern und ihren Familien, den sogenannten Kulaken, die sich der Kollektivierung widersetzt hatten und jetzt, zusammen mit ihren Frauen, den Kindern und Greisen im tiefsten Winter in der Taiga ausgesetzt wurden, wo es damals noch keinerlei Unterkünfte gab. Die meisten starben innerhalb kürzester Zeit. Wer überlebte, mußte Wälder roden, Konzentrationslager errichten und das eigene Gefängnis bauen, wo er dann letztlich an Hunger und Erschöpfung starb. In *Der Zweite Weltkrieg* schreibt Churchill, daß Stalin ihm von zehn Millionen Kulaken gesprochen habe, die in den Jahren der Kollektivierung zu Tode gekommen sind.

Eine Welle des Terrors überflutete das Land. 1934 zog die Ermordung des Stalin-Rivalen Kirow Tausende von Inhaftierungen nach sich, und der mysteriöse Tod von Kuibyschew und Ordschonikidse, zweier ehemaliger Gefährten Stalins, führte zu neuerlichen Verhaftungen und Erschießungen. Leute, die tags zuvor noch allmächtig schienen, wurden umgebracht und rissen einfache, unbescholtene Menschen zu Hunderttausenden mit sich in den Abgrund.

Denunziationen, selbst anonyme, wurden in jenen Jahren zu einem legalen Mittel, das seinen Zweck nicht verfehlte. Die niedrigsten Eigenschaften des Menschen – die Lüge, der Betrug und der Neid – gediehen auf dem so fruchtbaren Boden wie liebevoll gezüchtete Blüten. Mit einem Rivalen abzurechnen, einen begabten Konkurrenten aus dem Weg zu räumen, wurde zur einfachsten Sache der Welt: Man brauchte nur einen kleinen Umschlag ans NKWD[1] zu schicken. Die teuflische Versuchung, das auch wirklich zu tun, war um so größer, als man nicht weit zu schauen brauchte, um Beispiele zu finden. In den höchsten Regierungskreisen gingen sich die vormaligen Revolutionsführer und Gesinnungsgenossen gegenseitig an die Kehle; die Verleumdung war zur gängigen Kampf-

---

[1] Volkskommissariat für innere Angelegenheiten, Vorgänger des KGB

methode innerhalb der Partei geworden und drang wie das Wasser verseuchter Tümpel durch die Kremlmauern, um die gesamte Nation zu vergiften.

Um das Maß der Unmenschlichkeit vollzumachen, erließ die Partei am 7. April 1935 ein Dekret zur »Bekämpfung der Kriminalität Minderjähriger«, auf Grund dessen es möglich wurde, Kinder ab zwölf Jahren strafrechtlich zu verfolgen und jedes Strafmaß, einschließlich der Todesstrafe, auf sie anzuwenden. Ein schmutzigeres Dokument hat es in unserem Zeitalter wohl kaum gegeben. Wie bestialisch muß in den Augen eines normalen Menschen eine Gesellschaft sein, die einem Erwachsenen erlaubt, im Schutz der Legalität ein Kind zu erschießen. Den Präzedenzfall hat es freilich gegeben: den kaltblütigen Mord der Bolschewiken an Zar Nikolaus II. und seiner Familie im Keller des Ipatjew-Hauses in Jekaterinburg (heute Swerdlowsk). Auch ein kranker dreizehnjähriger Junge gehörte dazu, Alexej, der Zarewitsch. Der war so schwach, daß sein Vater ihn im Arm halten mußte, als man ihn erschoß.

Durch dieses Dekret konnte man in den dreißiger Jahren jeden dazu bringen, alles auszusagen, alles zuzugeben, was die Partei hören wollte: Die Funktionäre brauchten dir nur damit zu drohen, deine Kinder laut Recht und Gesetz hinzurichten.

In dieser Atmosphäre des Terrors und der Gewalt hat der junge Dmitri Schostakowitsch seine Musik geschrieben. Im Januar 1934, als er siebenundzwanzig Jahre alt war, wurde seine Oper *Lady Macbeth des Mzensker Kreises* an der Leningrader Maly-Oper und am Moskauer Nemirowitsch-Dantschenko-Musiktheater uraufgeführt. Vor einem Publikum, das den Aufführungen mit beispiellosem Interesse folgte, wurde *Lady Macbeth* zu einem riesigen Erfolg. In nur zwei Spielzeiten ist sie in Leningrad noch dreiundachtzig-, in Moskau an die hundertmal wiederholt worden – nicht ohne hitzige Debatten und Diskussionen auszulösen: waren die einen hingerissen, so kritisierten die andern Schostakowitsch als »Formalisten« und »Naturalisten«. Daß *Lady Macbeth* als ein geniales Werk zu gelten hatte, stand indes für alle fest.

Schostakowitsch, der sich mutig gegen die Angriffe wehrte und seine Position in aller Öffentlichkeit verteidigte, schrieb am 3. April 1935 in der *Iswestija*:

Schon vor längerer Zeit bin ich von der Kritik heftig angegriffen worden, die mir in erster Linie Formalismus vorwirft. Diesen Vorwurf habe ich früher schon zurückgewiesen und akzeptiere ihn auch heute nicht. Ich bin kein Formalist und bin es nie gewesen. Wer ein kompositorisches Werk mit der Begründung, seine Sprache sei zu komplex und nicht immer auf Anhieb verständlich, als formalistisch diffamiert, geht in einer nicht zu vertretenden Leichtfertigkeit damit um.

Kritiker nicht nur in ihre Schranken zu verweisen, sondern auch Anklagen gegen sie vorzubringen – dazu gehörte in jener Zeit wahrlich Courage.

Ich bin überzeugt davon, daß man Schostakowitsch schon sehr viel früher hätte fallenlassen, wäre seine Oper – wie auch das Ballett *Der klare Bach* – nicht 1935 am Bolschoi inszeniert worden, zu einer Zeit also, wo der Terror seinen Höhepunkt erreicht und die Partei keine Zeit für musikalische Fragen hatte. Die früheren Proletkult-Komponisten aber, die von Schostakowitsch so scharf kritisiert worden waren und sich jetzt im Komponistenverband einnisteten, pflegten Wand an Wand mit dem Kreml auch weiterhin ihren Groll gegen ihn und bereiteten in aller Ruhe ihren Rachefeldzug vor.

Sie alle hatten Stalins Geschmack gründlich studiert und unterstützten seine Ahnungslosigkeit auf musikalischem Gebiet nach Kräften. Stalin hatte ja wirklich keinen Schimmer von symphonischer oder sonstiger Instrumentalmusik, und zeitgenössische Kompositionen konnte er schon gar nicht ertragen. Sein laienhafter, spießbürgerlicher Geschmack aber war durch seine diktatorische Macht zur verbindlichen Norm und zur Richtschnur in der Kunstpolitik geworden. Servile Mitläufer wußten also sehr genau, wie man Stalins musikalischen Vorlieben Genüge tun und damit seinem Lügensystem die untertänigste Reverenz erweisen konnte.

Die Schriftsteller hatten ihre Karten schon aufgedeckt – in ihrem Lager war es auf Grund von Denunziationen bereits zu Verhaftungen gekommen. Jetzt waren die Komponisten an der Reihe. Auch ihnen standen, wie jedem in dieser Kunst geschulten Sowjetbürger, die Mittel der Intrige in vollem Umfang zur Verfügung.

Jahrelang schon war Schostakowitsch seinen untalentierten Kollegen, meist Parteimitgliedern, ein Dorn im Auge. In Leningrad, seiner Heimat, galt er als Stolz der Stadt und konnte schwerlich Repressalien ausgesetzt werden. Und in Moskau wurde *Lady Macbeth* seit zwei Jahren mit großem Erfolg im Nemirowitsch-Dantschenko-Theater gespielt (was die Neider natürlich erboste). Dort, im Schatten des Bolschoi, hatte das Werk eine relativ ruhige künstlerische Existenz fristen können – ohne große Namen auf der Besetzungsliste und ohne Intrigen, die das Klima vergiftet hätten. Nur von ganz oben, vom Moskauer Kreml aus, wäre Schostakowitschs Kopf zu fordern gewesen. Alles, was seine Feinde brauchten, war also eine Chance. Eine solche Chance ergab sich in der Tat schon recht bald: sie lag in dem wahrhaft unerhörten Ereignis, daß zwei Werke Schostakowitschs – zwei Werke eines zeitgenössischen Komponisten! – innerhalb eines Monats im Bolschoi, im Hoftheater also, Premiere hatten – das Ballett *Der klare Bach* am 30. November 1935 und *Lady Macbeth des Mzensker Kreises* am 26. Dezember. Es schien, als sei Schostakowitsch in eine Falle gegangen.

Da eine neue Inszenierung zumindest ein halbes Jahr im Spielplan des Bolschoi bleibt, stand Schostakowitsch auch monatelang im Kreuzfeuer leidenschaftlicher Debatten, die nicht nur vom gesamten Ensemble, von den Ballett-Tänzern, den Opernsängern und Orchestermitgliedern geführt wurden, sondern auch von aufmerksamen Beobachtern, von Unruhestiftern, Musikkritikern und jener Gruppe von Komponisten, die sich als Politiker aufspielten. (Als ich siebzehn Jahre später ans Bolschoi kam, lebte dort noch eine ganze Reihe von Leuten, die an jener unseligen *Lady Macbeth*-Premiere mitgewirkt hatten und deren Erzählungen mir eine Ahnung von den damaligen Ereignissen verschafften.)

Mir selbst ist der Hang zum Machiavellismus, wie er unter den Bolschoi-Künstlern weit verbreitet ist und wie ich ihn am eigenen Leib zu spüren bekam, nur allzu gut bekannt, um nicht jede Wette eingehen zu können, daß sich die Opposition gegen Schostakowitsch und gegen die Inszenierung der beiden Werke schon während der Proben formiert hatte. Angestiftet von einem geübten Intriganten, beschwerten sich die mitwirkenden Künstler bei den zuständigen Organisationen und behaupteten, die Musik des jungen Komponisten sei schwer aufzuführen, ja, völlig unverständlich. Und wenn sie damit ihre Runde bei den Moskauer Komponisten und Musikern gemacht hatten, trugen sie ihre Klagen auch an höchster Stelle vor. Sie hatten ja, im Unterschied zu ihren Kollegen von anderen Theatern, ihre engen Kontakte zur Regierung und damit die Möglichkeit, auf Banketten und Trinkgelagen des Kreml den ganzen Ärger loszuwerden. Und wie eine Lawine oft durch den kleinsten Stein ins Rollen kommt, haben dort viele Künstler des Bolschoi bei einem Gläschen Wodka und anbiederndem Geschäker die notwendige Vorarbeit zum Mord an der sowjetischen Musik geleistet – vermutlich ohne die schlimmen Folgen vorherzusehen und ohne zu erkennen, was das für die Zukunft unserer Kunst bedeutete.

Allem Anschein nach brach der Sturm ohne jede Vorwarnung los. Dmitri Schostakowitsch – jung, strahlend, erfolgreich – stand auf der Höhe seines Ruhms und genoß nicht nur in Rußland, sondern weltweit Anerkennung. Seine *Erste Symphonie*, die er schon als Neunzehnjähriger komponiert hatte, überschritt ein Jahr später die Grenzen Sowjetrußlands, um von den besten Orchestern, den bedeutendsten Dirigenten aufgeführt zu werden: von Arturo Toscanini, Bruno Walter, Leopold Stokowski, Sergej Kussewitzki. Und später, vornehmlich in den Schicksalsjahren Schostakowitschs, kam seine Musik häufig in Amerika zur Aufführung, wo neben seinen Symphonien auch die *Lady Macbeth* gespielt wurde: an der Metropolitan Opera in New York, in Cleveland und Philadelphia. Über Radio London konnte ganz Europa bis ins slowakische Bratislawa eine von Albert Coates dirigierte Aufführung hören – *Lady Macbeth* eroberte die Welt.

Im Land der »Gleichheit und der Brüderlichkeit« aber war soviel Ruhm suspekt und schwer zu ertragen. Wie kommt es, fragte man argwöhnisch, daß Schostakowitsch überall aufgeführt wird? Was ist an seiner Musik so besonders? Die internationale Anerkennung sollte ihn im eigenen Land noch einiges kosten. Schostakowitsch hatte es gewagt, das ihm von der Partei zugestandene Maß zu überschreiten, also mußte er zurückgestutzt werden auf die Normgröße und das allgemeine Niveau sowjetischer Kultur, den Sozialistischen Realismus. Abgesehen von wenigen überragenden Einzelpersönlichkeiten, Komponisten wie Sergej Prokofjew, Aram Chatschaturian, Reinhold Glière oder Nikolai Mjaskowski, bestand der Komponistenverband aus absoluten Nullen mit Parteibuch, die mit ihren billigen Liedern und Märschen Stalin und der Partei in den Hintern krochen. Ein Genie, eine Persönlichkeit wie Schostakowitsch war in einem solchen Milieu mehr als fehl am Platz, seine Größe und die Unanfechtbarkeit seiner Musik konnten in einem Klima erstickender Mediokrität und reinster Anmaßung nur Anstoß erregen.

Und so kam es, daß Schostakowitsch einen Monat nach der *Lady Macbeth*-Premiere am Bolschoi einen vernichtenden, überaus hämischen Artikel lesen mußte, der unter dem Titel »Chaos statt Musik« am 28. Januar 1936 in der *Prawda* erschien (und dem wenige Tage später ein zweiter, ähnlich giftiger Artikel über *Der klare Bach* folgte: »Pseudo-Ballett«):

Von den ersten Takten dieser Oper an wird der schockierte Zuhörer in einen wirren Strudel dissonanter Töne gezogen. Beginnt eine musikalische Phrase mit dem Bruchstück einer Melodie, so klingt sie binnen kurzem aus, bricht ab, um sich erneut in ohrenbetäubend schrillem Getöse zu verlieren. Schwierig, dieser »Musik« zu folgen. Unmöglich, sie im Gedächtnis zu behalten.

... Der Komponist der *Lady Macbeth des Mzensker Kreises* muß für seine Musik konvulsivischer, epileptischer Zuckungen Anleihen beim Jazz gemacht haben, damit seine Personen so etwas wie »Leidenschaft« vermitteln ... Zu einer Zeit, da die Kritik in unserem Land – einschließlich der Musikkritik – sich dem Sozialistischen Realismus verpflichtet fühlt, begegnet uns im Werk Schostakowitschs nur gröbster Naturalismus ...

Grob, primitiv und gewöhnlich ist alles daran ... Die Musik quäkt, wimmert, keucht und japst, um die Liebesszenen so naturalistisch wie möglich wiederzugeben. Überhaupt wird die »Liebe« hier in vulgärster Form durch den Schmutz gezogen ...

Im ideologischen Kampf der Partei war Schostakowitsch der erste Musiker, dem man einen Stoß versetzte. Daß es für ihn und sein Gewissen als Künstler um einen Kampf auf Leben und Tod ging, war ihm durchaus bewußt. Denn wenn in der *Prawda* ein Artikel dieser Art erscheint, so kommt das in der Sowjetunion der öffentlichen Aufforderung gleich: schlagt ihn, macht ihn nieder, reißt ihn in Stücke! Ist das Opfer dann als Volksfeind abgestempelt, kann eine charakterlose Bande von Kriechern daraus Nutzen ziehen und mit offener Unterstützung der Parteiführung Karriere machen.

Ein Sturz aus solcher Höhe ist immer schmerzhaft und war es auch für Schostakowitsch, den dieser erste Schlag der Regierung auch darum hart getroffen hatte, weil es nie zuvor mit den obersten Stellen zu Konfrontationen gekommen war. Doch steckte er die »Kritik« nicht ein, gab sich weder als reumütiger Sünder noch tat er, was alle von ihm erwarteten: öffentlich zu der Kritik Stellung nehmen. Sowjetische Musikwissenschaftler, die Schostakowitschs Publikationen heute steinchenweise zusammentragen, mögen es auch weiterhin versuchen: Sie finden kein Wort aus jener Zeit. Zwei Jahre lang hat er Schweigen bewahrt – ein heroisches Schweigen, ein symbolischer Akt des Widerstands gegen ein Regime, dem er die Gefolgschaft verweigerte. Nur sehr wenige wären damals imstande gewesen, es ihm gleichzutun.

Erst am 21. November 1937 hat er das Schweigen gebrochen und mit der *Fünften Symphonie* seine Meinung kundgetan: mit einem Meisterwerk, das in der Leningrader Philharmonie aufgeführt wurde und das, wie Dmitri Dmitrijewitsch uns sagte, als autobiographisches Werk zu verstehen sei.

Kein Schriftsteller, kein Maler könnte als Zeuge seiner Zeit mutiger und leidenschaftlicher über die Geschehnisse jener Jahre berichten, als Schostakowitsch es in dieser Musik tut, die uns als Zuhörer seine Kämpfe und Leiden miterleben läßt. Die *Fünfte Symphonie* war ein Wendepunkt, nicht nur innerhalb seines künstlerischen Schaffens, sondern auch in seiner Einstellung, seinen Anschauungen als Russe. Mit der Fünften ist Schostakowitsch zum Chronisten unseres Landes und der Geschichte Sowjetrußlands geworden.

Nein, Schostakowitsch beging keinen Verrat an seiner Kunst, er kroch nicht zu Kreuze. Er gehörte nicht zu denen, die sich in aller Öffentlichkeit an die Brust schlugen und versicherten, künftig brave und mittelmäßige Sozialistische Realisten zu sein. Andererseits aber hat er seine künstlerische Position auch nie in der Öffentlichkeit verteidigt, er wußte zu gut, daß dies in jenen Terrorjahren der Bitte, ihn zu erledigen, gleichgekommen wäre. Er wußte, daß er nicht das Recht hatte, sein Leben dem unersättlichen Moloch auszuliefern, bevor er nicht all das ausgeführt hatte, wozu er von Gott ausersehen war. Um das verwirklichen zu können und um den ganzen

Kämpfen zu entgehen, fand er den einzig möglichen Ausweg: die Lüge. Er konnte lügen, wenn es um die Erhaltung seiner künstlerischen Freiheit ging.

Bevor die *Fünfte Symphonie* aufgeführt werden durfte, mußte sie der Leningrader Partei vorgeführt werden. Ein paar Dutzend ausgemachter Trottel hatten sich eingefunden, um das Werk eines Genies zu begutachten, Einwände vorzubringen, ihn zu maßregeln, ihm überhaupt erst beizubringen, wie man komponiert. Aus ihren Fängen mußte Schostakowitsch das Neugeborene retten – was ihm mit dem simpelsten Täuschungsmanöver auch gelang: Er brauchte nichts weiter zu tun, als sein Werk mit anderen Worten und Begriffen zu belegen, er brauchte vor den Leuten der Partei nur zu behaupten, der gewaltige Komplex menschlicher Leidenschaften und das ganze Leid, das doch in jeder Note seiner Musik aufklingt, sei in Wirklichkeit heiter und optimistisch. Schon waren sie's zufrieden und zogen ab. Und die *Fünfte Symphonie*, vor ihrem Zugriff bewahrt, erklang in der ganzen Welt und kündete, geschrieben mit dem Herzblut eines Zeitgenossen, vom Leiden Rußlands.

Ja, er hatte eine Möglichkeit gefunden, in diesem Land zu leben und zu arbeiten. 1940 schreibt er (in: *Schostakowitsch über sich und seine Zeit*, Moskau 1980):

> Ich weiß noch genau, wie sehr ich mich freute, daß meine eben fertiggestellte Fünfte Symphonie vor Mitgliedern der Leningrader Partei aufgeführt wurde. Ich möchte daher meinem Wunsch Ausdruck geben, daß zeitgenössische Kompositionen häufiger vor der Partei zu Gehör gebracht werden. Unsere Partei hat ja die Entwicklung des gesamten musikalischen Lebens in diesem Land aufmerksam verfolgt, was ich selbst im Lauf meiner künstlerischen Entwicklung erkannt und vielfach erfahren habe. [Bei diesen Sätzen kann ich seine Stimme buchstäblich hören. Wieviel Hohn und Verachtung steckt doch im Tonfall seiner Worte!] Ich habe den Menschen und das menschliche Leiden ins Zentrum meiner Komposition gestellt und die tragischen, spannungsgeladenen Passagen der ersten Sätze erst im Finale auf eine heitere, optimistische Ebene transponiert und zur Auflösung gebracht.

In diesem »heiteren, optimistischen« Finale, in diesem Schmettern der Trompeten und dem endlos wiederholten A, das sich wie ein Nagel ins Gehirn hämmert – in diesem Finale taucht das Bild des geschändeten Rußland auf, das, von seinen eigenen Söhnen entweiht, sich in Todesqualen windet, das, ans Kreuz geschlagen, in Todesnöten aufschreit und die bittere Wahrheit beklagt, die eigene Schändung überleben zu müssen.

Die Fünfte wurde zu einem ungeheuren Erfolg. Es gab nicht einen

Zuhörer, der nicht erkannt hätte, daß sie für ihn und über ihn geschrieben worden war. Schreiend und Beifall klatschend erhob sich alles von den Plätzen. Eine halbe Stunde lang dauerte der Applaus, der die Liebe zu und die Solidarität mit dem Komponisten zum Ausdruck brachte. Auch die Freude schwang mit, daß ein großes Talent nicht zugrunde gegangen, sondern zu einem Giganten angewachsen war, dessen Musik titanische Größe erreicht hatte. Dmitri Schostakowitsch war damals noch jung, erst dreißig, doch war er aus dem Kampf mit dem Drachen schon als Sieger hervorgegangen, hatte jeden Stoß der Partei mit seinen Waffen, seinem Werk, pariert. Damals aber lernte er auch, sich hinter einer Maske zu verbergen. Zeitlebens hat er sie nicht abgelegt.

Als die Partei gegen Schostakowitsch ausholte, stand sicher nicht die Absicht dahinter, ihn endgültig zu erledigen, was ihr durchaus möglich gewesen wäre. Sorgfältig geplante, gezielte Kampagnen sehen anders aus – dies hier war eher eine Episode am Rande, ein Scharmützel vor dem Hintergrund des eigentlichen Kampfgeschehens, des allgemeinen Terrors.

In der Tat hatte der Terror in jener Zeit ein ungeheures Ausmaß erreicht. Am 12. Juni 1937 stellte man die obersten Befehlshaber der Roten Armee vor Gericht, am Tag darauf wurden sie von einem Exekutionskommando erschossen, das kein anderer als Iwan Serow befehligte – Serow, dem ich 1955 auf dem Bankett bei Tito begegnete und der damals Chef des KGB war.

Im Dezember 1937 erschien ein Bericht Mikojans zum zwanzigjährigen Bestehen der Geheimpolizei, des NKWD, den die *Prawda* aus gutem Grund veröffentlichte: Mikojan gab darin eine neue Parole aus, die das Ziel der Partei genau formulierte und besagte, daß »jeder Bürger der UdSSR ein Agent des NKWD zu sein habe«. Über sechshundert Dichter und Schriftsteller, Tausende von Wissenschaftlern, Ärzten und Ingenieuren sind damals verhaftet worden. In den Büchern Osip Mandelschtams, der seine Worte mit dem Leben bezahlte, wird das Klima jener Jahre heraufbeschworen:

Wir leben unter uns und fühlen das Land nicht,
auf zehn Schritte sind unsere Gespräche nicht hörbar,
aber dort, wo man zu halblautem Gespräch in der Lage ist,
dort redet man vom Kremlburgbewohner.
Seine dicken Finger sind fett wie Würmer,
seine Worte sind wie schwere Gewichte, unfehlbar,
die Schmeichler lachen, schnurrbärtig,
es glänzen seine Stiefelschäfte.
Um ihn herum das Pack dünnhalsiger Anführer –
er spielt mit den Diensten der Halbmenschen:

einer pfeift, einer miaut, einer jammert –
nur er allein gibt sich wie ein Weib und treibt sie an.
Wie Hufeisen schmiedet er einen Ukas[1] nach dem anderen,
einen in die Leiste, einen in die Stirn, in die Braue, ins Auge.
Jede Hinrichtung bei ihm ist eine Himbeere,
und breit ist die Brust des Osseten[2].

Mandelschtam hatte Freunden und Dichterkollegen aus seinen Gedichten vorgelesen – jedem einzeln und allein. Voller Entsetzen lauschten sie – und lieferten ihn dem Entsetzen aus.

Auch Anna Achmatowa brachte der Zeit ihre Opfer. Ihr erster Mann wurde erschossen, ihr Sohn und ihr zweiter Mann wurden inhaftiert. In ihrem *Requiem* (das in Rußland bis heute nicht erschienen ist) erzählt sie von ihnen, doch hat sie die ganze Dichtung dreißig Jahre lang im Gedächtnis aufbewahrt.

Sie führten dich im Morgengrauen hinweg,
wie auf einem Begräbnis folge ich dir.
Im dunklen Zimmer weinten die Kinder,
bei der Gottesmutter verglomm die Kerze.
Auf deinen Lippen die Kälte der Ikone,
auf der Stirne Todesschweiß ... vergiß nicht!
Wie die Frauen der Strelitzen[3]
werde ich an der Kremlmauer klagen ...
Siebzehn Monate schreie ich,
rufe dich nach Hause.
Ich warf mich nieder ...
Du – mein Sohn und mein Schrecken.
Und wenn sie in diesem Lande irgendwann einmal daran denken
mir ein Denkmal zu errichten,   [sollten,
so werde ich feierlich mein Einverständnis geben,
aber nur unter der Bedingung – es nicht am Ufer des Meeres,
wo ich geboren wurde, zu errichten:
Mein letztes Band zum Meer ist zerrissen –
und auch nicht im kaiserlichen Garten an dem geliebten Baumstumpf,
wo der untröstliche Schatten mich sucht,
sondern dort, wo ich dreihundert Stunden gestanden
und wo mir nicht geöffnet wurde.

[1] Verordnung, Befehl
[2] Kaukasusvolk, u. U. ist der Georgier Stalin hier selbst gemeint
[3] Unter Peter d. Gr. aufgelöste Polizeitruppe

17 Als Cherubino in »Die Hochzeit des Figaro«, 1958

18 Als Natascha Rostowa in »Krieg und Frieden«

19 Als Aida in der New Yorker Met während der Tournee des Bolschoi im Jahr 1961

20 Während der Proben zu »Aida« mit dem bulgarischen Tenor Uzinow in Paris

1 In einer »Aida«-Aufführung am Bolschoi, 1964

22 Lisa in »Pique Dame«

23 Als Violetta in
»La Traviata« mit Sergej
Lemeschew

24 Als Margarete in »Faust«

25 »La Traviata«

26 Als Marfa mit Denis Koroljow in »Die Zarenbraut«

27 Hinter den Kulissen der Scala als Sofia nach der Aufführung von Prokofjews »Semjon Kotko«

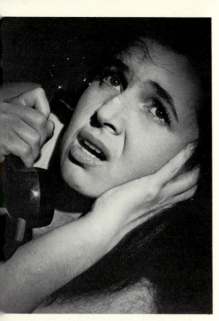

28 In Poulencs »La voix humaine«

Als Cio-Cio-San in »Madame Butterfly«

30 Als Liù in »Turandot« in der Scala mit Birgit Nilsson in der Titelrolle

31 Nach der Verleihung des Ordens einer »Volks-Künstlerin der Sowjetunion« im Kreml am 5. Oktober 1966. Dritter von rechts neben mir: Dmitri Schostakowitsch. Nikolai Podgorny (Mitte) verteilte die Orden

Deswegen, weil ich auch im glücklichen Tode fürchte zu vergessen,
wie die schwarzen Marusjas polterten,
zu vergessen, wie entsetzlich die Tür klapperte,
und wie der Alte heulte wie ein verwundetes Tier.

Im Juni 1939, als die Hexenjagd in vollem Gange war, beendete die Dichterin
Marina Zwetajewa ihr siebzehnjähriges Emigrantendasein und kehrte mit
Mann und Tochter nach Rußland zurück. Was sie hier vorfand, ließ sie
erzittern, doch es gab kein Zurück. Zwei Jahre später erhängte sie sich in
einem kleinen Provinznest irgendwo in der grenzenlosen Weite Rußlands,
in Jelabuga, wo man sie im Flur einer verkommenen Bauernhütte aufgefunden hat.

Es gibt ein Porträt, das Gawriil Glikman kurz vor ihrem Tod von ihr
malte (s. Abb. 62) und das ihre seelische Verfassung in größter Zurückhaltung beschreibt. Sie sieht uns an in dem Bild, als sei sie schon tot und
betrachte uns aus einer anderen Welt. Wie furchtbar es ist, diese Hände
anzusehen und zu wissen, daß sie ihr die Schlinge um den Hals legten.

Als Marina Zwetajewa auf ihrer Reise in den Tod aus Paris kam,
überschnitt sich ihr Schicksal mit dem des großen Regisseurs und engen
Freundes Schostakowitschs, Wsewolod Meyerhold. Jahrelang hatte man ihn
des Formalismus bezichtigt, hatte ihn verfolgt und ihm jede Theaterarbeit
untersagt.

Als am 13. Juni 1939 der I. Kongreß der Theater-Gewerkschaft begann,
erteilte man nur einem Redner das Wort, dem Generalstaatsanwalt der
UdSSR Andrej Wyschinski. Zweifellos erwies man ihm diese Ehre in seiner
Eigenschaft als Regisseur, der sich hinsichtlich der Rollenverteilung als
höchst einfallsreich gezeigt hatte. Schließlich war er es, der bei den letzten
Schauprozessen Regie geführt hatte, in Stücken also, die in der besten
Tradition des Sozialistischen Realismus standen, in Stücken, die sich durch
ihren blutigen, überaus wirkungsvollen Schluß hervorgetan hatten. Die
Theaterdirektoren zögerten nicht lange, das Stichwort ihres Mentors und
Vorredners aufzugreifen und, auf der Sitzung am Tag darauf, sich gegensei-
tig in Lobeshymnen zu übertreffen, der Partei und dem Genossen Stalin
persönlich für die liebevolle Fürsorge zu danken, mit der sie das sowjetische
Drama und das Theater in so überreichem Maß bedachten.

Alles verlief glatt und reibungslos. Da, mit einem Mal und wie aus dem
Nichts: »Wsewolod Emiljewitsch Meyerhold hat das Wort.« Es ist durchaus
möglich, daß in diesem Augenblick, als Meyerhold den entscheidenden
Schritt tat, Marina Zwetajewa, die tags zuvor Paris verlassen hatte, die
sowjetische Grenze überschritt.

Meyerhold war der einzige in diesem riesengroßen Land, der wie Don

Quijote mit offenem Visier gekämpft und für seine Dulzinea, die Kunst, das Wort geführt hat – eine Tat, die dem öffentlichen Selbstmord gleichkam. Am nächsten Tag schon wurde er verhaftet und verschwand in den Folterkammern des Gulag. Zeit und Ort seines Todes sind nie angegeben oder zuverlässig bestätigt worden. Seine Frau, die Schauspielerin Sinaida Raich, fand man wenige Tage nach seiner Verhaftung ermordet in ihrer Wohnung auf – von siebzehn Messerstichen durchbohrt, mit offenen, aus den Höhlen getretenen Augen.

Auch unser Freund, der große Geiger David Oistrach, hat dieses Schrekkensjahr 1937 mit seiner Frau durchlebt. Als 1969 Alexander Solschenizyn zu uns in die Datscha zog, erinnerte Oistrach uns daran: »Ich hätte ihn nicht aufgenommen – aus Angst, um ganz ehrlich zu sein, ich will euch da nichts vormachen. Denn ich weiß noch zu gut, wie jedermann in Moskau Nacht für Nacht befürchten mußte, verhaftet zu werden. Damals, 1937, blieb nur unsere Wohnung und die gegenüber von den Verhaftungen verschont, alle anderen Bewohner sind Gott weiß wohin verschleppt worden. Jede Nacht habe ich das Schlimmste befürchtet und für diesen Fall, der mir unausweichlich schien, warmes Unterzeug und etwas zu essen bereitgestellt. Ihr könnt euch nicht vorstellen, was wir durchgemacht haben – jede Nacht zu lauschen und zu warten, ob sie an die Tür pochen, ob ein Auto vor der Haustür anhält ... Eines Nachts sahen wir die schwarze Marusja auf der andern Straßenseite stehen. Wohin wollten sie? Zu uns oder zu den Nachbarn? Unten schlug die Haustür, und der Aufzug setzte sich in Bewegung, stand auf unserer Etage still. Wie gelähmt horchten wir auf die Schritte. Vor welcher Tür machten sie Halt? Eine Ewigkeit verging. Dann hörten wir sie an einer anderen Wohnungstür klingeln. Seit diesem Abend weiß ich, daß ich kein Kämpfer bin.«

Am 2. März 1937 begann im Oktobersaal des Gewerkschaftshauses ein anderer Prozeß, der Schauprozeß gegen den »antisowjetischen Block der Trotzkisten und Konterrevolutionäre«. Zu den Angeklagten gehörten Bucharin, Rykow, Krestinski und Rakowski. Und Jagoda, der Henker und Sadist, der vormalige Chef des NKWD. Warum ich die Namen dieser Bolschewisten hier aufführe? Nun, gewiß nicht aus Sympathie für auch nur einen von ihnen. Sie alle kamen aus demselben Lager. Nein, ich nenne sie, weil ihre Namen für eine Epoche in der Geschichte der Kommunistischen Partei stehen, in der Millionen unschuldiger Bürger gefoltert und ermordet wurden. Auch wenn das Schicksal jener Millionen die Bürger der Sowjetunion heute kaum noch berührt, sind die Namen dieser »loyalen, großen Söhne der Partei« doch noch jedermann gegenwärtig.

Natürlich wirkt es alarmierend und ist gewiß auch tragisch zu nennen, wenn ein Mann, der gestern noch als Marschall oder als Mitglied des Politbüros allmächtig war, nachts aus dem Bett gerissen und in den Keller der Lubjanka gebracht wird, wo man ihm, bevor er erschossen wird, ins Gesicht schlägt, in die Leisten tritt. Nahezu vergessen aber sind all die unbekannten namenlosen Russen, die Iwans und Marjas, die man aus ihren erbärmlichen, verdreckten Hütten holte, wegriß vom letzten Sack Weizen und einer mageren Kuh, die man in Scharen in die Gulags des grenzenlosen Sibirien trieb, wo sie wie Lasttiere schuften mußten, ohne Lohn und nur, um dort für die »großen Bauprojekte des Kommunismus« zu sterben.

Warum hat Chruschtschow, als er auf dem XX. Parteitag seine geheime Rede hielt, als er Statistiken zitierte und die Namen der Menschen nannte, die erschossen oder zu Tode gefoltert worden waren – warum hat er da die Mitglieder der heutigen Regierung, die Mitwisser jener unerhörten Verbrechen, nicht aufgerufen, die Konsequenzen zu ziehen? Wenn schon nicht vor Gericht und vor den Augen der Nation, so doch, als Warnung für die Nachwelt, durch den gemeinsamen Freitod.

Bekanntlich hat sich keins der Mitglieder des Politbüros erschossen, auch damals nicht, als Chruschtschow sie auf dem XXII. Parteitag 1961 der Verbrechen am eigenen Volk für schuldig erklärte und als der Vorsitzende des KGB, Alexander Schelepin, auf demselben Kongreß ein erschreckendes Bild des Massenterrors entwarf. Er nannte die Mörder beim Namen – den Generalsekretär der Kommunistischen Partei, Joseph Stalin, die Mitglieder des Politbüros Molotow, Kaganowitsch, Malenkow und Woroschilow – und rief voller Empörung aus: »Man kann sich nur wundern, wie diese Menschen es fertigbringen, mit ruhigem Gewissen auf dieser Erde zu wandeln und friedlich zu schlafen. Alpträume sollten sie heimsuchen, das Schreien und Wehklagen der Mütter, der Witwen und der Waisen unschuldig ermordeter Genossen sollte unaufhörlich in ihren Ohren ertönen!«

Doch wandeln sie auch weiterhin auf dieser Erde, und wie! Sie leben nicht schlecht von den Pensionen der Witwen und Waisen, sie schlafen prächtig in den kostenlosen, luxuriösen Datschas der Regierung und kaufen in deren Läden ein. Der Magen eines Führers der Revolution ist an den Fraß der öffentlichen Tröge eben nicht gewöhnt – die sind für den schmatzenden grunzenden Pöbel da.

Zunächst aber hat Zar Nikita ihnen doch einen ziemlichen Schrecken eingejagt. Den Folterknechten wurden die Knie weich beim Gedanken an »legale Zwangsmaßnahmen«, sie wußten sehr gut, was das hieß und was sie in den Kellern der Lubjanka erwartete. Lasar Kaganowitsch, einer der eifrigsten Helfershelfer Stalins, ließ sich soweit gehen, Nikita in dessen Wohnung anzurufen und ihn anzuflehen: »Genosse Chruschtschow, wir kennen uns nun schon so viele Jahre. Sie dürfen es nicht zulassen, daß sie mit mir so verfahren, wie man unter Stalin mit den Menschen verfuhr!«

Kaganowitsch erhielt eine Pension. Nein, Nikita verriet seine Kumpane nicht, statt dessen bat er das Volk zur Kasse. Das hatte für den Unterhalt der feisten Pensionäre aufzukommen, das mußte die Entschädigungssummen für die überlebenden Angehörigen der »loyalen Söhne der Partei und des Volkes« aufbringen. Armes russisches Volk!

Mit der *Fünften Symphonie,* damals von den Kritikern als ein Werk des Sozialistischen Realismus eingestuft, war Schostakowitsch als Vertreter der Reform anerkannt und nicht länger in Ungnade. Innerhalb der nächsten zehn Jahre schrieb er die *Sechste,* die *Siebente,* die *Achte* und die *Neunte Symphonie,* Quartette, ein Trio und ein Quintett. Die Zeit der Prüfungen aber war noch nicht vorbei.

Das zeigte sich auf einer Konferenz prominenter Musiker und Musikwissenschaftler der Sowjetunion, die noch vor dem neuerlichen Regierungsdekret gegen formalistische Komponisten im Januar 1948 im Hauptquartier des Zentralkomitees stattfand. Andrej Schdanow, der die Konferenz leitete, holte schon in seiner Eröffnungsrede zu einem unsanften Schlag aus: »Mit Sicherheit erinnern Sie sich an den Artikel, der im Januar 1936 unter der Überschrift ›Chaos statt Musik‹ in der *Prawda* erschien. Dieser Artikel wurde damals auf Anweisung des Zentralkomitees veröffentlicht und gab die Ansicht des Zentralkomitees über Schostakowitschs Oper wieder.«

Im Beisein Schostakowitschs und zu seiner eigenen größten Befriedigung rief er nun diese Ansicht zu *Lady Macbeth* Punkt für Punkt ins Gedächtnis der Anwesenden zurück: »... die Musik quäkt, wimmert, keucht ...« Dann verglich er noch einzelne Passagen dieser Musik mit dem Bohrer eines Zahnarztes und forderte die Komponisten auf, »... schöne und kultivierte Musik zu schreiben«. Am Ende seiner Rede war Schdanow, der »Bewunderer alles Kultivierten« (Schostakowitsch konnte diesen Satz danach nicht mehr hören), schließlich so in Fahrt, daß er sich zu folgendem Schwachsinn hinreißen ließ: »Das Neue muß besser sein als das Alte, andernfalls ist es bedeutungslos.« Wirklich? Muß ein Roman wirklich besser sein als *Krieg und Frieden,* muß eine Symphonie besser sein als Beethovens *Neunte?* Das Neue muß nicht besser, es muß anders sein, es sollte den Bedürfnissen der Zeit, der eigenen Zeit entgegenkommen und innerhalb des eigenen Bereichs Vollkommenheit anstreben.

Was tat's – beflissenes Lachen und lautstarker Applaus unterbrachen mehrfach den verbalen Erguß des »Bewunderers alles Kultivierten«. Und das in einem Auditorium, das die führenden Persönlichkeiten des Musiklebens vereinte!

Am 10. Februar 1948 erließ das Zentralkomitee das Dekret zur Bekämpfung des Formalismus in der Musik. Diesmal aber war Schostakowitsch nicht allein: auch Sergej Prokofjew, Aram Chatschaturian, Nikolai Mjaskowski und Wissarion Schebalin wurden des Formalismus bezichtigt. Was den Stein erneut ins Rollen gebracht hatte, war die Oper *Die große Freundschaft*, die am Bolschoi inszeniert wurde und von einem völlig unbegabten Komponisten stammte, von Wano Muradeli, dessen musikalische Fähigkeiten denen eines Kindes entsprachen.

Dennoch stand er jetzt am selben Pranger wie seine genialen Kollegen Sergej Prokofjew und Dmitri Schostakowitsch. Natürlich versuchte er auf jede Art und Weise, sich von dieser Ehre zu distanzieren und jeden zu überzeugen, daß er kein Formalist, sondern ein ehrenwerter Kommunist sei. Unsere Regierung aber, ahnungslos in Sachen Kunst, versuchte, wie in Krilows Fabel, ein Pferd und einen Esel vor denselben Karren zu spannen. Der Öffentlichkeit entgingen solche Nuancen, so daß Muradeli sich zu seinem Entsetzen im selben Boot wie die »käuflichen Formalisten« Prokofjew und Schostakowitsch wiederfand. Daß er da hineingeraten war, hatte einen einfachen Grund: Er hatte aufs falsche Pferd gesetzt.

In seinem Ehrgeiz, Stalin zu gefallen, hatte Muradeli eine Oper über die Menschen im Kaukasus komponiert. Das Risiko aber, einen singenden Stalin auf die Bühne zu stellen, wollte er denn doch nicht eingehen, und hatte darum Stalins besten Freund, Sergei Ordschonikidse, der 1937 starb, zum Helden seiner Oper erkoren. Da stellte sich heraus, daß dieser »beste Freund« auf Befehl *seines* »besten Freundes« entweder umgebracht oder aufgefordert wurde, sich eine Kugel durch den Kopf zu jagen. Und jetzt konnte die Oper den Patron aller Schönen Künste, Stalin, nur daran erinnern, wie »groß« diese Freundschaft gewesen war. In seinem Übereifer hatte der Speichellecker Muradeli »Hurra!« statt »Hilfe!« gerufen – sehr zum Zorn des großen Führers und Lehrmeisters, der entsprechend auf die Farce reagierte.

Die Kampagne gegen die Formalisten war von Tichon Chrennikow geplant worden, der 1936 als junger Mann Schostakowitsch sehr ergeben war und ihn wie einen Gott verehrte. Aus dem Tischka von damals aber war inzwischen Tichon Nikolajewitsch Chrennikow geworden, aus dem begabten Komponisten ein ebenso cleverer wie intriganter Höfling, der seine Seele dem Teufel verkauft hatte und dafür teuer bezahlen mußte – mit dem Versiegen seiner eigenen schöpferischen Kraft, mit einer ohnmächtigen Wut und einem beruflichen Ehrgeiz, der ihn bis zur Erschöpfung trieb.

Aus der Überlegung heraus, daß nach 1946, nach den Repressalien gegen die Schriftsteller, die Zeit für einen Schlag gegen die Komponisten gekommen war – gegen Leute also, die sich von seinen kümmerlichen Werken nicht überzeugen ließen –, rief Chrennikow ein paar verwandte Geister vom Zentralkomitee zusammen und setzte ihnen die »große Autorität in Literatur und Musik« an die Spitze, das Politbüro-Mitglied Andrej Schdanow. Jetzt kamen auch die früheren Proletkult-Leute – diese stramme Brut! – aus ihren Höhlen gekrochen und schlossen sich der Kampagne an. Nachdem diese »tollen Kerle« *Die große Freundschaft* zubereitet und als Formalismus serviert hatten, setzte die Mühle sich langsam in Bewegung, um die besten Komponisten der Nation zwischen ihren Steinen zu zermahlen. Bald rückte man auch den »heimatlosen Kosmopoliten« in einer ruhmreichen Kampagne zu Leibe, die 1952 zum berüchtigten »Ärztekomplott« und schließlich auch zu der Parole führte: »Nieder mit den Juden, rettet Rußland!«

Die neuerliche Komponistenhetze wurde landesweit geführt und wies, anders als die Kampagne von 1936, eindeutig die Handschrift des Zentralkomitees auf. Zudem fanden die Versammlungen jetzt nicht nur in Theatern oder Konservatorien statt, sondern auch an Orten, die mit der Kunst ebensowenig zu tun hatten wie die Redner, die Worte wie »Formalismus« und »Kosmopolitismus« offenbar zum erstenmal benutzten und kaum aussprechen konnten. In einhelliger Begeisterung aber verdammte man die Formalisten als gefährliche Volksfeinde und klagte sie aller erdenklichen Untaten an: eine günstige Gelegenheit, die nationale Flamme zu schüren und alte Rechnungen zu begleichen. Damals ist auch die russische Sprache um zwei Schimpfwörter bereichert worden, die man sich beim Schlangestehen, im Bus oder in der U-Bahn zuwarf: »Halt's Maul, verdammter Kosmopolit!« oder »Hör auf zu drängeln, verfluchter Formalist!«

Im Februar 1948 fand im Großen Saal des Moskauer Konservatoriums eine Generalversammlung statt, zu der man die gesamte Prominenz des kulturellen Lebens eingeladen hatte. Die Studenten des Konservatoriums wurden vom regulären Unterricht befreit, um in Sachen »Volkszorn« unterwiesen zu werden. Das alles wäre 1936 nicht denkbar gewesen. Seit 1936 aber hatte das Regime eine Menge Erfahrung sammeln können und war jetzt für seine Aufgabe, mit den formalistischen Komponisten abzurechnen, wesentlich besser gerüstet.

Im edlen Wettstreit, die Musiker mit Dreck zu bewerfen, bestieg ein Maulheld nach dem andern die Rednertribüne. Und weil es in einem Ein-Parteien-System nach solchen Attacken keine Überlebenschancen für den Betroffenen gibt, ist alles, was Schostakowitsch und Prokofjew je geschaffen hatten, an einem Tag zerstört worden. An wen hätten sie sich wenden können – eine Opposition existiert ja nicht. Gewiß gibt es manche, die sich abseits halten und an der Schlägerei nicht teilnehmen, doch kommen auch sie dem Opfer nicht zu Hilfe. Wohin also soll einer gehen? Zur Presse? Die ist fest in Händen der Partei. Und sollte ein einzelner sich entschließen, ihm beizuspringen, wären ihm von da an sämtliche Türen zu den Regierungsbüros verschlossen. Auch ein Versuch des Opfers, sich durch Plakatanschläge an die Öffentlichkeit zu wenden, wäre zum Scheitern verurteilt, er zöge seine sofortige Verhaftung nach sich. Ebenso sinnlos wäre es, sich bei einer Versammlung zu Wort zu melden: die organisierte Mehrheit brächte den Redner schnell zum Schweigen.

Schostakowitsch saß in jener Februar-Versammlung, in deren Gedränge keine Stecknadel mehr Platz gefunden hätte, allein in einer leeren Sitzreihe. Das ist bei uns so üblich: Niemand setzt sich neben das Opfer – wie bei einer öffentlichen Hinrichtung. Und das *war* eine. Mit dem einzigen Unterschied, daß sie dich bei einer Hinrichtung umbringen, hier aber gnädig mit dir verfahren, sie lassen dich leben. Für diese Gnade aber mußt du hier sitzenbleiben, angespuckt wie du bist, und dir alles anhören, was sie dir um die Ohren hauen. Und du mußt bereuen. Nicht etwa für dich allein und privat. Nein, du mußt dich auf die Rednertribüne begeben und mit lauter Stimme bereuen, deine Ideale in aller Öffentlichkeit verraten! Mehr noch, du mußt der Partei, der Regierung und dem Genossen Stalin persönlich dafür danken.

Im September 1948 wurde Schostakowitsch seiner Ämter am Leningrader und am Moskauer Konservatorium enthoben, als »beruflich ungeeignet« aus seinem Lehramt für Komposition entlassen. Mit diesem Akt der Barbarei hat die Ignoranz kommunistischer Behörden nicht nur Schostakowitsch um sein einziges festes Einkommen gebracht. Sie hat auch jungen Musikern die Möglichkeit genommen, bei einem großen Komponisten zu studieren, und damit der gesamten Kultur unübersehbaren Schaden zugefügt. Schostakowitsch hat nie wieder unterrichtet und ist erst sehr viel später, 1961, ans Leningrader Konservatorium zurückgekehrt, um für kurze Zeit mit Studenten der Abschlußklasse zu arbeiten. Danach hat er das Konservatorium – diesmal aus eigenem Antrieb und für immer – verlassen. Tischka Chrennikow aber wurde 1948 für erwiesene Dienste zum Ersten Sekretär des Komponistenverbandes ernannt und übt dieses Amt bis heute aus.

Fast alle Werke Schostakowitschs galten jetzt, wie auch die von Prokofjew, als geächtet und durften in den Konzertsälen nicht aufgeführt werden. Und weil auch die neuen Kompositionen in den Augen der Partei keine Gnade fanden und daher vom Staat nicht angekauft wurden, sah Schostakowitsch sich buchstäblich außerstande, seinen Lebensunterhalt zu bestreiten. Deprimiert und des kostbarsten Besitzes, seiner künstlerischen Freiheit, beraubt, zum Stummsein verurteilt und wie ein gefangenes Tier in die Ecke gedrängt: Können wir uns überhaupt vorstellen, was ein genialer Mann wie er, erst zweiundvierzig Jahre alt und auf der Höhe seiner schöpferischen Kraft, ausgestanden hat? Wie schwer der Schlag ihn getroffen haben muß, läßt der Blick auf eine Liste ahnen, die seine Werke der letzten fünf Jahre vor Stalins Tod aufführt und die mehr als alle Worte von seinem Schicksal als Verfemter Zeugnis ablegt:

1948 – Filmmusik zu *Die junge Garde*
1949 – Filmmusik zu *Michurin*
        Oratorium *Das Lied der Wälder*
1950 – Filmmusik zu *Die Zerstörung Berlins*
1951 – Zehn Lieder für Chor, Vertonungen revolutionärer Gedichte
1952 – Kantate *Die Sonne scheint übers Vaterland*

Es ist offensichtlich, daß Schostakowitsch in Kompositionen dieser Art einen letzten Ausweg sah, die einzige Möglichkeit eines Broterwerbs. Wenn der Staat keine neuen Werke ankauft und die Regierung frühere Kompositionen verbietet, hat man in der Sowjetunion nur eine Zukunft vor sich: den Hungertod. Schostakowitsch aber hätte es einfach nicht ertragen, seine Familie in einer solchen Lage zu sehen, vor allem seine Kinder, die damals noch klein waren und die er über die Maßen liebte.

Für sein Oratorium *Das Lied der Wälder*, für die Filmmusik zu *Die Zerstörung Berlins* und für die zehn Chorlieder erhielt Schostakowitsch den Stalin-Preis. Damit brachte die Regierung ihre Zufriedenheit zum Ausdruck und gab ihm zu verstehen, welche Art Musik sie auch in Zukunft von ihm erwartete.

Vielleicht hat ihn damals, als er das Leben eines Besiegten führte und viele Jahre noch führen sollte, allein die Liebe zu seinen Kindern und der Haß auf die Verfolger am Leben erhalten. Doch gibt es, wie Dmitri Dmitrijewitsch so gern sagte, noch einen Gott im Himmel und Gerechtigkeit auf Erden. Der große Stalin starb, er krepierte wie ein Schakal in seiner Höhle. Und während das Rudel seiner Genossen sich in der Nähe seines Kadavers herumtrieb und sich die Fetzen seiner Hinterlassenschaft gegenseitig aus den Zähnen riß, hätte sein starrer Blick vielleicht noch die Gestalten der Opfer erhaschen können, die er verfolgt, gefoltert, getötet hatte. Unter ihnen hätte er wohl auch Schostakowitsch entdeckt, der ihm ausgeliefert war – ihn aber jetzt überlebte: nur wenige Monate später erklang die *Zehnte Symphonie*, Schostakowitschs tragisches Testament, seine Abrechnung mit dem Tyrannen. Und eine Anklage, die er sowohl im dritten Satz als auch im Finale mit seinen musikalischen Initialen »signierte«, mit der Tonfolge D – S – C – H (D – Es – C – H), die er hier zum erstenmal verwandte.

Als Schostakowitsch 1954 als musikalischer Berater ans Bolschoi berufen wurde, hatte ich das große Glück, ihm zu begegnen. Später dann, als Slawa und ich schon verheiratet waren, hat Slawa mich zu Dmitri Dmitrijewitsch in dessen Wohnung mitgenommen. Von da an war ich dort regelmäßig zu Gast, und damals begann die Freundschaft zwischen uns und unseren Familien, die bis zu unserer Ausreise gedauert hat.

Zu jener Zeit lebte Dmitri Dmitrijewitsch am Kutosowski-Prospekt. Die Unordnung in seiner Wohnung hat mich ebenso wie das Fehlen jeglichen Komforts schon beim ersten Besuch überrascht, um so mehr, als zwei Frauen darin lebten, die sich um den Haushalt hätten kümmern können: das Dienstmädchen, Marja Dmitrijewna, und Fenja, die alte Kinderfrau. Alles wies deutliche Spuren von Vernachlässigung auf.

Dmitri Dmitrijewitsch war erst achtundvierzig Jahre alt, als seine Frau Nina Wassiljewna am 4. Dezember 1954 starb und ihn mit den beiden Kindern allein ließ, der siebzehnjährigen Tochter Galina und dem vierzehnjährigen Sohn Maxim. Damals übertrug Dmitri Dmitrijewisch die ganze Liebe, die er für seine Frau empfunden hatte, auf seine Kinder und wurde ein hingebungsvoller Vater.

Ich habe nie gehört, daß er eins seiner Kinder je angebrüllt hätte, obwohl sie recht verwöhnt und undiszipliniert aufwuchsen, nachdem das Dienstmädchen ihre Erziehung übernommen hatte. Schostakowitschs Liebe zu seinen Kindern hatte etwas Abnormes, etwas Krankhaftes an sich, er lebte in der ständigen Furcht, daß ihnen ein Unglück zustoßen könnte. Wie oft haben wir ihn in einem Zustand wachsender Unruhe erlebt, wenn eins der Kinder später als gewöhnlich nach Hause kam. Da konnte er vor Angst ganz außer sich geraten, sich immer wieder vorstellen, sie hätten einen Unfall gehabt (nicht ohne Grund: beide, Galina und Maxim, konnten Auto fahren, und besonders Maxim fuhr meistens viel zu schnell). Wenn Maxim zum Beispiel auf dem Weg von der Datscha zurück in die Moskauer Wohnung war, griff Dmitri Dmitrijewitsch schon nach zehn Minuten zum Telefon. Unmöglich, ihn zu beruhigen. Er mußte wissen, ob Maxim schon zu Hause war.

»Dmitri Dmitrijewitsch, Sie wissen doch, daß man mindestens eine halbe Stunde für die Fahrt nach Moskau braucht, und Maxim ist vor zehn Minuten erst abgefahren. Sie müssen sich beruhigen, es ist schon nichts passiert!«

»Ich kann nichts dafür, Maxim fährt so schnell – viel zu schnell!«

Alle fünf Minuten ging er ans Telefon. Daß seine Befürchtungen nicht ganz unbegründet waren, sollte sich später herausstellen. Kurz vor ihrer Hochzeit hatten Maxim und seine Braut Lena tatsächlich einen Autounfall, bei dem beide lebensgefährlich verletzt wurden.

Dmitri Dmitrijewitsch, der die engen Freunde gern zu sich in die Wohnung einlud und, wie alle Russen, lieber Wodka als Wein zum Essen trank, schenkte sich zum Auftakt meist ein halbes Wasserglas voll ein und leerte es in einem Zug. Dann füllte er es zum zweitenmal und begann zu essen – das war so sein »Quantum«. Besonders in den letzten Jahren wurde er schnell betrunken, und wenn er es war, verzog er sich wortlos ins Schlafzimmer.

Da Schostakowitsch in jenen Jahren noch immer knapp bei Kasse war und selber kaum zu bemerken schien, was er aß, stellte er nicht allzuviel auf den Tisch: Wurst, Käse, Brot und eine Flasche Wodka. Er besaß nur wenig Freunde (das Leben selbst hatte ja dafür gesorgt) und lud darum auch meist dieselben Gäste ein – Menschen, deren Treue sich im Lauf der Zeit erwiesen hatte. Er selbst besuchte seine Freunde nur selten, höchstens zur Feier eines Geburtstags (die Daten hatte er alle im Kopf und vergaß nie, ein Glückwunschtelegramm zu schicken).

Bei all diesen Anlässen saß er meist schweigend da, nahm an den allgemeinen Gesprächen nicht teil und blieb auch nie lange. Nach seinem »Quantum« erhob er sich meist ganz plötzlich und sagte (immer mit denselben Worten): »Genug jetzt. Wir haben gegessen und getrunken. Es ist Zeit für den Heimweg. Es ist Zeit.« Dann ging er.

Er scheute die Öffentlichkeit. Und wenn er gelegentlich ein Konzert oder, seltener noch, ein Theater besuchte, sprach er dort mit niemandem. Auch in den Pausen blieb er lieber für sich, wenn er seine *avant-loge* überhaupt verließ.

Dabei war Dmitri Dmitrijewitsch in seiner Jugend ein heiterer und geselliger Mensch, dem erst das Leben diesen Rückzug aufgezwungen hatte. Lobte man ihn, so schien er peinlich berührt und nahm es so verlegen auf, als löge man ihm etwas vor. Die Leute merkten das natürlich und verzichteten darauf, ihn mit ihren Eindrücken, ihrer Begeisterung aufheitern zu wollen. Er schien ständig unter Spannungen zu stehen und lächelte auch dann nicht, wenn Ovationen ihn auf die Bühne holten und er sich verneigte. In seiner ganzen Erscheinung lag so etwas wie ein Vorwurf, so daß sich jeder von uns in Gegenwart des verfolgten Giganten irgendwie schuldig fühlte. Der Schlag ins Gesicht, der ihm mit dem *Prawda*-Artikel von 1936 versetzt worden war, hatte ihn für alle Zeit gezeichnet.

Auch im familiären Bereich wirkte vieles schwierig und unnatürlich auf mich. Die Kinder schienen eine gewisse Scheu zu haben, ihrem Vater ihre Liebe zu zeigen – auch für sie war er der große Schostakowitsch.

Selbst der kleine Kreis der Freunde gab sich ihm gegenüber besonders rücksichtsvoll und verhielt sich in seiner Gegenwart anders als sonst. Wir alle bemühten uns, nicht zu viel zu reden und ein wenig zurückhaltend zu sein, was oft darauf hinauslief, daß wir uns regelrecht verstellten. Wenn Dmitri Dmitrijewitsch etwa über ein Musik- oder Theaterstück sein Urteil abgab und keiner von uns seine Ansicht teilte, wagte es niemand, ihm zu widersprechen. Er wußte sehr gut, in welch hohem Ansehen er bei uns stand, doch hat er, das muß ich wirklich sagen, seine Autorität und seinen Einfluß nie mißbraucht: Selten hörte ich ein kritisches Wort von ihm, meistens äußerte er sich lobend.

Daß er trotz seiner höchst sensiblen Psyche sich gegen die vielen harten Schicksalsschläge hatte behaupten können, lag gewiß an seiner ungewöhnlichen Disziplin. Bis zu seinem Tode hat er sich den scharfen Verstand und eine solche Gefühlsstärke bewahrt, daß ich ihn auch in den schlimmsten Phasen seiner schweren Krankheit niemals schwach gesehen habe. Und kein Tag verging in Untätigkeit oder Müßiggang, nicht einmal in seinen letzten Lebensjahren, wo er doch häufige und meist langwierige Krankenhausaufenthalte hinnehmen mußte. Dort kam ihm der Umstand zugute, daß er normalerweise ohne Klavier komponierte. So konnte ihn auch die Tatsache, daß es im Krankenhaus keins gab, nicht an seiner regelmäßigen künstlerischen Arbeit hindern.

Wer Schostakowitsch auch nur einmal gesehen hatte, wird seine ebenso empfindsamen wie genialen Züge niemals vergessen können: sein kindliches, offenes Lächeln, seine hellgrauen, großen Augen, die hinter der Brille noch riesiger wirkten. Auch seine Art zu gehen, seine kurzen, kräftigen Schritte sehe ich noch genauso vor mir wie seine Hände, die er unaufhörlich bewegte und, wie es schien, nicht recht unterzubringen wußte. Häufig kratzte er sich erst mit der einen, dann mit der andern Hand am Hinterkopf, um sich dann mit beiden in einer typischen und uns allen vertrauten Geste ans Kinn zu fassen. Etwas Jugendliches ging von ihm aus, eine schwer zu definierende Jungenhaftigkeit, die er sich bis ans Ende seines Lebens bewahrte. Wenn ich frühe Aufnahmen von ihm sehe, scheint er mir nicht älter geworden zu sein: dieselbe dicke Brille, dieselben Haarbüschel über der Stirn und dieselben grauen, weit geöffneten Augen. Ich kann mich nicht erinnern, daß er je in ruhigen fließenden Sätzen gesprochen hätte, seine Worte kamen immer ruckartig und überschlugen sich. Er sprach sehr schnell, um seine Gedanken möglichst rasch zu äußern. Und damit seine Zuhörer sich auch merkten, was er sagte, wiederholte er mehrmals Wörter und ganze Sätze, unterstrich bestimmte Äußerungen noch mit einem zusätzlichen »Wissen Sie« oder »Verstehen Sie«.

In seiner Jugend nannten ihn seine Freunde »Florestan mit der bezaubernden Seele«. Und Wolodja Kurchawow, ein Dichter und Freund Schostakowitschs, widmete ihm die folgenden Zeilen:

Ich mag den frühlingsfrischen Himmel,
Wenn der Sturm sich verzieht.
Er gleicht deinen Augen.

Zweifellos hatte Dmitri Dmitrijewitsch auch als junger Mann diese raschen, impulsiven Gesten an sich.

Auf alles schien er unmittelbar zu reagieren, auf einen guten Witz etwa. Er mochte Witze, auch wenn er selbst keinen so recht erzählen konnte und das auch nicht wollte. Wenn er aber einen hörte, der ihm gefiel, konnte er wie ein Kind darüber lachen, ihn den ganzen Abend lang wiederholen und sich jedesmal wieder ausschütten vor Lachen. Auch in seiner Musik taucht die häufige Wiederholung einzelner Worte und Takte als charakteristisches Merkmal auf.

Andererseits schien er sich oft, bei Tisch oder sonstigen Gesprächen, auf sich selbst zu konzentrieren, in sich hineinzuhorchen. Nicht, daß er abgeschaltet hätte oder innerlich weggetreten wäre, dafür hörte er viel zu genau hin und reagierte zu rasch auf alles, was um ihn herum vorging. Doch schien er all das gleichzeitig verarbeiten, in Musik umsetzen zu wollen. Sie war seine Quelle, der Anstoß für sein inneres »unaufhörliches Triebwerk«. Mehrere Leben hätten nicht ausgereicht, diese Maschine in ihm zum Stillstand zu bringen.

So konnte er, oft mitten in einer Unterhaltung, plötzlich aufstehen, den Raum verlassen und sich an die Arbeit machen, um wenig später den Gesprächsfaden wieder aufzugreifen. Dabei brauchte er innerlich nicht einmal umzuschalten: Er setzte sich einfach an den Schreibtisch und schrieb die Töne auf, die ihm ständig durch den Kopf gingen und die so natürlich und selbstverständlich für ihn waren wie der eigene Herzschlag.

Eines Tages rief Dmitri Dmitrijewitsch uns an und bat uns, zu ihm zu kommen. Bei ihm angelangt, öffnete uns eine stattliche junge Frau, die Dmitri Dmitrijewitsch uns mit den Worten vorstellte: »Das ist Margarita, meine Frau.« Zunächst konnten wir uns keinen Reim darauf machen. Wer war sie? Woher kam sie? Noch gestern hatte er sie mit keinem Wort erwähnt. Und heute sollte sie seine Frau sein? Ganz offensichtlich hatten ihr die Kinder einen eher feindseligen Empfang bereitet und gaben sich keine Mühe, ihre Gefühle zu verbergen.

Bei der ersten günstigen Gelegenheit nahm uns dann Zinaida Alexandrowna Merschanowa, Schostakowitschs langjährige und treuergebene Sekretärin, beiseite und erzählte uns, wie es dazu gekommen war. Dmitri Dmitrijewitsch hatte Margarita, die beim Zentralkomitee des Komsomol beschäftigt war, auf einer dortigen Besprechung kennengelernt und sich, ohne vorher auf den Busch zu klopfen, mit der schlichten Frage an sie gewandt: »Wollen Sie meine Frau werden?«

Nach der ersten Verblüffung muß sie wohl rasch wieder zu sich gekommen sein. Ihre Antwort: »Ja.«

In gewisser Hinsicht hat Margarita mich immer an Dmitri Dmitrijewitschs erste Frau, Nina Wassiljewna, erinnert, obwohl ich diese nur von Fotos kannte. Margarita, eine einfache, aber energische Frau, bemühte sich redlich, Wohnung und Haushalt in Ordnung zu bringen und ein mehr oder weniger geregeltes Familienleben auf die Beine zu stellen. Lange genug hatten die Familienmitglieder auf die feste Hand einer Frau verzichten müssen. Nur war Margarita eben ganz anders als Nina, so anders, daß jeder sich gegen sie auflehnte. Es ist ihr nie gelungen, die Zuneigung der Kinder zu gewinnen, und selbst die Dienstboten weigerten sich, sie als Herrin des Hauses anzuerkennen.

Eines Tages kam Zinaida Merschanowa in höchster Aufregung zu mir und warf sich, einem hysterischen Anfall nahe, auf unser Sofa.

»Um Gotteswillen, Zinaida Alexandrowna, was ist denn passiert?«

Ich mußte ihr ein Glas Wasser geben, damit sie überhaupt sprechen konnte.

»Stellen Sie sich das bloß vor, Galina Pawlowna! Da sage ich doch zu ihr, dieser Margarita: ›Sie sind schließlich mit einem Genie verheiratet und müssen zumindest versuchen, seine Psyche zu verstehen. Immerhin ist er ein Musiker!‹ Und was glauben Sie, hat sie mir geantwortet? ›Ein Musiker! Na und? Mein erster Mann war auch ein Musiker ... er hat Akkordeon gespielt!‹ Oh, oh, oh!« und Zinaida begann zu weinen.

Im Schlafzimmer Schostakowitschs hing noch immer eine Fotografie von seiner ersten Frau, doch hat niemand in seiner Gegenwart je von ihr gesprochen – das Thema war tabu. Nur einmal, auf Maxims Hochzeit am 20. Oktober 1960, hörte ich ihn selbst ihren Namen aussprechen. Wir waren alle um den Tisch versammelt, tranken auf das Wohl des jungen Paares und riefen »Bitter«[1], wie das bei einer turbulenten russischen Hochzeit so üblich ist. Da stand Dmitri Dmitrijewitsch plötzlich auf und sagte: »Ich bitte euch, euer Glas im Gedächtnis an meine verstorbene Frau, Nina Wassiljewna, zu erheben.«

Eine bedrückende Stille trat ein. Da standen wir alle mit dem Glas in der Hand und tranken, niemand aber schien dem Trinkspruch noch etwas hinzufügen zu wollen. Selbst die Kinder Maxim und Galina schwiegen, und als auch Dmitri Dmitrijewitsch nichts mehr sagte, versank das Thema in Schweigen – ebenso rasch, wie es aufgetaucht war.

---

[1] Bei diesem Ausruf der Gäste muß das junge Paar sich küssen, damit der Wein süßer wird

An diesem Abend kam das Leiden, das Schostakowitschs Gesundheit lange Zeit schon angegriffen hatte, zum erstenmal zum Ausbruch. Ich weiß noch genau, wie er zu Maxim und dessen Freunden ging, die vor der Wohnungstür einen ziemlichen Lärm veranstalteten und Witze machten, über die er wie alle andern herzlich lachte. Mit einem Mal aber lag er lang ausgestreckt am Boden – die Beinmuskeln hatten versagt. Wir stürzten sofort zu ihm, um ihm aufzuhelfen. Stumm und reglos lag er da, war aber bei Bewußtsein. Alles schrie durcheinander und drängte sich im Treppenhaus zusammen, einer rief den Krankenwagen. Beim Sturz hatte Dmitri Dmitrijewitsch sich ein Bein gebrochen und mußte ins Krankenhaus. Dann trugen die Männer von der Ambulanz ihn auf einer Trage an uns vorbei, sie hatten ihn in Decken gehüllt und ihm eine Mütze aufgesetzt, so daß wir außer seinen weitgeöffneten Augen hinter den Brillengläsern nichts von ihm sehen konnten. Maxim heulte laut, und die Frauen schluchzten. Entsetzen packte mich: Für einen kurzen Augenblick schien es mir, als trügen sie ihn im Sarg hinaus.

Danach geschah es durch das allmähliche Fortschreiten seiner Krankheit immer häufiger, daß seine geschwächten Hände nichts mehr halten konnten, daß ihm zum Beispiel die Gabel mit lautem Klirren auf den Teller fiel. Wir taten dann so, als hätten wir nichts gemerkt, und versuchten, unser Erschrecken zu verbergen. Er selbst bemühte sich verzweifelt, seine Ungeschicklichkeiten wettzumachen, womit er alles aber nur noch verschlimmerte. Darum versuchte ich bei Tisch, ihm diskret schon im voraus aufzulegen, damit er mir seinen Teller nicht reichen mußte und sich nicht so unbeholfen vorkam. Es muß schrecklich für ihn gewesen sein, bei völlig klarem Verstand die Krankheit unerbittlich fortschreiten zu sehen.

Kurz nach Maxims Hochzeit verschwand Margarita, wie sie gekommen war, ohne jede Vorankündigung. Eines schönen Tages floh Dmitri Dmitrijewitsch nach Leningrad und versicherte, erst dann zurückzukehren, wenn diese Frau sein Haus verlassen habe. Die notwendigen Unterlagen für die Scheidung und eine Vollmacht hatte er Maxim hinterlegt. Margarita sahen wir nie wieder.

1960 schrieb Schostakowitsch zwei Streichquartette, das *Siebente* und das *Achte*. Das *Siebente*, das mir in seiner Subtilität und Erhabenheit wie ein Hymnus auf die Liebe vorkam, widmete er dem Andenken Nina Wassiljewnas, das *Achte* den Opfern des Faschismus. Bekanntlich hat Schostakowitsch das *Streichquartett Nr. 8* in nur drei Tagen in einem Zug durchkomponiert und damit, wie er selbst sagte, seine Autobiographie geschrieben.

Die wichtigsten Ereignisse seines Lebens sind darin als Elemente aus früheren Kompositionen enthalten: aus der *Ersten Symphonie* (1924–1925), aus der Oper *Lady Macbeth* (1930–1932), aus dem *Trio Nr. 2* (1944), das Schostakowitsch dem Andenken seines besten Freundes, Iwan Sollertinski, gewidmet hatte, der während des Krieges an Hunger gestorben war; aus der *Zehnten Symphonie*, die 1953, unmittelbar nach Stalins Tod, entstand, und aus dem Rostropowitsch gewidmeten *Ersten Cello-Konzert* (1959), der damals jüngsten Komposition seines umfangreichen Œuvres. Die »Signatur« Schostakowitschs zieht sich in Form seiner musikalischen Initialen durch alle Sätze des Quartetts, dessen vierter Satz einem Requiem ähnelt. Für diesen Satz hat Schostakowitsch bei seiner Filmmusik zu *Die junge Garde* Anleihen gemacht (die Musik zu der Szene, in der Mitglieder der Jungen Garde hingerichtet werden) und die im ganzen Land bekannte Melodie eines alten Liedes politischer Gefangener verarbeitet: »Auch wenn sie dich knechten und quälen, ist ein ruhmreicher Tod dir gewiß ...«

In diesem Satz scheint Schostakowitsch den autobiographischen Charakter des Quartetts am stärksten betont zu haben. Wenn man der Musik aufmerksam folgt und sie mit dem Leben des Komponisten vergleicht, nimmt die Widmung »Für die Opfer des Faschismus« eine andere, nicht minder düstere Bedeutung an.

Als wir das *Streichquartett Nr. 8* zum erstenmal in Dmitri Dmitrijewitschs Wohnung hörten, war Slawa überaus beeindruckt und brannte darauf, es zu spielen. Auf einer gemeinsamen Konzertreise nach Leningrad kam es auch dazu: Slawa rief ein paar Freunde zusammen – die hervorragenden Leningrader Musiker Michail Waiman (Violine), Boris Gutnikow (Violine), Boris Kramerow (Viola) – und übte das Quartett mit ihnen ein.

Diese Probe, die im Konzertsaal der Leningrader Maly-Philharmonie im Beisein Schostakowitschs stattfand, ist mir noch in lebhafter Erinnerung. Zutiefst bewegt hörte Dmitri Dmitrijewitsch dem herrlichen Spiel der Musiker zu, und als Slawa die weiche, klagende Melodie der Katerina, »Serjoscha, mein Liebster ...«, aus dem letzten Akt der *Lady Macbeth* spielte, konnte ich nicht anders, als zu Schostakowitsch hinüberzusehen. Der saß da mit offenen Augen, aber ohne etwas wahrzunehmen. Tränen strömten über sein Gesicht.

Auf dem Schreibtisch in Dmitri Dmitrijewitschs Arbeitszimmer stand eine gerahmte Photographie seines Lieblingskomponisten Mussorgskij – zur ständigen Mahnung an das bittere Geschick eines großen Mannes, an seine Armut und seine Abhängigkeit von den Almosen seiner Freunde und Gönner. Als der vierzigjährige Mussorgskij, der Schöpfer von *Boris Godunow* und *Chowanschtschina*, im Petersburger Militärkrankenhaus im Sterben lag und seine letzten Tage völlig verarmt auf einem Feldbett der Armee verbringen mußte, besuchte ihn der erfolgreiche und wohlhabende Komponist Cäsar Antonowitsch Cui. Cui, der klar erkannte, daß Mussorgskijs Stunden gezählt waren und daß er ihn wohl zum letztenmal sah, griff – so erzählt man sich – in seine Tasche, zog ein schneeweißes, parfümiertes Taschentuch mit gesticktem Monogramm hervor und wischte sich damit über die Augen, bevor er es Mussorgskij reichte, der schon im Delirium tremens lag und kurz darauf starb.

Dieses Bild hat Dmitri Dmitrijewitsch sein Leben lang wie ein Alptraum verfolgt, so daß seine Augen, auch wenn er von ganz anderen Dingen sprach, immer wieder an der Photographie hängenblieben. Dabei sagte er oft laut, was ihm ständig durch den Kopf ging: »Was war das doch für ein Hund, dieser Herr Cui! Stellen Sie sich das doch mal vor – er gab ihm ein Taschentuch! Er hätte ihm zu essen geben müssen, aber doch kein Taschentuch! . . . Er hatte nichts zu essen . . . nichts zu essen. Ein *Taschentuch*, verstehen Sie?«

Eine ganze Weile noch kam er nicht los von dem Gedanken. »Ein Taschentuch mit Monogramm, verstehen Sie! Taschentücher!«

Zeitlebens fürchtete Schostakowitsch, seine Familie nicht ernähren zu können. Er mußte ja in der Tat für eine zahlreiche Familie aufkommen: beide Kinder waren auch als Erwachsene noch abhängig von ihm – Galina mit ihrem Mann und zwei Kindern, Maxim, der noch studierte, mit seiner Frau und einem Sohn. Dann gab es noch die alte Kinderfrau, die ihr Leben lang bei ihm gewesen war, es gab das Dienstmädchen in der Moskauer Wohnung, ein weiteres Mädchen und einen Heizer für die Datscha, schließlich noch den Chauffeur und die Sekretärin. Rechnet man Dmitri Dmitrijewitsch und seine Frau mit ein, waren es fünfzehn Personen, für die er aufkommen mußte.

»Überlegt euch mal«, sagte er dann, »allein fürs Frühstück morgen brauchen wir drei Dutzend Eier, zwei Pfund Butter, sechs Pfund Quark und ein paar Liter Milch! Das ist meine Familie. Was soll aus ihr werden, wenn ich nicht mehr komponiere?«

Schostakowitschs Ängste stammten noch aus der Zeit Stalins und seiner Handlanger, doch wurde seine Musik auch jetzt noch so selten aufgeführt, daß das Geld für Lebensmittel und die täglichen Haushaltskosten oft nicht reichte. In einer solchen Situation bat er uns zuweilen um Hilfe. Einmal lieh er sich zehntausend Rubel von uns (tausend in heutiger Währung), weil er seine Dienstboten nicht bezahlen konnte.

Drei Tage später rief er mich an: »Galja, kann ich gleich mal vorbeikommen?«

»Ja, natürlich, Dmitri Dmitrijewitsch!«

Nach wenigen Minuten stand er glückstrahlend vor mir und warf ein Bündel Scheine auf den Tisch. »Da! Vielen Dank, daß Sie mir ausgeholfen haben!«

Ich war ganz überrascht. »So schnell? Das hätte doch noch Zeit gehabt!«

In seinem Eifer, mir die ganze Geschichte zu erzählen, verhaspelte er sich mehrmals: »Wissen Sie, Galja, ich hatte ja so ein Glück heute, so ein Glück! Zuerst wußte ich einfach nicht, wie ich das Geld zurückzahlen sollte, aber dann kam mir die Idee, die Bank anzurufen, wo ich ein Konto für die Tantiemen aus dem Ausland habe. Ich rief aufs Geratewohl an, dachte nicht im Traum daran, daß wirklich was drauf sein könnte. Aber da sagten sie mir, daß ich kommen und Geld abheben könnte. Ich ging also hin. Das Geld war in Dollarwährung überwiesen worden, weshalb sie mir auch sofort sagten, daß ich es nur in kleinen Summen – von dreihundert, höchstens vierhundert Dollar – und nur für eine Auslandsreise abheben dürfe. Als ich fragte, ob ich das ganze Geld in Rubel umtauschen und sofort haben könnte, waren sie natürlich sehr erstaunt, aber überglücklich. Die nette junge Dame am Schalter mochte gar nicht glauben, daß ich das ernst meinte, und fragte immer wieder: ›Du lieber Gott, warum tun Sie das denn? Fahren Sie doch ins Ausland und kaufen sich was dafür! Wie kann man bloß Dollars in Rubel wechseln! Das hat hier noch keiner gemacht. Das ist ja fast eine Schande!‹ Ich sagte ihr: ›Das ist überhaupt keine Schande, überhaupt keine! Wenn Sie es wechseln wollen, dann wechseln Sie es.‹ Die nette junge Dame aber bedauerte es auch dann noch, als sie mir das Geld auszahlte. Nun, ich nahm es mir und stürmte los, weil ich es euch auf schnellstem Wege zurückzahlen wollte. Sonst rinnt es mir doch bloß durch die Finger. Und ihr braucht das Geld ja auch. Nein, was war das heute für ein Tag! Und was für ein Glück!«

Von den ausländischen Tantiemen bekam Dmitri Dmitrijewitsch nur einen kleinen Teil ausbezahlt, das meiste ging an den Staat. In der damaligen Zeit aber war auch dieser geringe Anteil ein wichtiges Einkommen, das er für den Unterhalt seiner Familie dringend benötigte. Denn weil seine Musik häufig im Ausland, selten aber in der Sowjetunion aufgeführt wurde, war sein Rubel-Konto meistens leer. Erst in den sechziger Jahren kam er zu einem gewissen Wohlstand, so daß auch wir dann Geld von ihm borgten, das er uns immer gerne gab.

Vordem aber mußte seine Familie oft auf das Allernotwendigste verzichten, was natürlich auch daran lag, daß es in den Läden so gut wie nichts zu kaufen gab. Wenn also das Dienstmädchen mit den Worten in der Tür stand: »Dmitri Dmitrijewitsch, der Kühlschrank ist kaputt, wir brauchen einen neuen«, oder wenn die Kinder sagten: »Papa, wir müssen neue Autoreifen haben«, dann mußten sie oft sehr lange darauf warten.

Manchmal neckten wir ihn und sagten: »Dmitri Dmitrijewitsch, Sie brauchen doch nur anzurufen und zu sagen, daß Sie Schostakowitsch sind, dann kriegen Sie doch alles, was Sie brauchen!« Dann lachte er und erzählte, wie es ihm erging, als er den Film *Die junge Garde* sehen wollte. In den ersten Jahren nach dem Krieg waren alle Moskauer Kinos überlaufen. »Wissen Sie, ich wollte den Film mit einem Freund zusammen sehen, aber es stand eine lange Schlange vor dem Kino, und es gab nur noch Karten für die Spätvorstellung. Dabei war es noch heller Tag. Mein Freund meinte, ich solle doch zur Kinokasse vorgehen und sagen, daß ich Schostakowitsch sei, daß dies mein Film wäre und ich ihn sehen wolle. Aber wissen Sie, der Kassenschalter war sehr niedrig – so niedrig, daß man sich bücken mußte. Ja, er war extra so gemacht, daß man sich bücken mußte. Ich bückte mich also und sah hinein. Da fragte mich der Mann an der Kasse, was ich wollte. Ich sagte, daß ich mir den Film ansehen wollte. Darauf er: ›Warum sollte ich Ihnen eine Eintrittskarte geben? Was glauben Sie denn, wer Sie sind?‹ Da sagte ich: ›Ich bin Schostakowitsch.‹ Er: ›Und ich bin Smirnow. Sonst noch was?‹ Ich ging. Aber die ganze Zeit über hatte ich wegen dieses Kassenschalters gebückt vor ihm stehen müssen. ›Und ich bin Smirnow. Sonst noch was?‹ Ich bitte nicht gern um etwas, verstehen Sie, ich bitte nicht gern.«

Dmitri Dmitrijewitsch hat diese Geschichte immer wieder erzählt und jedesmal so darüber gelacht, als sei es das erste Mal.

12

1958 wurde in Moskau der Erste Internationale Tschaikowskij-Wettbewerb angekündigt. Dmitri Schostakowitsch war zum Vorsitzenden des Organisationsausschusses ernannt worden, Rußlands bekannteste Musiker bildeten die Jury, und von ganz oben erging die Anweisung, daß die sowjetischen Musiker sämtliche ersten Preise zu erringen hätten. Für dieses Ziel tat man alles Erdenkliche: Studenten wurden geschult und gedrillt, junge Musiker, die sich auf nationaler Ebene für den Wettbewerb qualifiziert hatten, wurden aufs Land geschickt, damit sie sich ein paar Monate lang bei freier Kost und Logis in abgelegenen Datschas vorbereiten konnten. Auch Autos standen ihnen zur Verfügung und Flügel zum Üben, ebenso hatte man die besten Professoren engagiert, mit ihnen zu arbeiten. Kurz, man trainierte die sowjetischen Musiker wie die Kosmonauten. Schließlich ging es auch hier um das Prestige des kommunistischen Staates, um Propaganda für das sowjetische System.

Was die Professoren betrifft, so brauchte der Staat sich nicht einmal besonders anzustrengen, den erlesensten Kreis für das Moskauer Konservatorium zu gewinnen. Die Lebensumstände in der Sowjetunion zwingen die berühmtesten Sänger und Musiker dazu, sich um ein Lehramt am Konservatorium zu bewerben und es neben ihrer Konzerttätigkeit und möglichst früh schon auszuüben. Nur so sind sie in der Lage, sich ein regelmäßiges (wenn auch karges) Einkommen zu sichern, denn allein durch Konzerte eine Familie ernähren zu wollen, ist ein recht schwieriges Unterfangen. Auch steht ja immer zu befürchten, daß jemand seine Konzerttätigkeit aus diesem oder jenem Grund aufgeben muß: Er kann in Ungnade fallen oder krank werden, er kann an Popularität verlieren oder in eine Situation geraten, die häufig von den sowjetischen Organen künstlich herbeigeführt wird und die »mangelnde Nachfrage« heißt.

Für die Künstler hatte das in sich geschlossene Gesellschaftssystem der Sowjetunion schon immer Schwierigkeiten mit sich gebracht. So sind Gastspielreisen ins Ausland erst in den fünfziger Jahren möglich geworden, und auch dann mußte man noch für jeden Einzelfall die Genehmigung vom Kulturministerium einholen. In Rußland selbst kommt erschwerend hinzu, daß Musiker und Bühnenkünstler nur in Städten auftreten können, die über die notwendigen Einrichtungen verfügen. Das gilt für Moskau und Leningrad, für ein paar Städte im mittleren Rußland, für die Hauptstädte der Republiken und für die Städte des Baltikums. Damit dürfte klargestellt sein, daß es für das Heer der Sowjetmusiker nicht genügend Arbeitsplätze gibt.

Selbst wenn der einzelne das Glück hat, in der Provinz eine Anstellung zu finden, wird er dort keine allzu positiven Erfahrungen machen. Die Lebensbedingungen dort sind noch immer katastrophal. Und wenn ich an meine frühen Wanderjahre und an die Schwierigkeiten denke, denen ich dabei begegnet bin, weiß ich sehr genau, warum keine Macht der Welt mich später, in meiner Zeit am Bolschoi, zu einer Tournee durch dieses Land bewegen konnte. Zu gut erinnere ich mich an meinen Ekel vor dem Schmutz in den Hotels und vor dem widerlichen Essen in den Restaurants.

Solche Gegebenheiten bringen einen Künstler auf Gastspielreise dazu, ganze Koffer voll Eßwaren mitzunehmen, außerdem Kochplatten, Thermosflaschen und Geschirr. Dann braucht er nach der Vorstellung nicht in diese Restaurants zu gehen (falls sie überhaupt so spät noch offen haben) oder sich Leuten auszuliefern, die vom Wodka schon völlig hinüber sind. Von daher ist es wohl zu verstehen, wenn ein Künstler, der auf sich hält, dieses Karussell nicht besteigt, auch wenn es ein paar Extragelder einbringt.

So mußten die besten Musiker der Sowjetunion in den fünfziger und sechziger Jahren, um ihr Einkommen aufzubessern, ein Lehramt am Moskauer Konservatorium annehmen: die Pianisten Heinrich Neihaus, Wladimir Sofronizki, Emil Gilels, Lew Oborin und Jakov Flier, der Geiger David Oistrach und Rostropowitsch. Mit Ausnahme von Rostropowitsch, der die Staatsbürgerschaft aberkannt bekam, ist keiner der Musiker mehr am Leben.

Slawa, der seine Lehrtätigkeit schon als Zwanzigjähriger begann, war darauf stolzer als auf seine Konzertkarriere als Cellist. Als wir uns kennenlernten, hatte er sich mir als Assistenz-Professor des Moskauer Konservatoriums vorgestellt und nicht einmal erwähnt, daß er damals schon auf dem besten Wege war, zum berühmtesten Cellisten der Welt aufzusteigen. Er wußte nur zu gut, daß seine Karriere als ausübender Musiker in den Händen des Staates lag und daß ihr weiterer Verlauf vom Kulturministerium abhing. Außerdem war er stolz darauf, daß die Lehrtätigkeit ihm ein bescheidenes Einkommen garantierte.

Dabei ist das Arbeitspensum eines Professors und seines Assistenten enorm: vierzehn Studenten werden zweimal in der Woche unterrichtet, was achtundzwanzig Wochenstunden ergibt. Also muß ein Professor neben seinem Hauptberuf als ausübender Musiker zwei volle Tage in der Woche für sein Lehramt zur Verfügung stellen. Das höchste Gehalt eines Professors beträgt monatlich fünfhundert Rubel, ganz gleich, wie viele Studenten er unterrichtet. Er kommt also auf einen Stundenlohn von viereinhalb Rubel, was den Mindestlohn eines Arbeiters in westlichen Ländern nur geringfügig übersteigt. Im Geburtsland des Kommunismus aber wird auch der renommierteste Professor eines Konservatoriums nicht höher bezahlt: Oistrach, Rostropowitsch, Gilels, Neihaus und ihre Kollegen bekamen zu ihrer Zeit viereinhalb Rubel, und die größten Musiker von heute verdienen nicht eine Kopeke mehr.

Man möchte annehmen, daß die Sowjetkünstler, da sie heute öfter ins Ausland reisen, auf ihr Lehramt verzichten könnten. Doch ist es kein Geheimnis, daß ein sowjetischer Künstler – und sei er der größte – persönlich keinen Vertrag abschließen darf, weder für einen Auftritt im Ausland noch für ein Gastspiel in der Sowjetunion. Absprachen dieser Art sind ausschließlich Sache der staatlichen Institutionen, weshalb ein Künstler auch für die gesamte Dauer seiner Karriere von diesen Institutionen abhängig ist. Wenn es der Staat also für nötig erachtet, kann er jeden großen Musiker zum Lehrer machen, ganz gleich, ob der den Wunsch danach hat, sich dazu berufen fühlt oder nicht. Und so läßt er sich verschleißen in der Massenproduktion potentieller Preisträger, die sich gleichen wie ein Ei dem andern. Wenn er die Mitarbeit verweigert, streicht ihm der Staat ganz einfach sein nächstes Auslandsgastspiel: Die ausländische Konzertagentur erhält ein Telegramm vom Kulturministerium, das ihr kurz und bündig mitteilt, der Künstler Soundso sei krank. Das ist alles.

Nur um diesen Preis, nur durch die Tatsache, daß man die führenden Musiker versklavt und ihre Karriere willkürlich hemmt, ist es den Konservatorien möglich, das Heer ihrer disziplinierten, handwerklich bestens geschulten, aber völlig gesichtslosen Künstler jährlich aufzufüllen. Dabei kann man den Studenten nicht einmal nachsagen, sie verstünden nichts von ihrem Fach: nach einem Studium an speziellen Musikschulen, die sie im Alter zwischen fünf und achtzehn Jahren besuchen, und nach weiteren fünf bis sieben Jahren an einem Konservatorium haben sie am Ende ihrer

Ausbildung zwanzig Jahre in die Musik investiert und sich für ihre berufliche Tätigkeit durchaus qualifiziert.

Bei Sängern sieht das anders aus. Zwar gibt es an den Konservatorien auch für Gesang sehr gute Lehrer, doch ist das kulturelle und musikalische Niveau, die ganze künstlerische Entwicklung eine völlig andere als die eines Instrumentalmusikers. Der beginnt sein Studium ja schon sehr früh und kommt auch oft aus einem Elternhaus, wo die Mutter oder der Vater Berufsmusiker ist, so daß er die Liebe zur Kunst schon mit der Muttermilch eingesogen hat. Ein junger Sänger aber wird – sieht man von den wenigen Fällen ab, da eine Begabung sich schon in der Kindheit zeigt – meist erst als Zwanzigjähriger entdecken, daß er eine gute Stimme hat. Die Aussicht auf eine Karriere ergibt sich also ganz unerwartet: da beweisen zwei kleine Bänder in der Kehle ihre besondere Fähigkeit, wundervolle Töne hervorzubringen, und katapultieren ihn aus seiner gewohnten Umgebung in ein Leben für die Kunst. Dies trifft natürlich auf Sänger in aller Welt zu; innerhalb der verschiedenen Gesellschaftssysteme weist die kulturelle Entwicklung der Jugend allerdings Unterschiede auf.

Das war nicht immer so. Im vorrevolutionären Rußland lernten die Kinder jeder gutbürgerlichen Mittelstandsfamilie Musizieren und eine Fremdsprache. Häufig fanden abendliche Hauskonzerte statt, und jeder konnte, ganz gleich in welchem Alter, bei einem bekannten Künstler Privatstunden nehmen, in Malerei, Bildhauerei oder Gesang; dies nicht unbedingt mit dem Zweck, Berufskünstler zu werden, sondern einem geistigen Bedürfnis zuliebe oder einfach der Allgemeinbildung wegen. Solche Studien haben oft schon ein künstlerisches Potential zutage gefördert, das vordem nicht zu erwarten war. So begann etwa die berühmte Sängerin Antonina Neschdanowa als Lehrerin in der Provinz und machte erst im Alter von über dreißig Jahren als Sängerin Karriere. Und der große russische Tenor Leonid Witaljewitsch Sobinow war, wenn ich nicht irre, zuvor als Rechtsanwalt tätig.

In den Dörfern übernahm es damals die Kirche, die Kinder mit der Musik vertraut zu machen. Wenn sie mit ihren Eltern an den Gottesdiensten teilnahmen, hörten sie früh schon Choräle und konnten auch selbst, als Chorsänger, ihre stimmliche Begabung unter Beweis stellen. Die Schönheit, die Erhabenheit orthodoxer Gesänge und Gebete dienten der inneren Bereicherung und konnten den Kindern eine Ahnung vom Schönen und ein Verlangen danach vermitteln. In frühester Kindheit also – und das ist wichtig in der Kunst – lernten sie, ohne Scheu vor der Öffentlichkeit ihren Gefühlen Ausdruck zu geben. Fast alle großen Sänger Rußlands haben in Kirchen angefangen.

Heutzutage trifft man in einem russischen Kirchenchor keine Kinder mehr an: es ist strengstens untersagt. Wenn Erwachsene in Kirchen singen, droht man ihnen berufliche Schwierigkeiten an. Folglich wirken nur noch Rentner in den Kirchenchören mit, alte Leute, die nichts mehr zu verlieren haben.

Wenn heute ein junger Mensch, ein vielleicht Zwanzigjähriger seine Stimme entdeckt, hat er möglicherweise noch nie Gelegenheit gehabt, über Kunst nachzudenken und sich vielleicht auch nie dafür interessiert. Es kann auch sein, daß er noch nie ein Theaterstück gesehen hat und noch nie in einem Symphoniekonzert war. Und wenn er jetzt Gesang studiert, muß er sich nicht unbedingt dazu berufen fühlen: Vermutlich tut er es nur, weil er sich ein Leben als Sänger leichter vorstellt denn ein Leben als Fabrikarbeiter. Mit einer solchen Einstellung beginnt er dann sein Studium am Konservatorium. Für den Unterricht braucht er selbst nichts zu bezahlen, und der Gedanke, daß nie ein Künstler aus ihm werden könnte, daß er also die besten Jahre seines Lebens möglicherweise vergeudet, kommt ihm erst gar nicht.

Die Ausbildung eines Sängers dauert gewöhnlich fünf Jahre – so lange ungefähr, wie man einem Bären das Fahrradfahren oder einem Elefanten das Walzertanzen beibringt. Im Hinblick auf das gegenwärtige Unterrichtssystem an sowjetischen Konservatorien reicht diese Zeitspanne aber nicht aus, einen kulturell unerfahrenen Menschen in einen Künstler zu verwandeln. Dazu ist der Stundenplan viel zu sehr vollgestopft mit Kursen, die mit Kunst nichts zu tun haben. Um mein Gedächtnis aufzufrischen, habe ich mir ein solches Vorlesungsverzeichnis noch einmal angesehen:

Geschichte der Kommunistischen Partei der Sowjetunion
Politische Ökonomie
Dialektischer Materialismus
Historischer Materialismus
Die Grundlagen der marxistisch-leninistischen Ästhetik
Die Grundlagen des Wissenschaftlichen Kommunismus
und – nicht zu vergessen – Unterricht in Militärwissenschaft.

Lediglich zwei Wochenstunden sind für den Gesangsunterricht vorgesehen; lächerlich wenig, wenn man bedenkt, daß ein Anfänger – anders als ein Instrumentalmusiker – in den ersten beiden Jahren nicht ohne Aufsicht üben darf, oder zumindest so lange, bis er die Grundlagen der Gesangstechnik beherrscht. Fächer wie Solfeggio, Harmonielehre oder Klavier sind für Konservatorien von so geringer Bedeutung, daß ihnen fast keine Zeit eingeräumt wird. Also machen die Sänger auch nur langsam Fortschritte und erreichen in fünf Jahren nur so viel, wie sie in zweien hätten erreichen können, wäre die Ausbildung ausschließlich auf ihr Fachgebiet bezogen.

Doch damit nicht genug. Wenn im September und Oktober das offizielle Schuljahr beginnt, verschickt man die Schüler und Studenten sämtlicher Ausbildungsinstitute der Sowjetunion zur Kartoffelernte in die Kolchosen. Und weil sie dort kräftig anpacken müssen – oft bei strömendem Regen und knietief im Schlamm –, kommen die Sänger heiser zurück und die Instrumentalmusiker mit verletzten, geschwollenen Händen. Würde man den marxistisch-leninistischen Unsinn, der die wertvolle Zeit der Studenten doch nur vergeudet, endlich einmal streichen und durch Kurse ersetzen, die zur beruflichen Vorbereitung nötig sind und das kulturelle Niveau heben, dann dürfte der Fünfjahresplan für Sänger ganz andere Ergebnisse erzielen.

Man könnte sich fragen, warum die Studenten diese ganzen Fächer nicht einfach schwänzen, warum sie sich nicht weigern, ihre Köpfe mit dem ganzen Quark vollzustopfen, warum sie sich in den »Ismus«-Stunden nicht Watte in die Ohren stecken und an etwas anderes, Interessanteres denken. Nun, so einfach ist das nicht: Leider muß jeder Student ein Examen in diesen »Ismen« ablegen. Und solange er die nicht besteht, kann er das größte aller Genies sein: Er darf auch das Examen im eigenen künstlerischen Fach nicht ablegen.

Auch Slawa machte so seine Erfahrungen mit den politischen Fächern. Er studierte am Moskauer Konservatorium gleichzeitig mit Swjatoslaw Richter, der wesentlich älter und erst spät zum Studium gekommen war. Um sich nun gegenseitig zur Examensvorbereitung in den besagten Fächern zu zwingen, beschlossen sie, gemeinsam zu pauken. Nur hat das mit der Team-Arbeit nicht so recht geklappt: schon nach den ersten Seiten waren sie beide fest eingeschlafen. Da entwickelte Richter eine wahrhaft geniale Methode, wie man sich bei der Lektüre jener »unsterblichen Werke« wachhalten konnte. Sie legten das Buch vor sich auf den Boden und lasen es auf allen vieren. Und sobald einen von beiden der Schlaf übermannte, schlug er mit dem Kopf auf den Boden und war hellwach. Das half! Später hat Rostropowitsch diese Methode auch seinen Studenten empfohlen.

Schostakowitsch erzählte gern von seiner Teilnahme an einem Examen Moskauer Konservatoriums-Studenten, die in kommunistischer Parteigeschichte geprüft wurden (das war 1948, noch vor seiner Entlassung). »Eines Tages verdonnerten sie mich dazu, meine ›Pflicht als Staatsbürger‹ zu erfüllen und an einem Examen in Marxismus teilzunehmen. Ich mußte unbedingt dabeisein, verstehen Sie, als ob sie ohne mich nicht weiterkämen – überhaupt nicht weiterkämen. Meine Aufgabe bestand darin, schweigend dazusitzen, während der Professor und Leiter des Kurses jeden einzelnen Studenten prüfte. Gut, da saß ich also mehrere Stunden lang, bis endlich die letzten Studenten dran waren – Brotzeit, wie sie sagen. Es war Frühling, draußen zwitscherten die Vögel, die Sonne schien durchs Fenster. Da sah ich noch ein Mädchen sitzen, todunglücklich, mit ganz ängstlichen Augen. Vermutlich wußte sie überhaupt nichts. Aber ich dachte nur: so ein schönes Mädchen, bestimmt eine Sängerin. Da sitzt sie nun und leidet, anstatt draußen auf der Wiese zu sein – draußen auf der Wiese. Sie war die letzte, die noch geprüft werden sollte. Da wurde der Professor plötzlich ins Direktorzimmer gerufen. ›Dmitri Dmitrijewitsch‹, sagte er zu mir, ›bitte, prüfen Sie das Mädchen, ich bin gleich wieder zurück.‹ Also rief ich sie nach vorn und fragte: ›Welches Thema haben Sie und wie lauten die Fragen?‹ – ›Re-vi-si-o-nis-mus‹, sagte sie schüchtern und brachte das Wort kaum heraus, ›und seine Folgen.‹ Ich sah die Angst in ihren Augen, verstehen Sie, und dachte immer noch, daß sie eigentlich im Wald sein sollte, auf der Wiese, in der Sonne, so ein hübsches Mädchen, verstehen Sie ... ›Gut‹, sagte ich, ›eine ausgezeichnete Frage. Also – was *ist* Revisionismus?‹ Verzweifelt stieß sie hervor: ›Revisionismus ist die höchste Stufe des Marxismus-Leninismus!‹ Ich war von dieser Antwort so entzückt, daß ich aufsprang. ›Das ist richtig‹, sagte ich, ›absolut richtig. Und was sind in diesem Fall die Folgen? ‹ – ›Alle Folgen kommen von da her.‹ – ›Großartig‹, sagte ich, ›ich gebe Ihnen die beste Note, eine Eins – *eine Eins*!‹ Und damit schob ich sie zur Tür hinaus. In diesem Augenblick kam der Professor zurück. ›Nun, Dmitri Dmitrijewitsch, hat sie bestanden?‹ – ›Sie hat alles bestanden – alles! Ich gab ihr eine Eins. Sie hat ihr Thema glänzend referiert!‹ – ›Das ist merkwürdig‹, sagte er erstaunt, ›das ganze Jahr über kam sie nicht recht mit.‹ – ›Aber jetzt hat sie aufgeholt‹, sagte ich, ›sie hat aufgeholt. Sie hat ihr Thema *glänzend* referiert.‹«

Da die fünf Studienjahre nicht richtig genutzt werden, ist ein junger Sänger nach Abschluß des Konservatoriums auf einer nur halb-professionellen Stufe und kaum in der Lage, sich mit ganzer Kraft im Beruf einzusetzen. Alles, was er gelernt hat, sind ein paar Arien und Lieder. Im allgemeinen kann er weder Klavier spielen noch sich ein eigenes Repertoire erarbeiten, so daß er in seiner ersten Zeit am Theater kaum hoffen darf, schon in einer der nächsten Inszenierungen mitzuwirken. Falls er überhaupt das Glück hat, bei einem Theater anzukommen, muß er im Grunde sein Studium von vorn anfangen. Denn dort stellt sich schnell heraus, daß er nicht allzu gebildet ist, oft auch unmusikalisch und kein guter Schauspieler. Über das Erlernen des Repertoires, das Üben und die Arbeit mit Dirigenten und Regisseuren können Jahre vergehen.

Wertvolle Zeit ist unwiederbringlich dahin, ein Mangel an Selbstvertrauen schleicht sich zwangsläufig ein. Ihr fehlendes Verständnis für Kunst und Kultur und, schlimmer noch, ihre geistige Armut hindert die jungen Leute daran, ein hohes künstlerisches Niveau zu erreichen. Wie viele begabte junge Sänger habe ich schon scheitern sehen, wie viele, die nie über

Nebenrollen hinausgekommen sind! Dabei gibt es in Rußland ganz hervorragende Stimmen, mehr als in jedem anderen Land, und mit wenigen Ausnahmen kommen auch nur Sänger und Sängerinnen mit ungewöhnlich hoher Begabung am Bolschoi an.

Keiner der Absolventen eines Konservatoriums oder einer sonstigen Musikschule kann seine Karriere nach eigenen Wünschen gestalten. Den Preis für seine kostenlose Ausbildung muß er in mehrjähriger Arbeit bezahlen, und zwar dort, wo der Staat ihn haben will. Selbst wenn ein Moskauer Orchester oder Opernhaus ihn engagieren möchte, muß er das ablehnen und die Stelle annehmen, die der Staat ihm zugedacht hat. Das kann im tiefsten Hinterland sein, wo er auch die letzten Fähigkeiten verzettelt und vertut. Jedem Studenten wird ein solcher Posten zugewiesen – Ausnahmen gibt es nicht. Im allgemeinen wird er zur Mitarbeit in einem Symphonie- oder Opernorchester, an einer Musikschule oder bei einer Konzertgesellschaft irgendwo in der Provinz geschickt. Wenn er sich weigert, bekommt er kein Diplom. Ohne Diplom aber wird er niemals Karriere machen. Er versuche nur ja nicht, sich herausmogeln zu wollen. Denn wenn er den Arbeitsvertrag unterzeichnet, sich aber – das Diplom in der Tasche – am Arbeitsplatz nicht blicken läßt, muß er sich vor Gericht verantworten.

Als Mitglied eines Provinz-Orchesters verdient man nicht mehr als hundert, höchstens hundertfünfzig Rubel im Monat. Dafür muß man bei mindestens zwanzig, wenn nicht fünfundzwanzig Konzerten mitwirken, die fast immer in leeren Sälen stattfinden. In der Regel wird auch keine Wohnung zur Verfügung gestellt, so daß ein junger Musiker oft jahrelang das Zimmer mit einer alten Frau teilen muß. Den Tag, an dem er sich entschloß, sein Leben der Kunst zu weihen, wird er bald verfluchen.

Nehmen wir also an, daß er schließlich seiner Arbeitsverpflichtung nachkommt. Hat er aber Moskau einmal verlassen, um eben diese Vorschriften zu erfüllen, so verliert er seine Aufenthaltserlaubnis und darf dort nicht mehr wohnen.

Doch zurück zum angekündigten Ersten Internationalen Tschaikowskij-Wettbewerb. Moskau stand ganz im Zeichen der Vorbereitungen, als sich drei Monate vor der Eröffnung die Nachricht durch ganz Rußland verbreitete, daß Boris Pasternaks Roman *Doktor Schiwago*, der in der UdSSR nicht erscheinen durfte, im Ausland publiziert worden war. Unerhört!

In ganz Moskau rumorte es, man sprach von nichts anderem mehr und stellte Mutmaßungen an, welche Schritte die Behörden gegen den subversiven Schriftsteller unternehmen würden. Unter Stalin wäre Pasternak vielleicht erschossen worden. Der XX. Parteitag hatte erst vor kurzem stattgefunden, und Stalins Gebeine lagen noch friedlich neben denen Lenins. Noch

233

war der Tag nicht gekommen, da man ihn aus dem Mausoleum holte und nach langen Diskussionen, wohin er zu schaffen wäre, neben der Mauer des alten Kreml begrub.

Chruschtschow zauderte und versuchte, Zeit zu gewinnen – kein Mensch wußte, aus welcher Richtung der Wind wehen würde. Darum setzten Pasternaks Schriftsteller-Kollegen auch noch nicht öffentlich zum Angriff gegen ihn an, hielten sich aber, nur noch den Befehl von oben abwartend, in Kampfbereitschaft. Die da oben hätten ihn liebend gern erdrosselt, doch stand der Tschaikowskij-Wettbewerb vor der Tür, der in drei Monaten eröffnet werden sollte und zu dem man Gäste aus aller Welt geladen hatte: berühmte Musiker und viele, die die russische Sprache beherrschten. Kurzum, die Meute der Hunde geiferte schon, doch hatten die Jäger das Signal zur Hatz noch nicht gegeben.

Und dann ging den Behörden noch ein weiteres Ärgernis auf: der Vorsitzende des Organisationskomitees für den Wettbewerb war kein anderer als der ehemalige »Volksfeind und käufliche Formalist« Dmitri Schostakowitsch. Was tun? Ihn absetzen? Gut, aber dann könnten die Ausländer – diese ebenso neugierige wie begriffsstutzige Brut – lästige Fragen stellen. Und man kann einem prominenten Vertreter des Auslands ja schlecht sagen, daß er verschwinden soll und daß ihn das alles einen Dreck angeht! Die haben noch immer nicht begriffen, worum es dem Sowjetregime geht. Ja, wenn sie unsere Leibeigenen, unsere Marionetten wären! So aber muß man damit rechnen, daß sie in die Offensive gehen und Schostakowitsch persönlich aufsuchen. Also gut, verleihen wir Schostakowitsch den Lenin-Preis, am besten am Geburtstag des großen Iljitsch, der ja in die Tage des Wettbewerbs fällt. Sollen die Ausländer nur sehen, wie großzügig das liberale Sowjetregime seinen Formalisten ehrt! Also verwischten sie in aller Eile sämtliche Spuren ihrer Attacken gegen Schostakowitsch und die anderen Formalisten. Auch Pasternak rührten sie zu diesem Zeitpunkt nicht an.

Beim Tschaikowskij-Wettbewerb ging denn auch alles glatt – bis auf die Tatsache, daß ein Amerikaner, Van Cliburn, aus dem Nichts aufgetaucht war und den ersten Preis für Klavier errang. Aufgerüttelt von diesem Ereignis, besuchte eine Regierungsdelegation mit Chruschtschow an der Spitze das Abschlußkonzert. Das dürfte, wie ich glaube, das erste und letzte Mal gewesen sein, daß Funktionäre der Sowjetregierung einen Saal des Konservatoriums betraten, denn die für sie reservierten Logenplätze sind nie besetzt. Die Karten werden freilich auch nicht anderweitig verkauft, wahrscheinlich, weil jeder hofft, daß die Regierungsleute ein ebenso heftiges wie plötzliches Verlangen nach hoher Kunst verspüren und in einem Symphoniekonzert auftauchen. Ich kann mich nicht erinnern, daß jemals einer gekommen wäre – bis auf dieses eine Mal: Da wollten sie »Wanja« sehen,

234

den langen, schlaksigen Amerikaner, der alle andern an die Wand gespielt hatte und zum Publikumsidol geworden war, dem sie nach seinem Auftritt Wodka, Pasteten und Balalaikas vorsetzten.

Als Vorsitzender des Organisationskomitees händigte Schostakowitsch den jungen Ausländern die Preise persönlich aus. Sie waren überglücklich, ihn in Fleisch und Blut vor sich zu sehen, ihm die Hände schütteln zu dürfen. Spätestens in diesem Augenblick muß es unseren hitzköpfigen Oberen aufgegangen sein, in was für einer prekären Lage sie sich befanden: Da saßen sie im Auditorium und applaudierten Schostakowitsch zusammen mit allen andern, sie ehrten ihn wie alle andern und erwiesen damit einem bedeutenden Komponisten des 20. Jahrhunderts ihre Hochachtung – einem Komponisten, den gänzlich fertigzumachen dem Sowjetregime schließlich doch nicht gelungen war.

Niemand wußte mehr so recht, weshalb man ihn verfolgt hatte – aber mit dem Leben war er doch wohl davongekommen, oder? Die Folge davon war, daß die Zeitung einen Monat später ein Regierungsdekret veröffentlichte mit dem Titel: »Zur Korrektur der Fehler, die hinsichtlich der Beurteilung des Werkes führender sowjetischer Komponisten gemacht worden sind«. Unsere Obrigkeit, der die peinlichen Fragen der westlichen Intellektuellen ziemlich hart zugesetzt hatten, sah sich also zu dem Zugeständnis gezwungen, ihre Musiker zu Unrecht verfolgt zu haben: Das hatte es in der Kulturwelt noch nicht gegeben. Meiner Überzeugung nach wäre das Dekret ohne den Tschaikowskij-Wettbewerb nie erschienen.

Am selben Tag noch rief Dmitri Dmitrijewitsch bei uns an: »Galja! Slawa! Sie müssen sofort zu mir kommen! Sofort!«

Wir eilten zu seiner Wohnung am Kutusowski-Prospekt, wo wir ihn in heller Aufregung vorfanden. Er ließ uns kaum Zeit, die Mäntel abzulegen, und schob uns ins Eßzimmer.

»Haben Sie es schon gelesen?« fragten wir.

»Ich habe es gelesen. Oh ja. Ich habe es gelesen ... Ich habe ja so auf Sie gewartet, um mit Ihnen zu trinken. Ich will trinken, trinken!«

Er schenkte uns Wodka in Wassergläser ein und rief, nein, er schrie beinahe: »Kommen Sie, wir trinken auf das große historische Dekret ›Zur Aufhebung des Großen Historischen Dekrets!‹«

Wir leerten unseren Wodka in einem Zug und hörten, wie Dmitri Dmitrijewitsch zur Melodie einer *Lesginka* leise sang:

Was wir brauchen, ist schöne Musik,
Was wir brauchen, ist edle Musik ...

Die Ereignisse dieses Tages hatten ihn um zehn Jahre zurückversetzt, zurück in die dunklen Zeiten des Jahres 1948. Wir spürten das und bemühten uns, weder mit Worten noch mit Gesten an die alte Wunde zu rühren, die wieder aufgebrochen war und erneut zu bluten schien. Und da wir bei Dmitri Dmitrijewitsch nur selten eine solche Offenheit erlebt hatten, scheuten wir uns jetzt, durch den schmalen Spalt einen Blick in sein Inneres zu werfen. Er selbst hatte ja den brodelnden Vulkan in seiner Seele mit aller Sorgfalt vor anderen Menschen verborgen.

So versuchten wir den ganzen Abend, von anderen Dingen zu reden. Doch kam er immer wieder darauf zurück: »Ein historisches, verstehen Sie, ein historisches Dekret zur Aufhebung des historischen Dekrets ... Es ist wirklich so einfach – wirklich so *einfach* ...« Wir sahen, wie sehr er unter der Erinnerung an jene verlorenen Jahre litt, und versuchten erneut, das Thema zu wechseln. Vergeblich. Er kam nicht los von der Erinnerung an Stalin, die ihn an diesem Abend heimsuchte, und er wiederholte:

Was wir brauchen, ist schöne Musik,
Was wir brauchen, ist edle Musik ...

Nachdem er selber ein eher oberflächliches Gespräch angefangen hatte, schwieg er plötzlich, und, als ginge ihm der Gedanke nicht aus dem Kopf: »Musik muß kultiviert sein, verstehen Sie, kultiviert. Kultiviert ...«

»Dmitri Dmitrijewitsch, was glauben Sie, wird mit Pasternak geschehen?«

»Es wird nicht gutgehen, nein, es wird nicht gutgehen. Er hätte den Schiwago nicht ins Ausland schicken dürfen. Wenn du in Rom bist, lebe wie die Römer.«

Besser als Schostakowitsch, der ja mehr als einmal den schlimmsten Repressalien ausgesetzt war, hätte wohl keiner den Lauf der Dinge vorhersehen können.

Als Pasternak am 23. Oktober 1958 den Nobelpreis für *Doktor Schiwago* bekam, brach der Sturm mit voller Wucht los. Es schien, als sei ein gewaltiger Staudamm geborsten. Wenn ich malen könnte, würde ich die Quälgeister Pasternaks durch ein Meer brüllender Mäuler und neidischer Augen wiedergeben. Alle fielen gleichzeitig und mit aller Leidenschaft über ihn her, am schlimmsten die Schriftstellerkollegen, die – ganz zerfressen vom Neid auf Pasternaks Erfolg – ihre Tiraden in allen Zeitungen losließen und soviel Platz dafür bekamen, wie sie nur haben wollten.

Keiner hatte Pasternaks Roman gelesen, nicht einmal die Mitglieder der Regierung, da bin ich ganz sicher. Die hatten sich ihr Urteil auf Grund der Berichte gebildet, die Funktionäre der Agitprop-Abteilung des Zentralkomitees in die Welt gesetzt hatten. Auch dort las keiner, was sowjetische Schriftsteller schrieben, sie dachten nicht mal im Traum daran, ihre Köpfe mit solchen Lappalien zu belasten.

Freilich glauben die Regierungsfunktionäre selber nicht mehr an das gegenwärtige System, sie müssen es aber aufrechterhalten, koste es, was es wolle. Wirklich wichtig ist darum nur, *worüber* sowjetische Schriftsteller schreiben. Und das ist so wichtig, daß sich auch das KGB mit seinen Unterabteilungen dafür interessiert.

In den Zeitungen begannen die »Reaktionen aus der Arbeiterschaft« (Leserbriefe an den Herausgeber) regelmäßig mit den Worten: »Ich habe Pasternaks Roman zwar nicht gelesen . . .« Nein, das nicht. Aber kritisieren konnten sie das ungelesene Buch und die Forderung stellen, daß der Autor öffentlich zu demütigen und »vor dem Volk« zur Rechenschaft zu ziehen sei.

Erschreckend genug, daß so etwas möglich ist. Erschreckender noch, daß das Sowjetregime unbegabte, aber ehrgeizige Leute und politische Intriganten dazu ermuntert, im Namen der Partei und des »Volkes« die künstlerische Potenz der Nation zu zerstören. Den Ton hatte der Vorsitzende des KGB, Semitschastny, angeschlagen, als er im Fernsehen sagte: »Ein räudiges Schaf ist in der Person Pasternaks unter uns . . . Er möge unser Land verlassen . . . Ein Schwein würde nicht tun, was er getan hat . . .«

Ja. Da hatte ein Mitglied der Regierung gesprochen. In deren Augen ist das Sowjetvolk eben Vieh, und sie allein sind die Herren, die einzigen menschlichen Wesen. Mein erster heftiger Wunsch, die Mattscheibe einzuschlagen, machte bald einem Schamgefühl für meine eigenen Landsleute und schlimmen Selbstvorwürfen Platz. Hatten wir denn das Recht, die Schuld allein den Funktionären zuzuschieben? Hatten wir es etwa nicht verdient, wie duldsames Vieh behandelt zu werden, wenn wir es zuließen, daß ein so primitiver Klotz sich daran weidete, einen Menschen öffentlich zu demütigen? Ich war ja nicht die einzige, die vor dem Fernsehgerät saß und ohnmächtige Wut in sich spürte: Millionen haben zugesehen. Aber keiner erhob sich, keiner sprang dem großen Dichter bei. Wohin aber sollte einer gehen und zu wem? Er bliebe in den Netzen des Staates hängen wie eine Fliege im Spinngewebe.

Sie tönten von allen Podien und auf sämtlichen Zeitungsseiten, sie zwangen eine Studentengruppe vom Literarischen Institut, ein Plakat mit der Aufschrift »Judas, raus aus der UdSSR« durch die Straßen Moskaus bis zum Haus des Schriftstellers zu tragen; bei einer Weigerung hätte man sie der Universität verwiesen. Schließlich fand auch eine Generalversammlung der Moskauer Schriftsteller statt, bei der die Redner Pasternak als »gekauften Schreiberling«, als »Feind und Verräter am eigenen Volk« bezeichneten und seinen Ausschluß aus dem Schriftstellerverband forderten. Ja, sie gingen so weit, die demagogische Rede des KGB-Vorsitzenden Semitschastny zu zitieren, als habe er allein den Autor und sein Werk zutreffend charakterisiert.

Ach, ihr Schreiber! Warum habt ihr das eurem Kollegen angetan? Er hat doch nur ein Buch geschrieben, einen Roman. Hat etwa einer von euch gefordert, daß die Parteiführer, die Millionen eurer unschuldigen Landsleute auf dem Gewissen haben, des Landes zu verweisen sind? Aus gutem Grund haben wir dergleichen nie gelesen. (Solschenizyn war ja noch nicht in Erscheinung getreten.) Aber eurem Kollegen, dem legt ihr Handschellen an, weil er es wagte, über Ereignisse aus dem vorrevolutionären Rußland aus ganz persönlicher Sicht zu berichten und nicht so, wie ein Handbuch zur Geschichte der Kommunistischen Partei diese Zeit beschrieben hätte.

Die Resolution, die auf der Schriftsteller-Versammlung einstimmig verabschiedet und in der *Literaturnaja Gaseta* unter der Überschrift »Das Votum der Moskauer Schriftsteller« veröffentlicht wurde, schloß mit den Worten: »Die Versammlung fordert die Regierung auf, dem Verräter Boris Pasternak die sowjetische Staatsbürgerschaft abzuerkennen ... Niemand, dem die Ideale des Fortschritts und des Friedens etwas bedeuten, wird einem Mann, der Volk und Vaterland verraten hat, die Hand entgegenstrecken.«

Nein, Pasternak reicht ihr nicht die Hand – ihr leckt nur die Stiefel jener Herren, die viele Tausende Menschen, darunter zahlreiche Schriftsteller, umgebracht haben.

Pasternak hielt dem allen nicht stand, er kapitulierte und lehnte den Nobelpreis ab. Doch war das den Schreiberlingen noch immer nicht genug, die Hetzjagd ging weiter. Dabei neideten sie ihm nicht das Geld – Schreiber ihrer Sorte verdienen in der Sowjetunion reichlich. Sie müssen nur bedachtsam vorgehen, noch mehr lügen und der halbverhungerten Bevölkerung noch tiefer in die Taschen greifen. Nein, ihr Neid galt seinem weltweiten unaufhaltsamen Ruhm. Daß sie diesen Ruhm durch ihr Geschrei nur vergrößerten, ging ihnen, beschränkt wie sie waren, natürlich nicht auf. Am meisten aber beneideten sie ihn um seine Aufrichtigkeit – eine Eigenschaft, die ihnen vollkommen fehlte. Sie mußten also um jeden Preis erreichen, daß Pasternak öffentlich Abbitte leistete und vor der gesamten Nation um Vergebung bat, damit jeder ihn in seiner Schmach ausgiebig begaffen konnte.

Läßt sich etwa ein Tolstoj, ein Tschechow oder Dostojewskij denken, der einen Dichterkollegen so schamlos behandelt hätte? Kann man sich vorstellen, daß Komponisten wie Glinka, Mussorgskij oder Tschaikowskij zu Ähnlichem fähig gewesen wären? Ach, wie weit ist es mit Rußland gekommen! Worte wie »Ehre«, »Pflicht«, »Gewissen« oder »Anstand« haben in diesem Land längst ihre Bedeutung eingebüßt.

Nachdem Semitschastny in seiner Rede sehr deutlich gesagt hatte, daß »Pasternak das Land verlassen und in den Goldenen Westen gehen könne«, befürchteten viele seine Zwangsausweisung. Gerüchte aller Art schwirrten durch Moskau und machten auch vor dem Bolschoi nicht halt.

Einmal sagte N., unser Spitzentenor, während einer Probe zu mir: »Widerlich, dieser Pasternak! Wie kann man bloß *so etwas* schreiben!«

»Haben Sie es denn gelesen?«

»Nein, natürlich nicht. Wie sollte ich mir das Buch denn beschaffen!«

»Na ja, dann ist es immerhin möglich, daß es nicht ganz so schlecht ist.«

»Was meinen Sie damit? In den Zeitungen erscheinen ja laufend Artikel darüber. Glauben Sie etwa, *die* hätten es nicht gelesen? Man sollte den Mann aus dem Land jagen!«

Auch der Parteisekretär am Bolschoi trat an mich heran. »Galina Pawlowna, wir setzen gerade einen Offenen Brief für die Zeitung auf, den alle führenden Leute unseres Theaters unterzeichnen. Auch Sie müssen unterschreiben.«

»Worum geht es in dem Brief?«

»Natürlich darum, daß wir Pasternak und seinen Roman Doktor Schiwago verurteilen. Sie wissen doch, er hat ihn ohne Erlaubnis im Ausland veröffentlicht.«

»Ja, ich hörte davon.«

»Also unterschreiben Sie.«

»Wie könnte ich eine Kritik an Doktor Schiwago unterschreiben, wenn ich das Buch nicht gelesen habe?«

»Keiner von uns hat es gelesen.«

»Aber ich möchte, daß man es mir zu lesen gibt.«

»Wir haben das Buch ja gar nicht, es ist verboten.«

»Dann unterschreibe ich auch nicht. Woher soll ich wissen, was drinsteht? Ausländische Korrespondenten könnten mich danach fragen, und ich wäre nicht in der Lage, ihnen genau anzugeben, was mir an dem Buch nicht gefällt. Es wäre Ihnen doch bestimmt nicht recht, wenn ich denen erzählen müßte, daß Sie mich zu der Unterschrift gezwungen haben!«

Allzusehr hat man mich damals nicht mehr belästigt, man wußte zu gut, wie Bulganin zu mir stand. Es war nicht unbemerkt geblieben, daß er »Wanka« Serow angerufen und ihm mitgeteilt hatte, die KGB-Agenten sollten mich in Ruhe lassen. Allerdings fragen sie nicht immer um Erlaubnis, sie fälschen auch Unterschriften. Es gibt ja keine Stelle, wo man sich beschweren kann, und daß eine Gegendarstellung in der Presse nicht möglich ist, wissen sie ganz genau.

239

Auch Rostropowitsch sollte bei einer Versammlung Moskauer Kultur-
träger, die im TsDRI (im Zentralgebäude des Künstlerverbands) stattfand
und Pasternak zur Zielscheibe hatte, eine Rede halten. Slawa, der vom
Sekretär des Parteiverbandes am Moskauer Konservatorium eine diesbezüg-
liche Mitteilung erhielt, war sehr erbost darüber.

»Wie könnte ich ein Buch kritisieren, das ich nicht einmal gelesen habe?«

»Keiner hat es gelesen. Du brauchst doch nur ein paar Worte zu sagen,
dir fällt doch immer irgend etwas ein!«

Und Slawa fiel tatsächlich etwas ein: Er verließ Moskau, um in Iwanowo
ein für diesen Zeitpunkt geplantes Konzert zu geben. Nachdem er dort an
einem Samstagabend aufgetreten war, teilte er seinen Gastgebern zu deren
höchstem Erstaunen mit, er habe schon immer die Stadt besichtigen wollen
und werde daher auch am Sonntag noch bleiben. Am Montag meinte er
dann, das Gesehene habe ihn so sehr beeindruckt, daß er auch den nächsten
Tag noch in Iwanowo verbringen wolle. Unterdessen hatte das beschämende
Spektakel im TsDRI unter Mitwirkung vieler prominenter Persönlichkeiten
aus Kunst und Kultur seinen Gang genommen.

Einmal, bei anderer Gelegenheit, saß Slawa auf dem Rückflug aus dem
Ausland in derselben Maschine wie der Dichter Alexander Twardowskij.
Während des Fluges tranken sie ein wenig und unterhielten sich, als
Twardowskij plötzlich sagte: »In Rußland sind die anständigen Menschen
fast ausgestorben.«

»Da übertreiben Sie aber, Alexander Trifonowitsch. Ehrenwerte
Leute . . .«

»Ich spreche nicht von den Ehrenwerten, sondern von den Anständigen.
Das dürfen Sie nicht verwechseln! Es gibt viele ehrenwerte Leute, aber nur
wenig anständige. Ich will Ihnen den Unterschied erklären. Angenommen,
ich habe einem Freund und Kollegen – einem Kommunisten – einen
antisowjetischen Witz erzählt oder ihm eins meiner Gedichte gegen das
Sowjetregime vorgelesen. Nehmen wir ferner an, daß mein Freund zur
Partei geht und alles erzählt. Dann hat er als Kommunist seine Pflicht der
Partei gegenüber erfüllt und folglich ehrenwert gehandelt – aber nicht
anständig.«

Nun ist die Ignoranz unserer Obrigkeit gewiß schon zu lange und zu gut
bekannt, um noch Verwunderung hervorzurufen. Als ich mir aber
Chruschtschows Memoiren, *Chruschtschow erinnert sich*, zur Hand nahm,
war ich doch überrascht. Denn immer, wenn es in dem Buch um Kunst geht,
um Fragen zu Schostakowitsch oder Pasternak, tauchen dieselben Antworten auf: »Ich weiß nicht . . . Nie davon gehört . . . Ich erinnere mich
nicht . . .« Und das im Zusammenhang mit Ereignissen, die jeder halbwegs
Gebildete kennen müßte und an die er sich erinnern sollte. Immerhin warst

du einmal Chef der sowjetischen Regierung! Und warum denn, wenn nicht deinetwegen, haben die Schmeichler und Speichellecker Pasternak denunziert und ins Grab gebracht! Mag sein, daß die Regierungschefs in diesem Land keine Bücher lesen, aber sicher doch die Zeitungen. Oder es kommt ihnen zu Ohren, was man sich im Kreis der Familie an Klatsch und Tratsch erzählt. Immerhin hatte der Wirbel um Pasternaks Buch die ganze Welt erfaßt, und der Inhalt seines Romans war Allgemeinwissen geworden. Unsere Regierungsfunktionäre hätten den *Doktor Schiwago* ja auch nur so, aus reiner Neugier, lesen können, nicht unbedingt in ihrer Eigenschaft als Verantwortliche für die Kultur in diesem Land. Aber nein. Nicht eine Zeile hat Chruschtschow je gelesen, selbst dann nicht, als er im Ruhestand war und vor lauter Langeweile und Nichtstun nur noch seinen Tod erwartete. Zweifellos hat man ihm später, als Pasternak schon tot war, mitgeteilt, daß in dem Roman nichts Subversives zu finden ist. Was aber hätte Nikita dann noch an dem Buch interessieren sollen!

Wozu also die Zeit vergeuden? Geh lieber angeln, geh auf die Jagd und amüsier dich gut mit deinem Schießgewehr! Die Waldungen, die man zu eurer Lustbarkeit zur Verfügung stellte, sind reich an Jagdwild, auch steht im Schatten der Eichen schon das Picknick bereit. Und wenn es euch zur Krönung der Gelage nach kleinen Schauspielerinnen gelüsten sollte – keine Sorge, euer geheimster Wunsch ist uns Befehl. Du hast einen Menschen zu Tode gequält. Na und? Zweihundertsiebzig Millionen leben ja noch. Ein zweites Mal geben die Herren der Partei nicht zu, einen Fehler gemacht und diesmal einen außergewöhnlichen Dichter angespuckt zu haben. Finde dich damit ab, wenn du kannst. Pasternak konnte es nicht. Er starb am 30. Mai 1960.

Wenn man heute liest, wie Chruschtschow die damaligen Ereignisse beurteilt – Vorfälle, die nicht nur unser Land, sondern die ganze Welt erschütterten –, kommt man wahrlich ins Staunen: »Ich weiß nicht mehr, aus welchen Gründen und in welchen Punkten man das Werk Schostakowitschs kritisierte ... Aber ich weiß, daß Schostakowitsch sich schuldig bekannte. Also kann ich auch nicht sagen, daß er in irgendeiner Form in der Stalinzeit zu leiden gehabt hätte. Er hat viel geschrieben und nimmt unter den Komponisten einen hohen Rang ein ...«

Den Rest des Satzes höre ich förmlich: »... von solchen Komponisten hatten wir viele ...« Doch Nikita resümiert selbst und fährt fort: »Zu seiner Zeit sind auch so gute Musiker wie [Leonid] Utjossow kritisiert worden ... Wenn die Leute damals nur zu ihrem Privatvergnügen Lieder von Utjossow sangen, machte die *Prawda* Hackfleisch aus ihnen.« Das mußte in der Tat einmal gesagt werden: warum sollte man Anstoß nehmen? Dieser Schostakowitsch war ja nicht der einzige, den man damals kritisierte. Nein, auch ein so berühmter, ein so großartiger Komponist wie Utjossow gehörte dazu. Großer Gott! Immerhin ist Chruschtschow so aufrichtig, im folgenden zu sagen:

> Ich bedaure es sehr, daß das Werk [*Doktor Schiwago*] nicht erschienen ist, weil das Buch ... um es politisch auszudrücken, ein Licht auf die schöpferische Intelligenzija wirft. Heute sagen sie mir, daß ich mich zu spät entschieden hätte. Ja, es ist spät. Aber besser spät als nie.

Alles gut und schön, Nikita Sergejewitsch, aber dein Zögern hat Pasternak umgebracht und deine späte Einsicht macht ihn nicht mehr lebendig.

13

Ich habe immer an mehreren Opern- und Konzertpartien gleichzeitig gearbeitet, sie zwischendurch auch beiseite gelegt und die eine oder andere Rolle oft jahrelang in mir reifen lassen. So konnte ich, als ich nach der Geburt meiner Tochter Olga wieder beim Theater anfing, mit vier ausgearbeiteten Partien aufwarten: mit dem Cherubino aus *Die Hochzeit des Figaro*, mit der Katarina in Schebalins *Der Widerspenstigen Zähmung*, mit der Butterfly und der Aida.

Die Aida nimmt in meiner Karriere als Opernsängerin eine Sonderstellung ein. Als Aida gewann ich den Bolschoi-Wettbewerb, als Aida trat ich erstmals auf einer Opernbühne des Auslands auf. Meiner Ansicht nach aber war die *Aida* des Bolschoi die beste von allen Inszenierungen, in denen ich mitgewirkt habe, einschließlich der Aufführungen an der Metropolitan Opera in New York, an der Pariser Oper und am Covent Garden in London.

Die *Aida* des Bolschoi bot alles, was ein Theater nur bieten kann: eine auserlesene Besetzung, die schönsten Bühnenbilder und Kostüme nach Entwürfen der Künstlerin Starschenezkaja, dazu die hervorragende Regie Pokrowskis und die unübertroffene Interpretation des Dirigenten Melik-Paschajew.

Seit meinen ersten Tagen am Bolschoi hatte ich davon geträumt, die Aida zu singen, und seither auch keine einzige Aufführung versäumt. Alles daran begeisterte mich – alles, bis auf die Heldin selber. Die ließ mich völlig kalt. Da war kein Leben, keine Persönlichkeit, keine Romantik, nichts. Das hatte natürlich zur Folge, daß sich das Interesse des Publikums und auch meine Aufmerksamkeit ausschließlich auf Amneris konzentrierten. Dabei beginnt die Oper doch mit einer Liebeshymne an Aida, mit der berühmten Arie des Radames, in der er die Heldin dem Publikum vorstellt:

Holde Aida, himmelentstammend,
Von Duft und Blüten zaubrisch verklärt.

Eine solche »Personenbeschreibung« in einer Arie, die mit einem so herrlichen hohen B ausklingt: das müßte doch eine Verpflichtung für die Darstellerin der Aida sein, sich, bevor sie vors Publikum tritt, ein paar Gedanken über ihr Äußeres zu machen.

Aida! Dieses zierliche, exotische Geschöpf! Wie sehr muß Giuseppe Verdi, der doch so viel von Singstimmen und der Psyche eines Sängers verstand, diese Aida geliebt haben, um die Falle übersehen zu können, die er den Tenören gleich zu Beginn des ersten Aktes stellt. Für einen Sänger, der sich noch nicht eingesungen hat und seinen Atem so schnell nicht regulieren kann, stellt diese Arie eine ungeheure Schwierigkeit und eine enorme Anstrengung dar. In kalten Schweiß gebadet steht er da und wartet, daß der Vorhang hochgeht. Die Flüche, die er in diesem Augenblick gegen den großen Verdi losläßt, möchte ich nicht hören!

Aida! Ihr hat Verdi die herrlichsten Pianissimi der Oper zugedacht – ihr und nur ihr. Ihr Part ist die Liebe selbst, ist der Inbegriff freiwilliger Selbstaufopferung. Ihr ganzes Wesen müßte die Zartheit ausstrahlen, die das Orchester bei ihrem ersten Auftreten anklingen läßt. Allein durch die Musik hat sich ein klares Bild in mir geformt: Ich sah sie als eine schwarze, zum Leben erweckte Porzellanfigur vor mir, ich sah die edlen Linien ihres Körpers, ihren weichen biegsamen Gang und die stolze Haltung einer gefangenen äthiopischen Prinzessin.

Wenn ein Blick auf ägyptische Fresken schon genügt, um die Kostüme der Amneris zu entwerfen, so weiß doch keiner so recht, wie eine äthiopische Sklavin anzuziehen ist. Hier die juwelenbehängte Tochter des Pharao mit ihrem Kopfschmuck und den reichen Gewändern – dort Aida, die man meist ähnlich, nur sehr viel schlichter kleidet als die Amneris und die darum nicht allzuviel Eigenes, Charakteristisches aufzuweisen hat. Aber Radames muß ja seine Gründe haben, gerade sie unter den vielen Sklavinnen auszuwählen, die bei der schönen Pharaonentochter ihre Dienste tun. Will sie also glaubhaft machen, daß ein großer Feldherr ihretwegen die Hand einer ägyptischen Prinzessin ausschlägt und lieber in den Tod geht, als ihre Liebe zu verlieren, dann muß sie schon überzeugend, ja hinreißend wirken, dann muß sie über eine geheime, geradezu magnetische Anziehungskraft verfügen.

Als ich die Rolle der Aida übernahm, wollte ich sie von den unpassenden, abgelegten Königsgewändern befreien und ihre natürliche Anmut betonen, ich wollte das Wilde und Exotische an dieser schwarzen Orchidee herausstellen. Die Frage war nur, wie. Denn Schmuck kam für eine Sklavin ja nicht in Betracht, auch hätte das wie eine billige Amneris-Imitation gewirkt.

So entschloß ich mich zum anderen Extrem: nur ein Kostüm für die Dauer der ganzen Aufführung. Dieses eine aber mußte das Bild der Heldin prägen und sie so eindeutig charakterisieren, daß diese Aida schon beim ersten Auftritt unvergeßlich wurde und auch dann gegenwärtig war, wenn sie nicht auf der Bühne stand.

Das Kostüm, das ich mir auf Grund dieser Überlegungen anfertigen ließ, war sehr schlicht. Eng anliegend, ließ es die linke Schulter frei, der Rock war auf der einen Seite bis zum Knie geschlitzt. Es war rot, denn diese Farbe kam bei den Kleidern der Amneris nicht vor und bildete so ein Gegengewicht; das Material schmiegte sich so eng an den Körper an, daß es jede Bewegung sichtbar machte. Dazu goldene Ohrringe und goldene Sandalen – das war alles. Dieses Kostüm, das ich selbst entworfen und dessen Farbe ich ausgesucht hatte, trug ich bei jeder Aufführung der Aida: an der Met, an der Pariser Oper, am Covent Garden und auf vielen anderen Opernbühnen der Welt.

Natürlich waren die jeweils dafür zuständigen Theaterleute schon bei den Kostümproben nicht sonderlich begeistert davon – ein so schlichtes Äußeres der Heldin schien ihnen zu ungewöhnlich. Aber es entsprach eben meiner Auffassung, und wenn sie es nicht wollten – auf Wiedersehen! Allerdings ist es nie dazu gekommen, daß deswegen eine Aufführung abgesagt wurde, und hinterher äußerten sich Publikum und Kritik gleichermaßen anerkennend über mein Kostüm. Es stehe mir gut, hieß es in den Rezensionen, und ich zöge die Aufmerksamkeit auch in der hintersten Bühnenecke auf mich. Zu Recht – schließlich heißt die Oper ja *Aida*.

Wenn ich an einer Rolle arbeite, gehe ich immer von der Musik aus und befasse mich erst danach mit dem dramatischen Geschehen. Ich würde auch dann nicht umgekehrt verfahren, wenn das Libretto von einem großen Dichter oder Schriftsteller stammte. Und ich höre mir erst dann eine andere Aufnahme an, wenn ich meine eigene, klare Vorstellung von der Rolle habe, wenn ich die ganze Partie einstudiert und mir völlig zu eigen gemacht habe.

Um eine Rolle zu lernen, brauche ich – auch wenn es sich um eine Oper von Prokofjew oder Schostakowitsch handelt – nicht mehr als zehn Übungsstunden mit einem guten Probenpianisten. Das Ausarbeiten der »musikalischen Idee« einer Rolle aber dauert bei mir sehr lange, und es könnte, von außen betrachtet, ermüdend, ja langweilig erscheinen. Viele Stunden verbringe ich mit dem Studium der Partitur und versuche, die Gefühlslage des Komponisten zu erfassen und zu ergründen, was sich hinter der Mauer aus Noten an Geheimnissen verbirgt, was ihn bei der Arbeit an dem Werk bewegt und beschäftigt hat. Ich muß verstehen, weshalb er diese Phrasierung und jenes Intervall so und nicht anders notiert hat, ich muß es wissen, auch wenn mir ganze Passagen auf den ersten Blick unlogisch, umständlich oder sogar nicht ausführbar erscheinen. Das ist die wichtigste Phase meiner Arbeit an jeder Komposition, einer klassischen oder zeitgenössischen. Sie nimmt viel Zeit in Anspruch und erfordert viel Geduld: Man darf nichts überspringen, seinen Gefühlen nicht vorschnell folgen oder das Werk nach eigenem Gutdünken ausschmücken und »verschönern«, solange man sich kein klares Bild von den Intentionen des Komponisten gemacht hat.

Wenn ich mir dessen Gedanken und Empfindungen schließlich angeeignet habe, wenn die musikalische Idee in mir Gestalt annimmt und ich die Konturen meiner Rolle umrissen habe, dann gebe ich der Skizze mit dem ganzen Einsatz meines Temperaments und meiner Stimme Farbe. Jetzt lasse ich meiner Phantasie freien Lauf, sie hilft mir dabei, meine Bühnenfigur zu erschaffen. Danach kann ich die Partie für eine Weile beiseite legen und so lange in mir ruhen lassen, bis sie von übersteigerten Gefühlen befreit ist und klare Formen annimmt.

In einer nüchternen Zeit wie der heutigen, die sich mit Computern und Weltraumflügen befaßt, kann eine solche Arbeitsweise leider nur noch altmodisch wirken. Denn wir haben den erfahrenen Probenpianisten ja längst durch Tonbänder, Kopfhörer und Opernkassetten im Taschenformat ersetzt, und viele Sänger studieren ihre Rollen unterwegs, im Zug oder im Flugzeug ein. Ohne sich sonderlich anzustrengen, spulen sie Musik und Texte hundertmal ab, lernen beides auswendig und meinen dann, die Arbeit sei getan. Nur bringen sie sich selbst dabei um das Allerwichtigste, den schöpferischen Prozeß. Eben die »Geburtswehen« sind es doch, die der musikalischen Idee erst Gestalt verleihen und durch die sich die Persönlichkeit eines Sängers allmählich herausbildet. Andernfalls kommt er über ein blindes Imitieren gehörter Aufnahmen nie hinaus.

Kann man sich vorstellen, daß die großen Sänger von früher – Caruso, Gigli, Schaljapin – mit dem Tonbandgerät in der Hand die Rollen lernen, sich ihre Partien von andern vorsingen lassen? Meiner Ansicht nach liegt in dieser üblichen Praxis einer der Hauptgründe, weshalb so viele Sänger, Dirigenten und Instrumentalsolisten heute kaum noch voneinander zu unterscheiden sind und weshalb ein solcher Mangel an wirklich überzeugenden Künstlerpersönlichkeiten herrscht.

Dabei spielt die Schönheit der Stimme für mich keine so große Rolle. Die Stimme ist ein Mittel, sie ist das höchste und vollkommenste aller Instrumente, das sowohl die Gedanken des Komponisten als auch die Empfindungen des Künstlers verkörpern und vermitteln muß.

Wenn ich mir ein Saiteninstrument des großen Stradivari betrachte – das Cello meines Mannes zum Beispiel –, dann scheint mir, als gleiche es dem menschlichen Körper, als entspreche der Resonanzboden dem Brustkasten und dem Zwerchfell, das Griffbrett mit den straffgespannten Saiten dem

245

Kehlkopf und den Stimmbändern, und als gleiche der Bogen, der die Saiten in Schwingungen versetzt, dem Atem. Wir Sänger aber sind gegenüber den Instrumentalmusikern im Vorteil: uns kommt die Macht der Worte zu Hilfe. Und fügen wir dem noch die gesamte Palette der verschiedenen Klangfarben hinzu, die unterschiedlichen Timbres, die wir uns erarbeiten müssen, so kann die menschliche Stimme einfach alles ausdrücken.

Nun gehört aber zur Verkörperung der musikalischen Idee einer Opernfigur weit mehr, als den dramatischen Gehalt einer Rolle aufzuzeigen oder die Klangfarben zu nuancieren. Auch die Kostüme gehören dazu, die Gesten, die Art, wie man sich schminkt, wie man geht und seinen Körper bewegt ... Erst, wenn ich alles das bedacht habe und beherrsche, kann ich auf der Bühne eine Rolle so verkörpern, wie ich sie empfunden und mir vorgestellt habe.

Wenn ich diese Vorleistungen, die einen Großteil meiner Arbeit ausmachen, einmal erbracht habe, kann ich meiner Phantasie während der ganzen Aufführung freien Lauf lassen. Meine Stimme folgt dann den Bildern, die vor meinem inneren Auge wie ein bewegtes Panorama ablaufen und die anders sind als die Bilder, die ich tatsächlich vor mir sehe und die auch das Publikum sieht. Für mich zählt, was zwischen den Zeilen steht und worüber ich mir Gedanken mache: Das möchte ich dem Publikum vermitteln.

Die Bilder, die ich meine, haben oft mit dem Bühnenbild nicht das Geringste zu tun. Wenn ich zum Beispiel im letzten Akt der *Zarenbraut* die geistesgestörte Marfa spiele, sehe ich mich weder in dem engen, stickigen Turmgemach des Schlosses, dem eigentlichen Ort der Handlung, noch zusammen mit meinem geliebten Wanja in einem Garten. Ich sehe mich in einer grenzenlosen Weite, in deren blendend hellem Weiß es nichts und niemanden gibt, in der nicht einmal ein Grashalm wächst. Da ist nur diese hilflose kleine Gestalt in ihrem schweren, prunkvollen Gewand, die sehnsüchtig nach ihrem entschwundenen Traum greift – hoffnungslos, am Ende der Welt. Ich brauche diese Vision von weißer Endlosigkeit, sie schirmt mich ab von den andern, sie befähigt mich, niemanden zu sehen und zu hören, sie hilft mir, die schier unerträgliche, quälende Spannung erlebbar zu machen und in mir selbst den Klang der Stille zu vernehmen. Dann scheint es mir, als könne meine Stimme diese Stille wie ein Laserstrahl durchschneiden, als könne sie die Mauern des Theaters durchdringen und aller Welt vom tragischen Geschick der Marfa berichten, der Braut Iwans des Schrecklichen.

Bei der Arbeit an der Rolle der Marfa hat mir eine Begebenheit aus dem realen Leben sehr geholfen. Nach der Belagerung Leningrads begegnete ich in der Nähe unserer Wohnung häufig einer Verrückten, die ständig trockenes Holz und Reisig an sich gedrückt hielt und stundenlang nach irgend etwas auf dem Gehsteig zu suchen schien. Niemals hat sie jemanden angesehen oder gar angesprochen. Aber ich weiß noch, wie sehr ich mich bei unserer ersten Begegnung von der Intensität und der Hoffnungslosigkeit in ihren nach innen irrenden Augen betroffen fühlte. Es war, als ob sie sich zu erinnern suchte, als ob sie in der Tiefe eines bodenlosen Abgrunds etwas wiederzufinden hoffte, von dem nur sie allein etwas wußte ...

Die Aida habe ich erstmals in der Spielzeit 1957/58 gesungen, die – wie immer am Bolschoi – im September begann. Nachdem ich mir die Anzahl der Proben ausgerechnet hatte, schien mir ein Termin Anfang März für meine erste Vorstellung geeignet. Bald aber merkte ich, daß wir ein zweites Kind erwarteten. Was jetzt? Olga war erst achtzehn Monate alt, und ich hatte meine Arbeit doch eben erst mit ganzer Kraft wieder aufgenommen. Und ich hatte so große Pläne!

Slawa jubelte, während ich mir vorzustellen versuchte, wie unser Leben jetzt weitergehen sollte. Wir hatten nur Rimma, auf deren Schultern alles lag: die Wohnung, Olga und demnächst noch ein zweites Kind. Ein weiteres Hausmädchen einzustellen, kam nicht in Betracht, da meine Leporella[1] die Anwesenheit eines andern in ihrem Bereich, in Küche und Kinderzimmer, schlichtweg ablehnte. Bislang war noch jeder meiner Vorschläge in dieser Richtung fehlgeschlagen, hatte in handfestem Krach, in Tränenausbrüchen und in der Flucht des armen Opfers sein Ende gefunden. Natürlich wußte ich, wie sehr Rimma mich liebte, von Zeit zu Zeit aber mußte sie Dampf ablassen. Dann knallte sie mit den Türen und ging – »für immer«. Aber weil ich sie ebenfalls lieb hatte, rief ich sie meist nach kurzer Zeit zurück, worauf sie auch kam und mir großmütig verzieh. Sie kam auch dann zurück, wenn ich nicht nach ihr rief, dann war ich es, die ihr verzeihen mußte. Nach diesem Muster verlief unser Leben.

Aber konnte sie denn allein mit allem fertigwerden? Der ganze Haushalt, das Schlangestehen ... Mit mir war wegen des Theaters ja nicht zu rechnen. Und meine Aida, der Traum meines Lebens? Düstere Gedanken befielen mich: schon wieder die schlaflosen Nächte, schon wieder das Stillen ... Alles das lud ich schließlich bei Slawa ab.

»Du solltest dich schämen«, gab er zurück, »wir haben wirklich jeden Grund, uns zu freuen. Aber anstatt glücklich zu sein, zerbrichst du dir mit deiner Rechnerei den Kopf.«

»Wer sollte denn sonst darüber nachdenken? Du etwa? Du hast es gut, du klemmst dir das Cello unter den Arm und bist auf und davon! Aber so, wie die Dinge nun einmal stehen, macht meine Rimessa mit mir, was sie will. Wenn sie irgend etwas in den falschen Hals kriegt, knallt sie die Tür hinter sich zu und läßt sich eine Woche lang nicht blicken. Was dann? Soll

---

[1] Von Leporello, dem Diener in Mozarts *Don Giovanni*

ich etwa zwei kleine Kinder mit ins Theater schleppen? Ich habe jeden Tag Proben. Oder spielst du vielleicht den Babysitter?«

»Wir helfen dir doch alle!«

»O ja, bestimmt! Und du wirst mir am allermeisten helfen, selbstverständlich!«

»Möchtest du, daß ich Rimma auf der Stelle rufe? Du komplizierst wirklich alles. Rimma!«

Keine Antwort.

»Rimma!«

Absolute Stille.

»Rimma-a-a!«

»Ja doch! Was ist denn, warum schreien Sie denn so? Wir sind doch nicht im Urwald. Und ich bin nicht taub.«

Wie Nemesis persönlich tauchte sie im Türrahmen auf, wild entschlossen, Widerstand zu leisten und allem ein festes Nein entgegenzuschleudern.

»Den ganzen Tag höre ich nichts anderes als ›Rimma! Rimma!‹ Scheren Sie sich doch sonst wohin! Sie lassen einen ja nie in Frieden! Von morgens bis abends lungern hier die Leute herum, so viele, daß ich gar nicht genug kochen kann und vom Herd überhaupt nicht mehr wegkomme. Was bin ich denn? Eine Sklavin? ›Rimma! Rimma!‹ Sie lassen mir ja nicht mal Zeit, das arme Kind zu füttern. Rabeneltern!«

Als sie mit ihren Tiraden fertig war, kreuzte sie die Arme über der Brust und starrte uns hypnotisch an – wie die Schlange das Kaninchen.

»Nun, was ist? Wieder mal Gäste? Der Kühlschrank ist leer. Heute nachmittag war das Konservatoriumsgesindel wieder da. Totaler Kahlschlag.«

»Nein, niemand kommt. Ich weiß nur nicht, wie ich es Ihnen sagen soll. Vielleicht ein andermal.«

Dieser Rostropowitsch schämte sich doch nicht, vor meinen Augen ins Mauseloch zu kriechen. »Nein, kein andermal!« sagte ich, »jetzt und hier, jetzt sofort. Du warst dir doch eben noch so sicher. Also los, sag's ihr! Eine Kleinigkeit für dich!«

»Sehen Sie, Rimma, es ist ja nicht gut für ein Kind, wenn es so allein aufwächst ...« Rostropowitsch fing doch wahrhaftig bei Adam und Eva an. »Es könnte leicht egozentrisch werden. Und –«

»Ich habe Ihnen schon hundertmal gesagt, daß ich um keinen Preis der Welt Olga in den Kindergarten gehen lasse. Schlagen Sie sich das aus dem Kopf!«

»Warten Sie doch einen Augenblick, davon rede ich ja gar nicht! Und bitte, unterbrechen Sie mich nicht dauernd, ich verliere ja den Faden. Also, wir wissen ja, wie sehr Sie unsere Familie lieben und wie sehr Sie uns ergeben sind. Wir wissen das auch zu schätzen. Nur braucht ein Kind eben Gesellschaft, und da –«

»Was? Wollen Sie etwa eine Erzieherin anheuern? Fangen Sie schon wieder damit an? Sie kommt mir nicht über die Schwelle! So ist das also, Sie wollen mir Olga wegnehmen, ich bin Ihnen nicht gut genug. Dabei schufte ich wie eine Sklavin, und in der Nacht schlafe ich nicht einmal. Und wer hat Olga Madame Butterfly beigebracht? Von wem hat sie ihr ›Nein, ich liebe dich nicht‹? Von mir, wenn's recht ist!«

»Bitte, lassen Sie mich doch einmal ausreden! Galina Pawlowna ist schwanger!«

»Oje! . . . Galina Pawlowna!«

»Verstehen Sie mich jetzt?«

»O ja, ich verstehe . . . Oh, Galina Pawlowna . . . Liebste . . .«

»Aber sagen Sie es um Himmels willen nicht weiter. Es ist ein Geheimnis.«

»Wir hielten es für besser, Sie lieber gleich zu warnen und zu fragen, ob Sie sich um zwei Kinder kümmern können. Natürlich besorgen wir Ihnen eine Hilfe, wenn Sie wollen.«

»Wie können Sie nur fragen? Großer Gott – noch ein Kind! Was für ein Segen! Aber bitte, stellen Sie niemanden ein. Sie wissen doch, wie ich bin, ich würde sie doch nur rausekeln.«

»Aber es wird viel für Sie werden.«

»Wie kommen Sie denn darauf? Was ist das schon, Mittagessen kochen und zwei Kinder hüten! Habe ich mich jemals beschwert?«

Damit war der Familienrat beendet. Slawa versprach mir, bis zu meinem Mutterschaftsurlaub Stillschweigen zu bewahren, im letzten Monat nicht mehr ins Ausland zu reisen, sondern bei mir zu sein.

Ich selbst sagte im Theater kein Wort davon, sang mein Repertoire wie sonst auch und setzte zusammen mit Pokrowski und Melik-Paschajew meine Arbeit an *Aida* fort. Die Zeit verging wie im Flug. Mit dem festen Vorsatz, die Aida noch in dieser Spielzeit zu singen, dachte ich gar nicht daran, mir diesen Plan von meinem Zustand durchkreuzen zu lassen. So achtete ich auch mit aller Sorgfalt auf mein Gewicht und zwängte mich bei den Proben ins Korsett. Tatsächlich hat auch niemand etwas bemerkt.

Niemand – bis auf Wera, meine Schneiderin am Theater. Die sah mich eines Tages argwöhnisch an und sagte: »Du scheinst ein wenig . . . ein wenig stärker geworden zu sein, Galina Pawlowna.« (Sie sagte nicht »dicker geworden«, um mich nicht zu kränken.) Ein andermal, als sie mir während einer Pause von *Der Widerspenstigen Zähmung* beim Kostümwechsel half, murmelte sie vor sich hin: »Das Kleid paßt ja kaum noch.«

»Ja, ich bin dicker geworden . . . Zieh die Bänder einfach fester an, und es paßt.«

»Ich weiß nicht, lieber nicht . . .«

»Warum nicht?«

»Ich weiß nicht . . .«

»Wenn du es nicht weißt, dann zieh! Es hat schon zum drittenmal geläutet!«

»Na gut, aber sieh dich vor. Ich bin ein Kraftwerk!«

»Weiß ich ja – du könntest Elefanten einschnüren!«

»Stimmt. Also los!«

Sie stemmte mir das Knie in den Rücken und zog aus Leibeskräften. Das Kleid ging auch zu, aber . . . Als ich wieder zu mir kam, lag ich auf dem Sofa. Die Pause mußte um vierzig Minuten verlängert werden, die restliche Aufführung aber stand ich durch.

Nach kurzer Erholung zu Hause machte ich am Theater weiter, probierte die Aida mit dem Pianisten und sang sie bei den Ensemble-Proben mit dem ganzen Einsatz meiner Stimme. Schließlich, bei der Kostümprobe, war das Ende meiner Strapazen in Sicht: Ich würde die Aida singen.

Ich sang sie auch – im sechsten Monat schwanger. Slawa, der im Publikum saß, sah und hörte nichts vor lauter Aufregung. Er wünschte nur, die Vorstellung möge so rasch wie möglich zu Ende sein. Dabei fühlte ich mich wohl, und die Schwangerschaft bekam mir so gut, daß ich die ganze Zeit besser denn je bei Stimme war.

Am Tag nach meinem Triumph als Aida ließ ich mich in der Verwaltung sehen und stellte mich ohne Korsett und ohne ein Wort zu sagen im Profil vor der Abteilungsleiterin auf. Als hätte der Schlag sie getroffen, starrte sie auf meinen Bauch.

»Bitte beurlauben Sie mich von allen weiteren Vorstellungen. In drei Monaten bekomme ich ein Kind.«

Sie starrte mich noch immer mit offenem Munde an, versuchte auch, etwas zu sagen, brachte aber kein Wort heraus. Statt dessen wehrte sie nur mit den Händen ab und lief zum Direktor, in dessen Büro gerade eine Kunstrat-Sitzung stattfand. Dort riß sie die Tür auf und verkündete mit großem Pathos: »Galina Wischnewskaja ist schwanger. Sie will Urlaub nehmen.«

»Wie ist das möglich?« kam es da von allen Seiten. »Gestern abend ist sie noch aufgetreten und nichts war zu sehen! Das kann nicht sein. Wer hat Ihnen das erzählt?«

»Sie selber. Ich habe sie eben gesehen. Im sechsten Monat. So dick!«

Völlig verwirrt erhob sich Melik-Paschajew und sah jeden einzeln an: »Genossen, wann werden diese Schreckensnachrichten endlich ein Ende nehmen?«

Ich hatte ihm in der Tat einen Strich durch die Rechnung gemacht, auch wenn ich weiterhin unter seiner Leitung in Verdis *Requiem* sang. Außerdem habe ich noch vor der Geburt an einer zweiten Aufzeichnung des *Eugen Onegin* mitgewirkt, diesmal für einen Film, und zwar für eben jenen, in dem ich die Tatjana spielen sollte und schon zu Probeaufnahmen nach Leningrad gefahren war. Aber weil Tatjana damals, kurz nach Olgas Geburt, eine stillende Mutter und jetzt eine Schwangere war, ist in dem Film nur meine Stimme zu hören, die Tatjana spielt eine andere, eine Schauspielerin.

Als Slawa am 22. Juni 1958 den Flur eines kleinen Krankenhauses betrat, hörte er aus dem dritten Stock das ohrenbetäubende Geschrei seines Sprößlings. Die diensthabende Schwester, eine alte Frau, stellte sich feierlich vor ihm auf und sagte: »Ich gratuliere, mein Lieber. Ein Sohn!«

»Wirklich?« Slawa konnte kaum sprechen vor Aufregung.

»Ein Sohn, wenn ich es dir sage. Das höre ich an der Stimme. So schreit nur ein Junge.«

Außer sich vor Freude, gab Slawa ihr hundert Rubel.

»Wofür ist das?« rief sie überrascht aus und strahlte ihn an. »Soviel Geld! Ich danke dir, möge Gott dich gesund erhalten. Ich gehe rasch nach oben und sage deiner Frau, wie sehr du dich freust!«

Die Geburt war nicht leicht gewesen, und so lag ich noch immer halb bewußtlos in meinem Zimmer, als ein Kopf in der Tür erschien.

»Herzlichen Glückwunsch und alles Gute für deinen Jungen!«

»Danke! Es ist aber kein Junge, sondern ein Mädchen.«

Der Kopf verschwand.

Langsam ging sie nach unten und hielt Slawa die hundert Rubel hin. Der verstand sofort.

»Was soll das?«

»Nimm den Hunderter zurück. Es ist ein Mädchen.«

»Nein, den behalten Sie! Ich freue mich doch ganz genauso. Bitte, bringen Sie das meiner Frau.« Und er schrieb ein paar Zeilen.

Wieder erschien der Kopf in meiner Tür. »Da! Ein Brief von deinem Mann. Er ist ja so glücklich. So glücklich!«

Ich danke Dir für unsere Tochter. Sie ist natürlich so schön wie Du . . . Ich freue mich schrecklich, daß es kein Junge ist. Die beiden Schwestern werden zusammen aufwachsen, und wenn ich (nicht du!) alt bin, werden sie mich versorgen . . . Wenn Du nichts dagegen hast, soll sie Jelena heißen . . . Jelena, die Schöne.[1]

---

[1] Name eines Mädchens in einem bekannten russischen Märchen

In den späten fünfziger Jahren war Nikolai Michailow zum Kulturminister ernannt worden – ein Mann, der vordem lange Jahre Erster Sekretär im Zentralkomitee des Komsomol gewesen war und sich in seiner Jugend als Rowdy und gefürchteter Straßenräuber in den Randbezirken Moskaus hervorgetan hatte. Und da er äußerlich so unbedeutend war wie hinsichtlich seiner Geistesgaben, passierte es mir mehrfach, daß ich ihn im Gewühl eines Empfangs nicht wiedererkannte.

Dann stieß Slawa mich an und flüsterte mir zu: »Warum grüßt du ihn nicht?«

»Wer ist das denn?«

»Wie bitte, das weißt du nicht? Michailow!«

»Oh, na dann – guten Tag!«

Von allen Holzköpfen, die je dieses Amt bekleideten, war er meiner Ansicht nach der schlimmste. So verdankten wir ihm die glänzende Idee, das Repertoire des Bolschoi mit Opern anzureichern, die von Komponisten sämtlicher Sowjetrepubliken stammten.

»Immerhin werden die Opern der russischen Komponisten Glinka oder Tschaikowskij auch in Usbekistan und in Aserbeidschan aufgeführt. Darum sollte umgekehrt auch das Bolschoi Opern von usbekischen und aserbeidschanischen, von tadschikischen und anderen nicht-russischen Sowjetkomponisten aufführen.«

Und so fanden – gemäß der Parole Chruschtschows: »Die nächste Generation der Sowjetbevölkerung wird unter dem Kommunismus leben!« – zehntägige Festivals statt, die das Bolschoi-Theater wie die Wellen einer Epidemie mit Kunst aus den Sowjetrepubliken überschwemmten. An solchen Tagen brachen mehrere tausend Leute – Mitglieder der Orchester, der Chöre und Tanzensembles – über das Bolschoi herein und legten den Theaterbetrieb für zwei Wochen lahm. Vorstellungen mußten abgesagt werden, die Künstler vertrödelten ihre Zeit und warteten auf das Ende der Invasion. Ihr Gehalt aber kassierten sie weiter.

Unmöglich, sich die Millionensummen vorzustellen, die ein solches Festival kostet. Hunderte von Kostümen glitzern, mit Gold und Juwelen besetzt, vor den Logen unserer Obrigkeit, die Tanzgruppen wetteifern miteinander, den Bühnenboden des Bolschoi zu Kleinholz zu zertrampeln, die Sänger brechen einstimmig in ein ohrenbetäubendes Hurra auf die Partei und die Regierung aus. Nach zehn Tagen endlich bekommen die lautesten Krakeeler auch, was sie haben wollten und wofür sie gekommen sind: Preise, Titel, Orden und Auszeichnungen. Tags darauf sind sie weg, verschwunden und vergessen.

Aber es ist Kulturminister Michailow nicht gelungen, seinen großen Plan auf Dauer zu verwirklichen. Es gab Kräfte, die Jekaterina Furzewa aus dem Politbüro entfernen wollten und ihr deshalb Michailows Amt übertrugen. Doch legte Jekaterina (»Katja«, wie man sie heimlich nannte) keinen Wert darauf, in den Minen ihres Vorgängers weiterhin nach Erz zu schürfen. Sie hatte ihr eigenes Programm: In der festen Überzeugung, daß professionell ausgeübte Kunst nicht nötig sei, träumte sie davon, überall im Land Laienspielgruppen ins Leben zu rufen – Laientheater, in denen Land- und Fabrikarbeiter ihre Freizeit verbringen könnten, um gemeinsam mit dem kümmerlichen Rest der Intelligenzija ihre Ideen und Talente der Öffentlichkeit vorzustellen. Ganz begeistert von ihrer Idee, ließ die Furzewa sich bei jeder Versammlung von Theaterleuten über diese so glänzende Zukunft der Sowjetkunst aus und steckte in den ersten Jahren ihrer Regentschaft viel Arbeit, Zeit und Phantasie in das Projekt. Doch als sie erkennen mußte, daß Künstler ein hartnäckiges Unkraut sind und daß ihr Leben vermutlich nicht ausreichen würde, sie ganz und gar auszurotten, legte sich die Furzewa in echt weiblichem Wankelmut ein neues Hobby zu: Gold, Diamanten und Pelze. Den Auftrag, als Sammler für sie tätig zu sein, vergab sie an professionelle Künstler – die Laien verdienten ja kein Geld.

Daß sie ausländische Währungen bevorzugte, kann ich selbst bezeugen. 1969, während des vierzigtägigen Gastspiels des Bolschoi in Paris, gab ich ihr vierhundert Dollar: mein gesamtes Honorar bei einem Tagessatz von zehn Dollar. Natürlich war das Bestechung, aber ich wollte damit erreichen, daß sie mich ins Ausland reisen und meine eigenen Verträge einhalten ließ. (Andernfalls wären die Dinge eben so gelaufen, wie sie häufig liefen: Der Vertrag wird auf meinen Namen abgeschlossen, aber eine andere Sängerin erhält die Ausreisegenehmigung.) Als ich ihr das Geld aushändigte, war ich mehr als nervös und naßgeschwitzt. Sie aber nahm es seelenruhig und wie beiläufig mit einem schlichten »Dankeschön« an.

Wer also jahrelang für den Goldregen sorgte, waren Künstler, die, solange die Furzewa Kulturministerin war, oft ins Ausland reisten, nach ihrem Tod im Jahr 1974 aber von den Bühnen der Welt verschwanden. Wenn eine solche Gastpielreise zu Ende ging, machte Katjas Goldgräber – meistens eine Frau – die Runde bei den Kollegen und kassierte, den Hut in der Hand, bei jedem hundert Dollar »für Katja« ab. Wer nichts in den Hut warf, blieb beim nächsten Mal zu Hause. Das haben mir Musiker einer Folkloregruppe nach einer Tournee durch England erzählt. Dort hatte eine Freundin der Furzewa den Tribut eingesammelt, eine Sängerin des Bolschoi, die wir »Katjas Schwamm« nannten (weil sie oft mit ihr zum Baden ging) und die mehrmals mit dieser Gruppe verreiste. Jedesmal bekam sie exakte Anweisungen von der Chefin und wußte genau, was sie einzukaufen hatte. Dann packte sie mehrere Koffer mit den Sachen voll und brachte sie mit nach Moskau.

Besonders in ihren letzten Lebensjahren sprach Katja dem Wodka in beachtlichem Maße zu und tauchte bei Proben und Besprechungen im Bolschoi mehrmals betrunken auf. Jedoch besaß diese einfache russische Bäuerin, die als Arbeiterin in einer Textilfabrik begonnen und sich als einzige Frau zum Politbüro hochgearbeitet hatte, sehr viel Charme. Man mag ihr, die alle Höhen und Tiefen des Lebens kannte, alles Mögliche vorwerfen, auch ihre Habgier, nur eines nicht: daß sie dumm gewesen sei. In ihrem Metier hatte sie ihre eigenen Methoden entwickelt – auch die, wie man Leute an der Nase herumführt. Mit ihrer großen Überzeugungskunst konnte sie einem alles versprechen, so daß man sich, höchst angetan von ihrer weiblichen Wärme und Menschlichkeit, jedesmal mit herzlichem Dank von ihr verabschiedete.

Zwar stellte sich bald heraus, daß sie so gut wie alles falsch machte, doch war es auch dann unmöglich, ihrem Charme nicht zu erliegen. Ich hatte mir meine eigene Methode zugelegt, mit ihr über Theaterangelegenheiten zu sprechen. Wenn sie, wie sie es gewöhnlich tat, vom Thema abzulenken begann und versuchte, mich mit rhetorischen Finessen einzuwickeln, sah ich ihr nur unverwandt in die Augen, hörte aber nicht zu. Das Wichtigste war, jetzt nicht auf sie hereinzufallen und das eigene Ziel im Auge zu behalten. Sobald Katja dann zu reden aufhörte, kam ich ihr mit meinem Anliegen dazwischen. So redete sie dann von der einen Sache und ich von einer ganz anderen.

Ihr Amt als Kulturministerin hat sie lange Zeit, länger als jeder ihrer Vorgänger, ausgeübt: vierzehn Jahre. Von Zeit zu Zeit wurden Gerüchte laut, man wolle sie loswerden, neue Kandidaten wären ernannt. Aber sie blieb und überlebte selbst den »Datscha-Skandal«: damals hatte sie Teppiche aus dem Kongreßpalast[1] gestohlen und war auf frischer Tat ertappt worden.

Wie eine Katze aber, die man aus dem Fenster wirft, landete sie sicher auf den Füßen. Schließlich kannte Katja alle, auch die sorgfältigst gehüteten Geheimnisse der Regierungsmitglieder und wußte genau, wie man sich ihrer Methoden bediente.

Als sie starb, gab es wiederum Gerüchte: man vermutete Selbstmord. Die Tatsache, daß die Trauerfeier nur in einem Nebengebäude des Moskauer

---

[1] Damit hatte sie die Böden in der Datscha ihrer Tochter ausgelegt; später stellte sich heraus, daß die gesamte Datscha mit staatlichen Geldern finanziert worden war

Künstler-Theaters stattfand, dürfte die Bestätigung dafür sein, daß in der Tat einiges merkwürdig war an ihrem Tod.

Mein bisheriges Repertoire bestand aus den Rollen der Aida, der Butterfly und der Tatjana. Was ich mir aber sehnlichst wünschte, war eine große tragische Partie wie die Lady Macbeth des Mzensker Kreises oder Cherubinis Medea. Das Opernprogramm des Bolschoi war nicht sehr umfangreich, jahrzentelang spielte man Jahr für Jahr dieselben Opern, in der Hauptsache natürlich russische, und von den westlichen nicht viel mehr als *La Traviata*, *Rigoletto*, *Der Barbier von Sevilla*, *Carmen* und *Aida*. Auch zu Mussorgskij hätte ich große Lust gehabt, nur gab es in seinen Opern keine Partien für mich. Als ich mir aber seine Lieder näher anschaute, stieß ich auf einen wahren Schatz: *Die Lieder und Tänze des Todes*. Ich fragte mich, welche Stimmlage ihm beim Komponieren wohl vorgeschwebt hatte. Vermutlich keine bestimmte: denn bei den ersten drei Liedern, die Geheimnisvolles anklingen lassen, hat Mussorgskij wohl an den tiefen, dunklen Klang einer Baßstimme gedacht: *Der Feldherr* aber, das vierte Lied, ist in seinem schärferen, »trompetenhaften« Ton für einen dramatischen Tenor geschrieben. Ohne sich viel Gedanken zu machen, was das in der Praxis für Folgen haben könnte, hat Mussorgskij beides in ein und demselben Zyklus untergebracht.

Da Mussorgskijs Lieder in Rußland nur selten zur Aufführung gelangen, hatte ich auch diese vier nie zuvor gehört. Also konnte ich sie so betrachten und in Angriff nehmen, als wären sie eben erst und eigens für mich komponiert worden. Fasziniert von der Tragik und Leidenschaft des ganzen Zyklus, erkannte ich die immensen Möglichkeiten, die der Wechsel von einem Part zum andern für einen Schauspieler und dessen Verwandlungsfähigkeiten bot.

Im *Wiegenlied* erscheint der Tod als eine freundliche Amme, die sich über das sterbende Kind neigt und es einschläfert, ohne ihm Angst zu machen. Nur die Mutter des Kindes begreift, wer die Amme in Wirklichkeit ist, sie hört die Eiseskälte im Ton dieser Stimme. In ihrem Entsetzen schlägt sie nach der Amme, obwohl sie weiß, daß sie gegen den allmächtigen Tod nichts ausrichten kann.

Schon mit den ersten Takten der *Serenade*, des zweiten Liedes, vermittelt uns Mussorgskij die Atmosphäre einer stillen hellen Nacht und entwirft das Bild eines sterbenden jungen Mädchens, das in Erwartung ihres Märchenprinzen träumend aus dem Fenster lehnt. Sie flüstert etwas, ruft nach ihm und sieht ihn endlich kommen. Es ist der Tod, den sie in Gestalt ihres Prinzen sehnlichst erwartet hat und der ihr jetzt eine Serenade singt, sie mit Verheißungen von überirdischer Liebe und Glückseligkeit zu sich lockt. Im

Vorgefühl seines unausbleiblichen Sieges und im Verlangen nach ihr schmeichelt er ihrer Schönheit und tötet sie schließlich mit seinem Kuß.

Im dritten Lied, *Trepak,* erscheint der Tod einem armen, betrunkenen Bäuerlein in Gestalt eines leichtsinnigen Landmädchens, das ihn fest bei der Hand nimmt und ihn bei heftigem Schneesturm mit sich in die Wälder zieht, in wildem Reigen weiter und weiter von der Straße abbringt. Mit diesem Tanz, der sein letzter ist, versucht der Ärmste vergeblich, sich durch Stampfen und Armerudern in der eisigen Kälte aufzuwärmen. Man sagt ja, daß ein Erfrierender keine Todesqual erleidet, daß er nur noch das unüberwindliche Verlangen nach Schlaf empfindet. Und so schwinden auch dem sterbenden Bauern Mussorgskijs allmählich die Sinne, er träumt von einem warmen, sonnigen Tag, von goldenen Ährenfeldern und dem grenzenlosen Blau des Himmels ...

Wenn sich im vierten Lied, *Der Feldherr,* das Klirren der Schwerter gelegt hat und das Schlachtfeld nur noch vom Schreien und Wimmern der Sterbenden widerhallt, erscheint der Tod in seiner wahren Gestalt, als weißer Knochenmann auf einem Schlachtroß. Im Vollgefühl seiner Macht und seines Sieges reitet er über die menschlichen Kadaver hinweg, überfliegt mit scharfem Blick die Unzahl der Toten und gibt in einem langsamen, triumphierenden Tanz seiner Genugtuung Ausdruck.

Für mich basiert Mussorgskijs musikalische Idee vom Tod auf einer Erfahrung von Aggressivität und Gewalt, die alles überrollt und vernichtet. Bei einer Interpretation des Werkes darf man diese Macht des Todes und die Unabwendbarkeit seines Sieges nicht aus den Augen verlieren, nicht einmal bei den zartesten Piano-Passagen. Wie unerbittlich der Tod sein Ziel verfolgt, daß keiner ihm entkommt und niemand unsterblich ist, muß in jeder Wiedergabe vom ersten bis zum letzten Ton deutlich werden.

Zwei Jahre arbeitete ich an dieser langerwarteten tragischen Partie, die zu einem der wichtigsten Projekte meiner Laufbahn wurde und die mir erstmals das Gefühl verschaffte, als russische Sängerin meinem Volk zugehörig zu sein.

Auch konnte ich, da fünfzehn Jahre Bühnenarbeit und eine reiche Lebenserfahrung hinter mir lagen, die Arbeit an Mussorgskijs Liederzyklus mit dem ganzen Einsatz meiner stimmlichen und schauspielerischen Fähigkeiten angehen. Durch den Verlust meines ersten Kindes fühlte ich mich kompetent genug, dem Publikum etwas über den Tod sagen zu können: Es war ja in meinen Armen gestorben. Nie hätte ich die Verzweiflung vergessen können, nie meine Schreie, die Verwünschungen und meine Gebete, daß mein Kind mir erhalten bleiben möge. Für immer wird mir im Gedächtnis sein, wie ich an seinem Bett zusammenbrach und fast wahnsinnig vor

Schmerz versuchte, seinen für immer kalten Lippen meinen warmen Atem einzuhauchen.

Auch die Bilder von der Belagerung Leningrads hatten sich unauslöschlich eingeprägt: Bilder von gefrorenen Leichen auf den Straßen, Bilder vom Tod, der Hunderttausende von Menschen niedermähte und dessen kalten Hauch ich mehr als einmal dicht neben mir spürte: damals etwa, als ich todkrank vor Erschöpfung mich der Ewigkeit näher wähnte als dem irdischen Leben. Alle diese Bilder lebten in meiner Erinnerung weiter und hatten im Lauf der Zeit die Klarheit einer Zeichnung, die Genauigkeit einer musikalischen Phrasierung, die Sprache der Bühne angenommen.

Für die Interpretation solcher Werke muß der Künstler sein Inneres bloßlegen. Aber wieviel seelischen Reichtum, wieviel Einfühlungsvermögen muß er in sich tragen, um es wagen zu können, sich derart zu offenbaren. Als Beispiel möchte ich die Kunst meines Mannes anführen. Der göttliche Funke, der ihn zum Musiker machte, glüht so rein und so stark in ihm, daß er gar nicht anders kann, als andere Menschen daran teilhaben zu lassen. Das geschieht bei ihm mit der Natürlichkeit und der intuitiven Sicherheit eines Bildhauers, der darauf brennt, sein Werk vorzustellen.

Im Sommer 1960, als ich an Mussorgskijs Liedern arbeitete, lud Schostakowitsch uns zu sich ein und bat uns, sein neuestes Werk, den Liederzyklus *Satiren* anzuhören, den er nach Versen Sascha Tschornys[1] für Sopran und Klavierbegleitung eingerichtet hatte und den er uns jetzt persönlich vortrug. Wie gebannt hörten Slawa und ich ihm zu und rührten uns, ganz überwältigt vom ungebrochenen Fluß der Sarkasmen und des schwarzen Humors, nicht vom Stuhl.

»Gefällt es Ihnen, Galja?«

Ich konnte nur noch flüstern: »Dmitri Dmitrijewitsch, es ist ungeheuerlich!«

»Ich habe es in der Hoffnung, daß Sie nicht ablehnen, für Sie komponiert.«

»Ablehnen?« Ich war ganz heiser vor Aufregung. Da stand Dmitri Dmitrijewitsch vom Klavier auf, nahm die Noten und sagte, bevor er sie mir überreichte: »Wenn Sie nichts dagegen haben, möchte ich es Ihnen gern widmen«, schrieb in das Manuskript: »Gewidmet Galina Pawlowna Wischnewskaja« und schenkte es mir.

Ganz verrückt vor Freude eilten Slawa und ich mit dem kostbaren Geschenk nach Hause. Wie hatte Dmitri Dmitrijewitsch, der mich doch nur

---

[1] Pseudonym des Satirikers Alexander Glikberg, 1880–1932

von der Oper her kannte, von meiner früheren Karriere als Varietésängerin wissen können? Sein Zyklus war offensichtlich für eine Varietésängerin mit Opernstimme geschrieben worden!

Ein paar Tage später trugen wir Dmitri Dmitrijewitsch das neue Werk vor.

»Großartig! Einfach großartig! Da ist nur eins: Ich fürchte, sie lassen eine Aufführung nicht zu.«

Er sollte recht behalten. Eines der Gedichte, *Unsere Nachkommen*, war zwar schon 1910 entstanden, aber erst kürzlich in der Sowjetunion erschienen. In der Vertonung Schostakowitschs nahm es nun eine ganz andere Bedeutung an, wurde zur Anklage gegen das derzeitige Sowjetregime und seine unsinnige Ideologie.

Unsere Vorfahren krochen in die *Stuben*
und flüsterten dort nicht nur einmal:
»Hart ist's, Kameraden, aber es ist *ganz klar*,
daß unsere Kinder einmal freier leben werden als wir.«
Die Kinder wurden erwachsen,
und auch sie krochen zu bedrohlicher Stunde in die *Stuben*
und flüsterten: »Unsere Kinder
werden nach uns die Sonne sehen.«
Heutzutage gibt's, genau wie vor Jahrhunderten,
nur den einen Trost:
»Unsere Kinder werden Mekka sehen,
wenn es uns denn nicht beschieden war.«
Sogar der Zeitpunkt wurde vorausgesagt,
mal waren es 200, mal 500 Jahre,
doch so lange verharre in deiner Trauer
und stammle wie ein Idiot.
Geschmückte Gewehrläufe,
die Welt ist gewaschen, gekämmt, lieb ...
In 200 Jahren? Teufel auch!
Bin ich etwa Methusalem?
Ich bin wie ein Uhu auf den Trümmern
zerschlagener Götter.
Unter den nicht geborenen Nachkommen
habe ich weder Brüder noch Feinde.
Für mich hätte ich gerne etwas Licht,
solange ich noch am Leben bin.
Vom Schneider bis zum Poeten –
jeder versteht meinen Ruf.

Und unsere Nachkommen?
Laßt sie ihr Schicksal erfüllen
und mit dem Kopf vor die Wand stoßen,
wenn sie ihre Nachkommen verfluchen.

Keine Frage, daß die Behörden den Bühnenvortrag solcher Verse nicht erlauben würden. Der Text bezog sich ja auf die Gegenwart und hätte sie nicht treffender beschreiben können. Da kam mir eine Idee: »Dmitri Dmitrijewitsch, nennen Sie den Zyklus doch einfach anders. Nicht ›Satiren‹, sondern ›Bilder aus der Vergangenheit‹. Werfen Sie ihnen ruhig den Knochen vor, sie werden schon danach schnappen. Auch das Gestern gehört der Vergangenheit an – und genauso wird die Öffentlichkeit es auch auffassen.«

Schostakowitsch war sehr einverstanden und kicherte vor Vergnügen. »Schön ausgedacht, Galja! Schön ausgedacht! Unter die Überschrift ›Satiren‹ schreiben wir in Klammern ›Bilder aus der Vergangenheit‹. Eine Art Feigenblatt, mit dem wir die für sie anstößigen Teile bedecken.«

So also erhielt der Zyklus seinen Titel. Bis zum Tag der Aufführung aber waren wir uns nicht sicher, ob sie ihn nicht doch aus dem Programm streichen würden. Erst in letzter Minute bekamen wir die Erlaubnis.

Am Abend des 22. Februar 1961 wartete ganz Moskau im überfüllten Konzertsaal auf Schostakowitschs neuestes Werk und dessen gewagten Text. Im ersten Teil des Abends sang ich, von Slawa begleitet, Mussorgskijs *Lieder und Tänze des Todes*, und im zweiten eine Reihe von Werken Schostakowitschs, darunter auch die *Bilder aus der Vergangenheit*. Als ich zu *Unsere Nachkommen* kam, spürte ich die atemlose Spannung des Publikums. Die Worte:

Ich bin wie ein Uhu auf den Trümmern
zerschlagener Götter

trafen als eine Anklage der Verbrechen Stalins und Berijas genau ins Schwarze: Einige der russischen Götter waren gestürzt worden, andere hatten ihren Thron eingenommen.

Als ich zu Ende war, schrien die Zuhörer nicht nur – sie brüllten nach einer Zugabe und ließen uns auch dann nicht gehen, als wir den gesamten Zyklus wiederholt hatten: Wir mußten ihn ein drittes Mal spielen.

Nach Schostakowitschs tragischen Symphonien kam dieses Werk für alle unerwartet. Es schien, als habe er auf längst vergangene Zeiten zurückgegriffen, als fühle er sich heute so jung und vital wie in den Jahren der *Lady Macbeth des Mzensker Kreises*. Der Liederzyklus ist in Text und Musik von jugendlicher Energie geladen, mit glutvollem Leben erfüllt. Eines aber unterscheidet ihn von allen anderen, auch den frühen Schostakowitsch-Werken: Es ist der beißende Spott, mit dem er hier ebenso offen wie maliziös die Ignoranz der Kritiker aufs Korn nimmt, mit dem er die Gemeinheit und Armseligkeit des täglichen Lebens aufzeigt und das Bornierte, das Primitive einer Ideologie anprangert, die uns von Kindheit an eingehämmert worden war.

Schon bald nach der Uraufführung bat man Slawa und mich, den Zyklus für das Moskauer Fernsehen zu wiederholen. Wir folgten der Einladung und fuhren ins Studio, doch äußerte ich Slawa gegenüber von vornherein meine Überzeugung, daß es ein Fiasko werden müsse, daß sie uns nie und nimmer *Unsere Nachkommen* vortragen lassen würden.

Die Probe begann, Scheinwerfer und Kameras waren installiert. Da, mit einem Mal: Stop! Der Produzent der Sendung erschien, verlangte die Noten und ging die Blätter so verängstigt durch, als hielte er eine lebendige Kobra in der Hand. Dann verschwand er wieder, ohne ein Wort.

»Was habe ich dir gesagt? Es war sinnlos herzukommen. Wir vergeuden bloß unsere Zeit.«

Da kam der Produzent auch schon zurück und strahlte. »Für einen so langen Zyklus, Galina Pawlowna, haben wir einfach nicht genügend Zeit. Wir müssen ein paar Stellen streichen.«

Natürlich. Hatte auch nur einer etwas anderes erwartet?

»Wir könnten ›Unsere Nachkommen‹ streichen«, fuhr er fort.

»Was heißt das, ›streichen‹? Es geht um einen Zyklus, dessen Teile insgesamt eine Einheit bilden. Nichts wird gestrichen. Reden Sie doch nicht um die Sache herum – jeder sieht, daß Sie Angst haben. Wovor eigentlich? Immerhin ist das Gedicht in einem sowjetischen Verlag erschienen und durch die Zensur gegangen. Sagen Sie jedem, der es hören will, daß wir entweder den ganzen Zyklus bringen oder gar nichts.«

Wieder lief er weg. Diesmal aber kam er so schnell nicht zurück. Slawa und ich warteten eine Zeitlang, zogen uns dann die Mäntel an und gingen nach Hause. Sollten sie sich doch alle zum Teufel scheren! Der Zyklus wurde nie gesendet.

Außer mir hat niemand die *Satiren* gesungen, auch wurde der Zyklus wegen *Unsere Nachkommen* nicht veröffentlicht und erschien erst nach seiner Publikation im Ausland auch in der Sowjetunion.

Im Sommer, ein paar Monate nach der Uraufführung der *Bilder aus der Vergangenheit*, bekam ich ein dickes, in grobes Packpapier gewickeltes Paket. »Schau mal«, sagte ich zu Slawa, »mit solchem Papier packt man in den Läden Fleisch ein!« Auf dem Absender stand Solodscha (ein Dorf im Bezirk Rjasan) und der Name: D. Schostakowitsch. Ich öffnete das Paket, das er mir aus seinem Ferienort geschickt hatte, und fand ein Manuskript darin: die Orchestrierung der Mussorgskijschen *Lieder und Tänze des Todes*. Auf der ersten Seite stand: »Ich widme diese Orchestrierung der *Lieder und Tänze des Todes* Galina Pawlowna Wischnewskaja. D. Schostakowitsch.« Für so etwas lohnt es sich doch zu leben!

Möglicherweise wäre Dmitri Dmitrijewitsch der Gedanke an eine Orchesterfassung der Mussorgskijschen Lieder nicht zu diesem Zeitpunkt gekommen, wenn er sie nicht an jenem Abend von mir gehört hätte. Jedenfalls sind seine späteren Werke unter dem Einfluß dieser Kompositionen entstanden; so die im Jahr darauf erschienene *Dreizehnte Symphonie*, *Die Hinrichtung Stepan Rasins* und die *Vierzehnte Symphonie*.

Als Maxims Frau Lena am 9. August 1961 einen Sohn zur Welt gebracht hatte, kam Dmitri Dmitrijewitsch mit der Neuigkeit zu uns. Natürlich freute er sich über seinen Enkelsohn, der den Namen seiner Familie weiterreichen würde. Doch schien er uns an diesem Abend besonders schweigsam und in sich gekehrt. Es war, als quälte ihn irgendein Gedanke, als wollte er etwas sagen, ohne es ausdrücken zu können.

Er blieb lange bei uns. Ganz nach seiner Gewohnheit aber stand er dann plötzlich auf, verabschiedete sich und ging zur Tür. Dort blieb er indes noch einmal stehen und sagte in seiner üblichen, unvermittelten Art: »Sie wollen meinen Enkelsohn Dmitri nennen, verstehen Sie? Ich bin dagegen. Aber ich weiß nicht, wie ich es Maxim sagen soll. Außerdem gibt er nichts auf das, was ich sage. Galja, könnten Sie vielleicht mit ihm sprechen?«

Mir ging das nicht in den Kopf: ein Enkelkind, das Kind seines heißgeliebten Sohnes – und er wollte nicht, daß man es nach ihm nannte!

»Was haben Sie nur dagegen, Dmitri Dmitrijewitsch? Das ist doch wunderschön! Noch ein Dmitri Schostakowitsch!«

Er verzog sein Gesicht und sagte dann mit einem raschen, fragenden Blick: »Man sagt, es sei ein schlechtes Omen – er wird mich aus der Welt vertreiben!«

»Ach was! Wer hat Ihnen bloß so einen Quatsch erzählt! Bei den Juden mag es üblich sein, einem Kind zur Erinnerung an einen Verstorbenen dessen Namen zu geben. Wir Orthodoxen aber tun es, um die Lebenden zu ehren. Sie sind ja auch nach Ihrem Vater benannt, und jetzt ist Ihr Enkelsohn eben der dritte Dmitri Schostakowitsch!«

Er strahlte wie von einer schweren Last befreit. »Wirklich? Ach, ich danke Ihnen! Ich danke Ihnen sehr!«

Daß Schostakowitsch Angst vor dem Tod hatte, geht auch aus seiner Musik hervor und wird in seiner Orchestrierung der *Lieder und Tänze des Todes* besonders deutlich. Mussorgskij dagegen hatte das Sterben nicht gefürchtet – er lebte in der Demut des Gläubigen vor der Majestät des Todes und vor dem Augenblick, da die Seele den Körper verläßt und Unsterblichkeit annimmt. Schostakowitsch aber empfand Grauen vor dem Tod – Grauen vor dem Unabwendbaren. Er haßte ihn und versuchte, ihm mit aller Kraft zu widerstehen. So hat er in seiner Orchesterfassung besonderen Wert auf die Blech- und Schlaginstrumente gelegt, hat in schrillen Bläserakkorden die Ideen Mussorgskijs verschärft. In *Der Feldherr* wird das düstere Bild des Todes betont und – durch das *collegno*-Spiel der Streicher, deren Bögen auf die Saiten klopfen – in einer Art Knochengeklapper wiedergegeben.

Als Dmitri Dmitrijewitsch uns eines Abends, kurz nach der Geburt seines Enkelkindes, besuchte, schien er mir ziemlich durcheinander. Bei Tisch erfuhr ich den Grund.

»Stell dir vor, Galja«, sagte Slawa zu mir, »Dmitri Dmitrijewitsch hat mir eben erzählt, daß er heiraten will!«

»Was! Das ist doch herrlich!«

»Ja, das meine ich auch. Nur befürchtet Dmitri Dmitrijewitsch, sie könnte zu jung für ihn sein.«

»Ja, Galja. Es ist schon eine heikle Angelegenheit. Sie ist jünger als meine Tochter, und ich traue mich kaum, es den Kindern zu sagen. Bei einem Altersunterschied von mehr als dreißig Jahren glaube ich wirklich, daß ich zu alt für sie bin.«

»Zu alt? Ein Prachtkerl wie Sie? Wenn ich nicht mit Slawa verheiratet wäre, hätte ich Sie mir längst als Ehemann geschnappt! Zu alt? Sie sind doch erst sechsundfünfzig!«

Er freute sich sehr darüber und zeigte es auch. »Meinen Sie das wirklich so – bin ich wirklich nicht zu alt?«

»Ich schwöre es!«

»Dann würde ich sie gern einmal mitbringen und Ihnen vorstellen. Sie heißt Irina.«

Gleich am nächsten Tag besuchten uns Dmitri Dmitrijewitsch und Irina, die zuvor noch nirgendwo zusammen aufgetaucht waren. Die wirklich noch sehr junge und schüchterne Irina saß den ganzen Abend da, ohne auch nur einmal aufzublicken. Als Dmitri Dmitrijewitsch sah, daß wir sie mochten und seine Wahl guthießen, hellte seine Stimmung sich zusehends auf, und er ergriff scheu wie ein kleiner Junge ihre Hand. Nie zuvor hatte ich Schostakowitsch so erlebt, nie hätte er aus einem inneren Impuls heraus jemanden berührt, weder Mann noch Frau. Es war schon viel, wenn er seinem Enkelkind hin und wieder übers Haar fuhr.

Bald schon erwies sich die kleine, zierliche Irina mit ihrer leisen Stimme als tüchtige Hausfrau, die das Leben der großen Schostakowitsch-Familie in kürzester Zeit zu regeln verstand und Dmitri Dmitrijewitsch den lang entbehrten häuslichen Frieden bescherte. Vor kurzem erst war er vom

Kutusowksi-Prospekt in unser Haus umgezogen und wohnte jetzt in der Wohnung direkt neben uns, sein Schlafzimmer grenzte an unseren Wohnraum. Irina hat nicht nur diese Wohnung eingerichtet, sondern auch die Datscha in Schukowka gründlich umgestaltet, so daß Dmitri Dmitrijewitsch jetzt sein eigenes Schlafzimmer und einen Arbeitsraum in der zweiten Etage hatte und vom lauten Betrieb der jungen Leute und ihrer wachsenden Familien verschont blieb. Als treuergebene Ehefrau nahm sie alles, was den Haushalt betraf, in die Hand und schuf eine ideale Atmosphäre für seine Arbeit. Ganz sicher hat Irina sein Leben um einige Jahre verlängern können.

Im Herbst 1962 lud Dmitri Dmitrijewitsch uns in seine Wohnung ein, um uns seine neueste Symphonie, die Dreizehnte, vorzuführen. Ebenfalls geladen waren die Komponisten Aram Chatschaturjan und Moisej Wainberg, der Dirigent Kiril Kondraschin und der Dichter Jewgeni Jewtuschenko, der seine jugendliche Impulsivität damals noch nicht an die Kette gelegt hatte. Durch seine Verse *Babi Jar* war er über Nacht in den Dichterhimmel versetzt worden, so daß er sich wie von einer Woge getragen fühlte und sich gern als mutiger Rebell feiern ließ – was damals zu Recht geschah: *Babi Jar* ist eine bedeutende Dichtung, einer von mehreren Jewtuschenko-Texten, die Schostakowitsch in der *Dreizehnten Symphonie* verarbeitet hat.

Als hervorragender Pianist hatte Dmitri Dmitrijewitsch seit je seine neuesten Werke Freunden vorgespielt, bis seine Krankheit das unmöglich machte. Auch an jenem Herbstabend setzte er sich ans Klavier, intonierte das Vorspiel und sang mit leiser Stimme die Anfangszeile:

Es steht kein Denkmal über Babi Jar ...

Wie immer, wenn ein neues Werk Schostakowitschs in unserem Beisein zum erstenmal erklang, hatte ich das Gefühl, an einem geheimen Ritual teilzunehmen. Schon bei den ersten Takten waren wir diesmal alle vom Vorgefühl einer bedrückenden Tragödie erfüllt. Dmitri Dmitrijewitsch sang jetzt leise weiter:

Mir ist, als wenn ich selbst ein Jude bin,
verlaß Ägyptens Land in Todesnöten.
Gekreuzigt spüre ich, wie sie mich töten,
aus Nägelmalen rinnt mein Blut dahin.

In der Vertonung Schostakowitschs kam dieses uns allen so wohlbekannte Gedicht zu Weltgeltung und brannte sich wie glühendes Eisen in die

Herzen der Menschen ein. Ich selber spürte die »Nägelmale« und das Blut auf seinen Schultern, Schauer überliefen mich . . .

Jetzt bin ich Dreyfus, trage sein Gesicht.
Die Spießer meine Kläger, mein Gericht.

Hier setzte Dmitri Dmitrijewitsch einen Augenblick aus. Für uns alle war es erschreckend, Worte wie diese aus dem Munde Schostakowitschs zu hören, der jetzt mit lauter, fast schreiender Stimme fortfuhr:

Rings seh' ich Gitter, Feinde dicht bei dicht.
Muß niederknien,
hart angeschrien
und angespien . . .

Noch einmal hielt er inne und schwieg, als habe er zu atmen aufgehört. Dann wiederholte er die letzten Zeilen und betonte dabei jedes Wort:

Muß niederknien,
hart angeschrien
und angespien . . .

Ja, es gab schon gute Gründe für die Wachsamkeit der Behörden und weshalb sie vornehmlich solche Werke Schostakowitschs im Auge behielten, die er mit Texten unterlegte. Sie wußten sehr gut, daß er nur vertonte, was seinen eigenen Erfahrungen entsprach, und wollten ihm keine Gelegenheit geben, die Wahrheit über die Stimme eines Sängers mitzuteilen. Für ein Musikstück ohne Text kann man jedes Thema, auch das unglaubwürdigste erfinden, der Text eines Liedes aber ist eine unmißverständliche, unwiderlegbare Aussage. Nach Ende des Vortrags gratulierten wir Dmitri Dmitrijewitsch und Jewtuschenko. Wir waren so begeistert, daß sich niemand von uns Gedanken über die Schwierigkeiten machte, die auf Schostakowitsch und die *Dreizehnte Symphonie* noch zukommen könnten.

»Galja«, fragte er mich, »wen könnten Sie mir als Solisten empfehlen? Ich brauche einen guten Baß.«

»Dmitri Dmitrijewitsch, zum erstenmal in meinem Leben bedauere ich es, kein Baß zu sein. Ich denke aber, daß Alexander Wedernikow vom Bolschoi der Glückliche sein könnte, denn wichtiger noch als seine gute Stimme ist für mich sein schauspielerisches Talent und seine echte Musikalität. Wenn Sie wollen, sage ich ihm, daß er Sie anrufen soll.«

Schostakowitsch war einverstanden. Und so rief ich, kaum waren Slawa und ich zu Hause, Wedernikow an.

»Hör zu, Sanja[1], Schostakowitsch hat eine großartige Symphonie für Orchester, eine Baßstimme und Baßchor zu Jewtuschenkos Babi Jar geschrieben. Würdest du die Solo-Partie übernehmen?«

»Natürlich!« sagte er und jubelte vor Glück, »natürlich will ich das!«

»Dann ruf Dmitri Dmitrijewitsch gleich morgen an und verabrede dich mit ihm. Ich habe ihm schon von dir erzählt. Wenn du wüßtest, wie ich dich beneide!«

»Danke, Galka, das vergesse ich dir nie. Ich bin so froh, daß ich bestimmt die ganze Nacht nicht schlafen kann!«

Am nächsten Tag ging er zu Schostakowitsch, der ihm die gesamte Symphonie vorspielte und ihm die Noten gab. Überglücklich eilte Sanja nach Hause.

Die beste Besetzung wurde für die Aufführung ausgewählt, die unter Kondraschins Leitung stattfinden sollte. Alles schien in schönster Ordnung – leider nur für kurze Zeit.

Das Gesindel von der Agitprop-Abteilung des Zentralkomitees schnüffelte schon überall herum, in den Zeitungen erschienen Kritiken über Babi Jar, die Jewtuschenko vorwarfen, er habe die Rolle des russischen Volkes bei der Niederwerfung Deutschlands und des Nazi-Regimes nicht beachtet, er habe die Wahrheit über die Opfer des Faschismus verfälscht und so weiter.

Auch Wedernikow, der mich zu Hause anrief, versuchte jetzt, sich aus der Affäre zu ziehen. »Hör zu, Galka, Schostakowitsch hat mir die Partitur gegeben und ich habe mich auch einverstanden erklärt, aber . . . ich kann das einfach nicht machen, verstehst du.«

»*Wie bitte?* Bist du denn noch zu retten?«

»Nun, das mit den Juden . . . dieses Babi Jar . . .«

»Du wußtest doch ganz genau, daß es dabei um die Juden geht! Warum hast du dir dann erst die Noten geben lassen? Und er, der geniale Schostakowitsch, hat dir das Ganze auch noch vorgespielt – dir mit deinem Brett vor dem Kopf! Schämst du dich denn nicht?«

Ich hörte förmlich, wie er sich am andern Ende der Leitung drehte und wand. »Es waren doch nicht nur Juden, die man während des Krieges umgebracht hat – es sind ja auch Russen ermordet worden . . .«

»Jeder Idiot weiß doch, wie viele Millionen Russen umgekommen sind. In diesem einen Werk aber geht es um die Faschisten, die in Babi Jar Juden erschossen haben.«

»Nein, ich werde das nicht singen . . . ich bin ein Bürger –«

---

[1] Diminutiv von »Alexander«

»Du bist kein Bürger, du bist ein ausgemachter Schwachkopf! Aber was brauchen wir da lange zu reden, es ist doch ganz klar, wer dich bearbeitet hat und wessen Lied du singst. Wie konnte ich dich bloß Schostakowitsch empfehlen. Bring mir die Partitur, ich gebe sie ihm persönlich zurück.«

Als Slawa und ich Dmitri Dmitrijewitsch von Wedernikows Weigerung erzählten, schien er nicht im mindesten überrascht: Es war, als habe er nichts anderes erwartet. Die Partei hatte bereits eine Änderung des Textes verlangt, andernfalls man die Aufführung verbieten würde. Dmitri Dmitrijewitschs Antwort hieß: Keine Zeile wird gestrichen, nichts wird geändert. Entweder wir bringen das Werk im originalen Wortlaut oder gar nicht. Dann wird die Uraufführung eben abgesagt.

Jewtuschenko lief unterdessen durch ganz Moskau und setzte alle Hebel in Bewegung, die ihm bei der Regierung zu Gebote standen, während ich mich nach einem anderen Solisten umsah. Was wir brauchten, war nicht nur ein guter Sänger, sondern einer, auf den wir uns verlassen konnten. Dabei fiel mir Viktor Netschipailo ein, und ich beschloß, mich an ihn zu wenden. Auch er war Solosänger am Bolschoi und stammte, wie Dmitri Dmitrijewitsch und ich, aus Leningrad. Zusammen mit Slawa suchte ich ihn zu Hause auf und erzählte ihm die ganze Sache mit Wedernikow: daß sie ihn eingeschüchtert und so bearbeitet hätten, daß er vor lauter Angst Schostakowitsch die Noten zurückgegeben habe.

»Du mußt dir das reiflich überlegen, hörst du! Und du mußt wissen, ob du mit einer so schwierigen Situation fertig wirst oder nicht. Wenn du dich nicht stark genug fühlst, sag es lieber gleich, denn Schostakowitsch die Noten ein zweites Mal zurückzugeben, ist völlig unmöglich. Sag, willst du die Partie übernehmen?«

»Ja. Gib mir die Noten.«

Er ging die Partitur rasch durch und sang wenig später Dmitri Dmitrijewitsch vor, der sehr zufrieden mit ihm war.

In diesem Zusammenhang dürfte ein Vorfall von Interesse sein, der sich während jener Herbsttage 1962 ereignete. Damals, als sich der Kampf zwischen Schostakowitsch und dem Zentralkomitee vor unseren Augen abspielte, das Schicksal der *Dreizehnten Symphonie* also noch nicht entschieden war, erschien am 11. November eine reguläre Ausgabe der Zeitschrift *Novy Mir* mit Solschenizyns Novelle *Ein Tag im Leben des Iwan Denissowitsch*. Ohne es zu wissen und zu wollen, hatte die Sowjetregierung den Geist aus der Flasche entweichen lassen, den sie auch später trotz aller Anstrengungen nicht wieder einfangen konnte.

Was uns dabei so erstaunte, war die Tatsache, daß die Behörden zwar die Aufführung der *Dreizehnten Symphonie* zu verhindern suchten, gleichzeitig aber die Veröffentlichung einer so mitreißenden Erzählung über sowjetische

Straflager zuließen. Wie sich später herausstellte, war dem Chefredakteur von *Novy Mir*, Alexander Twardowskij, die Publikation durch einen geschickten Schachzug gelungen: Er hatte eine Kopie des *Iwan Denissowitsch* Chruschtschow persönlich zugespielt. Und Chruschtschow, der ja kürzlich erst auf dem XXII. Parteitag Stalin öffentlich als Mörder bezeichnet und ihm Greueltaten vorgeworfen hatte, las Solschenizyns Erzählung und ordnete ihre unverzügliche Veröffentlichung an. Andererseits aber war ja auch Schostakowitsch von Stalins Meute verfolgt worden, von Leuten, die sich jahrzehntelange Erfahrung auf diesem Gebiet erworben hatten.

Am Tag der Uraufführung, es war früh am Morgen und noch vor der Kostümprobe, rief Netschipailo mich zu Hause an und teilte mir völlig verstört und aufgeregt mit, daß er an diesem Abend nicht in der Dreizehnten singen könne; man habe ihn für eine Aufführung am Bolschoi eingesetzt. Das war nun wirklich etwas Neues – etwas, das selbst ich, die ich doch sämtliche Winkelzüge hinter den Kulissen zu kennen glaubte, nicht vorhersehen konnte.

Dabei gehörte nicht einmal viel dazu: Ein Sänger, dessen Name auf dem Plakat – für *Don Carlos* glaube ich – schon ausgedruckt war, erhielt die Anweisung, an diesem Abend »krank zu werden«. Und das hieß für Netschipailo, seine Mitwirkung an der Uraufführung absagen und am Bolschoi einspringen zu müssen. Diesmal schien es, als sei den Behörden ein gut durchdachter Schlag gelungen und als sei es den Verfolgern Schostakowitschs geglückt, die Premiere der Dreizehnten zu sabotieren.

Doch hatten sie ihr Spiel nicht bis zum letzten Zug durchdacht. Ein junger Sänger namens Gramadski, der eben erst vom Konservatorium gekommen war, hatte die Baßpartie ebenfalls einstudiert, für spätere Aufführungen. Da er an den Orchesterproben bislang nicht teilgenommen hatte, war er den Holzhackern bisher nicht aufgefallen. Er war an jenem Morgen als Zuhörer zur Kostümprobe erschienen; von der Tatsache, daß es keinen Solisten für den Premierenabend gab, hatte er keine Ahnung. Auf der Probe packte der Dirigent Kiril Kondraschin ihn beim Kragen und fragte:

»Können Sie die Partie jetzt sofort singen und heute abend im Konzert auftreten?«

»Ja, das kann ich.«

Das war der Gegenschlag – Auge um Auge! Noch während am Morgen des 18. Dezember die Kostümprobe für den Premierenabend über die Bühne ging, berieten sich die Leute vom Zentralkomitee, ob sie die Aufführung nicht doch noch verbieten sollten. Erst am Mittag kam die offizielle Erlaubnis.

Bis zum Abend aber, bis zu den ersten Takten des Konzerts, war sich keiner von uns ganz sicher, ob es nicht doch noch abgeblasen würde.

Es fand statt – und wurde zu einem triumphalen Erfolg. Der konnte freilich nur von Dauer sein, wenn die Symphonie so bald wie möglich auch im Ausland zur Aufführung kam. Also schmuggelte Slawa bei seiner nächsten Amerika-Tournee die Partitur über die Grenze und übergab sie dem Dirigenten des Philadelphia-Orchesters, Eugene Ormandy. Auch dort wurde die *Dreizehnte Symphonie* als ein Sieg der Kunst über die Politik gefeiert.

Zu Schostakowitschs größtem Erstaunen aber publizierte Jewtuschenko schon in den ersten Tagen nach der Moskauer Uraufführung in der *Literaturnaja Gaseta* eine zweite Version von *Babi Jar* – eine sichtlich gesäuberte und geglättete Version.

Was für ein schlimmes Schicksal mußten andere russische Dichter erleiden!

Gumiljow wurde erschossen.
Blok ist verhungert.
Jessenin beging Selbstmord.
Majakowski hat sich erschossen.
Mandelschtam starb im Arbeitslager.
Marina Zwetajewa erhängte sich.
Pasternak wurde in den Tod getrieben.
Anna Achmatowa wurde verfolgt und durfte viele Jahre nicht publizieren.

Und wer schwamm sich frei? Alle jene, die dem Regime zuliebe die Richtung änderten. Unter ihnen, leider, auch einer der begabtesten Dichter der Nachkriegsgeneration, Jewgeni Jewtuschenko. Wie schnell er doch lernte, es allen recht zu machen und sein Fähnchen nach dem Wind zu drehen, wie gut er doch wußte, wann ein Bückling genehm, wann ein Strammstehen gefragt war! So schwenkte er von der einen Seite zur andern – von *Babi Jar* zu *Bratsk GES*[1] oder, noch extremer, zu *Kamas*[2], einem Werk Jewtuschenkos, dessen unterwürfige Haltung einem Übelkeit bereiten kann.

Als schon niemand mehr etwas Gutes von ihm erwartete, erschien er bei einer Versammlung des Komsomol *Aktiv* im Kolonnensaal des Gewerkschaftshauses unvermutet auf der Rednertribüne und überraschte die Anwesenden mit einem bemerkenswerten Gedicht, das – wie auch die Versammlung – dem Andenken des Dichters Jessenin gewidmet war:

[1] Wasserkraftwerk
[2] Kamas-Automobil-Werk

... Lieber Jessenin, das alte Rußland hat sich gewandelt ...
der feiste Chef des Komsomol
bedrohte uns Dichter mit donnernder Faust ...

In einer Livesendung des Fernsehens wurde diese Versammlung und Jewtuschenkos Vortrag damals landesweit übertragen. Daraufhin kommandierte ihn die Regierung zu einem ihrer Bauprojekte ab, damit er dort seine Sünden abbüßen konnte; er muß für diesen Auftritt allerhand Prügel eingesteckt haben.

Als wir Jewtuschenko viele Jahre später – wir lebten bereits im Exil – in London trafen, übergab er Slawa ein paar seiner kleineren Gedichtbände. Nach ihrer Lektüre brannte ich darauf, mit ihm zu reden, um zu erfahren und zu begreifen, was mit ihm geschehen war – mit einem Mann, dessen literarische Laufbahn so vielversprechend begonnen hatte. Wenig später rief er uns auf der Durchreise in Paris an und besuchte uns in unserer riesigen Pariser Wohnung. Trotz der vielen Zimmer aber saßen wir, einem alten Moskauer Brauch gemäß, in der Küche, wo ich ihm *Pelmeni*[1] servierte. Eine Frau aus Sibirien hatte sie zubereitet, weil ich glaubte, daß der ebenfalls aus Sibirien stammende Jewtuschenko sie mögen würde.

Eigentlich wollte ich ihm sofort alles sagen, was mir so durch den Kopf gegangen war, doch zögerte ich noch, einem Gast gegenüber so unliebsame Dinge auszusprechen. Schließlich aber warf ich alle Höflichkeit über Bord: »Schenja, schon lange wollte ich mit Ihnen über Ihre Gedichte sprechen. Aber ich warne Sie, das Gespräch wird unerfreulich. Wenn Sie mir nicht zuhören wollen, sagen Sie es bitte, ich nehme es Ihnen bestimmt nicht übel!«

Seine Gesichtszüge spannten sich, er wartete auf meinen Angriff. »Nur zu!« sagte er dann und sah mich mit kalten Augen an. Nur seine Lippen lächelten.

»Sie haben Slawa ein paar Gedichtbände gegeben, die ich alle gelesen habe. Ich muß Ihnen sagen, daß ich zutiefst erschüttert bin. Warum? Wegen Ihrer Standpunktlosigkeit, wegen Ihrer Unaufrichtigkeit – um nicht Lügen zu sagen –, wegen Ihrer zynischen Haltung dem eigenen Volk gegenüber.«

»Wo steht das? Zeigen Sie es mir! Es stimmt nicht, was Sie sagen!«

»Dann lesen Sie doch Ihre Gedichte aus dem Kamas-Notizbuch oder aus den Monologen! Da klingt das eine, als habe ein amerikanischer Schriftsteller es geschrieben, das andere, als stamme es von einem amerikanischen Dichter, und das dritte könnte von einem amerikanischen Schau-

---

[1] Fleischklößchen

spieler sein! Nehmen Sie zum Beispiel den Monolog des amerikanischen Schauspielers Eugene Shamp.«

Jewtuschenko lachte. »Ach, *das* meinen Sie!«

»Haben Sie das über sich selbst geschrieben?«

»Woher wissen Sie das? Außer ein paar Freunden habe ich keinem davon erzählt. Sicher hat Slawa Ihnen das gesagt.«

»Ja, und auch, daß Eugene Shamp Ihr Spitzname war, daß Ihre Freunde, mit denen Sie früher gern Champagner tranken, diesen Namen für Sie aus Eugene von Jewgeni und Shamp von Champagner gebildet haben. Was Sie aber hier im Vorwort zum Monolog schreiben, das hat mich so aufgerüttelt, daß ich es fast Wort für Wort behalten habe: Eugene Shamp ist ein junger amerikanischer Schauspieler, der aufs schärfste gegen den Krieg in Vietnam protestierte. Wegen dieser kriegsfeindlichen Aktivitäten hat man ihm die Hauptrolle in dem Film Cyrano de Bergerac entzogen. Aber war es nicht vielmehr so, daß Sie den Cyrano de Bergerac in einem Film spielen sollten, den das Mosfilm-Studio plante?«

»Ja, mein ganzes Leben hatte ich davon geträumt und Jahre damit verbracht, die Erlaubnis dafür zu bekommen. Aber genau zu dem Zeitpunkt, als die Dreharbeiten beginnen sollten, hat irgendein Schweinehund das Projekt abgeblasen. Denen habe ich aber eins ausgewischt! Im Monolog des Eugene Shamp habe ich die ganze Affäre aufgedeckt, und die waren blöd genug, das auch zu veröffentlichen!«

»Und wem haben Sie eins ausgewischt?«

»Wem? Allen, die es verdient hatten!«

»Aber wer konnte denn ahnen, wer sich hinter dem Namen Eugene Shamp verbarg? Sie erzählen Ihren zahlreichen Lesern – in immerhin 130 000 Exemplaren –, daß Shamp ein amerikanischer Schauspieler war. Was kann Amerika dafür, wenn das Sowjetregime Ihnen so übel mitgespielt hat? Warum lassen Sie Ihre Wut nicht an den Schuldigen aus, sondern wüten gegen die Amerikaner, die Ihnen nicht das Geringste angetan haben? Das ist schon kein kluger Schachzug mehr – das ist die blanke Lüge! Damit ein paar Ihrer Saufbrüder über den Insider-Witz kichern können, täuschen Sie Ihre Landsleute gründlicher, als jeder KGB-Spezialist für Falschinformationen das je zu tun vermag. Sie vergießen Ihr Herzblut für jeden – für die Kubaner, die Chilenen, die Kambodschaner, die Vietnamesen. Und natürlich für die arbeitslosen Amerikaner, deren Arbeitslosengeld, nebenbei bemerkt, den Lohn eines sowjetischen Arbeiters noch übersteigt. Das wissen Sie ganz genau. Warum blutet Ihr Herz denn nicht, wenn Sie an das Elend Ihrer Landsleute denken?«

Auf dem Dach des Kamas,
groß wie Gullivers Hand,
sitzt ein Arbeiter mit Kefir und Brot ...

»Warum haben Sie kein Mitleid mit den sowjetischen Arbeitern, die ihr
Leben lang bis zur totalen Erschöpfung auf diesen Kamasen geschuftet
haben? Sehen Sie die krummen Rücken denn nicht und daß diese Menschen mit fünfzig Jahren schon Greise sind? Sie waren doch selbst bei
solchen gigantischen Bauprojekten dabei und müßten wissen, wie mörde-
risch in des Wortes wahrster Bedeutung die dortigen Lebensbedingungen
sind. Im Winter schlafen die Menschen bei Eiseskälte in Zelten und stehen in den Läden vor leeren Regalen. Das Stück Brot in der Hand des
Sowjetmenschen bedeutet harte Arbeit – und nach der Arbeit trinkt er
auch keinen Kefir, sondern eine Flasche Wodka, anstatt zu essen. Zu
Hause dann, in der Baracke, werden die Nachbarn schikaniert, werden
Frauen und Kinder verprügelt. Und Sie verherrlichen das noch, glorifizie-
ren das Leben in den Arbeitslagern und servieren es Ihren Lesern als
Romantik. Und das hier, was soll man wohl davon halten:

Nachdem sie sich elegant einen Zementsack
auf die Schulter geworfen hat,
wirft die Frau aus Tschaldonos,
in der Nähe von Sludjanka,
mit erhabener Gebärde kurz hin:
›Das schadet nichts!‹

Ein Sack mit Zement wiegt leider mehr als einen Zentner! Ich selber habe
solche Säcke auf meinem Rücken geschleppt – damals, im Krieg, als Fünf-
zehnjährige. *Sie* hätten sie tragen müssen und nicht diese unglückliche
Frau, die ihrem Körper damit so sehr schadet, daß sie entweder ihr Leben
lang unfruchtbar bleibt oder nur kranke, mißgebildete Kinder zur Welt
bringt. Aber nein, ein solcher Anblick versetzt Sie noch in Entzücken!
Und die Krönung des Ganzen – für Ihre verbale Hurerei ziehen Sie der
armen Frau auch noch Geld aus der Tasche! Ein bißchen zynisch, finden
Sie nicht? Und dieses Geld, das Frauen wie sie bezahlen und nicht der
Generalsekretär der Kommunistischen Partei, dieses Geld kassiert Ihre
Frau, eine Engländerin. Nicht etwa, um vor sowjetischen Läden anzuste-
hen. Nein, sie gibt auf den Moskauer Märkten dreißig Rubel für ein
Hähnchen aus und fünfzehn für ein Kilo Tomaten – fast die Hälfte des
Monatslohns jener Frau aus Sibirien, von der Sie so schwärmerisch
schreiben. Ob sie wirklich ›Das schadet nichts!‹ sagt, wenn sie Ihre Ge-

dichte lesen könnte? Wohl kaum! Sie wird Sie mit Flüchen überschütten, und genau das verdienen Sie auch!«

Ich war noch nicht am Ende. »Könnten Sie sich nur für einen Augenblick Ihre englische Frau mit einem Zementsack auf dem Rücken vorstellen? Oder eine Französin? Eine Amerikanerin? Ja, ja, ich weiß, schon der Gedanke an Amerikaner versetzt Sie in heiligen Zorn, und Sie greifen ja auch nur zur Feder, um auf die verruchten Kapitalisten zu schimpfen! Aber wie kommt es dann, daß ein sowjetisches Frauenstraflager Sie nicht in Wut und Schrecken versetzt? Wie kommt es, daß Sie auf die tierische Duldsamkeit jener Frauen auch noch ein Loblied singen? Sind Ihre eigenen Leute wirklich nur Lastesel für Sie?«

Ich war so in Fahrt geraten, daß ich alle Regeln der Gastfreundschaft vergaß. Aber ich konnte einfach nicht aufhören. »Wir alle wissen, wie schwer es ist, in Rußland als Dichter oder Schriftsteller aufrichtig zu sein. Wenn Sie aber nicht mutig genug sind, offen die Wahrheit zu sagen, dann sagen Sie doch besser gar nichts. Lügen Sie den Menschen doch nichts vor und verhöhnen Sie unser unglückliches Volk nicht mit Ihrer romantischen Verklärung. Soviel Anstand müßten Sie eigentlich haben. Sicher, ich habe nicht das Recht, mit Ihnen als unserem Gast in dieser Form zu sprechen. Aber vielleicht sehen wir uns nie wieder – und ich mußte es einfach loswerden. So lange schon quält mich das alles, vor allem deshalb, weil ich Sie damals bei Dmitri Dmitrijewitsch kennenlernte, mit dem Sie so gut zusammengearbeitet haben.«

Jewtuschenko hatte schweigend, mit zynischem Lächeln zugehört. Plötzlich lachte er auf: »Sie sind ja eine richtige Borarinja Morosowna[1]! Genau das sind Sie, ganz genau!«

In der Tat hatte ich meine Hand mit zwei ausgestreckten Fingern erhoben – wie auf Surikows Gemälde, das die berühmte Borarinja im Augenblick des Verbannungsurteils zeigt.

»Ja«, sagte ich, »in diesem Sinne bin ich eine Borarinja Morosowna. Und ebensowenig wie sie werde ich meinem Gott wegen irdischer Dinge abschwören.«

»Aber Sie haben durch die Verbannung nichts einbüßen müssen. Sie brauchen sich nur Ihre Wohnung anzusehen.«

»Sind Sie schon mal auf den Gedanken gekommen, daß es für Menschen höhere Werte geben könnte als den materiellen Wohlstand? Die Heimat beispielsweise? Sie können sich wohl kaum vorstellen, was es für mich heißt, Enkelkinder zu haben, die mich möglicherweise nicht verstehen, für die meine Worte bloßes Geplapper sind.«

---

[1] Borarinja (= Frau eines Bojaren) Morosowna war im 17. Jahrhundert, zur Zeit des Schismas der orthodoxen Kirche, eine berühmte Persönlichkeit. Sie wurde aus Moskau verbannt und gefangengehalten. Die Schismatiker bekreuzigten sich mit zwei anstatt mit drei Fingern

32 Mit Boris Pokrowski (links) und Alexander Ognivzew in Ost-Berlin, 1969

Mit dem Dirigenten
elik-Paschajew

34 Aufführung des »War Requiem« von Benjamin Britten in London

35 Mit Rostropowitsch, Schostakowitsch und David Oistrach in Schukowka, 1967

36 Während der Aufnahmen zum »War Requiem« mit dem Komponisten

37 Mit Dmitri Schostakowitsch, Benjamin Britten und Irina Schostakowitsch

38 Schostakowitsch, kurz vor seinem Tod im Jahr 1975

39–42 Szenen aus dem
Film »Katarina Ismailowa«

43 Mit Jelena Obraszowa, der ersten Preisträgerin des Glinka-Wettbewerbs, 1963

44 Jelena Obraszowa nimmt den Glinka-Preis in Empfang

45 Mit Maria Callas

46 Als Tosca, 1971

47 Als Tatjana in
»Eugen Onegin«

48 In Rachmaninows
»Francesca da Rimini«

49 In Prokofjews
»Der Spieler«, 1974

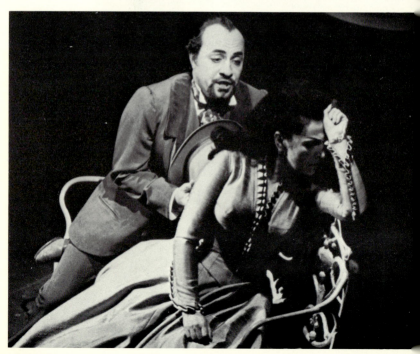

Auch als Jewtuschenko sich kurz darauf verabschiedete, konnte ich mich nicht beruhigen. Immer noch ging mir sein Gedicht durch den Kopf:

Die Intelligenzija singt Gaunerlieder ...
sie singen, als bestünde ein allgemeines Einvernehmen
oder als ob sie alle Verbrecher wären ...

Nein, diese Lieder stammten nicht von Verbrechern, sondern von Generationen von Menschen, die den Gulag kennengelernt hatten. Während des stalinistischen Terrors hatte jede Familie, hatte jede Gemeinschaftswohnung ihren Sträfling – oft sogar mehr als einen. Man hatte ja Millionen inhaftiert, die keine Räuber und keine Diebe waren, sondern Hirn und Herz der Nation. Schon Lenin hatte an Gorki geschrieben: »Die Intelligenzija ist nicht das Hirn der Nation, sondern ihr Unrat ...«

Natürlich hat die sowjetische Intelligenzija, dem Gulag entronnen, Untergrundlieder gesungen. Wer die Konzentrationslager überlebt, wer seine zehn- bis fünfundzwanzigjährige Strafe verbüßt hatte, brachte die Gaunersprache mit nach Hause, in seine Familie, sein soziales Milieu, wo sie meist auf fruchtbaren Boden fiel und üppig gedieh. Denn auch das Leben »draußen« war von der Sträflingsmentalität durchdrungen, von der Mentalität eines gejagten, gedemütigten Menschen. Ob in Moskau oder im Lager: Die Angst war überall die gleiche.

Wenn die Literatur mehr als ein halbes Jahrhundert lang unterdrückt und zensiert wird, wenn man uferlos atheistische Propaganda betreibt, dann hinterläßt das seine Spuren und führt zu geistigen Defiziten und zu einer Verarmung der russischen Sprache. Kein Wunder, wenn da einer nicht die Worte findet, seinen Gedanken Ausdruck zu geben. Reichert er seine Sprache aber mit Slang-Begriffen an und läßt diese oder jene Zote einfließen, dann versteht ihn jeder. Dieser Sprache bedienen sich nicht nur Studenten mit Vorliebe, sondern auch Künstler und Wissenschaftler. Wladimir Wyssozkij, ein Autor der sechziger Jahre, ist mit seinen Untergrundliedern vor allem wegen dieser Sprache so schnell und überall im Land bekannt geworden. Seine Begabung und sein Alkoholismus machten ihn zum Idol des Volkes, das ihm in die Abgründe der Trunkenheit und die Tiefen der Zerrüttung folgte. Und wenn sich heute Freunde treffen – Jugendliche oder grauhaarige Intellektuelle –, dann diskutieren sie nicht mehr über den Sinn des Lebens. Sie, die Nachfahren Puschkins, Dostojewskijs und Tolstojs, die als geborene Sklaven nie erfahren haben, was Freiheit heißt, stellen sich eine Flasche Wodka hin, schalten das Tonbandgerät ein und hören sich auf Schwarzmarkt-Kassetten Wyssozkijs Lieder an:

Heiz mir das Badehaus, wenn es noch hell ist,
dem Tageslicht bin ich entwöhnt,
ich werde benommen vom Gas, und der heiße Dampf
löst mir, dem Benommenen, die Zunge ...

Tränen der Trunkenheit weinend, klagen sie mit ihm. Sie lieben ihn, weil
er ihnen so ähnlich ist, so verständlich. Herzzerreißend auch dies:

Es geht eine Jagd auf Wölfe, es geht eine Jagd
auf die grauen Räuber, die Muttertiere und die Jungen.
Es schreien die Jäger, und die Hunde bellen bis zum Erbrechen,
Blut ist im Schnee und rote Flecken sind auf den Standarten.

Ja, der Gulag hat ganze Arbeit geleistet – und das hat er aus dem russischen
Menschen gemacht: Grölend und betrunken schimpft und schreit er herum, winselt und heult wie ein gejagtes und verwundetes, aber noch wild
um sich schlagendes Tier. Das Volk hat Wyssozkij hervorgebracht, es hat
ihn zu seinem Barden und Tribun, zum Sprachrohr seiner Hoffnung und
Verzweiflung gemacht. Wieviel haben wir doch ausstehen müssen und wie
weit ist es moralisch mit uns gekommen, daß die Schreie der Gefangenen
solche Reaktionen in uns allen haben auslösen können.

In diesem riesigen wahnwitzigen Theater spielen wir Sowjetbürger uns
alle etwas vor, wir drehen und winden uns, schneiden Grimassen und
verstellen unsere Sprache. Wir sind Schauspieler, weil man uns dazu
zwingt – nicht aus Berufung. Wir spielen in einem Laientheater, das
niemand sehen will, wir spielen eine endlose, pathetische Komödie, für die
es keine Zuschauer, nur Mitwirkende gibt. Es gibt auch kein Rollenbuch,
wir improvisieren. Und wir spielen, ohne Handlung und Ausgang zu
kennen.

15

1959 machte ich zusammen mit dem Staatlichen Symphonieorchester meine erste Gastspielreise durch die USA, die zwei Monate dauerte. Eine
Woche zuvor hatte Slawa eine vierzehntägige, überaus erfolgreiche Amerika-Tournee beendet. Außer Slawa waren bis dahin noch Emil Gilels, David
Oistrach, das Moisejew-Tanzensemble und das Bolschoi-Ballett in Amerika
aufgetreten – eine sowjetische Opernsängerin aber noch nie. Ich war die
erste.

Am Abend des 31. Dezember landeten wir in New York und wurden
von dem Impresario Solomon Churok und vielen Presseleuten empfangen.

Weil man im Flugzeug an alle Kaugummi verteilt hatte, mühten sich bei der Landung noch hundert Kieferpaare damit ab.

»Mögen Sie Kaugummi?« lautete daher auch die erste Frage.

»Nein«, sagte ich, und hätte das Ding beim Sprechen fast verschluckt.

»Und warum kauen Sie dann?«

»Weil sie uns das Zeugs gegeben haben, darum.«

Danach stellten sie mir keine Fragen mehr.

Ein paar Stunden später feierten wir im Waldorf Astoria Silvester, wo Solomon Churok einen glanzvollen Empfang für das ganze Orchester vorbereitet hatte. Churok, ein sehr großzügiger Mann, war sich über die miserable Bezahlung sowjetischer Künstler durchaus im klaren und wußte genau, daß ihre gesamte Gage an die Botschaft ging. Also mußte man sie entsprechend verwöhnen, den berühmten Solisten luxuriöse Unterkünfte verschaffen und sie in teure Restaurants einladen – sonst würden sie gar nicht erst kommen. Daher pflegte er bei solchen Anlässen auch zu sagen: »Was verstehen eure Komsomolzen schon davon? Moisejew muß man mit Samthandschuhen anfassen!«

Gleich am nächsten Morgen mußten wir uns im sowjetischen Konsulat einer Gehirnwäsche unterziehen. Offensichtlich hatte man dort das Gefühl, daß man uns in Moskau im Hinblick auf Amerika das Gehirn nicht gründlich genug gewaschen hatte. So erteilte man uns denn weitere Lektionen über die bösen Kapitalisten und warnte uns vor den Provokationen, die an jeder Straßenecke auf uns lauerten. Den Orchestermitgliedern wurde eingeschärft, nur in Vierergruppen auf die Straße zu gehen und ja keinen Blick auf die Auslagen der Schaufenster zu werfen. Alles das sei nur Bluff, sagten sie, denn der Durchschnittsamerikaner könne sich solche Sachen nicht leisten. Überhaupt würden die Leute hier glattweg verhungern.

Als sie sich wieder auf die Straße wagten und nirgendwo aufgetriebene Hungerleichen entdecken konnten, machten die schon mutiger gewordenen Sowjetbürger einige Läden ausfindig und stellten fest, daß die vielbeschimpfte Währung trotz düsterster Prognosen recht stabil sein mußte. Und als sie sich ausrechneten, daß ein Mitglied des Staatlichen Symphonieorchesters auch bei nur zehn Dollar pro Tag im Lauf eines zweimonatigen Gastspiels genug Waren einkaufen konnte, um einen Ozeanriesen zu versenken, waren sie vollends getröstet. Ich verdiente hundert Dollar pro Auftritt, also konnte ich mich bei zehn geplanten Konzerten und zusammen mit den tausend Dollar, die Slawa mir von seiner letzten Reise mitgebracht hatte, wie eine Millionärin fühlen.

Als ich bei meinem ersten Konzert in der Carnegie Hall die Bühne betrat – Tatjanas Briefszene stand auf dem Programm –, empfing mich das Publikum mit Ovationen, obwohl mich niemand kannte und keiner wußte, was von mir zu erwarten war. Ich spürte, daß sie mir Mut machen wollten, und war von diesem Beweis ihrer Zuneigung sehr gerührt. Nach meinem Auftritt aber brüllten die Zuhörer, sie trampelten, tobten und pfiffen. Ganz niedergeschlagen stand ich da. Dann aber sah ich, daß die Menschen von ihren Sitzen aufgesprungen waren und mir unter Zurufen die Hände entgegenstreckten. Erst da verstand ich, daß in Amerika ein Pfeifkonzert der Ausdruck höchster Begeisterung ist.

Am nächsten Morgen ließ ich mir die Zeitungen kommen. Die Kritiker zählten mich zu den derzeit besten Sängerinnen ... eine Sängerin im eleganten, tief ausgeschnittenen Samtkleid ... ein Diamant an der rechten Hand (interessant – ein Geschenk ihres Mannes oder Eigentum der Regierung?) ... ohne Make-up, ohne Lippenstift ... das beste Ausstellungsstück, das Rußland heute vorweisen kann ... In der *New York Times* schrieb Taubman: »Die Wischnewskaja ist beides – ein Augen- und ein Ohrenschmaus.«

Beeindruckt von meinem Erfolg, arrangierte Churok in der Carnegie Hall ein Solokonzert für mich, das rasch ausverkauft war. (Interessant – eine »Kommunistin« mit Dekolleté und Diamanten. Sie kann sogar singen!) Gleichzeitig erhielt ich ein Angebot von der Metropolitan Opera, während der nächsten Spielzeit in einer Oper meiner Wahl aufzutreten – ich wünschte mir *Aida*.

Im Verlauf meiner Reise, die mich zusammen mit dem Symphonieorchester durch mehrere Städte führte, sollte ich auch ein Solokonzert in Boston geben. Als Klavierbegleiter war Slawas Pianist Alexander Dedjuchin vorgesehen, der aus diesem Grund seinen Aufenthalt in Amerika über Slawas Gastspiel hinaus verlängert hatte.

Zusammen bestiegen wir den Abendzug und kamen gegen Mitternacht in Boston an. Unser Hotel war sehr schön, geradezu luxuriös für mich. Beim näheren Hinsehen aber entdeckte ich eine völlig durchnäßte Matte im Badezimmer – durch einen Rohrbruch war soviel heißes Wasser ausgelaufen, daß die Schwaden wie in einem Dampfbad durch den Raum zogen.

»Soll ich in dieser Sauna etwa schlafen und mir die Stimme kaputtmachen? Morgen abend muß ich auftreten!«

»Wir geben Ihnen für heute ein anderes Zimmer und reparieren den Schaden morgen früh. So spät finden wir keinen mehr, der uns das macht.«

Mit diesen Worten brachten mich die Leute vom Hotel in ein winziges Zimmer und verschwanden. Ich kam mir vor wie in einer amerikanischen Gefängniszelle: ein Bett, ein Nachttisch, ein Stuhl, ein Fernsehgerät. Der Heizkörper, so breit wie die Wand, dampfte und zischte wie eine Broadway-Reklame. Unmöglich, hier ein Auge zuzutun. Ich riß das Fenster auf – im Nu war der Raum eiskalt. Ich schloß es wieder – tropische Hitze. Das Telefon half mir auch nicht weiter, weil ich ja kein Englisch konnte. Also zog ich mich aus, setzte mich aufs Bett und heulte. Nachdem ich so bis vier Uhr morgens gesessen und gelitten hatte, zog ich mir den Morgenrock an, ging auf den Flur und klopfte an Dedjuchins Tür. Als der mich so stehen sah, mitten in der Nacht und mit verheultem Gesicht, glaubte er schon, ich sei unter die Räuber gefallen und genau das sei passiert, wovor man uns immer gewarnt hatte. Dann suchte er nach seinen Pantoffeln, während ich – endlich in meiner Muttersprache – lauthals fluchte und das ganze Hotel verwünschte. Auch die Argumente des eiligst herbeigelaufenen Hotelpersonals vermochten nicht, mich zum Schweigen zu bringen.

»Eine Provokation ist das! Man hat mich absichtlich in eine solche Folterkammer gesperrt, damit ich morgen abend keine Stimme habe. Ich werde mißhandelt, und ich setze keinen Fuß mehr in dieses Zimmer!«

Wie immer fühlte ich mich für ganz Rußland verantwortlich: singe ich schlecht, ist alles aus, und Rußland kann einpacken. Wenn wir eine ausländische Bühne betreten, dann kommt uns das immer so vor, als brächte man uns aufs Schafott. Von Kindheit an hat man uns in dieser Weise indoktriniert.

Nachdem ich mich endgültig heiser geschrien hatte, teilte ich dem unglücklichen Dedjuchin mit, daß ich heute abend keinesfalls auftreten würde und auf der Stelle nach Moskau zurückwolle. Dann setzte ich mich auf einen Lehnstuhl in seinem Zimmer und schmollte. Natürlich konnte der Ärmste nicht schlafen und rief daher schon früh am Morgen den Veranstalter in Boston an und berichtete auf Deutsch und Französisch, was sich zugetragen hatte. Auch Churok wurde in New York angerufen. In höchster Aufregung teilte man ihm mit, Madame Wischnewskaja sei völlig hysterisch, sie weine nur noch und wolle nicht auftreten. Als echter Kapitalist hatte Churok seine eigenen Methoden, solche Angelegenheiten zu regeln. Sie weint, die Primadonna? Dann gebt ihr Geld und sorgt dafür, daß die Summe stimmt. Und weil ich eine sowjetische Primadonna war und von meiner Regierung hundert Dollar pro Konzert bekam (was er natürlich wußte), mußte die Summe eben verdoppelt werden. Das würde die Tränen schon trocknen.

So kam es, daß wenig später ein netter, von einem Ohr zum andern lächelnder Amerikaner bei mir auftauchte – hundert Dollar in der Hand.

»Mr. Churok bat mich, Ihnen das zu geben, damit Sie vor Ihrem Auftritt noch einen kleinen Bummel machen können.«

»Warum sollte ich bummeln gehen?«

»Sie verstehen mich nicht. Ich meine, Sie könnten durch die Läden bummeln.« Damit hielt er mir den Schein hin.

»*Was?*« kläffte ich, »Geld? Geld für eine sowjetische Sängerin? Das ist eine Beleidigung! Raus hier!«

Ich schnappte mir den Schein, zerriß ihn und warf ihm die Fetzen hinterher.

Natürlich bin ich an jenem Abend aufgetreten. In den Zeitungen stand am nächsten Tag, daß ». . . die russische Sängerin uns eine Welt erschloß, die wir sonst nur bei Dostojewskij finden«. Aber die imaginäre Kraft unseres großen Dichters kam auch nicht von ungefähr – wir Russen sind eben alle aus demselben Holz geschnitzt. Im allgemeinen aber ging bei den Konzerten alles glatt, ich zog mir einfach mein schönstes Kleid an und gab dem Publikum mein Bestes.

Bei den Opern lagen die Dinge schon anders, waren weit komplizierter. Ein Beispiel: Ein Jahr später kam ich wieder an die Metropolitan Opera, wo ich zusammen mit Jon Vickers als Radames die *Aida* singen sollte. Es war nur eine einzige Probe angesetzt. Im Gegensatz zu Vickers, mit dem ich dann auch prompt in Streit geriet, probiere ich sehr gern, besonders mit einem guten Partner, damit ich während der Aufführung nicht mehr auf technische Details zu achten brauche. Als wir die Nil-Szene ein paarmal durchprobierten, verschlechterte sich seine Laune zusehends. Er hatte einfach keine Lust mehr. Trotzdem machten wir weiter. Kurz vor der Schlußszene aber wollte er gehen.

»Von jetzt ab ist wohl alles klar«, sagte er, »wir brauchen uns nur hinzustellen und zu singen.«

»Nein. Wir müssen uns absprechen, wie wir die Szene spielen. Wenn Sie mit meinen Vorschlägen nicht einverstanden sind, richte ich mich auch gern nach Ihnen. Aber wir können nicht während des ganzen Duetts auf einem Fleck stehen – schließlich sind wir im Theater und nicht im Konzert.«

»Aber wenn ich Ihnen doch sage, daß ich keine Zeit mehr habe und wegmuß!«

»Sie sollten sich schämen, so grob zu einer Frau zu sein! Ich bin ein Gast hier.«

»Wir sind hier alle Gäste.«

»Was meinen Sie mit ›alle‹?«

»Das, was ich sagte: alle. Okay? Auf Wiedersehen, Mädchen!«

Daß er recht hatte, ging mir zu diesem Zeitpunkt nicht auf, damals hielt ich seine Antwort für eine Unverschämtheit und stand, als er gegangen war, noch immer mit offenem Mund da, unfähig, meinen Ärger hinunterzuschlucken. Ich wußte ja, wie man am Bolschoi Gäste empfängt und wie oft es geschieht, daß man eine sowjetische Sängerin, ohne sie zu fragen, von der Besetzungsliste streicht und ihre Rolle einer ausländischen Sängerin gibt, auch wenn die nur mittelmäßig ist. Das war russische Gastfreundschaft:

Höflichkeit dem Fremden gegenüber, auch wenn Wanka und Manka eins aufs Dach kriegen. Und jetzt das: »Wir sind hier alle Gäste!«

Wie konnten sie es wagen, so mit mir zu reden!

»Wenn das so ist«, beschwerte ich mich beim Direktor, »dann zum Teufel mit Ihrer Aufführung und Ihrem ganzen Theater! Ich denke ja nicht daran, hier zu singen! Ich will nach Hause!«

Der Direktor versuchte mir zu erklären, daß Vickers so nervös sei, weil seine Frau in Kanada eine Tochter zur Welt gebracht habe und keinen Sohn. Vielleicht war es auch umgekehrt, so genau verstand ich ihn nicht. »Beruhigen Sie sich doch. Morgen bittet er Sie sicher um Verzeihung und alles ist okay!« Sagte es – und klopfte mir auf die Schulter!

Ich kann mich wirklich nicht erinnern, wie ich auf diese Geste reagierte. Es muß wohl einigermaßen heftig gewesen sein, denn ich weiß noch, daß er ins Taumeln geriet.

»Um Himmels willen, was ist denn los?«

Doch da kam schon mein Dolmetscher aus Churoks Büro angerannt und erklärte dem Direktor, daß man einem Russen niemals auf die Schulter klopfen dürfe, das sei die schlimmste Beleidigung.

»Warum nur?« fragte er und sah mich an, als sei ich dem Urwald entsprungen.

Nach dieser unseligen Probe brachte man mich in meine Garderobe, wo verschiedene Aida-Kostüme auf der Stange hingen. Ich mochte sie alle nicht, fand sie zu pompös und zu langweilig in den Farben. Sie erinnerten mich an die Abendkleider in den Schaufenstern der Fifth Avenue.

»Nein«, sagte ich, »ich habe mein eigenes Kostüm mitgebracht, das möchte ich tragen.«

»Wie bitte? Und warum?«

»Weil es zu mir paßt, zu mir und meiner Rolle.«

Am Bolschoi durften alle Gastsänger die eigenen Kostüme tragen, wenn sie das wollten. Hier aber starrte man mich nur mit weit aufgerissenen Augen an.

»In Ihrem Vertrag ist von einem Kostüm nicht die Rede. Alle unsere Sängerinnen tragen diese hier.«

»Weil sie die Aida auch so sehen. Aber ich sehe sie anders und könnte sie in Ihren Kostümen nicht so spielen, wie ich sie mir vorstelle. Ich könnte mich nicht einmal darin bewegen.«

»Aber in Ihrem Vertrag –«

»Was hat der Vertrag damit zu tun? Es kann Ihnen doch ganz egal sein, was ich trage – Hauptsache, es entspricht der Rolle und paßt zu mir!«

»Nein, hier gilt gleiches Recht für alle. Wir können bei Ihnen keine Ausnahme machen.«

»Das brauchen Sie auch nicht. Ich möchte ein schlichtes Kostüm tragen, ein einziges für die ganze Aufführung, und nicht Ihre drei.«

Jetzt drängten sich immer mehr Leute von der Theaterleitung in meine Garderobe.

»Nein, das können wir nicht zulassen. Hier trägt jede –«

»Sollen sie doch. Ich nicht! Wollen Sie, daß ich in Ihrem Land auftrete oder nicht? Wenn ja, dann bitte als Künstlerin und nicht als Mannequin!«

Nach endlosen Debatten auf höchster Ebene kam man schließlich überein, mir ein Kostüm nach dem Muster meines eigenen anzufertigen, allerdings pistazienfarben. Das sollte ich in der ersten Szene tragen, danach erst und für den Rest der Aufführung mein rotes.

Kurz vor der Vorstellung war ich noch so mit meiner Frisur und dem Schminken beschäftigt, daß ich gar nicht merkte, wie schnell die Zeit verging. Noch immer im Morgenrock, am Körper noch schneeweiß und dunkel nur im Gesicht, hörte ich über die Sprechanlage schon die ersten Takte der Ouvertüre. Du lieber Himmel – schnell, wo bleibt ihr denn –, da endlich erscheint jemand in der Tür, den Schminktopf in der Hand – ein hünenhafter junger Mann.

»Was wollen Sie denn hier?«

»Los, ziehen Sie sich aus!«

Wie bitte – vor einem Mann? Unmöglich, ich muß mich doch fast nackt ausziehen. Was soll ich bloß tun, kein Dolmetscher da, Radames singt bereits – also schnappe ich mir die Friseuse, will ihr den Schminktopf in die Hand drücken, sie kann das doch auch! Aber nein, sie schüttelt den Kopf, murmelt irgend etwas und rührt den Topf nicht an. Radames' Arie! Himmel, ich kann den Betrieb doch nicht aufhalten! Aber so auf die Bühne, mit weißen Armen und Beinen? Ganz ausgeschlossen. Also werfe ich mir rasch ein Tuch über, mache die Augen fest zu und strecke dem Mann Arme und Beine entgegen. Großer Gott, warum muß das Kleid auch bis zum Schenkel geschlitzt sein – und der Busen ... Applaus. Die Arie ist zu Ende. Ich werde zur Bühne gerufen – aber noch immer reibt mir der Hüne mit den riesigen Händen die Schminke ein und hat noch Zeit, mir Komplimente zu machen: »Madame hat vielleicht einen Körper! Und Beine – wie eine Ballerina!«

Jetzt blieben mir wirklich nur noch Sekunden. Noch im Gehen machte die Garderobiere mir das Kleid zu.

Endlich auf der Bühne, begegnete ich den »leidenschaftlichen« Blicken meines Radames, der jetzt eine ganze Vorstellung lang wahnsinnig verliebt sein mußte. Ich spielte aber nicht mit – abgewandt, sah ich Vickers kein einziges Mal an. Zu Beginn der Oper mußte das auch nicht sein, da uns die ewige Liebe ja erst gegen Ende erwartet. Vickers, der natürlich bemerkte, daß kein noch so verliebter Blick meine gereizte Stimmung mildern konnte, kam gleich in der ersten Pause und noch auf der Bühne auf mich zu, packte mich um die Taille und wirbelte mich ein paarmal durch die Luft. Damit war der Friede geschlossen.

Als Churok nach der Aufführung zu mir in die Garderobe kam, hielt ich mich nicht lange zurück. »Solomon Israiljewitsch, was für Sitten herrschen eigentlich in diesem Land? Warum muß ich mich vor einem jungen Mann fast nackt ausziehen, während eine Frau danebensteht? Warum weigert sie sich, mir zu helfen?«

»Ach, Galinotschka! Sie verstehen einfach nichts von Amerika. Und nichts von Union.«

»Was geht es mich an, wer das ist, Union oder sonst jemand. Und überhaupt, was ist das für ein Name, *Union*? Eine Frau soll mir helfen, nicht dieser Mann!«

»Nein, Sie verstehen mich falsch. ›Union‹ heißt Gewerkschaft, und der junge Mann arbeitet am Theater, das ist sein Job. Laut Gewerkschaftsordnung darf Ihre Garderobiere seine Arbeit nicht tun. Aber machen Sie sich jetzt keine Gedanken mehr darüber – ich rede noch mit den Leuten von der Gewerkschaft und will versuchen, eine Frau für Ihre Vorstellungen zu bekommen. Schließlich regeln Sie Ihre Angelegenheiten ja mit mir. Aber los jetzt, gehen wir Ihren Erfolg feiern!«

Die amerikanische Oper hielt freilich noch mehr Überraschungen für mich bereit. So traf ich bei der zweiten Vorstellung von *Aida*, als ich schon in den Kulissen stand und auf meinen nächsten Auftritt wartete, eine völlig andere Amneris an. Bei der vierten Aufführung bemerkte ich – ebenfalls schon auf der Bühne –, daß da eine Amneris vor mir stand, die weder der ersten noch der zweiten ähnlich sah. Und wieder hatte man mir vorher nichts davon gesagt, obwohl wir, sie und ich, doch eine recht lange Szene miteinander zu spielen haben. Jedesmal erklärte man mir, die Sängerinnen wüßten genau, was zu tun sei und wo sie zu stehen hätten: »Sie brauchen sich wirklich nur um Ihre Sache zu kümmern!«

Aber Theater ist eben nicht Sache des einzelnen – viele gehören dazu. Und es geht auch nicht nur darum, wo einer steht, sondern daß jeder einzelne sein ganzes künstlerisches Können einsetzt und in der Ensemblearbeit aufgeht.

Gewiß, an einem Theater, das mit Gaststars arbeitet, mag das nicht anders möglich sein. Nur war mir das so fremd und lief meinen innersten Empfindungen und meiner Auffassung, was Oper bedeutet, so sehr zuwider, daß ich nur noch zurückwollte, zurück ans Bolschoi. Ich wußte ja, daß ich denen dort ebenso fehlte wie sie mir.

Überhaupt hat mir der äußere Glanz, die »Verpackung« des amerikanischen Lebens wenig Eindruck gemacht. Ich sah es mir an wie einen Film, sah es nur mit den Augen. Freiheit? Ich wußte nicht einmal, was das war, ich wollte nur wie ein freigelassener Vogel in meinen Käfig zurück.

Nun mag es – besonders im Winter, wenn bei uns alles in diesen schäbigen, schmutzig-grauen Mänteln herumläuft – den Anschein haben, als gäbe es keinen krasseren Gegensatz als den zwischen unseren Völkern. Aber ich war so an den Anblick gewöhnt, daß er mir bei meiner Rückkehr überhaupt nicht auffiel. Dafür erstaunte mich etwas anderes so sehr, als sähe ich es zum erstenmal: unsere angespannten, finsteren Gesichter, die alle dasselbe ausdrückten – Sorge. Russen schlendern nicht, sie laufen nur und sehen dabei stur zu Boden. Die Frauen wirken abgehetzt, sie sind müde geworden mit der Zeit und krumm vom vielen Tragen.

Was ich dagegen vom Ausland mitbekam, war nicht eben viel. Außer Hotels, Konzertsälen und Opernhäusern habe ich auch im Lauf der nächsten fünfzehn Jahre meiner Gastspielreisen kaum etwas gesehen. Alles, worauf es mir ankam, war, mich auf meine Arbeit zu konzentrieren, mich vor Erkältungen zu hüten, um das Ensemble nicht im Stich zu lassen. Außerdem haben sowjetische Künstler bei einer Gastspielreise einen so vollen Stundenplan, daß ihnen gar keine Zeit für Besichtigungen bleibt. Das Ministerium für Kultur muß ja in möglichst kurzer Zeit möglichst viel Geld aus uns herauspressen.

So habe ich während meiner Amerika-Tournee von 1961 in sechsundvierzig Tagen viermal die Aida und einmal die Butterfly gesungen, beides an der Met. Dazu kamen elf Solokonzerte von einem Landesende zum andern. Slawa hat noch häufiger gespielt: fünfundzwanzig bis dreißig Konzerte in fünfzig Tagen. Natürlich verdiente auch der Impresario eine ganze Menge dabei, aber er bezahlte auch dementsprechend. Wer darauf bestand, noch mehr zu kassieren, waren unsere Behörden, die von unseren Gagen die Sowjetbotschaften unterhielten und Spione bezahlten.

Für die Künstler der Sowjetunion gibt es feste Tarife, nach denen sie – je nach Rang und Kategorie – honoriert werden und die vom Gewinn oder Verlust eines Theaters unabhängig sind. 1978 betrug die höchste Gage für einen Instrumentalmusiker hundertachtzig Rubel. Sänger bekamen zweihundert Rubel für einen Soloabend, auch wenn sie in einem Stadion vor ein paar tausend Menschen auftreten mußten. Im Ausland wurde uns diese reguläre Gage in fremder Währung ausbezahlt, das heißt, der Staat honorierte in seiner verschwenderischen Großzügigkeit einen Richter, einen Oistrach, einen Gilels oder Rostropowitsch mit zweihundert Dollar pro Konzert. In der Annahme, daß Singen anstrengender sei als Saitenstreichen oder Tastenschlagen, bekamen wir Sänger sogar zweihundertvierzig Dollar pro Auslandsauftritt.

Als »sweatshop«-System ist dergleichen auch in Amerika bekannt: für möglichst viel Arbeit möglichst geringen Lohn zu bezahlen. Wie ich hörte, kann ein amerikanischer Impresario dafür vors Gericht kommen. In Rußland aber ist jeder Künstler durchaus bereit, seinem Kollegen wegen einer solchen Auslandsreise die Kehle durchzuschneiden. Das erstaunt nicht weiter, wenn man bedenkt, daß selbst zu diesen Bedingungen noch ein Gewinn herausspringt. Für viele Mitglieder von Tanztruppen, Chören oder Orchestern sind Auslandsreisen die einzige Möglichkeit zu überleben. So kann ein Chorsänger oder ein Tänzer vom Ballett, der am Bolschoi höchstens hundertfünfzig Rubel monatlich verdient, im Ausland billig Waren einkaufen und sie bei seiner Rückkehr mit Gewinn veräußern. Nach mehreren Reisen hat er dann soviel Geld beisammen, daß er sich in eine Kooperativ-Wohnung einkaufen kann. Die ist vielleicht klein – aber sein. Denn wenn er darauf warten wollte, bis der Staat ihm, dem unbedeutenden Ensemble-Künstler, ein Minimum an Aufmerksamkeit schenkt, wird er außer zwei Quadratmetern Friedhofserde nichts mehr brauchen.

Auch bei uns hing der materielle Wohlstand einzig von unseren Auslandsreisen ab. Weil wir beide mehr als zwanzig Jahre gearbeitet hatten, konnten wir genug Geld für den Bau einer Datscha und die Kooperativ-Wohnung beiseite legen. Alles übrige aber, die Einrichtung der Datscha und der Moskauer Wohnung, das Porzellan, die Wäsche, die Autos und die Konzertflügel hatten wir aus dem Ausland mitgebracht. Sogar das Dach unserer Datscha stammte aus Holland. Auch meine Kleider und die der Kinder hatte ich – bis hin zu Nähgarn und Kleiderbügeln – im Ausland gekauft. Erst zwei Jahre vor unserer Ausreise war es uns möglich, neue Möbel und endlich auch ein paar Antiquitäten anzuschaffen.

Die zweihundertvierzig Dollar pro Konzert bekam ich natürlich nur, wenn ich allein auf Gastspielreise ging. War das gesamte Bolschoi-Ensemble unterwegs, bekam jeder, vom Bühnenarbeiter bis zum Solosänger, ausnahmslos dasselbe: zehn Dollar pro Tag. Davon mußte man aber, um während der Vorstellung nicht vor Hunger umzukippen, auch das tägliche Essen bezahlen. Als Slawa 1969 *Eugen Onegin* und *Krieg und Frieden* am Bolschoi dirigierte und mit dem Ensemble nach Frankreich, Österreich und Japan auf Tournee ging, verdiente er wie alle andern seine zehn Dollar. Nebenher gab er natürlich auch weiterhin seine Solokonzerte, davon lebten wir. Und meine Rettung waren die Honorare in ausländischer Währung, die ich mir bei meinen Solotourneen gespart hatte. Andere Künstler waren da weniger glücklich dran.

Jedesmal, wenn unsere sowjetische Maschine auf einem ausländischen Flugplatz landete, hätte man uns beim Aussteigen für eine Horde von Zigeunern halten können. Wir schleppten alles mit: Töpfe und Kochplatten,

Zucker, Konservendosen und sämtliche Lebensmittel, sogar Kartoffeln. Der Sinn des Unternehmens war klar: keinesfalls mehr als einen Dollar pro Tag für Essen auszugeben.

Als das Bolschoi-Ensemble 1969 in Paris gastierte und in einem Hotel nicht weit von der Opéra wohnte, durchzogen Zwiebel- und Kohlsuppendüfte den ganzen Boulevard Haussmann. Und nicht nur das: sämtliche Hotelbewohner verließen nach wenigen Tagen fluchtartig das Haus – vierhundert gleichzeitig eingeschaltete Kochplatten hatten das Hotel in tiefste Dunkelheit gestürzt und den Franzosen einen solchen Schrecken eingejagt, daß sie schon glaubten, der Krieg sei ausgebrochen.

Erstaunlich, wie die »Masse unserer Werktätigen« Mittel und Wege fand, sich mit den Einheimischen zu verständigen. Ganz gleich, ob wir in Japan, Italien oder in Kanada gastierten, schon am Morgen nach der Ankunft hörten wir unsere Bühnenarbeiter mit ihren ausländischen Kollegen reden (!). Niemand wird je erfahren, in welcher Sprache.

Gegen Mittag wußte dann unsere Arbeiterklasse, wußte auch der ganze Chor Bescheid, in welchem Vorort man rund zwanzig Meter Nylontüll für vierzig Dollar kaufen konnte. Oder sie markierten – besser als jeder CIA-Agent – ihre Routen in die Stadtpläne ein und verzeichneten genau, in welchen Kaufhäusern es zehn Paar Schuhe für zwanzig Dollar gab und noch fünf Paar gratis dazu. Bei der Berechnung eines jeden Einkaufs gingen sie von einem Vierhundert-Dollar-Kapital aus (vierzig Arbeitstage à zehn Dollar). Computer waren überflüssig, so flink hatte sich jeder den Gewinn errechnet, der beim Verkauf besagter Waren in Moskau zu erwarten stand und der die langersehnte Zweizimmerwohnung oder auch das Auto wieder ein Stück näherrückte. Grund genug, ein Loblied anzustimmen!

Unsere Tournee von 1969 begann in Paris mit einer Aufführung des *Boris Godunow*. Und als der Chor zu der Stelle kam: »Gib uns Brot! Brot! Gib uns Brot!«, fielen sie alle auf die Knie und streckten flehend die Arme aus. Ein Anblick, der sowohl die Operndirektion als auch das Publikum zutiefst erschütterte und der die Direktion veranlaßte, im Souterrain des Opernhauses eine Art Kantine einzurichten, wo das Ensemble künftig die Mahlzeiten einnehmen sollte. Das hätte soweit ganz schön sein können, betrüblich war nur, daß die Franzosen fünf Dollar pro Tag für das Essen berechneten, die Hälfte der sowjetischen Tagesgage also!

Abgesehen davon aber war es gewiß kein Kinderspiel, in Frankreich einen Koch aufzutreiben, der sich bereit fand, für diese Summe vierhundert hungrige Mäuler zu stopfen. Da wir woanders wohnten, haben Slawa und ich das Essen dort niemals ausprobiert. Nur einmal machten wir eine Stippvisite und glaubten, in eine Großküche für Arbeits- oder Obdachlose geraten zu sein: Die Tische bogen sich unter wahren Bergen von Brot und enormen Suppenschüsseln.

In Paris war die Grande Opéra rammelvoll – unmöglich, noch Karten zu bekommen. Folglich konnte die Sowjetbotschaft in französischen Francs baden, ich weiß nur nicht, ob in Schecks oder in Scheinen. In Italien lagen die Dinge anders – dort gastierte unser Ensemble im Austausch mit der Mailänder Scala. Und weil die Italiener bei uns in Moskau freie Verpflegung erhielten, galt dasselbe auch für uns.

Anders auch in Amerika. Wenn Churok das Moisejew-Tanzensemble oder die Tänzer vom Bolschoi-Ballett zu einer Tournee einlud, verpflegte er die Künstler auf eigene Kosten. Er wollte einfach nicht, daß einer vor Hunger oder Schwäche auf der Bühne umkippte. Als aber unsere kleinlichen Dienstherren davon erfuhren, kürzten sie den ohnehin kümmerlichen Lohn der Künstler um fast die Hälfte und kassierten den Rest für den Staat. Ich war da besser dran, ich konnte mir auf Churoks Namen Restaurant-Schecks ausstellen lassen. Jedesmal nach einer Tournee aber ermahnte mich der gute alte Mann, in Moskau ja nichts davon verlauten zu lassen, sonst würde das Ministerium für Kultur gewiß dafür sorgen, daß sich das in meinem Honorar bemerkbar machte.

Bei Churok fühlte man sich gut aufgehoben. Wenn der sich einmal entschlossen hatte, mit einem Künstler zusammenzuarbeiten, konnte man ganz sicher sein, daß er alles, was eben möglich war, für ihn tat und mitunter auch das Unmögliche. Und wo immer man in New York in seiner Begleitung auftauchte – in einem Restaurant, einem eleganten Geschäft oder einem Luxushotel –, man wurde zuvorkommend behandelt. Nicht etwa, weil man in Begleitung eines reichen und berühmten Mannes erschien, sondern weil dieser Mann Churok war. Also mußte man selber eine bedeutende Persönlichkeit sein.

Bei einem Konzert erschien er stets tadellos, ja festlich gekleidet, wie in Vorfreude auf den kommenden Kunstgenuß. Seine Liebe zu Kunst und Künstlern war seine wahre Berufung. Was taugt der größte Geiger, wenn man ihm keine Geige in die Hand gibt? Und muß er diese Geige nicht lieben?

Genauso verhielt Churok sich seinen Künstlern gegenüber – er liebte jeden einzelnen wie ein kostbares Instrument.

Wenn Churok, besonders in Begleitung einer Künstlerin, in einem Konzertsaal auftauchte, dann hatte er jeden Schritt und jedes Detail genau durchdacht: Drei Minuten vor Beginn, wenn die erwartungsvollen Zuhörer schon ihre Plätze eingenommen hatten, schritt er mit ihr durch den Saal. Zu sagen, er habe sich mit einer schönen oder interessanten Frau dem Publikum gezeigt, wäre zu wenig. Nein, er präsentierte dem Publikum eine Künstlerin.

Ich weiß noch, wie peinlich mir diese kleinen »Paraden« anfänglich waren und wie sehr mir daran lag, möglichst schnell zu meinem Platz zu kommen. Aber dann hielt er mich am Ellbogen fest und raunte mir zu: »Wozu diese Eile, Galinotschka? Sollen sie uns ruhig ein bißchen bewundern! Sie werden sehen, schon beim nächsten Mal kommen sie in hellen Scharen in Ihr Konzert!«

Weil er so menschlich dachte, wußte er natürlich, daß man als Künstler nach dem Streß einer Aufführung erst einmal entspannen und etwas essen muß und nicht sofort auf die Komplimente von Leuten eingehen kann, die schon ein reichliches Diner verzehrt haben. Oft genug kommt es ja vor, daß eine wohlhabende ältere Dame nach dem Konzert einen Empfang in ihrem Hause gibt und gar nicht daran denkt, daß ein Künstler völlig zerschlagen ist und nur eins möchte: sich hinsetzen und etwas essen. Denn so mit dem Glas in der Hand herumzustehen und die Renoirs und Picassos zu bewundern, Salzmandeln zu knabbern und (zum zehnten Mal!) die Frage: »Wie fühlen Sie sich?« oder »Wie gefällt es Ihnen in Amerika?« beantworten zu müssen – das kann einem schon zusetzen.

Oft hat Churok mich in einer solchen Situation gerettet. »Galinotschka, ich sagte Ihnen doch, daß Sie die Einladung nicht annehmen sollten. Sie sind einfach zu erschöpft.«

»Ja, aber sie bestanden so darauf und redeten so auf mich ein! Wenn ich mich bloß irgendwo hinsetzen könnte. Ich bin so kaputt, daß ich kaum noch stehen kann.«

»In einer Minute sind wir hier weg, das verspreche ich Ihnen. Ich habe einen Tisch in Ihrem Lieblingsrestaurant bestellt.«

Churok genoß den Anblick schöner Frauen, besonders der extravagant gekleideten. Als 1967 sein Geburtstag mit einem festlichen Bankett begangen werden sollte und ich mir zu diesem Anlaß ein Abendkleid kaufen wollte, ließ er mich von einem Dolmetscher aus seinem Büro begleiten. Der führte mich geradewegs zu Saks, Fifth Avenue. Natürlich kam Saks für mich und meine Gage nicht in Frage, und so bat ich meinen Begleiter, mit mir in ein anderes, weniger kostspieliges Geschäft zu gehen.

»Solomon Israiljewitsch hat mir aber gesagt, daß wir zu Saks gehen sollten.«

»Schön und gut, aber ich habe nicht das Geld dafür!«

»Machen Sie sich darüber keine Gedanken. Sehen Sie sich um und suchen Sie aus, was Ihnen gefällt.«

Als ich mich aber umsah, fand ich (damals schon!) nur Roben zwischen tausend und zweitausend Dollar.

»Es hat wirklich keinen Zweck!«

»Aber sehen Sie doch, das hier ist wirklich sehr schön, wie für Sie gemacht! Solomon Israiljewitsch wird begeistert sein, wenn Sie darin erscheinen!«

»Es kostet aber zweitausend Dollar!«

»Wenn es Ihnen gefällt, wäre es eine Freude für Mr. Churok, es Ihnen schenken zu dürfen.«

Das Kleid war wirklich hinreißend, mit Perlen, Glas- und Edelsteinen bestickt. Ich habe es noch heute und trage es von Zeit zu Zeit.

In musikalischen Fragen kannte Churok sich sehr gut aus, ohne je dazwischenzureden oder einem Künstler seinen persönlichen Geschmack aufdrängen zu wollen. Wenn ihn ein Musiker aber um seine Meinung bat, dann mußte er Churok recht geben.

Mir riet er zum Beispiel: »Das Konzert muß einen Höhepunkt haben. Bei Ihnen dürfte das der Mussorgskij-Zyklus sein.«

»Schon, nur ist er für das Publikum schwer verständlich.«

»Keine Sorge, das Publikum wird *Sie* verstehen!«

Tatsächlich wurden die *Lieder und Tänze des Todes* zu einem großen Erfolg für mich. Wo immer ich mit dem Zyklus gastierte, überhäuften mich die Kritiker mit Lob und gingen sogar so weit, mich einen »weiblichen Schaljapin« zu nennen.

Wenn ein Sänger stirbt, dann stirbt auch seine Kunst. Niemand kann ihn ersetzen. Auch Churok wird man nicht ersetzen können. Nicht etwa, weil ihm alle andern unterlegen wären, sondern weil sie nicht Churok sind.

Als ich 1969 für eine Konzerttournee durch die USA zum letztenmal ins Ausland durfte, stand der Blok-Zyklus von Schostakowitsch auf dem Programm – ein Zyklus, den Dmitri Dmitrijewitsch mir gewidmet hatte und dessen amerikanische Erstaufführung für die Carnegie Hall vorgesehen war. Zusammen mit Slawa, der sich damals schon seit zwei Monaten auf US-Tournee befand, sollte ich mehrere Konzerte geben.

Kurz vor meiner Abreise aber kam es im Kulturministerium und im Zentralkomitee zu einem Riesenskandal, der mit einem Anruf Djatlows, des Parteisekretärs am Bolschoi, begann. Dieser Djatlow fragte mich, was mich in meinen ganzen Theaterjahren noch keiner gefragt hatte: warum ich an den allwöchentlichen politischen Versammlungen nicht teilnähme. Ich muß ja zugeben, daß ich von den dreitausend Leuten des Bolschoi-Kollektivs die einzige war, die jene blödsinnigen Dienstagmorgen-Veranstaltungen zu schwänzen wagte. Da sie mich aber damals als Neuling schon nicht aufgefordert hatten, kam mir ihre Frage heute recht merkwürdig vor.

»Sagen Sie mal ehrlich – was soll ich da?«

»Sich über das, was in der Welt passiert, auf dem laufenden halten.«

»Für mich ist viel wichtiger, was bei mir passiert. Mein Dienstmädchen ist weg, und morgen habe ich Vorstellung. Wer steht dann für mich in den Läden an? Und wer macht das Essen?«

»Sie sollten ein besseres Vorbild für die jungen Leute sein. Wenn die merken, daß Sie nicht zu den Versammlungen gehen, dann kommen die doch auch nicht. Wir müssen sie erziehen.«

»Dann erziehen Sie sie doch, aber lassen Sie mich in Ruhe. Ich war noch nie bei diesen Treffen und denke auch jetzt nicht daran.«

Schon am nächsten Tag teilte mir das Ministerium für Kultur telefonisch mit, das Bolschoi weigere sich, mein »Leumundszeugnis« für die Amerikareise zu unterzeichnen, und man habe meine Tournee daraufhin abgesagt. Bei uns muß sich jeder, der ins Ausland fährt, an diese Vorschrift halten und sich bei seinem Arbeitgeber ein Zertifikat besorgen, das ihm gutes Betragen bescheinigt und das von einer »Troika« unterschrieben wird: vom Parteisekretär, vom Betriebsratsvorsitzenden und vom Direktor des Bolschoi. Und jetzt weigerte sich das Theater also, mir dieses Zertifikat auszustellen. Wer mir aber als einzige die für mich so wichtige Reise vermasseln konnte und mir damit ganz offensichtlich eine Lektion erteilen wollte, war die Furzewa.

Eine Unverschämtheit! Nach jeder Reise fressen sie dir die Haare vom Kopf und tun dann so, als wäre es eine besondere Gnade, dich überhaupt reisen zu lassen. Ich war wütend und traurig, hatte aber nicht die Absicht, mich zu beschweren. Schert euch doch alle zum Teufel! Fahrt doch los und singt selber! Ich habe die Nase voll von den Reisen, ich habe es satt, herumzufahren und für euch zu schuften! Ich bin sogar froh, wenn ich zu Hause bleiben kann.

Als Slawa wenig später aus New York anrief, erzählte ich ihm alles.

»Was heißt denn hier Leumundszeugnis! Warum geben sie es dir nicht?«

»Weil ich nicht zu ihren politischen Versammlungen gehe.«

»Sind die denn total übergeschnappt? Du mußt sofort zur Furzewa!«

»Ich gehe nirgendwohin. Schließlich bin ich kein kleines Mädchen mehr und habe nicht die geringste Lust, die Regierungsbüros zu belagern.«

»Du hast ja recht, aber hier sind deine Konzerte schon überall angekündigt. Wie können sie dir bloß die Ausreise verweigern!«

»Sie können alles, wenn sie wollen.«

»Also gut. Wenn sie sich auch weiterhin weigern, packe ich meine Koffer und komme nach Moskau zurück. Ich werde kein einziges Konzert mehr geben.«

»Gut so! Schluß mit der Sklavenarbeit!«

Daraufhin kündigte Slawa der Sowjetbotschaft in Washington telefonisch an, er werde, falls man mich nicht ausreisen lasse, sämtliche Konzerte absagen und nach Moskau zurückkehren. Zuvor aber wolle er der *New York*

Times ein Interview geben und öffentlich erklären, weshalb das geschähe: das Bolschoi habe seiner Primadonna nicht erlaubt, in Amerika aufzutreten, weil sie an einer politischen Versammlung nicht teilgenommen habe … Einen Riesenskandal befürchtend, rief Dobrynin, der sowjetische Botschafter, in Moskau an. Und wenn ein sowjetischer Botschafter aus Amerika anruft, dann kann das nur heißen: die Lage ist ernst. Sie muß es wohl gewesen sein, denn der Furzewa wurde gründlich der Kopf gewaschen.

Ich selbst verhielt mich auch weiterhin still und dachte gar nicht daran, die Furzewa im Ministerium anzurufen. Mit Sicherheit saß sie dort auf heißen Kohlen und war wie immer bereit, »alles zu erklären und wieder einzurenken« – alles, was sie mal wieder angerichtet hatte. Am dritten Tag biß sie schließlich in den sauren Apfel und rief mich an.

»Galina Pawlowna, wie geht es Ihnen?«

»Danke, gut.«

»Sagen Sie mal, was machen Sie bloß für Geschichten?«

»Ich mache überhaupt keine Geschichten.«

»Was meinen Sie mit ›keine‹? Dobrynin macht einen Riesenwirbel und behauptet, man ließe Sie nicht weg!«

»Ach ja! Ja, das stimmt, sie lassen mich wirklich nicht weg.«

»Und warum rufen Sie mich dann nicht an?«

»Weil ich glaubte, Sie wüßten das alles. Wer kann sich schon erlauben, meine Reise ohne Ihr Wissen abzusagen?«

»Ich schwöre Ihnen bei meiner Ehre, daß ich jetzt zum erstenmal davon höre! Wer hat das gewagt? Und wann war das?«

»Das Bolschoi hat mir kein Leumundszeugnis ausgestellt.«

»Dann kommen Sie jetzt bitte zu mir und erzählen mir alles genau.«

Was sie dort, im Ministerium, inszenierte, war schon bühnenreif. Fünf Leute hatte sie antanzen lassen: Tschulaki, den Theaterleiter, und dessen Stellvertreter Boni, den Parteisekretär Djatlow, den Generaldirektor Tumanow und den Betriebsratsvorsitzenden des Bolschoi.

»Und jetzt, Galina Pawlowna, erzählen Sie uns bitte, was vorgefallen ist.«

»Nun, ich denke doch, daß die Herren hier schon alles erzählt haben. Ich möchte dazu nur sagen, daß ich auf Almosen in Form von Auslandsreisen nicht angewiesen bin. Wenn ich verreise, dann tue ich es meiner Arbeit, der russischen Kunst und der Sowjetunion zuliebe und um der Botschaft meinen Verdienst zukommen zu lassen. Mein Mann gastiert seit zwei Monaten in Amerika und spielt sich jeden Tag die Finger wund, und dann werde ich hier noch beschimpft!«

»Wer sollte es wagen, eine Volkskünstlerin der Sowjetunion zu beschimpfen?«

Katja, die sich jetzt ganz auf meine Seite schlug, hatte wahrhaftig zu schreien angefangen und durchbohrte den Parteisekretär mit ihrem Blick. Der konnte nicht recht begreifen, wie sich das Blättchen so schnell hatte wenden können, und stotterte: »Aber Je-k-katerina Alexejewna, d-die S-s-sache ist doch die, daß Galina P-p-pawlowna nicht zu den p-politischen Versammlungen geht!«

»Was heißt hier politische Versammlungen?« brüllte Katja und schlug mit der Faust auf den Tisch. »Wir leben schließlich nicht mehr im Jahr 1937! Heute noch solche Methoden anzuwenden! Es wird langsam Zeit, sie zu vergessen. Was lehrt uns die Partei?«

Sie war jetzt so in Fahrt, daß sie alle fünf (die vormaligen Partner in ihrem Spielchen) wie dumme Jungen anschnauzte, was denen in meinem Beisein natürlich peinlich war, so peinlich, daß sie richtig rot wurden. Doch blieben sie stumm wie die Fische auf ihren Stühlen sitzen, während sie weiterkeifte, wie nur Frauen das können.

Schließlich fingen wir beide an, uns wie die Marktweiber anzuschreien.

»Galina Pawlowna, ich schwöre Ihnen bei meiner Ehre, daß ich alles überprüfen werde. Aber jetzt bitte ich Sie, sich nicht weiter aufzuregen und auf diese Tournee zu gehen.«

»Auf welche Tournee? Erst strapazieren Sie meine Nerven bis zum Zerreißen und jetzt soll ich plötzlich auf Tournee! Ich denke ja nicht daran!«

»Und Slawa? Der ist mit seinen Nerven doch auch am Ende!«

»Sicher, aber er braucht ja nicht in Amerika zu bleiben, er kann ja zurückkommen. Und wenn ich jetzt noch länger in diesem Büro bleibe, dann bin *ich* mit meinen Nerven am Ende! Auf Wiedersehen!«

Als ich durch den Korridor stürmte, holte mich Katjas Sekretär eben noch ein und sagte mir, daß ich mich schnellstens im Zentralkomitee melden solle. Um sicher zu sein, daß ich das auch tat, führte er mich persönlich aus dem Ministerium und über die Straße, wo mich ein nichtssagendes, grauhaariges Etwas in Empfang nahm. An mehr als an das Grauhaarige, Nichtssagende kann ich mich nicht erinnern und soll es wohl auch nicht: Solche Leute werden mit aller Sorgfalt ausgesucht, damit man sie später, bei einer zufälligen Begegnung, nicht wiedererkennt.

»So, Galina Pawlowna, jetzt erzählen Sie uns bitte den ganzen Vorfall.«

»Was soll ich Ihnen erzählen, Sie wissen doch alles. Wozu hätten Sie mich sonst hierher bestellt.«

»Ist Ihnen bewußt, wie wichtig eine solche Amerikareise im Hinblick auf unsere nationalen Interessen ist?«

»Natürlich, auch wenn ich an Ihren politischen Versammlungen nicht teilnehme. Aber sagen Sie das mal den Idioten, die meine Tournee gestrichen haben.«

»Das werden wir schon regeln. Aber es liegt hier eine Beschwerde gegen Sie vor, und darin heißt es, daß Sie sich weigern, an den politischen Versammlungen teilzunehmen und daß Sie damit ein schlechtes Vorbild für die Jüngeren sind. Wenn das so weitergeht, können wir Ihnen jede Auslandsreise verbieten.«

»Verbieten? Mir? Aber ich will überhaupt nicht fahren, verstehen Sie? Sie brauchen mich von nichts zu überzeugen. Meine Nerven sind am Ende, meine Stimme ist es – und da soll ich in Amerika singen! Singen, wohlgemerkt, nicht etwa auf Banketten herumsitzen! Ach, lassen Sie mich doch in Ruhe!«

»Rostropowitsch bittet Sie aber dringend, zu kommen. Er ist ganz außer sich.«

»Ich rufe ihn heute noch an und sage ihm, er solle sofort nach Moskau kommen. Er hat nämlich auch die Nase voll. Seit zwei Monaten ist er dort und scharrt amerikanisches Geld für den Staat zusammen.«

»Hoffentlich wissen Sie, was Sie da sagen.«

»Und hoffentlich wissen Sie, wen Sie da beleidigen! Rostropowitsch und mich, bitte vergessen Sie das nicht!«

»Gut, wenn Sie beide glauben, sich so benehmen zu können, werden wir uns eben eine andere Wischnewskaja und einen anderen Rostropowitsch aufbauen. Wir werden Sie unter Druck setzen . . .«

Das sagte er sehr ruhig und höflich und sah mir direkt in die Augen dabei. »Zu spät«, erwiderte ich, ebenso ruhig und höflich. »Vor fünfzehn Jahren hätten Sie mich unter Druck setzen müssen, der Zug ist abgefahren. Heute bin ich, wer ich bin, und Rostropowitsch ist, wer er ist. Da gibt es keine andern. Ein Genie kann man sich nicht aufbauen, man kann es nur umbringen.«

Langes Schweigen. Zwar versuchte er noch, mich mit seinen Blicken einzuschüchtern, schluckte die Pille aber doch und verzichtete darauf, die Diskussion über ein so heikles Thema fortzusetzen. Ganz offensichtlich hatte er sich an meine Kontakte zur Regierung erinnert und den Entschluß gefaßt, vorsichtiger zu sein und auf die Bremse zu treten.

»Bitte, beruhigen Sie sich. Ich verstehe Sie ja, Sie sind Künstlerin und eine temperamentvolle Frau. Die Angelegenheit hat Sie natürlich aufgeregt, was ich Ihnen nicht im geringsten vorwerfe. Wir bitten Sie jetzt nur, diese Reise zu unternehmen. Bis dahin werden wir die Dinge überprüfen und in Ordnung bringen. Wir rufen Mstislaw Rostropowitsch an, damit er sich keine Sorgen macht. Sie sollten ihn auch beruhigen, wenn er Sie anruft. Eine letzte Bitte: wenn Sie in Amerika sind und mit Ihrem Mann über alles reden wollen, erzählen Sie ihm nichts davon im Hotelzimmer. In Amerika sind in allen Hotelzimmern Wanzen eingebaut. Wenn es sein muß, sprechen Sie mit ihm auf der Straße darüber.«

Idiot! War er schon so nervös, daß er meine Reise mit einer Fahrt nach

Leningrad verwechselte? »Wir bauen uns ein Genie auf!« Spezialisten für
Genies aus der Retorte! Ihr braucht bloß einen Breschnjew von Kopf bis Fuß
mit Orden zu behängen, da habt ihr schon euer Genie! Ich kenne eure
Methoden sehr gut und ich kann mich auch genau an diesen Breschnjew
erinnern, als man ihn der Welt noch nicht als den »großen, unsterblichen
Iljitsch«[1] vorgestellt hatte.

Ich lernte ihn kennen, als er noch Präsidiumsvorsitzender des Obersten
Sowjet der UdSSR war und zusammen mit einer Regierungsdelegation
Ostberlin besuchte. Anlaß war der fünfzehnte Jahrestag der Gründung der
DDR im Oktober 1964. Slawa und ich waren zu diesem Zeitpunkt auf
Gastspielreise in Berlin und hatten auf Einladung des sowjetischen Botschafters Abrassimow (der mit Slawa befreundet war) auch die Botschaft besucht.
Dort sagte uns Abrassimow, wie wichtig es sei, Leonid Iljitsch Breschnjew
kennenzulernen, einen Mann mit großer Zukunft, und daß er uns miteinander bekanntmachen wolle. Damals war Chruschtschow noch Staatschef, und
der Name Breschnjew sagte mir nichts. Am 8. oder 9. Oktober lud man uns
dann zu einem Essen in der Botschaft ein, das nicht im großen Saal, sondern
in einem kleineren, nur für erlesene Gäste bestimmten Raum gegeben
wurde. Außer Breschnjew, Abrassimow, Slawa und mir waren noch etwa
sechs weitere Gäste anwesend. Ich saß neben Breschnjew, der als aufmerksamer Tischherr sein Bestes gab, mich zu unterhalten. Er hatte, wie man so
sagt, den Bogen raus und war ein gutaussehender, dunkelhaariger Mann von
siebenundfünfzig Jahren, gesellig und mitteilsam, kurz, ein guter Gesell-
schafter. Auch gab er gern seine literarischen Kenntnisse zum besten und
zitierte Verse von Jessenin:

Mein Sehnen ist bescheidener geworden.
Ist das mein Leben? Oder träumte ich von dir?
Mir war, als trüge mich ein rosafarbenes Pferd
durch einen klaren Frühlingsmorgen.

Im Lauf des Abends hat er diese Zeilen noch mehrfach zitiert, es müssen
Lieblingsverse von ihm gewesen sein. Er trank nicht viel, erzählte Witze und
sang Lieder im Dialekt. Dabei schlug er mit seinen Absätzen den Takt,
schnalzte mit der Zunge und tat so, als spiele er Balalaika. Seine gute Stimme
überraschte mich ebenso wie die Art des Vortrags, die eine gewisse Begabung verriet.

Irgend jemand trank ihm zu: »Auf Ihr Wohl, Leonid Iljitsch!«

»Nein, warum auf meins? Trinken wir auf die Künstler! Was ist schon

---

[1] Breschnjew hieß wie Lenin mit Vornamen Iljitsch

ein Politiker – der kann morgen vergessen sein. Die Kunst aber ist unsterblich. Auf die Künstler!«

Als er mich bat, etwas vorzutragen, sang ich ein Stück aus der *Zarenbraut*. Da ich natürlich nicht ahnen konnte, welches Amt er in der Regierung einmal bekleiden würde, brachte ich an jenem Abend auch kein großes Interesse für ihn auf. Uns beiden, Slawa und mir, war seine Gesellschaft angenehm, seine Position aber im Präsidium des Obersten Sowjet der UdSSR schien uns nicht sonderlich hoch. Er gehörte zu jenen Leuten, die Dekrete unterzeichnen und Preise verleihen. Darum fand ich es auch seltsam, daß alle andern ihn so hofierten und kaum etwas zu sagen wagten.

Was das für Leute waren, weiß ich nicht mehr, nur, daß sie alle zur Regierungsdelegation und gewiß zu seinen engsten Vertrauten gehörten, sonst hätte man sie kaum zu einem so intimen Essen geladen. Auch mag es für sie gute Gründe gegeben haben, sich in Ostberlin mit ihm zu treffen, weitab von Moskau und Chruschtschow. Möglicherweise war das Komplott schon in vollem Gange.

Einige Tage später, als wir wieder in Moskau waren, klingelte das Telefon. »Hallo, Galja! Hier ist Abrassimow.«

»Guten Tag! Wo stecken Sie?«

»In Moskau.«

»Wie das? Wir sahen uns doch erst letzte Woche und Sie sagten nichts von einer Moskaureise.«

»Man hat uns zu einer dringenden Konferenz einberufen. Haben Sie die heutigen Zeitungen nicht gelesen?«

»Großer Gott, was ist passiert?«

»Ihr neuer Bekannter hat eine ziemlich hohe Position bezogen!«

Ich hätte gern gewußt, was Leonid Iljitsch viele Jahre später an Erinnerungen durch den Kopf ging – an jenem Tag, als er uns die Erlaubnis erteilte, Rußland für zwei Jahre zu verlassen, und später, als er das Dekret unterzeichnete, das uns die sowjetische Staatsbürgerschaft entzog.

Insgesamt war ich fünfmal auf Gastspielreise in den USA – 1960, 1961, 1965, 1967 und 1969 –, die ersten beiden Male zusammen mit dem Pianisten Dedjuchin, die anderen drei mit Slawa.

Da ich nach meiner ersten Amerika-Tournee häufiger ins Ausland reiste, kam es vor, daß Slawa und ich uns monatelang nicht sahen: kam er von einer Reise zurück, brach ich gerade auf, oder umgekehrt. Und in Moskau ging jeder von uns seinen beruflichen Pflichten nach. Zwar hatte Slawa nach unserer Hochzeit den Wunsch geäußert, mich auf dem Klavier zu begleiten, doch traten wir nur selten gemeinsam auf, nur ein paarmal im Jahr und meist in Moskau oder Leningrad. Erst später haben wir ein ganzes Repertoire für gemeinsame Auslandsreisen ausgearbeitet – einfach, um öfter beieinander zu sein. Merkwürdig, daß ich die meisten meiner Konzerte im Ausland gab; fraglos aber hat sich diese Praxis ganz allgemein auf meine Art der Interpretation ausgewirkt. Denn weil ich mich dort einem Publikum, das die russische Sprache nicht beherrschte, verständlich machen mußte, versuchte ich, mich in musikalischen Bildern auszudrücken, d. h. bestimmte Phrasierungen zu betonen und die Klangfarbe der Stimme, ihre Nuancen und Schattierungen verstärkt einzusetzen. Die Zusammenarbeit mit Slawa war schon darum ein schwieriges Unternehmen, weil er fast immer außer Haus zu tun hatte: Neben den hundert bis hundertzwanzig jährlichen Konzerten lehrte er ja noch am Konservatorium und hatte daher einfach nicht die Zeit, für meine Konzerte zu proben. Ob es wohl außer uns noch ein Ehepaar gab, das ohne richtig geprobt zu haben gemeinsam auftrat? Im allgemeinen habe ich meine Programme mit Margarita Kondraschowa, einer Pianistin vom Theater, vorbereitet und mit ihr zusammen, Tag für Tag und stundenlang, mein gesamtes Konzertrepertoire erarbeitet.

Da ich neue Opernpartien nur am Theater einstudierte, sah Slawa mich erst am Tag der Aufführung in einer neuen Rolle und hörte nur das Endergebnis. Anders bei unseren Konzerten. Da konnte es sein, daß Slawa erst drei oder vier Tage vor einem geplanten gemeinsamen Auftritt von einer Reise zurückkam und daß ihn seine zwanzig Konservatoriumsstudenten ebenso wie ich bestürmten, mit ihnen zu proben. In meinem Fall aber hieß das für Slawa, der darauf bestand, mich aus dem Gedächtnis zu begleiten, ein ganzes Abendprogramm auswendig zu lernen.

»Ob wir wohl endlich mit den Proben anfangen?«

»Du kannst ja schon anfangen, ich muß mir noch die Noten ansehen.«

»Aber das hilft mir nicht weiter. Ich will, daß du mir beim Singen auch zuhörst. Und ich muß wissen, wie du bestimmte Passagen im Konzert spielen wirst.«

»Nur ruhig Blut, wir haben noch viel Zeit.«

Sagte es und fuhr in seinem Notenstudium fort, während ich wie ein gefangener Tiger im Käfig durch die Wohnung lief. Schön, er lernte die Noten. Ich wollte aber etwas anderes: Ich wollte das ganze Programm mit ihm zusammen durchsingen, mehrmals und mit voller Stimme, und nicht erst am Abend des Konzerts, wie das bei uns die Regel war. Ich fragte mich, ob es je dazu kommen würde.

So aber gerieten wir uns schon bei der ersten Hälfte des Programms in die Haare, waren am Tag vor dem Auftritt zerstritten wie Hund und Katze und am nächsten Morgen noch wütend aufeinander. Ohne ein Wort zu wechseln, machten wir uns auf den Weg zum Konzertsaal und schworen heilige Eide, nie wieder gemeinsam aufzutreten. Auf der Bühne aber, schon bei den allerersten Takten, gingen wir ganz in der unauflöslichen Einheit der Musik auf und verschmolzen mit ihr.

Warum es jedesmal so kommen mußte, weiß ich nicht. Wir suchten wohl eine andere Form des Dialogs, weil wir vor dem Publikum ja weder streiten noch uns die jeweiligen Standpunkte vorhalten konnten und ein Rauslaufen oder Türenknallen undenkbar war. Diesen Dialog führten wir in der Sprache der Musik, und er half uns, unsere Probleme zu klären, Fragen zu stellen und Antworten zu geben, ohne uns zu unterbrechen.

So schenkten uns die Konzerte die menschliche Nähe, nach der wir uns im alltäglichen Leben wegen unseres monatelangen Getrenntseins so sehr sehnten. Und darin lag wohl das Geheimnis unseres so glücklichen Zusammenspiels. »Ein herrliches Duo!« meinten unsere Zuhörer. »Wie sehr müssen die beiden doch gearbeitet haben, um eine solche Harmonie zu erreichen!« Gerührt von den zärtlichen Blicken Rostropowitschs für seine Frau und von der ganzen Art, wie er auf mich und meine Eigenheiten einging, ahnte keiner etwas von den Kämpfen, die wir tags zuvor noch geführt hatten. Niemand wußte, was wir uns während der einzigen Probe alles geschworen hatten und daß eine schlaflose Nacht hinter mir lag. Ich konnte glückstrahlend neben Slawa auf dem Podium stehen, wenn er mir nach dem Auftritt galant die Hand küßte. Während der Pause aber und noch am Tag darauf redete ich kein Wort mit ihm.

Slawa besitzt die glückliche Eigenschaft, Vorwürfe und Streitigkeiten vergessen zu können, ich aber komme oft monatelang nicht darüber hinweg. Im Lauf meiner dreißigjährigen Zusammenarbeit mit Slawa hatte ich uns angewöhnt, schon zwei oder drei Stunden vor unserem Auftritt im Konzertsaal zu sein und das gesamte Programm auf dem Podium durchzuspielen – dem einzigen Ort, wo das Telefon nicht hundertmal klingelte und wo Slawa nicht ständig gefordert war, endlose Fragen zu bevorstehenden Tourneen zu beantworten oder sich diesen oder jenen Musiker anzuhören. Auch seine Studenten konnten ihn hier nicht stören. Kurz, es war der einzige Ort, wo Slawa sich klarmachen konnte, daß wir in wenigen Stunden ein Konzert zu geben hatten.

Dieses gemeinsame Konzertieren, dieses Privileg, mit einem der größten Musiker unserer Zeit in künstlerischen Austausch zu treten, bedeutete mir unendlich viel. Es war wie eine Droge, die ich nicht mehr hätte aufgeben können.

Als er mir 1968 aber sagte, er wolle *Eugen Onegin* am Bolschoi dirigieren, fiel ich in einen Abgrund der Verzweiflung, ich weinte, tobte und flehte ihn an, nicht in mein Theaterleben einzudringen. Ich wollte Familie und Theater auseinanderhalten. Sechzehn Jahre lang war das Bolschoi *meine* Welt gewesen, die Slawa nicht betreten durfte. Wenn er unbedingt dirigieren mußte, konnte er doch an ein anderes Theater gehen! Mit allen Mitteln versuchte ich ihn zu bewegen, es nicht zu tun. Aber er tat es.

Da ich Slawas Neigung zur Geselligkeit und zur Hilfsbereitschaft gegen jedermann kannte, erschreckte mich der Gedanke an die Dinge, die mich zu Hause erwarteten. Wie recht ich damit hatte, sollte sich bald zeigen: Sänger und Mitglieder des Orchesters kamen mit den jüngsten Skandalgeschichten ins Haus, sie hängten sich an Slawa, umarmten und küßten ihn, tranken Wodka und plauderten ungeniert vor meiner Familie über mein Verhältnis zur Theaterleitung und zu den Sängerkollegen.

Auch unser Privatleben, das ich bislang so sorgfältig vor den Augen anderer verborgen hatte, wurde zum Gegenstand allgemeiner Neugier, zum Anlaß von Klatsch und Tratsch.

Drei Jahre lang hat Slawa *Eugen Onegin* und *Krieg und Frieden* am Bolschoi dirigiert – übrigens hervorragend. Doch sind diese drei Jahre kaum als die glücklichsten unseres Lebens zu bezeichnen: Lange noch nahm ich ihm übel, daß er in dieser für mich so wichtigen Angelegenheit so wenig Rücksicht auf meine Gefühle genommen hatte.

16

Alexander Schamiljewitsch Melik-Paschajew – mein erster Dirigent!

Gleich nach meinem erfolgreichen Debut in *Fidelio* hat Alexander Schamiljewitsch mich in jeder seiner neuen Produktionen eingesetzt; auch in seiner Lieblingsoper *Aida* sang ich in seinen letzten Jahren meistens die Titelrolle. Er habe, so sagte er, in mir endlich eine Sängerin gefunden, die imstande sei, die Musik seinen Wünschen und Vorstellungen gemäß zu interpretieren, und die ihm erlaube, Verdis Musik mit ihren herrlichen Pianissimi werkgetreu wiederzugeben. Außer in *Fidelio* und *Aida* habe ich unter seiner Leitung auch in *Falstaff* und in Verdis *Requiem* gesungen, in *Pique Dame*, *Krieg und Frieden*, *Madame Butterfly*, in *Eugen Onegin* und in seinen Symphoniekonzerten.

Als ich 1952 ans Bolschoi kam, war Alexander Schamiljewitsch erst siebenundvierzig Jahre alt. Mittelgroß und stets elegant gekleidet, war er nicht nur eine eindrucksvolle Erscheinung, er war auch ein unglaublich taktvoller und höflicher Mensch. Seine Laufbahn hatte der gebürtige Armenier mit sechzehn Jahren als Probenpianist am Opernhaus von Tbilissi begonnen. Da er schon in diesem Alter fünfunddreißig Opern beherrschte, übertrug man ihm die Aufgabe, mit den führenden Sängern des Hauses zu arbeiten. Nach zwei Jahren war er bereits Dirigent. Und 1931, erst sechsundzwanzig Jahre alt, gab er mit *Aida* sein triumphales Debut am Bolschoi. Dort dirigierte er innerhalb eines Monats sechs Opern: *Aida*, *Tosca*, *Carmen*,

304

Faust, *Rigoletto* und *Madame Butterfly*. Fünf Monate später wartete er mit seiner ersten eigenen Opernproduktion auf, dem *Othello*.

Als Dirigent war er nie ein Anfänger. Gleich zu Beginn seiner Arbeit mit dem hervorragenden Orchester unseres gefeierten Hoftheaters hat er sich seinen Platz unter den berühmtesten Dirigenten des Bolschoi erobert, neben Dirigenten wie Suk, Golowanow, Pasowski und Samosud. Dreißig Jahre lang, bis zu seinem Tod am 18. Juni 1964, hat Melik-Paschajew ausschließlich am Bolschoi gearbeitet. Nur selten dirigierte er Symphoniekonzerte – er war der geborene Operndirigent.

Im Bereich seiner Kunst machte Alexander Schamiljewitsch keinerlei Kompromisse und verlangte von jedem das Äußerste: von jedem, auch von sich selbst, so daß jede seiner Aufführungen zum Erlebnis wurde. Als Mitwirkende dieser Aufführungen wußten wir ganz genau, daß er uns keine musikalische Schlamperei durchgehen ließ. Darum übten wir schon Tage vor der Aufführung mit den Probenpianisten und gingen unsere Rollen sorgfältig durch – auch dann, wenn wir eine Partie schon fünfzehn oder zwanzig Jahre lang gesungen hatten. Niemand von uns wäre auf die Idee gekommen, an solchen Tagen ein Angebot von auswärts anzunehmen; jeder schonte dann seine Stimme und seine Kraft. Zwei Tage vor jeder Aufführung setzte Alexander Schamiljewitsch eine Art Generalprobe an, bei der sich alle Solisten verpflichtet fühlten, mit voller Stimme zu singen. Nur so konnten sie ihre Fähigkeiten überprüfen, sich bei den schwierigen Passagen des Beistands ihres Dirigenten vergewissern und ihren Part mit ihm abstimmen. Und nur so konnte Alexander Schamiljewitsch die Kondition der einzelnen Sänger genau einschätzen und für den Premierenabend die entsprechenden dramatischen und musikalischen Schwerpunkte setzen.

Am Tag vor der Premiere blieb er dem Theater fern, ging nicht einmal ans Telefon. Tags darauf aber war er vor allen andern im Theater: festlich gekleidet, wie im Gefühl eines bevorstehenden religiösen Rituals. Diese Haltung steckte alle an, bis hin zu Boten und Pförtnern. Stunden vor Beginn waren die Solisten schon dabei, sich einzusingen und zu schminken.

Während der Vorstellung entging nichts seiner Aufmerksamkeit, er registrierte sowohl bei den Sängern tragender Partien als auch bei den Chormitgliedern die geringste Heiserkeit. Möglich auch, daß sich einer von der Stimmung des Augenblicks verleiten ließ, sich zuviel Portamento erlaubte oder einen Ton zu lange hielt: zwei kleine Fehler nur in einer langen Aufführung – Melik-Paschajew aber entgingen sie nicht. Dann versuchte man, ihm zwei Tage lang auszuweichen und hoffte im stillen, er könne es bis dahin vergessen haben. Aber nein! Bei nächster Gelegenheit hielt er einem sämtliche Fehler vor: »Mir scheint, mein Kind, daß Sie Ihre Rolle zunehmend von ›Effekten‹ überwuchern lassen. Das ist nicht gut. Und wozu plötzlich dieses Portamento? Aus irgendeinem Grund bleiben Sie zu lange auf dem hohen B, Sie müssen rechtzeitig aufhören. Übrigens haben Sie an derselben Stelle eine Achtel- anstatt einer Viertelnote gesungen. Was sollen diese Neuerungen?«

Er konnte ganz sicher sein – nie wieder würde ich mir in meinem Leben solche »Effekte« erlauben. Und die verkürzte Viertelnote dröhnte mir noch lange durchs Gedächtnis. Es war schon ein großes Glück für mich, in den wichtigen Jahren meiner künstlerischen Entwicklung einen Mentor wie ihn zur Seite zu haben und einen Freund, der mich durch das heilige Feuer der Kunst führen konnte. In jenen Jahren habe ich gelernt, kompromißlos mir selbst gegenüber zu sein und intolerant gegen jede Art des Schluderns auf der Bühne.

Von Jugend an hat Alexander Schamiljewitsch die Kunst des Gesangs bis zur Besessenheit geliebt. Dabei kannte er nicht nur die Gesangsliteratur in- und auswendig, er kümmerte sich auch um seine Sänger mit ihren Stärken und Schwächen und nahm wie kein anderer Rücksicht auf sie.

Als ich kurz nach unserem *Fidelio* in seiner Produktion von *Pique Dame* singen wollte, ließ er das nicht zu. »Denken Sie nicht mehr daran. Sie sollten in den nächsten Jahren nur italienische Opern singen.«

Damals hat mich seine Ablehnung sehr gekränkt, doch sah ich bald ein, wie recht er damit hatte. In russischen Opern liegt der stimmliche und emotionale Schwerpunkt auf dem mittleren Register, so daß sich eine unerfahrene Sängerin gezwungen sieht, die Stimme zu forcieren und dunkler zu tönen. Die Folge ist, daß sie viele ihrer Obertöne verliert, sich ein schweres Vibrato angewöhnt und damit ihr Repertoire reduziert. Hat eine Stimme erst an Höhe und Helligkeit eingebüßt, ist sie für Opern von Mozart, Verdi oder Puccini kaum noch tauglich.

Aus diesem Grund, so meine ich, war es zu der Zeit, als ich ans Bolschoi kam, schon Tradition, daß ein Sopran, der die Aida sang, nicht auch die Margarete oder die Butterfly singen konnte und daß eine Sängerin der Tatjana nicht auch für die Marfa in der *Zarenbraut* zur Verfügung stand. Vollends undenkbar wäre für eine Liza oder Leonore die Violetta in *La Traviata* gewesen.

Innerhalb weniger Jahre aber gelang es mir, die starren Regeln zu durchbrechen und sowohl diese Partien als auch in Opern von Prokofjew und Schostakowitsch zu singen. Künstlerisch war mir das nur möglich, weil Alexander Schamiljewitsch mich unter seine Fittiche genommen hatte und, ebenso wichtig, weil ich alles, was er sagte, ohne Einschränkung akzeptierte. Die Stimmen seiner Lieblingssänger hat er regelrecht verwöhnt und sie ganz langsam, oft über den Zeitraum vieler Jahre hinweg, auf so schwierige Opern wie *Boris Godunow*, *Pique Dame* oder *Fürst Igor* vorbereitet. Gleichsam als Gegenleistung zeichneten sich die Stimmen der Sänger unter seiner Führung durch klare Phrasierung und eine makellose Technik aus. Jede einzelne Partie wurde so zum Ereignis – nicht nur für den betreffenden Künstler, sondern für das gesamte Theater.

Da Alexander Schamiljewitsch Dilettantismus verachtete, ging er bei der Auswahl seiner Solosänger mit größter Sorgfalt vor. In einer seiner Opern eingesetzt zu werden, galt denn auch als ausnehmend schwierig. Hatte ein Künstler aber das Glück, unter seiner Leitung zu singen, dann konnte er ganz sicher sein, in diesem Dirigenten einen wahren Freund und Förderer gefunden zu haben, der ihn von da an keinen Moment mehr aus den Augen ließ. Obwohl ein Meister seines Fachs, hatte Melik-Paschajew doch immer das Bedürfnis, sich unterzuordnen – eine Eigenschaft, die nur wenige Dirigenten mit ihm teilten. Bei jedem Wink, den er einem Sänger gab, sah er ihm in die Augen und versuchte, dessen Empfinden zu erspüren und ihm das eigene zu vermitteln. Stand er am Pult, schien er von einem inneren Licht durchglüht und imstande, in jedem einzelnen den schöpferischen Impuls zu wecken, ohne ihm den eigenen Willen aufzuzwingen. Immer hatte man das Gefühl, die Musik sei aus dem Augenblick heraus entstanden. Sein eigentliches Element und das Gebiet, auf dem sich seine Meisterschaft erwies, war die westliche Musik, waren Opern wie *Carmen*, *Madame Butterfly*, *Aida*, *Falstaff* oder *La Traviata*. Als ich das erste Mal unter Leitung des Dirigenten Jewgeni Swetlanow in *Madame Butterfly* sang, saß auch Alexander Schamiljewitsch im Publikum. Jahrelang hatte er die Oper nicht mehr dirigiert, wollte sie jetzt aber zusammen mit mir neu einstudieren. Tatsächlich haben wir die *Butterfly* dann gemeinsam gemacht und mehrfach aufgeführt. Auch Slawa hat eine dieser Vorstellungen besucht, die einen solchen Eindruck auf ihn machte – einen der stärksten seines Lebens, wie er sagte –, daß er gar nicht anders konnte, als Alexander Schamiljewitsch mitten in der Nacht noch aufzusuchen und ihm persönlich seine Bewunderung auszudrücken.

Im Ensemble galt ich als Melik-Paschajews Favoritin, weshalb die Musiker im Orchestergraben auch jedesmal, wenn ich die Bühne betrat, auf sein Lächeln lauerten. Natürlich wußte ich, wie sehr er mich mochte, aber ich wußte auch, daß diese Liebe einzig meiner Kunst galt und eine sehr demütige Liebe war – die echteste und dauerhafteste, die ich je in meiner Karriere als Sängerin erlebte.

Aus dieser Erfahrung heraus können heutige Sänger, besonders die jungen, mir nur leid tun. Die Ära der großen Operndirigenten ist vorbei. Heute arbeiten die besten Dirigenten lieber mit Symphonikern; eine Oper zu dirigieren, ist häufig nur ein kurzes Zwischenspiel für sie, nicht mehr als eine neue Feder am Hut. In Rußland wie auch im Ausland habe ich mit vielen Dirigenten gearbeitet, mit keinem aber jene Harmonie und jenes

Einvernehmen erlebt, da keiner ein solches Gespür für meine Gesangskunst besaß wie Melik-Paschajew.

Nie werde ich das rauschhafte Glücksgefühl vergessen, das mich als
Aida unter seiner Leitung beseelte. Ganz gleich, in welchem Teil der Welt
ich die Aida sang, ich brauchte nur nach Moskau, zu Alexander Schamiljewitsch zurückzukehren, um mich durch ihn wie neugeboren zu fühlen.
Praktisch habe ich zwölf Jahre lang Tag für Tag mit ihm zusammengearbeitet und auch nach seinem Tod die Aida noch ein paarmal am Bolschoi
gesungen. Dann aber stellte ich verzweifelt fest, daß ich sie nicht mehr
singen wollte: Es war, als habe er alle meine Inspirationen für diese Rolle
mit ins Grab genommen. Es war seine Produktion. Und als er starb, starb
auch meine Aida.

Meine letzte mit Melik-Paschajew einstudierte Rolle war die Violetta in *La
Traviata*. Vermutlich hätte ich sie nie gesungen, wenn Sergei Lemeschew,
unser berühmter Tenor, mich nicht eines Tages gebeten hätte, mit ihm
zusammen Duette aus *Traviata* und *Werther* einzuspielen. Hocherfreut
stimmte ich zu. Die Partie der Violetta erwies sich als überraschend leicht
für mich und wie geschaffen für meine Stimme. Ich badete förmlich in
diesen Klängen – an eine Bühnen-Violetta aber dachte ich zunächst nicht.
La Traviata gehörte seit langem zum festen Bestand des Bolschoi – unter
ständig wechselnden Dirigenten. Ich war daran nicht sonderlich interessiert, weil ich nie den rechten Partner fand: Lemeschew war so gut wie
pensioniert, und die Violetta mit einem andern zu singen, reizte mich nicht
im geringsten. Deshalb legte ich die Partitur nach der Aufnahme wieder
beiseite.

Wenig später lief Sergei Jakowlewitsch (Lemeschew) mir im Theater
über den Weg. »Galja«, fragte er, »haben Sie schon unsere Aufnahme
gehört?«

»Nein, sie ist wohl noch nicht erschienen.«

»Meine Verehrer haben sie aber schon. Neulich, als ich in der Provinz
ein Konzert gab, fuhren sie mir nach und besuchten mich im Hotel, die
Platte hatten sie dabei. Sie ist hervorragend! Wir haben den ganzen Abend
damit verbracht, sie uns wieder und wieder anzuhören. Mein ganzes
Leben, meine Jugend und meine schönsten Aufführungen kamen mir dabei
in den Sinn – so lebhaft, daß ich weinen mußte. Auch die andern weinten.
Ich sah sie mir an und dachte: mein Gott, wie die Zeit vergeht. Den dort
kenne ich seit dreißig Jahren und den da drüben seit zwanzig. Wie alt sie
doch geworden sind! Und wie alt ich selber bin!«

»Hören Sie auf damit, Sergei Jakowlewitsch! Sie sehen jünger aus, viel
jünger als alle jungen Tenöre hier. Sie brauchen sich bloß deren hängende

Schultern und die traurigen Gesichter anzusehen. Und ihr schleppender Gang – wie die Greise! Jeder hier betet Sie an – ich auch!«

»Wenn das stimmt, möchte ich Sie um einen Gefallen bitten.«

»Jederzeit, was Sie wollen!«

»Bitte, singen Sie mit mir in La Traviata!«

»Auf der Bühne?«

»Ja. Sie kennen die Partie doch längst. Und Sie haben mir eben versprochen, alles für mich zu tun. Bitte, Galja, singen Sie die Violetta. Sie ist wie geschaffen für Sie!«

»Schon, aber ich müßte an der Arie noch arbeiten, und die Zeit wird knapp. Die Spielzeit ist fast zu Ende. Vielleicht im nächsten Jahr ...«

»Bei Ihrer Technik schaffen Sie auch die Arie und hätten mit wenig Arbeit eine weitere glänzende Partie im Repertoire. Ich selbst habe den Alfredo jahrelang nicht gesungen und wünsche mir nichts sehnlicher, als ihn noch einmal auf der Bühne darzustellen, aber nur, wenn Sie mitmachen, und selbst wenn es bei einem Mal bleiben sollte. Bis zum Ende der Spielzeit sind es noch drei Monate, und das heißt, wir hätten Zeit genug zum Probieren und könnten die Traviata noch vor den Ferien aufführen. Vergessen Sie nicht, ich bin dreiundsechzig! Wenn Sie ablehnen, werde ich den Alfredo nie wieder singen. Bitte, machen Sie mit. Meine Verehrer werden jubeln, und wir beide, Sie und ich, reißen ganz Moskau vom Stuhl. Na, ist das eine Aussicht?«

»Aber ja! Und wie wir sie von den Stühlen reißen! Aber ich möchte die Traviata nicht ohne Melik machen. Meinen Sie, daß er ja sagt? Er hat sie in letzter Zeit selten dirigiert!«

»Wir werden ihn schon überreden!«

Die Violetta war die erste Rolle, die mich nicht festlegte – weder auf ein bestimmtes Alter wie die jugendlichen Heroinen Natascha Rostowa, Tatjana oder Lisa, noch auf bestimmte ethnische Eigenheiten wie die Aida oder die Butterfly in ihrer fernöstlichen Demutshaltung. Ich kenne keine Opernpartie, die – außer der Tosca natürlich – von der Darstellerin soviel Vollblutspiel verlangt: Beweglichkeit in Temperament und Stimme, Gefühlsüberschwang, Schönheit und Weiblichkeit, Eleganz in Kleidung und Gestik. Meiner Ansicht nach braucht eine Sängerin des lyrisch-dramatischen Fachs – eine Aida etwa oder eine Leonora aus dem *Troubadour* – keine Angst vor *Traviata* zu haben. Die Rolle der Violetta ist ein wahres Juwel. Gewiß erfordert ihre Arie im ersten Akt eine Menge Arbeit, doch dürfte sie einer Sängerin, die über freie und leichte Obertöne verfügt, keine allzu großen technischen Schwierigkeiten bereiten. Weil die russischen Soprane aber meist etwas mächtig klingen, wurde die Violetta – einer uralten Bolschoi-Tradition gemäß – ausschließlich von Koloratursopranen gesungen. Die bewältigten jene Arie zwar bravourös und setzten ihr mit spektakulär hohen Tönen auch einige Glanzlichter auf, für den Rest der Partie aber reichten ihre Stimmen nicht aus. Ihnen fehlte die innere Glut, um die Leidenschaft und die tragische Größe der Gefühle Violettas auszudrücken.

So stürzte ich mich in die Arbeit an der Partie und sang vor allem diese Arie mehrmals am Tag mit voller Stimme durch. Bevor ich aber mit meinem Anliegen zu Alexander Schamiljewitsch ging, hörte ich mir eine *Traviata*-Aufnahme mit Renata Tebaldi an, die ich sehr verehrte und die mich auch jetzt durch ihre Brillanz und die Leichtigkeit selbst in den schnellen Passagen faszinierte. Beim Rezitativ vor der Arie aber stellte ich fest, daß sie plötzlich die Tonart wechselte, einen halben Ton tiefer ging! Sie machte das so gekonnt, daß ich vor Freude aufsprang und meine Entdeckung für einen Wink des Himmels hielt: Wenn sie, die berühmte italienische Sopranistin, die Arie einen halben Ton tiefer singen konnte, dann, so überlegte ich mir, durfte ich das auch. Gleich am nächsten Tag verkündete ich Melik-Pascha-jew, daß ich *La Traviata* einstudierte, und bat ihn, mit mir zu arbeiten und die Aufführung zu dirigieren.

»Schau an! Sie wollen also die Violetta singen. Sehr schön, die Partie ist in jeder Hinsicht das Richtige für Sie, Sie sind dafür geboren! Ihr beide, Sie und Lemeschew, werdet ein wundervolles Paar abgeben!«

Am nächsten Tag, als ich mich nach einer ersten Übungsstunde mit Melik-Paschajew von ihm verabschiedete, erwähnte ich wie nebenbei, daß ich die Arie einen halben Ton tiefer singen wolle.

»*Wie bitte?* Und warum?«

»Weil die Tebaldi sie auch so singt. Und weil alle italienischen Sängerin-nen mit einer ähnlichen Stimme wie meiner sie so singen.«

Alexander Schamiljewitsch sah mich skeptisch an, verlor indes kein Wort darüber. Am selben Abend aber rief er mich zu Hause an und sagte, daß er die *Traviata* nicht dirigieren werde.

»Warum? Was ist geschehen?«

»Ich will dich gewiß nicht kränken. Und ich habe, bevor ich dich anrief, auch lange Zeit darüber nachgedacht. Es fällt mir sehr schwer, meine Mitwirkung an einer Oper abzulehnen, die so wichtig für dich ist.«

Der Himmel schien für mich einzustürzen. »Ach, Alexander Schamilje-witsch, liebster Freund, wie können Sie mir so etwas antun?«

»Weil du die Tonart verändern willst und weil ich das für eine Mißach-tung des Komponisten halte. Ich kann dem nicht zustimmen. Du weißt, wie sehr du mir am Herzen liegst und wie gern ich mit dir arbeite. Doch nicht einmal dir zuliebe kann ich meine Grundsätze als Musiker verraten. Es fällt mir wirklich nicht leicht, dir das alles sagen zu müssen, aber wenn du die Arie nicht in der originalen Tonart singen willst, ist es meiner Ansicht nach besser, ganz auf die Aufführung zu verzichten. Das gebietet uns schon der Anstand vor der Kunst. Dabei bin ich überzeugt, daß du die Arie so singen kannst, wie Verdi sie geschrieben hat – du bist nur zu faul! Wenn du allerdings darauf bestehst, mußt du dir einen anderen Dirigenten suchen!«

»Einen anderen? Was soll ich ohne Sie auf der Bühne, noch dazu in einer solchen Rolle? Ich will ja tun, was Sie für richtig halten. Und ich wäre auch nie auf diese Idee gekommen, wenn die Italienerinnen nicht auch . . .«

»In diesem Fall sind die Italienerinnen kein Maßstab für uns. Aber komm morgen ins Theater. Ich möchte, daß du mir die ganze Partie vorsingst.«

In meiner Aufregung hatte ich überhaupt nicht bemerkt, daß Alexander Schamiljewitsch mich die ganze Zeit und zum erstenmal in all den Jahren mit dem freundschaftlichen Du angeredet hatte.

Als ich am nächsten Tag zur Übungsstunde kam, sah ich sofort, wie nervös er war: Er verstand sehr gut, daß ein verpatztes hohes D mich seelisch belasten würde – das kam ja oft genug bei Sängerinnen vor. Und er wußte auch, daß ich das Risiko, als Violetta auf die Bühne zu gehen, danach nie mehr eingehen würde. Die Schuld daran hätte man ihm zugeschoben, denn er war es ja, der auf der originalen Tonart bestanden hatte.

Ohne ein einziges Mal aufzusehen und ohne zu dirigieren, hörte Melik-Paschajew sich jetzt die Arie an. Als ich geendet hatte, sprang er vom Stuhl und lachte, glücklich und befreit: »Ich wußte ja, daß du es schaffst! Faulpelz! Wozu der ganze Aufstand – offene Türen hast du eingerannt!«

Überglücklich stürmte ich zur Verwaltung und stellte einen Zeitplan für meine Proben mit Lemeschew auf. Dann eilte ich weiter zur Schneiderei und bestellte meine neuen Kostüme.

Dort nahm man die Neuigkeit mit enthusiastischer Begeisterung auf, denn die Schneiderinnen nähten sehr gern für mich: erstens wegen meiner guten Figur und zweitens, weil ich immer wußte, was ich wollte und nie an Kleinigkeiten herumnörgelte. Alle meine Kostüme, die schönsten, die es am Bolschoi gab, waren hier in engster Zusammenarbeit entstanden.

Dabei war die Auswahl an Material nicht eben groß: Chiffon und Crêpe de Chine, die beide auf der Bühne nicht wirken, und Tüll . . . Von all ihren »Schätzen« mochte ich Satin am liebsten. Sie machten Schuhe daraus und schufen mit ihren Zauberhänden und viel Phantasie wahre Wunderwerke. Sie färbten den Stoff, zeichneten Muster darauf und bestickten ihn von Hand mit Silber, Gold und Edelsteinen. Das Ergebnis war jedesmal ein Kunstwerk – und ein Grund für die Leute, aus allen Abteilungen zusammenzulaufen. Zur allgemeinen Freude führte ich dann meine fertigen, von mir selbst entworfenen Kostüme vor. An solchen Tagen brachte ich eine Kiste Champagner mit, um die gelungene Arbeit gebührend zu feiern.

Jetzt, anläßlich der *Traviata*, bewaffnete ich mich mit französischen Journalen aus jener Zeit und rückte in der Schneiderwerkstatt an, wo man sich schon das Gehirn zermarterte, um ein einigermaßen nettes Kleid für die Kameliendame zustande zu bringen.

»Kommen Sie mal mit, Galina Pawlowna«, flüsterte mir da plötzlich eine Näherin zu und führte mich in einen kleinen Lagerraum. Als sie Licht machte, sah ich einen Haufen alter Priestergewänder auf dem Boden liegen, handbestickt, aus Brokat und schweren Seidenstoffen.

»Wo kommt das alles her?«

»Aus den Kellern des Kreml. Sie wußten nicht, wohin damit, und schickten es uns in der Meinung, daß wir es gebrauchen könnten. Die Keller dort quellen über von solchen Sachen.«

»Aber das sind doch Museumsstücke!«

»Schon, aber wer will sie heute noch? Denken Sie mal nach – vielleicht können wir Ihre Kostüme daraus machen. Wir müssen sie verwenden, für irgend etwas.«

»So schöne Sachen kann man doch nicht einfach zerschneiden!«

»Natürlich sind die Stoffe schön, aber glauben Sie mir, sie fallen schon fast auseinander. Sehen Sie den zerschnittenen Silberbrokat dort in der Ecke? Wir stückeln ihn gerade für einen Teil des Bühnenbilds aneinander.«

»Ja, man sollte dem Publikum wirklich Gelegenheit geben, diese kostbaren Stoffe zu bewundern. Nur scheinen sie mir für eine Kurtisane wie die Violetta nicht das Richtige zu sein. Ich singe aber bald in der Zarenbraut – vielleicht könnten Sie mir die Kostüme für die Marfa daraus machen. Passen Sie bis dahin aber gut auf die Sachen auf und lassen Sie nur keinen andern ran!«

»Nein, nein, keine Bange! Sie sind auch die einzige, der ich das alles gezeigt habe. Es tut mir nur leid, daß ich nicht früher auf der Hut war – es ist schon viel zuviel zerschnitten worden. Nun ja. Aber was machen wir jetzt mit der Traviata?«

»Was bleibt uns denn groß? Satin. Weiß für den ersten Akt, mit Silberapplikationen. Und Rot für den dritten, mit roten Steinen bestickt. Aber wozu erzähle ich Ihnen das – Sie wissen es doch selbst am besten!«

»Und Sie wissen, daß wir Sie nicht hängen lassen, Galina Pawlowna. Wir werden Ihnen Kleider machen, wie man sie noch nie gesehen hat!«

Bevor die Proben begannen, fragte ich Pokrowski, den Regisseur, wie er sich die Violetta vorstelle.

»Sie müssen sie im ganzen ersten Akt so spielen, daß niemand auf den Gedanken kommt, sie könne unheilbar krank sein und im dritten Akt sterben. Für ihre ganze Umgebung ist die Violetta eine verführerische

Frau – und als solche will sie auch gesehen werden. Schwindsüchtige Kurtisanen stehen nicht sehr hoch im Kurs.«

Er brauchte nichts weiter zu sagen. Die wenigen Worte genügten, damit die Violetta in meiner Vorstellung klare Umrisse annahm.

In zweiundzwanzig Jahren hat mich mein geliebter Lehrer Pokrowski, dieser großartige Regisseur und wundervolle Mensch, bei der Gestaltung aller meiner Rollen beraten und geführt. *Fidelio* hat er mit mir gemacht, *Krieg und Frieden*, *Falstaff*, *Schneeflöckchen*, Prokofjews *Semjon Kotko*, *Tosca* und *Der Spieler*. Auch in den Wiederaufnahmen von Rachmaninows *Francesca da Rimini*, von *Eugen Onegin* und *Pique Dame* habe ich unter seiner Regie gespielt, und er half mit bei der Vorbereitung zur Aida und zur Butterfly.

Nun kam es freilich vor, daß Pokrowski bei der Arbeit und im Eifer des Gefechts fluchte und herumbrüllte, was ihm viele Sänger übelnahmen. Ich nie. Mochte er mich Dickkopf nennen oder blöde Kuh – ich hörte nicht einmal, was er sagte. Ich sah nur, wie engagiert er bei der Sache war, und wollte in solchen Augenblicken so viel wie möglich von ihm profitieren.

Mit ganz einfachen Mitteln schaffte er es, Phantasie und Vorstellungskraft der Sänger anzuregen: »Wenn sie Nein sagt und Sie verzweifelt vor ihr auf die Knie fallen, müssen die Zuschauer glauben, daß Sie nie wieder aufstehen, daß Sie auf der Stelle sterben! Jetzt sehen Sie ihr in die Augen. Nie zuvor haben Sie solche Augen gesehen! Und diese Augen sehen Sie an! Könnte es sein, daß diese Frau Sie liebt? Jetzt geht sie – folgen Sie ihr, folgen Sie ihr mit den Augen ... Jetzt kommt der Höhepunkt Ihrer Arie ... sie ist eine Göttin. Solche Frauen gibt es in Wirklichkeit nicht. Eine Diva! Hören Sie, was im Orchester vor sich geht? Schwingen Sie sich empor, schwingen Sie sich mit Ihrem höchsten Ton bis zum Himmel empor! Ja, Bravo!«

Ein paar Tage später unterbrach Pokrowski die Probe und nahm mich beiseite. »Was haben Sie nur mit ihm angestellt? Sie machen mir alles kaputt!«

»Was meinen Sie? Ich verstehe Sie nicht!«

»Er glotzt Sie an wie ein abgestochenes Kalb! Was machen wir bloß mit ihm?«

»Aber das haben Sie ihm doch beigebracht! Sie mit Ihrer ›Göttin‹!«

»Weiß der Himmel, was in ihn gefahren ist! ... Los, machen wir weiter.«

Und zu ihm: »Hören Sie, Sie sind verdammt noch mal ein Mann! Zierliche Füßchen ... hübsche Augen – na und? Das haben wir doch hundertmal schon gehabt! Sie sind Sänger und stehen auf der Bühne, mehr nicht. Zum Teufel mit den Primadonnen. Was ich möchte, ist, daß Sie die letzte Passage mit solcher Leidenschaft singen, daß mindestens ein Dutzend

Ihrer Verehrerinnen tot von den Stühlen fällt ... Galja, umarmen Sie ihn bei Ihrem Pianissimo. Halten Sie ihn fest, bewegen Sie sich nicht, dehnen Sie die Fermaten aus ... Drücken Sie ihn noch fester, ich bitte Sie. Alle Männer im Zuschauerraum müssen diesen Trottel beneiden. Na endlich! Langsam ähnelt das Ganze einem Liebesduett!«

Niemals hätte Pokrowski einem Sänger die Szene vorgespielt und demonstriert, wie er sich das dachte. Er ging lediglich auf die schauspielerischen Möglichkeiten des einzelnen ein und half ihm dadurch, sich den eigenen Zugang zu einer Rolle zu verschaffen. 1971 inszenierte er die *Tosca* am Bolschoi, eine Oper, die ich nie besonders mochte und in der ich auch nicht auftreten wollte. Mir kam die geballte Leidenschaft einfach übertrieben vor. Andererseits hatte ich 1963 eine Wiener *Tosca*-Aufführung unter Karajan gehört und war vom Klang des Orchesters ebenso begeistert wie von Leontine Price in der Titelrolle. Noch nie hatte mich eine Opernaufführung so stark beeindruckt. Trotzdem konnte ich mir nicht vorstellen, so viel »blutige« Leidenschaft selbst auf der Bühne zu verkörpern.

Darum zögerte ich, als Pokrowski mich 1970 fragte, ob ich die Tosca spielen wolle. »Ich weiß nicht recht, ich muß es mir noch überlegen.«

»Nein. Antworten Sie mir bitte definitiv. Ohne Sie werde ich die Tosca nicht inszenieren und auch nicht ins Repertoire aufnehmen.«

»Ganz ehrlich, Boris Alexandrowitsch, ich kann mir die Rolle nicht vorstellen, nicht für mich.«

»*Was*? Das ist doch Unsinn!«

»Warum soll das Unsinn sein?«

»Weil Sie die geborene Tosca sind!«

Ob das stimmt, weiß ich nicht. Aber die Tosca ist eine meiner Lieblingsrollen geworden.

Bei der ersten Probe saß ich neben Pokrowski im Proszenium und überlegte mir, wie er sich wohl meinen Auftritt gedacht hatte. Etwa so, wie ich ihn von den meisten Aufführungen her kannte? Ich sah ihn an. Merkwürdig, dachte ich, daß er mir nicht meinen Platz in der Seitenkulisse zugewiesen hat, sehr verdächtig. Irgend etwas führt er im Schilde ...

»Was ist? Wo bleibt Ihr Auftritt?«

»Von wo soll ich kommen?«

»Von wo Sie wollen.«

»Ich weiß aber nicht, was ich tun soll. Ich kann doch nicht hereinrauschen und zu dieser leisen Liebesmusik eine Eifersuchtsszene hinlegen.«

»Das müssen Sie auch nicht. Wer sagt das denn?«

»Alle machen es so.«

»Sie nicht. Sie sind Galina Pawlowna, unsere Königin. Eine Primadonna. Also gestalten Sie Ihren Auftritt entsprechend.«

»Ach lassen Sie doch Ihre Bosheiten, Boris Alexandrowitsch. Ich weiß es wirklich nicht. Die ganze Rolle ist mir klar, nur nicht mein Auftritt.«

»Ich meinte das eben ganz ernst. Sie nehmen Ihre Position in der Bühnenmitte ein, dort, wo später der schwarze Samtvorhang hängt. Sobald das Orchester Ihr Liebesmotiv spielt – Toscas Porträt – wird sich der Scheinwerfer auf Sie richten. In der linken Hand, die Sie ein wenig zur Seite strecken, halten Sie einen Rosenstrauß und in der rechten den damals üblichen Spazierstock, aber nicht vor Ihren Körper, sondern seitlich und ebenfalls mit abgewinkeltem Arm ... Und jetzt schreiten Sie auf die Vorderbühne zu, so langsam wie möglich und so, als berührten Sie den Boden nicht, als schwebten Sie. Das ist der Auftritt einer Sängerin, einer Schauspielerin ... Mario muß erschauern bei Ihrer Erscheinung, er ist schließlich Maler. Und Sie sind Tosca, eine Primadonna, der Liebling der Königin und des Publikums. Schreiten Sie weiter. Sie lieben und werden geliebt. Sie sind die glücklichste Frau der Welt ... Sie lächeln und fragen nur beiläufig, über die Schulter: ›Warum war die Tür verschlossen? Und mit wem sprachen Sie?‹ Sie schreiten weiter ... langsam, damit Sie die Rampe nicht zu früh erreichen. Ja, Sie sind ein wenig eifersüchtig, doch nur, um dem Mann zu gefallen, der sie liebt ... Männer mögen es, wenn eine Frau eifersüchtig ist ... nicht ernsthaft natürlich – die eigentliche Eifersucht kommt erst später, in der Szene mit Scarpia: Ja, gut so. Mario, Sie bewundern diese Frau und malen schon ihr Bildnis, die Madonna mit den Rosen. Sie ist Ihre Inspiration, Ihre Muse ... Sie beide sind Künstler, Sie leben in einer anderen, imaginären Welt ... Gehen Sie jetzt ganz langsam auf die Madonna mit den Rosen zu. Und Sie – Sie müssen seinen leidenschaftlichen Blick durch und durch spüren, knien Sie nieder, so anmutig, so graziös wie möglich! Mario beobachtet Sie! Ja, genau so ... Sie haben Ihre Rivalinnen aus dem Feld geschlagen. Stehen Sie auf, ganz langsam ... Zum Teufel! Lehnen Sie sich nicht an – die Madonna ist schließlich keine Mauer!«

»Und ich bin keine Ballerina! Ich kann nicht aufstehen, ohne mich irgendwo festzuhalten. Meine Knie sind schon ganz weich!«

»Verdammt! Damit ist die ganze Szene kaputt! ... Mario, helfen Sie ihr auf. Nein, nicht so! Zerren Sie doch nicht so an ihrem Arm, sie liegt doch nicht im Krankenhaus ... Galja, Sie strecken jetzt ohne aufzustehen die Arme nach ihm aus, so, als wollten Sie ihn küssen ... Es tut Ihnen leid, daß Sie ihm vorhin einen Kuß verweigerten ... Mario, nehmen Sie Ihre Hände, aber sie wird Sie im Angesicht der Madonna nicht küssen wollen. Helfen Sie ihr auf und führen Sie sie zur Seite, dort sieht die Madonna Sie nicht ... Schneller, schneller! Sie sind jung und verliebt, und das Leben ist schön!«

Diese Anfangsszene verhalf mir dazu, die ganze Partie zu bewältigen.

Viele Opernsänger, besonders die Darsteller »blutiger« Rollen, verspüren ein heftiges Bedürfnis, das Publikum mit ihrer Männlichkeit zu beeindrukken. Sie stürzen sich in wilder Leidenschaft auf ihre unglücklichen Partnerinnen und meinen, schon dadurch eine außergewöhnliche Virilität demonstriert zu haben. Zum Beweis ihrer Liebe begrapschen sie die Partnerin am ganzen Körper und packen so fest zu, daß ihr die Augen aus den Höhlen quellen. Und Eifersucht bedeutet, ihr die Arme auszurenken, bis ihr fast die Knochen brechen. Wenn so ein Sänger nicht eine Anzahl blauer Flecke am Körper seines Opfers hinterläßt, glaubt er schon, als Darsteller versagt zu haben. In aller Regel sind solche Triebtäter Tenöre, deren Domäne ja das Fach des Liebhabers ist. Noch schlimmer aber sind die Baritone mit ihren wenigen Liebhaberrollen. Wenn deren großer Auftritt kommt – als Scarpia beispielsweise –, dann gute Nacht, Primadonna, dann sprich dein Gebet!

Denn dieser Scarpia weiß ja, daß er nach seiner Liebeserklärung an Tosca im zweiten Akt keine großen Szenen mehr hat und daß er bald ermordet wird. Also nutzt er jede Minute seiner kostbaren Zeit, um über Tosca herzufallen, sie zu verprügeln und durchzuschütteln, sie aufs Sofa oder den Boden zu werfen – je nach Phantasie und Eingebung. Bei alldem erwartet er auch noch, daß sie sich wehrt, sich ihm entgegenwirft oder vor ihm flieht, denn sonst – was sonst? Glaubt er etwa, sie vor all den netten Leuten auch noch vergewaltigen zu können? Daß Tosca nach seinem Part noch eine Arie singen muß, kommt ihm dabei nicht in den Sinn.

Einmal war ich zur gleichen Zeit wie der Starbariton des Bolschoi auf Gastspielreise in Ostberlin. In welcher Oper er auftrat, weiß ich nicht mehr. Ich weiß nur noch, daß die Berliner ihn baten, den Scarpia zu singen und daß er freudig zustimmte. Weil das Bolschoi die *Tosca* damals nicht im Repertoire hatte, war er ganz gierig nach Liebe und wild entschlossen, diesen Ausländern eine Kostprobe russischen Temperaments zu geben. Schon bei den Proben aber beschwerte sich der Sopran – eine große, stämmige Deutsche –, sie könne nicht mit ihm zusammen singen, ihre Arme seien jetzt schon grün und blau. Insgeheim dachte ich: Das war ja noch gar nichts. Warte erst einmal die Vorstellung ab!

Die Proben endeten damit, daß sie tränenüberströmt zur Theaterleitung lief und erklärte, sie werde keinesfalls auftreten. Aber Vertrag ist Vertrag, die Dinge wurden irgendwie geregelt, und auch unser Bariton lenkte ein: Er werde sie bei der Vorstellung nicht berühren, die Deutschen hätten offensichtlich kein Verständnis für wahre Leidenschaft.

Bei der Vorstellung ging auch alles gut – bis zu der verhängnisvollen Szene im zweiten Akt. Dann aber brach die Hölle los. Vergessen waren die Schwüre und Versprechungen – Scarpia jagte sie so lange über die Bühne, bis sie flach auf dem Rücken lag und auf dem Sofa nach Luft schnappte. Er ergriff die Gelegenheit, warf sich mit dem Gewicht seines ganzen Körpers über sie und erstickte sie fast mit seiner Inbrunst. Was dann geschah, war ein wirkliches Wunder: Tosca zog eins ihrer stämmigen Beine unter seinem Körper hervor, sammelte alle ihre Kräfte und trat ihm so fest in den Magen, daß er wie eine Feder durch die Luft und vor den Augen des fassungslosen Publikums in die Kulissen flog. Leider hat nicht jeder Sopran die Kraft einer Walküre.

Ich selbst habe – ganz gleich, wo ich die Tosca sang – schon bei den Proben meinen Scarpia gewarnt, mich in dieser Szene ja nicht anzufassen, nicht vor der allerletzten Minute.

»Aber was soll ich sonst machen? Ich habe nun mal ein leidenschaftliches Temperament!«

»Machen Sie was Sie wollen, nagen Sie meinetwegen die Stuhllehne an, aber lassen Sie mich in Ruhe! Ich brauche meinen Atem noch für die Arie. Wenn nicht, sind Sie selber schuld: Ich habe nämlich auch ein leidenschaftliches Temperament!«

Als Partner schätze ich vornehmlich einen, der seine Kunst beherrscht. Denn diese forcierte Leidenschaftlichkeit ist für mich nichts anderes als ein Zeichen fehlenden Könnens und mangelnder Selbstkontrolle. Wie unsere großen Künstler der Vergangenheit schon sagten, ist Temperament die Fähigkeit, sich zu beherrschen.

Jahrzehntelang war Lemeschew ein Publikumsidol und einzigartig als Lenski, Romeo und Alfredo, als Herzog von Mantua, als Fra Diavolo oder als Graf Almavira . . . Nie zuvor gab es in Sowjetrußland einen Sänger seines Formats, und es dürfte lange dauern, bis wieder jemand seine stimmliche Meisterschaft erreicht. Alles an ihm war hohe Kunst: seine Art, sich zu bewegen, seine beseelte Mimik, sein entwaffnendes Lächeln und sein unwiderstehlicher Charme. Alles, was er an Gefühlen wiedergab, wirkte von der Liebe bis zum Haß glaubhaft und echt. Stets elegant und von besten Manieren, besaß er einen untrüglichen Sinn für die richtige Kostümierung der jeweiligen Epoche. Auf der Bühne wirkte er bis zum Ende seiner Laufbahn jugendlich, liebenswert und verletzbar, und er konnte in der Rolle des Lenski auch noch als Siebzigjähriger seine Bewunderer in Ekstase versetzen. Bei den Frauen rief er keine Leidenschaft hervor, sondern Zärtlichkeit und Mitgefühl – die vornehmsten und die unverbrüchlichsten aller weiblichen Gefühle.

Sergei Lemeschew – ein Sänger der Liebe und der Traurigkeit!

Nie zuvor hatte ich einen Partner gehabt, der den männlichen Charme des romantischen Helden so glänzend verkörperte wie er. Den einen fehlte es an Talent, den anderen an Können, und bei den dritten haperte es schon bei der äußeren Erscheinung. Auf der Bühne kamen sie mir alle ein wenig ängstlich vor und schüchtern mir gegenüber, ich fühlte, daß sie mich nicht als ihresgleichen betrachteten. Früher oder später fielen dann auch Bemerkungen wie diese: »Würden Eure Majestät mir erlauben, den Arm um Ihre Taille zu legen?« Lemeschew aber war selbst »Eure Majestät«, der mit der Großzügigkeit eines Königs dem Publikum alles schenkte: Leidenschaft, Eifersucht, Zärtlichkeit. Wir verstanden einander auch ohne Worte, ein Blick genügte. Fraglos lag es an diesem Einvernehmen, daß mir die Gestaltung der Violetta von allen meinen Rollen am leichtesten und schnellsten gelang.

Zwölf Jahre hatte ich nun schon am Bolschoi hinter mir, doch verstand ich jetzt zum erstenmal, was es heißt, mit einem wirklichen Partner zusammenzuarbeiten. Wenn ich im Ausland auftrat, war die Qualität des Zusammenspiels selbst mit erstklassigen Kollegen immer auch vom Zufall abhängig. Gewiß, wir traten mehrmals gemeinsam auf, doch hatten wir, auch wenn wir das wollten, nie genügend Zeit, einander wirklich kennenzulernen und zu erfahren, was für ein Mensch der andere war. Zu schnell ging jeder seiner eigenen Wege – und mehr als einmal auf Nimmerwiedersehen.

Für *La Traviata* waren insgesamt drei Proben angesetzt: zwei Bühnen- und eine Orchesterprobe. Zu dieser Orchesterprobe hatte sich praktisch das ganze Ensemble eingefunden – schließlich geschah es zum erstenmal in der Geschichte des Bolschoi, daß ein Sopran vom lyrisch-dramatischen Fach die Violetta sang. Was sich dann auf der Bühne abspielte, läßt sich kaum noch als Probe bezeichnen. Denn sobald Melik-Paschajew am Pult stand, legten die Musiker, der Chor und die Solisten mit einer solchen Spielfreude los, wie sie selbst bei Vorstellungen selten anzutreffen ist. Diese morgendliche Probe zählt denn auch zu meinen besten Aufführungen.

Während des ganzen ersten Aktes war ich mit einer solchen Freude dabei, daß ich die Feuerprobe, die mir noch bevorstand, völlig vergaß: die Arie. Sie kam mir erst in den Sinn, als ich die gespannten Augen der Chormitglieder auf mich gerichtet sah. In ihrer unverhohlenen Neugier (»Gleich passiert etwas!«) hasteten sie jetzt von der Bühne und nahmen im Zuschauerraum Platz. In diesem Augenblick fing irgend etwas in mir zu flattern an – ein Gefühl, das ich nicht kannte: »Was ist das wohl? Könnte es tatsächlich Angst sein?« Ich warf Alexander Schamiljewitsch einen Blick zu und sah, wie er lächelte und mir die Arme entgegenstreckte – Du schaffst es! Jetzt, mit einem Mal, schien mir alles wie ein Kinderspiel, und ich sang wie ein Vogel, der seinem Käfig entflogen ist.

Nach der Probe kam ein strahlender Alexander Schamiljewitsch in meine Garderobe. »Mit soviel Freude habe ich Traviata schon lange nicht mehr dirigiert! Eine herrliche Oper! Und du warst phantastisch – wie gut, daß du dich endlich zur Violetta entschlossen hast. Weshalb erst jetzt, kann ich

318

einfach nicht begreifen. Jetzt ruh dich aus, ich bin ganz sicher, daß die Aufführung ein triumphaler Erfolg für dich wird. Was soll ich noch sagen? Daß mir jedesmal die Tränen kommen, wenn ich dir zuhöre? Das weißt du doch längst!«

Es war jetzt ein ganzes Jahr her, daß man Melik-Paschajew als Chefdirigenten abgesetzt hatte. Wie es dazu kam? Nun, er und Pokrowski waren der Meinung, daß die »Befehls«-Positionen am Bolschoi gestrichen werden sollten – die eines Chefdirigenten, eines Chefregisseurs oder Chefdramaturgen. Beide hielten sie eine solche Hierarchie für überholt und meinten, jeder Dirigent und jeder Regisseur müsse selbst die volle Verantwortung für die Qualität seiner Arbeit übernehmen. Kurzum, jeder solle arbeiten statt herumzukommandieren. Und da beide ihren Wert richtig einzuschätzen wußten und sich ihrer Unersetzbarkeit sicher waren, gingen sie mit ihrem Vorschlag zur Furzewa, überzeugt, daß die Obrigkeit ihm zustimmen würde. Liebenswürdig wie immer, bat die Furzewa um eine schriftliche Skizzierung der einzelnen Punkte und versprach, sie an die Regierung weiterzuleiten, genauer, an das Zentralkomitee der Partei, das ja über die Besetzung aller Spitzenpositionen am Bolschoi zu befinden hat. Nach Ansicht der Mitglieder des Zentralkomitees ist indes niemand unersetzbar: wo ein Sumpf ist, gibt's auch sumpfliebende Pflanzen. Innerhalb weniger Tage schickten sie dem Theater per Dekret die Mitteilung zu, daß Melik-Paschajew und Pokrowski auf eigenen Wunsch ihrer Ämter enthoben wären und daß Jewgeni Swetlanow als neuer Chefdirigent und Josif Tumanow als neuer Chefregisseur eingesetzt wurden. Für das Bolschoi bedeutete das eine Katastrophe. Melik-Paschajew sah sich als Untergebenen eines Anfängerdirigenten, eines ebenso ungehobelten wie unsachlichen Mannes. Und Pokrowski stand jetzt unter dem Befehl des unfähigsten Regisseurs, dem ich je begegnet bin, eines schmierigen, mit allen Wassern gewaschenen Höflings, der in den folgenden fünf Jahren das Bolschoi mit seinen künstlerischen Exkrementen beglückte. Es hat unglaubliche Mühen gekostet, ihn wieder loszuwerden. Daß es tatsächlich gelang und daß Pokrowski sein Amt als Chefregisseur wieder einnehmen konnte, geht – ich sage das mit einigem Stolz – auch auf meine Initiative zurück.

Unabhängig von seiner künstlerischen Qualität proklamiert man am Bolschoi den jeweils neu eingesetzten Chefdirigenten zum ersten und unweigerlich besten seines Fachs, der sogleich mit den »Prunkstücken« des Theaters aufwarten darf. In diesem Fall ging es um Opern wie *Boris Godunow*, *Pique Dame*, *Fürst Igor* oder *Aida*, um Opern also, die zum Repertoire Melik-Paschajews gehörten. Jetzt beanspruchte Swetlanow sie für sich – ein junger unbedeutender Mann, der die Macht begierig an sich riß und dank seines hohen Postens die andern willkürlich bestrafen oder begnadigen konnte. Mit Unterstützung des Zentralkomitees und der Furze-wa versuchte er, Melik-Paschajew schrittweise abzudrängen, sich der Produktionen des großen Dirigenten zu bemächtigen und sich damit den Weg an die Spitze freizuboxen. Melik-Paschajew, für den die Situation unerträglich geworden war, freute sich nur noch auf seinen sechzigsten Geburtstag, den Tag seiner Pensionierung. Wenn einer auf der Höhe seines Könnens die Tage zählt und es kaum erwarten kann, seine über alles geliebte Arbeit aufzugeben, dann muß er alles, aber auch alles gründlichst satt haben.

Als Alexander Schamiljewitsch am Tag nach der *Traviata*-Probe ins Theater kam, ging er zum Schwarzen Brett, um sich aus dem Arbeitsplan für die nächsten zehn Tage die Termine der Vorstellungen zu notieren, die er dirigieren sollte. Den *Boris Godunow* hatte er sich bereits aufgeschrieben – eine Oper, die er zehn Jahre lang als einziger am Bolschoi dirigiert hatte –, als sein Blick auf die Besetzungsliste fiel: Sie nannte anstelle seines Namens den eines anderen.

Die Rechnung ging auf. Melik-Paschajew, dieser renommierte Dirigent, dieser hochkultivierte und gebildete Mann, hat sich von der Brutalität dieses Schlages nicht mehr erholt. Dreißig Jahre seines Lebens hatte er dem Bolschoi geschenkt, und dieses Bolschoi fühlte sich nicht einmal bemüßigt, ihm die Ehre eines informierenden Gesprächs zu erweisen. Durch einen Aushang mußte er erfahren, daß er *Boris Godunow* nicht mehr dirigieren durfte.

Das mag ihn an seinen Vorgänger Golowanow erinnert haben und an die Methoden, wie sie mit ihm abrechneten, damals, als sie ihm den Paß entzogen und ihm ganz einfach den Zutritt zum Theater verweigerten. Ja, wir waren wieder soweit: Stalins Methoden hatten überlebt und wurden von würdigen Nachfolgern praktiziert. Wie Golowanow wußte Melik-Paschajew sehr genau, daß er nicht mehr als ein rechtloser Sklave war. Und wie Golowanow konnte er eine solche Demütigung nicht verkraften. Zutiefst verletzt und erschüttert, verließ er noch zur Stunde das Theater. Wenig später teilte uns seine Frau, Minna Solomonowna, telefonisch mit, sie habe beim Nachhausekommen Alexander Schamiljewitsch bewußtlos auf dem Boden liegend aufgefunden und ins Krankenhaus des Kreml gebracht.

Völlig fassungslos rief ich dort an und fragte die mir bekannten Ärzte, wie es um ihn stehe. Er habe einen Schlaganfall gehabt, aber keinen schweren. Sicher sei er bald wieder gesund und könne seine Arbeit am Theater wieder aufnehmen. In der Tat war es nur ein leichter Schlaganfall, denn schon am nächsten Tag rief Alexander Schamiljewitsch selbst aus dem Krankenhaus an und bat den Dirigenten Boris Chaikin, ihn bei der *Traviata* zu vertreten.

Drei Tage später stand ich zum erstenmal als Violetta auf der Bühne des

Bolschoi. In jeder Pause kam ein Bote der Verwaltung in meine Garderobe und berichtete mir von den Anrufen Alexander Schamiljewitschs, der sich vom Krankenhaus aus nach dem Fortgang der Aufführung erkundigte. »Wir haben ihm alles erzählt, Galina Pawlowna – wie viele Blumen Sie bekommen haben und wie hinreißend Ihre Kostüme sind.« Denn schon munkelte man im Foyer, ich hätte sie in Paris anfertigen lassen – eins zu null für Moskau!

Nach der Aufführung, als der Applaus sich gelegt hatte, umarmte Lemeschew mich ganz fest und sagte: »Ich bin ja so glücklich, Galja! Schade nur, daß wir uns nicht zwanzig Jahre früher auf der Bühne begegnet sind. Wenn ich daran denke, was wir alles gemeinsam hätten machen können!«

Auch mir tat das sehr leid, zumal wir die *Traviata* später nur noch wenige Male aufgeführt haben. Zeitlebens aber werde ich die Erinnerung an diesen bedeutenden Künstler hoch in Ehren halten.

Noch spät in der Nacht rief Alexander Schamiljewitsch mich zu Hause an und sagte mit vor Erregung zitternder Stimme: »Endlich bist du da! Ich weiß bereits alles, ich habe mit dem Theater telefoniert und erfahren, was für eine glänzende Aufführung ihr geboten habt! Wenn du nur wüßtest, wie es mich quält, daß ich dich wegen dieser blödsinnigen Krankheit im Stich lassen mußte. Du hast ja mit Chaikin vorher nicht probieren können und dadurch bestimmt noch mehr Ängste ausgestanden! Aber Gott sei Dank, jetzt ist alles gut und vorbei. Die nächste Aufführung machen wir wieder zusammen. Ich bin stolz auf dich und gratuliere dir zu deiner hervorragenden Arbeit. Ich freue mich mit dir.« Das waren die letzten Worte, die Alexander Schamiljewitsch an mich richtete und die mich in ihrer innigen Anteilnahme zutiefst bewegten.

Wenig später war er wieder auf den Beinen und machte lange Spaziergänge durch den Park. Wir erwarteten nichts anderes, als ihn in kürzester Zeit wieder im Theater zu sehen. Als ich aber am Morgen des 18. Juni zu einer Probe ins Theater kam, erfuhr ich, daß er die Nacht zuvor im Schlaf gestorben war – erst neunundfünfzig Jahre alt.

Was ich bei seinem Tod empfand, war weder Trauer noch Schmerz: Worte wie diese treffen einfach nicht zu, sie können das Gefühl nicht einmal ahnen lassen, das mich an jenem Morgen, an jenem dunkelsten Tag meines Lebens wie eine Lawine überrollte. Ein Freund war gestorben, ein großer Dirigent. Und mit ihm starb jenes Bolschoi-Theater, dem er so selbstlos gedient hatte und das ohne ihn nicht fortbestehen konnte.

Man hatte ihn im großen Foyer aufgebahrt, doch fand ein Staatsbegräbnis, anders als in solchen Fällen üblich, nicht statt: Die Witwe des Verstorbenen hatte sich Reden und musikalische Darbietungen verbeten. Kaum erfuhr die Furzewa davon, trommelte sie die Leitung des Bolschoi zusammen, schlug einen Riesenkrach und verlangte die »übliche« Trauerfeier.

»Was heißt das, keine Musik? Was für ein Spektakel gedenken Sie uns vorzusetzen?«

Natürlich kam es diesem Schwachkopf von Frau nicht in den Sinn, daß eine Trauerfeier mit allem Drum und Dran, mit aufmarschierenden »Hochzeitsgenerälen«[1] und einem pompösen Konzert erst recht ein Spektakel ist.

»Die Witwe des Verstorbenen hat uns erklärt, sie wünsche nicht, daß Leute, die ihren Mann auf dem Gewissen haben, an seinem Sarg Reden halten. Sie müssen das verstehen, die Frau ist so verzweifelt . . .«

»Wenn das so ist, dann sorge ich dafür, daß der Verstorbene nicht länger im Bolschoi aufgebahrt liegt.«

»Das wäre ein Skandal, Jekaterina Alexejewna! Ein vormaliger Chefdirigent und Volkskünstler der UdSSR – was sollen die Leute denken?«

Es gab nichts, wovor Katja je zurückgeschreckt wäre: Sie drohte der Witwe, ihr die Pension zu streichen und Melik-Paschajew nicht auf dem Nowodewitschi-Friedhof beisetzen zu lassen. Minna Solomonowna aber blieb standhaft. »Ich lasse meinen toten Mann nicht verhöhnen!«

Drei Tage später öffnete das große Theater seine Pforten, um sich für immer von einem seiner treuesten Diener zu verabschieden, dem letzten seines Schlages. Die Menge strömte zum oberen Foyer. Und wer von den Abordnungen zahlreicher Städte, von den Vertretern anderer Opernhäuser und Orchester, von den Militärdelegationen und Repräsentanten der Industrie schon seine Rede vorbereitet hatte, mußte enttäuscht feststellen, daß es keine Möglichkeit gab, sie vorzutragen. Die Furzewa erschien nicht, sie schickte ihren Stellvertreter.

Ich selbst stand in der bedrückenden, nur vom scharrenden Geräusch der Schritte unterbrochenen Stille neben dem offenen Sarg und kam nicht los von dem einen, quälenden Gedanken, daß wir alle die Mitschuld trugen am Tod dieses ungewöhnlichen Menschen und Künstlers, der das Opfer von Schurken und Karrieristen geworden war. Verzweiflung und ein Gefühl untilgbarer Schuld zerrissen mir das Herz – wie konnte es nur geschehen, daß wir, seine Schüler, unseren Mentor und Freund, die Ehre und das Gewissen des Bolschoi, nicht vor Demütigung und demonstrativer Verachtung zu bewahren vermochten?

Da packte mich Irina Archipowa, eine Mezzosopranistin, am Arm und flüsterte mir völlig verstört ins Ohr: »Hör auf zu weinen, hör auf! Ich habe ihn gerächt . . . ich habe ihn gerächt . . . Eben komme ich vom Zentralkomitee zurück . . . Ich habe ihn gerächt!«

»*Ihn gerächt?* Weißt du eigentlich, was du da sagst? Alexander Schamil-

---

[1] Anspielung auf die Sitte, völlig fremde, aber hochgestellte Persönlichkeiten zu Hochzeitsfeiern einzuladen

jewitsch ist tot, das Theater ist tot. Und du hast ihn gerächt! Wir hätten ihn retten sollen – nicht rächen!«

Alexander Schamiljewitschs Gesicht wirkte streng und verschlossen. Der Tod muß sich wohl geweigert haben, ihm das Siegel des Friedens aufzudrücken.

Bevor sie den Sarg hinaustrugen, stand er noch ein paar Minuten im dunklen Zuschauerraum, dem beleuchteten Pult gegenüber, an dem er mehr als dreißig Jahre gestanden hatte, um dem Publikum seine Kunst und seine Inspiration zu schenken. Der Vorhang war einen Spaltbreit offen, so daß man vom Hintergrund der Bühne den Chor singen hörte, den Chor der Priesterinnen aus *Aida*. Von dessen sanften Klängen begleitet, hat Alexander Schamiljewitsch das Bolschoi für immer verlassen.

1976, als ich schon im Ausland lebte, aber immer noch sowjetische Staatsbürgerin und offizielles Mitglied des Bolschoi-Ensembles war, erschien in der Sowjetunion ein Buch über Melik-Paschajew. Es enthielt mehrere Beiträge und Erinnerungen von Sängern, Komponisten und Musikkritikern, die alle die *Aida* als sein Juwel und den Höhepunkt seines Schaffens bezeichneten, als die beste Opernproduktion, die es je am Bolschoi gegeben habe. Auch die Besetzung wurde genannt und die Tatsache, daß die Ausführenden in den letzten Jahren fast immer dieselben waren, Sänger, die der große Dirigent unterstützt und gefördert hatte: Andsaparidse als Radames, Irina Archipowa als Amneris, Lisizian als Amonasro, Petrow als Ramfis ... und andere. In keinem der Beiträge zu *Aida* tauchte die Titelfigur auf, sie wurde ganz einfach nicht erwähnt. Und das Kapitel *Opernproduktionen des Bolschoi, dirigiert von A. S. Melik-Paschajew* führte zur Erinnerung an alle meine Premieren mit ihm nur die Namen der jeweils zweiten Besetzung auf.

Im selben Jahr, 1976, wurden auf »kaiserlichen Befehl« des Zentralkomitees mein Name und Fotografien von mir aus einem Jubiläumsband entfernt, der anläßlich des zweihundertjährigen Bestehens des Bolschoi erschienen war. Um lästiges Gerede über die Primadonna zu vermeiden, hatte man die leeren Stellen in aller Eile mit den Fotos junger Sängerinnen ausgefüllt. Ich kann mir denken, daß es denen die Sprache verschlug und daß sie als Anfängerinnen überglücklich waren, an so prominenter Stelle genannt zu werden. Nun, ich hoffe von ganzem Herzen, daß sie eines Tages eine ähnliche Position einnehmen, nicht nur in einem Bildband – auch auf der Bühne.

In ihrem Bestreben, mich und alle meine Spuren aus der Geschichte des Bolschoi zu tilgen, gingen sie so weit, sämtliche Fotos von mir aus den Theaterarchiven zusammenzulesen und wegzuwerfen. Verehrer von mir fanden sie später auf dem Abfallhaufen und schickten sie mir nach Paris.

Wie viele Konferenzen aber hat man in meiner Angelegenheit einberufen müssen, wie viele Geheimbriefe mußten gewechselt und wie viele Regierungsdekrete erlassen werden, bevor es zu diesem Vorfall kommen konnte. Schämen sollen sie sich! Gewiß, es geschah nicht zum erstenmal, daß unsere Obrigkeit – zum Vergnügen des Publikums – ihre geistige Unfähigkeit unter Beweis stellte. Ihr Handeln richtet sich nach einem fünfzig Jahre alten Muster – und wer wollte da etwas Neues erwarten, sich von diesen stagnierenden, verkalkten Gehirnen etwas erhoffen!

Fjodor Schaljapin, der 1922 mit Einverständnis der Behörden die Sowjetunion verließ, ist von seinen lieben Landsleuten als Volksfeind verschrien und geächtet worden, sein Name wurde jahrzehntelang nicht erwähnt, so, als habe es den großen Sänger nie gegeben.

Vor mir liegt sein Buch, *Die Maske und die Seele*, das 1932 in Paris erschienen ist und das die Gründe anführt, weshalb man ihm den Titel eines Ersten Volkskünstlers der Republik abgesprochen hat. Beim Lesen traue ich meinen Augen nicht, es sind dieselben Gründe, die auch bei Slawa und mir zur Anklage führten: finanzielle Unterstützung von »Weißgardisten«-Organisationen, Kontakte zu feindlichen Zentren in Paris und Kalifornien, und so weiter und so fort. Wie einfallslos Behörden doch sind! Nach so vielen Jahren nichts Neues! Der Fairneß zuliebe muß ich freilich zugeben, daß es doch etwas Neues gab: Schaljapin hatte die Ehre, von Londoner Reportern zu erfahren, daß die sowjetischen Behörden die Aberkennung seiner Staatsbürgerschaft in Erwägung zögen. Slawa und ich hingegen erfuhren aus den Spätnachrichten des Pariser Fernsehens, daß uns die sowjetische Staatsbürgerschaft aberkannt worden war.

Die »Weißgardisten«, die Schaljapin finanziell unterstützte, waren in Wirklichkeit hungernde russische Kinder in Paris. Und Rostropowitsch stiftete den Erlös aus zwei Konzerten: in Paris für notleidende Russen und in Kalifornien für kriegsversehrte Veteranen des Ersten Weltkrieges, achtzig- bis neunzigjährige ehemalige Soldaten, die die Ehre ihres Vaterlands verteidigt hatten und verwundet wurden, als die späteren Herren des Kreml noch in den Windeln lagen.

An einer anderen Stelle des Buchs beschreibt Schaljapin seine Begegnung mit russischen Frauen im Vorhof der orthodoxen Kirche in der Pariser rue Daru: »Wie ihre Kinder trugen sie nur noch Fetzen am Leib. Und die Kinder hatten verkrümmte Beine und Schwären am ganzen Körper. Die Frauen baten mich um etwas Geld, um Brot für die Kinder kaufen zu können.«

Schaljapin gab dem Priester fünftausend Francs und bat ihn, das Geld an die Armen zu verteilen. Eine noble Geste – und der Grund für die sowjetischen Behörden, den großen russischen Sänger in Acht und Bann zu tun.

Hier hatte man nämlich eine andere Vorstellung davon, wie hungernden Kindern zu helfen ist: Wenig später (am 7. April 1935) erging das Dekret zur »Bekämpfung der Kriminalität«, das die Todesstrafe schon für Kinder ab zwölf Jahren ermöglichte.

Schaljapin schreibt weiter:

Moskau, das schon einmal wegen einer Kerze zu einer Kopeke in Flammen aufging, geriet wegen meiner armseligen Schenkung erneut in Brand. Zeitungsartikel behaupteten, Schaljapin habe sich den Konterrevolutionären angeschlossen. Schauspieler, Zirkusartisten und andere Diener der Kunst publizierten Proteste und erklärten, ich sei nicht nur ein schlechter Bürger, sondern auch als Sänger nichts wert. Ganze Volksversammlungen fanden statt, die mich exkommunizierten, mich aus meinem Vaterland verjagten . . .

Beim Lesen dieser bitteren Zeilen mußte ich daran denken, daß 1973 – fast fünfzig Jahre nach seiner schmählichen Vertreibung – der hundertste Geburtstag »unseres lieben und verehrten Fjodor Iwanowitsch« landesweit gefeiert wurde. Ich selbst wirkte in einem Galakonzert des Bolschoi mit, dachte aber, als ich auf der Bühne stand, nicht im entferntesten daran, daß mich wenige Monate später dasselbe Schicksal ereilen könnte, daß man mich wie den großen Schaljapin ins Exil schicken würde. Hinter mir erstreckte sich von einer Seite der riesigen Bühne bis zur andern ein Schaljapin-Porträt, das seine Anbeter zu mustern schien – jene, die ihn einst verdammt und verunglimpft hatten und die heute, als wäre nichts geschehen, miteinander wetteiferten, ihr Loblied auf den »großen russischen Sänger, den großen Sohn des russischen Volkes« anzustimmen. Von oben war ein Befehl ergangen, und die Menschen brachen in Wehgeschrei aus – auf Befehl.

17

Im Oktober 1965, vier Monate nach dem Tod Melik-Paschajews, gastierte das Bolschoi zum erstenmal in Mailand. Im Sommer davor war das Ensemble der Scala in Moskau aufgetreten.

Unser einmonatiges Gastspiel war sehr erfolgreich. Nach meinen Auftritten in *Krieg und Frieden* und *Pique Dame* lud mich die Leitung der Scala ein, zur Eröffnung der Spielzeit im kommenden Dezember die Liù in *Turandot* zu singen. Ich stimmte zu und erhielt auch aus Moskau die Erlaubnis, obwohl die neue Leitung des Bolschoi das erst einmal nach Kräften zu verhindern suchte.

Also blieb ich, als das Bolschoi-Ensemble nach Ende des Gastspiels nach

Moskau zurückkehrte, allein in Mailand und stürzte mich in die Arbeit an meiner neuen Rolle. Aufmerksamerweise hatte mir der Leiter der Scala, Ghiringhelli, eine Dolmetscherin zur Verfügung gestellt, eine junge Frau aus der Ukraine, die Tatjana hieß und seit Ende des Zweiten Weltkrieges in Mailand lebte.

Nun sind die Monate November und Dezember in Mailand die unangenehmsten: Es ist kalt und neblig, und es regnet pausenlos. Und ausgerechnet im Dezember, wenn die Sänger sich leicht erkälten können, eröffnet die Scala ihre Spielzeit. Prompt holte ich mir trotz meiner Versuche, so wenig wie möglich auf die Straße zu gehen, eine Schleimbeutelentzündung an der rechten Schulter. Der Arzt, zu dem Tatjana mich brachte, verschrieb mir alles mögliche, unter anderem auch Wärmebehandlung, aber nichts half. Besonders in der Nacht waren die Schmerzen oft so stark, daß ich nicht schlafen konnte. Was blieb mir übrig, als mir die Müdigkeit am Morgen mit starkem schwarzem Kaffee zu vertreiben und wieder ins Theater zu eilen.

Am Abend vor der Kostümprobe wurden die Schmerzen aber so unerträglich, daß Tatjana angesichts der mir bevorstehenden schlaflosen Nacht beschloß, bis zum Morgen bei mir zu bleiben und mir, wenn nötig, zu helfen. Innerhalb weniger Minuten aber war sie fest eingeschlafen. Und ich wälzte mich im Bett herum, eingehüllt in Heizdecken und gepeinigt von Schmerzen, die nicht aufhören wollten. Ich flehte zu Gott, mir nur das eine, nur ein paar Stunden Schlaf zu schenken, denn nichts, weder Schlaftabletten noch Sedativa, hatten mir helfen können. Mit geschlossenen Augen zählte ich bis tausend und wieder zurück ... wiederholte hundertmal den italienischen Text meiner Rolle ...

Dann packte mich das Gefühl entsetzlicher Kälte. Eine Lampe brannte noch im Zimmer, Tatjana schlief. »Eine Decke«, dachte ich, »ich brauche noch eine Decke«, und versuchte, aufzustehen. Es ging nicht. Durch meinen ganzen, plötzlich bleischweren Körper zog diese tödliche, eisige Kälte, sie kroch von den Zehen- und Fingerspitzen höher und höher, bis ans Herz – jetzt spürte ich sie auch im Gesicht ... »Was für ein merkwürdiger Zustand! So muß es sein, wenn die Menschen sterben ... Es tut überhaupt nicht weh, und es macht auch keine Angst ... Ja, ich sterbe, ich sterbe ... Gleich hört mein Herz zu schlagen auf und ich bin tot ...«

In ein Nichts versinkend, brachte ich eben noch den klaren Gedanken zustande, nach Tatjana zu rufen, konnte aber die starren, fühllosen Lippen nicht bewegen. Endlich brach in verzweifelter Anstrengung der Schrei aus mir heraus: »Tanja! Tanja! Ich sterbe! Ich sterbe! Hilf mir!«

Wie aus weiter Ferne sah ich, daß sie durchs Zimmer rannte, sich ein paar Sachen überwarf und aus der Tür lief. Auch mich selbst sah ich, wie ich da flach und reglos auf dem Bett lag.

Ich weiß nicht mehr, wie lange es dauerte, bis die Tür aufging und eine Frau mittleren Alters hereinkam. Sie trug einen weißen Kittel und ein Tuch, das sie wie eine russische Bäuerin um den Kopf geschlungen hatte. Sie trat an mein Bett und sah mich an.

»Wer bist du?« fragte ich.

»Der Tod«, sagte sie ruhig.

Alles an ihr, die schlichten bäuerlichen Züge und ihr müde wirkendes Gesicht, erinnerte mich an unsere russischen Kinderfrauen. Ich hatte überhaupt keine Angst. Sie ging durchs Zimmer, als suche sie etwas.

»Geh!«

Da hielt sie an und drehte sich zu mir um.

»Hörst du nicht, geh! Und komm in dreißig Jahren wieder!«

Sie trat wieder an mein Bett und sah mich noch einmal genau an. Dann verließ sie das Zimmer.

Als die Tür hinter ihr ins Schloß fiel, zählte ich zu meinen siebenund-dreißig Lebensjahren dreißig hinzu: siebenundsechzig . . .

Eine Lampe brannte noch im Zimmer. Ich hob den Kopf und sah Tatjana friedlich schlafend auf dem Sofa. Mir war unerträglich heiß. Aufgewärmt von den elektrischen Heizdecken, glühte ich am ganzen Körper. Ich stand auf, um das Fenster zu öffnen und nach den Spuren der Frau in Weiß zu suchen.

»Tanja! Wach auf! Sag mir – bist du vorhin draußen gewesen?«

Noch ganz verschlafen, sah sie mich verständnislos an.

»War nicht eben jemand hier?«

»Nein, wer soll hiergewesen sein? Herrje – müssen wir aufstehen?«

»Nein, nein. Schlaf nur weiter.«

Sie schlief auch sofort wieder ein, während ich auf Zehenspitzen zur Tür ging und auf die Klinke drückte. Verschlossen. Hatte ich Gespenster gesehen?

Wieder im Bett, fühlte ich mich plötzlich so leicht und gewichtslos wie eine Feder, was ich mir zunächst nicht erklären konnte. Dann aber dämmer-te es mir: Der Schmerz in meinem Arm, der mir zwei Wochen lang nicht eine Minute Ruhe gegönnt hatte, war völlig verschwunden.

Schon fiel ich in den lang entbehrten Schlaf. Noch im Traum aber hörte ich die Worte: »In dreißig Jahren . . . in dreißig Jahren . . . in dreißig Jahren . . .« Eine unendlich lange Zeit!

An der Scala hatte ich vor der Orchesterprobe keine Gelegenheit, mit den übrigen Solisten der *Turandot* die einzelnen Szenen zu proben. Man erklärte mir lediglich die Szenenfolge und versicherte mir, die andern würden schon rechtzeitig zur Orchesterprobe eintreffen.

Birgit Nilsson hatte ich schon einmal, beim Moskauer Gastspiel der Scala, als Turandot gehört und wußte, daß sie mit ihrer herrlichen Stimme über nahezu unbegrenzte Möglichkeiten verfügte. Franco Corelli dagegen hatte ich bis dahin weder gehört noch gesehen. Ihm begegnete ich erst bei der einzigen Probe, die für uns alle, für Chor, Orchester und Solisten, angesetzt war. Ich stand im Proszenium, hatte gerade die ersten Takte gesungen und konzentrierte mich auf meinen nächsten Einsatz. Beim Versuch, mir die Szenenfolge zu vergegenwärtigen und die Reichweite meiner Stimme abzuschätzen, hörte ich hinter mir eine so schöne, so kräftige Stimme und ein so phänomenales hohes B, daß ich wie benommen dastand und keinen Ton herausbrachte. Ich drehte mich um und sah weit hinten (!) auf der Bühne Franco Corelli. Wie angewurzelt blieb ich stehen: Nie zuvor war ich einem Tenor begegnet, den die Natur so reich beschenkt hatte – mit einem hübschen Gesicht und einem großen, gutgebauten Körper, mit langen Beinen und einer vollen fließenden Stimme von ungewöhnlicher Schönheit. Nun verfügen italienische Tenöre ja ganz allgemein über brillante hohe Töne, ja, sie scheinen in den oberen Lagen erst richtig aufzublühen. Corellis Stimme aber hatte bei alldem noch etwas ganz Besonderes: Sie klang voll und fließend und erreichte mit solcher Leichtigkeit das hohe C, daß es schien, als habe sie noch ein D und ein E von gleicher Qualität in Reserve.

Die Rolle der Liù lag mir sehr. So wie Puccini sie von der Stimme her beschreibt, stellt die Heldin seiner letzten Oper die natürliche Fortsetzung seiner übrigen Heroinen dar; ihr gehörte sein ganzes Herz. Als er ihre Sterbeszene geschrieben hatte, starb auch er – ohne sein Werk vollendet zu haben.

Mit aller Sorgfalt hat der ausgezeichnete Probenpianist der Scala die Rolle mit mir einstudiert und mir eine so vorzügliche Aussprache des Italienischen beigebracht, daß ein Kritiker nach der Premiere schrieb, ich hätte im Gegensatz zu den übrigen Sängern, einschließlich der Italiener, eine besonders gute, aristokratische (!) Aussprache. Er nannte auch die Gegend in Italien, in der so gesprochen wurde. Ja, es gibt schon Wunder in dieser Welt!

Als ich in einer meiner ersten Übungsstunden mit dem Pianisten den letzten Ton meiner Arie aus dem ersten Akt, ein hohes B, wie gewöhnlich piano sang und als Schlußton lang ausdehnte, fragte er mich, ob ich das B auch im *Crescendo* und *Fortissimo* singen könne.

»Natürlich kann ich das«, sagte ich und führte es ihm vor.

»Bravo! Genauso muß es auch in der Vorstellung sein!«

»Und warum?«

»Weil Ihre Zuhörer wissen, wie schwierig das ist und nicht jede Sängerin diese Technik beherrscht.«

»Schön, aber was sollen diese Tricks? Einen hysterischen Schrei auszustoßen, mag ja ganz effektvoll sein. Mit dem scheuen, zurückhaltenden Wesen der Liù aber hat es nicht das geringste zu tun.«

»Ihr Publikum erwartet es aber so. Wenn Sie das B anders singen, wird man glauben, daß Sie es eben nicht können.«

»Sollen sie doch glauben, was sie wollen! Ich muß die Gestalt der Liù durchgehend glaubhaft machen – das ist für mich das Wichtigste. Und zu Beginn der Oper, in dieser ersten Arie, darf sie ein so starkes Gefühl noch gar nicht zeigen.«

»Glauben Sie mir, Sie schaden sich damit nur selbst. Sie können das schönste Piano singen – es wird die Erwartungen des Publikums nicht erfüllen. Das ist eben Italien!«

»Da bin ich mir nicht so sicher. Ich halte Ihre Version für unmusikalisch.«

Ich wußte, daß mein Gegner in dieser Meinungsverschiedenheit während der Orchesterprobe im Zuschauerraum sitzen würde, und nur, um ihn zu ärgern, schlug ich seinen Ratschlag in den Wind und sang den letzten Ton meiner Arie in einem sehr schönen und sehr langen Piano. Natürlich tauchte er gleich nach der Probe bei mir auf und meinte, sein Leben lang sei ihm noch keine Sängerin begegnet, die einem italienischen Publikum nicht hätte beweisen wollen, wozu sie fähig ist. »Genausogut könnten Sie einen prächtigen Diamanten in Händen halten und ihn freiwillig auf den Müll werfen.«

»Trotzdem – es widerspricht allen meinen Grundsätzen.«

»Sparen Sie sich Ihre Grundsätze für einen anderen Zeitpunkt und ein anderes Theater auf und versuchen Sie nicht, hier irgend etwas beweisen zu wollen. Was zählt, ist allein der Erfolg – *basta*. Und wenn Sie Erfolg haben wollen, dürfen Sie keinen Effekt auslassen. Vergessen Sie, daß bei der Probe alles glattging. Sie werden schon sehen, was bei der Vorstellung los ist, wenn sämtliche Kritiker da sind!«

Ich begriff einfach nicht, wie man die Ausführung einer bestimmten Note, einer einzigen in der Vielzahl der übrigen, so wichtig nehmen konnte. Und warum sollte ich etwas tun, nur weil das Publikum es so und nicht anders erwartete? Überhaupt, was erwarten die denn? Dreitausend Leute können ja kaum denselben Geschmack haben! Für mich stehen das musikalische Werk und eine werkgerechte Ausführung an oberster Stelle, und ich habe als Künstler die Verpflichtung, diesen Standpunkt zu vertreten und auf der Bühne ein Diktator zu sein.

Meinungsverschiedenheiten gab es natürlich wie immer auch bei der Frage nach meinem Kostüm. Das eine, goldbestickte, das sie mir zeigten, empfand ich als viel zu aufwendig für ein bescheidenes junges Mädchen, das einem Blinden als Führerin dient. Also bat ich um ein anderes, ein schlichtes schmuckloses Kleid. Natürlich ging da die alte Leier wieder los.

»Jede trägt das hier, außerdem haben wir kein anderes Kostüm.«

»Dann machen Sie mir eins! Es braucht nur aus enganliegenden Hosen und einer Tunika zu bestehen, das kostet so gut wie nichts! Oder, noch besser, wir kaufen es fix und fertig in einem Chinaladen.«

Als sie sahen, daß ich mich langsam aufzuregen begann und vereinzelt schon rote Flecken in meinem Gesicht auftauchten, riefen sie Nikolai Benois, den Kostümbildner der *Turandot*, an und erzählten ihm, daß ich sein Kostüm nicht tragen wolle. Als Nikolai Alexandrowitsch Benois, der ein ausgezeichnetes Russisch sprach, daraufhin bat, mir den Hörer zu geben und selbst mit mir redete, konnte ich mich schon besser verständlich machen. Nach den endlosen Debatten zu diesem Thema aber zügelte ich jetzt mein Temperament und säuselte ihm mit engelsgleicher Stimme ins Ohr, daß mich die Eleganz seines Gewandes störe. Ich wolle ein schlichteres, eins in der Art, wie Chinesinnen es auf der Straße trügen. Zu meiner freudigen Überraschung war Nikolai Alexandrowitsch absolut meiner Meinung und sagte, er selber könne das Kostüm nicht leiden. Ursprünglich sei auch ein ganz anderes angefertigt worden, nur habe man das auf Wunsch irgendeiner Sängerin, die es zu nichtssagend fand, wieder ausrangiert.

»Holen Sie mir jemanden ans Telefon, er soll danach suchen und es Ihnen zeigen. Ich glaube, es ist genau das, was Sie brauchen.«

Wie durch Zauberei lag wenig später das Kostüm vor mir, genauso, wie ich es mir vorgestellt hatte. Ich weinte fast vor Freude.

Im übrigen war ich vor meinem Auftritt kein bißchen nervös und betrachtete ihn auch nicht als Debut.

Schließlich hatte ich ja im vertrauten Kreis der Bolschoi-Kollegen schon auf der Bühne der Scala gestanden, hatte großen Erfolg gehabt und begeisterte Kritiken eingesammelt. Hinzu kam, daß die Bolschoi-Oper in keinem ihrer Gastländer soviel Anerkennung gefunden hatte und soviel Erfolg verzeichnen konnte wie gerade in Italien. Was es aber wirklich hieß, an der Scala Erfolg zu haben, das erfuhr ich erst bei meinem Auftritt mit einem italienischen Ensemble in einer italienischen Oper.

Mein Partner in der Rolle des Timur – des alten, blinden Mannes, dem Liù während der ganzen Oper als Dienerin und Führerin zugeordnet ist – war der großartige Bassist Niccolo Zaccharia. Den Timur hatte er schon so oft an der Scala gesungen, daß er mich bei den Proben beruhigen konnte: »Wozu plagen Sie sich ab, Sie brauchen sich die Szenenfolge nicht einzuprägen. Ich weiß Bescheid und steuere Sie schon an die richtige Stelle!« Das war in der Tat nicht schwierig für ihn, denn er hielt ja die ganze Zeit die Hand auf meiner Schulter.

Als ich aber am Premierenabend kurz vor meinem Auftritt in den Kulissen stand und mir jeden Schritt noch einmal vergegenwärtigte, bemerkte ich plötzlich, wie er argwöhnisch den Kopf hob, sich höher und immer höher reckte und wie ein Feldherr vor der Schlacht jeden einzelnen mit seinen Adleraugen musterte. Kaum hatte ich ein paar Schritte in der vorgeschriebenen Richtung getan, als mich mein Blinder – Brust raus und meine Schulter fast zerquetschend – in die entgegengesetzte Richtung dirigierte, durch die Menge der Chormitglieder schubste und, seinen Stock wie einen Marschallstab schwingend, mich seelenruhig den falschen, aber offensichtlich oft benutzten Trampelpfad entlangführte. Wohin? Natürlich nach vorn, zum Proszenium, wo er sich unübersehbar aufpflanzte. Auch als er handlungsgemäß zu Boden fallen mußte, beanspruchten seine lang ausgestreckten Beine noch das ganze Stück Boden zwischen unserem Standort und der Rampe, um nur ja keinen Zentimeter des eroberten Territoriums dem »Feind« zu überlassen. Sichtlich zufrieden mit seinem Manöver, öffnete er eins seiner »blinden« Augen und zwinkerte mir zu, als ob er sagen wollte: »Siehst du, in meiner Obhut bist du nicht verloren!«

Inzwischen hatte auch Corelli als Calaf die ersten Takte vorschriftsmäßig im Hintergrund der Bühne gesungen und kam jetzt mit Riesenschritten nach vorn. Entschlossen, den Saal im Sturm zu nehmen, schaffte er fünfzehn Meter in drei Sätzen und ließ sein herrliches hohes B von der Rampe aus ertönen, wo wir uns mittlerweile alle versammelt hatten.

Jede Minute drohte der Brückenkopf zu fallen, denn jetzt schlichen auch die drei Chinesen, Ping, Pang und Pong, immer näher heran. Als sich schließlich sämtliche Truppen auf der schmalen Zone ihrer Verteidigungslinie konzentriert hatten, konnte nur noch der Orchestergraben sie aufhalten, der wie ein Abgrund zu ihren Füßen gähnte und sie daran hinderte, sich Hals über Kopf auf den Feind im Zuschauerraum zu stürzen.

Sei wachsam, dachte ich. Die Vorstellung fängt eben erst an. Wenn das so weitergeht, und wenn ich die psychologische Persönlichkeitsentfaltung im Sinne Stanislawskis recht verstanden habe, dann werde ich in diesem Kampfgetümmel so niedergemacht, daß sie, wie es in dem Liedtext heißt, »mein Grab nicht mehr finden«. Und als die Arie immer näher rückte, wurde mir vollends klar, daß ich sämtliche Fähigkeiten und mein ganzes Können würde aufbieten müssen, damit mir die Stimme nicht außer Kontrolle geriet.

Die Arie begann. Den Ratschlag meines von mir so bespöttelten Probenpianisten noch einmal überdenkend, kämpfte ich mich bis zum Schlußton durch und sang das verdammte B *pianissimo*, und zwar so lange, daß meine Zuhörer glauben mußten, das wär's denn wohl gewesen. In letzter Sekunde aber ging ich in ein solches *fortissimo* über, daß man, wie Ghiringhelli mir später erzählte, den gellenden Pfiff einer Dampflok beim Verlassen des Tunnels zu hören meinte. Während ich nun Calaf schluchzend zu Füßen sank, brach das Publikum in ein solches Beifallsgeschrei aus, daß die Vorstellung eine ganze Weile unterbrochen werden mußte. Gewiß kannte ich die stürmischen Reaktionen des westlichen Publikums und war daran gewöhnt – mit so etwas aber hatte ich wirklich nicht gerechnet.

Schließlich legte sich der Applaus, und Calafs Arie, die der meinen unmittelbar folgte, begann. Ich sah Corelli an und erkannte schon an seinen blitzenden Augen, an der ganzen Art, wie er sich hinstellte und die Schultern straffte, daß die Zeit gekommen war, »Herzen und Ohren zu öffnen«. In der Tat hatte ich nie zuvor etwas Vergleichbares gehört und werde es wohl kaum ein zweites Mal erleben. Rasender Beifall für Corelli, und ein glanzvolles Ende des ersten Aktes. Im zweiten war es Birgit Nilsson, die mit ihrer großen, kraftvollen Stimme dafür sorgte, daß das Publikum vollends aus dem Häuschen geriet. Kurz, unsere *Turandot* war ein triumphaler Erfolg.

Danach bot Ghiringhelli mir einen unbefristeten Vertrag zu hervorragenden Bedingungen an.

»Wir brauchen Sie! Die Callas tritt nicht mehr auf. Alles, jede Oper, die Sie nur wünschen, werden wir für Sie inszenieren.«

»Ich lebe aber in Moskau, und die Entscheidung hängt nicht von mir ab.«

»Sie könnten hier leben und von hier aus durch die ganze Welt reisen! Gehen Sie jetzt nicht nach Moskau zurück, bleiben Sie und arbeiten Sie ein paar Jahre bei uns. Ich weiß, daß Sie am Bolschoi eine Spitzenposition innehaben, aber Sie ahnen nicht, was für eine Karriere Sie hier im Westen erwartet, wo Sie frei arbeiten können.«

O doch, das ahnte ich schon! Aber hier bleiben, mehrere Jahre lang? Der Vorschlag schien mir absurd – immerhin warteten Slawa und die Kinder in Moskau auf mich ... Ich wechselte das Thema.

Doch traf ich mich noch mehrfach mit Ghiringhelli und Francesco Siciliani, dem Oberspielleiter. Sie führten mir auch verschiedene Opern zur Auswahl vor: *Manon Lescaut, Luisa Miller, Don Giovanni, Adriana Lecouvreur, Faust* ... Ich brauchte nur zu sagen, in welcher ich an der Scala gern aufgetreten wäre. Drei Monate später bot Siciliani mir diese Partien noch einmal brieflich an.[1] Doch sollte es leider nicht mehr dazu kommen: Unser Kulturministerium ließ mich nicht an die Scala zurück.

Noch aber war ich in Mailand, wo Ghiringhelli mir in Anerkennung meines Erfolgs etwas schenken wollte und mich nach einem Wunsch

---

[1] Siehe Anhang S. 469

fragte. »Einen schwarzen Zwergpudel«, sagte ich, weil ich Hunde so liebe, »ein Weibchen.« Ich nannte sie Joujou und nahm sie mit nach Moskau, wo sie 1973 starb.

Wenn ich in Mailand lernte, was es heißt, an der Scala Erfolg zu haben, dann erfuhr ich dort anläßlich einer *Traviata*-Premiere auch, was ein Mißerfolg ist. Trotz einer hochkarätigen Besetzungsliste und obwohl man für die musikalische Leitung und die Regie keine geringeren als Herbert von Karajan und Franco Zeffirelli verpflichtet hatte, wurde die Inszenierung ein Fiasko.

Die letzten Probentermine für *La Traviata*, deren Premiere für den 14. Dezember angesetzt war, lagen genau an den Tagen meiner ersten *Turandot*-Vorstellungen, also am 7., am 10. und am 12. Dezember. Da es ungewohnt für mich war, so rasch nacheinander auftreten zu müssen, zog ich mich an den Tagen zwischen den Vorstellungen meist in mein Hotelzimmer zurück. Überdies wollte ich mir nach der Misere mit meiner Schulter nicht auch noch eine Luftröhrenentzündung zuziehen und versuchte daher, Frischluft und langes Reden möglichst zu vermeiden. So hatte ich leider nicht das mindeste von den *Traviata*-Proben mitbekommen, obwohl ich mir nichts sehnlicher wünschte, als den beiden Größen bei der gemeinsamen Arbeit zuzusehen.

Hinter der Bühne aber, bei meinen eigenen Vorstellungen, konnte ich die Unruhe spüren, die von Tag zu Tag wuchs und sich über das ganze Theater verbreitete. Die einen sangen ein Loblied auf das Direktoren-Duo, die anderen verdammten es in Grund und Boden. Und je näher die Premiere rückte, desto heftiger wurde die Debatte auch außerhalb der Theatermauern geführt. Innerhalb weniger Tage hatten die Gewitterwolken sich über der Stadt zusammengebraut, und nach der Kostümprobe befand sich ganz Mailand in höchster Spannung. Ein Skandal lag in der Luft – unmöglich, jetzt noch Karten zu bekommen.

Als Tatjana und ich am Abend der Premiere das Restaurant meines Hotels betraten, standen auch hier alle Zeichen auf Sturm. Der Geräuschpegel stieg ständig, die allgemeine Aufregung wuchs. Kellner standen mit unheilvoller Miene beisammen, gestikulierten und schrien wild durcheinander. Kaum hatte unser Kellner uns erspäht, kam er auf uns zu und fragte mit drohendem Blick aus funkelnd schwarzen Augen: »Ich hoffe doch, daß die Signora heute abend in die Oper zu gehen gedenkt?«

Um nicht vor Empörung zu platzen, mußte er wohl Dampf ablassen und seine Mutmaßungen über das bevorstehende Ereignis irgendwie loswerden.

»Die Signora muß unbedingt kommen! Es wird einen Skandal geben, wie ihn die Scala noch nie erlebt hat. Wir alle werden da sein«, erklärte er und nahm unsere Bestellung auf. Dann schrie er so laut es eben ging quer durch den ganzen Raum: »Wir lassen es nicht zu, daß er sich über unseren Verdi lustig macht! Will er *uns* etwa zeigen, wie man die Traviata singt? Heute abend aber geben wir's ihm, sein Lebtag wird er das nicht mehr vergessen! Und wenn ihm das nicht genügt, bringen wir zur nächsten Vorstellung Tomaten mit!« Damit eilte er davon, um sich um unsere Bestellung zu kümmern.

Noch hatten wir kaum Zeit gehabt, uns umzuschauen, als sich schon mehrere Leute um unseren Tisch versammelten und mir – der russischen Sängerin, die von dem Getöse ja sichtlich durcheinander war – gleichzeitig zu erklären versuchten, worum es eigentlich ging.

»Wir werden ihm schon beibringen, unseren Verdi zu respektieren! Wir wissen doch längst, was er vorhat: nur falsche Tempi!«

»Was meinen Sie mit falsch?« fragte ich, mir mühsam Gehör verschaffend. »Erstens haben Sie seine Traviata ja noch gar nicht gehört. Und zweitens ist er ein bedeutender Dirigent, dessen Name allein eine Aufführung von höchster Qualität garantiert. Es dürfte Ihnen nicht schaden, sich seine Interpretation anzuhören.«

»O Madonna!« heulte da unser Kellner auf, der eben zu unserem Tisch zurückkehrte, anstelle des gewünschten Steaks aber einen Teller Spaghetti mit Tomatensauce, die ich nicht ausstehen kann, vor mir ablud.

»Wissen Sie, was Sie da sagen, Signora? Er dreht sämtlichen Sängern die Luft ab und läßt sie nicht einmal die hohen Töne aussingen! O mamma mia! Er bringt unseren Verdi um!«

Außerstande fortzufahren, verstummte er . . . und fing zu weinen an.

Ich versuchte ihn zu trösten. »Warum weinen Sie? Geben Sie der Aufführung eine Chance!« Es nutzte nicht viel, das Getöse rund um den Tisch hielt an. Heftig mit den Armen rudernd, sang jemand eine Arie und versuchte zu beweisen, daß dieser oder jener Ton keinesfalls verkürzt werden dürfe. Ein anderer demonstrierte, wie das Orchester eine bestimmte Phrasierung zu spielen habe. Und ich, ganz erschlagen von soviel ungebremster Leidenschaft, aß finster meine Spaghetti mit der verhaßten Tomatensauce.

Am Abend füllte dann ein Publikum das Theater, das sich mit sämtlichen Vorurteilen gewappnet hatte und fest entschlossen war, die Aufführung zu sprengen. Ich fragte mich während der ganzen Vorstellung, wie es möglich war, daß diese *Traviata* ein solches Tohuwabohu entfesseln konnte, denn der Dirigent hatte sich sowohl in den Tempi als auch in den Klangfarben strikt an die Anweisungen des Komponisten gehalten. Nur klangen sie in einer Oper, die man längst totgespielt und totgesungen hatte, unerhört kühn und befremdlich neu. Beide, Regie und Bühnenbild, folgten der Tradition. Überraschend für mich war lediglich, daß sich die

Bühne im ersten Akt, vor dem Duett Violetta – Alfredo, plötzlich drehte und ein Schlafzimmer mit einem riesigen Bett im Hintergrund zeigte. Dieses Bett schien Alfredo, der sich mit seiner Liebeserklärung genau in diese Richtung wandte, förmlich einzuladen. Noch eben rechtzeitig mischte sich dann aber das Orchester ein – »Bis morgen«, sang das künftige Liebespaar und ging auseinander.

Jetzt drängte sich der gesamte Chor ins Schlafzimmer, um von der liebenswürdigen Gastgeberin Abschied zu nehmen. Als Violetta kurz danach in den Kulissen verschwand, dachte ich zunächst, sie brauche vor ihrer Arie einen Schluck Wasser. Doch nein – sie war lediglich enteilt, um ihr Kleid abzuwerfen und die herrliche Arie im Unterzeug zu singen – in betont unweiblichen, uneleganten Sachen, in einem simplen Hemd, über dem sie ein grobes, ziemlich schmutziges Korsett mit Schnüren trug. Ein Aufzug, der einer Militärkantinenwirtin wohl angestanden hätte, kaum aber einer umschwärmten Frau, der die berühmtesten Gesellschaftslöwen ihrer Zeit ein Vermögen zu Füßen legten.

Davon ganz abgesehen, stand das Unfeine, ja Vulgäre dieser Aufmachung im krassen Gegensatz zur lyrischen Zartheit des Soprans der Violetta. Und indem der Regisseur dieser Szene Boudoir-Charakter gab, reduzierte er den verzehrenden Liebesrausch, diese erste wahre Liebe Violettas, die sie mit dem Leben bezahlt, zu einer alltäglichen Banalität.

Das Publikum störte das alles nicht. Es war viel zu sehr auf die Stimmen und den Dirigenten konzentriert, der seine Zuhörer in der Tat um ihr gewohntes Vergnügen brachte: Er ließ es nicht zu, daß die Sänger die hohen Töne so lange hielten, bis sie blau im Gesicht wurden und nach Luft schnappten. Der Saal kochte. Lautstarke Meinungsäußerungen gingen hin und her, vom Parkett bis zu den Rängen herrschte allgemeines Geschrei, stürmische Reaktionen folgten jedem unsauberen Ton. Ja, der berühmte Maestro hatte den Italienern kräftig auf die Hühneraugen getreten, und es sah ganz so aus, als wolle er seinen Fuß vor Schluß der Vorstellung nicht wieder wegziehen. Das Publikum lechzte nach Blut.

Als der Vorhang nach dem ersten Akt endlich fiel, zischten die Leute, sie johlten, buhten und fluchten, auf den hinteren Rängen kam es gar zu Handgreiflichkeiten. Bis zum Ende der Vorstellung ging das so weiter und setzte sich noch bis spät in der Nacht auf dem Theatervorplatz fort.

Ich weiß nicht, ob sich an der Scala jemals etwas Ähnliches ereignet hat. In meinem Leben war es jedenfalls das erste und – wie ich hoffe – das letzte Mal, daß ich ein so unverschämtes Publikumsverhalten miterleben mußte. Ich saß während des ganzen Spektakels in der mittleren Loge und hielt den Kopf eingezogen, vor Angst klapperten mir die Zähne. Als das Gebrüll losging, schloß ich die Augen, ich wollte und konnte nicht auf die Bühne sehen. Wenn ich diese Premiere vor meinem ersten Auftritt in *Turandot* erlebt hätte, wäre ich auf dieser Bühne nie und nimmer so mutig gewesen, so frei und voller Vertrauen auf mein Können.

Am nächsten Tag waren die Zeitungen voll von dem Skandal, die Kritiker fielen über die Sänger, den Regisseur und den Dirigenten her, zerrissen die ganze Produktion in Fetzen. Nur, was kam bei alledem heraus? Was haben Publikum und Kritiker mit ihrem Skandalgeschrei, ihren Verleumdungen und Beschimpfungen am Ende erreicht? Doch nur, daß einer der größten Dirigenten unserer Zeit die Scala jahrelang nicht mehr betrat, so inständig man ihn auch immer wieder darum bitten mochte. Arbeitslos ist er darum nicht geworden. Die Frage aber bleibt, ob das italienische Operntheater jemals einen auch nur annähernd gleichwertigen Ersatz für diese hervorragende Dirigentenpersönlichkeit gefunden hat, ganz zu schweigen von dem Verlust, den die Sänger hinnehmen mußten.

Ich habe im Lauf meiner Karriere nur selten Grund gehabt, mich über ungerechte Kritiken zu beklagen. Ich weiß aber von vielen ganz unverdienten Zeitungsattacken und von Kritikern, die berühmte Sänger und Sängerinnen wegen eines verpatzten Tons in der Luft zerrissen haben.

Allmählich begann ich die Mentalität westlicher Sänger und ihre Abneigung gegen viele Proben zu verstehen. Wozu auch lang probieren, wenn es vornehmlich darum geht, ein gleichmäßiges Klangbild durchzuhalten und die hohen Töne so lang wie möglich auszusingen! Gut, sie wollen der Kritik keinen Anlaß geben, auf ihnen herumzuhacken. Nur bringt eben diese Kritik, wenn sie renommierte Sänger nach ihrer Pfeife tanzen läßt, die Zuhörer um etwas sehr Wesentliches: um ein emotionales Mitgehen des Künstlers, um seinen kreativen Wagemut.

Aber sind die Kritiker wirklich so unfehlbar in ihrer Opern- und Theaterkenntnis, daß sie Dirigenten, Regisseuren und Akteuren vorschreiben dürfen, wie diese oder jene Oper gesungen, wie sie gespielt werden muß? Dazu fällt mir eine kuriose Geschichte ein, die sich 1967 in Kanada ereignet hat. Ich war mit dem Bolschoi unterwegs und sang zusammen mit der Mezzosopranistin Irina Archipowa in *Pique Dame*. Es gibt da, zu Beginn der zweiten Szene, ein sehr schönes Duett mit Harfenbegleitung, das in Rußland so bekannt und beliebt ist, daß man den größten Wert auf seine Ausführung legt. Irina und ich sangen es darum vor der Aufführung mehrmals durch, um eine makellose Reinheit und ein harmonisches Miteinander unserer Stimmen zu erreichen.

Viele Jahre hatten wir schon zusammen in *Pique Dame* gesungen und uns an die übliche Szenenvorschrift gehalten: Polina (Irina) sitzt neben der Harfe und tut so, als spiele sie, Lisa steht danebem. Schwärmerisch beginnt das Duett: »Es ist schon Abend, dunkler sind die Wolkenränder . . .« – Eine Mondnacht, junge Mädchen auf der ganzen Bühne (Mitglieder des Chors), sie schmelzen dahin – mit einem Wort: ein Idyll.

Kurz vor dieser Szene, wir standen schon in den Kulissen und warteten nur noch, daß sich der Vorhang öffnete, hatte ich die Idee, die Szene zu verändern.

»Irina, findest du nicht auch, daß unsere Stimmen besser harmonieren, wenn wir nebeneinander stehen? Ein Mädchen aus dem Chor kann sich ja an die Harfe setzen.«

Gesagt, getan. Wie zwei Schäferinnen auf einem alten Stich legten wir die Arme umeinander, steckten die Köpfe so dicht wie möglich zusammen und begannen unser Duett. Ich weiß nicht, was in Irina gefahren war – die Änderung der Szene oder die irritierende Nähe zu meiner Sopranpartie –, jedenfalls sang sie wie aus heiterem Himmel in einer falschen Tonart. Unserem Dirigenten, Boris Chaikin, fiel der Unterkiefer herunter und der Taktstock aus der Hand. Der Chor erstarrte in einem schock-ähnlichen Zustand, und die Harfe, die sowieso nie laut genug für uns war, klang jetzt so, als gäbe es sie überhaupt nicht mehr.

Ich begriff nur eins: Komme was da mag, ich halte die Stellung und die Tonart, ich höre einfach nicht auf den Wahnsinn neben mir. Denn jetzt irrte Irina in einem erbarmungslosen Auf und Ab durch zwei Oktaven, und das die ganze erste Strophe hindurch. Ich zeigte zwar immer noch mein schmachtendes Lächeln, dachte aber: Zum Teufel mit dir! Sing von mir aus *Moskauer Nächte* oder *Schwarze Augen*, aber bring mich bloß nicht durcheinander! Irgendwann muß sie wohl eingesehen haben, wie hoffnungslos ihre Suche war, denn jetzt sang sie *meinen* Part – nur eine Oktave tiefer. Ich zuckte zusammen, ein Baß schien sich eingemischt zu haben.

Irgendwie schafften wir die erste Strophe, der ein Harfensolo folgte. Während des kurzen Zwischenspiels hoffte ich, sie käme noch zu sich und wir könnten in der zweiten Strophe endlich die »makellose Reinheit und das harmonische Miteinander unserer Stimmen« demonstrieren. Doch wie aus Grabestiefen hörte ich sie flüstern: »Ich sterbe!« Da legte ich meinen Arm noch fester um ihre Taille, verzog den Mund zu einem breiten Lächeln und flüsterte zurück: »Hör endlich auf mit deiner Panikmache! Es wird schon klappen!« In ihrem Hirn aber mußte sich einiges verkeilt haben, denn sie sang auch in der zweiten Strophe meinen Part – sehr sauber und fehlerfrei, aber eine Oktave tiefer. Wie ein Archidiakon dröhnte sie mir ihren Baß ins Ohr.

Nun kommt ja alles im Leben zu einem Ende, auch unser Duett machte da keine Ausnahme. Jetzt aber mußte der Chor, schon schreckensbleich im

337

Vorgefühl des Kommenden, den Faden der Handlung wieder aufnehmen, uns mit den Worten »Entzückend! Zauberhaft! Wundervoll!« loben und uns sogar bitten, »Weiter! Nur weiter!« zu singen. Das aber hat Peter Iljitsch Tschaikowskij uns nicht mehr gestattet – sehr zu Recht.

Als ich Irina während der Pause in ihrer Garderobe besuchte, war sie schon völlig hysterisch, warf sich heulend auf die Couch und schluckte Beruhigungsmittel, die ihr die eiligst herbeigerufenen Ärzte verabreichten.

»Meinetwegen ist die Aufführung geplatzt! Ich habe das ganze Theater blamiert, vor aller Welt! Eine Schande, und alles meine Schuld!«

»Hör auf zu heulen! Was verstehen die schon davon. Außerdem kann das jedem mal passieren.«

So versuchte ich sie zu trösten, war mir insgeheim aber ganz sicher, daß die Kritiker uns schon am nächsten Morgen zu Kleinholz machen würden. Wer ließ sich schon eine solche Gelegenheit entgehen! Ich jedenfalls hatte dergleichen noch nie gehört.

In dieser Nacht schliefen wir kaum und stürzten uns schon früh am Morgen auf die Zeitungen. Die erwartete Kriegserklärung aber blieb aus – die einen fanden unsere *Pique Dame* gut, die andern weniger. Nur der Kritiker der *New York Times* fand alles miserabel und nahm auch kein Blatt vor den Mund. Mit scharfen Worten kritisierte er den Regisseur, tadelte die Solisten wegen ihrer schrillen Stimmen, machte sich über das Bühnenbild lustig und mokierte sich ausgiebig über die Schneeflocken in der Winterkanal-Szene. Ganz offensichtlich war es unser russischer Schnee, der den hochverehrten Herrn Kritiker so in Rage brachte. Gut, jetzt hielten wir also ein halbes Dutzend Zeitungen in der Hand und konnten nur noch staunen: Nicht *einer* der Kritiker hatte mitbekommen, daß die erste Hälfte unseres Duetts nicht nur verfälscht – das Wort käme der Wahrheit nicht einmal nahe –, sondern die schiere Katastrophe war. Nicht einer erwähnte den drei Minuten langen Oktavengesang der zweiten Strophe. Nichts hatten sie bemerkt! Und das bei einem Duett ohne Orchesterbegleitung, wo nicht nur jeder Ton, sondern jeder Atemzug der Solistinnen zu hören war! ... Aber die Schneeflocken, natürlich, und der alte Vorwurf: »antiquiert«. Zu schade, daß keiner geschrieben hatte, Tschaikowskij habe die glänzende Idee, das Duett Lisa – Polina in Oktaven zu setzen, bei Verdi geklaut, aus dem *Agnus Dei* des *Requiems*. Das wäre erst ein Spaß geworden!

18

Eines Tages, es war im Sommer 1965, sagte mir Dmitri Dmitrijewitsch, daß die Lenfilm (das Leningrader Filmstudio) eine Verfilmung der Oper *Katari-*

na Ismailowa[1] plane und daß er hoffe, ich würde die Hauptrolle übernehmen. Er brauchte das gar nicht zu hoffen, denn ich hatte lange schon davon
geträumt, die Katarina zu spielen. Selbst wenn man mir damals gesagt hätte,
dies sei meine letzte Rolle und ich würde danach nie wieder singen, so hätte
ich sie dennoch übernommen.

Zu jener Zeit machte ich eine recht schwierige Phase meines Lebens
durch. Nach Melik-Paschajews Tod 1964 hatte ich zunächst jedes Interesse
am Bolschoi verloren und sah in dem Angebot der Lenfilm eine Art
künstlerische Rettung für mich. Ich ließ mich also für die laufende Spielzeit
vom Bolschoi beurlauben und stürzte mich mit Feuereifer in die Arbeit an
der langersehnten Rolle.

Als Vorlage gab Dmitri Dmitrijewitsch mir einen Klavierauszug, über
dessen gedruckte Noten er von Hand einen anderen Part geschrieben hatte.
Er selbst sagte nichts dazu und bat mich auch nicht, diesen Part anstelle des
gedruckten zu singen. Doch habe ich, ohne zu ahnen, daß es sich dabei um
Übernahmen aus der ursprünglichen Fassung der *Lady Macbeth* handelte,
meine Partie nach dieser handschriftlichen Version einstudiert. Mein Glaube an die musikalische Autorität Schostakowitschs war so unerschütterlich,
daß er mir hätte erzählen können, weiß sei schwarz und schwarz sei weiß –
ich hätte ihm zugestimmt. Außerdem wußte ich, daß er das Wesen meiner
Kunst besser kannte als ich selbst, und hatte gelernt, ihm in jedem Punkt zu
vertrauen und zu nehmen, was er mir gab.

Schostakowitsch sprach nicht gern über seine Kompositionen und erklärte den ausführenden Musikern niemals, was diese oder jene musikalische Phrasierung zu bedeuten hatte. Es schien, als fürchte er sich vor
Worten, als habe er Angst davor, daß Worte ihm die innere Vision seiner
Musik zerstören könnten. Darum gestand er den Musikern auch das Recht
zu, seine Werke auf ihre Weise zu interpretieren. Freilich wälzte er damit
auch die volle Verantwortung auf ihre Schultern ab.

Mit Leskows Erzählung war ich bereits vertraut und hatte mir in bezug
auf die eigenwillige Persönlichkeit der Katarina, wie sie dort geschildert
wird, auch meinen eigenen Standpunkt verschafft. Um so erwartungsvoller
sah ich jetzt meiner Begegnung mit ihr in der Opernversion entgegen. Doch
als ich den Klavierauszug aufschlug, konnte ich nur Mitleid mit ihr empfinden. Soviel Leidenschaft, soviel mädchenhafte Zartheit strömte mir aus dem
musikalischen Bild dieser Mörderin entgegen, daß es mir unmöglich schien,
sie zu verurteilen. Selbst Schostakowitsch, dem jede Art von Gewalt zutiefst
verhaßt war, hat Katarina wegen der Morde, die sie begangen hat, nicht

---

[1] Hauptfigur in Nikolai Leskows Erzählung *Lady Macbeth*, die Schostakowitschs Oper zugrunde
liegt. Später auch Titel der zweiten Opernversion und des Films

verdammt. Im Gegenteil, er hat ihr mit der ganzen Intensität seines Wesens nur Mitgefühl und Sympathie entgegengebracht. Diese Katarina verfügt über dieselbe Reinheit und Stärke des Gefühls wie Schostakowitsch selbst, dessen Liebe zu ihr sich auch auf uns überträgt.

Als ich auf dem ersten Blatt des Klavierauszugs die Widmung las: »Für Nina Wassiljewna Schostakowitsch«, war mir alles klar. Natürlich! Nina war zu der Zeit seine Verlobte, und der damals vierundzwanzigjährige Schostakowitsch hatte sie abgöttisch geliebt. Und diese Liebe zu seiner zukünftigen Frau fand in der Oper ihren unmittelbaren Niederschlag. Zu fragen wäre, weshalb er dann Leskows *Entwurf einer Gerichtschronik* als Vorlage benutzte. Nun, Schostakowitsch hatte sich lange vor seiner Begegnung mit Nina mit dem Gedanken getragen, diesen Stoff zu vertonen. Aber ich bin mir ganz sicher, daß ohne diese Begegnung das Bild der Katarina anders ausgefallen wäre. Schostakowitsch hat immer über sich selbst geschrieben und geschildert, was er selbst fühlte und durchlitt, und jetzt, überwältigt von seiner ersten großen Liebe, konnte er gar nicht anders, als die Heldin seiner Oper mit all den Eigenschaften auszustatten, die er sich von der geliebten Frau erhoffte: eine bedingungslose Liebe und die Bereitschaft, alles für ihn zu tun. Und so rechtfertigte er auch alle Verbrechen der Katarina. Er rechtfertigte den Mord an ihrem Mann und ihrem Schwiegervater, weil sie ihrer Liebe im Weg standen. Ja, schaff dir freie Bahn! Der Liebe zuliebe ist alles erlaubt ... Er wollte seine Heldin dem trostlosen Sumpf ihres Krämer-Milieus entreißen und gab ihr Flügel – damit sie zu *ihm* fliegen konnte. Diese Unbedingtheit, diese elementare Kraft ihrer Leidenschaft ist es, die uns die Identifikation mit der jungen Katarina ermöglicht und ihre Taten vergessen läßt.

»Küß mich, daß mir das Blut in die Wangen steigt und die Ikonen aus ihrer Fassung brechen! O Serjoscha!«

Diesem Sergei aber, dem Liebhaber Katarinas mit der »empfindsamen Seele«, bringt Schostakowitsch nur Haß und Verachtung entgegen. Für ihn ist er nur ein vulgärer Vorstadtcasanova, das Zerrbild eines Liebhabers. Wie ein kleiner Junge aber beneidet er ihn auch und versucht, seiner Katja schon bei Sergeis erstem Erscheinen einzureden, daß er im Vergleich zu ihr ein Nichts ist. In den Straflagerszenen schildert Schostakowitsch ihn dann vollends als eine Ratte, ein Stück Dreck.

Vor der *Lady Macbeth des Mzensker Kreises*, vor dieser echten Russin Katarina hat es im Werk Schostakowitschs keine Frauen gegeben. Freilich ist diese Katarina nicht mehr die Heldin aus Leskows Erzählung. Sie ist Schostakowitschs Nina, die in der Tat eine Frau von starkem und ungewöhnlichem Charakter gewesen sein muß, um so heftige Leidenschaften zu entfachen, eine solche Explosion in ihm auszulösen. Und Schostakowitsch hat in seinem übermächtigen Temperament und seiner ganzen Empfindsamkeit eben diese Leidenschaft auf seine Heldin übertragen und in sämtlichen Liebesszenen seiner Oper zum Ausdruck gebracht.

Entstanden in der glücklichsten Zeit seines Lebens, ist die *Lady Macbeth* für mich das ähnlichste und lebendigste Selbstbildnis Schostakowitschs, das ihn so wiedergibt, wie er damals war – als das junge Genie, das vieles in sich verkörpert, in dem sich Begabung, ungebändigtes Temperament und geschliffener Intellekt in wundersamer Weise verbinden. *Lady Macbeth* ist nicht im Hirn, sie ist im Herzen entstanden – zu einer Zeit, da noch kein Damoklesschwert über Schostakowitsch schwebte und er die boshafte Schärfe seines Verstandes noch nicht entfaltet hatte. Alles an dieser Oper ist weit und grenzenlos – das ungeheure Ausmaß der Leidenschaft und der Reichtum an Humor.

Wie oft habe ich Dmitri Dmitrijewitsch gesagt, daß er verpflichtet sei, weitere Opern zu komponieren, zumindest eine. Seine Antwort lautete jedesmal gleich: er schreibe keine zweite Oper, solange man die *Lady Macbeth* in Rußland nicht aufführe. Als sie kurz darauf tatsächlich in Moskau inszeniert wurde, bat ich Dmitri Dmitrijewitsch erneut, eine Oper zu schreiben – eine für mich.

»Und woher nehme ich das Libretto? Ich brauche eins mit einer großen Frauenrolle.«

»Was wäre wohl geeigneter als Tolstojs Auferstehung? Schauspielerinnen träumen davon, die Katjuscha Maslowa zu spielen!«

Erschrocken zuckte er zusammen. »Nein, nein! Keine zweite Katarina! Der Name bringt Unglück. Nein. Alles, nur das nicht!«

Niemals hätte Dmitri Dmitrijewitsch uns den ersten Entwurf einer Komposition gezeigt. Bevor ein Werk nicht vollendet war, wußte niemand, woran er gerade schrieb. Es kam auch nie vor, daß er etwas Fertiges verändert oder umgeschrieben hätte. Nur einmal, als er die zweite Fassung der *Lady Macbeth* in Angriff nahm, durchbrach er diese Regel. Aus freien Stücken geschah das freilich nicht.

Die Leute von der Agitprop-Abteilung des Zentralkomitees sagten ihm, daß man die Aufführung der *Lady Macbeth* am Moskauer Stanislawski-Nemirowitsch-Dantschenko-Musiktheater nur dann gestatten werde, wenn er sich bereit erkläre, Text und Titel der Oper zu verändern. Wenn nicht, na ja . . . Für die Behörden war es wichtig, eine neue Version zu bekommen, so daß sie ihr Gangsterstück von 1936 nicht zugeben mußten und damit jedermann beweisen konnten, wie berechtigt die damaligen »Kritiken« doch waren – und daß sogar der Komponist dies inzwischen eingesehen habe.

Die Neubearbeitung wies eine ganze Reihe von Veränderungen auf: Orchestrierung und Gesangspartien waren vereinfacht, die Ouvertüre zum zweiten Akt war gestrichen worden, desgleichen der musikalische Epilog zur Liebesszene im selben Akt. Fast die Hälfte des Librettos wich jetzt so stark vom Original ab, daß bestimmte Szenen einen ganz anderen Sinn bekamen. Ein gutes Beispiel ist die Szene mit Katarinas Schwiegervater, Boris Timofejewitsch. Der ist in Schostakowitschs erster Fassung ein rüstiger Muschik, etwa sechzig Jahre alt und Witwer, aber immer noch kräftig genug, um ganze Säcke voll Korn über die Felder zu streuen. Und da Männer wie er auch mit siebzig noch Kinder haben konnten, kam es in den Dörfern häufig vor, daß sie in Abwesenheit ihrer Söhne zur *Snochi* (ihrer Schwiegertochter) ins Bett krochen und kleine *Snochatschi* zeugten. Genauso hatte Schostakowitsch den Schwiegervater skizziert, um damit die Schwäche und die Untauglichkeit des Ehemanns der Katarina noch zu betonen. Diesen Sinowy verspottet der Alte denn auch und singt in Schostakowitschs ursprünglicher Fassung: »So ein gesundes Weib und hat keinen Mann ... Sinowy hat wirklich nichts von mir. Wäre ich in seinem Alter ... ich nähme ihre Hand und ... Ohne einen Mann ist eine Frau doch übel dran ... Und hat keinen Mann ... Keinen Mann ... Keinen Mann ... Keinen Mann ...« In der Wiederholung dieser Worte kommt seine ganze Gier nach Katarina zum Ausdruck, vor deren Tür er schon unruhig auf und ab geht. »Ja! Ich gehe zu ihr und sie wird glücklich sein ... Ich gehe zu ihr ... Ich gehe ...« Und er geht in ihr Zimmer, kriecht zu ihr ins Bett. Da eine Frau in der Sowjetunion aber nicht übel dran sein darf, nur weil sie keinen Mann hat, mußte der Text dieser Arie umgeschrieben werden, und den fleischlichen Gelüsten des Schwiegervaters schob man einen Riegel vor.

Ähnliches geschah mit Katarinas Arie im zweiten Akt. In der ursprünglichen Fassung liegt sie in ihrem warmen Federbett und singt, verzehrt von Sehnsucht und Leidenschaft:

Keiner aber kommt zu mir,
Keiner legt den Arm um mich,
Keiner kommt, um mich zu küssen,
Keiner streichelt meine weißen Brüste,
Keiner, dessen heiße Liebe mich verzehrte ...

In der Neufassung dieser Szene hüllt sich Katarina (bis über die Ohren) in ein Tugendgewand, wie es sich für eine sowjetische Frau geziemt: »Unterm Dach sah ich ein Vogelnest, die Jungen flogen hinein. Wie traurig ist die Taube so allein ...« Nun, wenn das kein Unterschied ist!

Es gibt noch viele solcher Veränderungen in Libretto und Partitur, und leider hat man die veränderte zweite Fassung als Filmvorlage benutzt.

In Schostakowitschs Musik sind alle Charaktere so lebendig skizziert und so genau umrissen, daß ich mir, als ich am Flügel saß und die Rolle einstudierte, sehr gut vorstellen konnte, wie ich die Katarina zu spielen hatte. Selbst die höchsten Tessituren, die Dmitri Dmitrijewitsch für meine Filmrolle wiederaufgenommen hatte und die in mehreren Passagen vorkamen, waren leicht zu bewältigen, seit ich den psychologischen Schlüssel in der Hand hatte. Zugeben muß ich allerdings, daß mir vor Angst fast schwindlig wurde, als ich die hohen Passagen erstmals sah, die Dmitri Dmitrijewitsch mir für zwei höchst dramatische Szenen vorschrieb: für die Auspeitschung Sergeis und für die Szene nach dem Giftmord an dem Alten. Nach dem ersten Schrecken aber sagte ich mir: nur keine Panik. Mach dir klar, warum er es so und nicht anders geschrieben hat. Ein Schostakowitsch wird schon wissen, was er tut. Warum also schreibt er eine so hohe Tessitur für diese Stelle vor? – »Ach, Boris Timofejewitsch! Warum hast du uns verlassen? . . . Mich und Sinowy Borisowitsch? Was wird aus uns, was tun wir ohne dich?« – Die Antwort auf meine Frage war sehr einfach. Katarina singt hier nicht, sie »lamentiert«, sie bricht in Wehklagen aus, ganz so, wie eine russische Bäuerin ihre Toten beklagt. Das ist so Brauch. Gewiß, sie hat den alten Mann umgebracht, sie hat ihn vergiftet, aber jetzt »verzehrt sie sich vor Kummer«, und das um so dramatischer, als die Leute sie ja beobachten. Schostakowitschs Konzeption der Katarina war in der Tat genial, und ich begriff sofort, daß diese Stelle höchste Klarheit und Schärfe der Stimme erforderte. Was unüberwindbar schien, war jetzt ganz einfach und eindeutig.

Es gibt einige solcher Stellen in der Oper, zum Beispiel die erste Arie im ersten Akt: Da gibt es zweimal den Sprung vom B der mittleren Oktave zum B der oberen, und das muß jeweils im Piano und ohne Tempoänderung gesungen werden: »Nur ich allein vergehe vor Sehnsucht, nur mir allein erscheint die Welt so leer.« Hier darf man nur in ganzen Phrasierungen, nicht an die einzelnen Noten denken. Eine große Hoffnungslosigkeit kommt in diesen Worten zum Ausdruck, die aber nicht durchscheinen kann, wenn man sie nur als reine Stimmübung betrachtet. Wichtig ist die psychologische »Ausstattung« der Rolle und das, was an Ungesagtem mitschwingt. Wichtig ist, was die Heldin der Oper denkt, nicht, was sie sagt. Ihre Gedanken geben den Ausschlag für die richtige Technik, die richtige Klangfarbe.

Eine ganz andere Klangfarbe – matt und ohne Vibrato – ist für Katarinas Arie im Straflager erforderlich. Von Sergei beschimpft und außer sich vor Verzweiflung, ahnt sie bereits, daß er sie betrügen wird. Die bedrückende Stille, in der auch die Zeit stillzustehen scheint, wird dann plötzlich vom melancholischen Ton des Englischhorns unterbrochen, und wir hören die Stimme einer einsamen, unglücklichen Frau, hören ihre mechanisch geäußerten Worte: »Es ist nicht leicht, vor Gericht zu stehen, wenn man sich vordem vor dir verneigte und dich ehrte ...«

Als sie zur Einsicht kommt, als sie begreift, was sie getan hat, scheint das Orchestervorspiel zu ihrem letzten Monolog sie wie eine Lawine zu überrollen. Hier liegt der eigentliche Schlüssel zu Katarinas Charakter: die Einsamkeit ist die Straße zu ihrer privaten Hölle. Jammernd und schluchzend geht sie diese Straße entlang. Sie schreit, aber nicht zu den Menschen. Sie schreit ihren Schmerz ins All. In diesem Entsetzen vor ihrer Tat, in dieser Selbstverdammnis gibt es für sie nur eine Rettung – den Tod.

Schostakowitschs Oper ist durch und durch russisch, sie ist realistisch und auch in ihrer musikalischen Sprache logisch und natürlich. Ich kenne keine Oper, die eine solche Gefühlsbreite aufweist. In ihrer Komplexität, in der Lebendigkeit ihrer Charaktere und im Ausmaß der Leidenschaft läßt die *Lady Macbeth* sich nur noch mit Opern Mussorgskijs vergleichen. Der Handlungsablauf ist so ungewöhnlich und abwechslungsreich, daß es den Zuhörern mehr als einmal den Atem verschlägt – sie kommen kaum dazu, ein Ereignis richtig zu erfassen, schon werden sie vom nächsten überrollt. Die musikalischen Zwischenspiele sagen mehr als alle Worte. Fraglos liegen hier die Gründe, daß in der Filmversion der Oper keine Langeweile aufkommt, daß nichts von den Längen spürbar wird, die leider alle Verfilmungen klassischer Opern aufweisen. Man gewinnt den Eindruck, *Katarina Ismailowa* sei speziell für die Leinwand geschrieben worden.

Auch die Nebenrollen sind wie in den Opern Mussorgskijs ebenso lebendig skizziert und genau umrissen wie die tragenden Partien. Wie dicht ist doch jene zweiminütige Szene mit dem zerlumpten Bauern, der zunächst nur sein unglückliches Schicksal beklagt und nur noch den Wunsch hat, betrunken zu sterben, dann aber nach seiner zufälligen Entdeckung eines gräßlichen Verbrechens, eines Mordes, Hals über Kopf zur Polizeiwache läuft. »Dieser Schweinehund«, kommentierte Schostakowitsch die Szene, »rennt zur Polizei, um sie anzuzeigen. Eine Hymne auf die Denunzianten ... Ja, es ist eine Hymne auf die Denunzianten.«

In diesem Sommer machten Slawa und ich zusammen mit Benjamin Britten und Peter Pears im armenischen Dilischan Ferien. Auch Asa Amintajewa war mitgefahren, Slawas Probenpianistin vom Konservatorium und eine gute Freundin von uns, die Slawa Osja nannte. Sie stammte aus Daghestan, hatte pechschwarzes Haar und den Anflug eines Schnurrbarts. In Dilischan schaute Slawa eines Tages bei ihr herein, sah sie schlafen und rief: »Josif Wissarionowitsch!« Mit einem Satz sprang sie da auf, war aber noch viel zu verschlafen, um die Worte richtig verstanden zu haben. »Joska!« lachte Slawa, »Osja! Du siehst Stalin erschreckend ähnlich!« Seitdem hieß sie Osja bei uns.

Mit ihr, die eine sehr gute Pianistin war, habe ich einen Monat lang täglich mehrere Stunden an Schostakowitschs Oper gearbeitet und die ganze Partie viele Male am Tag von vorn bis hinten durchgesungen, mit voller Stimme. Ich wußte ja, was die Katarina einmal für Dmitri Dmitrijewitsch bedeutet hatte, und wollte sie für ihn mit meinem ganzen Können zu neuem Leben erwecken.

Als wir nun lang genug geübt hatten, fühlten wir uns auch stark genug, vor Dmitri Dmitrijewitsch aufzutreten. Doch schon unterwegs, auf dem Fußmarsch von unserer Datscha in Schukowka zu der seinen, konnte ich vor lauter Nervosität kaum sprechen. Auch Osja jammerte unentwegt: »Ach Galja, ich habe ja solche Angst! Mein Magen bringt mich noch um!«

»Sei still! Mir macht mein Magen auch zu schaffen, er ist ganz schön durcheinander.«

Grund dazu hatten wir beide: Immerhin stand ihr als Pianistin und mir als Sängerin nichts Geringeres bevor, als Schostakowitsch persönlich eine äußerst schwierige Oper vorzutragen. Mochten wir auch beide mit Dmitri Dmitrijewitsch befreundet sein, bei der Arbeit spielte das keine Rolle. In Schostakowitschs Nähe fühlte sich jeder eingeschüchtert, sogar Slawa war nie und nirgendwo so nervös wie hier. Und ich weiß noch, wie David Oistrachs Hände zitterten, als wir Schostakowitsch seinen Blok-Zyklus vorspielten.

Als ich jetzt zu singen begann, unterbrach Dmitri Dmitrijewitsch mich kein einziges Mal. Immer aber, wenn ich an schwierige Passagen kam, kaute er entweder an seinen Fingernägeln oder er stand auf und lief unruhig auf und ab. Oder er griff nach einer Zigarette, entsann sich dann, daß er nicht mehr rauchen durfte, setzte sich wieder. Seine Nervosität übertrug sich auch auf mich, was an sich ganz gut war, weil ich in solchen Situationen besser singe als wenn ich völlig ruhig bin.

Schließlich saß er still da, hatte den Kopf gesenkt und die Hände vors Gesicht geschlagen. Er hörte nur noch zu: Sergeis Auspeitschungsszene, Katarinas Wehklagen über den Tod des alten Mannes. Als ich die hohen Tessituren und mit voller Stimme die Wehklagen sang, setzte Dmitri Dmitrijewitsch sich mit weitgeöffneten Augen kerzengerade im Sessel auf. Eine gespensterhafte Erscheinung ... Die Szene der Verhaftung Katarinas, ein scharfes hohes C am Schluß. »O Sergei, vergib mir!«

Schostakowitsch schwieg. Die Stille wurde unerträglich, mein Herz schlug wie wild. In Dmitri Dmitrijewitschs Gesicht zuckte es, ich wagte kaum, zu ihm hinzusehen. Warum sagte er nichts? Hatte ich etwas falsch gemacht?

»Galja«, sagte er endlich, »vieles von dem, was Sie eben gesungen haben, habe ich noch nie gehört.«

»Das verstehe ich nicht, Dmitri Dmitrijewitsch.«

»Nun, viele Passagen meiner Oper habe ich heute zum erstenmal singen hören. Entschuldigen Sie bitte, aber darum bin ich so nervös.«

»Aber das ist doch unmöglich, Dmitri Dmitrijewitsch!«

»Als ich es schrieb, wollte keine Sopranistin es singen, sie weigerten sich aus Angst, ihre Stimmen zu ruinieren. Ich mußte also den Gesangspart umschreiben, habe ihn aber in Ihrem Klavierauszug in der ursprünglichen Fassung eingetragen. Ohne damit zu rechnen, daß Sie es tatsächlich singen, habe ich doch auf einen Versuch von Ihnen gehofft. Und jetzt weiß ich, daß man es singen kann. Man kann es singen! Gott sei Dank! Gott sei Dank! So also klingt es, und genauso habe ich es mir vorgestellt. Danke, Galja. Danke.«

Mit zitternden Händen blätterte er jetzt die Partitur durch und bat mich, Sergeis Auspeitschungsszene und die Klageszene noch einmal zu singen. Nach der Wiederholung lächelte er, strahlend wie ein Kind. Ja, so mußte es klingen! Zum erstenmal in mehr als dreißig Jahren fand er in der Stimme einer Frau die glühende Leidenschaft wieder, die ihn als junger Mann beim Schreiben dieser Szene – der stärksten in der ganzen Oper – erfüllt hatte. Und mir war es zugefallen, diese frühen Leidenschaften für ihn, den jetzt gereiften Mann, durch meine Stimme zu verkörpern.

Ich wagte nicht, ihn anzusehen – aus Angst, ihn zu erschrecken, ihn durch meine Gegenwart zu belästigen. Er aber stand ganz im Bann seiner Erinnerungen, und es schien, als zöge in diesen Minuten sein ganzes Leben an ihm vorüber. Osja und ich schwiegen, wir sahen in eine andere Richtung und versuchten, unsere Bewegung zu verbergen.

Ich bemühte mich vergeblich, die Tränen zurückzuhalten, und weil ich ihm nicht zeigen wollte, daß ich weinte, begann ich zu husten und tat so, als hätte ich mich verschluckt. Dabei wünschte ich nichts sehnlicher, als zu ihm zu laufen und ihn zu trösten, ihm alles das zu sagen, wovon mein Herz überlief und vieles, das ihm sicherlich geholfen hätte. Ich habe es nicht gewagt – nicht bei dem großen Schostakowitsch! Ich konnte nur schweigen, ihn demütig lieben und mich fügen.

Am Tag vor Drehbeginn kamen Slawa und ich in Leningrad an, und da erst lernte ich den Schauspieler kennen, der meinen Liebhaber Sergei spielen sollte: Artem Inosemzew. (Außer der meinen waren alle Rollen in dem Film mit Schauspielern, nicht mit Sängern besetzt.) Damit wir, die beiden

Hauptdarsteller, die psychologischen Hemmschwellen leichter überwinden und uns schneller kennenlernen konnten, hatte der Regisseur Michail Schapiro beschlossen, mit der mittleren Sequenz, der Schlafzimmerszene zu beginnen.

So fand ich mich denn am Morgen meiner Ankunft im Studio einem riesigen Doppelbett gegenüber und sah mich zugleich den neugierigen Blicken der jungen Leute von der Technik ausgesetzt: Wie wird sie das wohl machen? schienen sie sagen zu wollen, wie wird sie, die allseits respektierte Galina Pawlowna, vor den Augen aller und vor ihrem Ehemann ins Bett steigen, sich umarmen und küssen lassen?

Ich hatte mich für diese »erste Begegnung« von Kopf bis Fuß gewappnet, hatte mir einen langen Unterrock, warme Hosen und Wollstrümpfe angezogen und kroch jetzt unerschrocken und ohne viel Zeit zu verlieren unter die Decke in mein warmes Federbett. Mein Liebhaber kroch hinterher – in voller Uniform, bei der nur die Stiefel fehlten. Dann stopfte ich noch eine dicke Decke zwischen uns und verkündete, wir wären jetzt soweit. Die Scheinwerfer leuchteten auf, die erste Nahaufnahme konnte beginnen.

Jetzt umdrängten alle – der Regisseur, seine Assistenten und die Leute von der Leitung des Lenfilm-Studios – mit ernsthaften, sorgenschweren Gesichtern unser Bett und grübelten offensichtlich über das Grundproblem nach, wie man in einer Oper, die überwiegend aus Schlafzimmerszenen besteht, möglichst wenig Sex und möglichst wenig Körper zeigt.

Mein Nachthemd ließ immerhin die Unterarme frei, Sergei trug ein Hemd mit langen Ärmeln. Und damit die Kinobesucher später nicht etwa – Gott behüte! – auf den Gedanken kommen konnten, wir hätten uns unter der Decke umarmt, hielten wir beide die Arme draußen.

»Fertig? . . . Galina Pawlowna, Ihre Schulter ist zu sehen. Decken Sie sein Hemd darüber . . . Ziehen Sie die Decke über die Brust . . . Ja, gut so . . . Artem, Sie dürfen Sie nicht anfassen . . . Was ist das überhaupt für ein Hemd, das er da anhat? In diesem Sackleinen sieht er ja aus wie ein Tier! Wir können es uns nicht leisten, den Leuten zu nahe zu treten, das Publikum ist da sehr empfindlich! Ziehen Sie ein anderes Hemd an . . . Ja, das ist schon besser . . . Fertig? Artem, rücken Sie noch ein wenig zur Seite . . . Galina Pawlowna, Ihre Schulter ist schon wieder nackt. Decken Sie sie zu! . . . Scheinwerfer! Ton! Kamera! . . . Halt! Halt! Wo ist der Regieassistent? Was ist los mit Ihnen? Sein Hemd ist aufgeknöpft . . . Eine unmögliche Aufnahme . . . Warum? Weil er *Haare* auf der Brust hat! Gräßlich! Sofort rasieren! Wir drehen den Film für die Masse der Arbeiter, nicht für Sittlichkeitsverbrecher!«

Also zerrte man Inosemzew aus dem Bett und rasierte ihm die Haare ab. Danach rasierte man ihm jeweils einmal in der Woche die Stoppeln von der

Brust, und als die Auspeitschungsszene gedreht werden sollte, rasierte man ihm auch den Rücken. Wenn die Haare nachwuchsen, pieksten die Borsten durch sein Hemd wie bei einem Stachelschwein. Und alles das, um die Erbauer des Kommunismus nicht sittlich zu gefährden. Mehr noch, um ihre Augen nicht von der strahlenden Vision einer glänzenden Zukunft abzulenken und sie durch irdische Lust zu verführen, zog man Katarina und Sergei aus ihrem warmen Bett und drehte die längste Liebesszene des Films unter einem blühenden Apfelbaum im Garten. Dort wandelten wir bei Mondschein dahin und führten ein langes, rein freundschaftliches Gespräch, wobei wir von riesigen Mücken weniger gestochen als vielmehr aufgefressen wurden.

Zur selben Zeit drehte die Mosfilm *Anna Karenina,* bei der es, wie mir unsere Aufnahmeleiter erzählten, zu einem fast tragischen Zwischenfall kam. Bei einer der Probeaufnahmen hatte der Regisseur den kühnen Entschluß gefaßt, Anna in der Szene, in der sie von Wronski verführt wird, nackt zu zeigen – von hinten! Die Schauspielerin war damit einverstanden, zumal alles in größter Diskretion und spät in der Nacht über die Bühne gehen sollte. Das Mosfilm-Studio war bis auf den Regisseur, den Kameramann und die beiden Schauspieler so gut wie leer. Die Szenerie war aufgebaut, die Scheinwerfer standen in Position und die Akteure nahmen ihre Plätze ein. Die Klappe fiel. Als aber die Scheinwerfer aufleuchteten, als Anna ihr Morgenkleid abwarf und Wronski in die Arme sank, ertönte plötzlich ein Schrei, Gepolter brach los, und eine ältliche Sowjetbürgerin kam irgendwo von oben ins Bild gesaust. Sie muß wohl auf einer hohen Leiter gestanden haben, um Lampen sauberzumachen, jedenfalls hatte sie die vier nicht kommen hören und im Halbdunkel des Studios auch nicht gesehen. Als dann die taghellen Scheinwerfer ohne Vorwarnung angingen und eine nackte Frau in den Armen eines Mannes anstrahlten, schien das Jüngste Gericht für sie gekommen. »Gott erbarme sich unser!« kreischte sie, stürzte von der Leiter und die Leiter mit großem Getöse hinter ihr her. Ein Wunder, daß sie sich nicht das Genick gebrochen hat!

Unseligerweise fühlte sich der Regisseur und Produzent von *Katarina Ismailowa* mehr als einmal verpflichtet, bei den Dreharbeiten auf solche von Leitern fallende Sowjetbürgerinnen und -bürger Rücksicht zu nehmen. Und das hieß, nicht nur mit peinlichster Sorgfalt darauf zu achten, wie viele Zentimeter vom nackten Hals der Schauspielerin zu sehen sein durften, sondern auch der Tonspur höchste Aufmerksamkeit zu widmen. Das Orchester nämlich – kein unwichtiger Faktor in einer Oper – klang gedämpft und war mit voller Absicht kaum zu hören, um das Publikum nicht aufzuregen oder, wie der Toningenieur mir erklärte, weil die Musik die Sprache nicht stören dürfe. Vornehmlich aber ging es dem Regisseur und Produzenten darum, den Appetit des Molochs (der gewiß längst gesättigt und kurz vor dem Einschlafen war) nicht unnötig anzuregen. Man wollte vermeiden, den Schlamm von gestern aufzuwühlen, und verhindern, daß die »aufgebrachte Masse« neuerliche Kampagnen gegen die Oper startete: »Wes Brot eßt ihr eigentlich, Genosse Komponist und ihr andern, Genossen Vertreter der Sowjetkultur?«

In der Tat bekam ich, als der Film endlich angelaufen war, eine Menge Briefe. Viele brachten darin ihren Ärger zum Ausdruck und fragten, wie man dem sowjetischen Volk einen Film vorsetzen könne, der eine Frau zusammen mit einem Mann im Bett zeigt. Von einem dieser Briefe, den ein Ingenieur mir geschrieben hatte, erzählte ich auch Schostakowitsch, weil ich glaubte, das könne ihn amüsieren. »Wie ist es nur möglich«, hieß es darin, »daß Sie als Künstlerin und Mutter von zwei Kindern sich ein so schamloses Benehmen erlauben?«

Zu meinem Erstaunen aber zuckte Dmitri Dmitrijewitsch zusammen und wurde ganz rot im Gesicht. Man hätte doch denken können, daß ihm, dem großen Schostakowitsch, ein so blödes Gerede nichts ausmachte.

Ich bedauerte es, ihm davon erzählt zu haben.

Für meine Mitwirkung an dem Film bekam ich die höchste Gage, die ein sowjetischer Filmstar überhaupt erzielen kann: volle fünfzig Rubel pro Tag, wobei dieser Tag häufig aus mehr als zwölf Arbeitsstunden bestand. In Hollywood dürfte das etwas anders sein!

Die Dreharbeiten hatten acht Monate gedauert, als sie aber Anfang September endlich abgeschlossen waren, konnten die Filmleute den Streifen mit der letzten Szene – Großaufnahmen von Katarina und ihrer ertrinkenden Rivalin Sonetka – nicht finden. Diese Szene sollte ursprünglich ganz gestrichen werden, um die Grausamkeit der Heldin nicht überzubetonen. Da sie aber in Leskows Erzählung so lebendig geschildert wird, hatte ich darauf bestanden, sie in den Film aufzunehmen. Die ursprüngliche Fassung hatten wir in einem breiten, angenehm warmen Fluß in der Nähe von Odessa gedreht. Jetzt aber mußte ich für meine Überzeugung mit einem eiskalten Bad bezahlen, zusammen mit meiner Rivalin in das acht Grad kalte Wasser des Finnischen Meerbusens springen.

Zu Beginn der Szene sieht man nur die ruhige Wasseroberfläche, die dann aber durch das Auftauchen der beiden Körper heftig aufgewühlt wird. Sonetka und Katarina kämpfen miteinander, wobei Katarina, als sie die Rivalin davonschwimmen sieht, sie einholen und sich mit ihrem ganzen Körper über sie werfen muß, um sie unter Wasser zu drücken.

Weil das Wasser an dieser Stelle besonders tief war, hatte man nicht nur die Kameraleute auf einem Floß untergebracht, sondern auch vier Berufstaucher, die sich für den Ernstfall bereit hielten. Zuvor hatte man uns am ganzen Körper eingeölt und in dicke, wollene Unterwäsche gesteckt, darüber trugen wir schwere Gefängniskleidung und Kopftücher. Trotz der Verpakkung aber schnitt uns beim Sprung ins eisige Wasser die Kälte wie ein Messer ins Gebein. Und die dicken, vollgesogenen Sachen zogen uns wie Steine nach unten.

Wir mußten die Szene mehrfach probieren, uns gemeinsam ins Wasser stürzen und bis zum ersten Auftauchen zählen: Sonetka bis fünf, ich bis zehn. Dann schwimme ich wie besessen hinter Sonetka her, ziehe sie unter Wasser, gehe selbst unter und zähle wieder bis zehn.

Für eine Opernsängerin sind solche Aktionen gar nicht so einfach!

Endlich wird die erste Aufnahme gedreht. Dann aber: »Kommen Sie raus, wir müssen einen neuen Film einlegen!«

»Wenn ich jetzt herauskomme, bringt keine Macht der Welt mich wieder ins Wasser! Wir warten hier, beeilt euch!«

Ans Floß geklammert, versuchten wir uns so wenig wie möglich zu bewegen, damit das Wasser nicht durch sämtliche Kleidungsstücke drang. Schließlich, nach mehr als vierzig Minuten, war auch die zweite Aufnahme abgedreht – die Verfilmung der *Katarina Ismailowa* war beendet.

Noch im Bus zogen wir die nassen Sachen aus und ließen uns mit Alkohol abreiben. Dazu kippte ich unterwegs noch eine halbe Flasche Wodka und schlief danach rund um die Uhr. Ich habe kein einziges Mal geniest. *Katarina Ismailowna* war ein sehr guter Film und – laut Herbert von Karajan – eine der besten Opernverfilmungen. Leider wird er in Rußland nicht gezeigt – so wie alles, was es an Aufnahmen von mir und meiner Stimme gibt. Die sowjetische Exportfilm-Agentur verkauft ihn zwar im Ausland, wo Slawa mir eine Kopie besorgte. Im Vorspann aber steht hinter dem Namen Katarina Ismailowa – *nichts*. Der Name wurde entfernt, denn diese Sängerin und Schauspielerin hat für die sowjetischen Behörden niemals existiert, und sie wird auch nie existieren. Orwells *Farm der Tiere* ist keine Phantasie. Sie ist Wirklichkeit. Und über dieser Wirklichkeit funkeln die Sterne des Kreml. Ich habe dort gelebt . . . überlebt. Ich weiß es.

Noch während der Dreharbeiten zu unserem Film trat ich im Sommer 1966 das einzige Mal in meinem Leben gemeinsam mit Schostakowitsch auf.

Ganz unerwartet und wie beiläufig hatte Dmitri Dmitrijewitsch mich eines Tages gefragt: »Was halten Sie davon, wenn ich Sie auf dem Klavier begleite?« Jahrelang war er wegen seines Leidens nicht mehr öffentlich aufgetreten – die Muskelschwäche an den Händen hatte sich zusehends verschlimmert. Dieses Konzert, das ihm zu Ehren im Maly-Saal der Leningrader Philharmonie gegeben wurde, war sein letzter Auftritt in der Öffentlichkeit.

Am Tag vor dem Konzert trafen wir uns zur Probe. Nach den Arien aus *Lady Macbeth des Mzensker Kreises* und dem Lieder-Zyklus nach Gedichten Sascha Tschornys kamen wir zu Shakespeares Sonett Nr. 66: »Müde von alldem, erfleh' ich mir des Todes Frieden . . .«, das nach der ersten Hälfte eine andere Tonart vorschreibt. Ich hatte das von Schostakowitsch vertonte Sonett so oft schon gesungen, daß es mir keinerlei Schwierigkeiten machte. Bei der Probe aber brach ich an dieser Stelle ab: Unüberhörbar stimmten wir in der Tonart nicht überein. Merkwürdig . . . Ich war mir ganz sicher, keinen Fehler gemacht zu haben.

»Verzeihen Sie, Dmitri Dmitrijewitsch, können wir es noch einmal versuchen?«

Bei der Wiederholung passierte es wieder, an derselben Stelle. Jetzt war ich wirklich irritiert, aber ziemlich sicher, daß Dmitri Dmitrijewitsch vergessen hatte, die Tonart zu wechseln. Nur konnte ich ihm ja schlecht sagen, daß ihm, Schostakowitsch, ein solcher Fehler unterlaufen sei! Andererseits war es ebensogut möglich, daß ich langsam durchdrehte und mir den Fehler selbst zuzuschreiben hatte.

»Entschuldigen Sie, Dmitri Dmitrijewitsch, aber ich verstehe das alles nicht. Vielleicht irre ich mich auch, aber . . .« Was für eine Schande, das *vor Schostakowitsch* sagen zu müssen! Und vor den zahlreichen Musikern, die im Zuschauerraum der Probe zuhörten.

»Ist ja gut, Galja. Ist ja gut. Wir versuchen es eben noch einmal.«

Ganz offensichtlich aber war er jetzt selber irritiert. Wir begannen zum dritten Mal, und wieder passierte es! Schon fast hysterisch rief ich aus: »Ich weiß wirklich nicht, was mit mir los ist!«

Plötzlich aber sprang Schostakowitsch vom Klavierstuhl auf und lief, die Notenblätter schwenkend, auf mich zu. »Verzeihen Sie mir, Galja! Um Christi Liebe willen verzeihen Sie mir! *Ich* war es – nicht Sie! Es war mein Fehler. Der Tonartwechsel! Ich hatte ihn völlig vergessen – völlig! Die Noten lagen vor meiner Nase, aber ich war so nervös, daß ich nichts mehr sah. Ich sah überhaupt nichts mehr, verstehen Sie? Schrecklich! Bitte verzeihen Sie mir!«

Daß Schostakowitsch dreimal hintereinander denselben Fehler machen könnte, noch dazu in einer eigenen Komposition, das hätte ich nie zu denken gewagt!

Er war ein großartiger Pianist. Am Abend seines Auftritts aber war er nicht nur nervös, er hatte Angst: Der Gedanke, seine Hände könnten ihm den Dienst versagen, versetzte ihn in Panik. Rastlos ging er hinter der Bühne auf und ab und wußte einfach nicht, wohin mit sich selbst.

In meinem Wunsch, ihn abzulenken, machte ich die dämlichsten Bemerkungen und kam mir selber idiotisch dabei vor. »Wenn Sie nur wüßten,

Dmitri Dmitrijewitsch, wie gut Ihnen der Frack steht! Sie sehen aus wie ein englischer Lord! Ich habe Sie noch nie im Frack gesehen.«

»Danke, Galja ... Ich bin ja so nervös ... so nervös ...«

Und schon war er wieder weg, lief weiter von Tür zu Tür.

Nach dem Konzert, das glänzend verlaufen war, kam mir ein strahlender Schostakowitsch entgegen. »O Galja, ich war ja noch nie so glücklich!« In der Tat hatte ich ihn nie fröhlicher gesehen.

Ein paar Stunden später aber, noch in der Nacht, erlitt er einen Herzanfall und mußte für mehrere Monate ins Krankenhaus.

Im Sommer 1967 lud er mich in seine Datscha ein und spielte mir ein neues Werk vor, das er für mich komponiert hatte: einen Liederzyklus nach Gedichten von Alexander Blok für Sopran, Violine, Violoncello und Klavier, eine seiner schönsten und inspiriertesten Kompositionen. »Wenn Sie nichts dagegen haben, widme ich sie Ihnen ...«

Dieser Zyklus, eine Komposition von quälender Schönheit, nimmt in Schostakowitschs Werk eine Sonderstellung ein. Er hat ihn im Krankenhaus geschrieben, nach seinem Herzanfall, nach seiner Konfrontation mit dem Tod und seiner Rückkehr ins Leben. Wie aus Himmelsfernen scheint er darin seinen Lebensweg zu überblicken, und er wendet sich jenen geistigen Werten zu, die allein unser Leben sinnvoll und lebenswert machen.

19

Im Sommer 1961, ein Jahr nachdem Slawa ihn kennengelernt hatte, begegnete ich Benjamin Britten zum erstenmal. Ich war wegen des Aldeburgh-Festivals nach England gekommen, wo Slawa mich bereits erwartete.

In London war ich zwar schon einmal gewesen, hatte aber durch die Betriebsamkeit dieser Stadt und durch die Aufregung vor meinem ersten Auftritt an einem so illustren Ort nicht Gelegenheit gefunden, die Engländer näher kennenzulernen. Erst bei dieser zweiten Reise kam es für mich zu einer wirklichen Begegnung mit einem Volk, dem ich von Kindheit an zugetan war, seit ich über den Romanen von Charles Dickens viele Tränen vergossen hatte. Noch heute zählt Dickens zu meinen Lieblingsautoren.

Schon bei der ersten Begegnung mit Ben, den ich am Tag meiner Ankunft traf, fühlte ich mich zu ihm hingezogen. Von Anfang an war mir wohl in seiner Nähe. Ich bin mir ganz sicher, daß jeder, der das Glück hatte, diesen bezaubernden Menschen zu kennen, in seiner Gesellschaft dasselbe empfand, denselben Eindruck von Schlichtheit und Natürlichkeit hatte.

Wir trafen uns auf einem Fest im Garten seines Red House. Als ich ihn so ansah und bemerkte, wie freundlich und aufmerksam er gegen jedermann war und wie wenig Wert er auf Rang und Würden legte, wie er so dastand in einem seiner geliebten karierten Anzüge (die er alle, wie er mir später erzählte, mindestens zwanzig Jahre lang trug!), da stellte ich mir vor, daß er in einem früheren Leben möglicherweise David Copperfield hieß und auf der Suche nach Miß Betsy Trotwood die Straßen von Suffolk entlangmarschierte. Jetzt lebte er in dem reizvollen Küstenort Aldeburgh, in dessen stiller Abgeschiedenheit der Geist des Alten England noch lebendig ist und wo die Menschen so schlicht und freundlich sind.

Als ich, von Slawa begleitet, dort mein erstes Solokonzert gab und Britten mich erstmals hörte, hat er mich sicher für übergeschnappt erklärt. Und wirklich, wenn ich so zurückdenke, halte ich selbst ein solches Programm kaum noch für möglich: außer Liedern von Prokofjew, Tschaikowskij, Richard Strauß und Robert Schumann, außer Arien aus *Norma*, *Manon Lescaut*, *Die Macht des Schicksals* und *Lady Macbeth des Mzensker Kreises* sang ich zum Nachtisch noch Mussorgskijs *Lieder und Tänze des Todes*.

Gleich nach dem Konzert kam Britten zu mir, überschüttete mich mit Komplimenten und sagte, er sei vor allem darum so glücklich, mich zu eben diesem Zeitpunkt gehört zu haben, weil er gerade mit dem *War Requiem* begonnen habe und es jetzt zu einem Teil für mich schreiben könne. Er fügte hinzu, daß sein Requiem ein Friedensaufruf sei und Vertreter jener drei Nationen, die am schlimmsten unter dem letzten Krieg zu leiden hatten, zusammenführen werde: einen Engländer, Peter Pears, einen Deutschen, Dietrich Fischer-Dieskau, und eine Russin, mich.

»Haben Sie schon mal Englisch gesungen?«

»Nein, natürlich nicht. Nur Italienisch.«

»Dann schreibe ich Ihren Part auf Lateinisch. Können Sie Latein?«

»Ja!« rief ich aus und fiel ihm um den Hals.

Im darauffolgenden Winter schickte Britten mir in mehreren Lieferungen die Noten für meinen Part, den ich gleich einstudierte und der bei Slawa schon beim ersten Blick höchstes Erstaunen hervorrief – nicht nur wegen der Großartigkeit dieser Musik. »Auch wenn ich nicht wüßte, daß Britten es für dich geschrieben hat, könnte ich nur sagen, daß du das bist, daß er ein Porträt von dir gezeichnet hat.«

In der Tat weist mein Gesangspart im *War Requiem* keinerlei Ähnlichkeit mit dem übrigen Werk Benjamin Brittens auf. Die Welturaufführung war für den 30. Mai 1962 in der Kathedrale von Coventry vorgesehen – ein äußerst günstiger Zeitpunkt für mich, weil ich kurz davor (und erstmals) am Covent Garden in einer Serie von sechs Aufführungen die Aida singen sollte. So konnte ich noch vor der Premiere mit Britten selbst am *War Requiem* arbeiten.

Eines Tages aber rief Ben mich aufgeregt an und sagte mir, sein Ersuchen um meine Mitwirkung sei abgelehnt worden. Warum nur, fragte ich mich, wenn ich zu dieser Zeit doch ohnehin in London bin?

Ich eilte sofort ins Kulturministerium, um mit der Furzewa zu reden. Als ich im Vorzimmer wartete, steckte mir eine Frau, die ich als Beschäftigte der Auslandsabteilung kannte, heimlich einen Brief zu und sagte, sie habe ihn aus dem Papierkorb gerettet. Es war ein Brief Benjamin Brittens an Wladimir Stepanow, den Chef der Auslandsabteilung im Kulturministerium. Die Frau schenkte ihn mir zur Erinnerung, und ich habe ihn wie eine kostbare Reliquie aufbewahrt.[1]

Kurz darauf saß ich im Büro der Furzewa, hörte ihr zu und versuchte herauszufinden, was überhaupt vor sich ging.

»Die Deutschen«, begann sie, »haben im Krieg die Kathedrale von Coventry zerstört und jetzt wieder aufgebaut.«

»Wie schön!« sagte ich.

»Das könnte aber dazu führen, daß die Menschen weniger wachsam werden. Sie könnten vergessen, daß Westberlin ...« Während sie noch weiter solchen Unsinn redete, quälte mich der Gedanke, um mein Recht gebracht worden zu sein – um das Recht, in einem musikalischen Meisterwerk aufzutreten. Worauf wollte sie nur hinaus?

»Jekaterina Alexejewna, das Werk ist ein Aufruf zum Frieden. Erzählen uns die Zeitungen nicht jeden Tag, daß wir für den Frieden in aller Welt kämpfen? Und hier hätten wir die schlichtweg ideale Gelegenheit dazu: Russen, Engländer und Deutsche begegnen sich im Namen des Weltfriedens!«

»Wie können Sie nur als Sowjetbürgerin neben einem Deutschen und einem Engländer stehen, mit ihnen gemeinsam in einem politischen Werk auftreten? Vielleicht stimmt unsere Regierung in dieser Frage nicht ganz mit denen überein.«

»Worin sollten sie nicht übereinstimmen? Es handelt sich ja gar nicht um ein politisches Werk, sondern um einen Appell zum Frieden, der sich an alle Menschen richtet.«

»Aber die Deutschen haben die Kathedrale von Coventry wieder aufgebaut!«

Noch immer im unklaren darüber, ob wir nun für Krieg oder Frieden waren, doch in der Einsicht, daß es wohl keinen Ausweg aus diesem Teufelskreis gab, verabschiedete ich mich und ging.

Daraufhin bat Slawa unsere Bekannten in London, Britten zu sagen, er möge erneut schreiben und versuchen, die Erlaubnis für mich zu bekommen. Die Korrespondenz zog sich über den ganzen Winter hin.

---

[1] Siehe Anhang S. 468

Mein Verdacht dabei war, daß weder die Furzewa noch die Funktionäre ihres Ministeriums wirklich wußten, was sie eigentlich wollten. Sonst hätten sie doch einfach meine Englandreise abgesagt. So war ich mir, als ich der *Aida* wegen in London eintraf, auch ziemlich sicher, daß Britten nur noch einen letzten Brief zu schreiben brauchte, um schließlich doch noch die Erlaubnis zu bekommen. Undenkbar, daß sie ihn – einen Ausländer! – an einem so noblen Unternehmen hindern würden, das überdies auch unsere Regierung in ein günstiges Licht rücken konnte; eine Regierung, die derzeit ja für ihren Kampf um den Frieden in aller Welt so eifrig Propaganda betrieb, daß Chruschtschow vor der Generalversammlung der Vereinten Nationen sogar seinen Schuh auszog und mit ihm auf die Tischplatte hämmerte!

Kurz nach meiner Ankunft aber besuchten mich Britten und Pears im Hotel und erzählten mir bekümmert, daß Britten eine endgültige Absage erhalten hatte.

»Wir begreifen einfach nicht, warum. Was sollen wir jetzt machen? Ihre Majestät wird zur Uraufführung erwartet!«

Auch mir blieb das Ganze unerfindlich, ich sah wirklich nicht den geringsten Sinn darin. Aber was sollte ich in Gegenwart meines sowjetischen Dolmetschers sagen? Daß ich mich für meine Regierung schämte? Daß mir die Scham über ihre Dummheit das Herz zusammenzog? Da hatte ein bedeutender englischer Komponist für eine russische Sopranistin einen Gesangspart geschrieben, noch dazu in einem Hauptwerk. Und die russischen Behörden hatten nichts Eiligeres zu tun, als diese Ehre abzulehnen. War das noch zu begreifen? Die Ehre galt ja nicht nur mir, sie galt doch meinem ganzen Volk! Ich schämte mich auch darum so sehr, weil ich, ohne es zu wollen, einen mir so teuren Menschen in eine wirkliche Zwangslage gebracht hatte. Denn wie sollte Britten nach so viel verlorenen Tagen eine Ersatzsängerin finden, die meine Partie so kurz vor der Premiere noch einstudieren konnte?

Bis zur letzten Minute hoffte ich, daß die Herren über unser Schicksal noch zur Vernunft kämen und mich in der Coventry-Kathedrale singen ließen. Doch eine Woche vor der Premiere, nach meinem letzten Auftritt am Covent Garden, bekam ich die Anweisung, am nächsten Tag nach Moskau zurückzufliegen und den Reportern zu erzählen, ich würde dort dringend gebraucht ... für eine Fernsehsendung!

Während meiner *Aida*-Vorstellungen lief Slawa durch ganz Moskau, um noch im letzten Augenblick die Genehmigung zu bekommen. Schließlich erklärte ihm Wladimir Stepanow: »Es hat wirklich keinen Zweck, noch an weitere Türen zu klopfen. Wir werden unsere Meinung nicht ändern.«

»Aber warum nicht?«

»Weil die Coventry-Kathedrale mit deutschem Geld wieder aufgebaut wurde. Es wäre besser, sie läge noch in Trümmern, um an die Brutalität des Faschismus zu erinnern. Einen früheren Feind sollte man nicht zum Freund machen. Verstehen Sie mich? In dieser Frage stimmen wir mit den Engländern nicht überein und nehmen daher an ihren Feierlichkeiten nicht teil.«

»In ein paar Jahren weiß doch niemand mehr, woher das Geld für den Wiederaufbau kam. Was aber in die Geschichte eingehen wird, ist die Tatsache, daß eine russische Sopranistin an der Uraufführung eines musikalischen Meisterwerks mitgewirkt hat. Wer erinnert sich denn heute noch daran, unter welchem Kaiser, König oder Präsidenten Bizets Carmen entstand?«

»Nur keine Sorge. Die sowjetischen Behörden werden sich erinnern.«

Ja, auch ich werde mich mein Leben lang daran erinnern, wer mir die Teilnahme verbot und warum ich in der Kathedrale von Coventry nicht in Brittens *War Requiem* singen durfte, in einem der bedeutendsten Werke dieses Jahrhunderts, wie Schostakowitsch es Slawa und mir gegenüber beurteilte.

Und noch etwas werde ich nie vergessen: den 30. Mai 1962, den Tag der Uraufführung. Statt mit all den andern an einem so festlichen Ereignis teilnehmen zu dürfen, statt die erregende Spannung des Mitwirkens und Mitgestaltens zu erleben, saß ich zu Hause in Moskau und weinte bittere Tränen.

Wenige Monate später aber, im Januar 1963, habe ich auf der Bühne der Albert Hall tatsächlich das *War Requiem* gesungen und das Werk, ebenfalls in London, zusammen mit Peter Pears, Dietrich Fischer-Dieskau und Benjamin Britten auf Schallplatte eingespielt.

In der Sowjetunion wurde es erst im Mai 1966 aufgeführt – erst nach seinem Siegeszug durch nahezu alle Länder der Erde.

In späteren Jahren war ich noch oft in England, öfter als in jedem anderen Land. Ich gab Solokonzerte, gastierte dreimal in einer Aufführungsserie der *Aida* und nahm jedes Jahr zusammen mit Slawa am Aldeburgh-Festival teil. Zu einem dieser Festivals konnte Slawa aus irgendeinem Grund nicht kommen und fiel daher als mein Begleiter aus. In letzter Minute mußte Ben für ihn einspringen.

Ich brauche wohl keinem zu erzählen, was für ein Pianist Benjamin Britten ist, welchen Ruhm er als Begleiter des unvergleichlichen Tenors Peter Pears genießt, dessen Gesangskunst als Inbegriff von Kultiviertheit, Schönheit und höchster Verfeinerung im Bereich der vokalen Kammermusik gilt. Unvergeßlich die gemeinsame Wiedergabe von Schuberts *Winterreise*! Und ich frage mich, ob Schuberts Sonate für Klavier, Arpeggione oder Cello je wieder in einer so betörenden Schlichtheit dargeboten wird wie auf der Schallplatte, die Britten und Slawa zusammen eingespielt haben.

An jenem Abend sang ich eine Auswahl von Liedern Tschaikowskijs, dessen Musik Ben so sehr liebte. (Kann es denn wahr sein, daß niemand eine Aufzeichnung davon hat?) Eines dieser Lieder, *Ein Augenblick der Angst*, schließt mit ganz wenigen Takten, mit nur wenigen Anschlägen auf dem Klavier, die, wie es scheint, auch nur wenig Anlaß zum Nachdenken bieten. Wenn Britten sie aber spielte, wollte man danach nichts mehr hören, um in der Stille die unirdische Reinheit dieses kurzen Schlusses in sich nachklingen und nachleben zu lassen.

In einem der folgenden Konzerte sang ich mit Peter Pears das Liebesduett aus Tschaikowskijs *Romeo und Julia*, ein Duett für Sopran, Tenor und Orchester – es ist das einzige Stück aus der ganzen Oper, das Tschaikowskij je vollendet hat. Die Art, wie Ben das lange, letztlich kaum für Klavier geeignete Präludium spielte, ist schon nicht mehr als Klavierspiel zu bezeichnen – es war ein einzigartiger, unvergleichlicher Augenblick. Ist es möglich, das Gefühl auszudrücken und zu vermitteln, das Leben habe mit einem Mal den Atem angehalten? »Verweile doch, du bist so schön!«

Ich stand auf der Bühne neben dem Klavier und hörte so fasziniert zu, daß ich meinen Einsatz verpaßte. Ich wußte weder, wo ich war, noch, was ich da sollte. Erst die danach einsetzende Stille brachte mich wieder zu mir. Als sei nichts geschehen, wartete Ben einen Augenblick und wiederholte dann die letzten Takte des Vorspiels.

Im Sommer 1965 überredete Slawa Ben und Peter, die Ferien bei uns in Rußland zu verbringen. Um ehrlich zu sein, ich habe diese Einladung nicht sofort unterstützt, weil ich ein schier unlösbares Problem auf mich zukommen sah: Wie sollte ich die beiden Gentlemen einen ganzen Monat lang ernähren? Wo sollte ich genießbare Steaks oder frischen Fisch für sie auftreiben?

Nun hatte ich mir für Gala-Empfänge ausländischer Gäste ein Menu zurechtgelegt, das sich auch bei Engpässen als unschlagbar erwies: *Blini* (russische Pfannkuchen) plus Kaviar in einer Vierpfunddose (den man zu jener Zeit noch kaufen konnte). Um dem Ganzen einen Hauch von Extravaganz zu verleihen, steckte ich eine Suppenkelle hinein. Ein phantastischer Effekt! Erstens glaubten die Ausländer, in Rußland äße man Kaviar statt Suppe. Zweitens, und das war das Entscheidende, lagen die vier oder fünf heißen Pfannkuchen – jeder mit saurer Sahne zubereitet, in Butter gebacken und mit einem Löffel voll Kaviar gekrönt – wie Ziegelsteine in den ausländischen, gänzlich untrainierten Mägen, so daß unsere Gäste sich nur mühsam vom Tisch erheben und auf die restliche Herrlichkeit in der Dose starren konnten, außerstande, auch das kleinste Häppchen noch unterzubringen. Dies war der Augenblick für mich, den Hauptgang des Diners anzukündigen

357

und mutig zu behaupten, ein saftiges Roastbeef schmore in der Röhre. Die Antwort bestand stets in einem allgemeinen Stöhnen und der Bitte um Gnade. Niemals haben die heißen Pfannkuchen uns im Stich gelassen.

Während ich mir noch das Gehirn zermarterte und mir vorzustellen versuchte, was ich Ben und Peter vorsetzen könnte, gab mir Schostakowitsch einen wunderbaren Tip. Kürzlich erst war er in Armenien gewesen, hatte dort im Haus der Komponisten in Dilischan, das hoch in den Bergen liegt, Ferien gemacht, und war von der armenischen Gastfreundschaft überaus angetan. Er schlug uns vor, mit den ausländischen Gästen dorthin zu fahren, und versicherte, die Armenier würden uns gewiß nicht enttäuschen, während wir in Moskau mit dem russischen Essen kaum zurechtkommen würden. In der Tat: Als Slawa im Haus der Komponisten anrief und den Leuten dort mitteilte, man wolle ihnen demnächst die Ehre erweisen, für Benjamin Britten persönlich und auch für uns den Gastgeber zu spielen, war ihre Freude so groß, daß sie diesen Tag um ein Haar zum nationalen Feiertag erklärt hätten. Verständlich – denn Benjamin Britten machte zum erstenmal Ferien in der Sowjetunion, und nicht etwa in einer Ferienvilla des Kreml oder sonstwo, nein, bei den Armeniern!

Als Ben und Peter in Moskau ankamen, war Bens erste Tat, mir einen schmalen Band mit Gedichten Puschkins und ihrer englischen Prosa-Übertragung zu zeigen. Er habe vor, während der Ferien einen Liederzyklus für mich zu schreiben und dafür den russischen Text zu benutzen. So erfreulich fing unsere Ferienreise an! Auch Asa Amintajewa – Osja – hatte sich uns angeschlossen, und schon bald atmeten wir die reine Bergluft von Dilischan, wo uns die Armenier zwei separate Hütten und sogar einen Koch zur Verfügung stellten. Sie hatten offenbar alles getan, um ihre Gäste in großem Stil zu empfangen. Slawa hatte ihnen erklärt, daß wir, falls nicht alles zu unserer Zufriedenheit ausfiele, auf der Stelle zu ihren Nachbarn, den Georgiern, auswandern würden. Von da an konnten wir uns aller Sorgen enthoben fühlen: Die Armenier hätten ihre Berge versetzt, nur um sich die Ehre, Benjamin Britten beherbergen zu dürfen, nicht zu verscherzen – und dies womöglich noch zugunsten der verhaßten Georgier!

Und so schleppten sie Kisten voller Wein und Cognac an, brachten uns Obst und Süßigkeiten, tischten uns Lammfleisch, Hähnchen, Forellen und andere Köstlichkeiten auf. Woher sie das alles hatten, blieb uns schleierhaft, aber wir lebten wirklich wie im Schlaraffenland.

Nur einmal kam es zu einer Krise: Einer von Bens Schuhen war durchgelaufen, und er wollte sich ein neues Paar kaufen. Nur gut, daß es Slawa gelang, das Problem der durchlöcherten Schuhe zu lösen, was hätten wir sonst tun sollen? Schuhe waren auch für gutes Geld nicht zu haben, es gab einfach keine in den Geschäften. Also rief er einen »Ältestenrat«

zusammen – die armenischen Komponisten, unsere Gastgeber –, hielt Bens Schuhe hoch und sagte: »Was läßt sich da machen? Britten hat nur dieses eine Paar. Zur Stunde sitzt er in Pantoffeln und arbeitet – hier in Dilischan – an einem Musikstück, das euch berühmt machen wird. Für ein paar Stunden kann ich ihn noch halten – aber dann? Werde ich dann etwa die Georgier bitten müssen? Die wissen immer einen Ausweg.«

Da erhob sich der Älteste, drückte Brittens abgetretene Schuhe an die Brust, rollte finster mit den Augen und sagte, daß die Georgier nur über seine Leiche Hand an sie legen dürften. »Faust und Othello werden sie reparieren. Und zwar so, daß sie neuer als neu sind. Das ist Ehrensache für das armenische Volk.« (Offenbar nennt man in Armenien alle Schuhmacher Faust, Othello oder Cäsar.)

Und tatsächlich, als Ben sein Tagewerk beendet hatte und Slawa fragte, wann er mit ihm Schuhe kaufen ginge, konnte Slawa ihm ein vorzüglich repariertes, auf Hochglanz poliertes Paar Schuhe präsentieren. »Na? Wozu neue kaufen, wenn man doch an den alten, eingelaufenen so hängt! Sieh nur, für dich hat Othello sich selbst übertroffen. Und gib zu: noch nie hat ein Othello deine Schuhe repariert!«

Ben war entzückt.

Wenn ich daran denke, was sich unsere freundlichen Gastgeber sonst noch alles zu unserer Unterhaltung einfallen ließen! Weder Ben noch Peter haben je erfahren, wieviel Heldentum, wieviel Mühe und Ausdauer dazu gehörte, solche Picknicks für uns auszurichten, solche Ausflüge weit ins Gebirge hinein zu arrangieren, wo man, soweit das Auge reicht, keine menschliche Behausung mehr sah, wo nur freundliche Menschen uns begrüßten und wir uns wie im Märchen vom Tischleindeckdich nur noch hinzusetzen brauchten.

Slawa und ich waren über die Bescheidenheit, die Anspruchslosigkeit von Ben und Peter ebenso überrascht wie über die Tatsache, daß sie jede Unbequemlichkeit in Kauf nahmen und auf den gewohnten Komfort verzichteten. Einmal wollten wir in das Bergdorf Goris fahren, um dort die frühen, noch erhaltenen armenischen Kirchen zu besichtigen. Die einzige Maschine, die wir auftreiben konnten, war gerade schmal genug, um auf dem kleinen Behelfsflugplatz in den Bergen landen zu können. Aber mir wurde leicht elend, als ich unser Transportmittel näher in Augenschein nahm. »Wenn du mich fragst, Slawa, ist dieses Luftschiff nichts anderes als ein alter Dampfkessel aus einer Feldküche, ein Dampfkessel mit Motor und zwei Flügeln dran. Er wird uns alle ins Verderben stürzen!«

Zu meinem Erstaunen aber waren unsere beiden Engländer die ersten, die in den Ölofen kletterten. Was blieb uns anderes übrig, als es den beiden gleichzutun, die sich mit Shorts und Hüten, mit Kameras und, natürlich, mit umgehängten Feldflaschen bestens für das Unternehmen gerüstet hatten. Ich brauche wohl kaum zu beschreiben, wie uns der anderthalbstündige Flug durchgerüttelt und -geschüttelt hat. Wunderbarerweise aber landeten wir schließlich doch noch auf dem festen Boden von Goris, wo wir schon zehn Minuten später vor Tischen standen, die sich unter Bergen von Speisen buchstäblich bogen . . . Ich muß gestehen, daß ich nie in meinem Leben eine solche Butter, eine solche saure Sahne und so einen Honig gegessen habe, dasselbe galt für Ben und Peter. Man servierte uns auch eine spezielle Sorte Wodka, den sie aus Weintrauben brannten. In den beiden letzten Wochen hatten wir uns schon angewöhnt, gläserweise Cognac zu trinken, und so waren wir auch hier keine Spielverderber. Besonders Peter ließ sich nichts entgehen und brachte einen Toast nach dem andern aus. Es herrschte eitel Freude, bis wir auf den Gedanken kamen, Fotos zu machen.

»Petja, mach bitte eins von uns allen mit den Bergen im Hintergrund!«

Mit schon ziemlich steifen Schritten trat Petja ein paar Meter bis zum Gebüsch zurück und richtete die Kamera auf uns. Wir sagten »Cheese«, und dann war Petja weg, verschwunden. Wir hätten schwören können, daß er eben noch unter uns weilte, zumal sein Hut wie zum Beweis noch auf dem Boden lag. Und da sich auch keinerlei Anzeichen einer Himmelfahrt ausmachen ließen, durchsuchten wir das Gebüsch und fanden ihn dort zwischen den Kletten, flach auf dem Rücken liegend und fest eingeschlafen.

Immer wieder dachten sich unsere Gastgeber neue Möglichkeiten aus, uns zu unterhalten. Keinesfalls sollten wir uns langweilen oder – was Gott verhüten möge! – auf den Gedanken kommen, doch noch zu den verhaßten Georgiern überzulaufen. So beschlossen sie eines Tages, uns *Kascha* vorzusetzen – ein Gericht, das ich nur ahnungsweise identifizieren konnte, auch nachdem ich es probiert hatte. Ich weiß nur, daß Hammelfleisch dazugehört, daß man es sehr lange und mit großem Zeremoniell kochen muß und daß es nur am Tage gegessen wird (vermutlich, um nicht in der Nacht daran zu sterben). Sie setzten uns also ins Auto und fuhren mit uns auf einen Berg, wo schon mehrere Holzfeuer brannten und Tische mit Speisen aller Art gedeckt waren. In deren Mitte stand ein riesiger Kessel auf einem Kohlebecken mit irgend etwas Brodelndem darin. Viele Stunden verbrachten wir damit, uns die Suppenteller mit *Kascha* vollzuschöpfen und sie, ermuntert von nicht endenwollenden Toasts, mit Gläsern voll Cognac hinunterzuspülen.

Gegen Abend war die Stimmung so heiter und ausgelassen, daß wir beschlossen, das Auto zurückzuschicken und den Heimweg zu Fuß anzutreten. Unten im Tal konnten wir unsere Hütten im Licht der untergehenden Sonne erkennen, sie schienen uns einen Katzensprung entfernt. Natürlich verwarfen wir auch die Möglichkeit, die Straße für den Rückweg zu benutzen: Es gab ja noch den Weg mitten durch den Wald und den steilen Berghang hinunter, der sich freilich wegen der dicken Schicht trockener Tannennadeln als eine wahre Rutschbahn erwies und uns nur im Schnekkentempo vorankommen ließ. Je länger nun der Abstieg dauerte und je tiefer wir kamen, desto größer schien die Distanz zu unseren Hütten zu werden. Als es langsam dunkel wurde, faßte Ben aus Furcht, die Nacht im Wald verbringen zu müssen, einen kühnen Entschluß: Er setzte sich hin und rutschte, geschickt den Tannen ausweichend, auf seinem Hinterteil den ganzen Abhang hinab. Wir andern folgten seinem Beispiel und waren gerettet: Im matten Licht der letzten Sonnenstrahlen kamen wir in der Nähe unserer Behausungen zum Halt – natürlich mit zerfetzten Hosen. Und ich besaß nur noch einen Schuh.

Gewöhnlich aber fanden unsere Orgien am Abend statt, der Morgen gehörte der Arbeit. Slawa übte ein neues Stück ein, Ben komponierte, und ich mußte mich auf die Dreharbeiten vorbereiten. Also schloß ich zunächst sämtliche Fenster, um die andern nicht zu stören, und ging dann zusammen mit Osja Schostakowitschs Oper mehrmals mit voller Stimme durch. Und unser Petja? Der schrieb Tagebuch.

Eines Morgens beim Frühstück wechselten Ben und Peter bedeutungsvolle Blicke und fingen an, das russische Verb *pisat* (schreiben) zu konjugieren. Petja war der begabtere und fleißigere Schüler, dessen Überlegenheit Ben auch anzuerkennen schien. An kritischen Punkten aber konnte Ben von seiner eigenen Autorität so überzeugt sein, daß er glaubte, Peter zu Hilfe kommen zu müssen.

Ja pischu pis mo (ich schreibe einen Brief), begann Peter. Das folgende aber klang so merkwürdig, daß Ben ihn zu korrigieren versuchte und im Brustton der Überzeugung ein Wort formulierte, das einer Zote gefährlich nahe kam. Slawa, Osja und ich brachen in schallendes Gelächter aus, unsere englischen Gentlemen haben aber nie erfahren, wozu sich das Wörtchen *pisat* in ihrem Munde verwandelt hatte. Danach schien es, als habe ihr Studium der russischen Sprache seinen Abschluß gefunden. Nur noch von Zeit zu Zeit und noch immer über den Grund unseres Gelächters rätselnd, fingen sie wieder an mit ihrem »*ja pischu pis mo* ...«; sie schienen die Hoffnung, ihre Aussprache doch noch vervollkommnen zu können, nicht ganz aufgegeben zu haben. Dann versicherten wir ihnen, daß sie wirklich große Fortschritte machten, baten sie aber, ihre Leistungen keinem andern vorzuführen.

Wie wir es schafften, uns zu verständigen, weiß ich wirklich nicht. Slawa und Ben unterhielten sich auf Deutsch – auf »Aldeburgh-Deutsch«, wie Ben das nannte. Dabei bin ich mir ganz sicher, daß keiner, der tatsächlich Deutsch konnte, hätte sagen können, worüber sie sprachen, ob es um

Vergangenheit, Zukunft oder Gegenwart ging, aber sie verstanden einander großartig. Ich selbst beherrschte damals nicht mehr als zwei Dutzend englischer Worte, meine Aussprache aber war, wie Peter mir sagte, reinstes Oxford. Und während Osja nie über ein »Let's go!« hinauskam, hatten Ben und Peter außer ihrem *pisat pis mo* die russischen Worte für »Gehen wir!« und »Liebling« gelernt, für »liebe, lieber«, »ich liebe«, »Pilze«, »köstlich«, »Brot«, »gut« und »schlecht«. Unser Wortschatz reichte völlig aus, jeden Abend bis nach Mitternacht mit Gesprächen zu verbringen. Und wenn die Worte nicht genügten, unseren Gefühlen Ausdruck zu verschaffen, fielen wir uns eben wortlos um den Hals.

Bald aber neigten sich unsere Tage bei den gastfreundlichen Armeniern ihrem Ende zu. Am Abend vor der Abfahrt lud Ben uns noch einmal zu sich ein, um uns seinen eben vollendeten Liederzyklus vorzuführen.

Das Echo, Der Engel ... Von den ersten Seiten an konnten wir nur staunen, wie genau er das Denken und Fühlen Puschkins erfaßt hatte – und das ohne jede Kenntnis des Russischen!

Ich glaubte meine Brust genesen, Die Nachtigall und die Rose ...

Britten hatte die Gedichte nicht in der Absicht vertont, die Musik für sich selbst sprechen zu lassen. Es war ihm gelungen, zum Wesen dieser Verse vorzudringen und ihr Innerstes zu erfassen, dem Geheimnis des Puschkinschen Genies auf die Spur zu kommen. Obwohl Brittens unnachahmliche Merkmale überall zu erkennen sind, ist dies die wahre Substanz seiner Musik. *Halb ist er Lord, halb Handelsmann, Schlaflos lieg' ich stundenlang* ...

Als ich ihm beim Vorspielen dieser faszinierend schönen Musik zuhörte, schien es mir, als könne ich genau den Tag bestimmen, an dem er dieses oder jenes Lied geschrieben hatte. Noch einmal zog die herbe Landschaft Kaukasiens an mir vorbei – die abgrundtiefen Felsschluchten und die Berge, deren Gipfel bis zum Himmel reichten; ich sah die Waldwege vor mir, die wir täglich wanderten, und die Wiesenblumen, die Ben so liebte. Ich sah ihn, wie er allein ein Stück weiterging, in einiger Entfernung von uns stehenblieb und über irgend etwas lächelte ...

Ich glaubte meine Brust genesen
Von Liebesglück und Liebesqual
Ich sprach getrost: »Was einst gewesen,
Kehrt nicht zurück zum andern Mal!«

Immer, wenn ich dieses herrliche Lied singe, sehe ich ihn im Schatten hoher Bäume stehen, sehe ihn vor mir, wie er über irgend etwas tief in seinem Innern lächelt. Als Ben geendet hatte, schrieb er auf russisch die Widmung: »Für Galja und Slawa.«

Wieder in Moskau, hatten Ben und Peter bis zu ihrer Rückkehr nach London nur drei Tage Zeit – drei Tage für eine wilde Jagd. Denn um das Puschkin-Museum, das Haus des Dichters in dem Dorf Michailowskoje, zu besichtigen, mußten wir im Auto über tausend Kilometer fahren und rechtzeitig in Moskau zurücksein, um unsere Freunde zu verabschieden. Vergebens bat ich Slawa, das Flugzeug zu nehmen: »Auf keinen Fall! Wir müssen ihnen doch Rußland zeigen!«

»Was kriegen sie denn davon mit, wenn wir wie die Verrückten fahren müssen! Die Zeit ist doch viel zu knapp. Und wo sollen wir unterwegs etwas zu essen finden? Du läßt uns noch alle verhungern!«

Es half alles nichts – um die Mittagszeit fuhren wir los und erreichten bei Einbruch der Dunkelheit Nowgorod, wo wir übernachteten. Am nächsten Morgen ging es nach einer kurzen Runde durch die Kirchen wieder zurück in den Mercedes und mit Vollgas weiter. Von einem Picknick im Wald konnte trotz schönster Pläne nicht die Rede sein, weshalb Slawa, um uns in diesem Wettlauf mit der Zeit bei Kräften zu halten, uns Whiskyflaschen und belegte Brötchen zusteckte. Durchgeschüttelt von der langen Fahrt, aber immerhin noch lebend, kamen wir spät am Abend in Michailowskoje an, wo uns der Kurator des Museums, ein freundlicher und hochgebildeter Mann namens Semjon Geitschenko, bereits erwartete. Er hatte schon am Nachmittag mit unserer Ankunft gerechnet und gehofft, uns das Haus und den Park noch bei Tageslicht zeigen zu können, denn wegen der Brandgefahr gab es keine Elektrizität im Haus. Bei Dunkelwerden schloß man es gewöhnlich ab. Jetzt aber machte der Hausherr den seltenen Gästen zuliebe eine Ausnahme und öffnete uns die Pforten. Augenblicklich befanden wir uns in einer anderen Welt ... »Sei mir gegrüßt, weltabgeschiedne Klause ... Refugium der Arbeit, der Ruhe und der Eingebung ...« Wie viele seiner herrlichen Gedichte hatte Puschkin hier verfaßt! Und nicht weit von hier, auf dem Friedhof des Klosters Sujatogorsk, lag er auch begraben.

Kerzen in der Hand und zitternd vor Erregung, gingen wir von Zimmer zu Zimmer, von deren nachtdunklen Wänden uns der große russische Dichter entgegensah. Von weither war ein Gast zu ihm gekommen, der Engländer Benjamin Britten, der ihm jetzt sein jüngstes Werk überreichte.

Draußen schlug eine Uhr, zeigte mit schepperndem Klang die Stunde an.

»Wie seltsam das klingt! Als schlüge man auf eine Blechbüchse!«

»Es ist eine alte Uhr«, erklärte uns Geitschenko flüsternd und führte uns nach draußen. »Seit Puschkins Tagen hängt sie hier im Hofeingang. Ich bin jetzt zwanzig Jahre hier und habe sie noch nie reparieren müssen. Nur klingt sie allmählich etwas blechern.«

Wir kamen ins Nebenhaus, das früher einmal das Dienstgebäude des Verwalters gewesen sein mochte und heute Wohnhaus unseres Gastgebers war. In einem kleinen Wohnzimmer machten wir es uns bequem, Ben setzte sich ans Klavier und spielte den Liederzyklus, den Peter neben ihm stehend sang. Es war fast dunkel im Zimmer, nur zwei Kerzen brannten. Jetzt kamen sie zum letzten Lied *Verse, in einer schlaflosen Nacht geschrieben*:

Schlaflos lieg' ich stundenlang,
Bin gequält von bangen Träumen,
Und gefühllos, ohne Säumen
Tickt die Uhr im Pendelgang.

In diesem Augenblick – Ben hatte eben mit dem Vorspiel begonnen, mit dem er an das Ticken einer Uhr erinnert – schlug Puschkins Uhr Mitternacht und ließ ihre zwölf Schläge in genauester Übereinstimmung mit Bens Vorspiel ertönen. Alles erstarrte. Ich hörte zu atmen auf und fühlte, wie ich eine Gänsehaut bekam – Puschkins Bildnis sah Ben genau in die Augen . . . Auch Ben war bleich und sichtlich erschüttert, spielte aber weiter . . . *Des Dichters Echo* . . .

Wir wagten nicht zu sprechen und gingen schweigend in unsere Zimmer.

Am Abend darauf spielte Britten den Zyklus Schostakowitsch vor. Dieses kurze, für uns alle unvergeßliche Ereignis war der Beginn der Freundschaft zwischen Ben und Dmitri Dmitrijewitsch, die später dadurch gekrönt wurde, daß einer dem andern eines seiner Werke widmete: Britten die Oper *The Prodigal Son*, Schostakowitsch die *Vierzehnte Symphonie*.

Und doch waren beide sehr unterschiedliche Naturen. Zu Ben konnte ich von Anfang an ganz offen sein, konnte ihm sogar erzählen, wenn ich Magenschmerzen hatte. Wie oft fuhr ich ihm durch sein widerspenstiges Haar! Dann schnurrte er vor Wonne, lachte und sagte, daß er in einem früheren Leben sicherlich ein Pferd gewesen sei. Ben konnte ich übers Gesicht streichen, ihn sogar küssen. Wann aber hätte ich Dmitri Dmitrijewitsch je zur Begrüßung oder zum Abschied umarmt! So sehr ich mein Gedächtnis auch bemühe, ich kann mich nur an ein einziges Mal erinnern: als wir uns für immer von ihm verabschiedeten. Für ihn war es etwas Unnatürliches, Gefühle zu zeigen, selbst den nächsten Menschen gegenüber.

1974, als wir schon nicht mehr in Rußland lebten, besuchten wir Ben nach einer schweren Herzoperation und waren erschüttert, wie sehr er sich verändert hatte. Von dem früheren, ständig zu Streichen aufgelegten Ben war nichts mehr zu spüren: vom Leiden gezeichnet, saß er jetzt oft im Lehnstuhl, eine Wolldecke auf den Knien. Doch nahm er seine Krankheit demütig hin, akzeptierte bei Tisch dankbar die Hilfe derer, die ihm nahestanden, und konnte sogar von Zeit zu Zeit über sich selbst lachen.

Armer Ben! An jenem Tag ermüdete er rasch und ließ sich in sein Zimmer bringen; auch wir mußten aufbrechen. Als wir, um gute Nacht zu sagen, noch einmal zu ihm gingen, versuchte er uns wiederholt zu erklären, wie schwer es ihm doch fiele, nicht mehr der gastfreie Hausherr sein zu können, der er immer gewesen war.

»Aber ich bitte dich, liebster Ben! Nichts ist geschehen, das sich nicht wieder einrenken ließe. Du hast nur zuviel gearbeitet und ein solches Tempo vorgelegt, daß dir eine Umstellung schwerfällt. Du darfst jetzt eine Zeitlang nur halb soviel tun und mußt einfach kürzertreten. Das wird nicht leicht für dich sein, aber nur Geduld!«

Dankbar wie ein Kind nahm er unsere durchsichtigen Lügen hin, kamen sie doch von Freunden, die ihn über alles liebten.

Als wir Ben 1976 bei seinem alljährlichen Festival in Aldeburgh zum letztenmal sahen, war er nur noch selten zu einem Konzertbesuch fähig. Und als ich einmal beim Abendessen neben ihm saß, wie gewöhnlich zu seiner Linken, hörte ich mit Schaudern das dumpfe, hohle Pochen seines Herzens und sah, wie es hämmernd gegen die Hemdbrust schlug.

An diesem Abend – es war der erste Todestag Dmitri Dmitrijewitschs – sang ich in der *Vierzehnten Symphonie*. Slawa dirigierte, Ben saß im Zuschauerraum. Wie gut konnte ich mich an den Tag erinnern, als Dmitri Dmitrijewitsch uns die Vierzehnte bei sich zu Hause erstmals vorführte! Und an den Tag, als ich sie hier in Aldeburgh unter Bens Leitung sang – »Gewidmet Benjamin Britten«. Wieviel Liebe spricht doch aus Schostakowitschs Worten, die sich jetzt aus einer anderen Welt an den Freund und Bruder wandten: ». . . Was ist Verfolgung? Unsterblichkeit ist sowohl dem kühnen inspirierten Vorhaben beschieden als auch dem süßen Gesang. So wird auch unser Bündnis, das wir in Freiheit und stolzer Freude schlossen, in Glück und Unglück bestehen und niemals enden . . . Es ist das Bündnis zweier Lieblinge der ewigen Musen.«

Ein schicksalhafter Abend: Schostakowitsch war tot, seine Witwe Irina saß im Zuschauerraum. Slawa und ich lebten im Exil und sahen jetzt von der Bühne aus zur linken Loge hinüber, wo Peter saß und neben ihm Ben, von Krankheit gepeinigt und schon vom Tode gezeichnet.

Drei Monate später, am 4. Dezember 1976, erfuhren wir, daß Benjamin Britten gestorben war.

All das aber kam erst später – ein Jahrhundert später, wie mir scheint. Jahre zuvor, im Sommer 1968, habe ich in London und Aldeburgh zusammen mit Slawa Schostakowitschs Blok-Zyklus uraufgeführt, habe beim Festival in

Edinburgh unter Carlo Maria Giulini im *War Requiem* gesungen und in mehreren Städten Englands Solokonzerte gegeben.

In England hatte Slawa einen Landrover gekauft, bei dem er vornehmlich die Eigenschaft schätzte, daß bei hochgestelltem Verdeck zwei Betten zum Vorschein kamen, darunter ein Tisch mit Stühlen, ein Kühlschrank, ein Gaskocher – kurz, all das, was den Grillen und den sportlichen Intentionen eines Gentleman entgegenkommt. Nur konnte ich mir kaum vorstellen, was und wohin er damit in Rußland wollte, und setzte alles daran, ihm den Gedanken an eine neuerliche überflüssige Anschaffung auszureden. Der Kern der Sache aber war, daß Slawa irgendwann einmal in München eine Autohupe gehört hatte, die einen durchdringenden, dem Muhen einer Kuh nicht unähnlichen Ton von sich gab. Seither verfolgte ihn das unstillbare Verlangen, an einem unserer Autos eine ebensolche Hupe anzubringen. Nur hätte sich das bei einem eleganten Mercedes recht merkwürdig ausgenommen, und unser alter Volkswagen wäre bei dem Lärm mit Sicherheit auseinandergefallen. So kaufte er also den Landrover und konnte die Posaunen Jerichos endlich installieren.

Ausgerüstet mit Landkarten, einer Teekanne, Bechern und Besteck, verkündete mir Slawa wenig später, wir führen jetzt quer durch Europa nach Moskau zurück, könnten im Auto schlafen, unser Essen auf dem eigenen Kocher zubereiten, uns Zeit lassen und überhaupt die schönste Ferienreise daraus machen. Nachdem er den Wagen noch mit Tapeten für die Moskauer Wohnung und ganzen Körben mit Küchengerät vollgestopft hatte, gingen die Türen kaum noch zu. Unmöglich, in den rückwärtigen Teil des Fahrzeugs zu gelangen – nur die beiden Vordersitze waren freigeblieben. Auf meinen legte er noch ein Kissen, damit ich mich nicht über die harte Sitzfläche beschweren konnte. Danach muß er wohl zu dem Schluß gekommen sein, daß es immer noch ungenutzten Stell- und Laderaum gab, denn er packte einen riesigen Metallkoffer mit Farbdosen für die Datscha voll und wuchtete ihn aufs Verdeck. Dahinter kam – last not least – auch noch ein Boot auf Rädern unter. Danach verkündete mir ein strahlender Rostropowitsch, er sei nun startbereit.

Inzwischen hatten sich alle, die sich von uns verabschieden wollten, auf dem Rasen von Red House eingefunden und zerbrachen sich die Köpfe, auf welchen Namen unser Schiff zu taufen sei, bevor es die Segel zu seiner Jungfernfahrt hißte. Ben schlug »Butterblume« vor, das Lieblingsgericht der Kühe, war dann aber rätselhafterweise verschwunden. Wenig später hatte Peter schon ein weißes Fähnchen fabriziert, eine Butterblume darauf gemalt und an der Karosserie festgemacht. Als Ben wieder auftauchte, überreichte er Peter, Slawa und mir feierlich unsere Noten zu seiner Kantate für Sopran, Tenor und eine Kuh, die er eben fertiggestellt und *Butterblume* betitelt hatte; sie sollte uns auf der bevorstehenden Fahrt Glück bringen. Jetzt drängten sich alle um das Auto. Ben schwang seinen Taktstock, Peter und ich stimmten die ersten Gesänge der *Butterblume* an, Slawa kroch ins Auto und ließ sein »muh – muh« ertönen, in das alle nach Kräften einstimmten. Dann warf Ben eine Flasche Champagner gegen das Auto, wir gingen zum nächsten Stück der Kantate über und genehmigten uns noch einen kräftigen Schluck für unterwegs.

Begleitet von den Zurufen und dem Gesang der Gäste und Gastgeber von Red House, machten wir uns mit dem Ruf »Auf nach Moskau!« auf den Weg.

20

In unserem Landrover, der Butterblume, kutschierten wir im Sommer 1968 gemütlich durch Westeuropa, durch Frankreich, Österreich und die Schweiz. Slawa war selig über sein neues Spielzeug, das eines Tages, als wir durch die blitzsaubere Schweizer Landschaft fuhren, ein so ohrenbetäubendes Muhen von sich gab, daß die anderen Autofahrer verschreckt auf den Randstreifen flüchteten. Die weidenden Kühe aber setzten uns mit Riesenschritten und neugierigen Augen nach, verfolgten uns noch meilenweit. Offensichtlich sprach Butterblume ihre Sprache.

Um unsere Freunde Paul und Maja Sacher zu treffen, machten wir einen Abstecher nach Basel und wohnten zwei Tage in ihrem gastfreien Haus. Jahre später sollten wir ihre Freizügigkeit noch einmal erleben: Als wir Rußland mit leeren Taschen verlassen hatten, ergab sich für Slawa die Gelegenheit, ein Stradivari-Cello zu kaufen – jenes, auf dem er bis heute spielt. Untröstlich, die astronomische Summe nicht aufbringen zu können, erzählte er Paul davon und erschrak nicht schlecht, als dieser sein Scheckheft zückte und einen Scheck in Höhe der genannten Summe ausstellte. Slawa, dem es wie ein Traum vorkam, auf Grund eines so kleinen Stück Papiers soviel Geld ausgezahlt zu bekommen, konnte sein Glück kaum fassen; und er war nicht weniger glücklich, schon nach kurzer Zeit die Schuld begleichen zu können, weil er ein Jahr lang für sich und nicht für die sowjetische Regierung gearbeitet hatte.

Sorglos und guter Dinge erreichten wir die Grenze zu Osteuropa. Erst jetzt erfuhren wir, wie sehr sich das politische Klima dort verschlechtert hatte. Nach den ersten Kilometern auf tschechoslowakischem Boden wurde uns klar, daß es wenig ratsam war, Russisch zu sprechen: Die Tschechen konnten ihren Haß auf uns nicht verbergen und gaben einfach keine Antwort. Die bekamen wir erst, nachdem wir uns entschlossen hatten, nur noch auf Deutsch nach dem Weg zu fragen. Erschütternd genug: wieviel

Groll mußte sich gegen die Russen aufgestaut haben, wie weit mußte es mit den Tschechen gekommen sein, daß sie lieber Deutsch hörten! Wir dachten an das Prag von 1955 und an die Zeit zurück, als wir uns kennenlernten. Damals hatten die Tschechen uns geliebt, hatten ihre Häuser jedem Russen wie einem Bruder aufgetan. Heute aber taten wir besser daran, nur bei Tage unterwegs zu sein. In der Nacht fühlten wir uns bedroht, ja in Lebensgefahr, wenn sie uns als Sowjetbürger erkannten.

Einmal erwiesen sich unsere britischen Zulassungsschilder am Auto als große Hilfe. Wir hatten Polen als letztes Land vor der sowjetischen Grenze erreicht und durchquerten ein unbewohntes Waldgebiet, als sich der schwere Metallkoffer aus seiner Verankerung löste und auf die Straße stürzte. Die Farbdosen kullerten über den Asphalt, ein paar gingen auf und ergossen ihren Inhalt auf die Fahrbahn. Verzweifelt standen wir davor und wußten nicht, was wir tun sollten, als uns ein paar Polen im Auto entgegenkamen, anhielten und uns fragten, ob wir Hilfe brauchten. Wie bitte? Hilfe? Hilfe für Sowjetbürger? Rasch aber hatten wir begriffen, daß sie uns wegen der Nummernschilder für Engländer hielten. Wir bedankten uns auf Englisch und sagten, daß wir schon zurechtkämen, worauf sie, ohne Verdacht zu schöpfen, davonfuhren. Irgendwie kamen wir auch zurecht, sammelten unsere Dosen wieder ein und kletterten, über und über mit Ölfarbe beschmiert, zurück ins Auto. Jetzt hieß es auf die Tube drücken, um noch vor der Dunkelheit an der sowjetischen Grenze zu sein. Wir wußten ja, daß sie bei Einbruch der Dämmerung geschlossen wurde und daß man uns, auch wenn wir mit Engelszungen redeten, nicht mehr durchlassen würde.

Genau das war auch der Fall. Angesichts der Schlagbäume, die uns den Zugang in die unermeßlichen Weiten unseres Vaterlands verwehrten, verbrachten wir die Nacht im Auto. Erst am Morgen ließen sie uns passieren. Endlich in Brest, endlich daheim in Rußland – die Spannung der letzten Tage löste sich, fiel von uns ab. Aber was war das? Den ganzen Tag über während der Autofahrt durch Weißrußland begegneten uns endlose Kolonnen von Militärfahrzeugen, Panzer, bewaffnete Soldaten . . .

»Großer Gott, Slawa, was ist das? Krieg?«

»Nein, nein – nur Manöver.«

Daß unser Land sich rüstete, die Tschechoslowakei zu besetzen, wäre uns nie in den Sinn gekommen.

Wir blieben nicht lang in Moskau. Schon drei Wochen später saßen wir im Flugzeug nach London, um an dem Festival Sowjetischer Kunst teilzunehmen. Wir trafen am Vorabend des Festivals ein, das am 21. August 1968 mit Dvořáks Cello-Konzert – gespielt von Slawa und dem Staatlichen Symphonie-Orchester der UdSSR – eröffnet werden sollte.

Als wir am nächsten Morgen nach dem Frühstück das Hotel verließen, wimmelte es auf den Straßen von Menschen und Transparenten – »Russen sind Faschisten!« – »Russen raus aus der Tschechoslowakei!« Wir wollten einfach nicht glauben, daß es tatsächlich zum Einmarsch gekommen war, zu einer Aktion, die uns als die schändlichste in der Geschichte des russischen Staates erschien. Wir rannten ins Hotel zurück und schalteten das Fernsehgerät ein. Jetzt mußten wir es glauben: Auf allen Kanälen sah man die sowjetischen Panzer durch Prager Straßen und über Plätze rollen, man sah die verwirrten Gesichter sowjetischer Soldaten . . . Tausende von Tschechen an den Straßenrändern . . . Sie leisteten keinen Widerstand. Mit welcher Verachtung aber sahen sie ihre vormaligen Brüder an! Viele weinten. Andere schrien und hämmerten mit ihren nackten Fäusten auf die stählernen Monster ein.

Jetzt schwenkte die Kamera zum anderen Ende des Platzes, wo mehrere Frauen eine Kette bildeten und sich plötzlich vor den Panzern zu Boden warfen. Ich schrie vor Entsetzen auf.

Slawa rannte wie von Sinnen durchs Zimmer. »Galja, was sollen wir bloß tun? Diese Schande! Diese Verbrecher! Ich schäme mich ja, heute abend aufzutreten. Wir sind doch auch Russen, oder? Wir sind doch Sowjetbürger!«

Ein schmerzlicheres Zusammentreffen hätte es in der Tat nicht geben können: Da beginnt in London ein sowjetisches Festival, das an einem für alle Welt tragischen Tag mit der Musik Dvořáks eröffnet wird!

Ein paar Stunden später betrat Slawa die Bühne der riesigen Albert Hall. Und was sich schon auf der Straße vor dem Konzertsaal an Tumulten und Demonstrationen abgespielt hatte, setzte sich jetzt im Innern fort: Sechstausend Menschen begrüßten die sowjetischen Symphoniker mit ausdauerndem Gebrüll, mit Pfeifen und Getrampel. An einen Beginn des Konzerts war nicht zu denken. Die einen schrien: »Sowjetfaschisten! Haut doch ab!« und die andern: »Ruhe! Was können die Künstler denn dafür!«

Wie auf dem Schafott stand Slawa da, bleich und entschlossen, die Schmach seiner Regierung auf sich zu nehmen. Ich schloß die Augen und verkroch mich in die hinterste Ecke meiner Loge.

Endlich beruhigten sich die Leute. Dvořáks Musik erklang wie ein Requiem für das tschechische Volk, und Rostropowitsch begann mit Tränen in den Augen in der Sprache seines Instruments zu den Menschen zu sprechen. Die hörten ihm jetzt hingegeben zu und lauschten dem Bekenntnis eines großen Künstlers, der sich durch Dvořáks Musik mit der Seele des tschechischen Volkes verbündete, mit ihnen litt, für sie betete, sie um Vergebung bat.

Als der letzte Ton verklungen war, eilte ich zu Slawa hinter die Bühne und sah, daß er noch immer litt. Sehr blaß, mit zitternden Lippen und

Tränen in den Augen griff er nach meinem Arm und zog mich zum Ausgang. »Laß uns ins Hotel zurückgehen. Ich kann jetzt keinen Menschen ertragen.«

Draußen auf der Straße schrien die Demonstranten immer noch und warteten auf die Musiker, um ihren Zorn über das kriminelle Vorgehen des Sowjetregimes an ihnen auszulassen. Aber als sie uns beide sahen, wurden sie mit einem Male still und traten beiseite, um uns durchzulassen. Wir wagten es nicht, sie anzusehen, wir fühlten uns wie Verbrecher und gingen schnell durch die Menschenmenge hindurch zu unserem Auto.

Wieder im Hotel, konnten wir endlich über alles sprechen, was uns quälte. Was aber hätten wir tun können? Das einzige, das in unseren Kräften stand und zu tun übrig blieb: wir tranken.

Zu diesem Zeitpunkt konnten wir nicht ahnen, daß die Ereignisse in der Tschechoslowakei einen Schlußstrich unter unser bisheriges, unser glückliches Leben gezogen hatten. Noch vor Ablauf eines Jahres sollte Alexander Solschenizyn zu uns in die Datscha ziehen.

Im Frühjahr 1968 gab Slawa in Rjasan ein Konzert und begegnete Alexander Isajewitsch Solschenizyn zum erstenmal. Kurz vor seinem Auftritt erfuhr er, daß Solschenizyn im Zuschauerraum saß, und war hocherfreut über die Gelegenheit, den berühmten Autor zu treffen; er nahm wohl an, daß Solschenizyn ihn nach dem Konzert hinter der Bühne aufsuchen würde. Doch ging Alexander Isajewitsch nach Hause. So schnell ließ Slawa sich nicht entmutigen, er fand die Adresse heraus und stand am nächsten Morgen vor Solschenizyns Tür.

»Guten Tag! Ich bin Rostropowitsch und möchte Sie kennenlernen.«

Solschenizyn lebte zusammen mit seiner Frau und zwei alten Tanten in einer kleinen Wohnung im Erdgeschoß. Tag und Nacht fuhren die Lastwagen so dicht und mit einer solchen Lautstärke daran vorbei, daß sämtliche Fenster zitterten. Überdies mußten diese Fenster zum Schutz vor den giftigen Dämpfen der Chemiefabriken Rjasans ständig geschlossen bleiben. Slawa konnte nur staunen, in welch beengten Verhältnissen Solschenizyn lebte und welche Armut er in Kauf nahm.

Wenig später kam Alexander Isajewitsch nach Moskau und war auch bei uns in der Wohnung. Ich gab zu diesem Zeitpunkt ein Auslandsgastspiel und konnte ihn deshalb nicht sehen. Slawa aber traf ihn danach noch mehrfach bei gemeinsamen Freunden. Eines Tages erfuhr er von Lydija Tschukowskajas Tochter, daß Solschenizyn schwer krank sei und jetzt in dem Dorf Roschdestwo lebe, wo ihm eine Hütte gehörte. Daraufhin setzte Slawa sich sofort ins Auto, um ihn dort zu besuchen.

In den Tagen Chruschtschows durften die Leute kleinere Grundstücke zum privaten Anbau von Obst und Gemüse nutzen und in diesen Kleingärten auch niedrige Schuppen errichten. Die bestanden meist aus einem Raum, boten bei Regen Unterschlupf und beherbergten das Gartengerät. Nun hatten die Sowjetmenschen ja gelernt, nicht allzu wählerisch zu sein, und lebten daher, des Zaren Nikita in Dankbarkeit gedenkend, während der Sommermonate oft mit der ganzen Familie in diesen Hütten.

Als Slawa nun an einem kalten, regnerischen Herbsttag in Roschdestwo eintraf, fand er Solschenizyn in einem solchen Schuppen vor. Er lag an der Straße nach Kiew und war der einzige Ort, der Alexander Isajewitsch genügend Ruhe zum Arbeiten bot, so daß er jedes Jahr bei Frühlingsbeginn schon dort war und bis zur ersten Kälte blieb. (Auf Grund der Lügengeschichten des KGB wurde aus diesem Schuppen später eine vornehme Datscha, ein Privatbesitz in der Nähe Moskaus, über den wir einiges aus dem *Stern* und der *Literaturnaja Gaseta* erfuhren.)

Alexander Isajewitsch litt an einer akuten Ischiasentzündung, die er sich in dem feuchten ungeheizten Raum zugezogen hatte. Natürlich mußte er auf dem schnellsten Weg hier weg – nur hätte er bei einer Rückkehr nach Rjasan seine Arbeit in den Wind schreiben können. Überdies stand sein Ausschluß aus dem Schriftstellerverband zu befürchten, was soviel wie den Entzug sämtlicher Rechte und Verteidigungsmöglichkeiten bedeutete. Daher war es nur natürlich, daß Slawa angesichts der Notlage seines neuen Freundes Solschenizyn den Vorschlag machte, den Winter in unserer Datscha in Schukowka zu verbringen.

Da traf es sich gut, daß wir eben mit dem Anbau eines kleinen Gästehauses fertig geworden waren, das zur einen Hälfte aus einer Garage, zur andern aus einer kleinen Zweizimmerwohnung plus Küche, Bad und Veranda bestand und vom Haupthaus beheizt werden konnte.

Ganz aufgeregt vor Freude sah ich dem Kommen Solschenizyns entgegen; aber wie es das Unglück wollte, saß ich wieder einmal ohne meine Haushälterin da. Also mußten die beiden Mädchen mitanfassen und mir helfen, ein Bett, Küchen- und Eßzimmermöbel aus unserem Haus in den Anbau zu tragen, in das zukünftige Heim des berühmten Schriftstellers. Die Vorhänge machten mir allerdings Kopfzerbrechen: zu kaufen gab es keine, und zum Selbernähen hatte ich keine Zeit. Also nahm ich die Gardinen aus unserer dritten Etage ab und hängte sie in sein Arbeitszimmer. Sie waren weiß, mit einem abstrakten blauen Muster darauf und stammten von einer unserer Amerikareisen. Ich fragte Slawa, ob er sie für Alexander Isajewitschs Zimmer für geeignet hielt. Waren sie nicht zu modern und machten ihn am Ende noch nervös? Kannte ich denn seinen Geschmack? Vielleicht mochte er das Altmodische. Aber alles, was Slawa an Rjasan noch erinnerte, waren der rötliche Bart Solschenizyns und zwei alte Damen irgendwo in

371

einer vollgestopften Wohnung. Wenn einer seine Jugend als Frontkämpfer im Krieg verbracht hat und danach zehn Jahre in Gefängnissen und Straflagern, dann steht ihm der Sinn vermutlich nicht nach solchen Banalitäten.

Eines Morgens sah ich dann vom Fenster aus einen alten Moskwitsch auf unserem Grundstück stehen. Wie Slawa mir erzählte, war Alexander Isajewitsch schon um sechs Uhr früh dagewesen, hatte nur rasch seine Sachen ausgeladen und den Zug nach Moskau genommen. In ein paar Tagen wolle er zurückkommen und sich einrichten.

»Und? War er zufrieden? Mochte er das Haus? Vielleicht braucht er noch etwas, vielleicht noch ein paar Möbel!«

Beim Betreten des Gästehauses sah ich mich mit dem forschenden Blick einer Hausfrau um, aber nichts war verändert. Außer einem seltsamen Bündel, das auf dem Bett im Schlafzimmer lag, konnte ich nichts Neues entdecken, auch in der Küche nicht. Vielleicht hatte er das Auto doch noch nicht ausgeladen? Ich ging zurück ins Schlafzimmer. Was mochte das für ein Bündel sein? Beim näheren Hinschauen sah ich, daß es eine wattierte Steppjacke war, schwarz, abgetragen und voller Löcher, eine Jacke, wie man sie in Straflagern trägt. Sie war um ein dickes Kissen gewickelt, dessen Überzug eine Menge Flicken aufwies. Sowohl den Flicken auf der Jacke als auch denen auf dem Kissen sah man an, daß ein Mann sie aufgenäht hatte, mit groben, unbeholfenen Stichen. Alles war ordentlich mit einer Kordel umschnürt, an der ein Teekessel aus trübem Aluminium hing. Es schien so, als sei ein Mann eben aus dem Konzentrationslager gekommen und habe sich alles zurechtgelegt, wieder dorthin zurückzukehren. Dieser ergreifende Eindruck schnitt mir wie ein Messer durchs Herz.

»Slawa, das ist von *dort*, nicht wahr?«

Beide starrten wir das Bündel an, das in jeder Falte und in jedem Flicken die Qualen und Leiden eines Menschen in sich barg. Als kostbaren Besitz trug Alexander Isajewitsch dieses Bündel stets bei sich, von einem Wohnort zum andern. Als Insasse eines Straflagers hat er die Welt durchquert, sich kein Vergessen gegönnt.

So war es denn zunächst Solschenizyns Schicksal, womit ich in Berührung kam; ihn selbst lernte ich erst Tage später kennen: als einen hellhaarigen, untersetzten Mann mit rötlichem Bart, mit einer kräftigen, wohlklingenden Stimme und klaren grauen Augen, die zuweilen glänzten wie von Fieber.

»Darf ich mich vorstellen, Galina Pawlowna, ich bin Sanja.«

»Lassen Sie die Förmlichkeiten weg und nennen Sie mich Galja.«

»Danke. Ich bin Ihnen und Stiwa [sein Spitzname für Slawa] unendlich dankbar für die großzügige Einladung. Ich befürchte nur, Ihnen zur Last zu fallen.«

»Überhaupt nicht. Das Gästehaus stand ja leer, und wir freuen uns, daß Sie unsere Einladung angenommen haben. Ich mache mir nur Gedanken, ob es Ihnen auch bequem genug ist, das Haus ist ja nur klein.«

»Ach Galotschka, noch nie zuvor habe ich in solch einem Luxus gelebt! Ein Traum ist für mich Wirklichkeit geworden! Ein wunderbarer Ort, der Garten, diese Ruhe, ein Haus und Arbeit – das Paradies auf Erden! Ich bitte Sie nur um einen Gefallen. Ist es Ihnen recht, wenn ich einen Tisch und eine Bank in den Garten stelle, irgendwo da hinten, damit ich draußen arbeiten kann? Ich kenne einen Tischler, der macht sie mir, wenn Sie nichts dagegen haben. Und meinen Schreibtisch will ich mir noch holen, ich bin so an ihn gewöhnt.«

»Holen Sie sich her, was immer Sie wollen, und richten Sie sich ein. Sie sollen sich doch wohlfühlen bei uns.«

Wenig später lernte ich auch Solschenizyns Gattin, Natascha Reschetowskaja kennen, eine schwächliche Frau mit großen Augen. Viel habe ich nicht von ihr gesehen, weil sie nur während des ersten Winters bei uns wohnte. An den ersten Eindruck aber kann ich mich noch gut erinnern. »Ein seltsames Paar«, sagte ich zu Slawa, als sie zum Tee bei uns gewesen waren. »Wann haben sie geheiratet?«

Es gibt diesen Frauentyp in Rußland – den der ewigen Braut aus einem »Adelsnest«[1] in der Provinz. Sie und Solschenizyn waren gleichaltrig, Kinder hatten sie keine. Als junges Mädchen hatte sie Gedichte geschrieben und Chopin gespielt, war aber über ihre Rolle einer kühlen, wohlerzogenen jungen Dame nie hinausgewachsen. Jetzt, dreißig Jahre älter, machte sie einen merkwürdigen, ja erschreckenden Eindruck auf mich.

An jenem ersten Abend, wir saßen am Tisch und waren in ein Gespräch mit Solschenizyn vertieft, stand Natascha plötzlich auf und ging ins Nebenzimmer, setzte sich ans Klavier und spielte ein paar Stücke von Chopin und Rachmaninow. Sie spielte nicht nur schlecht, sondern vergriff sich auch ständig und erbarmungslos in der Tonart, so daß Alexander Isajewitsch zusammenzuckte und die Augen niederschlug. Dann sah er Slawa an und sagte: »In Ihrer Gegenwart hätte sie besser die Finger davon gelassen, finden Sie nicht?«

Ich hielt es nicht einmal für so schlimm, daß sich eine Frau ans Klavier setzte und in Gegenwart eines berühmten Musikers etwas vorspielte, um sich »interessant« zu machen. Wenn sie aber wußte, daß dies ihren Mann in größte Verlegenheit brachte, dann sah die Sache für mich schon anders aus.

---

[1] Anspielung d. Verf. auf Turgenjew

Solschenizyns erster Roman *Ein Tag im Leben des Iwan Denissowitsch*, den die Zeitschrift *Novy Mir* bereits 1962 veröffentlichte, hatte ihm weltweiten Ruhm eingetragen und begeisterte Aufnahme gefunden. Monatelang druckten die sowjetischen Zeitungen nur Lobeshymnen, verglichen Solschenizyn mit Dostojewskij und Tolstoj, ja, man schlug das Buch sogar für den Lenin-Preis vor. An diesem Punkt aber nahm der zunächst so glänzende Erfolg Solschenizyns bei den Sowjets ein jähes Ende. Als die Behörden bemerkten, welche Wirkung der *Iwan Denissowitsch* auf die Bevölkerung ausübte, schoben sie rasch einen Riegel vor.

Dabei lag die Gefahr für sie nicht einmal in den Tatsachen, die der Roman ausbreitete. Seit dem XX. und dem XXII. Parteitag, seit der Kritik an Stalins Personenkult, wußten die Leute ja von den Millionen, die in den sowjetischen Konzentrationslagern umgekommen waren. Mit der Zeit aber war Gras darüber gewachsen, und die neuen Verleumdungskampagnen, die neuen Parteiparolen, denen die Menschen so gerne Glauben schenkten, taten ein Übriges dazu, daß vieles in Vergessenheit geriet. Für die Behörden lag die Gefahr in Solschenizyns Talent und in der Macht, die sein Iwan Denissowitsch auf die Menschen ausübte. Denn dieser Dorf-Muschik ersteht in dem Buch wie ein Symbol des Volkes schlechthin, er ist ein Mann, der die Aufmerksamkeit aller auf sich zieht, der an das Gewissen der Menschen appelliert und sie im Innersten aufrüttelt, zur Reue aufruft. Unvergeßlich die letzten, in ihrer Schlichtheit so erschütternden Sätze des Romans: »Er verbrachte 3653 Tage in Haft, alle gleich vom Morgen bis zum Abend. Wegen der Schaltjahre waren die letzten drei Tage hinzugekommen.«

Jetzt lag Solschenizyns zweiter Roman, *Krebsstation*, wohlverwahrt im Safe von Alexander Twardowskij, dem Herausgeber von *Novy Mir*, dem es trotz seiner Beziehungen und Einflußmöglichkeiten nicht gelungen war, das Werk in Druck zu geben. Ich selbst habe es im Manuskript gelesen, als Solschenizyn bei uns lebte.

Warum die Behörden sich gegen eine Veröffentlichung in der Sowjetunion sträubten, lag auf der Hand. Jener Parteibürokrat Rusanow, der in *Krebsstation* so glänzend geschildert wird, ist ja in seiner Beschränktheit und Selbstgerechtigkeit nur einer von Millionen Rusanows, die das Sowjetregime am Leben halten. Vom höchsten bis zum niedrigsten Funktionär hätte sich jeder einzelne in dieser Schilderung wiedererkennen müssen.

Noch konnten Slawa und ich uns nicht vorstellen, was der Aufenthalt dieses »verabscheuungswerten Individuums« in unserem Hause einmal nach sich ziehen würde. Als wir ihn aufnahmen, wollten wir weder Solschenizyns »Freiheitskampf« unterstützen noch zur Rettung Rußlands beitragen. Nein, wir hatten nichts anderes getan, als einem Menschen Obdach zu gewähren, der ein hartes Los zu tragen hatte. Unserem Nächsten zu helfen, hielten wir nicht für Heldentum, sondern für eine Selbstverständlichkeit unter Menschen. Und ich habe vor ihm als einem Bruder in Christus schon Achtung empfunden, bevor ich ihn kannte – allein durch den Anblick seines Bündels in unserem Haus, das damals noch mein schönes und glückliches Zuhause war.

Nur darfst du eben in diesem Land nicht einfach ein Mensch sein, der die Welt mit eigenen Augen betrachtet und nach den Gesetzen seines Gottes lebt. Im Gegenteil: Du mußt ihn aus deinem Herzen verjagen und die entstandene Leere mit Marx und Engels, mit Lenin, Stalin und ihren ganzen Widersinnigkeiten ausfüllen. Das sei jetzt deine Religion. Und wie der unsterbliche Iljitsch schon sagte: »Wer nicht für uns ist, ist gegen uns.« Als wir Solschenizyn bei uns aufnahmen, hatten wir uns allem Anschein nach als *gegen* sie erwiesen.

Dabei verlief der erste Winter eher friedlich für uns. Wie zuvor ging Slawa häufig auf Auslandstournee und dirigierte auch weiterhin am Bolschoi, was freilich nicht hieß, daß die Behörden nicht schon zu »nagen« begonnen hatten.

Ihre Stunde kam mit einer Schallplattenaufnahme, die ich mit Herbert von Karajan plante. Karajan hatte mich 1969, als das Bolschoi in Ostberlin gastierte, in *Eugen Onegin* gehört und mir vorgeschlagen, die Marina Mnischek in einer Aufnahme des *Boris Godunow* zu singen. Ich stimmte natürlich begeistert zu und bat ihn, sich an das übliche Verfahren zu halten und die Einladung ans Kulturministerium zu schicken.

Wenig später war ich in London, wo mich Karajans Sekretärin anrief und mir mitteilte, daß seine Einladung abgelehnt worden sei. Ich bat sie nur, mir den Brief zu übermitteln und dem Maestro zu versichern, daß ich die Aufnahme mit ihm machen würde, auch wenn ich dafür den Kreml in die Luft jagen müßte.

Bald hielt ich das Dokument in Händen, das Kalinin, Chef der Abteilung für Auslandsbeziehungen, unterzeichnet hatte. Kaum zurück in Moskau, eilte ich ins Kulturministerium und dort schnurstracks ins Büro des Stellvertretenden Ministers Popow.

»Wer hat es gewagt, mir die Schallplattenaufnahme mit Karajan zu verbieten?«

Kalinins und Popows Antwort kam wie aus einem Munde: »Davon hören wir zum erstenmal. Bitte, beruhigen Sie sich.«

»Zum erstenmal? Und wessen Unterschrift ist das?«

Damit warf ich ihnen den Brief ins Gesicht. An Karajan adressiert, hieß es darin schwarz auf weiß: »Galina Wischnewskaja singt die Partie der Marina Mnischek nicht und kann sie auch nicht singen. Am Bolschoi-

Theater wird diese Partie nur mit einem Mezzosopran besetzt. Wir könnten Ihnen aber eine andere Sängerin vom Bolschoi vorschlagen.«

Popow wurde puterrot im Gesicht und fiel über Kalinin her: »Du Sohn einer . .! Wo arbeiten Sie eigentlich, auf einem persischen Basar oder im Kulturministerium?«

»Aber wir waren doch der Meinung –«

»Zum Teufel mit Ihrer Meinung!« keifte ich jetzt alle beide an. »Ich muß die Marina singen, und ich werde sie auch singen! Vielleicht haben Sie auch Karajans Meinung dazu gehört – er versteht bestimmt genausoviel von Musik wie Sie!«

Um es kurz zu machen – ein Telegramm ging nach Berlin ab, das mir die Mitwirkung an der Schallplattenaufnahme des *Boris Godunow* offiziell gestattete.

Ich habe Solschenizyns Optimismus immer bewundert, noch nie war ich einem Menschen begegnet, der so wenig Ansprüche an das tägliche Leben stellte wie er. Wie oft hat er ganz allein in der Datscha gewohnt, vornehmlich im Winter!

Als wir einmal unvermutet bei ihm auftauchten, war er eben dabei, sich sein Abendessen zu kochen – aus Nudeln und Brühwürfeln. Auch ein Stück Brot lag auf dem Tisch. Erfreut, uns zu sehen, sagte er bei seinen Vorbereitungen: »Wie schön, daß Sie vorbeikommen! Sie trinken doch sicher einen Tee mit mir?«

Ich konnte mich immer noch nicht von dem Anblick seines kümmerlichen »Abendessens« losreißen und warf, als er kurz ins Nebenzimmer ging, einen Blick in den Kühlschrank: eine Flasche Milch, eine Dose Sauerkraut, eine gekochte Kartoffel, Eier – das war alles.

»Wovon leben Sie bloß? Was essen Sie?«

Die Frage schien ihn zu überraschen. »Was meinen Sie mit ›Was essen Sie?‹ Ich gehe ins Dorf, besorge mir, was ich so brauche, und esse es. Ich lebe sehr gut.«

»Das nennen Sie Essen? Das ist ja entsetzlich!«

»Keine Sorge, Galotschka!« lachte er. »Ich bin es gewöhnt, so zu leben, ich brauche nicht mehr. Das Wichtigste für mich ist die Wärme hier, die Ruhe überall und die gute Luft – es ist ein idealer Ort zum Arbeiten!«

Wie ich später von Slawa erfuhr, lebte Alexander Isajewitsch von einem Rubel pro Tag. Auf diese Weise konnte er viele Jahre lang von seinen nicht unbeträchtlichen Einnahmen aus dem *Iwan Denissowitsch* zehren. Er hatte es sich zum Ziel gesetzt, alles, was er zu schreiben vorhatte – alles, wofür er lebte –, auszuführen, bevor dieser Vorrat erschöpft war.

Auch nach dem Nobelpreis hat sich seine Lebensweise nicht sonderlich

376

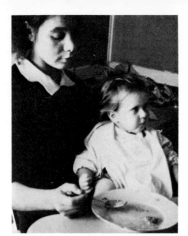

50 Rimma, unser Kindermädchen, mit Jelena

51 Slawa und Olga

Olga lernt Singen

53 Olga und Jelena mit Slawas Mutter und Patentante

54 »Liebe Mama, hab uns lieb! Wir können ohne dich nicht leben! Du fehlst uns, wir warten auf dich und haben dich lieb. Papa, Olga, Lena.« 31. Dezember 1959

55 Mit Slawa in Prag, 1965

56 Januar 1960 in New York

57 In Rio de Janeiro mit der ganzen Familie, 1979

58 Schiffsreise auf der Wolga

59 Alexander Solschenizyn und seine Frau Alja in unserer Datscha in Schukowka

60 Solschenizyn mit Jermolai

61 »Matrjonas Beerdigung«, Bild von Gawriil Glikman nach Solschenizyns Erzählung »Matrjonas Haus«. Dargestellt sind v. l. n. r.: Solschenizyn, Rostropowitsch, Schostakowitsch und ich

62 Glikmans Porträt von Marina Zwetajewa

63 Jermolai auf dem Tisch, an dem Solschenizyn »August 1914« schrieb

64 In den USA, 1969

65 Auftritt mit Slawa in der Carnegie Hall, New York, 1975

66 Pressekonferenz in London, 1978, nach der Aberkennung unserer Staatsbürgerschaft

67 Als Tatjana in meiner Abschiedsvorstellung in Paris, 1982

68 Tatjana in »Eugen Onegin«, Paris, 1982

69 Nach meiner Abschiedsvorstellung mit »Eugen Onegin«, Paris, 1982. Links Jelena, rechts Olga

verändert. Mir fiel lediglich auf, daß er jetzt Gin, einige Flaschen Tonic und Nüsse bei sich stehen hatte – gekauft gegen harte Währung im Ausländer-Laden (und nur für Gäste: er selbst trank keinen Alkohol und rauchte nicht). Auch sein Tisch war jetzt eine Spur reichlicher gedeckt.

Im Frühjahr 1970 fuhr ich nach Wien, um mit Karajan *Boris Godunow* aufzunehmen. Wie immer ging meine Gage an die Botschaft, und das, was man mir großzügigerweise an »Honorar« zugestand, reichte gerade für ein Paar weiße Schuhe und eine Pelzmütze aus weißem Polarfuchs. In dieser Zeit meiner Arbeit an *Boris Godunow* und meiner Vorfreude auf die Zusammenarbeit mit dem berühmten Dirigenten kam es zu den Vorfällen, die unser Leben radikal veränderten.

Solschenizyn hatte den Nobelpreis erhalten und damit eine öffentliche Hetzkampagne in der Presse ausgelöst. Es war wie gehabt – mit dem Unterschied, daß Pasternak, Schostakowitsch oder Prokofjew zu ihrer Zeit keinerlei öffentlichen Beistand erfuhren. Jetzt aber gab es jemand, der öffentlich Stellung bezog und zugunsten Solschenizyns protestierte: Rostropowitsch.

Ich kann mich noch gut an den kalten Morgen in Moskau erinnern, als Slawa, der eben von der Datscha zurückgekehrt war, mir von seinem Entschluß erzählte, für Solschenizyn Partei zu ergreifen. Er zeigte mir einen Brief, den er geschrieben hatte und an die Chefredakteure von *Prawda*, *Iswestija*, *Literaturnaja Gaseta* und *Sowjetkultur* schicken wollte.[1]

»Aber den wird niemand abdrucken – keine Zeitung wird ihn veröffentlichen. Was kann er dann bewirken?«

»Solschenizyn lebt in unserem Haus. Man soll erfahren, wie ich über die Dinge denke.«

»Du hast ja völlig recht! Und wenn ich wüßte, daß der Brief in der Sowjetpresse erscheint, wäre ich die erste, die ihn unterschreibt, auch wenn sie mich dafür in Stücke reißen. Nur halte ich es für Schwachsinn, sich freiwillig zu opfern – sein Leben einem Femegericht auszuliefern.«

»Die Zeiten haben sich geändert. Ich weiß, daß sie den Brief nicht abdrucken – aber viele werden durch die Zeitungsleute davon erfahren.«

»Du mußt dir nur klarmachen, daß du nicht für dich allein verantwortlich bist. Du wirst viele in Mitleidenschaft ziehen, deine Schwester zum Beispiel. Sie ist Geigerin und könnte ihre Stelle im Orchester verlieren. Vergiß nicht, daß sie einen Mann und zwei Kinder hat. Du kannst dir wohl denken, was ihnen dann bevorsteht. Und ich selbst bin am Theater – alles, was ich mir dort geschaffen und erarbeitet habe, kann an einem Tag zunichte sein.«

---

[1] Siehe Anhang S. 465

»Meiner Schwester wird sicher nichts geschehen. Und was uns beide betrifft, so können wir uns zum Schein scheiden lassen. Dann kann dir niemand etwas tun.«

»Scheiden lassen? Zum Schein? Und wo willst du wohnen? Und was sollen wir deiner Meinung nach den Kindern erzählen?«

»Wir leben natürlich auch weiterhin zusammen. Und den Kindern werde ich alles erklären – sie sind groß genug, um uns zu verstehen.«

»Aber wenn es der Sinn dieser Scheidung ist, mich von jeder Mittäterschaft freizusprechen, müssen wir auch getrennt leben. Was gedenkst du dann zu tun – willst du vielleicht nachts durchs Fenster klettern? Ja? Das ist doch lächerlich! Und ich brauchte mir, wenn wir auch weiterhin zusammenleben wollen, wohl nur ein Schild mit der Aufschrift um den Hals zu hängen, daß wir nicht miteinander schlafen. Dann können sie auch nicht erwarten, daß ich mich für dich verantwortlich fühle. Ist es das, was dir vorschwebt? Mach dich doch nicht lächerlich, Slawa! Ich halte es wirklich für besser, wenn du deine Ansicht für dich behältst.«

»Aber wenn ich jetzt nicht spreche, wird es niemand tun.«

»So und so wird niemand etwas öffentlich sagen. Und wenn du versuchst, eine Höllenmaschine mit einer Hand anzuhalten, mußt du dir über die Konsequenzen im klaren sein. Vergiß nicht, in welchem Land du lebst. Ihr erster Schritt wird sein, dich aus dem Bolschoi zu werfen. Das ist nicht weiter schlimm, du bist ja nur Gastdirigent dort. Schlimm ist, daß du auch deine Auslandsreisen vergessen mußt. Bist du dazu bereit?«

»Mal doch den Teufel nicht an die Wand – nichts von alledem wird passieren. Ich habe lange darüber nachgedacht – ich muß es tun. Bist du dir klar darüber –«

»Ich verstehe dich sehr gut. Und du weißt, daß ich zu dir stehe, wie immer du dich entscheidest. Ich kann mir nur genau vorstellen, was auf uns zukommt – im Gegensatz zu dir. Aber du hast als wichtige Persönlichkeit und als großer Künstler ein Recht darauf, deine Meinung zu sagen.«

»Ich wußte ja, daß du mich verstehen würdest.«

»Gib mir den Brief, ich gehe ihn noch einmal durch.«

Slawa stimmte meinen Korrekturen zu und schrieb ihn zum zweiten Mal. Ein paar Tage später warf er vier Briefe auf dem Weg zum Flugplatz in den Briefkasten. Er flog nach Deutschland, und ich wollte nach Wien, um meine Aufnahme des *Boris Godunow* unter Karajan zu Ende zu bringen. Jetzt befürchtete ich natürlich, daß sie mir wegen des Briefes die Ausreise verweigerten, hoffte aber, daß Karajan – zumal die erste Hälfte der Aufnahme schon fertig war – sein Prestige in die Waagschale werfen und meine Reise durchsetzen könnte. Und wirklich: Die zuständigen

Stellen ließen mich nach Wien, obwohl zwei Wochen später alle Rundfunkanstalten des Auslands unseren Brief mehrmals täglich verlasen.

Wieder in Moskau, erfuhr ich als erstes, daß ein Film über mein Leben und meine Arbeit verboten worden war. Vom Moskauer Fernsehen schon vor langer Zeit gedreht, ist der Film nie gesendet worden.

Es hatte also angefangen . . .

Um zu unserer Datscha in Schukowka zu gelangen, mußte man die weißrussische Bahnlinie nehmen und bis zur Station Ilinskoje fahren, dort die Geleise überqueren und sich rechts halten, wo der Weg an einem hohen und langen Zaun vorüberführte, hinter dem ein weitläufiges, viele Morgen umfassendes Waldgebiet lag, ein Grundstück des Ministerrats. Bog man am Ende des Zauns links ab, hatte man bald unser Wohngebiet erreicht, dessen sechzehn Häuser Mitgliedern der Akademie der Wissenschaften gehörten. Dahinter erstreckte sich noch ein weiteres Grundstück des Ministerrats mit regierungseigenen Datschas. Das Dorf Schukowka selbst lag zu beiden Seiten der Durchgangsstraße.

Die Häuser unseres Areals waren nach dem Krieg für Nuklearforscher errichtet worden – noch auf persönliche Anweisung Stalins, der ihnen auch selbst die Häuser übergeben hatte. Warum, blieb vielen rätselhaft, da sie alle in den verschiedensten Gegenden um Moskau ihre Datschas besaßen. Als zwei dieser Wissenschaftler nach Stalins Tod ihre Häuser verkauften, haben wir das eine erworben, Schostakowitsch das andere. Man darf natürlich nicht annehmen, daß unser Sowjetmonarch aus reiner Liebe zu den Wissenschaftlern so großzügig war. O nein. Denn wenn er die Creme des sowjetischen Forschungspotentials im Zentrum des abgeriegelten Regierungsgebiets ansiedelte – in einem Gebiet also, das sowohl von der regulären als auch von der Geheimpolizei strengstens bewacht wurde –, dann hatte er sie vollständig unter Kontrolle. Und er konnte sie zugleich an ein Leben gewöhnen, wie es die sowjetische Elite führte – an ein vom Alltag und seinen Sorgen unberührtes Leben. Die Wissenschaftler erhielten die Erlaubnis, in den Geschäften der Ministerratszone einzukaufen und auch in Moskau die Läden zu betreten, die Mitgliedern der Regierung vorbehalten waren, sie durften sich im Krankenhaus des Kreml behandeln lassen und vieles mehr. Wenn man sich erst an all diese Privilegien gewöhnt hat, die im Vergleich zur Lebensweise des Durchschnittsrussen geradezu phantastisch sind, dann fällt es schwer, auf sie verzichten zu müssen.

Anders als Slawa galt ich in Schukowka als Privatperson, und ich hatte, auch als wir schon fast fünfzehn Jahre dort lebten, noch immer nicht alle Nachbarn kennengelernt. Auch Andrej Sacharow war ich lange

387

Zeit nicht begegnet, obwohl er im Haus gegenüber wohnte und sein Sohn Dima, der mit unseren Töchtern befreundet war, uns oft besuchte.

Einmal, als wir im Auto zur Datscha zurückfuhren, begegneten wir zwei Männern beim Spazierengehen. Slawa hielt an, grüßte und bot ihnen an, sie bis zu ihrem Haus mitzunehmen. Wir fuhren dann zusammen weiter. Einer von den beiden hatte mich durch seine intelligenten durchgeistigten Züge und die Klarheit seiner Augen zutiefst beeindruckt. »Mein Gott«, sagte ich zu Slawa, »diese Augen! Wer war das?«

»Sacharow.«

Am nächsten Tag kamen er und seine Frau Jelena Bonner uns besuchen.

Sie lebten in einem zweistöckigen Backsteinhaus, das weit größer schien, als es tatsächlich war. Hinter der Fassade vermutete man helle und geräumige Zimmer, von innen aber war es überraschend eng und unbequem. Es schien, als gäbe es zwischen den Haus- und den Zimmerwänden große Leerräume. Ein mittelgroßer Raum im Erdgeschoß mit einer ungeheizten Veranda, zwei, drei kleine Zimmer im ersten Stock – das war bereits alles. Unvorstellbar, wie Sacharow darin leben und arbeiten konnte, vor allem im Sommer, wenn er seine vielköpfige Familie unterbringen mußte: zwei Kinder aus der ersten Ehe (Sacharows erste Frau war gestorben), ein Sohn und eine verheiratete Tochter mit ihrer Familie; die Kinder seiner zweiten Frau Jelena Bonner, wiederum ein Sohn und eine verheiratete Tochter mit Familie, dazu Jelenas alte Mutter, Jelena und er selbst. Viele Möbel gab es nicht und hätte es in diesem Haus auch nicht geben können. Dafür standen jede Menge Betten in den Zimmern.

Sacharow selbst schlief unten in einem Nebenraum – der große Atomphysiker hatte nicht einmal ein eigenes Arbeitszimmer. Das hat ihn nie gestört, und niemals hätte er sich über irgend etwas beklagt, ja es schien, als sei er auch gegen den Irrsinnsbetrieb seines Haushalts gefeit gewesen. Guter Andrej Dmitrijewitsch!

Wir versuchten, ihn zum Anbau eines zusätzlichen Zimmers zu überreden, damit er wenigstens einmal am Tag die Tür hinter sich zumachen und allein sein konnte. Er war auch jedesmal ganz unserer Ansicht, um dann doch mit gequältem Lächeln möglichst rasch das Thema zu wechseln. Später erfuhr ich auch, warum: er hatte kein Geld. Denn als er mit den sowjetischen Behörden in Konflikt geriet, hat dieser hochanständige Mann, diese kristallklare Seele, hundertfünfzigtausend Rubel seiner Einkünfte, die Ersparnisse seines Lebens, an den Staat zurückgezahlt. Es dauerte auch nicht lange und man verweigerte ihm ein Privileg, das allen Wissenschaftlern zustand: ein regierungseigenes Auto mit Chauffeur zu fahren. Und weil er in Moskau arbeitete, sein eigenes Auto aber von den Kindern benutzt wurde, mußte er für den Hin- und Rückweg die Bahn nehmen. Wie oft sahen wir ihn gegen Abend vom Bahnhof zur Datscha pilgern, schwer bepackt mit Tüten und Taschen voller Lebensmittel, die er in Moskau besorgt hatte.

So traf es sich für Solschenizyn, daß er nach seinem Einzug bei uns mit Sacharow auf der einen und Schostakowitsch auf der anderen Seite benachbart war. Es war also ganz natürlich, daß Solschenizyn durch diese Nähe in regen Kontakt mit Sacharow kam. Doch hatte Slawa sich vorgenommen, Solschenizyn und Schostakowitsch zusammenzubringen, zumal Dmitri Dmitrijewitsch Solschenizyns Kunst hochschätzte und dessen Erzählung *Matrjonas Hof* als Stoff für eine Oper verwenden wollte. Sie trafen sich auch mehrere Male, doch stand es für uns von vornherein fest, daß sie keine engere Freundschaft schließen würden: zu unterschiedlich waren ihre Temperamente, zu verschieden ihre jeweiligen Lebenserfahrungen. Solschenizyn war der geborene, der kompromißlose Kämpfer, der Gerechtigkeit und öffentliche Auseinandersetzung forderte und bereit war, mit bloßen Händen eine Kanone anzugreifen, wenn es für die künstlerische Freiheit zu kämpfen galt. Dagegen ist Schostakowitsch sein Leben lang ein introvertierter Mensch gewesen, dem der Sinn nicht nach Kämpfen stand.

»Sagen Sie ihm, daß er es nicht mit der Bande im Kreml aufnehmen soll. Er muß arbeiten. Ein Schriftsteller muß arbeiten. Er soll schreiben – er ist ein großer Schriftsteller.«

Schostakowitsch wußte zwar, daß er als einer der Großen in der Musikwelt galt, aber er konnte die Stimmen derer nicht überhören, die ihm ein Nachgeben im politischen Kampf vorwarfen. Es war ihm bekannt, daß die Menschen öffentliche Stellungnahmen von ihm erwarteten und daß er, wie Solschenizyn es tat, für sein Gewissen und seine Freiheit als Künstler kämpfe. Das ist so Brauch bei uns: einer muß sich für alle andern opfern. Warum aber rühren diese anderen nicht einen Finger, wenn es darum geht, den einen zu retten, warum tun sie auch dann nichts, wenn dieser eine der Stolz der Nation ist?

Armer Dmitri Dmitrijewitsch! Vielleicht war es 1948, damals, als er im überfüllten Großen Saal des Moskauer Konservatoriums wie ein Aussätziger in einer leeren Stuhlreihe saß, daß er darüber nachdachte, wie man in diesem Land überleben konnte. Wie oft hat er uns gesagt, wenn uns bei einer neuerlichen Ungerechtigkeit der Kragen platzte: »Sie verschwenden nur Ihre Energie. Arbeiten Sie, musizieren Sie. Sie leben nun einmal in diesem Land und müssen die Dinge so sehen, wie sie wirklich sind. Machen Sie sich keine Illusionen. Es gibt kein anderes Leben. Es kann es gar nicht geben. Seien Sie dankbar, daß man Ihnen immer noch zu atmen erlaubt!«

Er empfand sich und uns alle als Mitspieler in einer Farce. Und wer sich einmal bereit erklärt hatte, den Clown zu spielen, der mochte ihn auch weiterspielen, bis zum letzten Vorhang.

Wenn sich Schostakowitsch einmal entschieden hatte, dann hielt er sich auch unbeirrbar an die Spielregeln. Er gab Erklärungen in der Presse und bei Versammlungen ab, er unterzeichnete »Protestschreiben«, die er, wie er uns selber sagte, nie gelesen hatte. Was die Leute über ihn redeten, kümmerte ihn nicht: Er wußte ja, daß die Zeit einmal kommen würde, da von den vielen Worten nichts übrigblieb und es nur noch seine Musik gab – eine Musik, die mehr als alle Worte sagte. Sein einzig wahres Leben war die Kunst, und in dieses Leben ließ er niemanden ein. Sie war sein Tempel, und wenn er den betrat, warf er die Maske ab und war er selbst.

Wenn sich im heutigen Rußland das Bewußtsein mehr und mehr verändert hat, so geht viel von dieser neuen Freizügigkeit auf das Konto Dmitri Schostakowitschs, der vom Beginn seiner Laufbahn bis zu ihrem Ende die Menschen durch seine Musik zum Protest aufgerufen hat – zu einem Protest gegen die Beschränkung der Freiheit des Individuums. Und er hat das leidenschaftlicher, enthusiastischer getan als jeder andere Komponist unserer Zeit. Um dazu aber imstande zu sein, mußte er alles Unwesentliche beiseite räumen, alles, was seiner Kreativität im Wege stand. Von Zeit zu Zeit mußte er auch den Hunden, die ihn hetzten, einen Knochen vorwerfen und sich damit die Zeit erkaufen, die er für eine Arbeit in Ruhe und Frieden brauchte. Die Briefe und Artikel, die er unterschrieb, waren also eine Art Schuldverschreibung, die er noch einzulösen hatte. Doch wußte er genau, daß die Meute auch dann nicht von ihm abließ. Früher oder später würde sie ihn erneut umzingeln und ihn daran hindern, in Töne umzusetzen, was ihm das Herz zerriß.

So sprach er auf den unterschiedlichsten Versammlungen, die keine wirkliche Bedeutung für ihn hatten. Er sprach, um sich wieder Zeit zu erkaufen und um so schneller an seinen Schreibtisch zurückkehren zu können. Jene aber, die ihm solche Stellungnahmen abverlangten, maßen ihnen große Bedeutung bei. Schon wenige Monate nach Schostakowitschs Tod legte die Sowjetregierung seine Schuldverschreibung zur Zahlung vor: Unter dem Titel *Schostakowitsch spricht* erschien in der Sowjetunion ein Schallplattenalbum mit Aufnahmen seiner öffentlichen Erklärungen. Mit welcher Eile die Behörden doch die Spuren eines Mordes zu vertuschen suchten, den sie schrittweise an einem bedeutenden Menschen begangen hatten!

Wenn sie aber glaubten, Schostakowitsch als guten Kommunisten verkaufen zu können, wenn sie ihn nach ihrer Art verpackt präsentierten und ihm das Parteiabzeichen ansteckten, dann machten sie sich nur selbst etwas vor. Die Edition jener Erklärungen, die im Widerspruch zu Schostakowitschs Leben und Werk stehen, ist nur ein weiterer Beleg für die Perversion des kommunistischen Regimes und ein Beweis für die Unterdrückung des Individuums.

Trotz der Verhöhnung aber, der seine Kunst ausgesetzt war, und trotz der Tatsache, daß die eigenen Landsleute ihn ans Messer lieferten, ist Schostakowitsch seinem Volk treu geblieben. Warum nahm er sich nicht das Leben? Welche Kraft hielt ihn vor diesem letzten Schritt zurück? Kann es die Ehrfurcht vor Gott gewesen sein? Im Sopranpart der *Vierzehnten Symphonie* kommen die Worte vor: »Drei Lilien, drei Lilien auf meinem Grab. Kein Kreuz . . .« Ich weiß noch, wie Dmitri Dmitrijewitsch in völliger Selbstvergessenheit und sichtlich gequält dieser Stelle bei den Proben lauschte. Er sprach nie über seinen Glauben, sagte aber oft: »Es steht alles in Gottes Hand.« Aus seinem Munde klang das nicht nach einer hohlen Phrase. Schostakowitsch hat sein eigenes Kreuz getragen. Er wankte unter dessen Gewicht, doch hat er seine Pflicht bis ans Ende erfüllt.

Jedes seiner Werke ist ein Beleg seines anklagenden Zorns, seines Grams und tiefen Leidens. Und die Symphonien, jene wortlosen Monologe, zeugen von Protest und tragischer Verstrickung, von Schmerz und Demütigung. Wenn Musik kommunismuskritisch sein kann, dann wäre, wie ich meine, Schostakowitschs Musik so zu bezeichnen. Ohne Schostakowitsch gäbe es keine sowjetische Kunst und kein zwanzigstes Jahrhundert. Je mehr Zeit vergeht, desto klarer wird man das erkennen.

Ich ärgere mich jedesmal und alles sträubt sich in mir, wenn ich die einfältige Äußerung höre, diese oder jene Handlung Schostakowitschs sei von seiner Angst diktiert worden. Ein Mann, der vor Angst gelähmt ist, hätte niemals eine so kraftvolle Musik schreiben können – eine Musik, die selbst jene im tiefsten berührt, denen politischer Terror fremd ist. In Schostakowitschs Musik spiegelt sich die Seele des russischen Volkes im zwanzigsten Jahrhundert. Wenn sich spätere Generationen mit seinem Erbe näher befassen und der Arbeit dieses Sisyphos mit all ihren Widersprüchen nachgehen, werden sie in der Lage sein, die Grundlagen der Gesellschaft seiner Zeit zu erforschen und zu erkennen.

Schostakowitschs Vierzehnte, Benjamin Britten gewidmete Symphonie wurde im Herbst 1969 vom Moskauer Kammerorchester unter Leitung seines damaligen Dirigenten Rudolph Barschai uraufgeführt. Den Sopranpart hatte Dmitri Dmitrijewitsch für mich geschrieben, und ich war auch die erste Sängerin, die in der Vierzehnten auftrat: am 29. September 1969 in Leningrad und am 6. Oktober desselben Jahres in Moskau.

Um sich einen Begriff von der Arbeitsweise sowjetischer Musiker zu machen, dürfte der Hinweis genügen, daß für die erste Aufführung sechzig Proben angesetzt waren.

Bei einer dieser Proben, die im Moskauer Maly-Saal stattfanden und zu der ausgewählte Musiker als Zuhörer zugelassen waren, wurden wir Zeugen eines bedeutsamen Ereignisses – des Todes von Apostolow. Als einer der »Chefideologen« auf dem Gebiet sowjetischer Kunst hatte Apostolow einen Großteil seines Lebens mit der Hetzjagd gegen Schostakowitsch verbracht. Jetzt, als die Probe sich hinzuziehen begann, fühlte er sich plötzlich unwohl und mußte aus dem Zuschauerraum ins Foyer gebracht werden, wo ich ihn im Vorbeigehen auf einem Sofa liegen sah – einen kleinen, unbedeutenden, jämmerlichen Mann. Mit seinen trüben, hin- und herschießenden Augen nahm er schon nichts mehr wahr und gab auch bald seinen Geist auf. Wer hat wohl seine Seele in Empfang genommen – Gott oder der Teufel?

Unsere Kinder wurden langsam erwachsen. Mit dem Ziel, Berufsmusikerinnen zu werden, besuchten beide die Musikschule des Moskauer Konservatoriums – Olga studierte Cello, Jelena Klavier. Zwar habe ich ihnen mehr Zeit gewidmet als Slawa das tat, doch beanspruchte das Theater meine ganze Kraft und Konzentration. Ich überließ die Töchter Rimmas Obhut und widmete mich meiner Arbeit – dem Üben mit meiner Klavierbegleiterin, den Proben im Theater und den Aufführungen. Ich entschwand in die andere, in meine Welt.

Von Zeit zu Zeit aber kam ich von meinen Höhenflügen zurück und stellte verwundert fest, daß mein Gatte von einer seiner regelmäßigen Reisen zurückgekehrt war und jetzt wie ein Hurrikan durch unsere Frauen-Domäne fegte, seine Nase in alles steckte, sich einmischte, Anweisungen erteilte und, nachdem er das Haus auf den Kopf gestellt hatte, wieder verschwand.

Dieses Wahnsinnstempo und diese enorme Energie hatten mich in den ersten Jahren unserer Ehe fast verrückt gemacht. Ich bekam Streit mit ihm und verlangte, daß er weniger häufig auftrat, daß er ein normales Familienleben organisierte, öfter zu Hause blieb und sich mehr Zeit für mich und die Kinder nahm. Er war dann auch ganz meiner Meinung, machte Pläne für gemeinsame Ferien und versprach, die Arbeit um die Hälfte zu reduzieren. Nur hielten seine guten Vorsätze nicht lang, höchstens einen Monat. Danach ging der Wirbel wieder los, atemberaubender denn je.

Und wie zuvor schwirrte er, wenn er von einer langen Reise zurückkam, in der ganzen Wohnung herum, ließ Jacken, Hemden, Schuhe und Strümpfe durch die Gegend fliegen und stellte, von einem Zimmer ins andere laufend, Fragen, auf die er keine Antwort erwartete: »Warum tragen die Mädchen Jeans und keine Kleider? Wie sind sie in der Schule? Wo seid ihr gewesen? Mit wem wart ihr weg? Warum hat Jelena so lange

Haare? Will sie damit den Jungen gefallen? Rimma! Wo ist mein Taktstock? Rimma! Wo haben Sie meinen Schlips hingetan? Ich habe ihn doch eben erst . . .«

Und so sauste mein Meteoren-Mann zum hundertstenmal an mir vorbei, um schließlich, des Herumschwirrens müde, sich vor mich hinzustellen – so, als habe er eben erst bemerkt, daß es mich ja auch noch in der Wohnung gab.

»Uff!« keuchte er und ließ sich aufs Sofa fallen. »Ich bin ja so müde! Komm, wir setzen uns ein bißchen zusammen, ja?«

»Ich sitze hier schon eine ganze Weile.«

»Ja . . . wie ist es dir denn so ergangen ohne mich? Gibt es etwas Neues? Mein Gott, bin ich denn wirklich zu Hause? Wie herrlich!«

»Und wer hat dich rausgejagt, wenn ich fragen darf? Warum arbeitest du wie ein Verrückter und treibst dich in der Weltgeschichte herum?«

»Weil ich eine Familie habe.«

»Hör auf damit! Wir haben doch alles, was wir brauchen. Du hast schon das dritte Auto gekauft, eins hätte auch gereicht. Tritt mal ein bißchen kürzer, bleib mal zu Hause und laß dir ein wenig Zeit für die Kinder. Niemand kann ihnen beim Musizieren so viel helfen wie du.«

»Ja, du hast recht. Am besten jetzt gleich . . . Olga, hol dein Cello. Und du, Jelena, kannst auch gleich kommen.«

Die Töchter erschienen und verschwanden sogleich wieder mit Slawa im Musikzimmer. Mit Jelena, die damals eine richtige Heulsuse war, hatte Slawa viel Geduld. Mit Olga dagegen, die Cello spielte wie er, verfuhr er weniger gnädig. Und Olga, nicht auf den Mund gefallen, zahlte ihm in barer Münze heim. Nach einer Viertelstunde fing das Geschrei schon an. Rostropowitsch schoß aus dem Zimmer und griff sich ans Herz, gefolgt von den heulenden Kindern. Kein Wunder, wenn Slawa nur einmal in drei Monaten mit den Kindern übte, dann aber verlangte, daß sie alles auf der Stelle begriffen. Natürlich war er überanstrengt und erschöpft. Bei andern aber hätte er sich beherrscht, was ihm bei den eigenen Töchtern wohl nicht gelang. Und Olga hätte bei einem anderen Lehrer bestimmt den Mund gehalten, nur nicht bei ihrem Vater. Dem blieb sie keine Antwort schuldig. Slawa war das nicht gewöhnt, weshalb es denn auch regelmäßig darauf hinauslief, daß beide Mädchen binnen kurzem das Weite suchten. Allmählich protestierte ich gegen diese Art von Unterricht und wünschte mir, er würde ihn einem andern überlassen.

Der Herr des Hauses! Der einzige *Mann* im Haus! Slawa betete seine Töchter an, war aber ein eifersüchtiger Vater: Damit keine Jungen über den Zaun unserer Datscha klettern und sie besuchen konnten, pflanzte er eine Dornenhecke um das gesamte Grundstück. Mit allem Vorbedacht machte er sich ans Werk und zog Fachleute zu Rate, bis die ideale Hecke stand, die, wie er mir erklärte, die Hosen sämtlicher Knaben in Fetzen reißen würde.

Er konnte es nicht ertragen, wenn seine Töchter in enganliegenden Jeans herumliefen und damit, wie er glaubte, verführerisch auf die Jungen wirkten. Er verbot mir daher, weitere Jeans für sie aus dem Ausland mitzubringen.

Einmal, als ich von einer Vorstellung nach Hause kam, fand ich eine tiefdunkle Datscha vor. Dicker, schwarzer Rauch quoll mir entgegen, und in der offenen Veranda unseres Holzhauses lag ein Aschenhaufen, um den sich ein triumphierender Rostropowitsch und zwei heulende Töchter versammelt hatten.

»Was ist denn hier passiert?«

»Diese verdammten Jeans haben mir die längste Zeit das Leben vergällt! Ich habe Benzin darübergeschüttet und sie angezündet. Basta!«

Nur gut, daß der Herbstregen eingesetzt hatte. Ohne den wäre es unserem Holzhaus ähnlich ergangen wie den unseligen Jeans.

Für die folgenden vier Jahre hätte sich Solschenizyn keine bessere Gastgeberin erträumen können. Mit meinem Hang zur Zurückgezogenheit, die man oft für Arroganz hielt, war ich genau, was er brauchte. Wie Alexander Isajewitsch lege auch ich keinen großen Wert auf intime Freundschaften und liebe das Alleinsein. In dieser Hinsicht waren wir ein ideales Paar und lebten in schönstem Einvernehmen. Im Sommer konnte ich Wochen in der Datscha verbringen, ohne ein Wort mit ihm zu wechseln – ich ging einfach nicht in den Teil des Gartens, wo er arbeitete, und er kam nicht zu uns ins Haus.

Er lebte, um zu schreiben. Vor Sonnenaufgang stand er schon auf und schrieb bis zum Abend. Zwischen neun und zehn Uhr ging er zu Bett. An diesen Stundenplan hielt er sich in den vier Jahren bei uns und lebt immer noch danach. Eines Tages holte er auch seinen riesigen alten Schreibtisch nach Schukowka, an dem er auch heute noch in Vermont arbeitet. Und er ließ sich von einem alten Mann (einem ehemaligen Sträfling offenbar) einen Tisch und eine Bank mit Beinen aus Birkenholz zimmern, damit er bei schönem Wetter im Garten arbeiten konnte. Von Frühlingsbeginn bis zum Einbruch der ersten Kälte saß er dort unter Bäumen und schrieb. Wenn ich früh am Morgen aus meinem Schlafzimmerfenster in den Garten sah, bot sich mir jedesmal das gleiche Bild: Wie ein Tiger lief Solschenizyn am Zaun entlang, hin und zurück, hin und zurück. Nach einigen Kilometern setzte er sich dann an den Tisch und begann zu schreiben, um bald darauf wieder auf und ab zu laufen, stundenlang. Neben seinem Haus brannte ein Feuer, das er mit nicht mehr benötigten Rohentwürfen und anderem Altpapier fütterte und selten ausgehen ließ. Als ich ihm einmal sagte, daß ich nie zuvor eine so winzige und so feine Handschrift wie die seine gesehen hätte, lachte er.

»Im Lager habe ich mir angewöhnt, soviel wie möglich auf den kleinsten Schnipseln unterzubringen. Die ließen sich besser verstecken.«

In der ersten Zeit haben wir ihn oft gedrängt, zu uns zu kommen und mit uns zu essen, was er hin und wieder auch tat. Aber wir spürten dann, wie angespannt er war, wir merkten, daß seine Gedanken ihn verfolgten und in fieberhafte Unruhe versetzten. Er konnte sie nicht loswerden, er konnte nicht entspannen. An einem Tisch zu sitzen und kostbare Zeit mit Essen zu vergeuden, belastete ihn so sehr, daß er sich bedankte und sich rasch verabschiedete.

Bald erfuhr ich von Slawa, daß eine andere Frau in Solschenizyns Leben getreten war und daß er die Scheidung von Natascha Reschetowskaja eingereicht hatte. Bei der ersten Verhandlung wurde die Scheidung jedoch nicht bewilligt, weil Natascha ihr Einverständnis verweigerte.

Am 30. Dezember 1970 wurde Solschenizyns erster Sohn, Jermolai, geboren. Seine neue Frau hieß ebenfalls Natalja, wir nannten sie aber Alja. Ich war in jenem Winter nur selten in der Datscha und lernte sie erst kennen, als wir mit ihr im Auto zur Kirche fuhren, wo Jermolai getauft werden sollte. Slawa stand Pate. Nach der Taufe in der Netschajannaja Radost-Kirche am Obydenka feierten wir den Tag noch mit einem gemeinsamen Mittagessen in unserem Haus, bei dem ich mir Alja erstmals in Ruhe ansehen konnte. Sie war dreißig Jahre alt, voll erblüht und kräftig, der Inbegriff einer guten Ehefrau und Mutter. In der Tat hat sie in drei Jahren drei Söhne zur Welt gebracht – einer hübscher als der andere. Solschenizyn sagte einmal in einem Gespräch: »Was ich mir einmal vorgenommen habe, das führe ich auch aus. Wovor sollte ich mich noch fürchten? Wie oft war ich dem Tode nahe – im Krieg, im Lager, auf der Krebsstation. Ich habe keine Angst vor dem Tod. Ich bin auf alles gefaßt.« Während er das sagte, sah ich Alja an und begriff, daß eine Frau wie sie ohne zu zögern mit ihm durch die Hölle gehen würde.

Von Beruf war Alja Mathematikerin und hatte bis vor kurzem an einem Moskauer Institut unterrichtet. Als ihr Sohn Jermolai Solschenizyn zur Welt kam, wurde sie entlassen. Auch ihre Mutter Katja wurde entlassen und aus der Partei ausgeschlossen. Warum wohl? Weil sie nicht besser auf ihre Tochter aufgepaßt hatte?

Alja aber, die ihr Leben Solschenizyn verschrieben hatte, war glücklich über die Freiheit und darüber, jetzt seine Assistentin zu sein und ihre ganze Zeit seiner Arbeit, seinen Ideen widmen zu können. Sie folgte ihm, ohne Fragen zu stellen, ohne das geringste für sich selbst zu fordern. Ich weiß noch, was sie mir eines Tages sagte, als sich das ständige Hin und Her der Scheidung vor meinen Augen abspielte und sie im letzten Monat mit dem zweiten Kind schwanger war. Ich ging zu ihr, um sie nach einer weiteren gescheiterten Verhandlung zu trösten. Unter Leibkrämpfen und mit dunklen Ringen unter den Augen sagte sie: »Wozu dieser ganze Wirbel? Ich habe ihm gesagt, daß wir so weiterleben können wie bisher. Ich brauche nichts anderes. Es ist nicht leicht für sie, ich kann sie gut verstehen.«

Ja, im Augenblick konnten sie so weiterleben. Aber was sollte einmal mit den Kindern werden? Und was mit ihnen allen, wenn man ihn aus dem Land vertreiben würde?

Als Solschenizyn den Roman *August 1914* abgeschlossen hatte, riet ihm Slawa, ihn nicht sofort in den Westen zu schicken. »Du solltest zuerst die sowjetischen Verlagshäuser über dein neues Buch informieren.«

»Aber sie werden es nicht publizieren. Eher reißen sie es in tausend Stücke.«

»Du sollst ja nicht das Manuskript verschicken, nur eine Mitteilung, daß ein neuer Roman fertig ist und wovon er handelt. Wenn er offiziell abgelehnt wird, dann hast du das Recht, das Manuskript ins Ausland zu schicken.«

Solschenizyn befolgte Slawas Rat und schrieb an sieben Verlage. Keiner von ihnen hat auch nur mit einem Wort darauf reagiert.

Fest entschlossen, dem Buch den Weg zu ebnen, und noch immer mit dem Gefühl, alles tun und erreichen zu können, bat Slawa Alexander Isajewitsch um eine Kopie von *August 1914*. Er hatte eine Menge Freunde, mit denen er Wodka trank und für die er kostenlos Konzerte gab. Er war ganz sicher, daß sie aus Liebe zu ihm für ihn durchs Feuer gehen würden, was er auch für sie getan hätte.

»Ich bin überzeugt, daß wir das alles nur den Übervorsichtigen zu verdanken haben – ein paar kleinkarierten Leuten in den Verlagen. Die sind doch zu Tode erschrocken über den Wirbel, den das Ausland mit dir veranstaltet, machen sich aber nicht klar, daß dieses Buch keine Systemkritik beinhaltet. Ich gehe zum Zentralkomitee, dort soll man es lesen. Ich bin ganz sicher, daß ich sie überzeugen kann. Wenn nicht, bin ich der erste, der dir rät, das Manuskript ins Ausland zu schicken.«

Slawa ließ sich mit dem Zentralkomitee verbinden, mit Pjotr Demitschew, dem Sekretär der Ideologiekommission. Erfreut, von ihm zu hören, erkundigte sich Demitschew nach Slawas Befinden und bat ihn, doch einmal vorbeizukommen.

»Mit Vergnügen, Pjotr Nilowitsch – wie wäre es mit heute? Ich hätte da was für Sie. Sie wissen ja sicher, daß Solschenizyn bei uns in der Datscha wohnt. Nun, er hat eben einen historischen Roman fertiggestellt, August 1914.«

»Ach ja? Davon wußte ich nichts«, kam es kühl und förmlich, in merklich verändertem Tonfall.

Slawa überhörte den Umschwung in Demitschews Stimme und fuhr voller Enthusiasmus fort: »Ich habe den Roman gelesen, Pjotr Nilowitsch, er ist großartig. Ich habe ihn hier liegen und würde Ihnen das Manuskript gern vorbeibringen. Ich bin ganz sicher, daß er Ihnen gefällt.« Die Pause, die jetzt folgte, brachte Slawa wieder zu sich. »Hallo! Hören Sie mir noch zu?«

»Ja, ja. Ich höre.«

»Dann bringe ich das Manuskript in einer halben Stunde vorbei.«

»Nein, tun Sie das nicht. Ich habe jetzt keine Zeit, es zu lesen.«

»Vielleicht hat einer Ihrer Assistenten Zeit?«

»Nein, die auch nicht.«

Damit stand für Slawa fest, daß das Gespräch beendet war.

Kein guter Anfang. Slawa aber ließ sich nicht so rasch entmutigen und rief Jekaterina Furzewa an, die Ministerin für Kultur. Durch das Gespräch mit Demitschew klüger geworden, hielt er es jetzt für besser, persönlich bei Jekaterina vorzusprechen. Er sei bereits unterwegs, teilte er der Sekretärin mit, und erschien kurz darauf im Büro der Furzewa.

Jekaterina Alexejewna begrüßte ihn so herzlich, als wäre sie seine Mutter. »Slawotschka! Ich freue mich ja so, Sie zu sehen! Wie geht es Ihnen? Wie geht es Galja und den Kindern?«

»Danke, Jekaterina Alexejewna, ausgezeichnet. Alles wohlauf.«

»Und *der da*, lebt der immer noch in Ihrer Datscha?« Sie nannte Solschenizyn in Gesprächen nie beim Namen. Sie sagte immer nur »der da«.

»Natürlich. Wohin sollte er auch gehen? Er hat ja keine Wohnung und kann wohl kaum im Wald schlafen. Vielleicht könnten Sie ein bißchen daran drehen und ihm eine Wohnung in Moskau verschaffen?«

»Warum lebt er nicht mehr in Rjasan?«

»Weil er sich von seiner Frau getrennt hat und, ganz abgesehen davon, dort auch nicht arbeiten kann. Aber das ist nicht weiter wichtig, Galja und ich sind froh, daß er bei uns wohnt, das macht uns nicht die geringsten Umstände. Wichtig ist nur, daß es ihm gut geht, daß er sehr viel arbeitet und eben jetzt ein neues Buch fertiggestellt hat.« In der Hoffnung, auch bei der Furzewa ein Lächeln hervorzuzaubern, verkündete Slawa diesen letzten Rest seiner Neuigkeiten mit strahlendem Gesicht.

»*Wie bitte?*« rief sie statt dessen erschrocken aus. »Ein neues Buch? Wovon handelt es diesmal?«

»Keine Angst, Jekaterina Alexejewna. Es ist ein historischer Roman über den Krieg von 1914.« Und weil er befürchtete, sie könnte vor Schreck die historischen Fakten durcheinanderbringen, beeilte er sich hinzuzufügen: »Das Buch behandelt die Zeit *vor* der Revolution. Ich habe es bei mir, hier, in diesem Päckchen. Sie müssen es wirklich lesen. Ich bin sicher, es wird Ihnen sehr gut gefallen.« Und damit versuchte er, ihr das Manuskript über den Schreibtisch zuzuschieben.

»*Nein!*« kreischte Katja jetzt, ihre ministeriale Würde vergessend. »Nein! Nicht auf meinen Schreibtisch! Nicht auf meinen Schreibtisch! Nehmen Sie es auf der Stelle wieder mit und denken Sie daran: Ich habe es nie gesehen!«

Damit war auch der zweite Versuch Slawas, Solschenizyns Manuskript an die Öffentlichkeit zu bringen, gescheitert. Noch lange danach aber machte er wie ein Hausierer die Runde durch die Büros. Wir kannten ja eine ganze Reihe von Ministern sehr gut und hatten auch so manche Flasche Cognac mit ihnen geleert. Aber als Slawa sie bat, das Buch zu lesen, fand sich nicht einer bereit, es auch nur anzufassen. Wenn es hart auf hart kam, wollte jeder sagen können: »Ich habe es nicht gelesen. Ich weiß von nichts.«

Schließlich gab Slawa Solschenizyn das Manuskript zurück. »Es hat nicht geklappt, Sanja. Schick es ins Ausland.«

In Wien versuchten wir erneut, ein Wort für Solschenizyn einzulegen. Slawa und ich waren auf Gastspielreise dort und lernten Wladimir Semjonow kennen, der als sowjetischer Delegationschef bei der Abrüstungskommission ein recht lukratives Amt innehatte. So ein Delegierter lebt jahrelang im Ausland und hält die Räder in Bewegung, je länger, desto besser. Jeder hofiert ihn, man führt ihn nur in die feinsten Restaurants und überhäuft seine Frau mit Juwelen.

Eines Abends gingen wir zusammen mit Semjonow und seiner Frau in ein Wiener Restaurant, wo es sich ergab, daß ich für kurze Zeit allein mit ihm an der Bar saß. Ein Glas Champagner in der Hand, kam mir der Gedanke, mit ihm über Solschenizyn zu sprechen. Vielleicht hatte Semjonow durch seine Beziehungen die Möglichkeit, den beschämenden Stand der Dinge an der richtigen Stelle vorzutragen. In jedem Fall konnte ein erneuter Vorstoß nicht schaden.

»Hören Sie, Sie sind ein einflußreicher Mann – reden Sie mit den entsprechenden Leuten, damit die Hetze gegen Solschenizyn endlich aufhört. Wie kann die Presse derart hämische Artikel über Bücher publizieren, die kein Mensch gelesen hat? Wir müssen uns ja vor der ganzen Welt schämen! Über soviel Beschränktheit kann man im Ausland doch nur lachen. Und wenn sie uns für eine Nation von Eseln halten, haben sie nur Recht damit. Monatelang werden in der offiziellen Presse Bücher verdammt, die noch nicht einmal erschienen sind. Man zitiert auch nicht die Stellen, deretwegen man einen Autor verurteilt. Und dann – was noch lächerlicher ist – veröffentlichen sie Leserbriefe als ›Reaktionen aus der Arbeiterschaft‹. Wie peinlich, mit Europäern darüber zu reden – ich jedenfalls komme mir idiotisch dabei vor. Aber Sie, Sie leben doch seit vielen Jahren im Ausland und haben sicher jedes seiner Bücher gelesen. Dann wissen Sie auch, daß kein einziges falsches Wort darin steht.«

»Ach Galina Pawlowna! Das ist ein weites Feld . . . Es war unklug von ihm, mit ausländischen Verlegern zu verhandeln. Diese ganzen Geschichten mit BBC und mit der Stimme Amerikas . . .«

»Aber was blieb ihm denn übrig? Ich weiß aus erster Hand, daß Solschenizyn jedes neue Werk zuerst den sowjetischen Verlagen angeboten hat. Aber nach Ein Tag im Leben des Iwan Denissowitsch und einer Sammlung von Kurzgeschichten haben unsere Zensoren ja nichts mehr durchgehen lassen. Und die Presse hat über die Bücher, die nicht in der Sowjetunion erschienen sind, nur hämische Artikel gebracht, ihn sogar persönlich angegriffen und verleumdet. Er selbst hatte keine Chance, sich zu verteidigen: Die Sowjetpresse hat aus den vielen Briefen, die Solschenizyn an sie geschrieben hat, auch nicht eine Zeile veröffentlicht. Was wirklich vorgeht, erfahren wir nur über ausländische Rundfunksender.«

Semjonow hatte aufmerksam zugehört und mit dem Kopf genickt. Es schien, als stimme er in vielen Punkten mit mir überein. Dann aber warf er plötzlich den Kopf zurück, sah mich lange und vielsagend an und stellte mir flüsternd eine Frage, die mich wie ein Schlag in die Magengrube traf.

»Liebt er Lenin?«

Hatte ich recht gehört? Mit so ziemlich allem hatte ich gerechnet, nur nicht mit einer so idiotischen Frage.

»Wie bitte?«

»Ich sagte: ›Liebt er Lenin?‹«

Ich war wie betäubt. Und wie im Traum hörte ich, wie er in selbstgerechtem Ton weiterleierte: »So-o-o! Sie sagen ja nichts! So ist das also. Er liebt Lenin nicht . . .«

Dabei wußte er ganz genau, was Solschenizyn durchgemacht hatte und daß ihm nach zehn Jahren schwerster Arbeit im Gefängnis nichts als der Rehabilitierungsausweis geblieben war. Dumm war er nicht, der Lenin-Verehrer. Er galt als verständig, ja, als liberal. Anders als die meisten Regierungsfunktionäre war er ein sehr gebildeter und kultivierter Mann, der sich in der Literatur gut auskannte, Konzerte besuchte und eine umfangreiche Gemäldesammlung besaß. Es hieß sogar, er sei ein Liebhaber der modernen, der inoffiziellen Malerei.

399

Ein Liberaler! Er hatte sich derart geschickt aus der Affäre gezogen, daß ich ihn nur bewundern konnte. »Liebt er Lenin?« Damit war das Gespräch beendet.

21

Im Sommer 1971 teilte Solschenizyn uns eines Tages mit, daß er zusammen mit einem Freund in die Nähe von Rostow am Don fahren wolle, um Material für ein neues Buch zu sammeln. Er hoffte, dort noch ein paar alte Männer anzutreffen, die im Ersten Weltkrieg gekämpft hatten und als Augenzeugen Auskunft geben konnten. Als er uns aber sagte, daß er mit seinem alten Moskwitsch fahren wolle, bekamen wir es mit der Angst.

»Wie können Sie nur! Er wird unterwegs in seine Einzelteile zerfallen. Es ist weit bis Rostow – ein paar tausend Kilometer sind kein Spaß.«

»Machen Sie sich keine Sorgen, wir lassen uns Zeit und werden in den Dörfern an der Straße übernachten. Und wenn mit dem Auto etwas ist – nun, mein Freund ist Maschinenbauingenieur. Gemeinsam kriegen wir das schon wieder hin.«

»Hören Sie, Sanja, Sie müssen vorsichtig sein. Der liebe Gott paßt nur auf den auf, der auf sich selber aufpaßt. Was wissen wir denn? Das KGB kann einen Unfall inszenieren, und kein Mensch wird beweisen können, daß es Mord war. Nehmen Sie lieber die Bahn. Oder noch besser, bleiben Sie hier in der Datscha, sie ist der sicherste Ort.«

Doch war es eine seiner angeborenen Eigenschaften, sich über Warnungen hinwegzusetzen und jede Bedrohung seines Lebens zu ignorieren. Und so brach er mit dem Versprechen auf, in zwei Wochen wieder da zu sein.

Drei Tage später, als ich frühmorgens am Küchenfenster stand und auf das Kochen des Kaffeewassers wartete, sah ich plötzlich Sanja. Er war zurück! Aber was war das? Er ging nicht – er schleppte sich mit größter Mühe vorwärts, fiel dann mit dem ganzen Körper gegen die Verandamauer, an die er sich mit beiden Händen festklammerte.

Alles in mir erstarrte. Ich riß die Tür auf: »Großer Gott, Sanja! Was ist geschehen?«

Mit schmerzverzerrtem Gesicht wankte er in die Küche. »Keine Angst, Galja! Ich muß nur schnell Alja in Moskau anrufen, dann erzähle ich Ihnen alles.« Bis zu diesem Vorfall hatten wir nur ein Telefon, das in unserem Haus stand. Danach verlangten wir einen Nebenanschluß für das Gästehaus.

Was ihm wirklich zugestoßen war, ist mir bis heute ein Rätsel. Sein ganzer Körper war wie bei einem schlimmen Sonnenbrand mit Blasen übersät, dabei war er nicht einmal in der Sonne gewesen; er hatte nur das

Auto ein paar Mal verlassen, um in einem Gasthaus eine Kleinigkeit zu essen. Hatten sie ihm vielleicht etwas ins Essen getan . . . ? Natürlich war er daraufhin sofort zurückgekehrt.

Slawa rief einen unserer Freunde an, einen bekannten Facharzt für Onkologie, in dessen Klinik Alexander Isajewitsch sich schon einmal hatte untersuchen lassen. Damals hatte unser Freund Solschenizyn geraten, sich unter fremdem Namen einzutragen, für alle Fälle.

Jetzt kam er auf Slawas Anruf sofort zu uns, untersuchte Alexander Isajewitsch und sagte, daß er gleich ins Krankenhaus müsse. Nur schien uns dies kaum das Richtige zu einem Zeitpunkt, da die Stimmung gegen ihn den Siedepunkt erreicht hatte; wie leicht hätte man ihn dort vergiften können. Nein, es war schon besser für ihn, zu bleiben, wo er war. Da wir in jenem Jahr einen heißen und schwülen Sommer hatten, stellten wir ihm ein Feldbett an einen schattigen Platz im Garten, wo er mehrere Tage lag.

Auf unsere Frage, was mit ihm sei, meinte der Arzt, alles spräche für eine schwere Allergie. Aber ich konnte mir einfach nicht denken, daß es solche Allergien gab: riesige, wässerige Blasen, die bei der geringsten Bewegung aufbrachen und unerträgliche Schmerzen verursachten. Sie erinnerten mich an die Brandblasen meiner Großmutter, die damals, als ihr Kleid am Ofen Feuer fing, am ganzen Körper Verbrennungen erlitt. Als ich Solschenizyn so sah, konnte ich mir nicht vorstellen, wie er verkrümmt und eingepfercht in dem engen Auto die Fahrt überstanden hatte.

Nur einen Tag später, Alexander Isajewitsch war kaum in der Datscha zurück, kam Alja in panischer Aufregung zu uns gerannt und bat uns, zu ihm zu gehen. »Schnell! Es ist etwas passiert! Er ist ganz außer sich, und ich weiß nicht, was ich tun soll!«

Passiert war folgendes: Nach seiner überraschenden Rückkehr hatte Solschenizyn einen Bekannten, Alexander Gorlow, gebeten, nach Roschdestwo zu fahren und ein Ersatzteil für den Moskwitsch aus seinem Schuppen zu holen. Gorlow fuhr auch sofort los. Als er ankam, fand er das Schloß aufgebrochen vor, die Tür war angelehnt, Stimmen drangen nach außen. Er stieß die Tür auf und sah neun Männer in Zivil, die in Papieren und sonstigen Habseligkeiten herumwühlten. Das KGB.

Von Solschenizyns früherer Frau hatten sie erfahren, daß er für zwei Wochen in den Süden fahren wollte, und suchten jetzt, da sie von seiner überstürzten Rückkehr nichts wußten, nach Manuskripten. Ziemlich idiotisch zu glauben, Solschenizyn bewahre sie in einem leeren Schuppen auf.

»Wer sind Sie und was tun Sie hier?« fragte Gorlow. Er solle den Mund halten, herrschten sie ihn an und schlugen hinter dem unwillkommenen Zeugen die Tür zu. Gorlow ließ sich nicht einschüchtern und forderte sie auf, ihren Durchsuchungsbefehl vorzuzeigen und ihm zu erklären, weshalb sie das Schloß aufgebrochen hätten. Das war wohl zuviel, denn jetzt wurden sie handgreiflich. Sie schlugen ihn, drehten ihm die Arme auf den Rücken und stießen ihn zur Tür hinaus, auf ein parkendes Auto zu. Ihm war sofort klar, daß er Zeugen brauchte. Ohne Zeugen könnten sie ihn irgendwo zu Tode prügeln, und niemand würde je davon erfahren. Er fing also an zu schreien und um Hilfe zu rufen, woraufhin die Menschen aus den umliegenden Gärten angerannt kamen und die Straße blockierten. Aber sie konnten nicht viel ausrichten, als der Gruppenführer seinen KGB-Ausweis zeigte und erklärte, sie hätten soeben einen Dieb auf frischer Tat ertappt, und zwar auf Grund eines Hinweises, daß in Solschenizyns Schuppen ein Einbruch (!) geplant sei. Damit wurde Gorlow ins Auto geschoben und zur nächsten Polizeidienststelle gebracht, wo man ihm das schriftliche Versprechen, nichts von den Vorgängen verlauten zu lassen, zur Unterschrift vorlegte. Gorlow weigerte sich. Da drohten sie ihm, für den Fall, daß Solschenizyn davon erführe, seine noch in Arbeit befindliche Dissertation abzulehnen und seinem Sohn die Immatrikulation an der Universität zu verweigern. Schließlich sagte man ihm schlicht, man könne ihn notfalls auch ins Gefängnis stecken. Als Gorlow auch nach mehreren Stunden auf der Polizeistation bei seiner Weigerung blieb, ließen sie ihn gehen. Mit Prellungen, Schürfwunden und zerrissenen Sachen fuhr er dann geradewegs zur Datscha, um mit Solschenizyn zu sprechen, der, wie man sich denken kann, über Gorlows Bericht in heftigen Zorn geriet.

Alexander Isajewitsch erzählte uns von dem empörenden Zwischenfall und zeigte uns einen offenen Brief, den er an Andropow, den damaligen Chef des KGB, geschrieben hatte und in dem er um eine sofortige Erklärung bat, warum und mit welchem Recht das KGB in seiner Abwesenheit den Schuppen durchsucht und einen völlig unschuldigen Mann erpreßt und geschlagen habe.

Am selben Tag noch nahm Alja den Brief mit nach Moskau. Wir erwarteten nichts anderes, als daß seine Anfrage wie üblich unbeantwortet blieb. Zu unserer größten Überraschung aber kam eine Antwort – und zwar umgehend. Natürlich nicht schriftlich, sondern per Telefon.

Als ich den Hörer abnahm, hörte ich eine Männerstimme: »Ist dort die Datscha der Rostropowitschs?«

»Ja.«

»Mit wem spreche ich?«

»Mit Galina Wischnewskaja.«

»Oh, guten Tag, Galina Pawlowna! Hier ist KGB-Oberst Beresin. Ich rufe im Auftrag des Genossen Andropow an.«

Meine Reaktion auf diese Worte war ein reiner Reflex: ein stechender

Schmerz in der Magengegend. Aber die Stimme klang recht höflich – vielleicht wollten sie mich für ein Konzert . . .

»Alexander Isajewitsch Solschenizyn hat uns einen Brief geschrieben. Könnten Sie ihn bitte ans Telefon holen?« (Nicht zu fassen: seit wann diskutierte das KGB eine Angelegenheit?)

»Sanja!« rief ich, »Telefon! Sie rufen im Auftrag Andropows an.« Leider ging es Alexander Isajewitsch noch nicht so gut, daß er aufstehen konnte. Alja ging an den Apparat. Sehr höflich wurde ihr erklärt, Solschenizyns Beschwerde sei an den Falschen adressiert, und Genosse Andropow habe persönlich darum gebeten, ihm zu versichern, daß dem KGB nichts anzulasten sei, es habe mit den Vorfällen nichts zu tun. Er, Andropow, könne Solschenizyn nur den Rat geben, sich mit der zuständigen Polizeidienststelle in Verbindung zu setzen.

Im Sommer 1972 fand in Rjasan eine zweite Scheidungsverhandlung statt, und wie zuvor erhielt Solschenizyn den Bescheid, es lägen »keine ausreichenden Gründe für eine Scheidung« vor. Jermolai war bereits achtzehn Monate alt, das zweite Kind wurde täglich erwartet, aber – kein Grund zur Scheidung. Sanja kam erregt und angegriffen aus Rjasan zurück und stellte noch am selben Tag beim Obersten Gerichtshof einen schriftlichen Antrag auf Revision.

Nicht lange danach saßen wir eines Abends bei Solschenizyn auf der Veranda, als das Telefon klingelte und eine Frau Alexander Isajewitsch zu sprechen wünschte. »Wer ist dort?« fragte ich.

»Alexejewa, die neue Anwältin seiner Frau. Ich muß ihn in einer dringenden Angelegenheit sprechen.«

»Ich kenne Sie nicht«, sagte Alexander Isajewitsch, als ich ihm den Hörer gab, »ich habe Ihnen nichts zu sagen.«

»Ach bitte, ich muß Sie sprechen, die Sache duldet keinen Aufschub! Können Sie morgen nach Moskau kommen?«

»Nein.«

»Gut, dann komme ich zu Ihnen. Ich muß es noch einmal sagen, die Sache ist dringend, sie hat mit Ihrer Scheidung zu tun.«

»Wenn es so dringend ist, dann sagen Sie es gleich.«

»Nein, am Telefon können wir nicht darüber reden. Ich muß Sie persönlich sprechen.«

Alexander Isajewitsch lenkte ein und fragte, ob sie zu ihm in die Datscha kommen könne.

»Natürlich.«

»In Ordnung, bis morgen dann.«

»Wie finde ich den Weg?«

»Ich hole Sie ab, kommen Sie mit dem Drei-Uhr-Zug.«

Am nächsten Tag ging Solschenizyn zum Bahnhof, kam aber allein zurück. »Merkwürdig«, sagte er, »sie ist nicht gekommen. Ich habe den nächsten Zug noch abgewartet, aber auch mit dem kam sie nicht.«

Ein paar Tage später rief mir eine alte Frau über den Gartenzaun zu: »Bürgerin! Eben hat mir ein Mann einen Brief gegeben und mich gebeten, Ihnen den auszuhändigen. Hier.« Er war von Alexejewa und an Solschenizyn adressiert, aber ohne Briefmarke und Poststempel. Nachdem ich ihn Slawa gezeigt hatte, riefen wir Alexander Isajewitsch. Der öffnete den Brief, las ihn und wurde dunkelrot vor Empörung.

»Was ist?«

»Da, lesen Sie. Ich wußte ja, daß sie eine KGB-Agentin ist.«

Dieselbe Alexejewa, die Solschenizyn so inständig gebeten hatte, mit ihm sprechen zu dürfen, hatte ihm jetzt einen Brief geschrieben, der Slawa und mich erstarren ließ. Wir hatten ja selbst mitangehört, mit welcher Aufdringlichkeit sie Alexander Isajewitsch zu einem Treffen überredete, und mußten jetzt neben anderen Verleumdungen das Folgende lesen:

Lassen Sie mich mit Ihren schmutzigen Angeboten in Ruhe – mit Ihnen will ich nichts zu tun haben . . . Obwohl Sie genau wissen, daß ich Sie als Anwältin Ihrer Frau nicht privat treffen darf, haben Sie mich wie ein Provokateur zu Ihrer Datscha gelockt . . . Sie wollten, daß ich Ihnen in die Falle gehe, dann hätten Sie vor aller Welt einen neuen Skandal ausposaunen können . . . Mit gleicher Post geht eine Kopie des Briefes an alle Ihre Freunde ab, damit sie erkennen, daß Sie in Wahrheit ein mieser Intrigant sind . . .

In der Tat haben mehrere von Solschenizyns Freunden in den nächsten Tagen ihr hämisches Geschmier im Briefkasten vorgefunden, und wenig später tauchte Natascha in einem neuen Moskwitsch bei uns auf, den Solschenizyn ihr von dem Geld des Nobelpreises gekauft hatte. (Er selbst fuhr auch weiterhin in seiner alten Kiste.) Vor dem Gartentor hielt sie an und rief mir zu: »Galja! Ich muß mit Alexander Isajewitsch sprechen.«

Nur gut, daß sie nicht direkt ins Gästehaus ging, wo Alja zu Bett lag und sich vor Leibschmerzen kaum rühren konnte. Wie leicht hätte es zu einer Frühgeburt kommen können, wenn sie in diesem Zustand und in ihrem ganzen Kummer mit Nataschas Gefühlsausbrüchen konfrontiert worden wäre! Alja war zwar eine gesunde und kräftige Frau, doch ging es ihr während der Schwangerschaften nicht besonders gut.

Ich ging zum Gästehaus und rief Alexander Isajewitsch. »Sanja«, sagte ich möglichst leise, »Natascha steht am Tor und möchte Sie sprechen.«

»Ich komme sofort.«

»Ich werde sie bitten, zu uns zu kommen. Alja darf nichts davon erfahren. Wir sind alle nervös und wüßten uns keinen Rat, wenn sie vor der Zeit niederkäme.«

Natascha kam mit ins Haus; mir war die Situation furchtbar peinlich, ich wußte nicht, was ich zu ihr sagen sollte. Dann war sie es aber, die mich unvermittelt fragte: »Galja, was soll ich nur tun, damit Alexander Isajewitsch sich nicht scheiden läßt? Geben Sie mir doch einen Rat!«

Ich konnte ihr nur die Wahrheit sagen. »Sie sollen überhaupt nichts tun, Natascha. Sie haben keine Kinder – aber Alja bekommt in zwei Monaten ihr zweites Kind.«

»Nein, trotzdem, um keinen Preis der Welt willige ich in die Scheidung ein.«

»Aber Sie wissen doch ganz genau, daß es in jedem Fall dazu kommt. Wenn nicht jetzt, dann in ein, zwei Jahren. Warum wollen Sie Ihr Leben und das von Alexander Isajewitsch zerstören? Und warum stauen Sie soviel Haß in sich auf?«

»Ich muß Solschenizyns Frau bleiben. Er kann ja gern mit ihr zusammen leben, und ich bin auch bereit, seine Kinder zu akzeptieren. Aber ich muß seine Frau bleiben.«

»Aber er wird dem niemals zustimmen. Und wie können Sie sich selber eine Situation wünschen, die so erniedrigend für Sie ist. Warum nur?«

»Weil ich mitgehen will, wenn er aus Rußland ausgewiesen wird.«

Ich sagte nichts mehr. Zum Glück kam jetzt Alexander Isajewitsch. Als ich aber aufstand und gehen wollte, sagte er: »Nein, Galja, ich bitte Sie, zu bleiben und Zeuge unseres Gesprächs zu sein. Ich kann meiner früheren Frau nicht mehr trauen.«

»Wie kannst du nur so etwas sagen? Hast du Gründe dafür?«

»Ich weiß, wovon ich spreche. Vor der letzten Verhandlung waren wir uns beide einig, über jeden Punkt. Du hast gesagt, daß du diesmal einwilligen wolltest, aber im Gerichtssaal hast du allen eine Farce vorgespielt. Und dann diese Anwältin, die du beauftragt hast und die mir diesen Brief geschrieben hat. Da – lies! Willst du mir immer noch erzählen, daß du mit dieser Gaunerbande nichts zu tun hast? Woher kennst du die Alexejewa? Ist sie dir vom KGB empfohlen worden? Sie hat eben erst ihr Examen gemacht, du bist ihr erster Fall. Wenn du dir selbst eine Anwältin gesucht hättest, dann doch sicher keine Anfängerin, sondern eine, die schon einen gewissen Ruf hat. Aber man garantierte dir ja, daß der Fall zu deinen Gunsten entschieden würde. Und darauf bist du hereingefallen. Ich wäre gern dein Freund, nicht dein Feind. Aber wenn du mit dem KGB gemeinsame Sache gegen mich machst, dann will ich nichts mehr mit dir zu tun haben.«

»Ich wußte nichts von diesem Brief. Ich höre zum erstenmal davon.«

Es fiel mir schwer, noch weiter zuzuhören und zuzusehen, wie sie jede Selbstachtung als Frau fahren ließ und sich zwang, die ihr zugewiesene Rolle zu spielen. Aber sie spielte schlecht – die Rolle war zuviel für sie. Ich hatte den Eindruck, daß sie ihn tatsächlich haßte, daß sie jeden Augenblick die Beherrschung verlieren und ihm all die Worte ins Gesicht schleudern könnte, die sie bislang mit größter Mühe zurückgehalten hatte. Immerhin wäre das der anständigere Weg gewesen. Sie war kein schlechter Mensch, nur paßte sie nicht zu ihm und er nicht zu ihr. Ich glaube, daß sie das im tiefsten Innern auch wußte.

Ebensogut wußte sie, daß eine Scheidung nicht zu vermeiden war: Fast drei Jahre hatten sie jetzt getrennt gelebt. Und so versuchte sie zumindest, den Prozeß so lang wie möglich hinzuziehen – was dem KGB genau ins Konzept paßte. Denn wenn sie Solschenizyn die Heirat mit der Mutter seiner Kinder verweigerten, dann hatten sie im Hinblick auf seine mögliche Ausweisung in der Tat ein überaus wirksames Druckmittel in der Hand.

»Hast du denn ganz vergessen, was wir zusammen durchgemacht haben und wie sehr ich auf deine Rückkehr aus dem Gefängnis wartete?«

»Nein, aber *du* scheinst vergessen zu haben, daß du einen anderen geheiratet hast, während ich im Straflager war. Das habe ich dir nie vorgehalten. Aber jetzt, wo du selber darauf zu sprechen kommst, muß ich dich doch daran erinnern.«

»Vergib mir!« flehte sie und fiel auf die Knie vor ihm.

Jetzt konnte ich es wirklich nicht mehr ertragen, weiter zuzusehen und zuzuhören. Ich entschuldigte mich und ging.

Doch hatten die schlimmen Ereignisse dieses Tages noch kein Ende. Um elf Uhr abends tauchte Natascha noch einmal auf, in Begleitung einer Frau. »Verzeihen Sie, Galja, daß ich so spät noch komme, aber wir müssen sofort Alexander Isajewitsch sprechen. Das ist Alexejewa, meine Anwältin.«

Nun, dachte ich, das kann ja noch heiter werden. Ich schob die beiden Frauen ins Haus und lief zu Alexander Isajewitsch hinüber. Alles dunkel – sie hatten sich schon schlafengelegt. Um sie nicht zu erschrecken, klopfte ich nur leise an und sah Alexander Isajewitsch wie ein Gespenst am Fenster auftauchen.

»Sanja, kommen Sie rasch, es ist wichtig. Natascha ist da mit Alexejewa.«

Als ich zu unseren nächtlichen Besucherinnen zurückkehrte, sagte Natascha nichts, sie sah blaß und müde aus. Auch Alexejewa schwieg und starrte auf den Boden. Eine merkwürdige Erscheinung: klein, ein großer Kopf ohne Hals – eine Bucklige ohne Buckel. Strähniges Haar von undefinierbarer Farbe, ein breites Gesicht, ungepflegter Teint. Sehr jung, vierund-zwanzig vielleicht.

Alexander Isajewitsch kam herein und ging langsam durchs Zimmer an den Tisch. Er sah die beiden Frauen nicht an und reagierte auch nicht, als sie aufstanden und ihn begrüßten. Ihr Kommen schien ihn nicht im mindesten überrascht zu haben.

Nun lebte Solschenizyn doch schon jahrelang bei uns, aber erst in diesem Augenblick, als ich ihn langsam durch unser Wohnzimmer gehen sah, begriff ich, was er durchgemacht hatte, und empfand tiefstes Mitgefühl mit diesem ungewöhnlichen Menschen. Ja, dachte ich, genauso muß es gewesen sein, wenn er zu einem Verhör gerufen wurde und das Büro des Ermitt-lungsbeamten betrat. Sie riefen ihn, und er kam. Er hatte sich hingesetzt und nichts gesagt, nur gewartet. Genauso wie jetzt.

Natascha brach als erste das Schweigen. »Das ist Alexejewa, meine Anwältin. Ich habe sie mitgebracht, weil du mir heute morgen unterstellt hast, ich hätte von diesem Brief an dich etwas gewußt. Ich sage dir jetzt zum zweitenmal, daß ich nichts davon wußte. Alexejewa kann das bestätigen. Und sie hat dir noch etwas zu sagen.«

Alexander Isajewitsch hatte Natascha, die einen verwirrten und bemit-leidenswerten Eindruck machte, in Ruhe ausreden lassen. »Ich höre«, sagte er jetzt.

Mit einer matten, tonlosen Stimme begann Alexejewa ihren Bericht. Sie sah uns kein einziges Mal dabei an. »Verzeihen Sie mir bitte, daß ich Ihnen diesen Brief geschrieben habe. Ich muß Ihnen auch erklären, weshalb ich nicht da war, als Sie mich am Bahnhof abholen wollten. Wie vereinbart bin ich mit dem Drei-Uhr-Zug gekommen, aber als ich aussteigen wollte, packten mich zwei Männer am Arm und stießen mich ins Abteil zurück. KGB-Agenten. Sie fuhren mit mir nach Moskau und brachten mich dort auf die Lubjanka. Sechs Stunden hielten sie mich fest und zwangen mich, diesen Brief zu schreiben. Am nächsten Tag mußte ich wiederkommen, am über-nächsten auch. Schließlich hatten sie mich soweit, daß ich ihnen versprach, alles zu tun, um Ihre Scheidung möglichst lange zu verhindern und Sie in den Augen Ihrer Freunde zu diskreditieren. Wenn ich nicht gehorchte, so drohten sie, würde man mir die Lizenz für meine Anwaltspraxis entziehen. Was hätte ich tun können? Und was soll ich *jetzt* tun?«

Alexander Isajewitsch hatte ihr ruhig zugehört. »Nun«, sagte er jetzt, »Sie sind ja gewiß nicht zum erstenmal mit dieser Institution in Berührung gekommen. Sie war es doch, die Sie meiner früheren Frau als Anwältin empfohlen hat. Mehr will ich dazu jetzt nicht sagen. Sie fragen mich, was Sie tun sollen. Hier ist ein Blatt Papier, schreiben Sie alles auf, was Sie mir eben erzählt haben.«

Zu meinem Erstaunen fing sie sofort damit an. Es schien, als hätte sie mit nichts anderem gerechnet. Ich zitterte wie Espenlaub, ich glaubte, geträumt zu haben und mich kneifen zu müssen, um aus einem Alptraum aufzuwachen: noch nie im Leben war ich Zeuge eines solchen Gesprächs geworden. Als Sanja sah, wie mir die Zähne aufeinanderschlugen, lächelte er: »Ach Galotschka, für Szenen wie diese hat Slawa dies Zimmer gewiß nicht geplant!«

Als Alexejewa den Brief unterzeichnet und Alexander Isajewitsch überreicht hatte, las ihn dieser laut vor: ». . . Ich habe mich geirrt. Ich habe die Einladung, zur Datscha zu kommen, mißverstanden. Ich bitte um Verzeihung. Alexejewa.«

»Nein. So war das nicht gedacht. Versuchen Sie nicht, sich aus der Affäre zu ziehen. Dieser Brief besagt gar nichts. Schreiben Sie, was sie uns eben erzählt haben.«

Und wieder setzte sie sich ohne Widerspruch hin, nahm ein neues Blatt Papier und schrieb: ». . . Auf mein Drängen hin stimmte Solschenizyn einem Treffen in seinem Hause zu. Aber ich wurde am Bahnhof von Ilinskoje von KGB-Agenten festgehalten . . . Sie verhörten mich mehrere Stunden lang und zwangen mich, einen verleumderischen Brief zu schreiben und ihn an Solschenizyn und dessen Freunde zu schicken . . .« Jetzt stand alles so da, wie sie es uns geschildert hatte.

Alexejewa unterschrieb, übergab Alexander Isajewitsch den Brief und fragte, was er damit vorhabe.

»Nichts. Falls aber Ihr erster Brief, jenes niederträchtige Machwerk, je in der Literaturnaja Gaseta erscheinen sollte, dann wird die ganze Welt diesen hier zu lesen kriegen. Sagen Sie das den Leuten, die Sie heute abend hierher geschickt haben, und bedenken Sie, daß Sie damit erneut Ihren Verpflichtungen dem KGB gegenüber nachgekommen sind.«

Sie saß schweigend da. Am liebsten hätte ich ihr in das fade teilnahmslose Gesicht geschlagen und sie aus meinem Haus gejagt. Doch da stand Alexander Isajewitsch auf, entschuldigte sich noch einmal bei mir, sagte gute Nacht und verließ das Zimmer. Die beiden Frauen gingen in die Nacht hinaus.

Erst nach der dritten Verhandlung hat Solschenizyn die Scheidung erreicht. Alja erwartete bereits ihr drittes Kind, als sie im April 1973 in derselben Kirche am Obydenka heirateten, in der auch ihr Sohn Jermolai getauft worden war.

Einige Monate später mußte Solschenizyn ins Exil gehen.

Heute frage ich mich oft, weshalb die Behörden Solschenizyns Aufenthalt bei uns so lange duldeten. Es wäre doch ein leichtes für sie gewesen, ihn auf

Grund der Tatsache, daß er bei uns nicht gemeldet war, auf die Straße zu setzen. Mehr noch, sie hätten strafrechtlich gegen ihn vorgehen können, da nach sowjetischem Gesetz eine solche Unterlassung schon als grobe Rechtsverletzung gilt. Kein Protest hätte ihm dann geholfen, nicht einmal der Einspruch berühmter Künstler.

Heute kommt mir vieles wie ein Sandkastenspiel vor: die ganzen Besuche der Polizei, die vielen Gespräche, die Maßnahmen der Behörden, Solschenizyn unter Druck zu setzen und ihn zum Auszug zu bewegen. In der Sowjetunion läßt man sich von Meinungen ja nicht überzeugen, auch nicht von der Meinung der Welt – sie zählt einfach nicht. Die Behörden hätten eine »Meinung« der Akademiker unseres Gebiets aushecken und verbreiten können mit der Forderung, daß man Solschenizyn hinauswerfen solle. Andrej Sacharow hat man aus dem eigenen Haus geworfen und ohne jede Gerichtsverhandlung ins Exil nach Gorki abgeschoben. Seit Jahren bringt die Welt ihre Empörung darüber zum Ausdruck – für unsere Obrigkeit aber könnte ebensogut ein Hund den Mond ankläffen.

Nein, Rücksichtnahmen dieser Art waren gewiß nicht im Spiel. Höchstwahrscheinlich hat man sich bei den Behörden überlegt, daß Solschenizyn sich seinen Gastgebern gegenüber, die ihm bis vor kurzem noch gänzlich unbekannt waren, verpflichtet fühlen und sich in seinen Äußerungen mehr Zurückhaltung auferlegen würde. Überdies wäre er, wenn er weiterhin in einem Sperrgebiet der Regierung lebte, von der übrigen Bevölkerung mehr oder weniger abgeschnitten. Nur übersahen sie dabei das Wichtigste: die Tatsache nämlich, daß Solschenizyn zum erstenmal in seinem Leben die Möglichkeit hatte, in ruhiger Umgebung zu leben und zu arbeiten, unter normalen Lebensumständen die körperlichen und geistigen Kräfte zu sammeln, die er für seinen Kampf brauchte.

In gewisser Hinsicht aber ging ihre Rechnung auf. Solschenizyn wollte auf keinen Fall, daß wir unter den möglichen Folgen seiner Anwesenheit zu leiden hatten, und bat uns daher, keinem seine jetzige Anschrift mitzuteilen, uns in Schukowka nicht mit Auslandskorrespondenten zu treffen und sie, falls sie unerwartet auftauchten, nicht ins Haus zu lassen. Wir haben auch in jenen Jahren keine Ausländer in der Datscha empfangen, um den Behörden keinen Grund zu dem Verdacht zu geben, Solschenizyn könne unsere Kontakte zur Weiterleitung seiner Manuskripte ins Ausland benutzen. Solschenizyn selbst lebte wie ein Eremit und sah außer seinen engsten Freunden keine Menschenseele. Nicht zu übersehen war, daß das KGB ohne den leisesten Versuch einer Geheimhaltung in der Nähe unseres Hauses einen Beobachtungsposten aufgestellt hatte, einen schwarzen, mit mehreren Leuten besetzten Wolga. Jedesmal, wenn Slawa an den Männern vorbeifuhr, begrüßte er sie mit seiner Hupe wie alte Bekannte.

Was das Haus betraf, so war es schon durch den häufigen Wechsel unserer Dienstmädchen für das KGB ein Leichtes, Abhörgeräte in beliebiger Anzahl darin anzubringen.

So kamen eines Tages, kurz nachdem wir Rußland verlassen hatten, fünf Männer in Zivil ans Tor unserer Datscha, in der jetzt eine Freundin von uns lebte. »Guten Morgen, wir müssen ins Haus.«

»Ohne Erlaubnis von Veronika Leopoldowna, der Schwester von Rostropowitsch, darf ich niemanden einlassen. Sie ist nicht da.«

»Wir sind vom KGB, wir müssen hinein.«

»Dann zeigen Sie mir Ihre Papiere.«

Sie zogen den KGB-Ausweis aus der Tasche. Kein Sowjetbürger verschließt seine Tür vor dieser mächtigen Institution.

»Kommen Sie herein. Soll ich Sie begleiten?«

»Ja, bitte.«

In der Annahme, daß sie einen Blick in die Zimmer werfen wollten, ging sie mit ihnen auf das Haupthaus zu.

»Nein, nein. Wir wollen nur zur Veranda des Gästehauses.«

Sie ging mit. Und ohne sich im mindesten durch ihre Anwesenheit gestört zu fühlen, schlugen sie in einer Ecke den Teppich zurück, hoben ein paar Dielenbretter hoch und brachten einen Metallkasten zum Vorschein, der geheimnisvolle Apparaturen enthielt. Das alles geschah mit der größten Selbstverständlichkeit – ein Zynismus ohnegleichen. Routinemäßig gingen sie ans Werk und versahen ihren Dienst, dann baten sie um Entschuldigung und verabschiedeten sich, ihren Besitz mit sich nehmend.

Nach der Geschichte mit Slawas offenem Brief legten die Behörden uns langsam Daumenschrauben an und ließen sich auch in den nächsten dreieinhalb Jahren nicht von ihrem noblen Tun abbringen. Der Betroffene war vor allem Slawa. Es fing damit an, daß sie ihn seiner Ämter am Bolschoi enthoben und nach und nach sämtliche Auslandsreisen absagten. Bald durfte auch kein Moskauer Orchester Rostropowitsch als Dirigenten engagieren, und schließlich war es soweit, daß er für seine Solokonzerte in Moskau und Leningrad keinen Saal mehr bekam.

In dieser Zeit erhielt Slawa einen Anruf von der Moskauer Universität mit der Bitte, auf den Lenin-Bergen ein Konzert für sie zu geben. Er stimmte freudig zu. Am Tag des Konzerts erreichte ihn ein weiterer Anruf. »Es tut mir sehr leid, Mstislaw Leopoldowitsch. Ich weiß, daß Sie heute abend bei uns auftreten sollten, aber da eine unerwartete Besprechung einberufen werden mußte, ist der Saal heute abend leider besetzt. Wir bitten Sie vielmals um Entschuldigung. Vielleicht können Sie ein andermal für uns spielen? Wir rufen Sie wieder an.«

Spät am Abend klingelte wieder das Telefon. Studenten der Universität. »Mstislaw Leopoldowitsch, wie geht es Ihnen?«

»Danke, gut.«

»Wie, Sie sind nicht krank? Wir haben doch auf einem Aushang gelesen, daß Ihr Konzert deshalb ausfallen mußte.«

»Und mir wurde gesagt, daß man den Saal heute abend für eine dringende Besprechung brauchte!«

»Nein, der Saal stand leer.«

»Dann haben sie uns alle angelogen – Sie und mich.«

Nicht lange danach kamen Fernsehleute von der BBC nach Moskau, um einen Film über Schostakowitsch zu drehen. In der Hoffnung, daß wir beide darin auftreten würden, riefen sie Slawa an.

Wie oft hatte man uns jetzt schon Absagen erteilt!

Langsam waren wir des vielen Bittens müde und hatten genug von den Spielchen kleinkarierter Bürokraten in den verschiedenen Ministerien. Nein, diesmal waren wir es, die absagten. »Wir haben keine Zeit.«

Am Tag darauf kam ein flehentlicher Anruf von der Presseagentur Nowosti, wir möchten doch bitte unsere Weigerung zurückziehen. »Mstislaw Leopoldowitsch, wir drehen diesen Film über Schostakowitsch gemeinsam mit der BBC. Sie beide haben doch so viele seiner Werke aufgeführt, daß der Film ohne Ihre Mitwirkung flachfallen müßte.«

»Sie werden ihn nachher doch wieder verbieten.«

»Nein, wir haben die Genehmigung. Dies ist eine offizielle Einladung.«

»Also gut. Sagen Sie den Leuten von der BBC, daß wir sie bei uns zu Hause erwarten.«

Sie kamen auch, die lieben netten Engländer, und einigten sich mit Slawa auf eine Passage aus dem Cello-Konzert, mit mir auf eine Arie aus *Lady Macbeth* und einige Lieder aus dem Blok-Zyklus. Am Tag, als die Dreharbeiten mit uns beginnen sollten, probierten wir die Stücke zu Hause noch einmal durch und waren dann startbereit. Um drei Uhr sollte das Auto da sein. Es war nicht da. Weder um drei, noch um vier, nicht einmal um sechs. Nichts. Kein Anruf, kein Brief. Wir selber dachten gar nicht daran, von uns aus anzurufen, wir hatten jetzt wirklich die Nase voll.

Spät am Abend kam Maxim Schostakowitsch zu uns und berichtete, das Zentralkomitee habe unsere Mitwirkung an dem Film untersagt.

Da traf es sich, daß wir nur wenige Tage später in die Residenz des britischen Botschafters gebeten wurden, um dort zusammen mit Gästen anderer Auslandsvertretungen zu Abend zu essen. Slawa konnte nicht an sich halten und erklärte vor allen Anwesenden: »Exzellenz, für mich war England seit je ein Land der Gentlemen. Seit ein paar Tagen aber bin ich sehr enttäuscht und erstaunt über die englische Unhöflichkeit.«

Tödliches Schweigen. Der Botschafter war etwas blaß geworden und setzte sich jetzt kerzengerade auf. »Entschuldigen Sie, aber ich verstehe nicht recht – was meinen Sie?«

»Nun, eine britische Filmfirma hat uns vor ein paar Tagen gebeten, in einem Film über Schostakowitsch mitzuwirken. Wir erklärten uns einverstanden. Laut Vereinbarung wollten sie uns zu einer bestimmten Stunde abholen, aber sie ließen uns warten. Mehrere Stunden lang haben wir dagesessen – ich im Frack und Galina Pawlowna im Abendkleid. Nicht genug, daß sie nicht kamen. Sie haben uns nicht einmal angerufen, um sich zu entschuldigen oder zu erklären, was da eigentlich vorgefallen war.«

Der Botschafter, dessen Gesichtsfarbe mehrmals zwischen aschfahl und puterrot gewechselt hatte, stand wortlos auf und ging in ein Nebenzimmer ans Telefon. Zurück kam er mit folgender Geschichte: Am Tag vor Drehbeginn hatte jemand von der Presseagentur Nowosti einen Vertreter der BBC angerufen und ihm mitgeteilt, Rostropowitsch und Galina Wischnewskaja hätten Moskau dringender Geschäfte wegen verlassen. Im Klartext – wir hätten die Mitarbeit an dem Film abgelehnt. Später erfuhren wir, daß der Film gedreht und auch gesendet wurde und daß man für die englische Fassung ein paar alte Filmmeter von Slawa und mir eingeblendet hatte.

Ein andermal rief Yehudi Menuhin aus London an.

»Galja, wo steckt Slawa?«

»In Erewan, er gibt dort ein Konzert.«

»Und wie geht es ihm gesundheitlich?«

»Danke, gut.«

»Merkwürdig. Er sollte nach London kommen und hier ein paar Konzerte geben. Aber dann kam ein Telegramm vom Kulturministerium, in dem es hieß, er sei krank. Was sollen wir jetzt machen?«

»Allen Leuten erzählen, daß Sie mit mir gesprochen haben und daß das Ministerium lügt. Rostropowitsch ist kerngesund. Sie lassen ihn nur nicht fort.«

22

Im großen und ganzen hatten sich meine Warnungen als begründet erwiesen. Slawa, der in Moskau und Leningrad nicht mehr dirigieren durfte, reiste jetzt durch die Provinz, die ihm zu jener Zeit noch nicht verschlossen war. So fuhr er häufig nach Jaroslawl und überredete mich mitzukommen und mit dem dortigen Orchester aufzutreten.

Jaroslawl, das etwa zweihundert Kilometer von Moskau entfernt liegt, ist eine schöne alte Stadt, ein ehemaliges kulturelles Zentrum und die Heimat des ältesten dramatischen Theaters in Rußland. Die reizvollen

Bürgerhäuser entlang der Wolga haben viel vom Geist ihrer früheren Bewohner bewahrt und scheinen deren Leben in längst vergangenen Jahrhunderten widerzuspiegeln.

Hinreißend auch die Kirchen – Plaketten an der Außenwand besagen, daß der Staat diese einzigartigen Baudenkmäler erhalte. Die Portale aber sind verschlossen. Nur durch die vielen zerbrochenen Fensterscheiben konnten wir einen Blick ins Innere werfen – in ein dunkles, verwahrlostes Kirchenschiff. In einer dieser verlassenen Kirchen sahen wir Hunderte von Ikonen auf dem Boden liegen, mit Schnee bedeckt, der durch die offenen Fenster hereinwehte. Wir wußten, daß sie nicht mehr zu retten waren, wenn der Frühling kam und das Tauwetter einsetzte.

Was uns außerdem überraschte, war der Gegensatz zwischen der herrlichen Stadt und ihren resignierten, verbitterten Einwohnern. Das kam uns so vor, als wolle Jaroslawl in seiner ganzen, allmählich verfallenden Pracht zu verstehen geben, daß es nicht für Menschen dieser Zeit und deren elendes, eintöniges Leben erbaut worden sei.

Fast jedes Mitglied des Symphonie-Orchesters von Jaroslawl stammt aus Moskau und hat vordem an einer Moskauer Musikschule, wenn nicht gar am Konservatorium studiert. Und jeder geht hier seiner Arbeit nach in der Hoffnung, so bald wie möglich nach Moskau zurückkehren zu können, zurück zur vertrauten Betriebsamkeit dieser Stadt.

In der Provinz beziehen die Künstler nur ein kärgliches Gehalt – hundert bis hundertfünfzig Rubel monatlich, und sie haben, anders als in Moskau, hier auch keine Gelegenheit zu einem Nebenverdienst. Bestenfalls bittet man die Bläser, bei einer Beerdigung am Ort zu spielen, was mit fünf Rubeln honoriert wird und außerdem die Möglichkeit bietet, sich bei der Leichenfeier sinnlos zu betrinken. Über eine Tournee ihres Orchesters sind natürlich alle glücklich, denn das bringt immerhin zwei Rubel fünfzig Kopeken pro Tag. Und wenn sie es schaffen, sich von diesen zusätzlichen Geldern zu ernähren, können sie ihr Gehalt für ein Paar Schuhe aufsparen.

In Jaroslawl mußte ein monatliches Pensum von achtzehn Konzerten erfüllt werden. Doch ist es für eine so kleine Provinzstadt schon schwer genug, für ein einziges Konzert im Monat genügend Musikliebhaber aufzutreiben. Die Folge davon ist, daß die meisten Konzerte vor leeren Sälen stattfinden, wenn nicht gerade ein berühmter Musiker aus Moskau auf dem Programmzettel steht. In welcher Stimmung die Orchestermitglieder und der Dirigent den Konzertsaal betreten, läßt sich bei diesen Gegebenheiten sicherlich denken.

Eine Stadt wie Jaroslawl, deren Verfall nicht aufzuhalten ist und die von unlösbaren Alltagsproblemen schier erdrückt wird – braucht sie wirklich ihr eigenes, ein ständiges Symphonie-Orchester? Ich glaube nicht, ebensowenig wie jede andere Kleinstadt. Besser wäre, man rekrutierte aus zehn Orchestern dieser Größenordnung ein einziges, gutes Gastspielorchester, und aus zehn Opernensembles der Provinz ein gutes Tournee-Ensemble. Dann hätten diese beiden vielleicht die Möglichkeit, das ganze Jahr über auf Reisen zu sein, vor vollen Häusern zu spielen und mehr Geld einzunehmen. Nur – was wird dann aus den andern? Eine heikle Frage, die letztlich die gesamte sowjetische Beschäftigungspolitik betrifft. Denn Tatsache ist, daß man die Arbeitslosigkeit in der Sowjetunion – vornehmlich dort, wo große Fähigkeiten nicht gefragt sind – dadurch zu verhindern sucht, daß man einen Arbeitsplatz auf zwei oder drei Arbeiter verteilt, die sich natürlich auch den Lohn teilen müssen. Eine ideale Lösung? Vielleicht sollte man erwähnen, daß dieser Lohn zu niedrig ist, um seinen Empfänger zu ernähren, daß er niedriger ist als das Arbeitslosengeld eines Amerikaners. Vielleicht sollte man außerdem erwähnen, daß diese Arbeit dann auch nur halbherzig ausgeführt wird, daß Pfusch an der Tagesordnung ist. Wie sagt doch eine russische Redensart: »Der Staat tut so, als ob er uns für unsere Arbeit bezahlt. Und wir tun so, als ob wir arbeiten.« Aber die Kommunistische Partei ist schnell bei der Hand mit ihrem Trumpf: Es gibt keine Arbeitslosigkeit in der Sowjetunion.

Im Gegensatz zu Slawa durfte ich auch weiterhin und so oft ich wollte am Bolschoi auftreten, in dieser Hinsicht legte man mir keinerlei Beschränkungen auf. 1971 wurde ich sogar mit der höchsten Auszeichnung der Sowjetunion geehrt – mit dem Lenin-Orden. Auch meine Auslandsreisen gingen weiter; die letzte führte mich nach Wien, wo ich in der Spielzeit 1972/73 an der Wiener Staatsoper die Tosca und die Madame Butterfly sang.

Nur eins war anders geworden: Die großen Zeitungen hatten aufgehört, über mich zu berichten, weder Rundfunk noch Fernsehen übertrugen meine Stimme. Ich sang ins Leere. Mit diesen Methoden versuchten die Behörden, mich nicht nur zu demütigen, sondern mich vom kulturellen Leben meines Landes auszuschließen.

Gewiß, meine Vorrangstellung am Bolschoi war mir geblieben, und damit das Privileg, am Theater der Hauptstadt und mit einem so großartigen Orchester zu arbeiten. Meine Kunst hatte unter alldem nicht zu leiden. Auch mein Erfolg hielt unvermindert an, ich war von Verehrern umgeben und konnte nach wie vor die Liebe meines Publikums genießen – insofern hätte ich durchaus versuchen können, die schmählichen Intrigen in meiner Umgebung gar nicht erst zur Kenntnis zu nehmen.

Dagegen war Rostropowitsch wirklich übel dran. Ein Mann, der mit den bedeutendsten Orchestern Amerikas, Englands und Deutschlands aufgetreten war, der zu den hervorragendsten Musikern unserer Zeit in engstem

Kontakt stand, mußte sich jetzt in die tiefsten Niederungen der Provinz begeben, mußte mit Orchestern und Dirigenten zusammenarbeiten, die, so sehr sie sich auch bemühten, einfach nicht imstande waren, den Vorstellungen eines solchen Musikers Genüge zu tun. Slawa sah sich bald gezwungen, künstlerische Kompromisse einzugehen, das Niveau seiner Darbietungen immer mehr dem Durchschnitt anzupassen, sich selbst dem Mittelmaß zu verschreiben. Nach einer alten russischen Tradition kommt einem unter solchen Umständen der Wodka zu Hilfe. Rostropowitsch machte da keine Ausnahme. Nach Konzerten suchte er immer häufiger Zuflucht beim Alkohol, und immer häufiger griff er nach seinem Herzen. Das war für mich der Zeitpunkt einzuschreiten, ihn von seinen Saufkumpanen fernzuhalten und – wieder einmal – die bittere Pille des Provinzlebens zu schlucken.

Eines Tages nämlich hatte man mich aus Saratow angerufen und gebeten, im dortigen Theater die Tosca zu singen. »Sie dürfen nicht ablehnen, Galina Pawlowna! Helfen Sie unserem Theater, die Besucherzahlen gehen zurück, und wir können nur weitermachen, wenn wir mit prominenten Gästen aufwarten.«

In Anbetracht der Tatsache, daß Slawa den auferlegten Müßiggang immer weniger ertrug, akzeptierte ich das Angebot und bat ihn, die Aufführungen zu dirigieren. Slawa griff nach dem Strohhalm und fuhr schon zehn Tage vor mir nach Saratow, um mit dem Orchester zu proben. Die Arbeit reizte ihn, da er die *Tosca* noch nie dirigiert hatte. Und so kam es, daß ich zum erstenmal seit vielen Jahren wieder ein Gastspiel innerhalb der Sowjetunion gab.

Saratow ist eine große, vormals blühende Stadt an der Wolga, die einiges zu bieten hat: ein Opern- und ein Schauspielhaus, einen Konzertsaal, ein Symphonie-Orchester, ein Konservatorium und Musikschulen, eine Universität, die verschiedensten Institute und vieles mehr.

Bei meiner Ankunft empfing mich der Theaterdirektor mit Blumen. »Wie schön, Sie in unserer Stadt begrüßen zu dürfen, Galina Pawlowna! Mstislaw Leopoldowitsch ist schon zur Probe und erwartet Sie um elf Uhr im Theater.«

Auch im Hotel empfing man mich sehr zuvorkommend. Aber: »Ihr Zimmer liegt im sechsten Stock.«

»Hm. Und wo ist der Aufzug?«

»Der funktioniert leider nicht.«

»Ach ja, ich verstehe. Kann ich mir Kaffee aufs Zimmer bestellen?«

»Aufs Zimmer? Unsere Imbißstube ist schon seit ewigen Zeiten wegen Renovierung geschlossen.«

»Und wo kann ich morgens frühstücken?«

»Gegenüber, in der Cafeteria.«

So sah das also aus. Für heute mochte es ja hingehen. Aber nach den Vorstellungen? Und morgens? Sollte ich da aus dem Bett kriechen, mich anziehen, frisieren und raus auf die Straße? Nun ja, dachte ich, man wird sehen. Und länger als zwei Wochen bleibe ich ja ohnehin nicht.

Die Cafeteria, zu der mich der Theaterdirektor begleitete, wirkte nicht sehr einladend. Schon jetzt, am hellen Vormittag, roch es nach verdorbenem Essen, lagen schmutzige Wachstuchdecken auf den Tischen, kippten ein paar Gestalten eine Mischung aus Bier und Wodka, offensichtlich, um ihren Kater wegzuspülen. Nein, Paris war das nicht. Das war nicht einmal Moskau!

Da saß ich nun und wartete schweigend, daß eine Kellnerin an unseren Tisch kam. Und ganz verzweifelt sah der Theaterdirektor seine Primadonna von Minute zu Minute tiefer in Trübsinn verfallen. Endlich erschien eine stämmige Frau am Tisch, die natürlich sofort bemerkte, daß ich mit einer Serviette den gröbsten Schmutz vom Tischtuch gefegt hatte. Jetzt nahm sie eine Haltung an, die mir wohl ihre Bereitschaft zur Verteidigung ihres Tätigkeitsfeldes signalisieren sollte. Die Zeichen standen freilich mehr auf Verteidigung als auf Tätigkeit.

»Was möchten Sie?«

»Kaffee mit Sahne, bitte.«

»Sahne? Nie im Leben! Höchstens Milch.«

»Gut, dann eben mit Milch.«

Ich merkte, wie ich unter ihrem Adlerblick förmlich zusammenschrumpfte, bat sie aber trotzdem mit fester Stimme und so höflich ich konnte, mir Kaffee und Milch getrennt zu bringen. Grenzenloses Staunen.

»Wie soll ich das machen? Wo soll ich den Kaffee und die Milch denn reintun?«

»In was Sie wollen«, sagte ich mit honigsüßem Lächeln, »nur bitte nicht zusammen.«

»Gut. Und was wollen Sie sonst noch?«

»Danke, das ist alles.«

»Sie sind aus Moskau, stimmt's?«

»Ja.«

Kurz darauf brachte sie mir etwas Bräunliches, Flüssiges in einem schmutzigen Glas, eine Untertasse mit einem Teelöffel voll Zucker und eine zweite mit einem schmierigen Klecks darauf.

»Und wo ist die Milch?«

»Was heißt hier ›wo?‹ Da, auf der Untertasse. Sie wollten sie doch extra haben.«

»Ich habe Milch bestellt, aber das da ist gezuckerte Kondensmilch. Zucker nehme ich nicht.«

Jetzt bekam ich aber was zu hören! »Was bilden Sie sich eigentlich ein? Unsere Kinder wissen nicht einmal, was Milch ist, und für Sie kann sie nicht schnell genug auf dem Tisch stehen. Was für eine Prinzessin! Stellt euch vor, sie mag Kondensmilch nicht, aber die Frauen hier stehen stundenlang an dafür. Und bitte keinen Zucker für die Dame! Los, nimm schon, du wirst nicht dran ersticken!«

Ach Galina Pawlowna, »unsere Königin«! Du bist viel ins Ausland gereist, du hast es dir in Schukowka mit zwei Kühlschränken bequem gemacht, und dabei geruhtest du wohl zu vergessen, daß du selber einmal von Wasser und Brot leben mußtest. Komm, steig ein Stück von deinem Podest herunter und schau dich um, sieh dir an, wie die Menschen leben . . . Nein, ich will mich nicht erinnern, ich will nicht hinunter. Müssen die Menschen denn so leben? Es ist doch kein Krieg mehr!

Nach einer ersten Probe im Theater, es war kurz vor Beginn einer Vorstellung, warf ich noch rasch einen Blick in den Zuschauerraum: kaum fünfzig Besucher! Dabei hatte das Theater recht gute Sänger, besonders Wladimir Stscherbakow war ein beachtlicher Tenor. Später habe ich für ihn ein Vorsingen am Bolschoi arrangiert; seither gehört er zum Ensemble.

Ich weiß nicht mehr, welche Oper sie an jenem Abend spielten, aber daß eine Ballett-Einlage dazugehörte und daß ich ganz entsetzt war über die dicken Ballerinen, das weiß ich noch. Wieder ging meine Moskauer Mentalität mit mir durch, und ich sagte zur Ballettmeisterin: »Das ist ja nicht mitanzusehen! Wie konnten sie nur so dick werden? Sie sollten sie dazu bringen, auf ihre Linie zu achten!«

Sie sah mich etwas herablassend an und nahm sich Zeit für die Antwort. »Ach wissen Sie, Galina Pawlowna, diese Mädchen verdienen am Theater achtzig Rubel monatlich. Und wenn sie ein bißchen was für Kleidung beiseitelegen, dann reicht es eben nur für Brot, Kartoffeln und Maccaroni. Darum nehmen sie zu. Trotzdem bleiben sie Künstlerinnen, auch wenn sie nur Mitglieder einer Ballettgruppe sind.«

Ich wollte, die Erde hätte sich aufgetan und mich verschlungen. Wie konnte ich schon wieder so taktlos sein!

Als das Saratower Theater in diesem Sommer eine Gastspielreise nach Kiew unternahm, baten sie auch Slawa und mich, mitzufahren und zumindest bei den beiden *Tosca*-Aufführungen mitzuwirken. Diesmal mußte ich ablehnen, ich brauchte Ruhe. Umsonst versuchte Rostropowitsch, mich zu überreden; ich zog mich auf die Datscha zurück, um mich auf die neue Spielzeit vorzubereiten. Da beschloß Slawa, Olga und Jelena mitzunehmen, die ganze Strecke bis Kiew im Auto zu fahren und den Kindern unterwegs die wichtigsten Sehenswürdigkeiten zu zeigen. Natürlich waren die beiden überglücklich. Nicht nur, weil sie Kiew nicht kannten, sondern vor allem, weil ihr Vater dort dirigieren würde und sie sowohl zu den Proben als auch zu den Aufführungen mitnehmen konnte.

Gut versorgt mit Reiseproviant, Landkarten und genügend Sachen zum Anziehen zogen sie eines Morgens in aller Frühe los und verbrachten die erste Nacht in Brjansk. Schon am Abend des nächsten Tages aber waren sie zurück, kamen mutlos und geknickt in Schukowka an. In Brjansk, so erzählten sie mir, habe schon ein Telegramm aus Kiew auf sie gewartet, in dem es hieß, daß die Vorstellungen der *Tosca* wegen einer Programmänderung leider ausfallen müßten.

Später fanden wir heraus, daß die Behörden in Kiew den Auftritt Rostropowitschs in ihrer Stadt verhindern wollten und der Öffentlichkeit mitteilten, er habe es abgelehnt, in Kiew zu dirigieren, und sei statt dessen ins Ausland gefahren. Die Aufführungen der *Tosca* fanden natürlich statt – unter einem anderen Dirigenten.

Ich selbst habe die Tosca gesungen, solange ich noch in Saratow war. Allerdings hätte ich dabei dem Bariton, der den Scarpia sang, auf offener Bühne fast die Kehle durchgeschnitten.

Ich probiere die Mordszene jedesmal besonders gründlich, damit Scarpia und ich gegen Ende des zweiten Aktes, wo wir beide nur noch wenig singen, um so mehr aber zu spielen haben, richtig loslegen können.

Auch jetzt, in Saratow, erklärte ich meinem Partner genau, was ich vorhatte, daß ich ihm den Dolch nicht in den Rücken oder ins Herz, sondern in die Kehle stoßen wolle. »Wenn Sie mich umarmen, lege ich meinen linken Arm um Ihren Hals und stoße dann mit der rechten Hand zu.«

»O ja, sehr effektvoll! Einverstanden.«

Erst jetzt begriff ich, daß ich ein richtiges Messer mit einer scharfen Klinge in der Hand hielt. Ich fiel fast in Ohnmacht. »Haben Sie denn alle den Verstand verloren? Wo ist der Regisseur? Bringen Sie mir sofort eine Attrappe und vergessen Sie nicht, sich vor der Aufführung noch einmal zu vergewissern! Ich stehe ja hier mit dem Rücken zum Tisch und kann gar nicht sehen, wonach ich greife. Ich greife nach allem, was da liegt.«

»Keine Sorge, Galina Pawlowna, ich kümmere mich darum.«

»Gut. Also nochmal. Wenn ich meinen Arm um Ihren Hals lege, dürfen Sie nicht die geringste Bewegung machen, versuchen Sie es. Ich treffe Sie sonst im Gesicht. Die Szene ist ja ziemlich bewegt, und es könnte sein, daß ich im Eifer des Gefechts nicht mehr klar sehe – denken Sie bitte daran!«

»Kleinigkeit! Es lohnt sich wirklich nicht, ein Wort darüber zu verlieren. Ich werde es schon nicht vergessen.«

Natürlich hatte er bei der Aufführung alles vergessen. Vor seinem »Tod« zog er noch einmal sämtliche Register eines Schmierenkomödianten und riß mich mit dem Aufschrei »Tosca, du bist mein!« in die Arme. Wie ausgemacht schlang ich jetzt meinen linken Arm um seinen Hals – er aber versuchte, entgegen unserer Abmachung, mich in diesem Augenblick zu küssen. Da traf ich ihn am Ohr – mit einem richtigen Messer! Sie hatten natürlich vergessen, es auszuwechseln.

Ganz im Bann des dramatischen Geschehens, war ich nicht einmal überrascht, als ich Blut über Scarpias Gesicht strömen sah. Erst das heftige Augenrollen der »Leiche« brachte mich zur Besinnung.

Wie er das bis zum Fallen des Vorhangs ausgehalten hat, frage ich mich heute noch.

Kurz nach diesem Zwischenfall habe ich die Tosca an der Wiener Staatsoper gesungen und dort in derselben Szene etwas wirklich Grauenhaftes erlebt. Ein Wunder, daß ich mit dem Leben davonkam.

Meine Partner waren zwei hervorragende Sänger – Placido Domingo als Cavaradossi und Kostas Paskalis als Scarpia. Im zweiten Akt, der in Scarpias Diensträumen spielt, standen mächtige Kandelaber auf dem Tisch und an zwei, drei anderen Stellen der Bühne. Die hohen Kerzen brannten so hell, daß man ihr Flackern bis in die hintersten Reihen sehen konnte. Am Bolschoi ist vom Streichholz bis zur Kerzenflamme jede Art von offenem Feuer auf der Bühne verboten, wir durften uns nicht einmal eine Zigarette anzünden, auch dann nicht, wenn die Handlung das vorschrieb. So war es bei uns auch nicht nötig, Kostüme und Perücken feuerfest zu machen, während das bei allen westlichen Theatern üblich ist. Natürlich wußte ich nichts davon, als mir die Leitung der Wiener Oper erlaubte, die eigenen Kostüme und Perücken zu tragen. Niemand dachte daran, daß sie nicht feuerfest waren.

Ich stand wie immer in dieser Szene mit dem Rücken zum Tisch. Daß hinter mir Kerzen brannten, hatte ich völlig vergessen. Die Mordszene kam, ich erstach Scarpia und stieß ihn mit solcher Kraft von mir, daß ich nach hinten, zur Tischkante taumelte und mit meiner Nylon(!)-Perücke in die Kerzenflammen geriet. Aber wie immer in dieser höchstdramatischen Szene bemerkte ich nichts und lief, das Messer in der erhobenen Hand, um den mit dem Tode ringenden Paskalis herum. Plötzlich schrie eine Frau laut auf (es war meine österreichische Freundin Ljuba Kormut), dann hörte ich ein Knistern, als hätte man ein Feuerwerk auf meinem Kopf gezündet. Durch ein blendend helles Licht vor meinen Augen sah ich Scarpia, den ich eben »ermordet« hatte, vom Boden aufspringen und mit dem Schrei »Feuer! Feuer!« auf mich losstürzen. Er packte mich am Arm und warf mich zu Boden. Da begriff ich, daß auch mein Kostüm brannte, und wälzte mich instinktiv auf dem Teppich hin und her, versuchte auch, mein Gesicht darin zu vergraben. Mit beiden Händen zog ich an der brennenden Perücke und schaffte es mit letzter Kraft, sie mir zusammen mit eigenen Haaren vom Kopf zu reißen. Ich sprang auf und sah Leute aus den Kulissen auf mich zulaufen. »Warum höre ich keine Musik? Der zweite Akt ist doch noch nicht zu Ende – ich muß weitersingen . . . warum holen sie mich von der Bühne?«

Später berichteten die Zeitungen, daß ich nach dem Mord an Scarpia mit brennender Perücke um ihn herumgelaufen sei und wie eine lebende Fackel in der Mitte der Bühne gestanden hätte.

Der Vorhang fiel, als Paskalis mich zu Boden warf. Die Menschen im Zuschauerraum gerieten in Panik, sie schrien und glaubten wohl, ich wäre tödlich verletzt. Sie beruhigten sich erst, als der Regisseur vor den Vorhang trat und versicherte, daß es zu keinen ernsthaften Verbrennungen gekommen sei. Ich selbst hatte nur einen Gedanken im Kopf – eine neue Perücke und weitermachen.

»Bringen Sie mir sofort eine neue Perücke! Wir haben die Vorstellung schon viel zu lang unterbrochen!«

Der Intendant sah mich an, als sei ich nicht recht bei Trost. »Heißt das etwa, daß Sie weitersingen wollen?«

»Natürlich! Bringen Sie mir eine neue Perücke.«

Ich hatte nicht einmal bemerkt, daß mir ein Arzt beide Hände verbunden hatte und daß meine Fingernägel verbrannt waren. Während einer Vorstellung ist alles, was ich auf der Bühne tue, eine Sache auf Leben und Tod. Man hätte mir schon den Kopf abschlagen müssen, um mich zum Aufgeben zu bringen.

So stand ich auch jetzt nach zehn Minuten Pause wieder auf der Bühne, stand vor demselben Tisch mit den brennenden Kandelabern. Das Orchester setzte ein, der Vorhang hob sich. Was aber jetzt im Saal vor sich ging, spottet jeder Beschreibung. Die Menschen schrien und jubelten mir zu, daß an Singen nicht zu denken war. Doch der Sturm legte sich, ich erdolchte Scarpia zum zweitenmal, die Vorstellung ging weiter. Und als Placido Domingo im dritten Akt zu der Stelle *O dolci mani* kam, weinte er beim Anblick meiner verbundenen Hände echte Tränen.

Nach der Vorstellung war mir dann doch etwas mulmig zumute. Aber als ich mit Ljuba in einem Restaurant gut gegessen und eine Menge Wein getrunken hatte, fiel ich in meinem Hotelzimmer in tiefen und gesunden Schlaf. Natürlich stand ich unter Schock und hatte mir dadurch die ausgestandenen Schrecken gar nicht bewußt machen können.

Am nächsten Morgen bestellte ich mir Kaffee aufs Zimmer und machte die Verbände ab. Erst jetzt, als ich die Brandblasen und meine verkohlten Fingernägel sah, kam mir zu Bewußtsein, was am Abend zuvor geschehen war, erst jetzt wurden mir die Knie weich. Ich hätte auf offener Bühne und vor den Augen des Publikums verbrennen können! Allein die Tatsache, daß mein Kostüm nicht aus Nylon war, hatte mich davor bewahrt, jetzt mit verbranntem, entstelltem Gesicht im Krankenhaus zu liegen.

Das Telefon klingelte. »Hallo!«

»Wer ist da bitte?« fragte eine Frau auf Russisch, deren Stimme mir bekannt vorkam.

»Ich bin es.«

»Wer?« Jetzt erkannte ich die Stimme der Chefsekretärin vom Bolschoi.

»Hier ist Galina Wischnewskaja.«

»Galina Pawlowna! Liebste! Sind Sie es wirklich? Sie leben? Sagen Sie, was ist denn da passiert?«

»Warum rufen Sie an, Nina Georgijewna?«

»Weil ich selbst eben von jemandem angerufen wurde, der heute BBC gehört, aber nicht recht verstanden hat, ob Galina Wischnewskaja nur leichte oder tödliche Brandverletzungen erlitten hat. Ich hatte richtig Angst davor, Sie anzurufen, und konnte es eben kaum glauben, Ihre Stimme zu hören.«

Ich erzählte ihr dann den genauen Hergang und bat sie, Slawa zu Hause anzurufen, bevor ihn andere Gerüchte erreichten.

Danach ging es erst richtig los mit Anrufen – London, Paris, Amerika. Bekannte, Freunde, sogar völlig Fremde. Sie alle fragten mich, ob sie mir irgendwie helfen könnten, und brachten ihre Freude zum Ausdruck, daß ich noch lebte, daß sie meine Stimme hören durften. In aller Welt berichteten die Medien über den alptraumhaften Zwischenfall. Nur von der sowjetischen Botschaft kam kein Wort. Für sie, für alle dort ohne Ausnahme, war ich eine Geächtete, Ausgestoßene. Mein Abscheu vor ihnen wuchs, grenzte schon an Haß. Was waren das bloß für Menschen, meine Landsleute? Ich verstand ja, daß sie Angst hatten, mich von ihrer Dienststelle oder von zu Hause aus anzurufen. Aber war es denn möglich, daß kein einziger aus der riesigen russischen Kolonie in Wien sich bereit fand, anonym von irgendeiner Telefonzelle aus mit mir zu sprechen und eine Frau, eine Künstlerin zu fragen, wie sie sich nach dem ausgestandenen Grauen fühle, ihr ein paar Worte in ihrer Heimatsprache zu sagen? Nein, der Angst konnte man ein solches Versäumnis nicht zuschreiben. Was aber war an die Stelle der vielgepriesenen russischen Seele getreten, was war aus ihrem Großmut, ihrer Freundlichkeit geworden?

Tosca stand auch auf dem Programm der Mailänder Scala, die ein Jahr später, im Sommer 1974, mit Raina Kabaiwanska als Tosca und Placido Domingo als Cavaradossi in Moskau gastierte. Als die Kabaiwanska erkrankte, drohten die Vorstellungen auszufallen, denn die Scala reiste wie üblich mit nur einer Besetzung. Domingo wollte mich daher bitten, für sie einzuspringen, wandte sich aber mit seiner Anfrage zuvor an die Leitung des Bolschoi.

»Das ist leider unmöglich. Galina Pawlowna ist zur Zeit nicht in Moskau.«

»Wie kann das sein?« rief Domingo überrascht aus, »eben noch habe ich mit ihr telefoniert und bin morgen bei ihr zum Essen eingeladen.«

»Tatsächlich? Nun, das ändert nichts an der Sache. Das Entscheidende ist, daß Galina Pawlowna die Tosca nicht auf Italienisch singt.«

»Aber sicher doch!« beharrte Domingo, »vor einem Jahr noch, in Wien, habe ich die Tosca mit ihr zusammen gesungen.«

Eine Stunde später teilte man den Italienern mit, man habe telefonisch bei mir angefragt, aber ich sei nicht bereit, die Rolle zu übernehmen.

All das erzählte mir Domingo am nächsten Tag beim Essen – ich selbst hatte von niemandem auch nur ein Wort davon gehört.

»Ist es denn möglich, daß man Sie nicht einmal angerufen hat?«

»Ja«, sagte ich, »das ist möglich. Vergessen Sie nicht, Sie sind hier in der Sowjetunion.«

Wenn du jung bist, hast du vielleicht die Kraft, dich über solche Ohrfeigen und Gängeleien mit einem Lachen hinwegzusetzen. Im Lauf der Zeit aber, wenn du mit unerbittlicher Schärfe zu sehen gelernt hast, zeigt sich das Leben sehr deutlich von seinen beiden Seiten, der häßlichen und der schönen. Du erkennst, daß dir die besten Jahre deines Lebens gestohlen wurden, daß du nur die Hälfte von dem erreicht hast, was du dir einmal gewünscht hattest und wozu du auch fähig gewesen wärst. Schamgefühle quälen dich, denn du hast ja zugesehen, wie man dein kostbarstes Gut, deine Kunst, mit Füßen trat. Jetzt kannst du nicht mehr die Marionette sein, die unaufhörlich nach dem Willen eines stumpfsinnigen Puppenspielers tanzt. Jetzt ist es dir nicht mehr möglich, die endlosen Verbote und die demütigenden Worte – »Du kannst das nicht, du darfst das nicht« – zu ertragen.

Das Leben und die Konzerte in der Provinz hinterließen bei Slawa schon bald den bitteren Nachgeschmack künstlerischer Unzufriedenheit. Noch unerträglicher aber war es für ihn, untätig in Moskau herumzusitzen, während die Kollegen Konzerte gaben. Ein Mann wie er, ein Musiker auf der Höhe seines Könnens, durfte nur noch im Zuschauerraum den Konzerten beiwohnen! Eine gezieltere, eine wirksamere Strafe hätte man sich für Rostropowitsch nicht ausdenken können. Es fragte sich nur, wie lange er sie noch aushielt.

In dieser Zeit entdeckte Slawa ein neues Interesse, ein neues Betätigungsfeld. Durch einen Freund von uns, der eine schöne Sammlung russischen Porzellans besaß, kam auch er auf den Geschmack und begann, zunächst nur, um irgend etwas zu tun, selbst ein paar Stücke zu erwerben.

Ein schwieriges Unterfangen – denn aus den russischen Antiquitätenläden waren derlei Kostbarkeiten schon seit langem verschwunden. Also mußte man sich auf die Suche begeben, Sammler in Erfahrung bringen und sie wahrnehmen, jedem Hinweis nachgehen, und weil Rostropowitsch für halbe Sachen nicht zu haben ist, setzte er sich das hohe Ziel, die schönste Sammlung Rußlands aufzubauen, und begab sich mit Feuereifer auf die Jagd nach seinen Preziosen.

Natürlich ist ihm bei den ersten Gehversuchen auf diesem Gebiet manches Mißgeschick unterlaufen, etwa dann, wenn man ihm »Museumsstücke« verkaufte, die sich unter der Tünche als wertloses Zeug entpuppten. Doch in der Erkenntnis, daß man aus Fehlern klug und nur durch sie zum Kenner wird, machte Slawa unverdrossen weiter. Ich begrüßte sein neues Hobby sehr und versuchte, seine Begeisterung noch zu schüren: Denn es war ja, wie ich rasch erkannte, weitaus angenehmer, angeschlagenes oder schlecht geflicktes Porzellan im Schrank zu haben als Abend für Abend diese Saufgelage zu ertragen, diese idiotischen Gespräche über den Sinn des Lebens mitanhören zu müssen.

Einmal, als Slawa von einer seiner »Expeditionen« zurückkehrte, erzählte er mir höchst entzückt von einem pittoresken alten Mann, den er unterwegs getroffen hatte – Onkel Wanja.

»Werde ich den auch mal kennenlernen?«

»Ja, natürlich. Er und seine Frau, Tante Mascha, werden uns morgen besuchen. Ich will dafür sorgen, daß sie hier im Krankenhaus behandelt wird. Onkel Wanja übernachtet bei uns. Du wirst sehen, er ist wirklich ein wundervoller alter Mann.«

Als ich am nächsten Tag von der Probe zurückkam und ins Eßzimmer ging, sah ich zunächst nichts weiter als zwei Füße in Filzstiefeln auf meinem Empire-Tisch – und dann erst den ganzen Onkel Wanja. Er war wirklich wunderschön, groß und stattlich, mit langem Bart – wie einem Gemälde entsprungen.

Eben aus dem Krankenhaus zurück, saßen Slawa und Tante Mascha in der Küche beim Teetrinken. Am Abend wollte er sie zurückbringen. Onkel Wanja übernachtete bei uns. Bevor er am nächsten Tag in sein Dorf zurückmußte, wollte Slawa noch eine Runde durch Moskau mit ihm machen, damit der Alte möglichst viel an Lebensmitteln mit nach Hause nehmen konnte. Ehrwürdig, imposant und selbstbewußt wie er war, konnte Onkel Wanja der Eindruck, den er auf Slawa machte, natürlich nicht entgangen sein. Beim Verabschieden und einem freundlichen Dankeschön schien er sich mit einem Mal an etwas zu erinnern. »Hör zu, Slawa«, sagte er, »bei uns im

Dorf, nicht weit von uns, lebt eine alte Frau, bei der ich ein paar Teller mit dem Zarenwappen gesehen habe.«

»Tatsächlich?«

»Ja!«

»Dann gib mir ihre Anschrift.«

»Nein, die habe ich leider nicht im Kopf. Aber kommt doch einmal zu mir, dann besuchen wir sie gemeinsam. Es ist nicht weit, vielleicht dreißig Kilometer.«

»Gut. Wir kommen. Wie wäre es nächsten Sonntag?«

An diesem Sonntag sind wir an die zweihundert Kilometer von Moskau aus gefahren. Slawa hatte den Namen des Dorfes vergessen, und so schlugen wir uns im Landrover von Dorf zu Dorf, bis wir Onkel Wanja endlich ausfindig machten. Aber kaum waren wir da, komplimentierte er uns schon wieder hinaus, damit wir das Haus noch vor Einbruch der Dunkelheit erreichten. Zuvor aber packte er noch so viele Säcke voll trockener Brotreste ins Auto, daß wir kaum noch Platz darin fanden. Waren die etwa alle für die alte Frau bestimmt?

Wir fuhren und fuhren, etwa eine Stunde lang. Schließlich bat er uns in irgendeinem Dorf, anzuhalten.

»Sind wir da?«

»Nein. Wartet einen Augenblick, ich will nur eben die Säcke ausladen. Mein Sohn wohnt hier. Ich habe ihm das Brot für den Winter aufgehoben und für die Kinder ein paar Süßigkeiten in Moskau besorgt. Wollt ihr nicht reinkommen und einen Tee mit uns trinken?«

»Nein. Sag mir lieber, wo die alte Frau wohnt.«

»Die alte Frau? Oh, gar nicht weit von hier! Das machen wir gleich in aller Ruhe. Hier in der Gegend, etwa dreißig Kilometer weiter, wohnen noch viele alte Frauen mit solchen Sachen.«

Irgendwann hielten wir tatsächlich vor einem Haus an. Eine alte zahnlose Bäuerin öffnete uns, verstand aber kein Wort. Wir hielten vor einem zweiten Haus: nur Kinder kamen vor die Tür. Nach dem dritten Haus fing ich lauthals an zu lachen – mir war jetzt alles klar.

»Slawa, glaubst du nicht auch, daß dein Onkel Wanja nur unser Auto brauchte? Schließlich mußte er ja seinem Sohn das Brot bringen!«

Da begriff auch mein sichtlich verlegener Rostropowitsch, daß er dem Alten auf den Leim gegangen war. Ich habe ihm deswegen keinen Vorwurf gemacht.

Erst später erfuhr ich, warum Onkel Wanja sein trockenes Brot heimlich transportieren mußte. In Rußland ist es gesetzlich verboten, Brot an das Vieh zu verfüttern. Nur – was bleibt einem übrig, wenn es nirgendwo Viehfutter zu kaufen gibt? Vermutlich hatte auch Onkel Wanja aus Angst, denunziert zu werden, seine Kolchose nicht um ein Fahrzeug gebeten. Als ihm dann so ein Verrückter aus der Hauptstadt über den Weg lief, der wegen einer Handvoll Scherben bereit war, das ganze Land zu durchqueren, da sah er seine Chance gekommen. Die Geschichte mit den Tellern und den Zarenwappen war schnell erfunden.

Bald wurde aus Slawas Hobby eine echte Leidenschaft. Nur um irgendwo ein Nippesfigürchen zu erstehen, konnte er Hunderte von Kilometern auf schlammigen, kaum zu passierenden Straßen zurücklegen. Langsam füllte sich das Haus mit der lädierten Pracht, die Rostropowitsch hingerissen betrachtete und schließlich in einem Glasschrank arrangierte. Immer häufiger fuhr er auf »Expedition«, kam gegen Mitternacht erschöpft, aber glücklich nach Hause, zerrte mich aus dem Bett und zeigte mir sein neuestes Zierstück, das ihm irgendein Onkel Wanja, irgendeine Tante Mascha angedreht hatte.

Meist sah ich mir die Monstrositäten recht skeptisch an, hörte aber geduldig zu, wenn er wieder einmal von den faszinierenden Leuten erzählte und davon, daß er morgen unbedingt in das Dorf Soundso müsse, wo, wie man ihm glaubhaft versichert hatte, noch Manuskripte von Mussorgskij verborgen lägen. Denn seine neue Leidenschaft bedeutete ja auch die Befreiung aus einer unerträglich gewordenen Situation. Aber konnte sie wirklich das, wofür er geboren war, konnte sie seine Musik ersetzen? Ich sah mit Bangen in die Zukunft.

Einmal freilich, als das Symphonie-Orchester von San Francisco unter Leitung von Seiji Osawa in der Sowjetunion gastierte, kam es zu einer Unterbrechung jener langen Phase erzwungener Untätigkeit. Die einzelnen Konzerte und die Mitwirkung Slawas waren vor langer Zeit schon geplant und vertraglich festgelegt worden. Wie sehr sich unsere Behörden auch bemühten, Slawa aus dem Moskauer Programm zu streichen, sie scheiterten an der Unnachgiebigkeit der Amerikaner und mußten – Wunder über Wunder! – Rostropowitsch mit Dvořáks Cellokonzert im Großen Saal des Konservatoriums auftreten lassen. Natürlich war »ganz Moskau« anwesend.

Slawa spielte hinreißend. Die Art aber, wie er die Bühne betrat, wie er sich setzte und sich vor dem Publikum verbeugte, hat mich zutiefst erschüttert. Mit welcher Dankbarkeit sah er Osawa an, der damals erst am Beginn seiner Laufbahn stand, und wie deutlich gab er den Musikern zu verstehen, daß er ihnen das Glück zu danken hatte, in diesem herrlichen Saal spielen zu dürfen! Da begriff ich mit Entsetzen, daß tief im Innern Rostropowitschs ein fataler Riß klaffte, der ihn schon bald auseinanderreißen konnte.

Der Jubel, der schon im Konzertsaal nicht enden wollte, setzte sich auch bei uns in der Wohnung fort, währte bis spät in die Nacht. Freunde, Verehrer, Musiker: »Glänzend! . . . Phänomenal! . . .« Man umarmte und küßte sich – seit Jahren hatte Rostropowitsch in Moskau kein Konzert mehr gegeben und würde auch in Zukunft keins mehr geben. Eigentlich hätte das Publikum den Aufstand proben müssen.

Als die letzten Gäste gegangen waren, saßen Slawa und ich noch ein wenig beisammen. So strahlend, so glücklich hatte ich ihn lange nicht gesehen und zögerte darum, ihm meine Gedanken mitzuteilen.

»Slawa«, begann ich schließlich, »kein anderer wird dir je sagen, was ich dir jetzt sagen will. Wahrscheinlich ist es dir nicht angenehm, aber es hört uns ja niemand zu. Dein Spiel heute abend . . .«

»Was willst du sagen? Daß ich schlecht gespielt habe? Im Gegenteil, ich habe sehr gut gespielt!«

»Ja, du warst wundervoll. Du *kannst* gar nicht schlecht spielen. Aber ich weiß, daß du ein großes Publikum brauchst, und die Möglichkeit, jederzeit im Ausland spielen zu können, sonst ist es aus und vorbei mit dir. Daß du die ganzen letzten Jahre in der Provinz auftreten mußtest, ist nicht spurlos an dir vorübergegangen. Du läufst Gefahr, bestimmte Qualitäten einzubüßen – Qualitäten, die einen großen Künstler ausmachen. Ich meine die geistige Höhe, den geistigen Abstand. Du mußt über der Menge stehen, du darfst dich nicht gemein machen mit ihr. Bitte, sag jetzt nichts. Ich bin selbst Künstlerin und weiß, wie schmerzlich es für dich sein muß, dir das alles anzuhören – zumal nach einem so erfolgreichen Konzert. Aber ich bin deine Frau und habe die Pflicht, dir das zu sagen.«

Im Frühjahr 1973 wurden wir eingeladen, zusammen mit dem Symphonie-Orchester von Uljanowsk an einem Musikfestival der Wolgastädte teilzunehmen. Slawa sagte zu, und seinetwegen nahm auch ich die Einladung an.

Natürlich war Rostropowitschs Engagement nicht ohne vorherige Kontroversen zustande gekommen. So hatte man auf einer Sondersitzung im Kulturministerium die Frage diskutiert, ob er das Orchester einer Stadt dirigieren dürfe, in der die Wiege des unsterblichen Lenin stand. Nach heißen Debatten kam man schließlich überein, Rostropowitsch auftreten zu lassen – aber ohne viel Reklame. Und so kam es, daß Slawa gleich nach seiner Ankunft in jener »Weltmetropole« ein Plakat in die Augen fiel, das ein wichtiges Ereignis ankündigte: die Ausstellung eines Kaninchenzüchtervereins. Unter diesem Plakat aber lugten noch die Anfangs- und Endbuchstaben seines Namens hervor: Ros . . . itsch. Ein gewisser Skatschilow, Erster Sekretär des Bezirkskomitees, hatte die Anweisung erteilt, das Konzertplakat zu überkleben. Die Leute sollten glauben, das Konzert fiele aus. Nur erwies sich der Name Rostropowitsch als recht lang, die Kaninchen reichten einfach nicht aus, ihn gänzlich verschwinden zu lassen. Im Falle Lenins hätten sie das glatt geschafft.

In seinem Zorn, derart verstümmelt gegen Kaninchen antreten zu müssen und infolgedessen am Abend einen leeren Konzertsaal vorzufinden, schickte Slawa umgehend ein Telegramm an Breschnjew. Darin hieß es, der Staatschef solle doch bitte verhindern, daß seine Konzerte weiterhin in so demütigender Weise sabotiert würden, und ihm Gelegenheit geben, seine Arbeit zu tun. Andernfalls sähe er, Rostropowitsch, sich gezwungen, seinen Beruf ein für allemal aufzugeben.

Als Slawa mir davon erzählte, fragte ich nur: »Und wem willst du damit Angst einjagen?«

»Keinem natürlich. Aber ich glaube auch nicht, daß sie so ohne weiteres auf einen Musiker wie mich verzichten können. Sie werden schon einsehen, daß sie mit mir reden müssen.«

»Ich habe zwar immer gewußt, daß du naiv bist, nur hatte ich keine Ahnung, in welchem Ausmaß. Wer bist du denn für die, daß sie mit dir zu reden wünschten? Für die bist du doch Dreck, wie jeder andere auch! Es ist wirklich nicht zu fassen – du glaubst, Breschnjew Angst einjagen zu können, wenn du ihm damit drohst, deinen Beruf aufzugeben. Ja, nur zu, hör auf zu spielen! Nur zu, kipp deinen Wodka gläserweise! Um so schneller säufst du dich zu Tode, um so schneller stirbst du am Herzinfarkt! Die warten doch nur darauf, daß du ihnen diesen Gefallen tust!«

»Aber verstehst du denn nicht, was für miese Tricks die anwenden! Da komme ich in dieses gottverlassene Nest, und so ein Schwein wagt es, meinen Namen mit einem anderen Plakat zu überkleben!«

»Du wirst schon sehen, was du davon hast. Vielleicht erinnerst du dich daran, wie viele Ohrfeigen Schostakowitsch, Prokofjew und Pasternak einstecken mußten und daß man sie wie ungezogene Jungen behandelt hat. Und jetzt, wo du ihnen gedroht hast, werden sie alles daransetzen, dich kleinzukriegen. Ich habe dich gewarnt, aber du wolltest mir ja nicht glauben ... Der einzige Grund, weshalb sie mich noch am Bolschoi tolerieren, ist, daß sie eine Volkskünstlerin der UdSSR nicht einfach auf die Straße setzen können. Dabei habe ich noch ein paar Jährchen bis zur Pensionierung vor mir! Beruflich können sie mir nichts vorwerfen: Ich singe besser als die andern und sehe auch besser aus. Jedesmal aber, wenn ich auf der Bühne stehe, habe ich das Gefühl, daß die Leute mich sehr genau beobachten und nur darauf warten, daß mir die Nerven durchgehen, daß ich Fehler mache und daß sie dann endlich mit mir abrechnen können. Wieviel Anstrengung mich das kostet, wie belastend und beleidigend das für mich ist – das weiß niemand, nicht einmal du. Aber ich habe gewußt, wohin das alles führt, und ich werde mich deshalb auch nicht beklagen. Ich trage meinen Kopf so hoch wie zuvor, um all denen, die mir übelwollen, ins Gesicht zu spucken. Ich will die Gräte sein in ihrem Hals!«

Trotz des Telegramms und trotz der Kaninchen von Uljanowsk ging die Festspielreise entlang der Wolga weiter. Die Route führte zunächst nach Gorki, dann nach Kasan und weiter nach Kuibyschew, Saratow, Wolgograd und Astrachan. Auf dem kleinen Dampfer, der für das Orchester gemietet worden war, gab man uns eine »Luxuskabine«, die ebenso winzig war wie alle anderen und deren einziger Komfort aus einem kleinen Waschbecken in der Ecke bestand. Sonst aber: kein Bad, keine Toilette, keinerlei »Luxus«.

Während der Tournee, die ungefähr einen Monat dauerte, gaben wir etwa zwanzig Konzerte. Da man unsere Namen auch wirklich auf den Plakaten ausgedruckt hatte, kam das Publikum in hellen Scharen. Die vielen, durchweg begeisterten Kritiken lobten das Orchester und sparten in ihren Hymnen auf die hohe Kunst des Cellisten und der Sängerin nicht mit Ausrufezeichen. Nichts fehlte – nichts außer den Namen des Cellisten und der Sängerin. Das war kein Lapsus, den man irgendeinem senilen Schwachkopf anlasten konnte. Nein, das kam eindeutig vom Zentralkomitee, das landesweit Order erteilt hatte.

Für diesen Herbst war ein Bolschoi-Gastspiel in Mailand geplant. Ich wollte den Behörden keine Chance geben, ihre Mißachtung meiner Kunst öffentlich kundzutun und damit meine Selbstachtung zu zerstören. Darum ging ich mit dem festen Entschluß, meine Teilnahme an der Tournee höflich abzulehnen, zu Kiril Molchanow, dem kürzlich neu ernannten Leiter des Bolschoi.

»Kiril Wladimirowitsch, Sie sind ein kluger und anständiger Mensch, dem ich meine augenblickliche Situation wohl nicht erst lange zu erklären brauche. Sie wissen, daß Rundfunk und Fernsehen mich auf Grund der Anweisungen des Zentralkomitees wie eine Aussätzige meiden und daß die Presse meinen Namen nicht mehr erwähnen darf.«

»Ja, das weiß ich. Und ich kann Ihnen diese Schmach wirklich nachfühlen.«

»Was würden Sie jetzt, kurz vor dem Mailänder Gastspiel, an meiner Stelle tun? Es ist doch ganz klar, daß mein Name gestrichen wird, wenn die hiesige Presse die Rezensionen italienischer Zeitungen abdruckt. Ich habe nicht die Absicht, vor den Augen des Ensembles solche Demütigungen hinzunehmen, und kann für keine meiner Reaktionen garantieren. Um einen Skandal – noch dazu im Ausland! – zu vermeiden, möchte ich Sie bitten, mich von der Tournee zu befreien.«

»Nein, dem kann und will ich nicht zustimmen. Abgesehen davon wird auch das Kulturministerium ein so ungeheuerliches Ansinnen zurückweisen. Die Italiener könnten ja denken, daß man Sie wegen Ihrer Kontakte zu Solschenizyn nicht aus dem Lande läßt.«

»Ehrlich gesagt interessiert mich die Meinung der Italiener nicht im geringsten. Mir reicht es allmählich. Sie ahnen ja nicht, wie satt ich diese kleinliche Intrigenwirtschaft habe!«

»Ich könnte mir denken, daß uns ein Gespräch mit der Furzewa weiterhilft.«

»Was versprechen Sie sich davon? Ich will nicht nach Mailand, das können Sie ihr sagen. Und wenn sie darauf besteht, richten Sie ihr bitte aus, daß ich Garantien von ihr will. Was sich beim Wolga-Festival abgespielt hat, darf sich nicht wiederholen. Ich will nicht, daß mein Name wieder aus den Kritiken verschwindet, und ich will auch keine Lügen mehr hören. Sollte mir nur eine einzige zu Ohren kommen, dann werde ich sämtliche Reporter Mailands zusammentrommeln und ein Interview geben, das selbst den Teufel erblassen läßt. Wie Sie wissen, habe ich einiges zu sagen. Und ich halte mein Versprechen. Falls ich aber nicht fahre, soll die Furzewa sich keine Sorgen wegen der Meinung der Italiener machen. Ich werde persönlich telegrafieren, daß ich stark erkältet sei und leider nicht kommen könne.«

Am nächsten Tag rief mich Molchanow an und sagte, er sei bei der Furzewa gewesen und habe ihr meinen Fall geschildert. Sie bäte mich darum, nach Mailand zu fahren und mir über nichts weiter Gedanken zu machen. Sie wolle sich selbst an das Zentralkomitee wenden und meine Angelegenheit vortragen. Zuletzt habe sie, wie immer, versichernd hinzugefügt: »Ich schwöre bei meiner Ehre, daß ich die Sache ausfechten werde.« In der Tat versuchte sie, die Sache auszufechten – freilich in höchst seltsamer Art und Weise.

Am Abend vor meiner Abreise nach Mailand kam eine Angestellte des Bolschoi, die in der Finanzabteilung arbeitete, ziemlich spät noch zu mir nach Hause. Sie hatte vierhundert Dollar bei sich und bat mich, das Geld einem der schon nach Mailand gereisten Verwaltungsleute auszuhändigen, einem Mann, mit dem ich gut befreundet war.

»Warum hat er es nicht selber mitgenommen? Er ist doch erst vorgestern gefahren!«

»Das weiß ich nicht. Er bat mich nur, Ihnen das Geld zu geben.«

»Aber Sie wissen doch alle beide, daß ich von der gesamten Bolschoi-Belegschaft diejenige bin, die mit der größten Wahrscheinlichkeit vom Moskauer Zoll durchsucht wird. Ich stehe ja im Verdacht, Manuskripte von Solschenizyn ins Ausland zu schmuggeln. Und wenn man jetzt Dollars bei mir findet, kriege ich ziemlichen Ärger. Das ist strafbar.«

»Aber wer wagt es schon, Sie zu kontrollieren?«

Mochte sie noch so hartnäckig versuchen, mich zu überreden: ich blieb fest.

»Nein, ich nehme das Geld nicht mit.« Da schien sie förmlich in sich zusammenzufallen und war schnell verschwunden.

Natürlich hatte man sich vorgestellt, ich würde die Dollars mitnehmen. Dann hätten sie nach einer Durchsuchung beim Zoll ihren Skandal gehabt, sie hätten mich von der Tournee ausschließen, mich wegen unerlaubter Währungsgeschäfte verhaften und obendrein vor aller Welt behaupten können, die Dollars gehörten Solschenizyn, der »sein Volk für Gold verraten« habe. Auch stand es gänzlich in ihrem Ermessen, mir wegen »illegalen Devisenhandels« einen Schauprozeß anzuhängen.

Die Feindseligkeiten gegen Solschenizyn hatten in jenen Tagen ihren Höhepunkt erreicht: Der *Archipel Gulag* war dem KGB durch eine Bekannte Solschenizyns in die Hände gelangt, durch E. Woronjanskaja, die ein Manuskript des Romans in Leningrad aufbewahrt hatte. Wie das KGB auf ihre Fährte kam, weiß ich nicht. Solschenizyn erzählte uns nur, daß die Woronjanskaja fünf Tage und fünf Nächte rund um die Uhr verhört worden sei und schließlich das Manuskript herausgab. Am selben Tag noch erhängte sie sich in ihrer Wohnung.

Gott sei Dank bin ich der Furzewa nicht in die Falle gelaufen, die sie mir so raffiniert gestellt hatte: Man lehnt es ja nicht gern ab, einem Freund einen Gefallen zu tun. Daß dieser Freund bei meiner Ankunft in Mailand nicht einmal nach dem Geld fragte, sagt wohl genug. Er wußte von der ganzen Sache nichts, und in Moskau hatte man wohl vergessen, ihm Bescheid zu sagen, ihn rechtzeitig zu warnen. Um es kurz zu machen: Die Furzewa hielt sich an meine Bedingungen und rannte den oberen Rängen die Türen ein – mit dem Erfolg, daß der Presseboykott für das Mailänder Gastspiel aufgehoben wurde und die sowjetischen Zeitungen die begeisterten Kritiken über unseren *Onegin* im vollen Wortlaut wiedergaben. In der *Iswestija* stand sogar: ». . . in allen italienischen Zeitungen ist eine Fotografie von Galina Wischnewskaja erschienen, die von den Kritikern als beste Sängerin unserer Zeit bezeichnet worden ist.« Das war die letzte Meldung über meine Gesangskunst, die Rußlands Bürger in der Sowjetpresse lesen konnten. Danach erschien mein Name nur noch einmal in der *Iswestija*: am 16. März 1978, als Slawa und mir durch Erlaß des Obersten Sowjet der UdSSR die Staatsbürgerschaft abgesprochen wurde.

Eines schönen Tages besuchten uns zwei Sänger des Bolschoi. Ganz aufgeregt vor Freude stürmten sie in die Wohnung, ließen sich kaum Zeit, Slawa und mich zu begrüßen, und zerrten Rostropowitsch zu einer geheimen Unterredung ins Arbeitszimmer.

Minuten später riß Slawa die Tür auf.

»Worum handelt es sich?« fragte ich.

»Laß es dir am besten selbst erzählen ... Bis demnächst, Leute, ich muß gehen. Und rechnet nicht mit meiner Unterschrift!«

»Hör zu, Galja«, sagte der eine zu mir, »wir waren vorhin bei sehr wichtigen Leuten. Die haben uns hergeschickt, um ernsthaft mit Slawa zu reden. Er braucht nämlich nur einen Brief gegen Sacharow zu unterschreiben, um schon morgen wieder am Bolschoi dirigieren zu dürfen. Verstehst du, er kann dirigieren, was und wie oft er will! Du mußt Slawa unbedingt überreden! Das ist doch einfach phantastisch!«

»*Was?* Ich soll Slawa überreden? Niemals! Wenn er unterschreibt, erwürge ich ihn mit eigenen Händen. Wie könnt ihr mir nur so etwas vorschlagen, wofür haltet ihr Rostropowitsch eigentlich?«

»Aber wer achtet denn schon auf solche Briefe! Und was ist so ungewöhnlich daran – das macht doch jeder!«

»Slawa aber nicht.«

»Und warum nicht?«

»Weil sich unsere Kinder eines Tages für ihren Vater schämen müßten und ihn für einen Schweinehund hielten. Darum. Versteht ihr mich jetzt?«

»Aber du siehst doch selbst, daß er als Musiker am Ende ist.«

»Schon gut. Er ist nicht am Ende.«

»Wie kann ein Künstler seines Formats in der Provinz die Zeit vertun und mit Gott weiß welchen Orchestern auftreten, wenn er am Bolschoi so dringend gebraucht wird! Dort bricht doch langsam alles zusammen. Nur Rostropowitsch könnte noch retten, wofür wir, genauso wie du, zwanzig Jahre unseres Lebens geopfert haben. Er hat jetzt die konkrete Chance, eine Führungsposition zu übernehmen. Aber wenn er den Brief nicht unterschreibt, werden sich die Türen des Bolschoi für immer vor ihm schließen.«

»Gut, dann dirigiert er eben nicht mehr am Bolschoi. Aber er bleibt ein anständiger Mensch, er bleibt Rostropowitsch.«

Die Schlinge zog sich immer fester zusammen.

23

Schließlich waren wir so weit gekommen, daß wir eine Einladung des Moskauer Operettentheaters annahmen, in der *Fledermaus* von Johann Strauß mitzuwirken. Rostropowitsch setzte sein ganzes künstlerisches Können ein, alles, was sich seit langem in ihm angestaut hatte. Täglich war er früh am Morgen schon im Theater, während ich es einfach nicht fertigbrachte, zu den Proben zu gehen: Ich wurde das Gefühl vergeblicher Liebesmüh nicht los. Früher oder später würde man ihm doch wieder verbieten, ein

Moskauer Orchester zu dirigieren. Selbst eine Zirkuskapelle hätten sie ihm verboten! Aber weil ich seine Begeisterung nicht dämpfen wollte, verschwieg ich ihm natürlich meine Befürchtungen.

Manchmal sah ich ihm bei seinen Versuchen zu, aus einem lahmen Haufen ein erstklassiges Orchester zu machen. Natürlich spielten sie besser als je zuvor und würden nie wieder so gut spielen. Doch kam ihre Musik, so sehr sie sich bemühten, über ein recht mäßiges Niveau nie hinaus. Mit ansehen zu müssen, wie ein so großartiger Musiker sich verschleuderte, war mehr, als ich ertragen konnte. Auch Slawa machte sich in dieser Hinsicht schon bald nichts mehr vor, doch hätte er das mir gegenüber niemals zugegeben. Vermutlich ließ sein männlicher Stolz das Eingeständnis nicht zu, daß ich mit meinen düsteren Prognosen recht behalten hatte. Wie oft er jetzt die Schultern hängen ließ, entging mir dabei ebensowenig wie sein verlegener Blick und die Tatsache, daß er sich immer mehr in sich selbst verkroch, mir immer häufiger aus dem Wege ging. Das alles sah ihm überhaupt nicht ähnlich. Aber er wollte einfach nicht, daß ich ihn in einer so entwürdigenden Situation erlebte.

Das Theater, das dem Moskauer Operettenensemble zur Verfügung steht, gehörte früher zum Bolschoi und liegt nur ein paar Meter davon entfernt. Daher wollte ich eines Tages, als ich von einer Probe für Prokofjews *Der Spieler* kam, Slawa dort abholen und mit ihm zusammen nach Hause gehen. Schon im Eingang aber versperrte mir seine Sekretärin den Weg.

»Bitte warten Sie hier, Galina Pawlowna. Mstislaw Leopoldowitsch hat mich gebeten, ihm Bescheid zu sagen, wenn Sie da sind. Ich gehe ihn eben holen.«

»Machen Sie sich keine Mühe, ich hole ihn schon selber.«

»Aber er hat mir ausdrücklich gesagt, daß Sie hier auf ihn warten möchten.«

»Was ist denn los? Wo steckt er denn?«

»In der Cafeteria.«

»Gut, dann zeigen Sie mir bitte den Weg.«

»Aber Mstislaw Leopoldowitsch hat mich doch ausdrücklich –«

Natürlich wollte Rostropowitsch nicht, daß ihn seine Frau in einem solchen Dreckloch sah: ein Kellerraum ohne Fenster, eng und verwahrlost, trübes Licht von einer mit Fliegen übersäten Deckenlampe, schmutzige Tische in langer Reihe, und an deren Ende: Slawa. Er saß allein, redete mit niemandem. Trotz der vielen Leute an den Tischen herrschte Totenstille, wie in einer Gruft. Mit Schrecken sah ich seine hängenden Schultern, den abwesenden Blick. Was war aus dem lebenssprühenden Rostropowitsch geworden? Und wohin sollte all das noch führen?

»Ah, da bist du ja . . .«

»Ja, die Probe ist zu Ende. Komm, laß uns hier raus und nach Hause!«

Es war gewiß nicht einfach, die späteren Ereignisse vorauszusagen. Aber was dann geschah, war gänzlich unerwartet. Wir gingen gerade am Bolschoi vorbei, als ein paar Musiker herauskamen, mich umdrängten und fragten: »Galina Pawlowna, wie konnten Sie sich nur weigern, die Tosca auf Schallplatte zu singen?«

»Wie bitte? Die Tosca wird aufgezeichnet?«

»Ja, wir bereiten schon alles vor. Als wir von Ihrer Absage erfuhren, ist Tamara Milaschkina für Sie eingesprungen. Schade, die Tosca ist Ihre beste Rolle!«

»Nichts habe ich abgelehnt! Ich habe ja bis heute nichts von dem Projekt gewußt!«

Wir waren kaum zu Hause, als einer der Produzenten aus dem Aufnahmestudio anrief.

»Bitte, Galina Pawlowna, lehnen Sie nicht ab. Sie wissen so gut wie ich, daß es nach dieser Aufnahme keine mehr geben wird, jedenfalls nicht zu unseren Lebzeiten. Mit der Milaschkina ist die Tosca vor einigen Jahren schon aufgenommen worden, diese wäre also ihre zweite. Glauben Sie mir, das ist Ihre letzte Chance, denn an eine dritte Tosca-Aufnahme ist in der Sowjetunion nicht zu denken.«

»Aber ich habe doch gar nicht abgelehnt!«

»Ja, aber – man hat uns doch gesagt . . .«

Und dann ging es los. Das Telefon stand nicht mehr still, Solisten riefen an, Chormitglieder . . . Wären diese vielen Fragen und Debatten nicht gewesen, ich hätte mich niemals so ins Zeug gelegt. Zum Teufel mit der Platte! Ich hatte jetzt wahrlich andere Dinge im Kopf! Aber das Ensemble kochte vor Wut, mein Prestige stand ebenso auf dem Spiel wie meine Position als Primadonna des Bolschoi.

Also ging ich zusammen mit Slawa zur Furzewa, die, obwohl es erst zwei Uhr nachmittags war, schon so geladen hatte, daß sie nur noch lallte.

»Jekaterina Alexejewna«, begann ich, »ich muß Sie bitten, sich für mich einzusetzen. Verstehen Sie mich recht, ich möchte nicht, daß Sie die Aufnahme mit der Milaschkina streichen, obwohl sie schon vor Jahren die Tosca auf Schallplatte sang, und ich noch nie. Nein, ich möchte nur Ihre Einwilligung für eine Parallel-Aufnahme der Tosca mit einer anderen Besetzung.«

»In Ordnung. Ich schwöre Ihnen bei meiner Ehre . . . ich werde mich um alles kümmern. Wie geht es Ihnen, Slawotschka?«

»Jekaterina Alexejewna, können Sie sich in meine Lage versetzen?

Diesen ganzen Ärger hat Galja doch nur mir zu verdanken. Und darum ist mir Ihre Hilfe jetzt auch so wichtig.«

»Ich schwöre bei meiner Ehre«, murmelte sie noch, machte ein paarmal »hicks« und entschlummerte.

»Galja, die ist ja sturzbetrunken!«

»Nicht so laut, Slawa!«

»Ach was, die hört doch nichts mehr!. . . Hallo, Jekaterina Alexejewna!«

»Ja? Was ist los? Oh! Ja natürlich, Sie müssen unbedingt die Tosca aufnehmen. Ich schwöre Ihnen bei meiner Ehre, ich werde mich um alles kümmern.«

Wir ließen sie allein.

Zwei Tage später rief sie mich zu Hause an und sagte, sie könne zwei Aufnahmen der *Tosca* nicht genehmigen, das sei ein Verstoß gegen alle Regeln. Wütend legte ich auf. Dann griff Slawa zum Hörer und rief das Zentralkomitee an, um mit Pjotr Demitschew, dem Chef der Ideologiekommission, zu sprechen. Der sei auf einer Besprechung, hieß es. Also trug Slawa der Sekretärin auf, Demitschew möge mich, sobald er zurück sei, in einer dringenden Angelegenheit anrufen. Damit war Slawa auch schon in der Tür und auf dem Weg zum Flugplatz, um in der Moldauischen SSR ein Konzert zu geben.

Als Demitschew mich am späten Nachmittag anrief, war ich schon so mit den Nerven fertig, daß ich laut losheulte.

»Um Himmels willen, Galina Pawlowna, was ist denn passiert?«

»Zum erstenmal in meinem Leben muß ich Sie um Hilfe bitten, Pjotr Nilowitsch.«

»Nun sagen Sie erst mal in aller Ruhe, was los ist.«

»Sie lassen mich bei der Tosca-Aufnahme nicht mitmachen!«

»*Sie*? Wer läßt Sie nicht? Das gibt es doch nicht – eine Sängerin Ihres Kalibers! Die können es sich zur Ehre anrechnen, daß Sie diese Aufnahme überhaupt machen wollen!«

Bei diesen Worten heulte ich noch viel mehr. Dann erzählte ich ihm das ganze unselige Drama von Anfang bis Ende und trug ihm mein Anliegen mit der Parallel-Aufnahme vor.

»Haben Sie schon mit der Furzewa gesprochen?«

»Ja, sie hat abgelehnt.«

»Wie kann sie nur! Ich begreife das alles nicht. Bitte bleiben Sie heute zu Hause, die Furzewa wird Sie sehr bald anrufen.«

Demitschew muß ihr wohl gründlich die Meinung gesagt haben, denn fünf Minuten später klingelte das Telefon. Meine Tränen waren jetzt versiegt, und ich gab mich boshaft wie eine Hexe.

»Nun, Galina Pawlowna, wie sieht es aus?«

»Schlecht.«

»Wie das?« fragte sie überrascht.

»Das fragen Sie auch noch? Sie wissen doch ganz genau, warum: weil Sie mich die Aufnahme nicht machen lassen!«

»Wer läßt Sie nicht?«

»*Sie*! Oder haben Sie alles schon vergessen?«

»Das muß ein Mißverständnis sein. Ich habe Ihnen nichts verboten. Sie dürfen doch tun und lassen, was Sie wollen, und nach Herzenslust arbeiten! Aber keine Sorge, ich werde sofort alles Nötige veranlassen.«

Kaum hatte ich aufgelegt, rief Wassili Pachomow an, der Leiter des Aufnahmestudios Melodija.

»Jetzt klappt es ja doch noch mit unserer Tosca, Galina Pawlowna! Wir sollten uns auch gleich Gedanken über die Besetzung machen. Wer könnte Ihrer Meinung nach den Cavaradossi singen?«

»Sotkilawa. Und für den Scarpia sollten wir Klenow fragen.«

»Richtig. Sehr schön. Wann fangen wir an?«

Mir war völlig klar, daß wir die Maschine jetzt, wo sie endlich in Gang geraten war, nicht anhalten durften. Wir mußten sofort mit der Aufnahme anfangen. Heute war Freitag, und übers Wochenende konnten mir meine lieben Kollegen kaum noch ein Bein stellen – alle Theaterbüros hatten bis Montag geschlossen.

»Montag«, sagte ich.

»Nein, das geht schlecht. Am Montagabend steht schon ein Termin für die andere Besetzung fest.«

»Dann nehmen wir eben den Vormittag, da kommen wir uns nicht ins Gehege.«

»Nur wird Jermler an einem Tag nicht zweimal dirigieren wollen.«

»Jermler brauchen wir nicht. Rostropowitsch wird dirigieren.«

»Rostropowitsch? Donnerwetter! Aber muß er nicht vorher noch proben? Er hat die Tosca doch noch nie am Bolschoi dirigiert.«

»Am Bolschoi nicht, aber auswärts haben wir sie oft zusammen aufgeführt. Er braucht keine einzige Probe.«

»Phantastisch! Rostropowitsch als Dirigent und Galina Wischnewskaja als Tosca! Das wird eine Weltsensation!«

In dieser Hochstimmung endete unser Gespräch.

Natürlich rief ich sofort Slawa in Kischinew an und erzählte ihm, wie nett Demitschew gewesen war, daß für den kommenden Montag ein Aufnahmetermin vereinbart sei und daß er dirigieren werde. Hocherfreut über den glücklichen Ausgang des Dramas schickte Slawa Demitschew ein Telegramm, das so viele Liebesbeteuerungen enthielt wie jene, die ich in den ersten Tagen nach unserer Hochzeit von ihm bekam.

Am Montagmorgen nahmen wir den Hörer nicht ab – aus Angst vor der Mitteilung, der Termin im Studio sei abgesagt worden. Als wir um zehn Uhr dort ankamen, begrüßten die Orchestermitglieder Slawa mit Küssen und Umarmungen und beglückwünschten sich gegenseitig, einen Musiker wie ihn wieder in ihrer Mitte zu haben. Nach drei Stunden hatten wir fast den ganzen ersten Akt eingespielt.

Natürlich sahen sie jetzt alle in Rostropowitschs Rückkehr ans Bolschoi ein Zeichen seiner völligen Rehabilitierung – und vermutlich wäre es auch dazu gekommen. Aber der Mensch denkt und Gott lenkt.

An diesem Abend kam Alja Solschenizyn, um sich von uns zu verabschieden: Sie wollte in die Schweiz, um sich dort in den nächsten Tagen mit Alexander Isajewitsch zu treffen. Es war jetzt über einen Monat her, daß man ihn in Begleitung einer KGB-Eskorte über die Grenze gebracht, ihn in beschämendster Art und Weise aus Rußland vertrieben hatte. Ebenso wie ich wenig später nicht das Gefühl hatte, unser Land für immer zu verlassen, war sich auch Alja ganz sicher, daß sie nach einer gewissen Zeit zusammen zurückkehren würden. Wir saßen zu dritt in der Küche und »redeten« – vornehmlich durch Gesten und tonlose, mit den Lippen geformte Worte. Alja hatte eine Schiefertafel mitgebracht, um Fragen und Antworten aufzuschreiben und gleich wieder auswischen zu können. »Haben Sie vor, zu gehen?« schrieb sie ganz unvermutet auf. »Wohin?« fragten Slawa und ich wie aus einem Munde. »Nach drüben.« Nein, das war uns nie in den Sinn gekommen. »Natürlich nicht.« Dann erzählte Slawa ihr, daß er offensichtlich nicht mehr in Ungnade sei und derzeit auch das Bolschoi-Orchester dirigieren dürfe.

Zur selben Stunde hatten sich die Sänger Tamara Milaschkina, Wladimir Atlantow und Juri Masurok im Aufnahmestudio versammelt, um mit ihrer Einspielung der *Tosca* zu beginnen. Erst jetzt erfuhren sie von dem Parallelprojekt und daß die andere Gruppe schon am Vormittag angefangen hatte. Anstatt das aber als Ansporn und Herausforderung zu sehen, anstatt eben jetzt ihr Bestes zu geben, waren sie nur zu Neid und Mißgunst fähig. Keiner hatte ihnen die Arbeit weggenommen – sie aber dachten nur an das eine: mit allen Mitteln die gefährliche Konkurrenz aus dem Weg zu räumen.

Da kam ihnen der ausgewiesene Solschenizyn gerade recht, an dessen *Archipel Gulag* sie sich jetzt wie an einen Rettungsanker klammerten. Gleich am nächsten Morgen machten sie sich zum Zentralkomitee auf, um in aller Frühe schon mit Demitschew zu sprechen. Auch Jewgenij Nesterenko und meine frühere Schülerin Jelena Obraszowa hatten sich, eine günstige Gelegenheit witternd, der ehrenwerten Abordnung angeschlossen. Als Demitschew erschien und die »Drei Musketiere« samt »Damen« schon wartend im Vorzimmer sitzen sah, war er sprachlos vor Erstaunen.

»Was verschafft mir die Ehre eines so frühen Besuchs von Bolschoi-Künstlern?«

Der Tenor Atlantow ergriff als erster das Wort. »Pjotr Nilowitsch«, begann er heuchlerisch mit seiner hohen Fistelstimme, »wir sind in einer äußerst wichtigen Angelegenheit zu Ihnen gekommen – nicht als Künstler, sondern als Kommunisten. Wir bitten Sie, Rostropowitsch als Dirigenten des Bolschoi-Orchesters abzusetzen.«

»Halten Sie Rostropowitsch für einen unfähigen Dirigenten? Haben Sie gegen ihn als Musiker etwas einzuwenden?«

Diese Frage hat Demitschew jedem einzelnen gestellt, und jeder hat ihm bestätigt, daß Rostropowitsch als Cellist und als Dirigent ein hervorragender Musiker sei.

»Wo also liegt das Problem?«

Jetzt fingen alle – der Tenor, der Bariton, der Baß, der Sopran und der Mezzosopran – ohne Rücksicht auf Klang und Harmonie gleichzeitig zu reden an, wobei jeder versuchte, die andern nach Kräften zu übertönen. »Als er diesen Brief zur Verteidigung Solschenizyns schrieb, hat er sich gegen die Partei gestellt ... Und jetzt, wo russische Rundfunkstationen im Westen den Archipel Gulag senden, fordern wir im Namen des Kollektivs und der Kommunisten des Bolschoi, daß Rostropowitsch das Orchester dieses Theaters nicht dirigieren darf.«

Nun hatte der Sekretär der Ideologiekommission des Zentralkomitees im Lauf seines Lebens gewiß eine Menge erlebt – dieser Auftritt aber verschlug selbst ihm die Sprache. Als er seine Fassung wiedererlangt hatte, wurde ihm schnell klar, daß er die Denunziation nicht ignorieren konnte. Denn dieses Quintett würde gewiß nicht zögern, mit dem Trumpf-As in der Hand ins nächste Büro zu laufen und *ihn* zu denunzieren; Demitschew läßt es an Wachsamkeit fehlen, wenn er einem Volksfeind erlaubt, am Bolschoi zu dirigieren!

Wir haben die ganze Geschichte am Abend darauf von einem Freund gehört, der ebenfalls Sekretär im Zentralkomitee war. Zum Schluß fragte er mich, was mein Schützling Jelena Obraszowa mit alldem zu tun habe. »Was hat sie damit gewollt?«

Auf diese Jelena möchte ich doch etwas ausführlicher zu sprechen kommen, schon um zu zeigen, wie schnell sich ein Mensch, ermuntert von den Behörden, ändern kann, wie rasch im sowjetischen System all die Gemeinheiten an die Oberfläche kommen und phantastische Blüten treiben, die bislang im tiefsten Innern des Menschen verborgen waren.

1961, bei den Jugendfestspielen in Helsinki, habe ich Jelena zum erstenmal getroffen. Ich genoß damals schon einen gewissen Ruf als Sängerin und gehörte zur Jury für den Gesangswettbewerb, und sie, die damals zwanzigjährige Studentin aus Leningrad, nahm an diesem Wettbewerb teil. Ihr schöner Mezzosopran wies nur eine Unzulänglichkeit auf, ein zu gedehntes Vibrato. Daher kam sie auch eines Tages in Tränen aufgelöst zu mir und bat mich, ihr zu helfen.

»Aber Sie haben doch eine Gesangslehrerin in Leningrad, die müßte Ihnen doch raten können.«

»Nein, mit der komme ich überhaupt nicht zurecht. Ich verstehe nicht einmal, was sie meint.«

Ich hatte damals als Vierunddreißigjährige schon so viel am Theater und im Ausland zu tun, daß ich nicht recht wußte, woher ich die Zeit für sie nehmen sollte. Aber ich mochte das Timbre ihrer Stimme und wußte auch, wie sie den in der Tat störenden Fehler beheben konnte. Ich versprach also, ihr Unterricht zu geben.

Wenig später kam sie nach Moskau zum Glinka-Wettbewerb, der im Konservatorium stattfand. Auch dort saß ich in der Jury und war entsetzt, wie sehr sich ihre Stimme verschlechtert hatte. Die Schwächen ihres Vibratos waren noch auffälliger geworden, ihre Stimme hatte an Fülle verloren und tendierte jetzt zum Sopran. Bei der Jury hinterließ sie denn auch im ersten Durchgang nicht den geringsten Eindruck und landete in der Bewertung auf einem der letzten Plätze. Einem Zusammenbruch nahe, kam sie in einer Pause zu mir. »Ich weiß, daß ich miserabel gesungen habe. Sie müssen mir helfen, bitte, ich werde Ihnen ewig dankbar sein!«

Das schlaksige junge Mädchen aus Leningrad tat mir unendlich leid, auch deshalb, weil sie die Möglichkeiten ihrer Stimme, die ich mit meinem geschulten Gehör sofort erkannt hatte, nicht voll ausschöpfen konnte. Ich dachte an die eigenen Nöte zurück, die ich vor meiner Karriere mit der Stimme hatte. Und ich dachte an Vera Nikolajewna, die Retterin in der Not. Seit damals wußte ich ja, wie selten Gesangslehrer sind, die wirklich Verständnis aufbringen und bei denen man selbst etwas begreift.

»Gut. Kommen Sie mit.«

Ich brachte sie in ein Übungszimmer des Konservatoriums und arbeitete von da an täglich zweimal mit ihr: in der Pause nach dem vierstündigen Durchgang am Vormittag und (das Mittagessen überspringend) noch einmal nach dem Durchgang am Nachmittag. Wie oft habe ich mich damals halbtot vor Müdigkeit in jenen Übungsraum geschleppt und mit ihr gearbeitet, ohne ihr je die Stunden anzurechnen; das war ganz selbstverständlich für mich. Ich habe ihr gesamtes Repertoire umstrukturiert, habe ihr Arien und Lieder aufgegeben, die sie nie zuvor gesungen hatte. Sie sollte andere Gefühls-ebenen kennenlernen und sich in der Konzentration auf das Neue von alten Gewohnheiten lösen, die sie nur daran hinderten, ihre Stimme und ihre Musikalität voll auszuspielen. Indem ich ihren zu flachen Atem korrigierte, konnte ich auch die Ursache ihres Vibrato-Fehlers beheben. Ich muß sie wirklich loben: Sie lernte erstaunlich schnell und nahm alles auf, was ich ihr sagte. Sie merkte sich die Dinge gleich beim ersten Mal und konnte das Erlernte sofort in der Praxis anwenden.

Als sie eine Woche später im Großen Saal des Konservatoriums auf der Bühne stand, war ihre Stimme buchstäblich nicht wiederzuerkennen. Im dritten Durchgang war sie die erste, nach einer weiteren Unterrichtswoche gewann sie den Ersten Preis: Erfolge, die mich glücklicher machten als meine eigenen. Und weil sie für das Abschlußkonzert mit dem Orchester kein Abendkleid hatte, borgte ich ihr meins. Eine Enttäuschung mußte sie freilich hinnehmen, als sie, angespornt vom Erfolg, trotz meines Abratens am Bolschoi vorsang. Nach einer Auswahl an Stücken für Mezzosopran, die sie mit Orchesterbegleitung vortrug, wurde ihr gesagt, daß das Bolschoi keinen Bedarf an Sopranen habe.

Seitdem aber kam sie regelmäßig nach Moskau und blieb jedesmal ein paar Monate. Und jedesmal habe ich, nach meinen eigenen Proben, mit ihr gearbeitet, habe die Marina Mnischek und die Amneris mit ihr einstudiert, sie nicht nur im Gesang, sondern auch im Spielen so weit gebracht, daß sie ihre Rollen bis ins kleinste Detail beherrschte. Weil ich ihr so schnell wie möglich helfen wollte, sang ich ihr die Partien jedesmal und ohne meine Stimme zu schonen vor; sie brauchte sie wirklich nur noch nachzusingen. Ich war es auch, die ihr zwei Jahre später das Debut am Bolschoi ermöglichte: Durch meine Beziehungen zum Kulturministerium und zur Furzewa, durch meine Freundschaft mit Melik-Paschajew und Pokrowski erreichte ich, daß sie die Marina Mnischek in *Boris Godunow* singen durfte. Das hatte es am Bolschoi noch nicht gegeben, schließlich studierte sie damals noch am Leningrader Konservatorium.

Ob sie sich wohl erinnert, daß ich am Abend ihres ersten Auftritts neben ihr auf der Bühne stand und dort bis zur letzten Sekunde gestanden habe, daß ich ihr Selbstvertrauen zu stärken und ihr meine eigenen Kräfte zu übertragen versuchte? Ob sie wohl noch weiß, daß sie mit Tränen in den Augen und zitternd vor Lampenfieber meine Hand festhielt und mich flüsternd bat, sie nicht zu verlassen, und daß ich ihre Hand erst losließ, als der Vorhang sich schon hob?

Es war in der Tat ein riskantes Abenteuer – in erster Linie für mich. Jelena selbst hatte nicht viel zu verlieren, wenn sie durchfiel. Sie studierte ja noch. Aber ich setzte mein Prestige aufs Spiel: Jedermann wußte, daß ich sie unterrichtet und meine Position dazu benutzt hatte, sie unter Umgehung des vorgeschriebenen Probesingens ans Bolschoi zu bringen. Mir war klar, daß sie ein Vorsingen möglicherweise nicht überstanden hätte, denn ihre Stimme war zwar sehr schön, aber auch sehr fragil und noch nicht voll genug. Auf der Bühne aber, und das wußte ich ebensogut, war sie sehr wohl imstande, ihre ganzes künstlerisches Können zu beweisen.

Sie hat es bewiesen – in der kurzen, aber eindrücklichen Szene am Brunnen (die andere Szene mit Rangoni hatte man in dieser Bolschoi-Inszenierung gestrichen). Und bevor noch unsere Mezzosoprane zur Besinnung kamen, war Jelena als Solosängerin engagiert. Das Eleven-Ensemble hatte sie übersprungen. Sie war vierundzwanzig Jahre alt.

Und diese Jelena, der so schnell die Tränen kamen und die ich wie einen ertrinkenden Pudel aus dem Wasser gezogen hatte, diese Jelena, der ich meinen kostbarsten Besitz – meine Kunst – geschenkt hatte, sie hat zehn Jahre später Slawa und mich denunziert.

Die einzige von den Fünf, deren Verhalten ich verstehen konnte, war Tamara Milaschkina. Sechzehn Jahre war sie jetzt am Bolschoi, und seit sechzehn Jahren stand sie in meinem Schatten. Wir sangen oft dieselben Rollen – nur sang ich die Premieren und sie die Folgeaufführungen. Daß sie mich haßte, war nur natürlich.

Nesterenko aber hatte weder mit der *Tosca*-Aufnahme zu tun, noch waren Slawa oder ich Konkurrenten für ihn. Eher das Gegenteil, denn beruflich stand er in engem Kontakt mit Schostakowitsch, hatte mehrere seiner Werke als erster mitaufgeführt. Indes war er nur wenige Tage, bevor er uns denunzierte, schon mit der Nachricht im Zentralkomitee gewesen, das Bolschoi ließe es an Wachsamkeit fehlen: Pokrowski sei eben dabei, Prokofjews formalistische Oper *Der Spieler* zu inszenieren, die nicht nur völlig bedeutungslos, sondern auch schädlich für die Gesellschaft sei.

Als wäre nichts geschehen, tauchte er am nächsten Morgen auf einer Probe zu eben dieser Oper auf und ging auf seinen Lehrer Pokrowski zu.

»Eine großartige Inszenierung, Boris Alexandrowitsch! Ich gratuliere von ganzem Herzen und hoffe, daß ich selbst einmal das Glück haben werde, im Spieler zu singen. Bitte, nehmen Sie dies als kleines Andenken und behalten Sie es zum Dank für das unvergeßliche Ereignis!« Damit drückte er Pokrowski ein Spielzeugroulett in die Hand.

»O Schenja, Schenja![1] Als Sie mich gestern beim Zentralkomitee verrieten, haben Sie etwas völlig anderes gesagt. Wann war es die Wahrheit – gestern oder heute?«

Normalerweise müßte man vor Scham und Entsetzen zu Eis erstarren, wenn man solche Worte von seinem eigenen Lehrer hört. Menschen seines Schlages aber kann man sagen, was man will: nichts wird sie berühren. Die wissen genau, was sie wollen.

Was mochte Nesterenko bewogen haben, seinen Lehrer zu denunzieren,

---

[1] Koseform von Jewgenij, dem Vornamen Nesterenkos

der ihm zu seiner Bühnenlaufbahn verholfen hatte? Und was gab den Ausschlag, daß Jelena Obraszowa sich gegen mich wandte? Nun, alle beide hatten von Kindheit an erfahren, daß Denunzianten mit Orden, mit Titeln und Wohnungen belohnt wurden und überhaupt ein schönes Leben führten. Jetzt hielten sie die Zeit für gekommen, ihrerseits politische Pluspunkte zu sammeln und sich damit das Vertrauen der Partei und Wohlstand auf Lebenszeit zu sichern. Viel gehörte ja auch nicht dazu, denn die Traditionen des Verrats waren noch höchst lebendig: Während Nesterenkos Weg zum Zentralkomitee über den Trampelpfad »Gegen den Formalismus in der Musik« führte, demonstrierte Jelena Obraszowa ihre patriotische Wachsamkeit, indem sie zum richtigen Zeitpunkt »Nieder mit Solschenizyn« rief. Es konnte ja sein, daß sich eine so günstige Gelegenheit in ihrem ganzen Leben nicht mehr bot – und wahrlich, sie hat diese Chance glänzend genutzt!

Nur werden alle Reichtümer dieser Welt ihr nicht helfen können, eine Szene zu vergessen, die sich Jahre später zwischen ihr und mir, der Exilrussin, in New York abgespielt hat. Jelena war kurz nach meinem Auftritt in *Eugen Onegin*, der vom Bostoner Symphonie-Orchester und amerikanischen Sängern in der Carnegie Hall aufgeführt wurde, zu mir hinter die Bühne gekommen. Da nannte ich sie im Beisein aller Kollegen »Judas« und wies ihr die Tür. Bleich vor Angst, ich könnte sie ins Gesicht schlagen, wich sie zurück und schlich wie eine zertretene Natter aus dem Künstlerzimmer, vorbei an den erstaunten Amerikanern, die bereitwillig einen Schritt zurücktraten, ihr den Weg freigaben.

In dieser Hinsicht sind all die Nesterenkos, Obraszowas, Atlantows, Masuroks und viele andere typische Produkte des Sowjetregimes, denn die Korruption hat sie schon in frühester Kindheit von dem Alptraum eines eigenen Gewissens befreit.

Aber zurück zu jenem 28. März, dem Tag nach dem Start unserer Aufnahme. Noch hatten wir keine Ahnung, was sich am Morgen im Zentralkomitee zugetragen hatte, und wollten gerade zum Tonstudio aufbrechen, als das Telefon klingelte.

»Galina Pawlowna? Wie gut, daß ich Sie noch antreffe. Sie wollten doch heute an der Aufnahme weiterarbeiten.«

»Was heißt hier ›wollten‹? Wir sind schon fast unterwegs.«

»Sie können sich den Weg sparen, es wird nichts aus der Aufnahme. Der Raum ist belegt.«

»Mit wem spreche ich?«

»Sie kennen mich nicht. Man hat mich nur gebeten, Sie zu informieren.«

Jetzt rief Slawa im Studio an. »Was ist mit unserem Aufnahmetermin? Ist er verschoben worden?«

»Nein – gestrichen.«

Slawa wurde kreideweiß im Gesicht, während mir das Blut in den Kopf schoß, als hätte man mich mit siedendem Wasser überschüttet. Schon hatte er erneut den Hörer in der Hand, rief bei der Furzewa an. Die Sekretärin war am Apparat.

»Ah, Slawotschka! Wie geht es Ihnen? Ja, Jekaterina Alexejewna ist da. Einen Augenblick, ich hole sie ans Telefon. Sie wird sich freuen, mit Ihnen zu sprechen.«

Es dauerte eine ganze Weile, bis sie zurückkam und verlegen herumdruckste. »Nun ja, Slawotschka, Jekaterina Alexejewna ist in einer Besprechung. Sobald sie zurück ist, wird sie sich bei Ihnen melden.«

»Bitte sagen Sie ihr, daß ich die Wohnung nicht verlasse und auf ihren Anruf warte, von mir aus auch in der Nacht!«

Nach zwei Stunden Warten rief Slawa wieder an.

»Nein, tut mir leid. Jekaterina Alexejewna ist nicht da. Sie mußte in einer dringenden Angelegenheit zum Zentralkomitee. Wenn sie zurückkommt, sage ich ihr Bescheid.«

Eine Stunde später rief Slawa wieder an, zum dritten Mal.

»Jekaterina Alexejewna ist auf dem Flughafen, um eine Delegation zu begrüßen.«

So ging es den ganzen Tag, und so ging es am nächsten Morgen weiter. »Nein, Jekaterina Alexejewna ist leider nicht da.« Kein Zweifel, sie wich uns aus.

Jetzt zögerte Slawa nicht länger und fuhr ins Aufnahmestudio, ging geradewegs ins Direktionsbüro, zu Pachomow.

»Sagen Sie mir bitte, weshalb die Aufnahme gestoppt worden ist.«

»Weil sie überflüssig ist«, erwiderte Pachomow, sich bequem in seinem Sessel räkelnd.

»Meinen Sie damit, daß sie bisher nicht gut gelaufen ist?«

»Nein, alle sind der Meinung, daß Sie wundervolle Arbeit geleistet haben.«

»Dann lassen Sie mich wenigstens hoffen, daß wir in einem Monat weitermachen können, oder in einem halben Jahr – ganz, wie es Ihnen paßt.«

»Nein, das kann ich Ihnen nicht versprechen.«

»Hat Ihnen denn jemand die Aufnahme verboten?«

»Und wenn – warum sollte ich Ihnen das erzählen?«

»Weil sie immerhin vom Zentralkomitee genehmigt worden ist.«

»Aber wenn ich Ihnen doch sage, daß diese Aufnahme überflüssig ist!«

Außer sich vor Zorn, schlug Slawa die Tür hinter sich zu und kam, einer Ohnmacht nahe, zu Hause an. Mehrfach griff er sich ans Herz und ließ sich endlich halbtot in einen Lehnstuhl fallen. »Du kannst dir nicht vorstellen, was ich eben an Demütigungen ertragen mußte. Man hat mir ins Gesicht gesagt, daß ich überflüssig sei. Dabei gab ich ihm noch die Chance, mich einfach anzulügen und mir zu erzählen, daß wir in einem Jahr, vielleicht auch in zwei Jahren weitermachen würden. Aber dieser Schweinehund besaß nicht einmal soviel Anstand, mir etwas vorzulügen!«

Wer mochte es gewagt haben, die Aufnahme zu stoppen, wo sie doch von einem Sekretär des Zentralkomitees genehmigt und der erste Akt schon eingespielt war? Wer hatte es gewagt, uns öffentlich, vor dem ganzen Theater, derart schändlich zu behandeln?

Ich wußte ja, wie wehrlos Slawa so unverblümten Grobheiten ausgeliefert war, und konnte mir die geschilderte Szene in allen Einzelheiten vorstellen. Dabei raste mir das Blut so heftig in den Schläfen, daß ich glaubte, der Kopf müsse mir zerspringen ... Bloß weg von hier! ... Bloß weg! ... Und zwar so schnell wie möglich, um diese widerlichen Visagen nie wieder sehen zu müssen! ... Aber mein Theater? ... Zum Teufel mit dem Theater! Meine Familie schwebt in Lebensgefahr! Eine Schlinge, die sich fester und fester zusammenzieht, kann man nur mit einem grimmigen Hieb zerteilen. Nein, es ist jetzt nicht die Zeit für lange Überlegungen.

»Slawa, es hat keinen Sinn, noch mit irgend jemandem zu sprechen. Es reicht! Ich habe nicht die Absicht, mir weiterhin etwas vorzumachen und zu glauben, es sei nichts gegen uns im Gange. Setz dich hin und schreib einen Brief an Breschnjew mit der Bitte, uns beide und die Kinder für zwei Jahre ins Ausland reisen zu lassen.«

»Ist das dein Ernst?« fragte Slawa, fassungslos vor Überraschung.

»In meinem ganzen Leben war es mir noch nie so ernst. Ich wäre vielleicht noch imstande, die bittere Pille zu schlucken und auch in Zukunft am Theater zu arbeiten, aber für dich ist es endgültig aus. Du müßtest denselben Weg gehen, den andere russische Genies gegangen sind – entweder du endest betrunken in der Gosse oder aber du suchst dir den stabilsten Haken aus und den solidesten Strick ... Wir können nur noch beten, daß sie uns ausreisen lassen.«

Vor den Ikonen schworen wir einander, daß keiner dem andern diese Entscheidung jemals vorwerfen würde. Da fühlte ich mich mit einem Mal so leicht, als wären mir Zentnerlasten von der Seele gefallen. Wenige Minuten später war unser Gesuch an Breschnjew geschrieben.

(Ein merkwürdiges Zusammentreffen: An eben diesem Tag, dem 29. März, hat Alja Solschenizyn mit ihrer Mutter und den Kindern Rußland verlassen. Das erfuhr ich erst zehn Jahre später in Vermont, wo wir die Solschenizyns besuchten und zufällig darauf zu sprechen kamen. Daß ich bis dahin glaubte, sie sei schon am Tag nach ihrem Besuch bei uns abgereist, zeigt, wie nervös und unkonzentriert wir alle damals waren.)

Um die Möglichkeit von vornherein auszuschließen, daß unser Gesuch irgendwo im bürokratischen Gestrüpp hängenblieb, gab ich Slawa den Rat, zwei Leuten Bescheid zu sagen, die sich gegenseitig nicht trauten und sich dadurch gezwungen sahen, Breschnjew zu informieren.

So schrieb Slawa einen Brief an Demitschew, erklärte, was geschehen war, und bat ihn, unser Gesuch an Breschnjew weiterzuleiten. Er fügte hinzu, daß auch Abrassimow unterrichtet sei, Chef der Abteilung für Ausländerbelange im Zentralkomitee. Mit diesem Brief ging Slawa ins Büro Demitschews und hinterlegte ihn bei dessen Sekretärin.

»Pjotr Nilowitsch ist in ein paar Minuten zurück, falls Sie mit ihm sprechen wollen.«

»Nein, das ist nicht nötig. Sie brauchen ihm nur diesen Brief hier zu geben.«

Nun braucht man vom Gebäude des Zentralkomitees bis zu unserem Haus nicht länger als fünfzehn Minuten. Als Slawa aber die Wohnung betrat, hatte ich schon Wassili Kucharski, den Stellvertretenden Minister für Kultur, am Apparat.

»Galina Pawlowna, ich muß mit Slawa sprechen.«

»Augenblick, er kommt eben herein.«

Bleich und erschöpft griff Slawa nach dem Hörer.

»Nein. Ich komme nicht. Mir reicht es. Es gibt nichts, worüber ich mit Ihnen sprechen müßte.«

Auf Kucharskis Bitte hin holte Slawa mich ans Telefon.

»Galina Pawlowna, ich würde mich wirklich freuen, wenn Sie jetzt gleich mit Slawa ins Ministerium kämen.«

»Nein, ich kann nicht. Ich habe morgen eine Kostümprobe für Der Spieler und keine Lust, meine Nerven weiterhin mit nutzlosen Gesprächen zu strapazieren.«

»Das verstehe ich ja. Aber es geht um eine sehr wichtige Angelegenheit ... Jekaterina Alexejewna ist zur Zeit nicht da, und ich habe den Auftrag, mit Ihnen zu sprechen.«

An seinem ungewohnt flehenden Tonfall erkannte ich, daß die Maschine in Gang gekommen war.

»Geht es dabei zufällig um unser Gesuch?«

»Ja.«

»In Ordnung. Wir sind sofort da.«

Erstaunlich, wie schnell sich das Räderwerk des Staatsapparats in Bewegung setzen kann.

Unsere Überlegung hatte sich als richtig erwiesen: sich gegenseitig beargwöhnend, beeilten sich beide, Demitschew und Abrassimow, an den obersten Stellen Bericht zu erstatten. Tatsächlich war seit Eingang unseres Gesuchs wenig mehr als eine halbe Stunde vergangen, und wir saßen schon in Kucharskis Büro. Auch Popow, Abrassimows Stellvertreter, war zugegen, doch lediglich als Zeuge. Am Gespräch nahm er nicht teil.

»Bitte, treten Sie ein. Leider ist Jekaterina Alexejewna nicht da, wir konnten sie nirgendwo finden.«

Wahrscheinlich war sie wie immer um diese Tageszeit schon so betrunken, daß sie das Risiko nicht eingehen konnte, die Arena zu betreten.

»Bitte schildern Sie uns jetzt alles im Detail.«

»Warum?« fragte Slawa überrascht. »Sie wissen doch längst alles.«

»Wir müssen aber dem Zentralkomitee Bericht erstatten. Daher ist es wichtig, daß Sie uns die Gründe für Ihr Gesuch darlegen.«

»Jahrelange Demütigungen und Beleidigungen; sämtliche Konzerte Rostropowitschs sind gestrichen worden. Keine Arbeitsmöglichkeiten, die seinem Rang als einzigartigem Musiker entsprochen hätten . . .«

»Und warum haben Sie sich nicht früher mit uns in Verbindung gesetzt?«

»Nicht in Verbindung gesetzt?« brüllte Slawa. »Ich habe persönlich Briefe und Telegramme an Breschnjew geschickt, mit der Bitte, mir das Leben zu retten! Nicht in Verbindung gesetzt? Es geruhte nur niemand, mir darauf zu antworten!«

»Außerdem«, fuhr ich jetzt ebenso wütend fort, »außerdem haben Sie ihm alle Auslandsreisen gestrichen. Sie lassen ihn in der Provinz verkommen und warten in Seelenruhe ab, bis ein glänzender Künstler wie er am Nullpunkt angelangt ist. Rostropowitsch hat sich schon vor langer Zeit mit Ihren Tricks abgefunden. Ihr Pech aber, daß Sie es bei dem Vorfall mit der Tosca-Aufnahme mit mir zu tun haben. Ich bin nicht bereit, so etwas hinzunehmen.«

»Was war mit der Tosca?«

»Oh – nicht der Rede wert! Man hat uns nur aus dem Studio gejagt. Und Pachomow, dieser reizende Mensch, hat Rostropowitsch lediglich ins Gesicht gesagt, daß unsere Kunst überflüssig sei. Das ist auch schon alles. Sie wissen so gut wie ich, daß man es nur im Einvernehmen mit der Regierung wagen darf, in einem solchen Ton mit Spitzenkünstlern des Landes zu sprechen. Ich möchte jetzt nichts weiter dazu sagen, aber Sie können sicher sein, ein zweites Mal wird mich keiner beschimpfen.«

»Ich werde augenblicklich Anweisung geben, diesen Idioten Pachomow herzuholen. Dem werden wir es schon zeigen!«

»Nein, wozu denn. Versuchen Sie doch nicht, die Schuld auf irgendeinen Idioten abzuwälzen. Ich brauche Ihnen doch sicher nicht zu erklären, daß eine Aufnahme, die vom Sekretär des Zentralkomitees, von Demitschew persönlich genehmigt wurde, nur von ihm selbst oder einem Vorgesetzten abgesagt werden kann. Jetzt nach Schuldigen zu suchen, ist doch witzlos.«

»Ja, schon gut. Wir werden uns darum kümmern. Aber sagen Sie mir bitte eins, Mstislaw Rostropowitsch: Sie sind doch aufgetreten, nicht wahr?«

»Ja, in der Provinz. Am Bolschoi habe ich seit Jahren nicht dirigiert, und mehrfach sind in Moskau und Leningrad Konzerte von mir gestrichen worden. Seit einiger Zeit habe ich auch keinen Zugang mehr zu den Konzertsälen, und man verbietet mir die Zusammenarbeit mit Moskauer Orchestern.«

Jetzt spielte Kucharski eine Trumpfkarte aus, die er offensichtlich schon lange im Ärmel hatte. »Aha! Sie beschweren sich also, daß man Sie nicht mit den hiesigen Orchestern arbeiten läßt?«

»Ja.«

»Aber was kann ich tun, wenn diese Orchester nicht mit Ihnen arbeiten wollen?«

Das saß. Wie betäubt saß Slawa da, während ich vom Stuhl aufsprang und mich nur mit größter Mühe bezwang, nicht handgreiflich zu werden.

»Nun, das trifft sich ja gut! Hier will also kein Orchester mit ihm spielen, aber in Paris, London und New York brennt man darauf! Was bleibt uns also übrig, als von hier wegzugehen und mit den dortigen Symphonikern zusammenzuarbeiten!«

»Versprechen Sie sich nicht allzuviel von den ausländischen Orchestern.«

»Das ist nicht Ihre Sache.«

»Sie haben sich daran gewöhnt, daß die Menschen Sie hier sehr zuvorkommend behandeln. Und jetzt stellen Sie ein solches Gesuch! Überlegen Sie doch mal, wem Sie die Pistole auf die Brust setzen – Breschnjew persönlich!«

»An wen sonst hätten wir uns wenden können?«

»Für solche Angelegenheiten ist Owir zuständig.«

»Wer ist Owir? Ich kenne ihn nicht. Slawa, wer ist dieser Owir?«

»Was – nicht wer. Owir ist eine Agentur, die sich mit Fragen der Emigration befaßt.« Zum erstenmal hatte Popow den Mund aufgemacht. Jetzt schwieg er wieder. »Wir sind doch keine Emigranten! Sie selbst zwingen uns ja dazu, eine Zeitlang im Ausland zu leben und abzuwarten, bis

446

Rostropowitsch hier wieder auftreten kann. Laß uns gehen, Slawa. Die Herren hier müssen noch ihren Bericht für das Zentralkomitee aufsetzen, und ich habe morgen früh Kostümprobe.«

»Das sollte besser nicht auf eine Erpressung hinauslaufen.«

»Was?«

»Sie haben schon richtig gehört. Wenn Sie ein Gesuch eingereicht haben, können Sie es nicht zurückziehen. Und machen Sie sich keine Illusionen: Niemand wird den Versuch machen, Sie zum Gegenteil zu überreden.«

»Ich sehe, Sie haben keine Ahnung, mit wem Sie hier verhandeln. Uns zu überreden, hätte früher vielleicht einen Sinn gehabt. Aber heute kann uns keines Ihrer Argumente mehr überzeugen. In zwei Wochen erwarten wir Ihre Antwort.«

»Ich kann mir nicht denken, daß die Behörden etwas gegen Ihre Reise einzuwenden hätten.«

»Vielen Dank. Mehr wollen wir nicht.«

Damit verließen wir den ungastlichen Ort und fuhren nach Schukowka zu den Kindern. Beim Betreten der Datscha beschlich mich das seltsame Gefühl, daß mir hier nichts mehr gehörte, ja, daß es mir nie gehört hatte. Ich ging durch alle Räume, ich wußte, daß ich diesen Ort lange nicht mehr sehen würde, aber nicht das leiseste Bedauern regte sich in mir.

Slawa war allein im Wohnzimmer und so in Gedanken versunken, daß er mich nicht kommen hörte. »Slawa, sei nicht traurig.«

»Wenn ich daran denke, wieviel Liebe und Mühe ich in dieses Haus gesteckt habe!«

»Denk nicht an das Haus, denk an dein Leben!«

Dann riefen wir die beiden Töchter, Jelena (sechzehn) und Olga (achtzehn). Um sie nicht zu erschrecken, erzählte Slawa ihnen so schonend wie möglich von unserem Entschluß, zwei Jahre außerhalb Rußlands zu leben. Natürlich hatten die Mädchen bemerkt, wie deprimiert und voller Sorge wir beide waren, und versuchten deshalb, ihre Freude zu verbergen, was ihnen freilich kaum gelang: Erst lief ein Lächeln über ihr Gesicht, und schließlich konnten sie nicht mehr an sich halten, sie fielen uns vor Freude um den Hals.

»Wie herrlich! Lassen die uns auch wirklich raus?«

Für sie war's ein Geschenk des Himmels, ein Freifahrtschein für eine zweijährige Vergnügungsreise rund um die Welt!

Am nächsten Morgen, bei der Kostümprobe zu *Der Spieler*, war ich so nervös, daß meine Stimmbänder angegriffen waren und ich schon fürchtete, meine Stimme zu verlieren. Die Neuigkeit von unserem Ausreisegesuch hatte sich bereits am ganzen Theater herumgesprochen, und jeder meiner Kollegen nahm sie auf seine Art und Weise auf: Die »Fünferbande« war neidisch und böse, daß wir so ohne weiteres ins Ausland durften. Das hatten sie gewiß nicht im Sinn gehabt, als sie uns im Zentralkomitee denunzierten, und wären jetzt gern an unserer Stelle gewesen. Meine Freunde und die mir Wohlgesinnten meinten dagegen, daß die Behörden uns unter gar keinen Umständen ins Ausland lassen würden. Dafür würden sie mir aber das Leben und die Arbeit am Theater so erschweren, daß ich das Bolschoi verlassen müßte.

Was mich selbst betraf, so hatte ich nur noch das eine Ziel vor Augen – um jeden Preis und mit allen Mitteln weg von hier.

Wenn ich auf der Bühne stehe, werfe ich normalerweise keinen Blick auf die Zuschauer – ich sehe das Publikum nicht. In *Der Spieler* war das anders. Da hatte mir die Regie für die Szene in Igors Haus einen eigenen Raum hoch über den Spielern zugewiesen, in dem ich fünfzehn Minuten reglos verharren mußte und von dem aus ich, bequem in einer Sofaecke sitzend, ins Publikum sehen konnte.

Merkwürdig ... es war doch ein Vormittag und nur eine Kostümprobe, aber da saßen eine Menge Leute im schwarzen Anzug, mit weißem Hemd – irritierend viele. War das wohl immer so? Ich hatte ja nie zuvor den Zuschauerraum inspiziert. Aber jetzt: das Auswahlkomitee des Zentralkomitees, Funktionäre vom Moskauer Stadtsowjet, das KGB, das Kulturministerium ...

»Diese Sängerin, die da oben auf dem Sofa sitzt, die legt sich doch mit dem großen Bolschoi an, sie durchbricht ganz einfach die Regeln! Das hat es noch nie gegeben. Volkskünstler der UdSSR verlassen doch nur dann das Theater, wenn er oder sie in Ruhestand tritt, hochdekoriert und mit einer Geburtstagsfeier verabschiedet ... oder aber mit den Füßen voraus, nach einer Trauerfeier im Großen Foyer, mit Chor und Orchester, mit einem Begräbnis auf dem Nowodewitschi ...«

Als ich diese stumpfsinnigen, aufgeblasenen Gesichter auf mich gerichtet sah, war mir nur allzu klar, was in ihnen vorging, wie gerne sie mich bei den Füßen gepackt und über den Bühnenboden geschleift hätten und, wie es ihre Art war, auf mir herumgetrampelt wären: »Nimm das, du Schlampe! Wir werden es dir und den andern schon zeigen!«

Aber wenn mir bei diesem einen Fußtritt das Blut schon so in die Wangen schoß, daß ich mit dem Kopf gegen diese Wände hätte anrennen mögen, was mochte dann erst Prokofjew empfunden haben, der jahrelang öffentlichen Beschimpfungen ausgesetzt war? Das Genie Prokofjew, dessen *Spieler* erst heute, sechzig Jahre nach seiner Entstehung, dem sowjetischen Publikum vorgestellt wurde ... Noch nicht einmal dem Publikum, nein, diesen Gangstern hier, die sich für fähig hielten, ein so großartiges Werk zu beurteilen, es zu verbieten oder zu genehmigen, es zu verdammen oder zu begnadigen.

Rote Flecke tanzten vor meinen Augen, als mein »Zimmer« herunter-gelassen wurde: meine letzte Szene mit Alexej begann. Es ist eine Szene, in deren Verlauf ich in »hysterische« Anfälle und wilde Verzweiflungsschreie ausbrechen muß. Als jetzt diese Stelle kam, schien es, als sei ein Staudamm in mir gebrochen, und mir war, als müsse ich mit meinen Schreien das Publikum in die Knie zwingen und alle verschlingen, die ich in diesem Augenblick so abgrundtief haßte. Zugleich wollte ich nichts anderes als gemeinsam mit ihnen untergehen – denn es waren ja Menschen wie ich.

Es ist auch die Szene, in der Alexej mir, der Polina, mit zitternden Händen eine Menge Geld anbietet. Aber könnte er Polina nicht vor dieser furchtbaren Demütigung bewahren? Muß sie sich nicht erniedrigt fühlen, weniger in den Augen der andern, als vielmehr vor sich selbst? Erneute Demütigungen, und noch dazu durch diesen Unwürdigen? Nein, um keinen Preis der Welt! Wirf ihm das Geld ins Gesicht, und wenn es dein Tod ist! Ich will nichts mehr sehen, nur fliehen, fliehen – mich in eine Höhle verkrie-chen . . . »Da! Nimm dein Geld!«

Einem Zusammenbruch nahe, stand ich kurz danach in den Kulissen, als mich jemand bei der Schulter faßte: Larissa Awdejewa, die in jener Auffüh-rung die Babulenka sang. »Galja, was ist mir dir? Du hast ja derart geschrien, daß mir angst und bange wurde. Beruhige dich und sei froh, daß sie dich nicht schon vor langer Zeit ins Gefängnis geworfen haben!«

Kaum war ich zu Hause, rief die Furzewa an. »Galina Pawlowna, was höre ich da? Wie können Sie ein solches Gesuch einreichen, ohne mir ein Wort davon zu sagen?«

»Jekaterina Alexejewna, ich bin sehr müde. Ich komme eben von einer Kostümprobe nach Hause und habe keine Lust, weitere Erklärungen zu einem Thema abzugeben, das Ihnen in allen Einzelheiten bekannt ist. Ich bitte Sie nur um eins: lassen Sie uns in Freundschaft auseinandergehen. Machen Sie keinen Skandal und hängen Sie nicht alles an die große Glocke. Wir brauchen keine Reklame, weder mein Mann noch ich selbst. Sie könnten auch so freundlich sein, uns in zwei Wochen Antwort zu geben. Wir haben nicht die Absicht, länger zu warten. Wir sind entschlossen zu gehen, und wir werden gehen. Sie kennen mich inzwischen gut genug, um zu wissen, daß ich zu allem fähig bin.«

»Wir könnten uns doch in aller Ruhe unterhalten. Ich gehe zum Zentralkomitee und werde alles regeln. Sagen Sie mir, was ich für Sie tun kann.«

»Nichts, Jekaterina Alexejewna. Weder für Slawa noch für mich. Ich will nur eins – ohne jedes Aufsehen weg von hier.«

Danach versuchte sie noch mehrfach, Slawa zu einem Gespräch zu überreden. »Ach bitte, Slawotschka, kommen Sie doch mal vorbei. Ohne Galja.«

»Nein, ohne sie komme ich nicht. Die Situation betrifft uns beide.«

An einem dieser spannungsgeladenen, für das Schicksal der ganzen Familie so entscheidenden Tage kam ein Anruf von der amerikanischen Botschaft. »Mr. Rostropowitsch? Hier spricht der Sekretär von Senator Kennedy.«

»Ich höre.«

»Wie Sie sicherlich wissen, ist der Senator dieser Tage in Moskau. Er hat mich gebeten, Ihnen von seinem heutigen Treffen mit Breschnjew zu berichten und daß dort unter anderem auch von Ihnen die Rede war. Der Senator hat Mr. Breschnjew von der Aufregung erzählt, die die Nachricht von Ihrer Situation in Amerika ausgelöst hat, und brachte die Hoffnung zum Ausdruck, daß Mr. Breschnjew die Formalitäten Ihrer Ausreise erleichtert.«

»Haben Sie vielen Dank! Und bitte richten Sie Mr. Kennedy den Dank meiner ganzen Familie aus. Seine Unterstützung ist uns in diesen schwierigen Tagen eine große Hilfe.«

Zum erstenmal seit langer Zeit hatte uns ein frischer Wind von weither angeweht, Slawas Augen glänzten. Später erfuhren wir, daß unser Freund Leonard Bernstein für uns Schicksal gespielt hatte. Als er von Kennedys Moskaureise hörte, sprach er persönlich bei ihm vor und bat ihn, uns behilflich zu sein.

Wenige Tage vor Ablauf der zwei Wochen rief uns die Furzewa an. »Ich darf Ihnen mitteilen, daß die Genehmigung für einen zweijährigen Auslandsaufenthalt vorliegt, für Sie und die Kinder.«

»Vielen Dank«.

»Sie sollten Leonid Iljitsch [Breschnjew] zu Füßen fallen, der diese Entscheidung persönlich getroffen hat. Wir werden Ihre Reise als Arbeitsreise deklarieren, die künstlerischen Zwecken dient.«

Für Slawa war es jetzt überaus wichtig, so schnell wie möglich wegzukommen. Zwar hatte Breschnjew persönlich die Reise genehmigt, doch bedeutete das keinerlei Garantie; jederzeit konnte er den Beschluß rückgängig machen. Slawa aber fuhr nur ungern allein, ihn beunruhigte der Gedanke, daß man uns zu einem späteren Zeitpunkt daran hindern könnte, das Land zu verlassen. Aber es ging nicht anders. Ich mußte noch zwei Monate in Moskau bleiben, Olgas wegen, die kurz vor ihrer Aufnahmeprüfung am Konservatorium stand. Nein, ich hatte nicht das Recht, diesen wichtigen Schritt in ihrem Leben zu verhindern. Wenn sie diese Prüfungen bestand, konnte sie für die nächsten zwei Jahre Urlaub beantragen und nach ihrer Rückkehr mit dem Studium beginnen.

Heute weiß ich, welch enormes Risiko ich mit der Verzögerung der Reise einging. Ich hätte alle zusammentrommeln und ohne einen Blick zurück die Flucht ergreifen sollen. Aber ich überredete Slawa, allein zu fahren und unseren riesigen Neufundländer, Kusja, mitzunehmen.

»Wenn uns irgend etwas zustößt, kannst du von dort aus protestieren und Forderungen stellen. Aber du mußt jetzt los. Wer weiß, was in einer Woche ist. Vielleicht hat sich jemand in den Kopf gesetzt, keinen von uns ausreisen zu lassen.«

Ich wußte, wie deprimiert Rostropowitsch war, und fürchtete daher mehr als alles andere, daß man uns zum Dableiben überreden könnte. Für mich selbst hatten alle Sorgen und Zweifel an jenem Tag ihr Ende gefunden, als man uns die Ausreisegenehmigung erteilte. Seitdem schlief ich wieder fest und ruhig. Aber wie Slawa mir sehr viel später erzählte, saß er oft noch nachts in der Küche und weinte. Dieser hochintelligente Mann, dieser hervorragende Künstler wartete immer noch darauf, daß man ihn rufen und ihn bitten würde zu bleiben. Er hätte mit Freuden zugestimmt. Die Erkenntnis quälte ihn, daß ihn in seinem eigenen Land keiner mehr brauchte, daß man ihn klaglos ziehen ließ.

Auch als der Tschaikowskij-Wettbewerb 1974 näherrückte, hoffte Slawa bis zuletzt, man würde ihn wie jedesmal auffordern, den Vorsitz der Jury für die Cellisten zu übernehmen, und ihn bitten, darum seine Reise zu verschieben. Niemand rief an.

Da ging er selbst ans Telefon. »Jekaternia Alexejewna, demnächst wird doch der Tschaikowskij-Wettbewerb eröffnet, an dem sich mehrere meiner Studenten beteiligen. Wenn nötig, könnte ich während dieser Zeit noch in Moskau bleiben und mit meinen Studenten arbeiten.«

»Nein, das ist nicht nötig. Sie können wie geplant am 26. Mai fahren.«

Trotz meiner Versuche, ihn davon abzubringen, hat er auch die Probenarbeit an der *Fledermaus* fortgesetzt und wohl immer noch beweisen wollen, wozu er fähig war. Wie naiv mußte er doch sein, auch weiterhin zu glauben, man ließe ihn die Premiere in Moskau dirigieren.

Doch so, als habe er noch nicht genug Schläge ins Gesicht bekommen, stand ihm ein letzter Schlag noch bevor. Ein paar Tage vor der Premiere rief man ihn aus einer Orchesterprobe ins Büro des künstlerischen Leiters des Operetten-Theaters, Georgi Ansimow. Noch einen Monat zuvor hatte dieser Ansimow nur unter Freudentränen und in aller Herzlichkeit mit Slawa sprechen können und bei den Proben, die er im Zuschauerraum verfolgte, immer wieder betont, wie »wundervoll! wundervoll!« er Slawas Arbeit fände. Und jetzt, als Slawa sein Büro betrat, räkelte er sich in seinem Sessel und stand nicht einmal auf, um ihn zu begrüßen.

»Hör zu, Slawa, ich muß ein ernstes Wort mit dir reden.«

»Warum? Was gibt's?«

»Es geht leider nicht, daß du unser Orchester weiterhin dirigierst.«

»Hat man euch gesagt, daß es nicht geht?«

»Nein, niemand hat uns das gesagt. Aber – wie soll ich es dir einigermaßen schonend beibringen, als Künstler hast du doch so nachgelassen, daß wir dir die Premiere in unserem Theater nicht anvertrauen können. Ja, es ist so, widersprich mir jetzt bitte nicht, als Musiker bist du auf dem absteigenden Ast.«

Slawa hatte nur noch die Kraft, das Theater zu verlassen und die Straße zu überqueren. Dann verkroch er sich im nächsten Hauseingang und brach in Tränen aus.

Sehr viel später, als wir schon im Ausland lebten, erzählte er mir von seinem letzten Vorstoß. Zwei Tage vor seiner Abfahrt hatte er noch Kirilin besucht, den Stellvertretenden Vorsitzenden des Ministerrats, der in der Nähe unserer Datscha wohnte. Slawa bat ihn, mit den anderen Regierungsmitgliedern zu sprechen.

»Du mußt ihnen erklären, daß ich nicht ausreisen will. Wenn man mich für einen Verbrecher hält, dann soll man mich meinetwegen für ein paar Jahre ins Exil schicken, aber hier, im Inland. Und wenn ich die Strafe verbüßt habe, dann laßt mich wieder im eigenen Land und für meine eigenen Leute spielen. Ich bin zu allem bereit, nur setzt mich nicht wieder auf die schwarze Liste, laßt mich auftreten!«

Kirilin versprach, mit den Kollegen zu reden. Als er aber am nächsten Tag zu uns kam und mit Slawa durch den Garten ging, sah er sehr niedergeschlagen aus.

»Ich habe mit den andern gesprochen, aber es hat keinen Zweck. Die Dinge sind schon viel zu weit gediehen. Du mußt fahren. Später sehen wir weiter.«

Danach haben sich alle beide bis zum Umfallen betrunken.

Ja, Rostropowitsch hatte schon recht gehabt: Es wäre kein besonders guter Einfall gewesen, mir das noch in Moskau zu erzählen!

Am Tag der Abreise hatten sich nicht nur Slawas Freunde und Studenten zur Verabschiedung auf dem Flugplatz eingefunden. Auch Geheimpolizisten trieben sich vor dem Gebäude herum und sahen sich das Geleit argwöhnisch an. Der Abschied glich einer Trauerfeier: da standen sie alle mit düsteren Mienen, niemand sagte etwas, die Minuten schlichen endlos und träge dahin ... Als könne er das nicht länger ertragen, packte Slawa mich plötzlich am Arm und schob mich in die Zollhalle. Seine Augen standen voller Tränen.

»Ich halte es nicht mehr aus bei ihnen; sie sehen mich alle an, als sei ich schon tot.«

Damit verschwand er durch die Tür, ohne einem einzigen Lebewohl zu sagen. Auch uns beide, Irina Schostakowitsch und mich, ließen die Beamten durch.

»Galja!« rief da jemand hinter uns, »Kusja will nicht mit!« Wirklich, da hockte unser prächtiger Kusja auf dem Boden und dachte gar nicht daran, sich zum Aufstehen zu bequemen. Das ist nun einmal so bei Neufundländern: Wenn sie etwas nicht wollen, wird keine Macht der Welt sie dazu bewegen. Und weil man zwei Zentner nicht ohne weiteres hochheben kann, mußte ich mich neben ihn legen und ihm lang und breit erklären, daß er nicht allein, sondern mit Slawa führe und daß er keinesfalls in fremde Hände käme. Nach langem Zureden glaubte er mir schließlich, stand auf und ließ sich willig zum Zoll führen, wo er mit Freudengeheul auf Slawa losstürzte.

»Machen Sie den Koffer auf. Ist das Ihr ganzes Gepäck?«

»Ja.«

Slawa öffnete den Koffer. Gleich obenauf lag ein alter, abgeschabter Mantel aus Schafsfell, den unser Heizer trug, wenn er im Keller der Datscha zu tun hatte. Wann war Slawa bloß auf die Idee gekommen, den einzupacken?

»Was willst du mit dem Lumpen? Gib her, ich nehme ihn mit.«

»Aber im Winter . . .«

»Dann kaufen wir eben einen neuen! So ein Blödsinn!«

»Aber man kann doch nie wissen, was dort . . . Bitte, gib ihn mir zurück.«

Rostropowitsch war, als er in den Westen ging, seelisch so sehr am Ende, daß er fürchtete, auch dort nicht gebraucht zu werden und völlig mittellos dazustehen.

Jetzt wühlte ein Zollbeamter in dem Koffer herum. Ein anderer, der Slawas Taschen durchsuchte, bekam seine Brieftasche zu fassen und nahm meine Liebesbriefe heraus, die Slawa stets zum Andenken bei sich trug. Wir durften zusehen, wie der Beamte sie einzeln und gründlich studierte. Solche Kontrollen hatte ich bisher nur im Kino erlebt. Ob das bei einer Reise, die »künstlerischen Zwecken dient«, wohl immer so ist?

»Was ist in diesen kleinen Kästchen? Und warum sind es so viele?«

»Das sind meine Auszeichnungen.«

Goldmedaillen von der Royal Society of London und den Londoner Symphonikern, eine schwere Goldmedaille aus Israel, weitere Goldmedaillen und Orden aus dem Ausland . . . Jetzt lagen sie alle ausgebreitet auf dem Tisch. Orden der Sowjetregierung hatte Slawa nicht, nur Medaillen: den Staatspreis und den Lenin-Preis, außerdem eine Medaille für Neulandgewinnung und eine aus Anlaß der Achthundertjahrfeier Moskaus, die jeder Moskauer bekommen hatte.

Diese beiden Blechmünzen schob der Zollbeamte Slawa wieder zu. »Die können Sie mitnehmen. Die andern nicht, die sind aus Gold.«

Jetzt begann Slawa am ganzen Körper zu zittern.

»Gold?« brüllte er. »Das ist kein Gold! Das ist mein Blut, mein Leben – meine Kunst! Ruhm und Ehre habe ich für mein Land geerntet, und für Sie ist das bloß Gold! Mit welchem Recht –«

Als wir sahen, daß Slawa die Nerven durchgingen, zogen Irina und ich ihn in eine Ecke. Ich bemerkte eben noch, daß einer der Zollbeamten seinen Platz verließ und irgendwohin ging.

»Sei still, Slawa, hörst du? Sei still oder ich bringe dich um!«

»Ich kann nicht! Ich kann es keine Sekunde mehr ertragen!«

»Schweig! Ich will kein Wort mehr hören. Denk an die Kinder, die dort drüben stehen, und denk an mich! Du weißt ja nicht, was du tust! Beruhige dich. In ein paar Minuten sitzt du im Flugzeug, machst die Augen zu – und wenn du sie öffnest, bist du schon in London, siehst ganz andere Gesichter. Denk daran, wie viele Freunde dort auf dich warten und wie bald du Ben und Peter wiedersiehst!«

Ich ging zu dem Tisch zurück, nahm eine Pyjamahose aus dem Koffer, knotete sie unten zu und steckte die Kästchen hinein. Das irritierte den Zollbeamten offenbar so sehr, daß er zu umständlichen Erklärungen ausholte: Sein Kollege sei zum Telefon gegangen, vielleicht bekämen wir doch die Erlaubnis, es wäre ja möglich, daß sie eine Ausnahme machten.

»Nein, nicht nötig. Ich nehme alles mit nach Hause. Slawa, laß uns Abschied nehmen. Ruf an, sobald du gelandet bis.«

Mit zwei Celli und unserem Kusja an der Leine ging Slawa durch die Paßkontrolle. Ich warf mir den Pyjama wie einen Sack über die Schulter und ging zu den Leuten zurück, die Slawa begleitet hatten.

»Was schleppen Sie denn da, Galina Pawlowna?«

»Ich nehme Rostropowitschs Auszeichnungen wieder mit. Orden und Medaillen darf man nämlich nur dann ausführen, wenn sie aus purem Mist gemacht sind!«

Als Slawa drei Stunden später in London landete, hörten wir seine Stimme über die BBC: ». . . ich danke der sowjetischen Regierung, daß sie Verständnis für unsere Situation gezeigt hat und uns für zwei Jahre ins Ausland gehen läßt. Meine Frau und die beiden Kinder werden bald nachkommen.«

Damit sich jeder im Theater seinen Reim darauf machen konnte, hatte das Bolschoi einen Auszug aus dem Erlaß am Schwarzen Brett ausgehängt: »Die Volkskünstlerin der UdSSR G. P. Wischnewskaja wird vom Ministerium für Kultur für zwei Jahre ins Ausland geschickt. Die Reise dient künstlerischen Zwecken.«

Nach der Premiere von *Der Spieler* erschien wegen meines Namens keine einzige Kritik in den Zeitungen, nicht einmal die, die Schostakowitsch für die *Prawda* geschrieben hatte. Erst ein halbes Jahr später, als ich längst im Ausland lebte und eine andere Sängerin meinen Part übernommen hatte, wurden Rezensionen über Prokofjews herrliche Oper publiziert.

Während dieser letzten beiden Monate in Moskau habe ich häufig Rundfunkaufnahmen meiner Opern gehört, doch kein einziges Mal hat man bei der Besetzungsliste meinen Namen erwähnt.

Stiche wie diese hatten längst aufgehört mir wehzutun. Ich zählte nur noch die Tage bis zu jenem Augenblick, da ich endlich wegfahren konnte – aus diesem Land, das ich so sehr geliebt hatte, weg von meinem eigenen Volk.

25

Ich habe heute viel zu tun:
Mein Gewissen muß ich töten bis zuletzt,
wie ein Stein sollte meine Seele ruh'n,
von neuem leben lernen muß ich jetzt.

Anna Achmatowa

Ich zog mir ein rotes Kleid an und frisierte mich mit aller Sorgfalt – so wie es sich gehört für mein Rendezvous mit jemand, der so viele Jahre meines Lebens in Anspruch genommen hatte. Ich überquerte die Gorki-Straße, ging am Moskauer Künstler-Theater vorbei, bog in die Puschkin-Straße ein und ging, nachdem das Operetten-Theater hinter mir lag, nach links. Da stand es – das allmächtige Bolschoi.

Auf mein Klopfen rührte sich lange Zeit nichts. Endlich öffnete sich die Tür einen Spalt, und ein Wächter steckte seinen Kopf heraus. »Ah, Sie sind es, Galina Pawlowna! Aber hier ist niemand mehr – alle sind in Ferien.«

»Ich weiß. Ich will auch zu niemandem. Ich hole nur noch ein paar Sachen aus meiner Garderobe.«

»Dann kommen Sie herein, kommen Sie!«

Wie schön, in dem leeren Theater zu sein, allein und ohne Eile noch einmal die Wege zu gehen, die ich sonst vor meinen Vorstellungen ging, mir auszumalen, wen ich gern noch einmal gesehen hätte ...

Zuerst also in den ersten Stock und dort ins Büro, um zu melden, daß ich da sei, und auch, um ein wenig zu klagen, daß es mir heute nicht besonders gut ging. Aber welchem Sänger geht es vor seinem Auftritt schon gut! Doch, einen kannte ich. Einen Tenor, aber der war ein Dummkopf. Mitfühlende Blicke ringsum, es geht schon besser. Weiter in den zweiten Stock, in meine

Garderobe, zur intimsten Zeugin aller meine Ängste, Zweifel und Freuden. Hier war ich immer schon Stunden vor Beginn einer Vorstellung, und hier fand ich meine zuverlässigsten Partner schon wartend vor: den Maskenbildner, die Friseuse, die Garderobiere. Mit ihnen, den unsichtbaren Zuschauern, den Akteuren hinter den Kulissen, habe ich die Stunden stärkster Spannung verbracht. Ich hatte Glück mit ihnen, denn diese drei standen mir vom ersten bis zum letzten Tag am Bolschoi zur Seite, allein ihre Anwesenheit schenkte mir ein Gefühl der Sicherheit. Durch sie, die mir den alltäglichen Kleinkram abnahmen, war es mir möglich, mich auf das Wesentliche zu konzentrieren. Ich wußte, daß Wassili Wassiljewitsch zehn Minuten vor Spielbeginn mein Make-up noch einmal überprüfte, ich wußte, daß Jelisaweta Timofejewna meiner Frisur noch den letzten Schliff gab und daß Wera kein Häkchen an meinem Kleid vergaß. Und sie wußten, wie sehr mein Auftreten von ihnen abhing, von der Art, wie sie mich in den letzten Sekunden vor Betreten der Bühne musterten. Sie teilten meine Nervosität – bis hin zu hektischen Flecken –, sie ließen mich schreien, toben und hysterisch werden. Sie selbst aber konnten mich als wahre Meister der Selbstbeherrschung nur insgeheim zum Teufel wünschen. Ich hoffe jedenfalls, daß sie es taten. Aber vermutlich taten sie es nicht – sie liebten mich viel zu sehr, so wie ich sie.

Hier, in meiner verwaisten Garderobe, bitte ich sie um Verzeihung. Und ich bitte sie, mir ein letztes Mal behilflich zu sein, hier, vor dem Spiegel, wo ich ihre flinken Hände spüre und ihren Wunsch, mich für den Auftritt so schön wie möglich zu machen. In meinem Kopf wirbeln die Melodien aller meiner Opern durcheinander, mir ist, als sähe ich einen Film im Zeitraffer. Doch ist schon alles getan, ich bin tadellos geschminkt und frisiert, mein Kleid sitzt wie angegossen: »Fertig, Eure Majestät«. Wera hebt meine Schleppe hoch, geht mit mir zur Bühne, bleibt auch in den Kulissen noch neben mir. Ich höre, daß ihr Herz genauso laut pocht wie meins.

»Galina Pawlowna, Ihr Auftritt!«

Nur ein Schritt noch, und ich stehe auf der Bühne.

Die Geräusche verstummen ... Niemand. Leere. Nur dieser prächtige Saal, der weite Bühnenraum, diese unheimliche Stille ringsum. Langsam jetzt, ganz ruhig ... ein Stück weiter in diesen Raum hinein, der mir bis in die letzte Ecke so vertraut ist ... Jetzt stehe ich genau in der Mitte des Proszeniums, löse die Muskeln meines verspannten Körpers, kontrolliere meinen Atem – ich bin soweit.

Diese Bühne werde ich verlassen. Jetzt, wo ich ganz allein bin, wo es kein Publikum gibt und keine Künstler, jetzt wird mir der Schritt, den ich tue, voll bewußt. Ja, ich gehe. Und ganz gleich, ob ich in zwei oder in fünf Jahren wiederkomme – ans Bolschoi kehre ich nicht zurück.

Ich bin siebenundvierzig Jahre alt, stehe auf der Höhe meines Lebens und meines Ruhms, ich durchlebe jene Zeit der Reife, da ein Künstler die Früchte erntet, die er zeit seines Lebens mit soviel Liebe gehegt hat. Wie ein Bauer sein Land bestellt, so habe auch ich gepflügt, gesät, gepflanzt . . . Aber nun, da die Erntezeit da ist, haben sie meinen Acker, mein Kornfeld verwüstet und mich auf kahlem Boden zurückgelassen. Ihn neu zu bestellen, bleibt mir keine Zeit. Zweiundzwanzig Jahre meines Lebens lasse ich hier zurück – zweiundzwanzig weitere wird es nicht geben. Aber wenn ich mein Leben noch einmal leben könnte, ich würde es nicht anders machen.

Ja, genau an dieser Stelle, hier in der Mitte des Proszeniums, sang ich immer die Arie der Tosca *Vissi d' arte, vissi d' amore* . . . Ganz langsam gehe ich über die Bühne, den Ort, wo alle meine Heldinnen lebten und wo sie starben und wo zuletzt noch die Polina Prokofjews und Dostojewskijs in höchster Not aufschrie. Dieser Schrei, mein letzter Schrei der Verzweiflung . . . noch scheint er mir in den Falten dieses Vorhangs, in allen Ecken dieser vergoldeten Logen, überall auf dieser Bühne gegenwärtig. Wohl tausendmal habe ich hier gesungen.

Leb wohl Bolschoi! Wie viele große Künstler Rußlands haben dich, gleich mir, mit ihrer Kunst beschenkt! Ich kam, um dich zu verfluchen. Aber ich hasse dich nicht mehr, ich grolle dir nicht – ich bin nur verwundet und empfinde nichts als Schmerz.

Am Boden liegend, will ich mit meinem Gesicht, meinen Händen, meinem ganzen Körper deine Nähe spüren. Ich liebe dich bis zum Wahnsinn, du warst alles für mich: Gatte, Sohn, Liebhaber, Bruder. Keinem Menschen auf der Welt habe ich soviel Liebe, soviel Leidenschaft geschenkt wie dir. Ich gab dir mehr als meinen Kindern, meinem Mann, ich gab dir alles: meine Jugend, meine Schönheit, mein Blut, meine Kraft. Und du hast gierig danach gegriffen.

Nein, ich mache dir keinen Vorwurf. Du hast mir diese Liebe reich belohnt, hast mir Erfolg geschenkt, Anerkennung, Ruhm und Ehre. Du hast mir viele Jahre unumschränkter Herrschaft gewährt, mir alle Rivalinnen ferngehalten. Aber warum hast du mir nicht geholfen, als ich dich brauchte?

»Sieh an, Galina Pawlowna! Bist du gekommen, um dich zu verabschieden?«

»Wer ist da?«

»Ich, du brauchst keine Angst zu haben.«

»Ich dachte, es wäre niemand hier.« Es ist die alte Putzfrau, die mit Eimer und Aufnehmer herumhantiert. »Ich mußte hier noch saubermachen, und da sah ich dich über die Bühne gehen – immer auf und ab. Was ist? Hast du Kummer?«

»Ja.«

»Nur Geduld, meine Liebe. Wer geduldig ist ...«

»Ja, ich will geduldig sein ... geduldig.«

»Bleib ruhig noch hier, ich komme später nochmal vorbei. Auf Wiedersehen!«

AUF WIEDERSEHEN ...

Schließlich kam der Tag vor unserer Abreise – ein Tag des Abschiednehmens von den Lebenden und den Toten. Schon früh am Morgen ging ich zum Nowodewitschi-Friedhof. Ich mag diesen pompösen musealen Friedhof nicht, diese Ansammlung von Kitsch, diese Apotheose des schlechten Geschmacks, die so exakt die geistige Haltung der Sowjetelite widerspiegelt. Ich hatte früher schon zu Slawa gesagt, daß er mich an die Empfänge im St.-Georgs-Saal des Kreml erinnert, wo jeder darum bemüht ist, sich so nah wie möglich an die hohen Regierungsfunktionäre heranzupirschen, ihr Fluidum in sich aufzusaugen und dabei doch genügend Individualität zu bewahren, um unter all den andern noch zur Kenntnis genommen zu werden.

Auf dem Nowodewitschi liegen Regierungsmitglieder begraben, Marschälle und Minister, die bekanntesten Wissenschaftler, Akademiker und Schriftsteller. Hier gibt es fast nur Sieger.

Ich wollte zu Melik-Paschajews Grab und ging noch einmal den wohlvertrauten Weg zum alten Teil des Friedhofs, zu den Gräbern der Künstler, wo alles bescheidener und einfacher ist. Prokofjews Grab – wie oft ist Slawa hier gewesen! Immer, wenn ihm etwas Entscheidendes bevorstand, hat er hier bei seinem Freund und Lehrer Rat und Hilfe gesucht. Da, Alexander Schamiljewitschs Grab ... Wie gern hätte ich ihm jetzt das Herz ausgeschüttet, ihm von meinem Kummer erzählt. Aber eine unerträgliche Spannung hielt mich mit eisernen Klammern umfaßt. Ich legte Blumen auf sein Grab und versuchte, mir Bilder aus einer längst vergangenen Zeit ins Gedächtnis zu rufen, sein glückliches Lächeln vor mir zu sehen, wenn ich auf der Bühne stand. Aber alles, was vor meinem inneren Auge auftauchte, war eine düstere Totenmaske.

»Schau nur, wieviel Blumen sie mitgebracht hat! Er muß erst kürzlich verstorben sein.«

»Nein, lies doch. Schon vor zehn Jahren.«

Eine Menge Neugieriger hatte sich um mich geschart. Zeit zu gehen. Leb wohl, du lieber, du unvergeßlicher Freund! Ich komme zurück, irgendwann einmal.

Das Letzte, das Schwerste stand mir noch bevor: nach Schukowka zu fahren und mich von Schostakowitsch zu verabschieden. Bis zum allerletzten Tag hatte ich gezögert, ob ich zu ihm fahren sollte oder nicht. Schostakowitsch war mir der Liebste von allen, die ich verlassen mußte, und der einzige, der unsere Entscheidung hätte rückgängig machen können. Ich hatte Angst, in seiner Gegenwart unsicher zu werden, seiner Autorität zu erliegen. Aber er machte nicht den leisesten Versuch, mich zurückzuhalten. Er wußte, wie die Dinge standen und was uns hier erwartet hätte, auch er sah in einer zweijährigen Abwesenheit die einzige Möglichkeit, all dem zu entkommen.

Wie immer saßen wir in seinem Arbeitszimmer. Ich hörte kein Wort von dem, was er mir sagte. Hat er überhaupt etwas gesagt? Ich weiß es nicht. Vielleicht schwiegen wir alle beide. Es fiel mir unendlich schwer, ihn anzusehen, ohne in Tränen auszubrechen. Ich wußte ja, daß dieser Mann, der mir in seinem Lehnstuhl gegenüber saß, schwerkrank war und daß ich ihn vielleicht zum letzten Male sah.

Jetzt erinnerte ich mich auch daran, wie ich ein paar Jahre zuvor am offenen Sarg seiner Sekretärin Zinaida Merschanowa stand und, als die Reihe an mir war, mich zu ihr beugte und ihr nach russischem Brauch Stirn und Hand küßte. Als ich wieder zu meinem Platz neben Dmitri Dmitrijewitsch zurückkehrte, sah ich, daß er totenbleich geworden war.

»Was ist Ihnen, Dmitri Dmitrijewitsch?«

»Sie haben eben eine Tote geküßt. Hat Sie das nicht erschreckt?«

»Nein, warum? Was ist Erschreckendes daran? Wie heißt es doch in der Lady Macbeth: ›Fürchte nicht die Toten, fürchte die Lebenden.‹«

»Trotzdem ist es ein seltsamer Brauch, Tote zu küssen. Ich kann das nicht verstehen.«

»Wir sind doch beide orthodoxe Christen, und da gehört es eben zur Tradition, einem Verstorbenen den letzten Kuß zu geben.«

Dmitri Dmitrijewitsch griff nach meinem Arm. »Würden Sie mich auch küssen?«

»Natürlich.«

Er versuchte zu lächeln, brachte aber nur eine klägliche Grimasse zustande. »Und das würde Sie nicht grausen?«

»Aber nein!«

Als ich mir jetzt sein Gesicht betrachtete, darin mir jeder Zug so vertraut war, zerriß es mir fast das Herz. Wie konnte ich ihm meine Verzweiflung verbergen? Woher nahm ich jetzt die Kraft, aufzustehen und zu gehen?

»Ich muß weg, Dmitri Dmitrijewitsch . . . Leben Sie wohl.«

Wir umarmten uns, und da merkte ich, daß mir die Tränen übers Gesicht liefen.

Nein, länger war diese Qual nicht zu ertragen. Um nicht laut aufzuschreien, küßte ich ihn auf die Wangen, auf den Hals, auf die Schulter, riß mich nur mit Mühe los von ihm – los von einem Lebenden, als sei er schon ein Toter. Ich wußte, ich würde ihn nie wiedersehen.

»Kommen Sie zurück, Galja. Wir werden auf Sie warten.«

Ich sah in seine Augen, die voller Tränen standen, ich sah in sein bleiches, gramverzerrtes Gesicht, das sich mir zum erstenmal so offen zeigte. Fast blind vor Tränen, taumelte ich die Treppen hinunter, vorbei an der Reinmachefrau, zur Tür hinaus.

Es war meine letzte Begegnung mit Dmitri Dmitrijewitsch, und so ist er mir im Gedächtnis geblieben.

Der Heimweg, den ich so oft gegangen war, schien mir heute unendlich lang, fremd und unwirklich. Ich fühlte mich verstoßen aus diesem Land und von diesem Volk, für das ich nicht mehr als ein winziges nichtiges Sandkorn war. Das Gefühl entsetzlicher Einsamkeit packte mich, es gab mich nicht mehr, das war nicht mein Haus, wohin sollte ich gehen?

Noch bevor ich unsere Datscha erreichte, machte ich kehrt und nahm die Bahn nach Moskau.

Ein Jahr später, am 9. August 1975, sollte Slawa bei den Musikfestspielen in Tanglewood Dmitri Dmitrijewitschs *Fünfte Symphonie* dirigieren und ich die Tatjana singen. Wir waren bereits fertig für das Konzert und wollten eben gehen, als Slawas Schwester aus Moskau anrief. Dmitri Dmitrijewitsch war soeben gestorben ...

Bis zum Schluß blieben die sowjetischen Behörden ihrem Prinzip der Härte und der Inhumanität treu. Ich hatte Ausschnitte aus Schostakowitschs *Vierzehnter Symphonie* auf Tonband gesungen (Dmitri Dmitrijewitsch liebte diese Aufnahme sehr und hat sie oft gehört). Doch als seine Kinder dieses Band bei der offiziellen Trauerfeier spielen wollten, lehnten die Behörden das kategorisch ab. Sie konnten wohl nicht anders, als ihn ein letztes Mal zu verhöhnen.

Mir war es nicht vergönnt, den toten Dmitri Dmitrijewitsch zu sehen und ihm die letzte Ehre zu erweisen, ihm, wie versprochen, den letzten Kuß zu geben. Vielleicht ist er darum in meinen Gedanken ein Lebender geblieben, einer, dem ich in ein paar Jahren irgendwo begegnen könnte. Und bis zu diesem Tage werde ich an seinen letzten Blick voller Tränen denken und von weither seine leise Stimme hören – »Kommen Sie zurück, Galja, wir werden auf Sie warten.«

An diesem letzten Abend in Moskau kamen viele, uns Lebewohl zu sagen – alle außer den Kollegen vom Bolschoi. Doch, einen gab es: den Tenor Anton Grigorjew. Der tauchte ziemlich spät noch auf, nach Mitternacht, als nur noch ein paar Leute, alle Verehrer von mir, in der Wohnung beisammen waren. Er kam unangemeldet und in Begleitung eines Generals.

»Warum kommst du so spät, mitten in der Nacht und noch dazu mit einem Fremden? Du hättest wenigstens anrufen können.«

»Nun, das war so: Ich kam eben mit meinem Freund hier vorbei. Und weil ich mir dachte, daß du heute nacht sowieso nicht schläfst, wollte ich mich nur verabschieden. Immerhin haben wir zwanzig Jahre miteinander auf der Bühne gestanden.«

»Entschuldige bitte, aber ich muß packen. Geh ins Wohnzimmer und bedien dich selbst mit Getränken.«

Während ich noch mit Grigorjew sprach, ging der General durch sämtliche Räume, als wäre er hier zu Hause. Anton lief ihm nach, sah sich überall um und schien höchst erstaunt. »Die ganzen Möbel sind ja noch da! Man sagte mir, ihr hättet alles verkauft.«

»Verkauft? Spinnst du? Was soll ich denn ohne Möbel machen?«

»Aber ihr zieht doch weg. Du könntest sie mir verkaufen.«

»Soll ich etwa in zwei Jahren in eine leere Wohnung kommen? Mach doch keine Witze!«

»Ja natürlich, ihr kommt ja wieder. Wo ist dein Gepäck, kann ich dir beim Packen helfen?«

»Nein, Anton, das brauchst du nicht. Ich habe nur vier Koffer und für die Mädchen jeweils zwei.«

In dem ganzen Durcheinander mit der Packerei hatte ich jetzt wirklich keine Zeit mehr für Anton oder den General. Es hatte mich nicht einmal besonders überrascht, daß der Fremde in meiner Wohnung aufgetaucht war. Wir wechselten kein Wort miteinander. Er inspizierte weiterhin die Räume und meine Sachen, mischte sich unter die Leute und sah Rimma zu, die Möbel und Lampen mit Tüchern abdeckte. Irgendwann muß er wohl gegangen sein, ich habe es nicht bemerkt.

Zum Umfallen müde, ging ich wie eine Schlafwandlerin durch die Zimmer und warf lauter unnützes Zeug in die Koffer. Erst als der Morgen graute, kam mir zu Bewußtsein, daß mich die ganze Nacht ein Gedanke verfolgt hatte, ein Problem, das ich nicht lösen konnte: Irgendwo hatte ich diesen General schon einmal gesehen. Aber wann? Und wo?

»Hört mal zu, Freunde, kommt es euch nicht seltsam vor, daß Anton Grigorjew noch so spät in der Nacht mit einem Fremden hier auftauchte?«

»Bist du wirklich so naiv, Galina Pawlowna? Das war ein KGB-Mann.«

»Wie kommt ihr darauf?«

Erst sahen sie sich gegenseitig und dann mich mit Blicken an, als sei ich wirklich nicht ganz da. »Wie wir darauf kommen? Er hat doch selbst keinen Hehl daraus gemacht und ist in voller Uniform hier erschienen! Siehst du so etwas nicht?«

»Ich verstehe nicht viel von diesen Dingen.«

Aber dann blieb ich wie angewurzelt stehen: Wassili Iwanowitsch! Nach zwanzig Jahren! War das denn möglich? Oder täuschte ich mich, weil sie wirklich alle gleich aussahen, untersetzt, mit kurzen Beinen? Aber je länger ich darüber nachdachte, desto sicherer war ich mir. Ja, das konnte nur Wassili Iwanowitsch gewesen sein. Also war Anton Grigorjew, der ein Jahr nach mir ans Bolschoi kam, von demselben Offizier angeheuert worden, den mir das KGB zugeteilt hatte. Und nicht nur das. Anton ist in diesen ganzen Jahren Spitzel gewesen und hatte auch jetzt keine Skrupel, seinen Gönner mit in die Wohnung zu bringen. Aber konnte das noch etwas ändern? Nein, ein solches Verhalten hatte keine Bedeutung mehr für mich.

Zeit zum Aufbruch. Doch bevor meine letzten Gäste gingen, setzten wir uns noch einen Augenblick zusammen. Das ist so Brauch in Rußland.

Sechs Uhr früh – keine Menschenseele auf der Straße. Wir steigen ins Taxi, fahren los. Aber warum Richtung Bolschoi? »Wohin fahren Sie? Wir müssen in die andere Richtung.«

Der Fahrer dreht sich um, lächelt. »Ihre Freunde haben mich gebeten, Sie am Bolschoi vorbeizufahren. Sie wollten Ihnen damit eine Freude machen.«

»Danke, aber halten Sie nicht an, fahren Sie – schneller!«

26. Juli 1974. Wie leer Moskau so früh am Morgen ist. Ob sie uns wirklich reisen lassen? Und was ist, wenn sie ihre Meinung ändern, uns in letzter Sekunde aufhalten? Nimmt diese Fahrt denn niemals ein Ende? Je schneller wir am Scheremetewo-Flugplatz sind, desto besser . . .

»Galjunja, erst wollte ich es dir nicht erzählen, aber jetzt sage ich es dir doch. Nikandr Chanajew ist tot. Er wird heute um zwölf Uhr beerdigt.«

Wie eigenartig, zu dieser Stunde die Nachricht vom Tod eines alten Freundes und großen Künstlers zu erfahren. Abschiedsworte – und zugleich die Rückbesinnung auf den Anfang meiner Karriere, das erste Vorsingen. Denn er war es ja, der in seiner Güte und Großmut dem dummen kleinen Mädchen von damals Mut gemacht, ihm geholfen hatte.

»Warum hast du mir das nicht eher erzählt?«

»Weil ich dich nicht aufregen wollte. Du warst genug belastet . . .«

»Dann versprich mir, vom Flugplatz aus sofort nach Moskau zu fahren, Blumen zu kaufen und sie Nikandr Sergejewitsch zu bringen. Versprichst du mir das?«

»Ich verspreche es.«

Wir waren da. Jemand ließ Champagnerkorken knallen – »Einen für unterwegs, Galina Pawlowna! Kommen Sie so schnell wie möglich zurück! Was sollen wir nur ohne Sie machen?«

Rund um mich her die traurigen Gesichter meiner Verehrer, die meine Karriere von Anfang an begleitet hatten, die so viele Jahre und oft von weither gekommen waren, mich zu hören. Jetzt schied ich aus ihrem Leben.

Eine Freundin wischte mir mit einem Taschentuch die Tränen ab. Zeit zu gehen . . . Paßkontrolle. Wenn sie mich nur nicht festhalten!

»Gehen Sie durch.«

Gott sei Dank! Schneller, schneller! Endlich sitzen wir im Flugzeug. Lieber Gott, warum dauert das so lange, warum starten wir nicht? Immer wieder besteigt ein neuer Passagier die Maschine, und jedesmal bin ich überzeugt: jetzt kommen sie, und sie kommen wegen uns, wir müssen die Maschine sofort verlassen. Was dann? Festgeschnallt an meinen Sitz, starr vor Spannung, empfinde ich nur eins: ein paar Minuten länger und mein Herz setzt aus. Ich mache die Augen zu, zähle die Sekunden, die Minuten . . . endlich schließen sich die Türen . . . Nein, freu dich nicht zu früh, wie leicht kann man sie wieder öffnen und uns herausholen . . . Nein, jetzt geht ein Zittern durch die Maschine, wir rollen die Startbahn entlang . . . mein Herz rast . . . Jetzt beschleunigt sie: schneller, schneller, schneller . . . Endlich hebt sie vom Boden ab . . .

Leb wohl auf immer, ungewaschenes Rußland,
Du Land der Herren und ihrer Sklaven,
Lebt wohl auch ihr in eurer hellen, blauen Uniform,
Und ihr, die Opfer ihrer Gewalt.[1]

»Mama, Mama! Was sagst du da! Hör auf zu weinen, hör auf!«

Tränen strömen mir übers Gesicht. Eben noch strahlten die Gesichter meiner Kinder, und jetzt steht die helle Angst in ihren Augen. Nein, sie sollen mich nicht so sehen, ich darf jetzt nicht weinen. Ich presse mein Gesicht ans Fenster. Unter mir mein Land, das immer schneller entschwindet und jetzt nur noch ein langer, dunkler Streifen ist. Ich werde höher und höher getragen, bis in den Himmel.

Je höher wir fliegen, desto phantastischer werden die Farben im Licht der Sonnenstrahlen, desto mehr verändern sich die Konturen dieses Landes, das sich jetzt plötzlich wie nach einem Frühlingsregen in eine hellgrüne Wiese verwandelt. Mir ist, als sähe ich ein kleines Mädchen in einem weißen Kleid mit Tupfen, ein rotes Band im Haar, über die Wiese laufen . . . Jetzt löst sie sich vom Boden, sie schwebt, sie fliegt, sie streckt beschwörend, flehend die Arme aus – »Komm zurück! Komm zurü-ück!«

Das bin ja ich, Galka Artistka!

Lieber Gott, hilf mir! Gib mir Kraft, beschütze mich, hab Erbarmen!

»Leb wohl!«

---

[1] Die erste Strophe eines Gedichts von Michail Lermontow. Die hellblauen Uniformen wurden von der politischen Polizei Zar Nikolaus I. getragen

Die Gestalt des Kindes wird kleiner und kleiner, wird zum winzigen Punkt, verschwindet ganz. Die Konturen der Erde lösen sich auf, verschmelzen ineinander zu formlosen, farblosen Massen. Weiße Wolken bedecken sie wie ein Leichentuch.

ANHANG

9. Februar 1984

Liebe Galotschka, lieber Slawa!

Der zehnte Jahrestag meiner Ausweisung steht bevor, und da werden Bilder wieder lebendig aus den schrecklichen, zermürbenden Jahren vorher. Alja und ich denken viel an diese Zeit zurück: Ohne Euren Schutz und Eure Unterstützung hätte ich diese Jahre einfach nicht überlebt. Ich wäre zugrunde gegangen, denn ich war am Ende meiner Kraft. Ich hatte einfach keinen Ort, an dem ich hätte leben können; in Rjasan wäre ich erstickt, ich hätte keine Ruhe, keine Luft, keine Möglichkeit zum Arbeiten gehabt. Und ohne Arbeit ist das Leben wie zugeschnürt. Aber in Eurem Haus habe ich über die Hälfte von *August* und einen großen Teil von *Oktober* geschrieben. Verständnisvoll habt Ihr meine Zurückgezogenheit respektiert, Ihr habt Euch nichts anmerken lassen von den wachsenden Einschränkungen und Schikanen, denen Ihr ausgesetzt wart. Ihr schufet eine Atmosphäre, die ich mir in der Sowjetunion nicht mehr hätte träumen lassen. Ohne sie wäre ich zusammengebrochen, hätte ich nicht durchgehalten bis 1974.

Daß ich mich an all dies voller Dankbarkeit erinnere, wiegt nur wenig. Ihr habt einen grausamen Preis dafür bezahlt, besonders Galja, die ihr Theater für immer verlor. Kein Dank von mir kann Euch für diese Verluste entschädigen. Wir können höchstens Kraft schöpfen aus dem Bewußtsein, daß in dieser Zeit wir Russen zu einem gemeinsamen Schicksal verurteilt sind, und wir können nur hoffen, daß der Herr uns nicht bis an unser Lebensende straft.

Ich danke Euch, meine lieben Freunde, Alja und ich umarmen Euch. Grüßt Olga und Jelena. Wir sind überglücklich, daß es Wanetschka gut geht. Wenn Ihr im Februar in Galino seid, müßt Ihr uns besuchen.

Auch Katja sendet Euch ganz herzliche Grüße.

Immer
Alexander Solschenizyn

Offener Brief
   von Mstislaw Rostropowitsch
   an die Herausgeber der Zeitungen Prawda, Iswestija,
   Literaturnaja Gaseta und Sowjetkultur
   An den Herausgeber
   Es ist kein Geheimnis mehr, daß A. I. Solschenizyn einen großen Teil seiner Zeit in meinem Haus in der Nähe von Moskau verbringt. Er war bei uns, als er aus dem Schriftstellerverband ausgeschlossen wurde – mitten in der Arbeit an seinem Roman *August 1914*, und er war auch bei uns, als ihm

kürzlich der Nobelpreis verliehen wurde. Ich habe die Zeitungskampagne miterlebt, die auf die Verleihung folgte, und es ist diese Kampagne, die mich veranlaßt, Ihnen diesen Brief zu schreiben.

Wie ich mich erinnern kann, ist dies das dritte Mal, daß ein sowjetischer Schriftsteller den Nobelpreis bekommt. In zwei von diesen drei Fällen betrachten wir die Verleihung als ein schmutziges politisches Spiel, in einem (dem von Scholochow) als die verdiente Anerkennung unserer führenden Rolle in der Weltliteratur. Wenn Scholochow sich seinerzeit geweigert hätte, den Preis aus den Händen derer anzunehmen, die ihn Pasternak »aus Gründen des kalten Krieges« verliehen hatten, dann hätte ich verstanden, daß wir auch weiterhin die Objektivität und Aufrichtigkeit der Mitglieder der Schwedischen Akademie in Zweifel ziehen. Aber nun zeigt es sich, daß wir vielmehr von Fall zu Fall entscheiden, ob wir den Nobelpreis für Literatur mit Dank annehmen oder ob wir seine Verleihung übelnehmen. Aber was ist, wenn der Preis nächstes Mal dem Genossen Kotschjotow verliehen werden sollte? Er müßte ihn annehmen, nicht wahr? Warum wird am Tag nach der Verleihung des Preises an Solschenizyn in unseren Zeitungen von einem Gespräch berichtet, das der Korrespondent X mit einem Sekretär des Schriftstellerverbandes geführt hat und aus dem hervorgeht, daß die *gesamte* Nation (offenbar einschließlich *aller* Gelehrten, *aller* Musiker etc.) nachdrücklich seinen Ausschluß aus dem Schriftstellerverband unterstützt? Warum wählte *Literaturnaja Gaseta* aus vielen westlichen Zeitungen ausschließlich das aus, was in den kommunistischen Blättern Amerikas und Schwedens veröffentlicht wurde, während sie so unvergleichlich viel wichtigere und populärere wie *Humanité, Les Lettres Françaises* und *Unità* stillschweigend überging, von nichtkommunistischen gar nicht zu reden? Wenn wir schon einem gewissen Kritiker namens Bonoski Glauben schenken, warum dann nicht auch solchen hervorragenden Schriftstellern wie Böll, Aragon und François Mauriac?

Ich möchte Sie gern an unsere Zeitungen aus dem Jahre 1948 erinnern, an die ich mich selbst sehr gut erinnere. Wieviel Unsinn haben sie über S. S. Prokofjew und D. D. Schostakowitsch geschrieben, die beide heute zu den Größten unserer Musik gerechnet werden! Zum Beispiel:

Genossen D. Schostakowitsch, S. Prokofjew, W. Schebalin, N. Mjaskowski und andere! Eure atonale, kakophone Musik ist von Grund auf volksfremd … Wo wenig Talent vorhanden ist, da werden formalistische Tricks angewandt, um Neuheit vorzutäuschen … Wir finden die Musik von Schostakowitsch, Mjaskowski und Prokofjew völlig unannehmbar. Sie hat weder Harmonie noch Ordnung, weder Wohlklang noch Melodie.

Wenn man heute diese Zeitungen liest, ist einem vieles fast unerträglich peinlich, z. B. die Tatsache, daß die Oper *Katarina Ismailowa* dreißig Jahre lang nicht aufgeführt wurde, oder daß Prokofjew zu seinen Lebzeiten weder die letzte Fassung seiner Oper *Krieg und Frieden* noch sein Symphoniekonzert für Cello und Orchester hören konnte, oder daß es eine offizielle Liste aller verbotenen Kompositionen von Schostakowitsch, Prokofjew, Mjaskowski und Chatschaturjan gab.

Haben uns die Zeiten, die wir erlebt haben, wirklich nicht gelehrt, vorsichtig zu sein mit dem vernichtenden Urteil über begabte Menschen? Nicht immer im Namen der ganzen Nation zu sprechen? Nicht andere zu zwingen, eine Meinung zu etwas zu äußern, worüber sie nie gehört oder gelesen haben? Ich bin heute stolz darauf, daß ich nicht zur Versammlung der Kulturschaffenden im Haus der Werktätigen für Kultur und Kunst gekommen bin, wo Pasternak diffamiert wurde und wo ich sprechen sollte mit dem »Auftrag«, *Doktor Schiwago* zu kritisieren, den ich zu der Zeit nicht einmal gelesen hatte.

1948 gab es Listen von verbotenen Werken, heute zieht man mündliche Verbote vor und begründet sie damit, daß »es da eine Meinung gibt, wonach das Werk nicht zu empfehlen sei«. Aber wessen Meinung dies eigentlich ist, und wo es sie gibt, das ist nicht feststellbar. Warum, zum Beispiel, durfte G. Wischnewskaja Boris Tschajkowskijs herrlichen Liederzyklus nach einem Text von Joseph Brodski nicht singen, als sie in Moskau auftrat? Warum wurde wiederholt die Aufführung von Schostakowitschs Zyklus nach einem Text von Sascha Tschorny verhindert, obwohl dieser Text in unserem Lande veröffentlicht worden war? Warum machte die Aufführung von Schostakowitschs Dreizehnter und Vierzehnter Symphonie so ungewohnte Schwierigkeiten? Offenbar gab es auch da wieder eine »Meinung« . . . Wer brachte die »Meinung« auf, Solschenizyn aus dem Schriftstellerverband auszuschließen? Es ist mir nicht gelungen, das herauszufinden, obwohl ich sehr daran interessiert bin. Es ist wenig wahrscheinlich, daß fünf Leute aus dem Schriftstellerfußvolk von Rjasan das gewagt hätten, wäre da nicht eine mysteriöse »Meinung« gewesen. Es ist auch klar, daß diese Meinung meine Landsleute daran gehindert hat, Tarkowskijs Film *Andrej Rubljow* zu sehen, den wir ins Ausland verkauft haben und den ich zum Glück inmitten des begeisterten Pariser Publikums sehen konnte. Genauso offensichtlich war es jene Meinung, die die Veröffentlichung von Solschenizyns *Krebsstation* unterband, obwohl sie bereits bei *Nowy Mir* in Satz gegangen war. Aber wäre *Krebsstation* in unserem Land veröffentlicht worden, dann hätte es eine offene und gründliche Diskussion darüber gegeben, zum Nutzen aller, des Autors wie der Leser.

Ich will den Bereich unserer wirtschaftlichen und politischen Probleme nicht berühren; da gibt es andere, die davon mehr verstehen als ich. Aber sagen Sie mir doch bitte: Warum wird in unserer Literatur und unserer Kunst das entscheidende Wort immer von Leuten gesprochen, die in diesen Dingen absolut inkompetent sind? Wer gibt ihnen das Recht, unsere Kunst in den Augen unseres Volkes herabzusetzen?

Ich rühre die Vergangenheit nicht auf, um zu nörgeln, aber ich möchte, daß wir in der Zukunft – sagen wir, in zwanzig Jahren – nicht gezwungen sind, unsere heutigen Zeitungen schamhaft zu verbergen.

Jedermann muß das Recht haben, frei und ohne Furcht seine Ansichten über Dinge zu äußern, die er kennt, über die er gründlich nachgedacht hat, die er persönlich erfahren hat – und nicht nur nachzubeten, was man ihm vorschreibt. Wir müssen zu einer freien Diskussion kommen, in der Meinungen weder diktiert noch zurückgewiesen werden.

Ich weiß, daß dieser Brief auch eine Meinung über mich zur Folge haben wird; aber ich fürchte sie nicht, und ich sage offen, was ich denke. Die Talente, die der Stolz unserer Nation sind, dürfen nicht schon im voraus Angriffen ausgesetzt werden. Ich bin mit vielen von Solschenizyns Werken vertraut. Ich schätze sie, und ich meine, daß er durch Leid das Recht erworben hat, die Wahrheit, wie er sie sieht, niederzuschreiben. Ich sehe auch nicht den geringsten Grund, meine Einstellung zu ihm zu verbergen, wenn eine Kampagne gegen ihn betrieben wird.

Mstislaw Rostropowitsch
31. Oktober 1970

Red House, Aldeburgh, Suffolk

Herrn W. Stepanow
Ministerium für Kultur
Kuibyschewstraße 15
Moskau

14. Dezember 1961

Sehr geehrter Herr Stepanow!

Bitte verzeihen Sie mir, daß ich Sie wegen des vorgesehenen Besuchs von Madame Galina Wischnewskaja beim Coventry Festival im Mai 1962 belästige, wo sie das Sopran-Solo bei der Uraufführung meines neuen *War Requiem* singen soll.

Ich bin sehr bestürzt über den Brief von Herrn Schaschkin, dem Direktor von Goskonzert, an den Direktor des Coventry Festivals, in dem er schreibt, daß dieser Besuch unglücklicherweise nicht möglich sei. Darf ich Sie bitten, diese Entscheidung noch einmal zu überdenken? Dieses Requiem ist vielleicht das wichtigste Werk, das ich bislang geschrieben habe, und der beherrschende Sopran-Part war von Anfang an für Madame Wischnewskaja gedacht. Als ich sie diesen Sommer in England singen hörte, war mir klar, daß sie die Stimme, das Temperament und die Musikalität besitzt, die ich suchte. Seitdem stand sie mir bei der Arbeit ständig vor Augen und bestimmte meine Musik.

Ich bin sicher, daß Sie verstehen werden, wie außerordentlich schwierig es sein würde, Madame Wischnewskaja zu ersetzen. Deshalb wende ich mich an Sie persönlich, um Sie zu bitten, diese Entscheidung zu überdenken.

Mit den besten Wünschen,
Ihr sehr ergebener
Benjamin Britten

La Scala
Büro des Künstlerischen Direktors

Mailand, den 20. März 1965

Liebe Galina!

Ich benutze den Besuch unseres gemeinsamen Freundes Oldani in Moskau, um Ihnen mein unverändert liebevolles Gedenken auf das herzlichste zum Ausdruck zu bringen.

Ich bin sehr gespannt darauf zu erfahren, wie es mit Ihrer Arbeit an Donna Anna vorangeht, und ob Sie in Erwägung ziehen, diese Partie zwischen dem 15. März und dem 20. April 1966 mit Giaurow als Don Giovanni an der Scala zu singen.

Ich würde dieses Mal gern italienische und slawische Stimmen mischen, um die austro-germanische Art, Mozart zu interpretieren, möglichst zu vermeiden, da sie sich nicht gut mit der italienischen Stimme verträgt – die Mozart so liebte (er wünschte sich übrigens seit der Uraufführung von *Figaros Hochzeit* und *Don Giovanni* ein rein italienisches Ensemble).

Was die andern Opern betrifft, über die wir gesprochen haben (*Adriana Lecouvreur* und *Manon*), geplant für die Zeit zwischen dem 16. April und dem 5. Mai, können wir Ihnen noch keine feste Antwort geben, weil wir noch nicht genau wissen, ob wir ein Ensemble zusammenstellen können, das uns Aufführungen von höchster Qualität ermöglicht.

Ich wüßte gern, ob Sie je Gounods *Faust* gesungen haben, der in Italien immer mit Sängerinnen wie der Tebaldi, aber nie mit lyrischen

Sopranen besetzt wurde, wie es sonst in fast allen Theatern der Welt üblich ist.

Ich werde jede Gelegenheit begrüßen, etwas über Ihre Arbeit zu lesen. Bitte empfehlen Sie mich herzlich Ihrem Mann.

In freundschaftlicher Zuneigung bin ich

Ihr M. Dr. Siciliani

AUSWAHL-DISCOGRAPHIE
DER WICHTIGSTEN, IM HANDEL BEFINDLICHEN
PLATTENEINSPIELUNGEN MIT GALINA WISCHNEWSKAJA

BENJAMIN BRITTEN
War Requiem op. 66
London Symphony Orchestra, Melos Ensemble, London. Benjamin
Britten
LP Dec 6.35 157 EK

MODEST MUSSORGSKIJ
Boris Godunow. Oper in 4 Akten
Wiener Philharmoniker. Herbert von Karajan
LP TIS SET 514/17 HF

MODEST MUSSORGSKIJ
Lieder und Tänze des Todes Nr. 1–Nr. 4
Tschaikowskij, Rimski-Korsakow Opernlieder
London Philharmonic Orchestra
LP EMI 065–02942

SERGEJ PROKOFJEW
Krieg und Frieden op. 91. Oper in 13 Bildern
Chor und Orchester des Bolschoi-Theaters, Moskau. Alexander Melik-
Paschajew
LP Ar XH 88 758R

NIKOLAI RIMSKI-KORSAKOW
Die Zarenbraut. Oper in 4 Akten
Orchester und Chor des Bolschoi-Theaters, Moskau. Fuat Mansurow
LP Ar XI 87443R

DMITRI SCHOSTAKOWITSCH
Sinfonie Nr. 14 op. 135 für Sopran, Baß und Kammerorchester
Reschetin, Baß
Moskauer Philharmonie
LP Ar SP 87 623 K

REGISTER

Abrassimow, Pjotr 300f., 444f.
Achmatowa, Anna 7, 53, 151, 200, 268, 455
Achte Symphonie (Schostakowitsch) 212
Adriana Lecouvreur (F. Cilèa) 332, 469
Aida (Verdi) 55, 69f., 72–75, 82, 85, 96, 122, 168, 170, 242, 249, 255, 284, 286f., 289, 304, 307, 319, 323, 355f.
Aida (*Aida*) 55, 82, 107, 242ff., 247, 250, 287, 290, 306, 308f., 313, 353
Albert Hall 356, 369
Aldeburgh(-Festival) 352f., 356, 365, 468
Alexandrinski-Theater 53f.
Alexejewa 403ff., 406ff.
Alfredo (*La Traviata*) 309, 317, 335
Amintajewa, Asa (Osja) 344ff., 358, 361f.
Amneris (*Aida*) 242ff., 289, 323, 439
Amonasro (*Aida*) 323
Andrejew, Andrej 158
Andropow, Juri 402f.
Andsaparidse 323
Anissimow, Georgi 79, 91, 129f.
Anna (*Anna Karenina*) 348
Anna Karenina (Tolstoj) 25, 348
Ansimow, Georgi 451
Apostolow 392
Archipel Gulag (Solschenizyn) 430, 436f.
Archipowa, Irina 322f., 336ff.
Armenien 358
Atlantow, Wladimir 436ff., 441
Auferstehung (Tolstoj) 341
August 1914 (Solschenizyn) 396, 465
Awdejewa, Larissa 449

Babel, Isaak 155
Babi Jar (Jewtuschenko) 263, 265, 268
Babulenka (*Der Spieler*) 449
Balzac, Honoré de 25
Barschai, Rudolph 391
Barwicha 147
BBC 399, 411f., 421, 454
Beethoven, Ludwig van 81, 83, 113, 172, 212

Belgrad 166
Below, Jewgeni 167
Benois, Nikolai Alexandrowitsch 330
Berendij (*Schneeflöckchen*) 114
Berija, Lawrenti 143, 157, 161, 259
Bilder aus der Vergangenheit (Schostakowitsch) 259f.
Bizet, Georges 356
Blok, Alexander 268, 295, 345, 352, 365, 411
Bolschoi-Wettbewerb 75
Boni, Wenjamin 138, 297
Bonner, Jelena 388
Boris Godunow (Mussorgskij) 86, 88, 92, 167, 223, 292, 319f., 375f., 385f., 439
Boris Timofejewitsch (*Katarina Ismailowa*) 342
Bostoner Symphonie-Orchester 441
Bratislawa 196
Bratsk GES (Jewtuschenko) 268
Breschnjew, Leonid Iljitsch 116, 300f., 427, 443f., 446, 450
Brikker, Solomon 69
Britten, Benjamin 344, 352ff., 355ff., 358ff., 361ff., 364ff., 367, 391, 469
Brodski, Joseph 467
Bucharin, Nikolai Iwanowitsch 26
Budjonni, Semjon Michailowitsch 158
Bulganin, Nikolaj Alexandrowitsch 136, 142ff., 156ff., 159ff., 162ff., 165, 239
Bunin, Iwan 190
Butterblume (Britten) 366f.
Butterfly (*Madame Butterfly*) 290, 306, 309, 313, 414

Calaf (*Turandot*) 331f.
Callas, Maria 168, 332
Carmen (Bizet) 109, 255, 304, 307, 356
Carnegie Hall 283f., 295, 441
Caruso, Enrico 245
Cavaradossi (*Tosca*) 419, 421, 435
Cello-Konzert Nr. 1 (Schostakowitsch) 223
Chagall, Marc 112
Chaikin, Boris 167, 320f., 337

473

Chanajew, Nikandr Sergejewitsch 74 ff.,
177 f., 462
Charkow 63, 68
Chatschaturjan, Aram 196, 213, 263, 467
Cherubini, Luigi 255
Cherubino (*Die Hochzeit des Figaro*) 242
Cho-Cho-San (*Madame Butterfly*) 94, 96
Cholminow, Alexander Nikolajewitsch
170
Chopin, Frédéric 373
Chowanschtschina (Mussorgskij) 66, 86,
223
Chowanski (*Chowanschtschina*) 167
Chrennikow, Tichon Nikolajewitsch
86, 153, 170, 213 ff.
Christine (*Der Vogelhändler*) 45
Chromtschenko, Solomon 69, 71
Chruschtschow, Nikita Sergejewitsch
142 ff., 156 f., 162, 175 ff., 211, 234,
240 ff., 252, 267, 300 f., 355, 370 f.
Churchill, Winston S. 192
Churok, Solomon Israiljewitsch 282 ff.,
285, 287, 289, 293 ff.
Cleveland 195
Cliburn, Lavan C. van 234
Coates, Albert 196
Corelli, Franco 328, 331 f.
Covent Garden 242, 244, 353, 355
Coventry 353 ff., 356, 468
Cui, Cäsar Antonowitsch 224

Daghestan 344
Dargomyschki, Alexander 128
Das Echo (Puschkin) 362
Das Glockenspiel des Kreml (Pogodin)
111
Das häßliche Entlein (Prokofjew) 151
Das Lied der Wälder (Schostakowitsch)
216
Dawydowa, Vera 74, 88
Dedjuchin, Alexander 284 f., 301
Demitschew, Pjotr Nilowitsch 396 f.,
434 f., 436 f., 444 f.
Der Barbier von Sevilla (Rossini) 255
Der Engel (Puschkin) 362
Der Feldherr (Mussorgskij) 255 f., 262
Der klare Bach (Schostakowitsch) 194, 196
Der Spieler (Prokofjew) 151, 313, 432,
440, 444, 447 f., 455
Der Vogelhändler (Zeller) 44 f.

Der Widerspenstigen Zähmung (Schebalin)
242, 249
Dickens, Charles 352 f.
Did-Surabow, Iwan Sergejewitsch 42, 55
Die Czardasfürstin (E. Kálmán) 44
Die Dekabristen (Meyerbeer) 84 f., 190
Die Fledermaus (J. Strauß) 431, 451
Die große Freundschaft (Muradeli) 213 f.
Die Hinrichtung Stepan Rasins (Schostako-
witsch) 261
Die Hochzeit des Figaro (Mozart) 172, 242,
469
Die Hugenotten (Meyerbeer) 190
Die Lieder und Tänze des Todes (Mus-
sorgskij) 255, 259, 261, 295, 353
Die lustige Witwe (F. Lehár) 44
Die Macht des Schicksals (Verdi) 353
Die Maske und die Seele (Schaljapin) 324
Die Mutter (Chrennikow) 86, 170
Die schöne Helena (J. Offenbach) 137
Die Schöpfung (Haydn) 172
Die Sklavin (Strelnikow) 45
Die Winterreise (Schubert) 356
Die Zarenbraut (Rimski-Korsakow) 96,
246, 301, 306, 312
Dilischan 344, 358 f.
Djatlow 295, 297
Dobrynin, Anatoli 297
Doktor Schiwago (Pasternak) 233, 236,
239, 241 f., 467
Dolgolenko, Pjotr 37, 39
Domingo, Placido 419 ff.
Domogatskaja, Schura 45
Don Carlos (Verdi) 267
Donetsk 169
Don Giovanni (Mozart) 247, 332, 469
Dorpat 28 f.
Dostojewskij, Fjodor 238, 281, 286, 374,
457
Dreizehnte Symphonie (Schostakowitsch)
261, 263 ff., 266 ff.
Dugin, Nikolai 69
Dvořák, Antonin 368 f., 425

Edinburgher Festspiele 172, 366
Ein Augenblick der Angst (Tschaikowskij)
357
Ein Leben für den Zaren (Glinka) 88, 190
Ein Millionär in Sowjetrußland
(Ilf/Petrow) 93

474

Ein Tag im Leben des Iwan Denissowitsch
(Solschenizyn) 266 f., 374, 376, 399
Eine optimistische Tragödie (Cholminow)
170
Erewan 412
Erste Symphonie (Schostakowitsch) 195,
222
Eugen Onegin (Puschkin/Tschaikowskij)
22 f., 25, 55, 89, 94, 96, 106, 112, 137,
139, 167 f., 186, 251, 291, 303 f., 313,
375, 430, 441

Fadejew, Alexander 177
Falstaff (Verdi) 304, 307, 313
Faust (Gounod) 55, 96, 305, 332, 469
Festival Prager Frühling 137 f.
Festival Sowjetischer Kunst 368
Fidelio (Beethoven) 81, 83, 85, 94 ff., 106,
113, 167, 177, 304, 306, 313
Fischer-Dieskau, Dietrich 353, 356
Flier, Jakov 227
Fra Diavolo (Aober) 174, 317
Francesca da Rimini (Rachmaninow) 313
Fünfte Symphonie (Schostakowitsch)
197 f., 212, 460
Fürst Igor (A. Borodin) 86, 319
Furzewa, Jekaterina Alexejewna 172, 253,
296 ff., 319 ff., 322, 354 f., 397 f.,
429 f., 433 f., 439, 442, 444 f., 449 ff.

Garina, Vera Nikolajewna 59, 61 f., 67 f.,
70 f., 73, 75, 188, 438
Gatschina 46
Ghiringhelli 326, 331 f.
Giaurow, Nikolai 469
Gigli, Beniamino 245
Gilels, Emil 115, 227 f., 282, 290
Giulini, Carlo Maria 366
Glanz und Elend der Kurtisanen (Balzac)
25
Glasunow, Alexander Konstantinowitsch
190
Glière, Reinhold 196
Glikman, Gawriil 209
Glinka, Michail 88, 190, 238, 252
Glinka-Wettbewerb 438
Golowanow, Nikolai Semjonowitsch
74, 80 f., 305, 320
Gorki 409, 428
Gorki, Maxim 281

Gorki-Dramen-Theater 41
Gounod, Charles François 469
Graf Almaviva (*Die Hochzeit des Figaro*)
317
Gramadski 267
Gremin (*Eugen Onegin*) 140
Gribojedow, Alexander Sergejewitsch 164
Gribow 111
Grigorjew, Anton 460 ff.
Gulag 52, 210 f., 281 f.
Gumiljow, Nikolai 268
Gutnikow, Boris 223

Händel, Georg Friedrich 172
Haydn, Joseph 172
Hermann (*Pique Dame*) 41, 177
Herzog von Mantua (*Rigoletto*) 317
Hitler, Adolf 26, 29
Hollywood 186, 349

Ich bin traurig, weil ich dich liebe
(Dargomyschki) 128
Ignatjewitsch, Iwan 21 f.
Inosemzew, Artem 346 f.
Iswestija 193, 385, 430, 465
Iwan Susanin (*Ein Leben für den Zaren*) 88
Iwanow, Alexej 114
Iwanow, Andrej Andrejewitsch 12
Iwanowna, Lina 151 f.

Jaroslawl 412 f.
Jelabuga 209
Jelezki (*Pique Dame*) 91
Jermler, Mark 435
Jerome, Jerome K. 121
Jessenin, Sergej Alexandrowitsch
268 f., 300
Jewtuschenko, Jewgeni Alexandrowitsch
263 ff., 266, 268 ff., 272, 281
Julia (*Eugen Onegin*) 105

Kabaiwanska, Raina 421
Kabalewski, Dmitri 85
Kaganowitsch, Lasar 157, 211 f.
Kalinin, Michail 158, 375 f.
Kamas (Jewtuschenko) 268 f.
Kamenew, Lew 26
Kapore 18
Karajan, Herbert von 314, 333, 350,
375 f., 385 f.

475

Kasan 169, 428
Katarina (*Katarina Ismailowa*) 339f., 342ff., 345, 348f.
Katarina (*Der Widerspenstigen Zähmung*) 242
Katarina Ismailowa (Schostakowitsch) 338f., 344, 348, 350, 467
Katjuscha Maslowa (*Auferstehung*) 341
Kiew 68, 168, 371, 417f.
Kirilin, Wladimir 452
Kirow, Sergej 26, 192
Klenow 435
Königsberg 48
Kondraschin, Kiril Petrowitsch 74f., 113, 263, 265, 267
Kondraschowa, Margarita 302
Konzert für Cello und Orchester (Prokofjew) 153
Kopenhagen 153
Korjus, Miliza 34
Kormut, Ljuba 419f.
Koslowski, Iwan 23, 74, 167
Kotschjotow, Wsewold 466
Kramerow, Boris 223
Krebsstation (Solschenizyn) 178, 374, 467
Kreml 80, 89, 115f., 125, 130, 159, 163, 166, 179, 193ff., 234, 312, 320, 324, 350, 358, 387, 389, 458
Krieg und Frieden (Prokofjew) 96, 151, 154, 212, 291, 304, 313, 325, 467
Krim 63, 117
Kronstadt 12f., 16f., 27f., 30, 108
Kruglikowa, Aljona 23, 74, 167
Kucharski, Wassili 444ff.
Kuibyschew, Walerian 192
Kupawa (*Schneeflöckchen*) 23, 94, 113f.
Kuprin, Alexander 190
Kurchawow, Wolodja 219
Kusnezowa, A. 41
Kussewitzki, Sergej 195

Ladoga-See 33
Lady Macbeth des Mzensker Kreises (Schostakowitsch) 193ff., 196, 212, 223, 259, 339ff., 344, 351, 353, 411
La Traviata (Verdi) 255, 306ff., 309f., 312, 318, 320f., 333f.
Lemeschew, Sergei 74, 167f., 174, 308, 310f., 317f., 321
Lenfilm 338f., 347

Lenin 27, 109, 110ff., 131, 155, 170, 233f., 281, 375, 399f., 426f.
Leningrad (St. Petersburg) 10, 16, 18, 22, 29f., 35, 39f., 43f., 47, 51, 53f., 57, 61ff., 64, 66, 68, 72, 74, 78, 84, 93, 117, 152, 168, 177, 183, 186, 188, 193, 222f., 227, 246, 251, 257, 266, 300f., 346, 391, 410, 412, 430, 438
Leningrader Konservatorium 215, 439
Leningrader Oper 25, 190
Leningrader Philharmonie 68, 153, 189, 197, 350
Lenin-Preis 374, 453
Lenski (*Eugen Onegin*) 23, 105, 167f., 317
Leonore (*Fidelio*) 81, 83, 94ff., 113, 306
Lermontow, Michail 25, 463
Leskow, Nikolai 339f., 349
Lisa (*Pique Dame*) 41f., 82, 306, 309, 336, 338
Lisizian, Pjotr 323
Literaturnaja Gaseta 238, 268, 371, 385, 408, 465f.
Liù (*Turandot*) 325, 328ff.
London 180, 195, 269, 324, 352, 354ff., 363, 365, 368f., 375, 412, 421, 446, 453
London Symphony Orchestra 453
Lubjanka 211, 407
Lucca, Pauline 61
Luisa Miller (Verdi) 32

Maazel, Lorin 172
Madame Butterfly (Puccini) 84, 94, 96, 242, 249, 255, 304f., 307
Mailand 132, 285, 325f., 332f., 428ff., 469
Mailänder Scala 293, 325ff., 328, 330, 332f., 335f., 421, 469
Majakowski, Wladimir 268
Maksakowa, Marija Petrowna 74, 109
Maly-Theater 132, 137, 154, 191, 193, 350, 392
Mandelschtam, Osip 199f., 268
Manon Lescaut (Puccini) 332, 353, 469
Marfa (*Chowanschtschina*) 66
Marfa (*Die Zarenbraut*) 96, 246, 306, 312
Margarete (*Faust*) 96, 306
Mariinski-Theater 54
Marina Mnischek 167, 375f., 439
Mario (*Tosca*) 315

476

Markewitsch, Igor 172
Massalski 111
Masurok, Juri 436, 441
Matrjonas Hof (Solschenizyn) 389
Medea (Cherubini) 255
Melik-Paschajew, Alexander Schamil-
  jewitsch 81 ff., 85, 95 f., 242, 249 f.,
  304 ff., 307 ff., 310 f., 318 ff., 321 ff.,
  325, 339, 439, 458
Menuhin, Yehudi 412
Mephisto (*Faust*) 167
Merschanowa, Zinaida Alexandrowna
  41, 220 f., 459
Metropolitan Opera 195, 242, 244, 284,
  286, 290
Meyerbeer, Giacomo 190
Meyerhold, Wsewolod 209
Michailow, Maxim Dormidontowitsch
  88 f., 115
Michailow, Nikolai 252 f.
Michailowski-Theater 41
Mikojan, Anastas Iwanowitsch 115,
  142 f., 199
Milaschkina, Tamara 433, 436, 440
Minsk 68
Missa da Requiem (Verdi) 251, 304, 338
Missa Solemnis (Beethoven) 172
Mjaskowski, Nikolai 196, 213, 466 f.
Moisejew 109, 282 f., 293
Molchanow, Kiril Wladimirowitsch 428
Molotow, Wjatscheslaw Michailowitsch
  89, 158, 211
Monaco, Mario del 168
Morosow, Pawlik 26
Morosowna, Borarinja 272
Mosfilm 348
Moskau 53, 63, 66, 73 ff., 91, 93 f., 109 f.,
  115, 127, 136, 138 f., 141 f., 146, 152,
  156, 160, 171, 176, 187, 191, 193,
  226 f., 233, 239, 254, 259, 266, 268,
  271, 281, 283, 285, 292 f., 296 f., 299,
  301, 308 f., 321, 325 f., 332 f., 341,
  355 f., 358, 363, 366, 368, 370, 372,
  375, 385, 387 f., 391 f., 397, 402 f., 407,
  410 ff., 413, 416, 421 ff., 424, 426, 430,
  438 f., 453, 462, 465, 467, 469
Moskauer Kammerorchester 391
Moskauer Konservatorium 141, 148, 175,
  214 f., 226 f., 231, 240, 389, 392, 425,
  438 f.

Moskauer Künstler-Theater 92, 109, 150,
  254 f., 455
Mozart, Wolfgang Amadeus 172, 247,
  306, 469
Muradeli, Wano 170, 213
Murmansk 47
Mussorgskij, Modest Petrowitsch 66, 223,
  238, 255, 257, 259, 261 f., 295, 344,
  353, 425

Narzow, Pantaleimon 23, 25, 167
Natascha Rostowa (*Krieg und Frieden*) 96,
  151, 154, 309
Nebolsin, Wassili 74
Neihaus, Heinrich 227 f.
Nelepp, Georgi Michailowitsch 177 f.
Neschdanowa, Antonina 229
Nesterenko, Jewgenij 116, 436, 440 f.
Netschipailo, Viktor 76, 78, 266 f.
Neunte Symphonie (Schostakowitsch) 212
Newski-Prospekt 47, 68, 71, 73
Nikita Werschinin (Kabalewski) 85
Nikolaus I. (Zar) 463
Nikolaus II. (Zar) 193
Nikolaus III. (Zar) 161
Nikolina Gora 150, 154, 156
Nilsson, Birgit 328, 332
Norma (V. Bellini) 353
Nowgorod 44, 363
Nowodewitschi-Friedhof 126, 322, 448,
  458
Nowosibirsk 68, 168 f.
Nowosti 411 f.
Nowy Mir 266 f., 374, 467

Oborin, Lew 227
Obraszowa, Jelena Wassiljewna 116,
  436 f., 439 ff.
Odessa 68, 349
Ognivzew, Alexander Pawlowitsch 138,
  140 f., 167
Oh, traure nicht um mich (Rachmaninow)
  70 f.
Oistrach, David 115, 210, 227 f., 282, 290,
  345
Oktober (Muradeli) 170
Olga (*Eugen Onegin*) 23
Onegin (*Eugen Onegin*) 23, 25, 105, 108,
  112, 167
O patria mia (Verdi) 70, 72 ff.

Operetten-Theater 132, 431, 455
Ordschonikidse, Sergei 192, 213
Ormandy, Eugene 268
Orwell, George 350
Osawa, Seiji 425
Othello (Verdi) 305
Othello (*Othello*) 124, 168

Pachomow, Wassili 435, 442, 446
Paris 116, 168, 209, 253, 269, 292f.,
    323f., 421, 446
Pariser Oper 112, 242, 244, 292f.
Paskalis, Kostas 419f.
Pasowski 305
Pasternak, Boris Leonidowitsch 233f.,
    236ff., 239, 240ff., 268, 385, 427, 467
Patrjuschewa, Ljuda 69, 71f.
Pears, Peter 344, 353, 355f., 357ff.,
    360f., 362ff., 365ff.
Peter der Große 46
Petrosawodsk 169
Petrosian, Daniel 128
Petrow, Iwan 167, 323
Petrowski-Hafen 29
Petrowski-Park 16
Petunin, Schenja 134f.
Philadelphia 195
Philharmonische Gesellschaft 70
Piaf, Edith 55f.
Pique Dame (Tschaikowskij) 10, 41f., 86,
    91, 170, 177, 304, 306, 313, 319, 325,
    336, 338
Pirogow, Alexander 74, 167
Pjatakow, Juri 26
Pleskau 44
Plissezkaja, Maja 115
Pokrowski, Boris Alexandrowitsch 74, 81,
    83, 96, 106ff., 113ff., 242, 249, 312ff.,
    315, 319, 439f.
Polenka (*Die Sklavin*) 45
Polina (*Der Spieler*) 151, 449
Polina (*Pique Dame*) 41
Popow, Georgi 375f., 446
Poskrebyschew, Alexander 158
Prag 138, 141f., 166, 368f.
Prawda 92, 185, 196f., 199, 212, 218,
    241, 385, 455, 465
Preobraschenskaja, Sofija 41
Price, Leontine 314
Prilepa (*Pique Dame*) 41

Prokofjew, Sergej Sergejewitsch 53, 92f.,
    150ff., 153f., 190, 196, 213ff., 244,
    306, 313, 353, 385, 427, 432, 440, 448,
    455, 466f.
Prokofjew-Mendelson, Mirra 150ff., 154
Puccini, Giacomo 62, 84, 190, 306, 328
Puschkin, Alexander Sergejewitsch 24f.,
    89, 105, 107, 155, 281, 358, 362ff.

Rachmaninow, Sergei Wassiljewitsch
    70f., 190, 313, 373
Radames (*Aida*) 76, 242f., 286, 288, 323
Radistschew, Alexander 189
Raich, Sinaida 210
Ramfis (*Aida*) 323
Rangoni (*Boris Godunow*) 440
Red House 352, 366f., 468
Reisen, Mark 74, 115, 167
Requiem (Achmatowa) 200f.
Richter, Swjatoslaw Teofilowitsch
    231, 290
Riga 168
Rigoletto (Verdi) 255, 305
Rimma 120, 165, 182, 184, 185ff., 188,
    247f., 392f.
Rimski-Korsakow, Nikolai 22, 42, 113,
    177
Rjasan 370f., 397, 403, 467
Romeo (*Romeo und Julia*) 317
Romeo und Julia (Tschaikowskij) 357
Roschdestwo 370f., 401
Rostow am Don 400
Rostropowitsch, Jelena 251, 392f., 417,
    447, 465
Rostropowitsch, Olga 183f., 185ff., 188,
    242, 247ff., 392f., 417, 447, 450, 465
Rostropowitsch, Sofija Nikolajewna 148,
    150, 159, 162, 182f., 187f.
Rostropowitsch, Veronika Leopoldowna
    148, 150, 162, 183, 410
Rubin, Ilja 50
Rubin, Mark Iljitsch 43f., 46, 49ff., 54,
    63, 66ff., 73, 79, 93f., 120f., 135, 137,
    142, 144ff., 147, 149, 154, 156

Sacharow, Andrej Dmitrijewitsch 387ff.,
    409, 431
Sacher, Paul und Maria 367
Sadko (Rimski-Korsakow) 86, 177
Saks, Fifth Avenue 294

Samosud, Samuil Abramowitsch 88 f.,
171, 305
Saratow 68, 169, 415, 417 f.
Scarpia (*Tosca*) 315 ff., 418 ff., 435
Schaljapin, Fjodor Iwanowitsch 86, 295,
324 f.
Schapiro, Michail 347
Schaporin, Juri 84
Schdanow, Andrej 53, 212, 214
Schebalin, Wissarion 213, 466
Schelepin, Alexander 211
Schiller, Friedrich 105
Schneeflöckchen (Rimski-Korsakow)
22 f., 94, 113 f., 313
Scholochow, Michail 466
Schostakowitsch, Dmitri Dmitrijewitsch
53, 113, 189 ff., 193 ff., 196 ff., 199,
209, 212, 214 ff., 217 ff., 220, 222, 226,
231 f., 234 ff., 240 f., 244, 257 ff.,
260 ff., 263 ff., 266 ff., 272, 295, 306,
338 ff., 341 ff., 344 ff., 349 ff., 352, 356,
358, 364 f., 385, 387, 389, 390 ff.,
411 f., 427, 440, 455, 458 ff., 466 f.
Schostakowitsch, Galina 217, 224
Schostakowitsch, Irina 262 f., 365, 453
Schostakowitsch, Maxim 217, 222, 224
Schostakowitsch, Nina Wassiljewna 217,
221 f., 340
Schpiller, Natalja 74, 88
Schubert, Franz 356
Schukow, Georgi Konstantinowitsch
157 ff.
Schukowka 345, 371, 387, 394, 409,
417 f., 447
Schulgin, Isai 47
Schulschenko, Klawdija 55 f., 83
Schumann, Robert 92, 353
Sechste Sinfonie (Prokofjew) 153
Sechste Symphonie (Schostakowitsch) 212
Seliwanow, Pjotr 91
Semitschastny, Wladimir 237 ff.
Semjon Kotko (Prokofjew) 151, 313
Semjonow, Wladimir 398 f.
Serenade (Mussorgskij) 255
Sergei (*Katarina Ismailowa*) 343, 345 ff.,
348
Serow, Iwan Alexandrowitsch 143, 156,
164, 199, 239
Shakespeare, William 163, 180, 183, 351
Siciliani, Francesco 332, 470

Siebente Symphonie (Schostakowitsch)
212
Sinowew, Grigori 26
Sinowy (*Lady Macbeth*) 342 f.
Skopa-Rodionowa 41
Smyslow 134 f.
Sobinow, Leonid Witaljewitsch 229
Sofija (*Semjon Kotko*) 151
Sofronizki, Wladimir 227
Sollertinski, Iwan 223
Solomonowna, Minna 320, 322
Solowki 27
Solschenizyn, Alexander Isajewitsch 178,
210, 238, 266 f., 370 ff., 373 ff., 376,
385, 389, 394 ff., 397 ff., 400 ff., 403 ff.,
406 ff., 409, 429 f., 436 f., 441, 465 ff.
Solschenizyn, Jermolai 395, 403, 408
Solschenizyn, Natalja (Alja) 395, 400 ff.,
403 ff., 408, 436, 443, 465
Solschenizyn, Natascha Reschetowskaja
373, 395, 404 ff., 407
Sonetka (*Katarina Ismailowa*) 349 f.
Sorotschinski 41
Sostschenko, Michail 53
Sotkilawa 435
Sowjetkultur 385, 465
Stalin, Josif Wissarionowitsch 19, 25 ff.,
52, 86 f., 88 ff., 92 f., 121, 124, 131,
142, 144, 149, 155, 158, 160 f., 171,
175, 179 f., 192 f., 196, 209, 211, 215 f.,
223 f., 233, 241, 259, 267, 320, 344 f.,
374 f., 387
Stalinsk 19
Stanislawski, Konstantin 331
Stanislawski-Nemirowitsch-Dantschenko-
Musiktheater 341
Stepanow, Wladimir 354 f., 468
Stokowski, Leopold 195
Stradivari 245, 367
Strauß, Johann 431
Strauß, Richard 353
Strawinski, Igor 190
Streichquartett Nr. 7 (Schostakowitsch)
222
Streichquartett Nr. 8 (Schostakowitsch)
222 f.
Strelnikow, Nikolai 45
Stscherbakow, Wladimir 417
Suk 305
Surikow, Wassili 272

479

Swerdlowsk 68, 168, 193
Swerdlowsk-Platz 77, 146
Sweschnikow, Alexander 172
Swetlanow, Jewgeni 307, 319

Tallinn 168
Tarkowskij, Andrej 467
Tatjana (*Eugen Onegin*) 23, 25, 81, 89, 94,
    96, 105 ff., 108, 112 f., 139, 167, 186 f.,
    255, 283, 306, 309, 326 f., 333
Taubman 284
Tbilissi 304
Tebaldi, Renata 168, 310
The Prodigal Son (Britten) 364
Timur (*Turandot*) 330
Tito, Josip 142 ff., 199
Tolstoj, Lew Nikolajewitsch 25, 238, 281,
    341, 374
Torschok 29
Tosca (Puccini) 170, 190, 304, 313 f.,
    417 f., 421, 435 f., 440
Tosca (*Tosca*) 190, 309, 314 f., 316 f.,
    414 f., 419, 421 f., 433 f., 457
Toscanini, Arturo 195
Träumerei (Schumann) 92
Trepak (Mussorgskij) 255 f.
Trijus, Tamara 46
Troubadour (Verdi) 309
Tschaikowskij, Peter Iljitsch 22, 25 f., 41,
    62, 91, 105, 107, 226, 233 ff., 238, 252,
    338, 353, 357
Tschaikowskij-Wettbewerb 226, 233 ff.,
    451
Tschechow, Anton Pawlowitsch 238
Tscheljabinsk 169
Tschorny, Sascha 257, 351, 467
Tschukowskaja, Lydija 370
Tschulaki 297
Tuchatschewskij, Michail 26
Tumanow, Josif 297, 319
Turandot (Puccini) 325, 327 f., 330, 332 f.,
    336
Turgenjew, Iwan Sergejewitsch 65
Turkestan 157

Twardowskij, Alexander Trifonowitsch
    240, 267, 374

Ulanowa, Galina 105
Unsere Nachkommen (Tschorny) 258 f.
Utjossow, Leonid 242

Verdi, Giuseppe 62, 74, 243, 250, 304,
    306, 311, 334, 338
Vermont 394, 443
Verse, in einer schlaflosen Nacht geschrie-
    ben (Puschkin/Britten) 364
Verstand schafft Leiden (Gribojedow) 164
Vickers, Jon 286 ff.
Vierzehnte Symphonie (Schostakowitsch)
    261, 364 f., 391, 460
Violetta (*La Traviata*) 306, 308 ff., 311 ff.,
    318, 320, 335
Vivaldi, Antonio 172

Wachtangow-Theater 191
Waimann, Michail 223
Wainberg, Moisej 263
Walter, Bruno 195
War Requiem (Britten) 353, 356, 366, 468
Wasiljew, Wsewolod 82
Wedernikow, Alexander 264 ff.
Wells, H. G. 111
Werther (J. Massenet) 308
Wiegenlied (Mussorgskij) 255
Wiener Staatsoper 414, 419
Wischnewski, Georgi 43
Woronjanskaja, E. 430
Woroschilow, Kliment 158
Wronski (*Anna Karenina*) 348
Wyschinski, Andrej 209
Wyssozkij, Wladimir 281 f.

Zaccharia, Niccolo 330
Zeffirelli, Franco 333
Zehnte Symphonie (Schostakowitsch)
    216, 223
Zeller, Karl 44 f.
Zwetajewa, Marina 209, 268

480